Band 2 der *Gesammelten Schriften* Horkheimers enthält frühe Texte zur Philosophie, die schon einmal vervielfältigt oder gedruckt vorlagen – darunter allerdings auch solche, die seit einem halben Jahrhundert nicht mehr zugänglich sind.
Der Band macht deutlich, daß Horkheimer während seiner Frankfurter Jahre eine Art geistiger Doppelexistenz führte: sein Denken bildete gleichsam eine öffentliche und eine private Seite aus, die er erst später im Entwurf einer Kritischen Theorie zu vermitteln vermochte. Mit seiner Dissertation *Zur Antinomie der teleologischen Urteilskraft* (1922) und der Habilitationsschrift *Über Kants ›Kritik der Urteilskraft‹ als Bindeglied zwischen theoretischer und praktischer Philosophie* (1925) hatte er noch durchaus Anteil am Betrieb der Schulphilosophie; die vorsichtige Kant-Kritik dieser Schriften verrät Einflüsse der Gestaltpsychologie und erste Zweifel am methodischen Herrschaftsanspruch der Naturwissenschaften. Die Abhandlung *Anfänge der bürgerlichen Geschichtsphilosophie* (1930) entstand dann bereits nach Horkheimers Wendung zum Materialismus und ist sein erster veröffentlichter Beitrag zu einer materialistischen Philosophiegeschichte. Zu welch weitreichenden politischen und persönlichen Konsequenzen ihn seine intellektuelle Entwicklung führte, verraten diese universitären Schriften jedoch kaum: dies wird erst deutlich in den sozialkritischen, marxistisch orientierten Notizen *Dämmerung*, die zwischen 1926 und 1931 entstanden, aber erst 1934 unter Pseudonym veröffentlicht wurden. Hier wird – gleichermaßen durch Inhalt, Form und Präsentation – die traditionell akademische durch eine im weiteren Sinne schriftstellerische Arbeit überschritten. Horkheimer findet zu einer aphoristischen Denkform, die er dann in den Notizen des Spätwerks wiederaufnehmen und vielfach variieren sollte.

Max Horkheimer, geboren am 14.2.1895 in Zuffenhausen/Stuttgart, wurde 1930 Ordinarius der Sozialphilosophie und Direktor des Instituts für Sozialforschung in Frankfurt am Main. 1933 emigrierte er und errichtete Zweigstellen des Instituts zunächst in Genf, später an der Ecole Normale Supérieure in Paris, schließlich an der Columbia Universität in New York. In der von ihm herausgegebenen *Zeitschrift für Sozialforschung* setzte Horkheimer die Veröffentlichung seiner theoretischen Arbeiten fort. 1936 publizierte er die unter seiner Leitung entstandenen *Studien über Autorität und Familie*, 1949 bis 1950 die von ihm entwickelten *Studies in Prejudice*, 1947 erschienen *Eclipse of Reason* und die gemeinsam mit Theodor W. Adorno verfaßte *Dialektik der Aufklärung*.
Nach seiner Rückkehr nach Frankfurt errichtete Horkheimer im Jahre 1950 wieder das Institut. Von 1951 an war er für zwei Jahre Rektor der Johann Wolfgang Goethe-Universität. Am 7.7.1973 ist Max Horkheimer gestorben.

Max Horkheimer

Gesammelte Schriften

Herausgegeben von Alfred Schmidt und
Gunzelin Schmid Noerr

Fischer Taschenbuch Verlag

Max Horkheimer

Gesammelte Schriften
Band 2:
Philosophische Frühschriften
1922–1932

Herausgegeben von
Gunzelin Schmid Noerr

Fischer Taschenbuch Verlag

2. Auflage: Oktober 2012

Ungekürzte Ausgabe
Veröffentlicht im Fischer Taschenbuch Verlag,
einem Unternehmen der S. Fischer Verlag GmbH,
Frankfurt am Main, November 1987

Lizenzausgabe mit freundlicher Genehmigung
der S. Fischer Verlag GmbH, Frankfurt am Main
© 1987 S. Fischer Verlag GmbH, Frankfurt am Main
Druck: Druckerei C. H. Beck, Nördlingen
Printed in Germany
ISBN 978-3-596-27376-8

Inhalt

Zur Antinomie der teleologischen Urteilskraft

Inhaltsverzeichnis	15
Vorbemerkung	20
Einleitung: Die Aufgabe	21
I. Abschnitt: Die Antinomie	24
II. Abschnitt: Kants Auflösung	35
III. Abschnitt: Die Auflösung als Voraussetzung von Kants Theorie der Erkenntnis	48
IV. Abschnitt: Von der Möglichkeit einer anderen Lösung	61
Literaturverzeichnis	71

Über Kants *Kritik der Urteilskraft* als Bindeglied zwischen theoretischer und praktischer Philosophie

Vorwort	75
Inhaltsverzeichnis	77
Einleitung: Die Stellung der *Kritik der Urteilskraft* in der Philosophie Kants	80
I. Abschnitt: Die formale Zweckmäßigkeit in der Natur	94
II. Abschnitt: Die Zweckmäßigkeit der ästhetischen Gegenstände	110
III. Abschnitt: Die Zweckmäßigkeit der organischen Gegenstände	126
Abschließende Bemerkung	145

Würdigungen

Hans Cornelius. Zu seinem 60. Geburtstag 149
Rudolf Eucken. Ein Epigone des Idealismus 154
Hans Driesch. Zum 60. Geburtstag 158
Leopold Ziegler 162
Nicolai Hartmann 172

Anfänge der bürgerlichen Geschichtsphilosophie

Vorwort 179
1. Machiavelli und die psychologische
   Geschichtsauffassung 181
2. Naturrecht und Ideologie 205
3. Die Utopie 237
4. Vico und die Mythologie 252

Aufsätze

Ein neuer Ideologiebegriff? 271
Hegel und das Problem der Metaphysik 295

Dämmerung. Notizen in Deutschland

Vorbemerkung 312
Dämmerung 313
Monadologie 313
Roulette 314
Entehrte Begriffe 315
Unbegrenzte Möglichkeiten 315
Die verräterischen Hände 316
Philosophische Gespräche im Salon 317
Die Parteilichkeit der Logik 318

Charakter und Avancement	319
Gewalt und Harmonie	320
Aller Anfang ist schwer	321
Von innen nach außen	321
Zeit ist Geld	322
Widerspruch	324
Der Hotelportier	324
Erziehung und Moral	326
Gefahren der Terminologie	326
Kategorien der Bestattung	327
Gerechtes Schicksal	329
»Die Hand, die samstags ihren Besen führt, wird sonntags dich am besten karessieren«	329
Bridge	330
Wertblindheit	330
Grenzen der Freiheit	331
Auf die Gemeinheit ist eine Prämie gesetzt	332
Zweierlei Tadel	335
»Das unentdeckte Land…«	336
Zur Lehre vom Ressentiment	336
Absolute Gerechtigkeit	337
Nietzsche und das Proletariat	338
Spielregeln	339
Archimedes und die moderne Metaphysik	340
Umschlag von Gedanken	340
Man kann nur dem Ganzen helfen	341
Skepsis und Moral	341
Heroische Weltanschauung	344
Alle müssen sterben	345
Diskussion über die Revolution	346
Takt	349
Animismus	349
Über die Formalisierung des Christentums	350
Glaube und Profit	351
Entweder – Oder!	351
Politische Lebensregel	353
Metaphysik	354
Gesellschaftsbau und Charakter	355

Plattheiten	357
Gesundheit und Gesellschaft	358
Die Nicht-Gezeichneten	359
Herrschaft der Kirche	359
Buddhismus	360
Der kleine Mann und die Philosophie der Freiheit	360
Eine alte Geschichte	363
Uninteressiertes Streben nach Wahrheit	364
Bürgerliche Moral	365
Revolutionäres Theater oder »Kunst versöhnt«	366
Zur Charakterologie	367
Die Gestrandeten	369
Verschiedene Kritik	370
Zur Psychologie des Gesprächs	372
Die Ohnmacht der deutschen Arbeiterklasse	373
Atheismus und Religion	379
Der Wolkenkratzer	379
Bedürfnislosigkeit der Reichen	381
Symbol	381
Kain und Abel	381
Der Kampf gegen den Bürger	382
Erziehung zur Wahrhaftigkeit	383
Wert des Menschen	384
Die Frau bei Strindberg	385
Macht, Recht, Gerechtigkeit	386
Grade der Bildung	387
Liebe und Dummheit	388
Indikationen	389
Zur Geburtenfrage	390
Sozialismus und Ressentiment	391
Die Urbanität der Sprache	392
Eine Kategorie von Großbürgern	393
Das Persönliche	394
Der gesellschaftliche Raum	394
Ein Märchen von der Konsequenz	396
Konfession	396
Der »leider« stabilisierte Kapitalismus	397
Dienst am Geschäft	397

Das Ansehen der Person	398
Menschheit	400
Schwierigkeit bei der Lektüre Goethes	401
»Geld macht sinnlich« (Berliner Spruchweisheit)	401
Das verlassene Mädchen	402
Asylrecht	403
Schlechte Vorgesetzte	404
Wer nicht arbeiten will, der soll auch nicht essen	405
Ohnmacht des Verzichts	406
Die gute alte Zeit	407
Wandlungen der Moral	408
Verantwortung	408
Freiheit der moralischen Entscheidung	410
Arbeitsfreude	411
Europa und das Christentum	411
Die Sorge in der Philosophie	415
Gespräch über die Reichen	415
Dankbarkeit	417
Der Fortschritt	418
Der Idealismus des Revolutionärs	419
Die Person als Mitgift	420
»Greuelnachrichten«	421
Zu Goethes Maximen und Reflexionen	423
Die neue Sachlichkeit	423
Lüge und Geisteswissenschaften	426
Wirtschaftspsychologie	426
Kunstgriffe	427
Am Telefon	428
Absonderlichkeiten des Zeitalters	429
Der Charakter	429
Zufälligkeit der Welt	430
Ernste Lebensführung	433
Relativität der Klassentheorie	434
Entsetzen über den Kindermord	436
Profitinteressen	436
Moralische Intaktheit des Revolutionärs	437
Freie Bahn dem Tüchtigen	437
Menschliche Beziehungen	438

Geistige Leiden	440
Zwei Elemente der Französischen Revolution	441
Vom Unterschiede der Lebensalter	442
Verpönte Affekte	442
Schwierigkeit eines psychoanalytischen Begriffs	444
Durch Schaden wird man klug	445
Das ist die Welt	445
Gewerkschaftsbürokratie	445
Die Zurückgebliebenen	446
Doppelte Moral	447
Zur Relativität des Charakters	448
Eine Neurose	449
Warten	450
Das Unerforschliche	450
Vergessen	452

Editorischer Anhang

Nachwort des Herausgebers *Die philosophischen Frühschriften.* *Grundzüge der Entwicklung des Horkheimerschen Denkens* *von der Dissertation bis zur ›Dämmerung‹*	455
Editorische Hinweise	469
Verzeichnis der Erstveröffentlichungen	471

Zur Antinomie
der teleologischen Urteilskraft

(1922)

Inhaltsverzeichnis

Vorbemerkung 20

Einleitung: Die Aufgabe 21
Naturwissenschaftliche und philosophische Methode bei Kant. – Klarheit über Kants Vorstellung von naturwissenschaftlicher Methode gehört notwendig zum Verständnis seiner Philosophie. – Begrenzung der Aufgabe.

I. Abschnitt: Die Antinomie 24
Die reflektierende Urteilskraft. – Die bestimmende Urteilskraft. – Die Urteilskraft überhaupt. – Das Prinzip der formalen Zweckmäßigkeit der Natur. – Nähere Bestimmung der Aufgabe der reflektierenden Urteilskraft. – Die allgemeine Frage nach der Bestimmung dessen, was durch die Gesetzgebung des reinen Verstandes zunächst unbestimmt gelassen wird. – Anwendung dieser Frage auf die Probleme der Biologie. – Über den Grundsatz der Erzeugung. – Konsequenz des Grundsatzes für die Naturwissenschaft überhaupt. – Konsequenz des Grundsatzes für die Biologie im besonderen. – Eine Maxime zur Bestimmung dessen, was durch die Gesetzgebung des reinen Verstandes zunächst unbestimmt gelassen wird. – Zweifel an der Zulänglichkeit dieser Maxime. – Das Motiv des Zweifels. – Das Verhältnis von Ganzem und Teilen bei organischen Wesen. – Vergleich der materialen inneren mit der formalen Zweckmäßigkeit. – Die Aufgabe der teleologischen Urteilskraft. – Die Antinomie der teleologischen Urteilskraft.

II. Abschnitt: Kants Auflösung 35

Der Sinn der Antithesis. – Kants Deutung des Phänomens der inneren Zweckmäßigkeit. – Man darf Kants Deutung nicht mit dem Gedeuteten verwechseln. – Die Auflösung. – Rückblick. – Kants Auflösung ist folgerichtig. – Teleologische Erklärung im Sinne Kants ist im Grunde schlechte mechanische Erklärung. – Frage nach der methodologischen Bedeutsamkeit der Teleologie. – Hinweis auf eine mögliche Beantwortung. – Strenge Wissenschaft hat nur mechanisch zu verfahren. – Konsequenzen aus Kants Anschauung. – 1. Urteile über Organismen als solche sind keine Erfahrungsurteile. – Frage nach der realen Gültigkeit des Organismusbegriffes. – Synthesis des Verstandes und Zweckbeziehung. – 2. Verneinende Beantwortung der Frage nach der realen Gültigkeit des Organismusbegriffes. – 3. Verzicht auf Einsicht in organisches Geschehen. – 4. Physik und Biologie: beide haben denselben Begriff vom Geschehen, nämlich den mechanischen.

III. Abschnitt: Die Auflösung als Voraussetzung von Kants Theorie der Erkenntnis 48

Die Aufgabe in diesem Abschnitt. – Historische Bemerkung. – Vernunftkritik und Biologie. – Ganzes und Teile in der Kritik. – Schwierigkeit der Anwendung der mechanischen Methode in der Kritik. – Was bei der Anwendung dieser Methode vorausgesetzt ist. – Kants Vorstellungslehre als Beispiel für die Anwendung der mechanischen Methode. – 1. Die Sinnlichkeit. – 2. Sinnlichkeit und Verstand. – 3. Zum Begriff der ungeordneten Empfindungsmannigfaltigkeit. – 4. Fragen im Anschluß an Kants Vorstellungslehre. – Fazit aus der vorigen Betrachtung: über Kants Lehre von der Erkenntnis im allgemeinen. – Besondere Bedenken gegen die Anwendung mechanischer Methode in der Kritik. – Kants eigene Bedenken. – Kants Weg, den Mängeln abzuhelfen. – Erneuerung des Zweifels.

IV. Abschnitt: Von der Möglichkeit einer anderen Lösung . .   61
Über die allgemeine Unzulänglichkeit mechanischer Erklärung. – Begründung einer neuen Durchsicht von Kants Lösung. – Nichtmechanische Beurteilung nach Kant gleich dem Rekurs auf eine Absicht. – Ansätze zu reiner Beschreibung. – Vergleich dieser Ansätze mit anderen Stellen. – Kants Auflösung wurzelt im System. – Das Dogma vom intellectus ectypus. – Folgerungen aus diesem Dogma. – Von der durch das Dogma gestifteten Unruhe. – Die Lehre von den Gestaltqualitäten. – Zerstörung des Dogmas durch eine neue Auffassung vom Wesen des Bewußtseins. – Modifizierung der Fragestellung. – Gestalttheorie. – Ausblick.

Literaturverzeichnis   71

Zitiert wird:

die *Kritik der reinen Vernunft* als r. V. mit den Seitenzahlen der zweiten Auflage von 1787; wo es sich um Stellen handelt, die sich nur in der ersten Auflage finden, als r. V. I. Aufl. mit den Seitenzahlen der Ausgabe von 1781;

die *Kritik der praktischen Vernunft* als p. V. mit den Seitenzahlen der ersten Auflage von 1788;

die *Kritik der Urteilskraft* als U. mit den Seitenzahlen der zweiten Auflage von 1793;

die übrigen Werke Kants als Ak. Ausg. mit den Band- und Seitenzahlen der von der Preußischen Akademie der Wissenschaften veranstalteten Gesamtausgabe; mit der folgenden Ausnahme:

der Aufsatz ›Über die Fortschritte der Metaphysik seit Leibniz und Wolff‹ als Cassirer Ausg. Bd. VIII mit den Seitenzahlen der im Verlage von Bruno Cassirer, Berlin, erschienenen Ausgabe von Kants Werken.

Wo die *Prolegomena* zitiert werden, sind, soweit die Angabe der Paragraphen die Auffindung der betreffenden Stellen nicht ohne weiteres ermöglicht, außer den Seitenzahlen der Akademieausgabe noch diejenigen der bei Reclam erschienenen, von Karl Schulz herausgegebenen Ausgabe als Reclam mit den entsprechenden Seitenzahlen beigefügt. – Da in den Reclamschen Ausgaben der drei *Kritiken* die Seitenzahlen der Auflagen, nach denen hier zitiert wird, vermerkt sind, so ist es auf diese Weise möglich, alle Zitate aus den bei Reclam erschienenen Werken auch in dieser Ausgabe leicht aufzufinden.

»Da die dogmatischen Erklärungen uns keine dauernde Beruhigung gewähren, so kann das philosophische Denken bei ihnen nicht endgültig Halt machen. Solange unsere Erklärungen irgendwelche dogmatische Voraussetzungen in sich schließen, müssen sie vielmehr stets weitere Fragen nach sich ziehen, welche eben diese Voraussetzungen zum Gegenstande haben...«[1]

---

1 Hans Cornelius, *Einleitung in die Philosophie*, Leipzig ²1911, S. 39.

Vorbemerkung

Weder auf die systematische Darstellung noch auf eine wertende Untersuchung irgend welcher Kantischer Gedankengänge geht die Absicht der folgenden Betrachtung. Vielmehr soll ein erkenntnistheoretisches Problem möglichst klar bezeichnet werden.
Das Mittel zu diesem Zweck ist allerdings der Aufweis dieses Problems an der Hand der Kantischen Philosophie. Da es aber einzig um die Sachen und nicht um philologische Feststellungen zu tun ist, darf die Erörterung von Möglichkeiten verschiedener Auslegung wie auch der Nachweis historischer Zusammenhänge unterbleiben, damit desto bündiger der sachliche Tatbestand Ausdruck finde.
Aus zwei Gründen erscheint es nicht ohne Bedeutung, das Problem bei Kant aufzusuchen. Erstens hat Kant in voller Klarheit ausgesprochen, worauf es ankommt; zweitens ist seine eigene Philosophie das prägnante Beispiel für die Anwendung einer bestimmten Art der Lösung, die späteren, insbesondere modernen Theoremen nicht selten als selbstverständliche Voraussetzung unausgesprochen zu Grunde liegt.
Das Problem ist in der Gegenwart neu gestellt worden. Insbesondere wurde die erwähnte Voraussetzung als eine dogmatische aufgedeckt nicht sowohl durch die Resultate, als durch die Prinzipien, die in den Arbeiten eines Kreises moderner Psychologen zum Ausdruck kamen. Die Arbeiten zentrieren sich um den Begriff der Gestalt, dessen Bedeutsamkeit für die Erkenntnistheorie durch Cornelius im Anschluß an die v. Ehrenfelssche Terminologie erkannt worden war.[1] Jene Prinzipien, soweit sie heute schon sichtbar sind, sollen hier als Gestalttheorie bezeichnet werden. Es wird im vierten Abschnitt des näheren von ihnen die Rede sein.

---

1 Siehe den Aufsatz ›Über »Gestaltqualitäten«‹ (in: *Zeitschrift für Psychologie und Physiologie der Sinnesorgane*, Bd. 22 [1900, S. 101 ff.]), ferner *Einleitung in die Philosophie* [Leipzig 1903], § 26, *Transcendentale Systematik* [München 1916], S. 66 f. Speziallitertur über Gestalttheorie findet sich im Verzeichnis am Schluß.

Einleitung:
Die Aufgabe

Naturwissenschaftliche und philosophische Methode bei Kant

In einer vorkritischen Abhandlung hat Kant erklärt: »Die ächte Methode der Metaphysik ist mit derjenigen im Grunde einerlei, die Newton in die Naturwissenschaft einführte, und die daselbst von so nutzbaren Folgen war.« (Ak. Ausg. II 286) Der Ausdruck »Metaphysik« wurde von Kant in schwankender Bedeutung gebraucht, doch die naturwissenschaftliche Methode galt ihm für vorbildlich jedenfalls nicht allein auf einem Teilgebiet, sondern in der Philosophie überhaupt.

Besonders liebt es Kant, die philosophische Methode mit der Methode der Chemiker zu vergleichen. So heißt es in der *Kritik der reinen Vernunft* (r. V. 870): »Was Chemiker beim Scheiden der Materien, was Mathematiker in ihrer reinen Größenlehre tun, das liegt noch weit mehr dem Philosophen ob...« Es wird (r. V. Vorrede z. II. Aufl. XXI Anm.) von einem »Experiment der reinen Vernunft« gesprochen, das mit einem solchen »der Chemiker... viel Ähnliches« habe. Die *Kritik der praktischen Vernunft* stellt (p. V. 165) fest, es könne der Philosoph »beinahe wie der Chemist zu aller Zeit ein Experiment mit jedes Menschen praktischer Vernunft anstellen«, und nachdem der Philosophie (p.V. 291) ein Bild der »wohlüberdachten Methode« der Naturwissenschaft vorgehalten worden ist, wird sie auf »ein der Chemie ähnliches Verfahren« hingewiesen.

Klarheit über Kants Vorstellung von naturwissenschaftlicher Methode gehört notwendig zum Verständnis seiner Philosophie

Das Verfahren der Naturwissenschaft richtig zu erkennen, mußte also für Kant eine der vornehmsten Aufgaben des Philosophen sein. Auf zweifache Art wird in seinem System diese Bedeutsamkeit entscheidend: in der Weise, wie er selbst philosophische Probleme behandelt, und in der Auffassung des Gegenstandes in seiner Theorie wissenschaftlicher Erkenntnis – die *Kritik der reinen Vernunft* wird ja ausdrücklich als »ein Tractat von der Methode« bezeichnet (r. V. Vorrede z. II. Aufl. XXII).

Kant hat an vielen Stellen, wo von der Methode der Vernunftkritik gesprochen wird, sein eigenes Verfahren demjenigen in empirischen Wissenschaften schroff entgegengesetzt, und es gelegentlich vielmehr »dem dogmatischen Verfahren« verglichen, da es »aus sicheren Prinzipien a priori strenge beweisend sein« müsse (r. V. Vorrede z. II. Aufl. XXXV). Daß empirische Erkenntnis »ein nur uneigentlich so genanntes Wissen« sei (*Metaphysische Anfangsgründe der Naturwissenschaft*, Vorrede, Ak. Ausg. IV 468), gehört zu den dogmatischen Voraussetzungen von Kants Philosophie.[1] Dahingehende Äußerungen über die eigene Methode, denen nicht allein widersprechende Bemerkungen (s. o.), sondern auch der tatsächliche Rekurs auf empirische Theorien, so z. B. auf die Einteilung der psychischen Vermögen, gegenüberzustellen wären, können nichts daran ändern, daß Kants Vorstellung vom naturwissenschaftlichen Verfahren nach seinem eigenen Zeugnis seine Arbeit in entscheidenden Punkten bestimmt hat.

Es liegt im Sinne der kritischen Philosophie, daß erst Besinnung über den Weg, auf dem eine Erkenntnis zustande kam, sie vollends zu der unsrigen macht. Auf die Ergebnisse der Kantischen Philosophie angewandt bedeutet dieser Satz, daß wir uns auch darüber besinnen müssen, was ein der Naturwissenschaft »ähnliches Verfahren« heißen soll, und welche Rolle es in Kants Auflösung philosophischer Probleme spielt.

---

1 Siehe darüber Cornelius, *Transcendentale Systematik*, l. c., S. 30f.

Begrenzung der Aufgabe

Die Ausführung der so bezeichneten Aufgabe übersteigt jedoch weit die Absicht, welche diesen Seiten zugrunde liegt. Eine Darstellung der Kantischen Lehre vom Sinn naturwissenschaftlicher Forschung, die eine solche Untersuchung enthalten müßte, wäre für sich allein Thema einer erschöpfenden Behandlung des Lehrgehaltes der theoretischen Philosophie Kants; und zu einer solchen ist hier nicht einmal der geringste Ansatz gemacht. Worauf es ankommt, ist vielmehr folgendermaßen zu bezeichnen:

Nach Kant besteht zwischen zwei Forschungsprinzipien der Naturwissenschaft der Anschein eines Widerstreites. Seine Lösung des hierdurch gegebenen Problems geht – bei dem erwähnten Verhältnis der naturwissenschaftlichen und der transzendentalphilosophischen Methode – mittelbar auch das Philosophieren an. Auf eine Klärung dieser Zusammenhänge zielt die vorliegende Betrachtung ab. Im Hinblick auf die bereits im Eingang erwähnte Tatsache, daß Kants Lösung heute noch für bedeutsame wissenschaftliche Unternehmungen (insbesondere auf dem Gebiete der Psychologie) bestimmend ist, wird es nicht ohne Belang sein, auf gewisse Schwierigkeiten, die sich aus Kants Lösung ergeben, hinzuweisen und die Möglichkeit jener anderen Lösung zu erörtern, die in der Praxis der modernen Forschung tatsächlich schon lebendig ist. Bei Kant tritt das Problem unter dem Titel einer Antinomie der Urteilskraft hervor, eines Widerstreites zwischen mechanischer und nichtmechanischer Erklärungsweise. Allgemeiner gefaßt handelt es sich um das Verhältnis von Ganzem und Teilen in der dinglichen Welt, der Natur, aber auch auf dem Gebiete des Bewußtseins.

Zunächst gilt es, die Fragestellung so zu entwickeln, wie sie die entsprechenden Untersuchungen in der *Kritik der Urteilskraft* motiviert. Alles, was nicht geradewegs auf die Sache hinführt und zum Verständnis unerläßlich ist, soll beiseite bleiben.

I. Abschnitt:
Die Antinomie

Die reflektierende Urteilskraft

Die eigentliche Arbeit der Naturforschung, nämlich die Aufdeckkung der empirischen Naturgesetze, heißt in Kants Sprache: über die Natur reflektieren. Das Vermögen dazu ist die reflektierende Urteilskraft. Ihre Aufgabe besteht darin, die empirischen Gesetze zu erforschen. Dagegen gehört die Aufstellung der allgemeinsten, umfassendsten Naturgesetze nicht zu ihren Zielen, denn diese Gesetze hat bereits die *Kritik der reinen Vernunft* a priori formuliert. Es sind die Grundsätze des reinen Verstandes, die als solche »Prinzipien a priori der Möglichkeit der Erfahrung« sind (r. V. 294). Sie machen »allererst eine Natur möglich« (r. V. 263) und konstituieren also erst das Material der reflektierenden Urteilskraft.

Die bestimmende Urteilskraft

Die Grundsätze des reinen Verstandes sind nichts anderes als der Ausdruck der primitiven Urteile, durch die das »Mannigfaltige der Anschauung« unter die Kategorien subsumiert wird, und die daher aus den reinen Verstandesbegriffen »herfließen« (r. V. 175). Diese Einordnung ist das Geschäft der transzendentalen Urteilskraft. Sie heißt bestimmend, weil die Urteilskraft überall bestimmend heißt, wo es sich nicht um die Aufdeckung noch unbekannter Gesetze handelt, sondern um die Befassung einer Besonderheit unter ein schon bereit liegendes Allgemeines. Das Allgemeine, unter das die transzendentale Urteilskraft befaßt, sind die Kategorien.

I. Abschnitt: Die Antinomie

Die Urteilskraft überhaupt

»Das Vermögen, das Besondere als enthalten unter dem Allgemeinen zu denken« (U. Einl. XXV), »das Vermögen, unter Regeln zu subsumieren« (r. V. 171), sind Ausdrücke für die »Urteilskraft überhaupt«, für die reflektierende sowohl, die Regeln aufsucht, wie für die bestimmende (einschließlich der transzendentalen), die Regeln anwendet.

Das Prinzip der formalen Zweckmäßigkeit der Natur

Insofern die Naturforschung es auf systematische Erkenntnis, d. h. auf Wissenschaft (vgl. r. V. 860), abgesehen hat, macht sie eine Voraussetzung, mit der sie an ihren Gegenstand herantritt, und die sie fortwährend bei ihrer Arbeit leitet. Diese lautet, »daß es in ihr (der Natur [M. H.]) eine für uns faßliche Unterordnung von Gattungen und Arten gebe; daß jene sich einander wiederum nach einem gemeinschaftlichen Prinzip nähern, damit ein Übergang von einer zu der anderen und dadurch zu einer höheren Gattung möglich sei...« (U. Einl. XXXV). Weil es sich um ein Prinzip handelt, das der Naturwissenschaft zugrunde liegt und vielmehr einen Leitfaden als ein von ihr entdecktes Naturgesetz darstellt, heißt es ein Prinzip *a priori* der reflektierenden Urteilskraft. Es wird darunter gedacht, daß keine Besonderheit in der Natur der Einordnung in einen allgemeinen Zusammenhang, kein allgemeiner Zusammenhang der Befassung unter einen nächst höheren, bis zu den höchsten transzendentalen Gesetzmäßigkeiten, die die Einheit der Erfahrung stiften, widerstrebe. Keine andere Tatsache als diese »Zusammenstimmung der Natur zu unserem Erkenntnisvermögen« (U. Einl. XXXVI) kann folgerichtig überall gemeint sein, wo Kant von der »formalen Zweckmäßigkeit der Natur« spricht. Die mit diesem Begriff zusammenhängenden, für die Erkenntnistheorie überaus wichtigen Probleme müssen hier beiseite gelassen werden.

Nähere Bestimmung der Aufgabe der reflektierenden Urteilskraft

Die »transcendentale Doctrin der Urteilskraft« in der *Kritik der reinen Vernunft* hat gezeigt, daß es Grundsätze a priori gibt, die zugleich die allgemeinsten Naturgesetze sind. (Vgl. *Prolegomena* § 36, Ak. Ausg. IV 318 ff.) »Die reflectierende Urteilskraft, die von dem Besonderen in der Natur zum Allgemeinen aufzusteigen die Obliegenheit hat«, (U. Einl. XXVI f.) – in etwas laxer Redeweise: die empirische Forschung – muß daher danach streben, auf rein induktivem Wege das gesamte Naturgeschehen auf jene Grundsätze zurückzuführen, die a priori feststehen und durch anderweitige, nicht naturwissenschaftliche Untersuchung bereits explicite bekannt sind. Diese Forderung bedeutet, daß jeder Vorgang in der Natur müsse begriffen werden als Spezialfall, als »Modification« der a priori formulierten Gesetze.

Die allgemeine Frage nach der Bestimmung dessen, was durch die Gesetzgebung des reinen Verstandes zunächst unbestimmt gelassen wird

Welches Gesetz aber bestimmt die Art der Modifikation? Wie sollen wir als notwendig erkennen, daß die allgemeinsten Gesetze sich gerade zu diesen und keinen anderen empirischen Naturgesetzen spezifizieren? Oder anders gewendet: wie verhält es sich mit der Gesetzmäßigkeit dessen, was »durch jene Gesetze, welche der reine Verstand a priori gibt, ... unbestimmt gelassen« wird? (U. Einl. XXVI)

In diesen Sätzen sind verschiedene, zum Teil im eigentlichen Sinn metaphysische Probleme miteinander vermengt, deren Sonderung hier nicht die Aufgabe ist. Nur derjenige Sinn soll zur Sprache kommen, den diese bei Kant anläßlich der Erörterung der formalen Zweckmäßigkeit auftretende Fragestellung in ihrer Anwendung auf die konkreten Schwierigkeiten gewinnt, die mit der Erforschung der organischen Natur zusammenhängen. –

Anwendung dieser Frage auf die Probleme der Biologie

Die empirische Naturforschung hat auch Aufschluß darüber zu suchen, wie die Erzeugung (d. h. die Entstehung und die Erhaltung) der lebenden Körper, der Organismen zu denken sei. Dabei handelt es sich um Veränderungen in der Natur. Für sie gilt a priori das allgemeine Naturgesetz: »Alles, was geschieht (anhebt zu sein), setzt etwas voraus, worauf es nach einer Regel folgt.« (r. V. I. Aufl. 189) Dieser »Grundsatz der Erzeugung« beansprucht schlechthin notwendige Geltung, auch für die Erzeugung von Organismen.

Die Aufgabe der reflektierenden Urteilskraft leitet sich aus dem Umstande her, daß diese allgemeine, formale Feststellung uns nicht befriedigt, daß wir nähere Angaben über die »Regel« für die Arten der besonderen Fälle verlangen. Der »Verstand sagt: Alle Veränderung hat ihre Ursache (allgemeines Naturgesetz)« (U. Einl. XXXII), aber da Zustände »auf unendlich mannigfaltige Weise Ursache sein können« (ebenda), so gilt es, für die Erzeugung der Organismen die besonderen Gesetze aufzufinden. Es müssen die Arten derjenigen Veränderungen möglichst vollständig bezeichnet werden, auf die jene zu erklärenden Vorgänge »nach einer Regel«, d. h. gesetzmäßig eintreten.

Um zu verstehen, warum sich für Kant in der praktischen Anwendung dieser Erkenntnis die oben angeführte Frage (siehe S. 26), insoweit sie sich auf das Problem des organischen Lebens bezieht, nicht erledigt, ist es notwendig, auf den Sinn des Grundsatzes der Erzeugung näher einzugehen.

Über den Grundsatz der Erzeugung

Zu diesem Zweck ist zunächst zu fragen, worauf er sich bezieht. Was ist mit dem »etwas« gemeint, mit dem der zu erklärende Vorgang gesetzmäßig zusammenhängt; was kann Ursache einer Veränderung heißen? – Es handelt sich in der zweiten Analogie der Erfahrung um die Folge der »Erscheinungen« in der Zeit. Wenn die Kantische Äquivokation: Erscheinung im Sinn von ›wirkliches Ding‹ und im Sinn von ›Wahrnehmung des

Dings‹[1] unschädlich gemacht wird, indem man unter Folge der Erscheinungen ausschließlich Veränderungen in der Welt der Dinge versteht, so läßt sich der Grundsatz folgendermaßen formulieren: Jede dingliche Veränderung folgt gesetzmäßig auf eine andere dingliche Veränderung, die ihre Ursache heißt.

Für das Verständnis von Kants naturwissenschaftlichen Anschauungen ist es unerläßlich, zwei Tatsachen festzuhalten. Erstens: Nach der zweiten Analogie der Erfahrung besteht das Kausalverhältnis lediglich in der Beziehung eines Zustandes B zu einem ihm regelmäßig vorhergehenden Zustand A. Es wird darin »nur auf die Notwendigkeit der Verknüpfung der Begebenheiten in einer Zeitreihe... gesehen« (p.V.173). Zweitens: Eine andere Gesetzlichkeit zur Regelung dinglicher Vorgänge als das so formulierte Kausalgesetz besteht nicht. So etwas wie Notwendigkeit in der Natur gibt es nur in Beziehung auf die Zeitfolge von Zuständen. »Die Notwendigkeit betrifft also nur die Verhältnisse der Erscheinungen nach dem dynamischen Gesetze der Causalität und die darauf sich gründende Möglichkeit, aus irgend einem gegebenen Dasein (einer Ursache) a priori auf ein anderes Dasein (der Wirkung) zu schließen.« (r.V. 280) Nur diese (auf die Zeitfolge sich beziehende) Notwendigkeit ist »verständliche Notwendigkeit« (ebenda 280f.).

Konsequenz des Grundsatzes für die Naturwissenschaft überhaupt

Für die Naturforschung ergibt sich aus diesen Sätzen folgende Konsequenz: Wo ein zu erklärender Vorgang gegeben ist, hat sie gesetzmäßige Beziehungen zu vorhergegangenen Veränderungen aufzusuchen. *Darin* besteht ihre eigentliche Aufgabe; *das heißt*: »unter Regeln – subsumieren«, *das heißt*: einen Vorgang begreifen. Kant drückt diese Bestimmung der Naturforschung auch dadurch aus, daß für sie »immer Naturmechanism den Leitfaden ausmachen muß« (p.V. 53). Unter »Naturmechanism« ist aber nichts anderes zu verstehen als die regelmäßige Folge von Naturvorgängen in der

---

1 Siehe Cornelius, *Transcendentale Systematik*, l.c., S. 37.

Zeit; denn man kann »alle Notwendigkeit der Begebenheiten in der Zeit nach dem Naturgesetze der Causalität den Mechanismus der Natur nennen...« (p.V.173).

Konsequenz des Grundsatzes für die Biologie im besonderen

Kants Anwendung auf die Biologie läßt sich in sehr grober Kürze etwa auf folgende Weise deutlich machen. – Der lebende Körper ist ein Ganzes in der Natur. Insofern jedes materielle Ganze als ›Zusammengesetztes‹ zu denken ist, sind die Teile relativ zu ihm stets als das zeitlich Frühere anzusehen, denn sie waren in irgendeiner Form schon in der Natur, bevor sie sich zur Bildung des Ganzen vereinigt hatten. Das ›Baumaterial‹ hat schon vor seiner Mitwirkung am ›Aufbau‹ existiert. Von der Entstehung und fortwährenden Neubildung der Organismen gilt dasselbe wie von der Entstehung anorganischer Naturprodukte. Wenn aber die Teile dem Ganzen gegenüber stets als das Frühere anzusehen sind, so kann nach dem Grundsatze der Erzeugung eine Erklärung der Organismen nur im Rückgang auf Veränderungen der Teile gesucht werden. Entstehung und Erhaltung lebender Körper sind einzig als Wirkungen der Teile anzusehen, denn es »ist die Zeitfolge allerdings das einzige empirische Kriterium der Wirkung in Beziehung auf die Causalität der Ursache, die vorhergeht« (r.V.249). Der Organismus ist »ein Product der Teile und ihrer Kräfte und Vermögen sich von selbst zu verbinden (andere Materien, die diese einander zuführen, hinzugedacht)...« (U.351).

Eine Maxime zur Bestimmung dessen, was durch die Gesetzgebung des reinen Verstandes zunächst unbestimmt gelassen wird

Mit dieser Vorstellung einer »mechanischen Erzeugungsart« (ebenda) ist eine Maxime für die reflektierende Urteilskraft gewonnen zur Bestimmung dessen, was an den Organismen »außer dem, was sie als zur Natur überhaupt gehörig gemein haben« (U. Einl.XXXII), »so viel man a priori urteilen kann, bestimmbar« ist.

(ebenda) Die reflektierende Urteilskraft ist angewiesen, die Notwendigkeit, daß gerade diese und keine andere »mannigfaltige Formen der Natur« (U. Einl. XXVI) zustande kommen und sich erhalten, in einer ganz bestimmten Richtung zu suchen: bei den Teilen und ihren »Kräften und Vermögen«. Derselbe Leitsatz gilt unbeschränkt bei der Erforschung der anorganischen Natur, wo kein besonderes Phänomen den Zweifel Kants an seiner Zulänglichkeit motiviert. Die Tatsache des organischen Lebens aber veranlaßt ihn zu eingehender Prüfung, ob er wirklich ausreiche, um zur Klarheit über die Entstehung der Naturformen zu führen.

Zweifel an der Zulänglichkeit dieser Maxime

Ganz unzweideutig formuliert Kant den Grund für seinen Zweifel an der Zulänglichkeit der mechanischen Maxime, wo er gegen Hume die Berechtigung seiner Erwägungen verteidigt. Dort heißt es, die Schwierigkeit in der Beurteilung eines organischen Wesens beruhe »auf der Nachfrage nach Einheit des Grundes der Verbindung des Mannigfaltigen außer einander (d. i. des Materiellen [M. H.]) in diesem Producte; da denn, wenn... die Ursache bloß in der Materie, als einem Aggregat vieler Substanzen außer einander, gesucht wird, die Einheit des Prinzips für die innerlich zweckmäßige Form ihrer Bildung gänzlich ermangelt...« (U. 372).

Das Motiv des Zweifels

Diejenige Eigenschaft der lebenden Körper also, die aus dem »Aggregat« materieller Substanzen, d. h. aus der »Menge vorher gegebener Teile« (vgl. die Bestimmung von Aggregat r. V. 204!) nicht zu begreifen ist, und daher einer Beurteilung nach der mechanischen Maxime sich prinzipiell entzieht, ist die »innerlich zweckmäßige Form« oder, wie Kant sich ebenfalls ausdrückt, ihre materiale innere Zweckmäßigkeit. Es ist darunter die Tatsache zu verstehen, daß die gesamte Entwicklung eines lebenden Körpers bis zu den entferntesten Endergebnissen schon die ersten Phasen zu beherrschen scheint. Zeugung, Wachstum, innere Selbsterhaltung der Organismen – an ihnen erläutert Kant die »Idee von einem Naturzwecke« (U. 286 ff.) – sind Vorgänge, die sich nicht als bloße Summen regelmäßig aufeinanderfolgender Teilvorgänge wollen begreifen lassen, sondern von einer andersartigen, den ganzen Verlauf beherrschenden einheitlichen Gesetzmäßigkeit Zeugnis ablegen, die keineswegs auf regelmäßige Zeitfolge benachbarter Phasen zu reduzieren ist. Und zwar gilt diese Bemerkung nicht etwa für jedes raumerfüllende Teilchen eines organischen Körpers gesondert, so als ob es sich bei einer solchen Entwicklungsreihe eigentlich um ein ganzes Bündel von Reihen handelte, die nur durch unsere gleichsam willkürliche Zusammenfassung gemeinsam betrachtet würden; sondern die umgreifende einheitliche Gesetzmäßigkeit bezieht sich auf die Entwicklung eines gegliederten Ganzen als solchen, so daß der Grund für die Veränderung eines Gliedes ebensosehr in den inneren Verhältnissen des Ganzen zu liegen scheint, wie eine Veränderung des Ganzen nur durch die Veränderung von Gliedern möglich ist.

Das Verhältnis von Ganzem und Teilen bei organischen Wesen

Wo wir einen Gegenstand in der Natur als Lebewesen zu erkennen meinen, läßt sich dies nicht so beschreiben, daß wir zunächst eine Menge in räumlicher und zeitlicher Berührung stehender Teile kennen lernen, die *wir* erst zu Raum- und Zeitgestalten zusammenfassen müßten, sondern das Willkürliche, ›Subjektive‹, scheint im Gegenteil in der Teilung zu liegen, also überall dort, wo wir einen gedanklichen Schnitt durch das Raumzeitganze legen; es mutet uns an, als ob wir dabei innerlich Zusammengehöriges künstlich zerstücken und von wesentlichen Eigentümlichkeiten, da sie im Zueinander gründen, absehen müßten. In der Entwicklung eines lebenden Körpers tritt uns jede Veränderung als durch die innere Anlage des raumzeitlichen Ganzen notwendig bedingt entgegen, wie auch natürlich jeder Teil, insofern wir ihn schon einmal gesondert betrachten, für die Entwicklung des Ganzen notwendig erscheint. »In einem solchen Producte der Natur wird ein jeder Teil so, wie er nur *durch* alle übrige da ist, auch als *um der andern* und des Ganzen *willen* existierend, d. i. als Werkzeug (Organ) gedacht: welches aber nicht genug ist (denn er könnte auch Werkzeug der Kunst sein und

so nur als Zweck überhaupt möglich vorgestellt werden); sondern als ein die andern Teile (folglich jeder den andern wechselseitig) *hervorbringendes* Organ, dergleichen kein Werkzeug der Kunst, sondern nur der allen Stoff zu Werkzeugen (selbst denen der Kunst) liefernden Natur sein kann: und nur dann und darum wird ein solches Product, als *organisiertes* und *sich selbst organisierendes* Wesen, ein *Naturzweck* genannt werden können.« (U. 291 f.)
Es ist hier nicht der Ort, eine Phänomenologie des Zweckmäßigen zu geben und dabei die Mängel der Kantischen Betrachtung herauszustellen – wenn auch darauf abzielende gründliche Untersuchungen bei der verbreiteten höchst unklaren Anwendung der Begriffe des Zweckes, des Organismus und verwandter Begriffe ebenso nützlich wie schwierig sein würden. Es kam vielmehr hier nur darauf an, ganz grob anzuzeigen, welche Bedeutung bei Kants mannigfaltiger Anwendung des Begriffes der Zweckmäßigkeit diejenige zu sein scheint, die zum Zweifel an der Zulänglichkeit der mechanischen Maxime ursprünglich den Anstoß gab.

Vergleich der materialen inneren mit der formalen Zweckmäßigkeit

Kants Anwendung des Begriffes der Zweckmäßigkeit auf Verhältnisse, wo das Ganze eines Prozesses schon in jeder Phase angelegt zu sein und sie zugleich zu bedingen scheint, bekundet sich auch im Begriffe der formalen Zweckmäßigkeit. *Formal* zweckmäßig (siehe S. 25) heißt die Natur, insofern eine Beschaffenheit, von der notwendig gedacht werden muß, daß sie ihr als Ganzem zukomme, die Erkennbarkeit irgend eines ihrer Teile erst möglich macht, so daß jeder Schritt der Forschung immer schon geleitet sein muß von Erkenntnissen, die Wissenschaft und Natur in ihrer Totalität – insbesondere das Wesen ihrer systematischen Gliederung – betreffen. Der Begriff der *materialen* inneren Zweckmäßigkeit bezieht sich nicht auf die Natur im allgemeinen, sondern auf besondere Naturwesen, nämlich die lebenden Körper. Die Beurteilung der Organismen als ›Naturzwecke‹ bedeutet nichts anderes, als was schlichte Beobachtung ohne weiteres zu lehren vermag: daß das raumzeitliche gegliederte Ganze »zugleich den Grund der Wirklichkeit«

(U. Einl. XXVIII) der gerade vorliegenden Phase enthält, so daß alles Spätere wie auch alles Vorhergehende nicht nur durch die regelmäßige Zeitfolge, sondern ›innerlich‹, sachlich mit ihr verknüpft zu sein scheint. Also weder an die Eignung des betreffenden Gegenstandes zur Erreichung irgendwelcher Ziele anderer Wesen, weder an »die Nutzbarkeit (für Menschen), oder auch Zuträglichkeit (für jedes andere Geschöpf)« (U. 279 f.) ist dabei zu denken, denn »eine innere Zweckmäßigkeit des Naturwesens« (ebenda) ist gemeint.

Die Aufgabe der teleologischen Urteilskraft

Daß diese nach dem mechanischen Prinzip nicht ergründbar ist und der Organismus daher vielleicht irgendeine andere, »keineswegs aber physisch-mechanische Erklärungsart wenigstens der menschlichen Vernunft übrig läßt«, das stand für Kant schon vor den Untersuchungen der *Kritik der Urteilskraft* fest (vgl. *Über den Gebrauch teleologischer Prinzipien in der Philosophie*, Ak. Ausg. VIII 179). Sind aber einmal ›Produkte‹ entdeckt, deren Erzeugung mechanischer Erklärung grundsätzlich unzugänglich ist, dann werden »wir weiter gehen und auch die, welche ... es eben nicht notwendig machen, über den Mechanism der blind wirkenden Ursachen hinaus ein ander Prinzip für ihre Möglichkeit aufzusuchen, dennoch als zu einem System der Zwecke gehörig beurteilen dürfen ...« (U. 304). Damit ist ein besonderer Zweig der reflektierenden Urteilskraft aufgewiesen, als dessen allgemeine Aufgabe es erscheint, eben diese rätselhafte Eigenschaft der inneren Zweckmäßigkeit zu ergründen: dieser Zweig heißt die teleologische Urteilskraft.

Die Antinomie der teleologischen Urteilskraft

Für die Naturforschung aber ergibt sich nunmehr die Schwierigkeit, von der zu Anfang die Rede war und die Kant als eine Antinomie der Urteilskraft bezeichnet. Denn die reflektierende Urteilskraft hat jetzt zur Bestimmung dessen, was »durch jene Gesetze, welche der reine Verstand a priori gibt, ... unbestimmt gelassen« wird (siehe S. 26!), »zwei Maximen ..., deren eine ihr der bloße Verstand a priori an die Hand gibt; die andere aber durch besondere Erfahrungen veranlaßt wird, welche die Vernunft ins Spiel bringen, um nach einem besondern Prinzip die Beurteilung der körperlichen Natur und ihrer Gesetze anzustellen. Da trifft es sich dann, daß diese zweierlei Maximen nicht wohl neben einander bestehen zu können den Anschein haben, mithin sich eine Dialektik hervortut, welche die Urteilskraft in dem Prinzip ihrer Reflexion irre macht.

Die *erste Maxime* derselben ist der *Satz*: Alle Erzeugung materieller Dinge und ihrer Formen muß als nach bloß mechanischen Gesetzen möglich beurteilt werden.

Die zweite Maxime ist der *Gegensatz*: Einige Producte der materiellen Natur können nicht als nach bloß mechanischen Gesetzen möglich beurteilt werden (ihre Beurteilung erfordert ein ganz anderes Gesetz der Causalität, nämlich das der Endursachen).« (U. 314)

II. Abschnitt:
Kants Auflösung

Der Sinn der Antithesis

Die Maxime des Gegensatzes ist bisher fast ausschließlich in negativer Weise bestimmt worden. Absichtlich wurde es vermieden, Kants Meinung darüber, wie eine nichtmechanische Beurteilung beschaffen sein müsse, mit der Darstellung der Sachlage, die seinen Zweifel an der mechanischen Maxime motiviert, zu vermengen. Die der Formulierung des Gegensatzes beigefügte Klammer enthält daher den ersten positiven Hinweis auf Kants Vorstellung einer solchen Beurteilung. Im folgenden soll zunächst von dieser Vorstellung die Rede sein, da sie für Kants Lösung des Problems in hohem Grade bestimmend ist.

Die positive Bestimmung der nichtmechanischen Maxime könnte im Kantischen Sinn etwa lauten, »daß nach der Beschaffenheit des menschlichen Verstandes für die Möglichkeit organischer Wesen in der Natur keine andere als absichtlich wirkende Ursache könne angenommen werden...« (U. 360), so daß »eine vom Mechanismus unterschiedene Causalität, nämlich einer nach Zwecken handelnden (verständigen) Weltursache gedacht werden müsse...« (U. 318).

Kants Deutung des Phänomens der inneren Zweckmäßigkeit

Das Phänomen der inneren Zweckmäßigkeit, dessen Eigenart oben auf grobe Weise anzudeuten versucht wurde, läßt sich nach Kant – das steht bei ihm schon vor der Untersuchung fest – nur auf solche Weise denken, daß bestimmte Phasen einer Entwicklungsreihe, zumeist die Endphasen, zur Ursache dieser Reihe werden, indem sie, von einem denkenden Wesen gesondert vorgestellt, von eben diesem Wesen gewollt und verwirklicht werden, wobei der Rest der Reihe (die vorhergehenden Abschnitte) dann als ›Mittel‹ erscheint. Nach Kant gründet sich die Beurteilung einer Entwicklungsreihe als einer ›zweckmäßigen‹ etwa auf folgende Erlebnisse: Die Entwicklung eines lebenden Körpers wird vom Beobachter begrifflich in einzelne Abschnitte zerlegt, die für sich festgehalten werden. Die aus irgendeinem Grunde bedeutsamsten dieser Abschnitte werden als vor ihrem Dasein von einem (nicht menschlichen) Verstande in der Vorstellung vorweggenommen angesehen, und diese Vorstellung, dieser ›Begriff‹ erscheint nun dadurch als ›Grund der Wirklichkeit‹ der ganzen Reihe, daß er als Motiv ihrer Verwirklichung für jenen Verstand gedacht wird; denn die Verwirklichung der bedeutsamen Abschnitte soll (auch für den nichtmenschlichen Verstand) nur dadurch möglich sein, daß zunächst alle vorhergehenden verwirklicht werden, insofern sie dazu notwendig sind, um auf mechanische Weise jene beabsichtigten Abschnitte herbeizuführen. »Denn wo Zwecke als Gründe der Möglichkeit gewisser Dinge gedacht werden, da muß man auch Mittel annehmen, deren Wirkungsgesetz für sich nichts einen Zweck Voraussetzendes bedarf, mithin mechanisch und doch eine untergeordnete Ursache absichtlicher Wirkung sein kann.« (U. 361)

Für die Erzeugung des Organismus bedeutet diese Fassung des Zweckbegriffs, daß ein lebender Körper, so wie er als Ganzes zu irgend einer bestimmten Zeit vor uns steht, als eine beabsichtigte Wirkung aufgefaßt wird. Zweckmäßig heißt er in diesem Zusammenhang nur deshalb, weil seine begriffliche Vorwegnahme, seine »Vorstellung als die Ursache seiner Möglichkeit angesehen wird, das Product aber einer Ursache, deren Bestimmungsgrund bloß die Vorstellung ihrer Wirkung ist, ein Zweck heißt...« (U. 350).

Man darf Kants Deutung nicht mit dem Gedeuteten verwechseln

Es ist nach dem Gesagten wohl zu unterscheiden zwischen dem Phänomen, auf das Kant den Zweckbegriff anwendet (und das er an vielen Stellen unzweideutig beschreibt), und seiner Art, dieses Phänomen sofort auszudeuten, die sich extrem und kurz durch den Satz eines modernen Autors bezeichnen läßt: »Wer Zweck sagt, sagt Wille.«[1] Die Beobachtung lehrt, daß in einem Organismus »die

---

1 Eisler, *Der Zweck*, Berlin 1914, S. 38.

Teile (ihrem Dasein und der Form nach) nur durch ihre Beziehung auf das Ganze möglich sind« (U. 290), und daher »kein Teil ohne in Verhältnis auf das Ganze... bestimmt werden kann« (U. 352). Nicht aber lehrt sie, daß irgend »eine absichtlich wirkende Ursache« (siehe oben) für sie angenommen werden müsse. – »Weil der Begriff eines organisierten Wesens es schon bei sich führt, daß es eine Materie sei, in der alles wechselseitig als Zweck und Mittel auf einander in Beziehung steht« (*Über den Gebrauch teleologischer Prinzipien in der Philosophie*, Ak. Ausg. VIII 179), ist es noch gar nicht ohne weiteres »sicher, daß, wenn wir doch wenigstens nach dem, was uns einzusehen durch unsere eigene Natur vergönnt ist (nach den Bedingungen und Schranken unserer Vernunft), urteilen sollen, wir schlechterdings nichts anderes als ein verständiges Wesen der Möglichkeit jener Naturzwecke zum Grunde legen können« (U. 338).

Die Auflösung

Nachdem bei Kant die Maxime des Gegensatzes in der Antinomie von vorneherein auf die besprochene Weise inhaltlich bestimmt ist, kann die Auflösung nicht zweifelhaft sein. Da es nämlich »ganz unbestimmt und für unsere Vernunft auch auf immer unbestimmbar ist, wieviel der Mechanism der Natur als Mittel zu jeder Endabsicht in derselben tue« (U. 362), und außerdem feststeht, daß ohne mechanische Kausalität »organisierte Wesen, als Zwecke der Natur doch keine Naturproducte sein würden« (U. 375), so vermag die zweite, die ›teleologische‹ Maxime dem mechanischen Satze keinen Eintrag zu tun. Mag sie in Ansehung der bloßen Nachforschung »wenigstens problematisch, mit Recht zur Naturforschung gezogen« (U. 269) werden, indem sie den einzelnen Forscher als »ein Prinzip mehr« (ebenda) bei seinen Beobachtungen leitet, so daß also in dieser Hinsicht beide Maximen nebeneinander bestehen: *Erklärungen*, soweit sie möglich sind, müssen jedenfalls ausschließlich im Sinne der Thesis gegeben werden, da auf andere Weise »keine Einsicht in die Natur der Dinge erlangt werden kann« (U. 354). Als subjektiver »Leitfaden für die Beobachtung einer Art von Naturdingen, die wir einmal teleologisch unter dem Begriffe der Naturzwecke gedacht haben« (U. 297), mag sie dienlich, ja sogar unentbehrlich sein; »aus subjectiven Gründen der besonderen Art und Beschränkung unseres Verstandes« (U. 387) darf man sie als Hilfsmittel gebrauchen, die Natur zu erforschen, aber »ohne sich anzumaßen sie darnach zu erklären« (U. 269).

Rückblick

Der logische Gang bei der Aufstellung und der Lösung der Antinomie läßt sich folgendermaßen kurz darstellen. Die reflektierende Urteilskraft hat die besonderen Gesetzmäßigkeiten in der Natur aufzusuchen. Da diese Gesetzmäßigkeiten als Spezialfälle von a priori aufgestellten Grundsätzen müssen gelten können, wenn einheitliche Erfahrung zustande kommen soll, so hat die reflektierende Urteilskraft dadurch einen Leitfaden, daß sie vom Sinn der gesuchten Gesetzmäßigkeiten bereits eine allgemeine Vorstellung besitzt. Einen solchen Leitfaden bildet die mechanische Maxime, daß jede Veränderung eines Ganzen aus Veränderungen von Teilen abzuleiten sei. In ihrer Arbeit stößt die Naturforschung aber auf Gebilde, die »eine ganz eigne Gesetzmäßigkeit« (U. 268) anzuzeigen scheinen, jedenfalls aber mechanischer Erklärung faktisch unzugänglich sind. Kant stellt für ihre Erforschung eine eigene ›teleologische‹ Maxime auf, die anscheinend der mechanischen widerstreitet. Nur ›anscheinend‹ ist der Widerstreit deshalb, weil es sich um Prinzipien der *reflektierenden*, nicht der bestimmenden Urteilskraft handelt. Die erstere nämlich hat nur die Gesetzmäßigkeiten *aufzusuchen*, sie ist das Organ der systematischen Beobachtung, der Forschung im engsten Wortsinn, und von ihr mögen daher immerhin beide Maximen nebeneinander »als heuristische Grundsätze mit gutem Glücke gebraucht werden« (r. V. 691): als Maximen der reflektierenden Urteilskraft gelten sie jedenfalls »nur subjektiv für uns« (U. 360). Wo die Urteilskraft bestimmend wird, d. h. wo nicht erst ein Zusammenhang gesucht, sondern in einen bereits bekannten ›eingeordnet‹ wird, bleibt es dabei, daß »ein reales Ganze der Natur nur als Wirkung der concurrierenden bewegenden Kräfte der Teile anzusehen« ist (U. 349).

Kants Auflösung ist folgerichtig

Daß als ›Erklärungsprinzip‹ für Kant nur die mechanische Maxime in Frage kommen konnte, ist auch auf andere Weise leicht zu zeigen. – Nichtmechanische Erklärung und teleologische Erklärung (»nach Endursachen«) wurde von ihm gleichgesetzt. Dem entspricht auch seine Überzeugung, daß nur zwei Arten von Gesetzmäßigkeit, unter denen ein Naturvorgang stehen könne, überhaupt denkbar seien: »nexus effectivus« und »nexus finalis«: die gesetzmäßige Verknüpfung der wirkenden Ursachen und die der »Endursachen«, beziehungsweise diejenige der »realen« und der »idealen Ursachen«, wobei zu beachten ist, »daß es nicht mehr als diese zwei Arten der Causalität geben könne« (U. 290). – Daß aber bei einer solchen Voraussetzung, d. h. der Identifikation von nichtmechanischer und teleologischer Erklärung im dargelegten Sinne die erstere aus der Naturwissenschaft prinzipiell ausgeschlossen werden muß, leuchtet ohne weiteres ein. Denn »wenn man uns gleich einräumt: daß ein höchster Architect die Formen der Natur, so wie sie von je her da sind, unmittelbar geschaffen, oder die, welche sich in ihrem Laufe continuierlich nach eben demselben Muster bilden, prädeterminiert habe: so ist doch dadurch unsere Erkenntnis der Natur nicht im mindesten gefördert: weil wir jenes Wesens Handlungsart und die Ideen desselben, welche die Prinzipien der Möglichkeit der Naturwesen enthalten sollen, gar nicht kennen und von demselben als von oben herab (a priori) die Natur nicht erklären können« (U. 354).

Jede nichtmechanische Erklärung müßte nach Kant gleichbedeutend sein mit dem Unterfangen eines Naturforschers, sich für irgendeinen Vorgang »geradezu auf den unerforschlichen Ratschluß der höchsten Weisheit zu berufen und die Vernunftbemühung alsdann für vollendet anzusehen, wenn man sich ihres Gebrauchs überhebt...« (r. V. 719). Weil nun der »Begriff einer solchen höchsten Intelligenz« »an sich gänzlich unerforschlich ist« (r. V. 720), so hätte die Einführung teleologischer Erklärungen in die Naturwissenschaft nichts geringeres zu bedeuten, als die Anerkennung eines gesetzlosen Faktors in der Natur.

Teleologische Erklärung im Sinne Kants ist im Grunde schlechte mechanische Erklärung

Eine solche Erklärung würde auch gar nicht dazu dienen können, weiterzuhelfen, wo die mechanische versagt, denn sie ist im Grunde selbst mechanisch. Sie brächte zu den Teilen und ihren Kräften und Vermögen, als deren Produkt wir ein »Ganzes der Materie seiner Form nach« (U. 351) ansehen sollen, ein neues »Vermögen« ins Spiel, das auf irgend eine rätselhafte Weise zu den bekannten hinzutreten soll und sich im wesentlichen dadurch von ihnen unterscheidet, daß es »nach keiner Analogie irgend eines uns bekannten physischen, d. i. Naturvermögens, ja, da wir selbst zur Natur im weitesten Verstande gehören, selbst nicht einmal durch eine genau angemessene Analogie mit menschlicher Kunst denkbar und erklärlich« ist (U. 294).

Es ist offenbar, daß diese neue, im Sinne der natürlichen: gesetzlose Kausalität mit der mechanischen Erklärung nicht befriedigend in Einklang zu bringen wäre. »Die Möglichkeit einer solchen Vereinigung zweier ganz verschiedener Arten von Causalität, der Natur in ihrer allgemeinen Gesetzmäßigkeit mit einer Idee, welche jene auf eine besondere Form einschränkt, wozu sie für sich gar keinen Grund enthält, begreift unsere Vernunft nicht; sie liegt im übersinnlichen Substrat der Natur, wovon wir nichts bejahend bestimmen können, als daß es das Wesen an sich sei, von welchem wir bloß die Erscheinung kennen.« (U. 374)

Frage nach der methodologischen Bedeutsamkeit der Teleologie

Wenn aber die zu einer teleologischen Erklärung anzunehmende Kausalität mit »der Natur in ihrer allgemeinen Gesetzmäßigkeit« nicht auf begriffliche Weise zu vereinen wäre, so ist es jedenfalls auch fraglich, was diese Fiktion eines Vermögens, das wir nur »nach einer entfernten Analogie mit unserer Causalität nach Zwecken« (U. 295) denken können, als »heuristisches Prinzip« (U. 355) denn überhaupt beizutragen vermöchte, »den besonderen Gesetzen der Natur nachzuforschen« (ebenda), wobei es im übrigen gleichgültig bleibt, ob es der »göttlichen Weisheit« zugeschrieben wird, oder ob man seine »Producte« »immer nur Naturzwecke nennt« (ebenda). Jedenfalls ist »für die Theorie der Natur oder die mechanische Erklärung der Phänomene derselben durch ihre wirkenden Ursachen dadurch nichts gewonnen, daß man sie nach dem Verhältnisse der Zwecke zueinander betrachtet« (U. 365).

Hinweis auf eine mögliche Beantwortung

Nach alledem ist wohl kein Zweifel, daß Kant mit Hermann Cohen einig wäre, wenn dieser sagt, »die Teleologie sei gar nicht als wissenschaftliche Methode der Forschung zu schätzen, sondern lediglich als ein Gesichtspunkt für die Fragestellung und für die richtige Instruction einer Untersuchung. Das Verfahren der Untersuchung selbst jedoch, die Beobachtung, der Versuch, die Rechnung sind ausschließlich Momente der mechanischen Erklärung, die daher allein als Methode gelten kann.«[2] Aber auch was die Teleologie »als ein Gesichtspunkt für die Fragestellung und für die richtige Instruction einer Untersuchung« leisten soll, ist dabei noch nicht ohne weiteres klar. Sehr wahrscheinlich ließe sich die Statuierung der teleologischen Maxime als eines heuristischen Prinzips schon durch die Ansicht erschöpfend dartun, die Kant in der *Kritik der reinen Vernunft* bereits deutlich ausgesprochen hatte, daß nämlich bei »lebenden Wesen in dieser Welt« »die Vernunft es notwendig zum Grundsatze annehmen muß, daß kein Organ, kein Vermögen, kein Antrieb, also nichts Entbehrliches oder für den Gebrauch Unproportioniertes, mithin Unzweckmäßiges anzutreffen, sondern alles seiner Bestimmung im Leben genau angemessen sei...« (r. V. 425)[3]

Strenge Wissenschaft hat nur mechanisch zu verfahren

Ob mit der Feststellung des bloß heuristischen Gebrauches der nichtmechanischen Maxime in dem angedeuteten oder einem ähnlichen Sinne dasjenige Ergebnis getroffen ist, das Kant als wesent-

---

2 *Kants Theorie der Erfahrung*, Berlin ³1918, S. 713 f.
3 Vgl. U. 296: »jene Maxime: daß nichts in einem solchen Geschöpf umsonst sei...«

lichen Ertrag der Auflösung der Antinomie angesehen hat, oder ob dies nicht der Fall ist, mag dahingestellt bleiben. Sicher ist, daß er davon überzeugt war, strenge Naturwissenschaft habe bei ihren Erklärungen einzig die mechanische Methode anzuwenden, d. h. sie habe das Ganze schlechthin als Bedingtes, die Teile schlechthin als »Bedingungen seiner Möglichkeit« (r. V. 551) anzusehen, so daß »die Bedingung dieses Ganzen sein Teil und die Bedingung dieses Teils der Teil vom Teile u.s.w. ist...« (r. V. 541). Der »Vernunftfrage« nach der Gesetzmäßigkeit, die zu der Bildung des Ganzen geführt hat und die das Geschehen in ihm beherrscht, vermag nur der Rückgang auf die Teile, die Elemente zu antworten, und zwar der Rückgang an der Hand der »Kategorie der Causalität«, »welche eine Reihe der Ursachen zu einer gegebenen Wirkung darbietet, in welcher man von der letzteren als dem Bedingten zu jenen als Bedingungen aufsteigen und der Vernunftfrage antworten kann« (r. V. 441 f.).

Konsequenzen aus Kants Anschauung

Die weltanschauliche Tragweite dieser Entscheidung zu verfolgen, ist hier nicht der Ort. Lediglich als Andeutung in dieser Richtung sollen einige bedeutsame Folgerungen angemerkt sein, deren nähere Begründung jedoch ein zu weitläufiges Eingehen auf die Kantischen Grundlehren erfordern würde.

1. Urteile über Organismen als solche sind keine Erfahrungsurteile

Erfahrung wird allererst durch den Zusatz eines Verstandesbegriffes zur Wahrnehmung erzeugt (vgl. *Prolegomena* § 22 Anm., Ak. Ausg. IV 305). »Daher sind reine Verstandesbegriffe diejenigen, unter denen alle Wahrnehmungen zuvor müssen subsumiert werden, ehe sie zu Erfahrungsurteilen dienen können, in welchen die synthetische Einheit der Wahrnehmungen als notwendig und allgemeingültig vorgestellt wird.« (*Prolegomena* § 22, Ak. Ausg. ebenda) Ein Urteil, das eine bestimmte Folge von Wahrnehmungen als Wahrnehmungen organischen Geschehens objektiviert, also etwa Wahrnehmungen der Phasen des Wachstums einer Pflanze dadurch in synthetischer Einheit begreift, daß es die Phasen als zur

Entwicklung eines lebenden Körpers gehörig bezeichnet – ein solches Urteil kann nach Kant niemals ein Erfahrungsurteil sein. Denn die Berufung auf die Zugehörigkeit zur Einheit eines lebenden Wesens d. h. auf eine Gesetzmäßigkeit, die eine solche Einheit konstituiert, ist gemäß der Auflösung der Antinomie zwar unter Umständen der reflektierenden, niemals aber der bestimmenden Urteilskraft erlaubt und somit keineswegs gleichbedeutend mit der Subsumtion unter einen Verstandesbegriff, als welche allein Sache der letzteren ist.

Im angeführten Beispiele der Wachstumsphasen einer Pflanze käme einzig die Kategorie der Ursache in Frage, denn es muß, »sofern eine Zeitfolge unter den Erscheinungen, d. i. eine Begebenheit angetroffen wird, unter den Begriff einer Wirkung in Beziehung auf Ursache ... subsumiert werden ...« (*Prolegomena* § 25, Ak. Ausg. 307). Da nun diese Subsumtion identisch wäre mit einer mechanischen Erklärung (aus den Teilen) (vgl. S. 29), und die Organismen einer solchen unzugänglich sind (vgl. S. 33), so folgt daraus, daß jenes Urteil kein »Erfahrungsurteil« sein kann.

Frage nach der realen Gültigkeit des Organismusbegriffes

Aber weitergehende Folgerungen lassen sich aus Kants Entscheidung ziehen. – In Kants Ausdeutung des Zweckbegriffes erscheinen Zwecke wesentlich als »Bestimmungsgründe des Begehrungsvermögens nach Prinzipien« (p. V. 103), d. h. als Motive. Es heißt aber in Kants Sprache jedes organische Wesen, jeder lebende Körper als solcher ein Zweck bzw. ein Naturzweck, denn es ist »nur die Materie, sofern sie organisiert ist, welche den Begriff von ihm als einem Naturzwecke notwendig bei sich führt...« (U. 300), und so entscheidet die kritische Untersuchung über jenen »Fremdling in der Naturwissenschaft« (U. 320) auch über die reale Gültigkeit[4] des Organismusbegriffes. Das Ergebnis ist negativ und zwar aus folgenden Gründen.

Als wirklich darf ausschließlich dasjenige angesehen werden, »was mit einer Wahrnehmung nach empirischen Gesetzen zusammenhängt...« (r. V. I. Aufl. 376). Aber eben die Möglichkeit eines Zu-

---

4 Vgl. Cornelius, l. c., S. 177.

sammenhangs mit empirischen Gesetzen hatte jene Kantische Ausdeutung des Zweckbegriffes für Wahrnehmungen von organischen Wesen von vornehrein implicite geleugnet, indem sie es als sicher hinstellte, daß sie nur als Produkte eines Vermögens gedacht werden könnten, das »nichts Analogisches mit irgend einer Causalität, die wir kennen« (U. 294), haben soll. Es können auch in Zukunft keine »empirischen Gesetze« gefunden werden, durch die das Urteil über die Wirklichkeit eines solchen Wesens begründet werden könnte, denn es ist ja eben der Sinn der Auflösung der Antinomie, daß jede nichtmechanische Erklärung abzulehnen sei, trotzdem die Organismen sich einer solchen entziehen und immer entziehen werden. Auch alle noch zu entdeckenden Gesetze können nach dem Ergebnis der Kritik der teleologischen Urteilskraft nur solche mechanischer Art sein, die zwar ein mechanisches Zusammensein von Teilen, niemals aber die oben (S. 30 f.) beschriebene »materiale Zweckmäßigkeit« verständlich machen können. Von einem »compositum reale« im Sinne der dritten Analogie, d. h. von einem »Aggregat vieler Substanzen außer einander« (vgl. S. 30), kann die Wirklichkeit dargetan werden, niemals aber von einem organischen Ganzen in der Natur. Ein solches erscheint daher schließlich notwendig als »eine bloße Idee«, als »gedichtet«[5], ja geradewegs als »Fiction«[6], während den materiellen Teilen Wirklichkeit zukommt.

Synthesis des Verstandes und Zweckbeziehung

Nunmehr ist es freilich verständlich, daß die nichtmechanische Maxime bei Kant zur Beurteilung der Organismen »nicht objektiv für die Möglichkeit dieser Art Dinge selbst gilt« (U. 360), denn derartige Dinge sind überhaupt nur Gedankendinge (entia rationis)[7]. Sie kommen dadurch in unseren Gedanken zustande, daß die Urteilskraft versucht, »das Mannigfaltige in einem Gegenstand auf seinen Zweck zu beziehen« (*Nachlaß*, Ak. Ausg. XVI 362). Aber diese Synthesis der Urteilskraft darf nicht gleichgesetzt werden mit einer

---

5 – ohne daß der Gegenstand dieser Dichtung »zugleich dabei für möglich« angenommen ist! (Vgl. r. V. 799 bzw. das Zitat auf Seite 46.)
6 Vgl. Adickes, *Kants opus postumum*, Berlin 1920, S. 226 f.
7 Vgl. ibid.

Synthesis des Verstandes, durch welche Gegenstände erkannt werden. Es findet sich in der Tafel der Kategorien kein entsprechender reiner Begriff, und also »erzeugt« diese Synthesis auch kein reales Objekt, sondern dient höchstens »als ein Gesichtspunkt für die Fragestellung und für die richtige Instruction einer Untersuchung« (siehe oben S. 41).

In Wirklichkeit – also auch nach der Synthesis durch die Kategorien – ist »die Materie eine Vielheit der Dinge«, »die für sich keine bestimmte Einheit der Zusammensetzung an die Hand geben kann« (U. 297). Wenn wir trotzdem ein organisiertes Wesen als Einheit auffassen, so müssen wir nach Kant uns darüber klar sein, daß diese Einheit nicht auf der Einheit eines Gesetzes beruht, daß es sich nicht um die Erkenntnis eines gesetzmäßigen Zusammenhangs handelt, sondern daß diese Einheit nur durch Beziehung auf einen Zweck zustande kommt, und »diesen kann man nicht wahrnehmen, sondern nur durch Vernünfteln hineintragen« (*Über die Fortschritte der Metaphysik seit Leibniz und Wolff*, Cassirer-Ausg. VIII 277). Die »Einheit in der Zweckbeziehung«, die »Zweckeinheit« (U. 373) ist eine solche, die »gänzlich die Verbindung unserer Begriffe und nicht die Beschaffenheit der Dinge angeht« (U. 310).

2. Verneinende Beantwortung der Frage nach der realen Gültigkeit des Organismusbegriffes

Von dem »Begriff eines Dinges als Naturzwecks« wissen wir nicht, »ob er bloß ein vernünftelnder und objectiv leerer (conceptus ratiocinans), oder ein Vernunftbegriff, ein Erkenntnis gründender, von der Vernunft bestätigter (conceptus ratiocinatus) sei« (U. 330). Jedenfalls wissen wir aber, daß ihm, »da er nicht aus der Erfahrung gezogen werden kann, (und [M. H.]) auch zur Möglichkeit derselben nicht erforderlich ist, seine objective Realität durch nichts gesichert werden kann« (U. 332).

Damit ist die Frage nach der realen Gültigkeit des Organismusbegriffes verneinend beantwortet. Er gehört bestenfalls zu den Vernunftbegriffen, und diese sind »bloße Ideen und haben freilich keinen Gegenstand in irgendeiner Erfahrung, aber bezeichnen darum doch nicht gedichtete und zugleich dabei für möglich angenommene

Gegenstände. Sie sind bloß problematisch gedacht, um in Beziehung auf sie (als heuristische Fictionen) regulative Prinzipien des systematischen Verstandesgebrauchs im Felde der Erfahrung zu gründen« (r. V. 799), d. h. um mechanische Erklärungen zu finden. Wirklich sind die Objekte der Biologie nach Kant nur, soweit sie Mechanismen sind, denn einzig Mechanismen sollen unter Gesetzen stehen können.

3. Verzicht auf Einsicht in organisches Geschehen

Die Einsicht in organisches Geschehen aber ist uns auf ewig verschlossen. »Es ist nämlich ganz gewiß, daß wir die organisierten Wesen und deren innere Möglichkeit nach bloß mechanischen Prinzipien der Natur nicht einmal zureichend kennen lernen, viel weniger uns erklären können; und zwar so gewiß, daß man dreist sagen kann: es ist für Menschen ungereimt, auch nur einen solchen Anschlag zu fassen...« (U. 337), »und schlechterdings kann keine menschliche Vernunft (auch keine endliche, die der Qualität nach der unsrigen ähnlich wäre, sie aber dem Grade nach noch so sehr überstiege) die Erzeugung auch nur eines Gräschens aus bloß mechanischen Ursachen zu verstehen hoffen« (U. 353).

4. Physik und Biologie: beide haben denselben Begriff vom Geschehen, nämlich den mechanischen

Die Wissenschaften von der ›organischen‹ und der ›anorganischen‹ Natur unterscheiden sich nach Kant jedenfalls nicht durch die allgemeine Struktur ihrer Erklärungen. Die ersteren benötigen zwar als »Nothilfe« (U. 320) einen teleologischen »Leitfaden für die Beobachtung einer Art von Naturdingen« (U. 297), doch von der Bildung und Entwicklung solcher Dinge haben beide Zweige der Naturwissenschaften – wenigstens in allen ihren bestimmenden Urteilen – denselben Begriff: daß nämlich jeder Naturgegenstand, »was die Bestandteile betrifft, die er von der Natur außer ihm erhält, nur als Educt angesehen werden muß« (U. 287). Wollte jemand die Ausdrücke Entwicklung, Wachstum, Lebensvorgänge u. s. w. in biologischen Theorien in besonderem Sinne verstehen, so wäre das ein Irrtum, denn es handelt sich um eine façon de parler, die dem Biologen dazu dienen mag, »die Regel wonach gewissen Producten der Natur nachgeforscht werden muß, vor Augen zu haben« (U. 309), der aber in der Natur selbst keine wirkliche Eigentümlichkeit entspricht.[8]

---

[8] Siehe gegen die Zurückführbarkeit der Biologie auf Physik, die sich aus Kants Anschauung ergeben würde: Lewin, *Der Begriff der Genese*, Berlin 1922, insbes. S. 228.

III. Abschnitt:
Die Auflösung als Voraussetzung von Kants Theorie der Erkenntnis

Die Aufgabe in diesem Abschnitt

Daß Kant die mechanische Methode, bei der das Ganze aus irgendwelchen Elementen als seinen Bedingungen abgeleitet wird, als einzig rechtmäßige Methode der empirischen Wissenschaft angesehen hat, dies darzutun war die Aufgabe des letzten Abschnitts. Es ist in der Einleitung festgestellt worden, daß die Ansicht Kants über diesen Gegenstand von erheblicher Bedeutung für seine Philosophie überhaupt gewesen ist. Es soll nunmehr ein höchst summarischer Hinweis auf diejenigen seiner Grundlehren gegeben werden, in denen jene methodische Voraussetzung am deutlichsten sichtbar wird. Die betreffenden Lehren sollen nicht etwa dargestellt, sondern, womöglich mit Kants eigenen Worten, kurz bezeichnet sein. Dabei wird zu zeigen versucht werden, inwiefern die Anwendung der mechanischen Methode auf dem Gebiete der Erkenntniskritik zu Schwierigkeiten führt, die zu einer neuen Besinnung über Kants Auflösung der Antinomie Anlaß geben können.

Historische Bemerkung

Wenn ein solcher Versuch auch nur in der Form eines Hinweises hier unternommen wird, so darf die Tatsache nicht unerwähnt bleiben, daß in der Geschichte der Philosophie zu verschiedenen Zeiten und von einander entgegengesetzten Standpunkten aus die Kantischen Grundlehren, von denen die Rede sein soll, mit Argumenten angegriffen worden sind, die den hier vorzutragenden zum Teil sehr ähnlich sind. So haben die sogenannten Glaubensphilosophen[1] Ha-

---

1 Vgl. darüber u. a. J. E. Erdmann, *Grundriß der Geschichte der Philosophie*, ²1870, § 304, 2, 3 u. 5.

mann, Herder, Jacobi solche Bedenken noch zu Kants Lebzeiten mitunter in schroffer Weise geäußert; und dieselben Probleme gehören zu den Grundfragen, die zu treibenden Motiven für die auf Kant folgende deutsche idealistische Philosophie geworden sind.² Aber auch weiterhin sind die betreffenden Bedenken nie ganz zum Schweigen gekommen.

Noch deutlicher als in der Geschichte der Philosophie erscheint die Bedingtheit der Methode Kants in Goethes Äußerungen zu den gleichen Themen.³ Wenn auch nicht in ausdrücklicher Wendung gegen Kant, so doch um so klarer durch seine Stellung zu den Sachen selbst begründet er den Zweifel an jenen Kantischen Lehren. Von ihnen selbst soll sogleich die Rede sein.

Vernunftkritik und Biologie

Den Anstoß zur Aufstellung der Antinomie gab das Vorkommen lebender Körper in der Natur, deren mechanische Ableitung nicht gelingen will. Daß zwischen dem Gegenstande der Vernunftkritik und diesen Objekten eine wesentliche Verwandtschaft besteht, hat Kant wiederholt mit großer Deutlichkeit ausgesprochen. In der Vorrede zur zweiten Auflage der *Kritik der reinen Vernunft* (S. XXIII) heißt es, daß »reine speculative Vernunft« »in Ansehung der Erkenntnisprinzipien eine ganz abgesonderte, für sich bestehende Einheit ist, in welcher ein jedes Glied wie in einem organisierten Körper um aller anderen und alle um eines willen da sind...«, ferner (S. XXXVII) daß sie »einen wahren Gliederbau enthält, worin alles Organ ist, nämlich Alles um Eines willen und ein jedes Einzelne um aller willen...«. Vom Ganzen unserer Erkenntnisse unter der Regierung der Vernunft wird (r. V. 861) gesagt, es könne »zwar innerlich (per intussusceptionem), aber nicht äußerlich (per appositionem) wachsen, wie ein tierischer Körper, dessen Wachstum kein Glied hinzusetzt, sondern ohne Veränderung der Proportion ein

---

2 Vgl. u. a. Kuno Fischer, *Kant und seine Lehre*, 2. Teil, ⁵1910, IV. Buch, 5. Kap. insbes. S. 618, hauptsächlich aber Kroner, *Von Kant bis Hegel*, I, Tübingen 1921, S. 111 ff. und viele andere Stellen.
3 Vgl. *Goethes Philosophie aus seinen Werken*, hrsg. v. Heynacher, Philos. Bibl., Bd. 109.

jedes zu seinen Zwecken stärker und tüchtiger macht«. Die *Prolegomena* (Vorwort, Ak. Ausg. IV 263) stellen fest, daß in der Sphäre der reinen Vernunft »jedes Teiles Gültigkeit und Gebrauch von dem Verhältnisse abhängt, darin er gegen die übrigen in der Vernunft selbst steht, und wie bei dem Gliederbau eines organisierten Körpers der Zweck jedes Gliedes nur aus dem vollständigen Begriff des Ganzen abgeleitet werden kann«.

Trotzdem organische Wesen als solche mechanischer Erklärung »ganz gewiß« (siehe S. 46) nicht zugänglich sind, ist diese, nach der Auflösung der Antinomie, in der Naturwissenschaft allein zulässig. Wenn auch die ausführlichen Untersuchungen über dieses Thema erst in der *Kritik der Urteilskraft* geführt worden sind, so darf doch behauptet werden, daß die Ergebnisse nur die Voraussetzungen bestätigen, die der *Kritik der reinen Vernunft* mehr oder minder bewußt zugrundelagen. In diesem Werk hatte Kant »mechanische« und »bloße empirische Erkenntnis« ohne weiteres gleichgesetzt (so z. B. S. 749) und so haben sie auch für die Erforschung der organischen Beschaffenheit der Vernunft ihre Gültigkeit.

Ganzes und Teile in der Kritik

Was in der Erkenntnistheorie das Ganze ist, dessen mechanische Ableitung aus Elementen Kant als seine Aufgabe angesehen hat, und was ganz allgemein unter diesen Elementen zu verstehen ist, liegt schon in der Bezeichnung dieser Aufgabe als einer »Untersuchung der reinen (nichts Empirisches enthaltenden) Elemente der menschlichen Erkenntnis« (*Prolegomena* § 39, Ak. Ausg. IV 323). Die menschliche Erkenntnis überhaupt, die Welt unserer Erfahrung, wie sie jedem von uns im entwickelten Leben tatsächlich gegeben ist, das ist das zu Erklärende. Nach dem mechanischen Prinzip besteht eine Erklärung in der Untersuchung der Teile, die dem aus ihnen zusammengesetzten Produkte (d. h. in diesem Falle: der Erkenntnis) als »Bedingungen seiner Möglichkeit« zugrundeliegen sollen. Nach der soeben angegebenen Bestimmung ist menschliche Erkenntnis ein Zusammengesetztes aus empirischen und nichtempirischen Bestandteilen, oder mit Kants eigenen Worten: »ein Zusammengesetztes aus dem, was wir durch Eindrücke empfangen, und dem, was unser eigenes Erkenntnisvermögen (durch sinnliche Eindrücke bloß veranlaßt) aus sich selbst hergibt...« (r.V. Einl. z. II. Aufl. 1). Alles kommt nun darauf an, daß wir von Kant erfahren, wie es anzustellen sei, diese Elemente gesondert zu Gesicht zu bekommen, d. h. wie der »Zusatz« vom »Grundstoff« (so drückt sich Kant ebenda in einer der Chemie entlehnten Weise aus) zu scheiden sei.

Schwierigkeit der Anwendung der mechanischen Methode in der Kritik

Aber hier beginnt schon die Schwierigkeit, denn eben darüber gibt Kant uns nur höchst unklare Auskunft. Es heißt zwar (ebenda), daß uns die Unterscheidung des Zusatzes nicht eher gelingen könne, »als bis lange Übung uns darauf aufmerksam und zur Absonderung desselben geschickt gemacht« habe, doch eine genaue Anleitung, wie diese Übung zu erwerben sei, wird ebenso wenig gegeben, wie ein echtes Kriterium dafür, daß wir nach der Analyse tatsächlich den reinen Zusatz vor Augen haben. Kant versichert wiederholt, daß in seiner Untersuchung alles »aus Prinzipien« geschehe (r.V. Vorw. z. I. Aufl. XII), aber die Prinzipien selbst werden für diesen Fall nicht ausdrücklich namhaft gemacht, sondern die Elemente der Erkenntnis werden, unter der Angabe, daß sie a priori, also keineswegs auf empirische Weise, aufgefunden worden seien, eingeführt.[4]

Was bei der Anwendung dieser Methode vorausgesetzt ist

Kant setzt voraus, daß in der Erkenntnistheorie ebenso wie in der Chemie aus einer Verbindung die Zusätze wieder herauszuholen seien, die wir selbst ihr zugesetzt haben. Er gibt daher an, daß wir »die reinen Vorstellungen a priori« »darum allein aus der Erfahrung als klare Begriffe herausziehen können, weil wir sie in die Erfahrung

---

4 Über die prinzipiellen Mängel von Kants Vorgehen bei dieser und den damit zusammenhängenden Scheidungen vgl. Cornelius, l. c., S. 30 und ders., *Einleitung in die Philosophie*, Leipzig und Berlin ²1919, S. 227.

gelegt hatten, und diese daher durch jene allererst zustande brachten« (r. V. 241, vgl. I. Aufl. 125).
Was hier »allein« als Grund für die Möglichkeit einer solchen Unterscheidung angeführt wird, ist in mehr als einer Hinsicht problematisch; hier kommt es nur darauf an, die offenbare Tatsache festzustellen, daß dabei vorausgesetzt ist, Erkenntnis sei in ähnlicher Weise wie »ein Ganzes der Materie« »als ein Product der Teile und ihrer Kräfte und Vermögen sich von selbst zu verbinden« (U. 351; vgl. S. 29) anzusehen.[5]
Dieselbe Voraussetzung besteht, wenn Kant das Formale der Erkenntnis, also den reinen »Zusatz« selbst wiederum als zusammengesetzt aus den Elementen der Sinnlichkeit und des Verstandes betrachtet, die er »allererst nach langem Nachdenken... mit Zuverlässigkeit zu unterscheiden und abzusondern« vermochte (*Prolegomena* § 39, Ak. Ausg. IV 323). Überall dort besteht die Voraussetzung, wo ein Erkenntnisvermögen »isoliert« wird, um seinen »Teil« »aus unserm Erkenntnisse« herauszuheben (so z. B. r. V. 87), und wo dann in der »Zergliederung« (r. V. 89) fortgeschritten wird »bis auf die mindesten Elemente« (*Prolegomena* Vorw., Ak. Ausg. IV 263) in der Überzeugung, die so gewonnenen Faktoren seien identisch mit irgendwelchen »Teilen« des Ganzen, von dem man ausgegangen war.

Kants Vorstellungslehre als Beispiel für die Anwendung der mechanischen Methode

Die Zusammensetzung der Erkenntnis aus formalen und materialen Bestandteilen erstreckt sich auf jedes Erkenntnisgebilde. Eine besonders wichtige Rolle spielt diese Unterscheidung in Kants Vor-

---

5 Nach Cassirer (*Kants Leben und Werke*, Berlin 1918, S. 169 u. 173) hätte Kant diesen Grund allerdings für so wenig problematisch gehalten, daß er ihn vielmehr sogar zum »Probierstein« der veränderten Methode der Denkungsart – und also wohl auch zu dem im Text vermißten Kriterium – gemacht haben soll. Diese Darstellung Cassirers beruht aber offenbar auf der Verwechslung des Probiersteins mit dem zu Erprobenden in der von Cassirer zitierten Stelle: r.V. Vorrede z. II. Aufl. XVIII. Wahrscheinlich weist die Bemerkung über den »Probierstein« auf die Antinomienlehre. Vgl. dazu Kant, Brief an Marcus Herz vom 26.5.1789, A. A. XI 54. – Inwiefern die einzigen »Kennzeichen einer Erkenntnis a priori«, die Kant (r.V. 4) nennt, nämlich »Notwendigkeit und strenge Allgemeinheit«, als ein solches Kriterium zu brauchen sind, soll hier nicht erörtert werden.

stellungslehre, die daher etwas eingehender besprochen werden soll. Sehr grob läßt sich ihr Kern wie folgt bezeichnen.

1. Die Sinnlichkeit

Zu jeder Zeit unseres wachen Lebens sind uns eine Menge von Empfindungen gegeben. Diese Empfindungen machen das rohe, ungeordnete Material aus, das der Bearbeitung durch unser Erkenntnisvermögen unterliegt. Alles, was dieses durch seine ordnenden Funktionen diesem Material hinzufügt, heißt formal. Das Material finden wir immer schon in die reinen Formen der Sinnlichkeit, in Raum und Zeit geordnet vor. Auf die mit dieser ursprünglichen Einordnung zusammenhängenden Fragen, also auf das Problem, was »angeschauet« und was »empfunden« heißen dürfe, soll aber nicht eingegangen werden.

Die Sinnlichkeit liefert also eine Menge von Empfindungen, die, abgesehen davon, daß sie sich in Raum und Zeit ausbreiten, eine durchaus ungeordnete Mannigfaltigkeit darstellen. Von ihnen gelangen nur verhältnismäßig wenige zum Bewußtsein, nämlich diejenigen, an welchen unser Verstand sich in einer gewissen Weise betätigt. Das Dasein der übrigen können wir nur erschließen. Kant lehrt also, »daß das Feld unserer Sinnenanschauungen und Empfindungen, deren wir uns nicht bewußt sind, ob wir gleich unbezweifelt schließen können, daß wir sie haben, d. i. dunkeler Vorstellungen im Menschen (und so auch in Tieren), unermeßlich sei, die klaren dagegen nur unendlich wenige Punkte derselben enthalten, die dem Bewußtsein offen liegen; daß gleichsam auf der großen Karte unseres Gemüts nur wenig Stellen illuminiert sind« (*Anthropologie in pragmatischer Hinsicht*, I. Buch, § 5, Ak. Ausg. VII 135)[6]. Es wäre daher ein Irrtum zu glauben, »die Sinne liefer-

---

6 Die Annahme erschlossener, während ihres Daseins unbewußter Empfindungen bzw. »dunkeler Vorstellungen« ist von Cornelius schon in der *Psychologie als Erfahrungswissenschaft* (Leipzig 1897) bekämpft worden. Siehe insbesondere ›Psychologische Prinzipienfragen II‹ in der *Zeitschrift für Psychologie* Bd. 42, 1906. Den Folgen dieser Theorie für Kants System überhaupt nachzugehen ist hier nicht die Aufgabe; sie scheinen von größerem Belang, als gemeinhin angenommen wird. Festgestellt sei, daß die von Köhler in der Arbeit ›Über unbemerkte Empfindungen und Urteilstäuschungen‹ (*Zeitschrift für Psychologie* Bd. 66, 1913) kritisierte »Konstanzannahme« auch bei Kant als stillschweigende Voraussetzung eine Rolle spielt.

ten uns nicht allein Eindrücke, sondern setzten solche sogar zusammen und brächten Bilder der Gegenstände zuwege, wozu ohne Zweifel außer der Empfänglichkeit der Eindrücke noch etwas mehr, nämlich eine Function der Synthesis derselben, erfordert wird« (r.V. I.Aufl. 120 Anm.); richtig ist vielmehr, »daß das Mannigfaltige für die Anschauung noch vor der Synthesis des Verstandes und unabhängig von ihr gegeben sein müsse...« (r.V. II.Aufl. 145).

2. Sinnlichkeit und Verstand

»... eine Function der Synthesis« muß zu den Sinneseindrücken hinzukommen, um »verschiedene Vorstellungen zu einander hinzuzutun und ihre Mannigfaltigkeit in einer Erkenntnis zu begreifen« (r.V.103). Diese Forderung vermag die Kantische Scheidung der Erkenntnis in die beiden Stämme Sinnlichkeit und Verstand deutlich zu kennzeichnen. Kant nimmt an, daß sich jedes Erkenntnisgebilde, jeder »Inhalt« teilen lasse in gegebene sinnliche Elemente, die an sich völlig unverbunden, chaotisch sind und »dasjenige, was eigentlich die Elemente zu Erkenntnissen sammelt und zu einem gewissen Inhalte vereinigt« (ebenda). Zur ersten Voraussetzung: der sinnlichen Mannigfaltigkeit gehört notwendig die zweite: die der synthetischen Funktionen. Denn: ist ursprünglich nur ein Chaos von Empfindungen gegeben und kann dabei »die Verbindung (conjunctio) eines Mannigfaltigen überhaupt... niemals durch Sinne in uns kommen« (r.V.129), dann bedarf es natürlich der Annahme besonderer Funktionen, die so etwas wie einheitliche Erkenntnis zuwege bringen.

Die Behauptung lautet, »daß wir uns nichts als im Object verbunden vorstellen können, ohne es vorher selbst verbunden zu haben, und unter allen Vorstellungen die Verbindung die einzige ist, die nicht durch Objecte gegeben, sondern nur vom Subjecte selbst verrichtet werden kann, weil (? [M.H.]) sie ein Actus seiner Selbsttätigkeit ist« (r.V.130), oder mit anderen Worten, daß uns »kein Zusammengesetztes *als ein solches* gegeben werden kann, sondern wir die *Zusammensetzung* des mannigfaltigen Gegebenen immer selbst machen müssen« (Brief an Beck vom 3.Juli 1792, Ak. Ausg. XI, 2. Aufl. 347). Ist diese These einmal als unumstößlich gewiß angenommen, so besteht die weitere Aufgabe darin, eine Theorie aufzustellen, die verständlich machen soll, wie nunmehr die verschiedenen Elemente subjektiven und objektiven Ursprungs, sinnliche Daten und synthetische Funktionen, etwa die sinnbelegte Wahrnehmung eines Dinges oder eines lebenden Wesens zustande bringen. Damit wäre dann eine mechanische Erklärung gegeben.

3. Zum Begriff der ungeordneten Empfindungsmannigfaltigkeit

Aber dabei ergeben sich die größten Schwierigkeiten. Zunächst stoßen unsere Versuche, den Gegenstand des Begriffes eines ungeordneten Mannigfaltigen, das »noch vor der Synthesis des Verstandes und unabhängig von ihr gegeben sein müsse« (r. V. 145, siehe oben S. 54), aufzufinden, auf sachlichen Widerstand. Es will so schlecht gelingen, bei dem so angewandten Begriffe der Unordnung, die einfach gleichbedeutend mit Abwesenheit der Ordnung ist, etwas Deutliches zu denken, daß Bergson diesen Ausdruck als »ein Wort, oder ein Nebeneinander von Worten, und nichts weiter« bezeichnet.[7] »Wie aber dann noch von einem zusammenhanglosen Mannigfaltigen reden, das der Verstand erst organisierte? Denn ob man noch so fest behaupte, daß kein Mensch dieses Zusammenhanglose für real oder realisierbar halte: vom Moment an, wo man von ihm redet, glaubt man auch, es zu denken. Analysiert man aber die tatsächlich gegenwärtige Vorstellung, so wird man zum andern Mal nur die Enttäuschung eines Geistes vor einer nicht interessierenden Ordnung auffinden, oder sein Pendeln zwischen zwei Arten von Ordnung, oder endlich die reine und bloße Vorstellung des leeren Wortes, das durch Vorsetzung des negativen Vorzeichens vor ein wirklich inhaltsvolles Wort geschaffen worden ist.«[8] Diese Sätze wurden deshalb ungekürzt hier angeführt, weil sie sehr wohl die Schwierigkeiten anzeigen, in die Kant uns durch jene Voraussetzungen versetzt. Aus demselben Grunde sei das Ergebnis dieser Bergsonschen Betrachtung noch mitgeteilt: »Von einer ungeordneten Mannigfaltigkeit reden, der die Ordnung erst hinzukäme, heißt also

---

7 Henri Bergson, *Schöpferische Entwicklung*, übers. v. G. Kantorowicz, Jena 1921, S. 239.
8 Ibid., S. 239 f.

eine wahrhaftige petitio principii begehen; denn wer ein Ungeordnetes ersinnt, hat damit tatsächlich schon eine oder richtiger zwei Ordnungen gesetzt.«[9]
Nach Kant aber ist die Gegebenheit der ungeordneten Empfindungsmannigfaltigkeit nicht nur unzweifelhaft gewiß, sondern die – lediglich durch dieses Merkmal charakterisierte – Empfindung macht auch die »Materie der Wahrnehmung« (r. V. 209), die »Materie der Erfahrung« (r. V. 270) aus, sie ist das »eigentlich Empirische«, »die eigentliche Qualität der empirischen Vorstellungen (Erscheinungen)« (*Prolegomena* § 24, Ak. Ausg. IV, 306 f.), kurz das im echten Sinne Gegebene. Dabei ist Empfindung das »Zusammengesetzte« (Brief an Beck vom 3.7.1792) im Gegensatz zum Zusammensetzenden; das Verbundene, was in der Verbindung lediglich die Glieder ausmacht.[10]

4. Fragen im Anschluß an Kants Vorstellungslehre

Es erheben sich folgende Fragen: Gibt es eine mögliche Erfüllung der durch diese Ausdrücke bezeichneten Intentionen? Kann man schlechthin von jeder ›Zusammensetzung‹ abstrahieren und dabei überhaupt noch einen Gegenstand vor Augen haben; und umgekehrt: was ist das Verbindende *abgesehen* vom Verbundenen? Oder, um in Kants Sprache zu reden: Sind »Gedanken ohne Inhalt« (r. V. 75 f.) vielleicht nicht nur »leer«, und »Anschauungen ohne Begriffe« nicht nur »blind« (ebenda), sondern am Ende überhaupt nichts? – Dann wäre der Satz, daß aus ihrer Vereinigung bzw. aus der Vereinigung von Sinnlichkeit und Verstand Erkenntnis ent-

---

9 Ibid., S. 241.
10 Die neukantische Schule ist den Rätseln, die Kants Lehre von der Empfindungsmannigfaltigkeit aufgibt, dadurch entgangen, daß sie das, was bei Kant »den eigentlichen Unterschied des Empirischen von der Erkenntnis a priori ausmacht, nämlich die Empfindung« (r. V. 208), zum bloßen Postulat degradiert, so daß sie »nur der psychologische Ausdruck der logischen Forderung einer letzten Determination als der des Existierenden und nicht bloß abstrakt Möglichen« sein soll. (Natorp, *Logik*, ²1910, S. 47) Also nicht einmal »ein psychologisches Datum von eigener Facticität« (Cohen, *Logik der reinen Erkenntnis,* ²1914, S. 451) sei dieses »eigentlich Empirische«, sondern nach Cohen »kann man es schroff auch so ausdrücken, daß die Empfindung letztlich nichts anderes als ein Fragezeichen sei« (ebenda). Daß Kant dieser Weiterbildung seiner Lehre zugestimmt haben würde, ist wenig wahrscheinlich. Eine Diskussion ihrer sachlichen Berechtigung gehört nicht hierher.

springe (vgl. r. V. 75 f.), unhaltbar; ebenso unhaltbar aber wären Sätze wie der, daß reiner Verstand »eine für sich selbst beständige, sich selbst genügsame und durch keine äußerlich hinzukommenden Zusätze zu vermehrende Einheit« sei (r. V. 89 f.).

Fazit aus der vorigen Betrachtung: über Kants Lehre von der Erkenntnis im allgemeinen

Reiner Verstand, reine Sinnlichkeit und das (in ihr sich darstellende) empirische Material – alle drei Sphären ursprünglich voneinander abgesondert, die letztere in sich selbst wiederum ohne jeden Zusammenhang – treten auf irgend eine Weise zueinander und vereinigen sich zu einheitlicher Erkenntnis, wie verschiedene Substanzen zu einer chemischen Verbindung, wie – nach dem mechanischen Prinzip – mannigfaltige materielle Elemente zu einem lebenden Körper. Und ebenso wie es »ungereimt« wäre (siehe oben S. 46), zu hoffen, durch mechanische Erklärungen Einblick in das eigentlich organische Wesen des letzteren zu erhalten, muß dies bei der menschlichen Erkenntnis behauptet werden, insofern sie nach Kants eigenem Zeugnis einem Organismus gleicht. Ja, mit der Erklärung der Erkenntnis ist es noch schlimmer bestellt als mit der eines organischen Ganzen in der Natur; denn während im letzteren Falle wenigstens irgendwelche Exemplare, denen die Elemente als seine Bedingungen gleichen sollen, auf empirischem Wege nachweisbar sind, und – vorausgesetzt, daß es sich um peinliche Formulierungen handelt – kein Zweifel darüber herrschen kann, welche Bedingungen zu erfüllen sind, um jederzeit die Erfahrungen zu machen, auf welche die betreffende Theorie Bezug nimmt, so besteht gemäß den obigen Darlegungen bei den von Kant namhaft gemachten Elementen der Erkenntnis keine solche Möglichkeit.

Besondere Bedenken gegen die Anwendung mechanischer Methode in der Kritik

Aber sogar angenommen dies wäre der Fall, angenommen wir könnten so etwas wie reine Verstandeselemente, reine Formen der

Sinnlichkeit und bloßen empirischen Stoff wirklich zu Gesicht bekommen; was verbürgte uns, daß wir so tatsächlich etwas aufgewiesen hätten, das identisch mit irgendwelchen Teilen des ursprünglichen Ganzen wäre? Wo ist der »Probierstein« dafür, daß Kants isolierende Abstraktion nicht etwa dort, wo sie Teile eines zu analysierenden Ganzen zu gewinnen glaubt, die für das Verständnis des Ganzen entscheidenden Züge verliert, und dabei etwas übrig behält, was für sich, also abgesehen vom Ganzen, betrachtet, zu diesem anstatt im Verhältnis von Bedingung zu Bedingtem lediglich in der rein äußerlichen Beziehung steht, daß es nach dem ersten Ganzen sich uns darbot. So sollen z. B. »Bilder der Gegenstände« aus Eindrücken plus Anschauungsformen plus synthetischen Elementen bestehen (siehe oben S. 54); aber es wäre, selbst wenn alle diese Faktoren in der Erkenntnis vorfindlich wären – womit es nach dem Gesagten seine Schwierigkeiten hat –, im konkreten Falle immer erst nachzuweisen, daß etwa die im einzelnen bezeichneten Eindrücke wirklich Teile der ursprünglichen »Bilder« waren.[11]

Kants eigene Bedenken

Das Bedenkliche des Unternehmens, die Erkenntnis durch eine Untersuchung der Teile zu ›erklären‹, indem sie als Wirkung von verschiedenen »Grundkräften und Vermögen« (r. V. 428) begriffen wird, ist Kant ebenso wenig entgangen wie die Schwierigkeit der mechanischen Erklärung organischer Wesen überhaupt. Schon die *Kritik der reinen Vernunft* belehrt uns (r. V. 91), daß die Transzendentalphilosophie sich nicht mit einem »gleichsam mechanischen Verfahren« begnügen dürfe, und in der *Kritik der praktischen Vernunft* finden sich (p. V. 18) über dieses Thema folgende Sätze:

---

11 Zur Begründung der Möglichkeit einer Analyse des Bewußtseins, d. h. synthetischer Urteile a priori über die Beschaffenheit von Erkenntnisgebilden, bedarf es anderer Mittel als naturwissenschaftlicher Analogien. Eine solche Begründung ist erst von Cornelius gegeben worden. (Siehe insbes. *Transcendentale Systematik*, l. c., S. 182 ff.) Jedoch hat bei Cornelius die Analyse einen prinzipiell anderen Sinn als bei Kant. Nicht für mechanische Erklärungen, wie nach den Ausführungen des Textes Kant sie versteht, sondern für den Aufweis phänomenologischer Tatbestände hat Cornelius den Nachweis der Möglichkeit geführt.

»Wenn es um die Bestimmung eines besonderen Vermögens der menschlichen Seele nach seinen Quellen, Inhalte und Grenzen zu tun ist, so kann man zwar nach der Natur des menschlichen Erkenntnisses nicht anders als von den Teilen derselben, ihrer genauen und (so viel als nach der jetzigen Lage unserer schon erworbenen Elemente derselben möglich ist) vollständigen Darstellung anfangen. Aber es ist noch eine zweite Aufmerksamkeit, die mehr philosophisch und architektonisch ist: nämlich die Idee des Ganzen richtig zu fassen und aus derselben alle jene Teile in ihrer wechselseitigen Beziehung auf einander vermittelst der Ableitung derselben von dem Begriffe jenes Ganzen in einem reinen Vernunftvermögen ins Auge zu fassen.«

Kants Weg, den Mängeln abzuhelfen

Aber jene »Idee des Ganzen« – was entscheidet im bestimmten Falle darüber, ob sie »richtig« gefaßt sei? – soll a priori aus reiner Vernunft zum Wissen von irgendwelchen Teilen hinzutreten und die »rhapsodistisch« »als Bauzeug« (r. V. 862) gesammelten Daten architektonisch, d. h. nach einem Bauplan zusammenfügen. Kant glaubt, daß die »zweite Stufe«, zu der wir so gelangen, eine »synthetische Wiederkehr zu demjenigen ist, was vorher analytisch gegeben worden« (p. V. 19). Dazu aber muß man glauben, daß es in der Erkenntniskritik sich ähnlich verhalte wie in der Baukunst, wo man aus »Ruinen eingefallener alter Gebäude« (r. V. 863) je nach Belieben das ursprüngliche oder mit andern zusammen ein neues Ganzes wieder aufführen kann; man muß glauben, daß auch in der Sphäre des Bewußtseins ein rhapsodistisches Gemenge, ein Haufen (»coacervatio«, r. V. 861) unter Umständen ›dieselben‹ Teile enthalten könne wie ein artikuliertes Ganzes, und daß zwischen einem solchen Haufen und einer sinnvollen Einheit, also etwa zwischen einer Menge von Daten und der systematischen Einheit einer Wissenschaft, kein anderer Unterschied zu bestehen brauche als eine, keineswegs sachlich geforderte, Idee, ein Gesichtspunkt (r. V. 709), eine heuristische Fiktion (r. V. 799), welche die letztere vor der ersteren voraus habe. Den Einwand, daß Data, je nachdem es sich um Data dieser oder einer anderen Einheit handelt, prinzipiell andere Data seien, weil sie nur von irgendeiner solchen her verstanden werden könnten, und daß ferner der Vergleich mit den Gebäuden höchst bedenklich sei, weil ein isolierter Stein ohne Beziehung auf ein Gebäude zwar immer noch ein Stein, aber ein isoliertes *Erkenntnis*fragment sogar kein Erkenntnis*fragment* mehr sei – diesen Einwand müßte ein Kantianer ablehnen mit dem Hinweis auf die einzige Methode, die aus dem Antinomienstreit als die eigentlich wissenschaftliche hervorgegangen ist, und in der die Teile stets und überall dem Ganzen gegenüber als das relativ Selbständigere erscheinen.

Erneuerung des Zweifels

Demgegenüber aber wiederholt sich unsere Frage: Darf ein Ganzes – sei es nun eine Wahrnehmung (ein »Bild«), ein Erkenntnisvermögen, eine Wissenschaft, ein physikalisches System, ein tierischer Körper oder was sonst auch – immer rechtmäßig begriffen werden als die Summe seiner Teile plus einem weiteren Summanden: der – vom Subjekt »durch Vernünfteln« (siehe oben S. 45) hineingetragenen – ordnenden Idee? In keinem andern Falle kann es eine Erkenntnis von Teilen geben, die unberührt davon bliebe, ob wir vom Ganzen wissen oder nicht, oder ob sich unser Wissen vom Ganzen auf irgendeine Weise verändert; in keinem andern Falle ist es möglich, daß die Ordnung erst auf der »zweiten Stufe« vom Subjekt hinzugefügt wird, ohne den Sinn der vorher bloß »technisch« (r. V. 863) zusammengesetzten Teile mitzuverändern. Oder ist die mechanische Auffassung vom Verhältnis von Ganzem und Teilen *nicht* als die einzig berechtigte anzuerkennen? – Dann gibt es Fälle, in denen das Resultat der Analyse: die Summe der Teile sich nicht deckt mit dem Gegenstand irgendeiner synthetischen »Übersicht« (p. V. 19) minus formender Idee, so daß eine solche Übersicht, weit davon entfernt, zur »Prüfung und Gewährleistung« (ebenda) zu dienen, sich überhaupt auf ein anderes Objekt bezöge.

IV. Abschnitt:
Von der Möglichkeit einer anderen Lösung

Über die allgemeine Unzulänglichkeit mechanischer Erklärung

Die mechanische Erklärung, bei Kant die Erklärung schlechthin, ist nach seinem eigenen Zeugnis in den biologischen Wissenschaften unzulänglich (siehe oben S. 46). Die moderne Forschung hat diese Unzulänglichkeit nunmehr auch für physikalische Probleme klar festgestellt. So schreibt anläßlich einer Erörterung der irreversibeln Naturprozesse der Physiker Max Planck: »Wir sind in der Physik gewöhnt, die Erklärung für einen Naturvorgang zu suchen auf dem Wege einer Zerlegung des Vorganges in die Elemente. Wir betrachten jeden verwickelten Prozeß als zusammengesetzt aus einfachen Elementarprozessen und suchen ihn zu analysieren, indem wir uns das Ganze als Summe der Teile denken. Diese Methode hat aber zur Voraussetzung, daß durch diese Teilung der Charakter des Ganzen nicht verändert wird; etwa in ähnlicher Weise wie jede Messung eines physikalischen Vorganges zur Voraussetzung hat, daß durch die Einführung des Meßinstruments der Ablauf des Vorganges nicht beeinflußt wird. Hier haben wir nun einen Fall, wo jene Voraussetzung nicht erfüllt ist und wo ein direkter Schluß von den Teilen auf das Ganze zu ganz falschen Resultaten führt. Zerlegen wir nämlich einen irreversibeln Prozeß in seine Elementarbestandteile, so schwindet die Unordnung (dieser Terminus ist in der Physik gleichbedeutend mit: die Unabhängigkeit der Elemente von einander [M.H.]) und mit ihr die Irreversibilität uns sozusagen unter den Handen fort; ein irreversibler Prozeß muß also jedem unverständlich bleiben, der von dem Grundsatz ausgeht, daß alle Eigenschaften des Ganzen auch in den Teilen nachweisbar sein müssen. Mir scheint, als ob eine ähnliche Schwierigkeit bei den meisten Problemen des geistigen Lebens vorliegt.«[1]

---

1 *Acht Vorlesungen über theoretische Physik*, Leipzig 1910, S. 96 f.

Aber gerade für Probleme des geistigen Lebens, nämlich für eine »Zergliederung« der menschlichen Erkenntnis, empfiehlt uns Kant die mechanische Verfahrungsweise. Es ist wahrscheinlich, daß er von »der Wichtigkeit, welche das Naturstudium nach dem Prinzip des Mechanismus für unsern theoretischen Vernunftgebrauch hat« (U. 363), durch die Betrachtung der Physik seiner Zeit überzeugt worden ist. Die soeben wiedergegebenen Ausführungen Plancks über Irreversibilität geben eine Ahnung von der Umwälzung, die sich in dieser Wissenschaft vollzogen hat: es sind nämlich alle Naturvorgänge in der Wirklichkeit irreversibel; »in der wirklichen Natur gibt es keinen einzigen reversibeln Prozeß«[2].

Begründung einer neuen Durchsicht von Kants Lösung

Die Dialektik der teleologischen Urteilskraft verdankt ihre Bedeutsamkeit für die Philosophie überhaupt dem Umstande, daß der letzteren das Verfahren der Naturwissenschaft als Vorbild vorgehalten wurde (siehe oben S. 21). Nachdem sich nunmehr gezeigt hat, daß dieses Verfahren, insofern es nach der Fassung Kants darin besteht, das Ganze aus den Teilen herzuleiten, nicht nur in der Naturwissenschaft sich als unzulänglich erwiesen hat, sondern auch in der Erkenntnistheorie zu versagen scheint, trotzdem Kant auch bei der Erkenntnis seinem Prinzip treu geblieben ist und »die größtmögliche Bestrebung, ja Kühnheit in Versuchen sie mechanisch zu erklären« (U. 387) bewiesen hat; so haben wir nunmehr das Recht, mißtrauisch gegen das Prinzip zu werden, das bei allen wissenschaftlichen Erklärungen uns leiten soll, »ungeachtet wir wissen, daß wir damit aus subjectiven Gründen der besonderen Art und Beschränkung unseres Verstandes... niemals auslangen können« (ebenda). Es ist die Frage wohlbegründet, ob in Kants Auflösung der Antinomie nirgends bloß dogmatisch verfahren wurde.

---

2 Max Planck, *Physikalische Rundblicke*, Leipzig 1922, S. 17.

IV. Abschnitt: Von der Möglichkeit einer anderen Lösung

Nichtmechanische Beurteilung nach Kant gleich dem Rekurs auf eine Absicht

Die Gleichsetzung der nichtmechanischen Maxime in der Antinomie mit der Beurteilung nach Endursachen ist bereits oben angemerkt worden, und im Zusammenhange damit wurde auf Kants unmittelbaren Schluß hingewiesen, der etwa besagt, bei organischen Wesen sei es »nach Beschaffenheit des menschlichen Erkenntnisvermögens notwendig, den obersten Grund dazu in einem ursprünglichen Verstande als Weltursache zu suchen« (U. 354). Diese Behauptung ist zunächst die Folge einer bestimmten Ausdeutung des wesentlichen Merkmals organischen Geschehens, das Kant unter dem Namen der inneren Zweckmäßigkeit einführt. Man könnte geltend machen, schon der Name bedinge eine solche Ausdeutung, oder vielmehr enthalte sie bereits, denn es entspreche jedem Zweck eine Absicht.[3] Dann läge das Dogma schon im Namen und Kant hätte unrecht, wenn er behauptet, daß der Ausdruck eines Zweckes der Natur »gerade nur so viel sagt, als wir wissen« (U. 306). – Sei dem wie ihm wolle, jedenfalls enthält die *Kritik der Urteilskraft* wie auch schon die *Kritik der reinen Vernunft* bedeutende und ganz und gar nicht dogmatische Ansätze zu einer vorurteilslosen Beschreibung des Phänomens, das den Anstoß zur Feststellung der »Unzulänglichkeit« (U. 308) des mechanischen Erklärungsprinzips gegeben hat.

Ansätze zu reiner Beschreibung

Besonders deutlich treten die Bemühungen um eine deskriptive Erfassung »dieser unerforschlichen Eigenschaft« (U. 293) in den Untersuchungen des Paragraphen 65 der *Kritik der Urteilskraft* hervor, wo Kant versucht, den Begriff des Organismus sowohl gegen den eines Kunstwerks wie auch gegen den einer Maschine abzugrenzen. Da wird als erste Eigentümlichkeit eines organischen Wesens angegeben, »daß die Teile (ihrem Dasein und der Form nach) nur durch

---

3 Dagegen, daß Kant den Ausdruck so gemeint hat, spricht neben anderem die Bemerkung, Physik abstrahiere »von der Frage, ob die Naturzwecke es *absichtlich* oder *unabsichtlich* sind, gänzlich« (U. 307).

ihre Beziehung auf das Ganze möglich sind« (U. 290). Nachdem der bewegenden Kraft, welche nur den Teilen zukommen kann, die »bildende Kraft« (U. 293) gegenübergestellt ist, die in organischem Geschehen sich zu offenbaren scheint, wird ausdrücklich der Vergleich dieses Vermögens der Natur mit der Kunst abgelehnt, »denn da denkt man sich den Künstler (ein vernünftiges Wesen) außer ihr« (ebenda). Die in organischem Geschehen waltende Gesetzmäßigkeit ein »Analogon des Lebens« zu nennen, könne uns vielleicht weiterbringen, aber Kant glaubt, eine solche Redeweise führe notwendig zu hylozeistischen oder anderen gewagten Hypothesen, und lehnt sie daher ab, ohne diesem Gedanken weiter nachzugehen.

Vergleich dieser Ansätze mit anderen Stellen

Im ferneren Gang der *Kritik der Urteilskraft* spielt der Begriff eines vernünftigen Wesens als Grund für die Möglichkeit der Organismen freilich eine wichtigere Rolle, als man nach den beschreibenden Ausführungen der Analytik erwarten sollte. Denn liegt nicht auch in der Forderung, wir müßten bei der Erzeugung solcher Naturprodukte den Mechanismus »gleichsam als das Werkzeug einer absichtlich wirkenden Ursache« betrachten (U. 374), eine Analogie mit menschlicher Kunst; und darf, trotzdem »man es nicht als unbedeutend ansehen« soll (U. 306), mehr als eine terminologische Vorsicht darin erblickt werden, daß wir in der Naturwissenschaft den »Ausdruck eines Zwecks der Natur« (U. 305) anstatt den eines »göttlichen Zwecks« (U. 306) gebrauchen, da doch feststeht, daß »für uns keine andere Beurteilungsart der Erzeugung ihrer (der Materie [M. H.]) Produkte als Naturzwecke übrig bleibe, als die durch einen obersten Verstand als Weltursache«? (U. 329)[4]

---

[4] U. 320 wird geradewegs von »einem subjectiven Prinzip nämlich dem der Kunst« gesprochen.

Kants Auflösung wurzelt im System

Doch nicht solchen scheinbaren oder echten Widersprüchen nachzuspüren kann hier die Aufgabe sein. Wenn Kant, den das Problem, das organisches Leben uns stellt, so tief beunruhigte, daß er ihm eine eigene Kritik gewidmet hat, schließlich sich damit begnügte, den Begriff eines organischen Wesens gerade noch als wissenschaftlichen Kunstgriff gelten zu lassen, der aber »nicht die Bestimmung der Objecte selbst« (U. 344) angeht; wenn sein System zwar die Wirklichkeit eines anorganischen Naturproduktes, nicht aber die eines Wesens als Organismus zu fassen vermag, so muß der Grund tiefer liegen, als in einer bloßen Äquivokation.

Und so ist es in der Tat. Die Auflösung der Antinomie ist durch die Grundlehren der Kantischen Philosophie ebenso notwendig bedingt, wie die Auflösung ihrerseits den Sinn dieser Grundlehren zu beleuchten vermag. Dazu die letztere Möglichkeit darzutun, sollte die vorliegende Betrachtung beitragen; der erstgenannte Zusammenhang ist wenigstens an einigen Stellen hinreichend deutlich geworden (so z. B. S. 27 f.) und bedarf daher keiner weiteren Erörterung. Doch es muß eine Lehre noch zur Sprache kommen, auf die Kant sich an entscheidender Stelle beruft, die in den Untersuchungen der Kritik der teleologischen Urteilskraft überall gleichsam im Hintergrunde steht und für das Verständnis der Auflösung der Antinomie unentbehrlich ist: das Dogma vom intellectus ectypus. Mit wenig Worten läßt es sich wie folgt bezeichnen.

Das Dogma vom intellectus ectypus

Unser Verstand hat die Eigentümlichkeit, daß er »von den Teilen als allgemeingedachten Gründen zu verschiedenen darunter zu subsumierenden möglichen Formen als Folgen fortgehen muß« (U. 349). Ihm ist es daher einzig gemäß, »die Möglichkeit des Ganzen als von den Teilen abhängend« (ebenda) vorzustellen, und es würde in der uns einzig möglichen »discursiven Erkenntnisart Widerspruch sein«, »daß das Ganze den Grund der Möglichkeit der Verknüpfung der Teile ... enthalte« (U. 349).

Folgerungen aus diesem Dogma

Ist diese Lehre wahr, dann darf die Kantische Auflösung der Antinomie nur in unwesentlichen Einzelheiten bezweifelt werden, dann muß man in Fällen, wo irgend Geschehen von einem Ganzen aus beherrscht erscheint, dies prinzipiell für Schein erklären und Hypothesen machen, um – so gut es eben gehen will – die ›scheinbare‹ Ausnahme doch noch als Spezialfall des allgemeinen Mechanismus zu begreifen. Dann gibt es in der Natur in Wirklichkeit keine anderen Vorgänge als Bewegungen materieller Teile, die beliebig aufeinandertreffen, und die kinetische Gastheorie ist das Urbild aller wissenschaftlichen Theorien.

Die »Form« des Geschehens aber, d. h. der Gesamtverlauf, die zeitlich-räumlichen Gestaltungen, die aus den Bewegungen der Teile resultieren, wären insofern zufällig, als kein Naturgesetz denkbar wäre, das bestimmen würde, warum diese und keine anderen Bestandteile in einem bestimmten Ganzen auf diese und keine andere Weise zusammen sind und zusammenwirken. *Was* sich jeweils verbindet und *wie* eine Verbindung gegliedert ist, könnte nie als vom Ganzen her geregelt gelten und wäre insofern beliebig, denn alle Gesetze hätten sich lediglich auf Veränderungen der Teile zu beziehen und niemals die Abhängigkeit irgendwelcher Tatsachen vom System zu behaupten. Daher »sagt man«, daß z. B. der Bau eines Vogels »nach dem bloßen nexus effectivus in der Natur, ohne noch eine besondere Art der Causalität, nämlich die der Zwecke (nexus finalis), zu Hilfe zu nehmen, im höchsten Grade zufällig sei, d. i. daß sich die Natur als bloßer Mechanism betrachtet, auf tausendfache Art habe anders bilden können, ohne gerade auf die Einheit nach einem solchen Prinzip zu stoßen, und man also außer dem Begriffe der Natur, nicht in demselben den mindesten Grund dazu a priori allein anzutreffen hoffen dürfe« (U. 269).

Die »Zufälligkeit der Form« (U. 331), die »Zufälligkeit der Verbindung der Teile« (U. 349) entspricht nach Kant notwendig dem menschlichen Verstand; die »*Gesetzlichkeit*[5] des Zufälligen« (U. 344) aber, von der organisches Geschehen gleichsam beredtes Zeugnis abzulegen scheint, und die er Zweckmäßigkeit heißt, ist

---

5 Bei Kant nicht hervorgehoben.

eine Fiktion, »ein subjectives Prinzip der Vernunft für die Urteilskraft« (ebenda), dem in der Wirklichkeit nichts entspricht. Das alles ist eine notwendige Folge des Dogmas vom intellectus ectypus. Nur ein intellectus archetypus, der »vom Synthetisch-Allgemeinen (der Anschauung eines Ganzen als eines solchen) zum Besonderen geht, d. i. vom Ganzen zu den Teilen« (U. 349), vermöchte Gesetze zu erkennen, wo wir niemals hoffen dürfen, mehr als »bloße Ideen« zu haben, nur *seine* »Vorstellung des Ganzen« (ebenda) enthielte jene Zufälligkeit der Verbindung nicht, sondern vermöchte »Einheit des Grundes der Verbindung des Mannigfaltigen außer einander« (U. 372, vgl. oben S. 30) zu schauen, wo das mechanistische Weltbild nur ein »Aggregat vieler Substanzen« (ebenda) vorzustellen vermag.

Von der durch das Dogma gestifteten Unruhe

Das Problem des intellectus archetypus, d. h. aber das Rätsel, das uns jene »ganz eigne Gesetzmäßigkeit« (U. 268) aufgibt, die nicht bloß auf Bewegungen materieller Teile »außer einander« sich bezieht, sondern das Geschehen in einem System von ihm selbst aus, also gleichsam von innen her, zu beherrschen scheint, die Frage nach der Notwendigkeit der bestimmten »Gestalt« (U. 356, 285 u. a.) des Geschehens in Raum und Zeit, nach den Organismen und der »Einheit des Prinzips für die innerlich zweckmäßige Form ihrer Bildung« (U. 378) – alle diese Themen, die aufs engste zusammenhängen, denn sie haben die gemeinsame Wurzel: die Frage nach dem Verhältnis von Ganzem und Teilen, bezeichnen nicht nur Grundmotive für die unmittelbar auf Kant folgende Spekulation, sondern auch für die Forschung der Gegenwart.

Die Lehre von den Gestaltqualitäten

In der neuesten Philosophie trat der Kantischen Ansicht die Lehre von den Gestaltqualitäten gegenüber. Sie besagt, daß ein Ganzes als solches Eigenschaften hat, die bei der Zerlegung in Teile verlorengehen, weil sie nur der Einheit zukommen, die ursprünglich vorlag. Die Bedeutsamkeit dieser Lehre für die Philosophie überhaupt ist von Cornelius erkannt worden und erhielt durch ihn die entsprechende systematische Stellung. Nach dieser Lehre kann ein Ganzes nicht in der Weise aus Elementen abgeleitet werden, daß man die Eigenschaften der Bestandteile feststellt und addiert. Die Gesamtheit der Eigenschaften irgendwelcher durch Isolierung aus einem Ganzen gewonnenen Bestände ist nicht gleich diesem Ganzen selbst.

Der Gegensatz zwischen dieser und der mechanischen Auffassung ist offenbar. Um ihn recht deutlich zu machen, sei hier die letztere durch einige Sätze Hermann Cohens nochmals bezeichnet: »In der mechanischen Betrachtung nämlich ist das Ganze lediglich das Ergebnis, und zwar nur das gedachte der concurrierenden Bedingungen. Das Ganze ist und bleibt ideal, es besteht nur in den Teilen. Andere Teile oder eine andere Anordnung der Teile geben ein anderes Ganzes. In der mechanischen Betrachtung ist das Ganze nur die Resultante von Größencomponenten.«[6]

Zerstörung des Dogmas durch eine neue Auffassung vom Wesen des Bewußtseins

Die Lehre von den Gestaltqualitäten, auf erkenntnistheoretische Probleme angewandt, mußte das Dogma vom intellectus ectypus zerstören. Nicht nur ein fingierter göttlicher Verstand vermag »vom Ganzen zu den Teilen« (vgl. oben S. 67f.) zu gehen, sondern es ist damit vielmehr eine Grundeigentümlichkeit unseres Bewußtseins ausgesprochen: Gestaltqualitäten sind überall das primär Gegebene, so »daß das Wissen von diesen Beschaffenheiten der Complexe in unserer Entwicklung überall dem Wissen von der Beschaffenheit der einzelnen Teile vorangeht«.[7]

---

6 *Kants Theorie der Erfahrung*, l. c., S. 716 f.
7 Cornelius, *Transcendentale Systematik*, l. c., S. 66.

IV. Abschnitt: Von der Möglichkeit einer anderen Lösung

Modifizierung der Fragestellung

Ist dem aber so, dann wird die Kantische Grundposition so sehr zweifelhaft, daß sich die Möglichkeit ergibt, die Frage überhaupt auf anderer Ebene zu stellen. Nicht mehr »eine ganz eigne Gesetzmäßigkeit« (U. 268) steht in Frage, gleich als ob ausgemacht wäre, daß die mechanische im allgemeinen gelte, und jene, die in organischem Geschehen sich offenbart, die Ausnahme sei: sondern in Frage steht der Typus des Naturgesetzes überhaupt.

»... daß die Teile (ihrem Dasein und der Form nach) nur durch ihre Beziehung auf das Ganze möglich sind« (U. 290), daß also das Ganze, die Gestalt, selbst Bedingung werden kann, und nicht nur die bewegenden Kräfte von Teilen – diese Vorstellung ist in der Naturwissenschaft keineswegs mehr ein fremder Gedanke. Das darf nicht so mißverstanden werden, als ob die Gestalt nun als *auch* eine Bedingung neben den »concurrierenden bewegenden Kräften der Teile« (U. 349) aufgestellt werden sollte – das hieße ja nach dem mechanischen Prinzip verfahren und eine neue Teilkraft äußerlich zu den anderen fügen –, sondern das System als gestaltete Einheit enthält in sich selbst die »Einheit des Grundes« für die betreffenden Vorgänge, die daher aus einer inneren, im Ganzen gründenden Notwendigkeit geschehen und somit sinnvoll erscheinen.

Gestalttheorie

Daher ist nach dieser Anschauung ein Vorgang nicht auf eine Summierung von Teilbedingungen zurückzuführen, sondern auf ein bestimmt geartetes System, auf eine Gestalt. Wo es gelingt, solche Gestaltgesetze aufzuweisen, da ist die »Zufälligkeit der Verbindung der Teile« (U. 349) gesetzlich geworden, und die »Einheit des Grundes« dafür, was in dieses Ganze eingeht und wie es sich gliedert, ist gefunden; das auf dieses Ganze bezügliche Geschehen ist als notwendig und damit als sinnvoll erkannt. Die Ansicht, daß dieser Typus der Naturgesetzlichkeit der wesentliche sei, ist der Kern der Gestalttheorie.

Ausblick

Nach Kant beruht selbst ein organisches Wesen »auf Nebeneinanderstellung der Teile zu Bildung einer gewissen Gestalt« (Beilage zu Kants Brief an Sömmering vom 10.8.1795, Ak. Ausg. XII, 2. Aufl. S. 33). – Die Frage lautet: Ist diese Art gleichsam mechanischer Gestalten[8] die einzig mögliche oder nicht, ja ist sie vielleicht nur ein gedachter Grenzfall wie ihr Beispiel in der Physik: die reversibeln Prozesse?[9] Dann wäre Erklärung im Sinne von »Zergliederung«, so unerläßlich diese im übrigen auch immer sein mag, jedenfalls nicht gleichbedeutend mit Erklärung überhaupt. Inwiefern aber eine von der Kantischen verschiedene Auflösung des anscheinenden Widerstreits zweier Maximen der Urteilskraft in der angezeigten Richtung möglich ist, dies vermag den Philosophen einzig die aufmerksame Beobachtung des Wegs zu lehren, den die Naturforschung in Zukunft nehmen wird. Denn mit der bloßen Feststellung, daß eine andere Art von Naturgesetzlichkeit als die mechanische denkbar sei, ist es nicht getan. – Daß die Natur nicht vorzugsweise im Sinne des mechanischen Prinzips verfährt, lehren heute schon zahlreiche Gesetze, die nicht mechanisch zu deuten sind. W. Köhler hat dafür in jüngster Zeit entscheidende Belege erbracht.[10] Der exakte Nachweis immer neuer ›Gestaltgesetze‹ vermöchte eine von der Kantischen radikal verschiedene Bewertung der Maxime der Thesis in der Antinomie zu begründen, während der Sinn der Antithesis im Anschluß an diesen Prozeß sich immer weiter positiv müßte bestimmen lassen. Über die hier gegebenen Anzeigen hinauszugehen und die positiven Bestimmungen heute schon allgemein formulieren zu wollen, hieße diesen Prozeß antizipieren und lag keineswegs in der Absicht dieser Seiten.

---

8 Kant selbst spricht (ebenda) von »mechanischer... Organisation«.
9 Vgl. Planck, *Physikalische Rundblicke*, l. c., S. 14.
10 Siehe: W. Köhler, *Die physikalischen Gestalten in Ruhe und im stationären Zustand*, Braunschweig 1920.

Literaturverzeichnis

Allgemeine Literatur zur *Kritik der Urteilskraft:*
Siehe Friedrich Ueberweg, *Grundriß der Geschichte der Philosophie*, III. Teil, Berlin ¹¹1914, S. 98 ff. Daraus besonders: August Stadler, *Kants Teleologie und ihre erkenntnistheoretische Bedeutung*, unveränderte Neuausgabe Berlin 1912.

Schriften von H. Cornelius, auf welche die vorliegende Arbeit vornehmlich Bezug nimmt:
Einleitung in die Philosophie, Leipzig u. Berlin ²1919
Transcendentale Systematik, München 1916 (siehe auch weiter unten)

Zitierte Schriften (außer Kant):
E. Adickes, *Kants opus postumum*, Berlin 1920
H. Bergson, *Schöpferische Entwicklung*, deutsch von G. Kantorowicz, Jena 1921
E. Cassirer, *Kants Leben und Werke*, Berlin 1918
H. Cohen, *Kants Theorie der Erfahrung*, Berlin ³1918,
ders., *Logik der reinen Erkenntnis*, Berlin ²1914
H. Cornelius, siehe oben, ferner der Aufsatz ›Über Gestaltqualitäten‹, *Zeitschrift für Psychologie und Physiologie der Sinnesorgane*, Bd. 22, 1900
ders., *Psychologie als Erfahrungswissenschaft*, Leipzig 1897
ders., ›Psychologische Prinzipienfragen‹, *Zeitschrift für Psychologie und Physiologie der Sinnesorgane*, Bd. 42 u. 43
R. Eisler, *Der Zweck*, Berlin 1914
Ch. v. Ehrenfels, ›Über Gestaltqualitäten‹, *Vierteljahrsschrift für wissenschaftliche Philosophie*, XIV, 1890
J. E. Erdmann, *Grundriß der Geschichte der Philosophie*, Berlin ²1869/70
K. Fischer, *Immanuel Kant und seine Lehre*, Heidelberg ⁵1909/10

Goethes Philosophie aus seinen Werken, herausg. v. M. Heynacher, Berlin ²1922

W. Köhler, ›Über unbemerkte Empfindungen und Urteilstäuschungen‹, *Zeitschrift für Psychologie und Physiologie der Sinnesorgane*, Bd. 66 (siehe auch weiter unten)

K. Lewin, *Der Begriff der Genese in Physik, Biologie und Entwicklungsgeschichte*, Berlin 1922

P. Natorp, *Logik*, Marburg ²1910

M. Planck, *Acht Vorlesungen über theoretische Physik*, Leipzig 1910

ders., *Physikalische Rundblicke*, Leipzig 1922.

Schriften zur Gestalttheorie:

M. Wertheimer, ›Untersuchungen zur Lehre von der Gestalt‹, in: *Zeitschrift Psychologische Forschung*, Berlin 1923, I. Band

ders., *Über Schlußprozesse im produktiven Denken*, Berlin und Leipzig 1920

W. Köhler, *Die physischen Gestalten in Ruhe und im stationären Zustand*, Braunschweig 1920

Siehe ferner die Arbeiten über mehr spezielle Probleme von W. Fuchs, A. Gelb, K. Goldstein, K. Koffka, W. Köhler, M. Wertheimer.

Über Kants *Kritik der Urteilskraft* als Bindeglied zwischen theoretischer und praktischer Philosophie

(1925)

Vorwort

Die vorliegende Abhandlung wurde der philosophischen Fakultät der Universität Frankfurt a. M. als Habilitationsschrift vorgelegt. Ihre Veröffentlichung erfolgt auf Grund der Habilitationsvorschriften. Sie bildet einen noch nicht abgeschlossenen Teil einer größeren Arbeit. Dessen Gegenstand ist wesentlich die Auseinandersetzung mit Theorien Kants – nicht aus historischem oder philologischem Interesse, sondern in der Intention auf Lösung sachlicher Schwierigkeiten.

Die Darstellung Kantischer Gedanken wurde so weit wie möglich mit Kants eigenen Worten und an der Hand von zahlreichen Zitaten durchgeführt. Es handelt sich aber um Seiten seiner Philosophie, bei denen eine gewisse Freiheit der Sinndeutung besteht. Innerhalb dieser Sphäre ist über den Vorzug einer bestimmten Art der Auffassung vor der anderen nur durch einen umfangreichen philologischen Apparat zu entscheiden. In Anbetracht dieses Umstandes wurden die Unterschiede der hier gegebenen Interpretation von anderen Auffassungen zugunsten der Übersichtlichkeit im ohnehin nicht einfachen Gedankengang nirgends ausdrücklich besprochen.

Die Tatsache, daß in den letzten Jahren mehrere Schriften erschienen sind, die sich ganz oder teilweise mit der *Kritik der Urteilskraft* befassen, scheint die oben ausgesprochene Überzeugung von der Aktualität dieser Arbeit zu bestätigen. Obwohl der Verfasser einigen unter diesen Schriften viel Anregung und Belehrung verdankt[1], hat das gleiche Motiv der Übersichtlichkeit das Eingehen auf sie auch dort verhindert, wo die vorliegende Deutung Kants von der ihrigen abweicht.

Eben dieses Motiv enthält den Grund dafür, daß in der Darstellung

---

1 Genannt seien: Richard Kroner, *Von Kant bis Hegel*, I. Bd. (Tübingen 1921). Alfred Baeumler, *Kants Kritik der Urteilskraft*, I. Bd. (Halle 1923). Emil Ungerer, *Die Teleologie Kants und ihre Bedeutung für die Logik der Biologie* (Berlin 1922).

nur diejenigen Theorien Kants Erwähnung finden, die mit den hier behandelten Problemen in mehr oder weniger unmittelbarem Zusammenhang stehen. Es wird hier also die Kenntnis der Philosophie des transzendentalen Idealismus vorausgesetzt. Dazu rechnet der Verfasser nicht nur die Lektüre der Hauptwerke Kants, sondern auch derjenigen modernen Schriften, in welchen die Transzendentalphilosophie ihm heute in konsequentester Form vorzuliegen scheint: dies sind die beiden Werke von Hans Cornelius: *Einleitung in die Philosophie* (II. Auflage, Leipzig und Berlin 1919) und *Transcendentale Systematik* (München 1916). Von Ergebnissen dieser Philosophie ist überall – auch ohne besondere Kennzeichnung – Gebrauch gemacht.

Frankfurt a. M., im März 1925   Max Horkheimer

Inhaltsverzeichnis

Vorwort 75

Einleitung: Die Stellung der *Kritik der Urteilskraft* in der Philosophie Kants 80

> Die Aufgabe dieser Arbeit. – Die ursprüngliche Scheidung der beiden Vernunftarten. – Das Primat der praktischen Vernunft. – Unterschiede der beiden Vermögen. – Das erkenntnistheoretische Grundproblem der *Kritik der Urteilskraft*.

I. Abschnitt: Die formale Zweckmäßigkeit in der Natur . . 94

> Darstellung des Problems. – Kants Lösung des Problems. – Die Einheit der Natur in der transzendentalen Deduktion der reinen Verstandesbegriffe. – Die Wurzeln von Kants Begriff einer notwendigen Natureinheit. – Begründung einer anderen Lösung des Problems der formalen Zweckmäßigkeit durch Aufweis einer Lücke in der transzendentalen Deduktion. – Allgemeine Bemerkung.

II. Abschnitt: Die Zweckmäßigkeit
der ästhetischen Gegenstände 110

> Die Einteilung der *Kritik der Urteilskraft*. Der Sinn der formal-subjektiven Zweckmäßigkeit. – Einheit der erkenntnistheoretischen Begründung der formalen Zweckmäßigkeit der Natur und der Zweckmäßigkeit der ästhetischen Gegenstände. – Über den ästhetischen Wert der Regelmäßigkeit. – Kritik von Kants Theorie der empirischen Begriffsbildung als Grundlage seiner Ästhetik. –

Die »Bilder«. – Allgemeine Bemerkung. – Über die Zweckmäßigkeit erhabener Gegenstände. – Hinweis auf eine positive Begründung der Ästhetik.

III. Abschnitt: Die Zweckmäßigkeit
der organischen Gegenstände 126

Verschiedene Arten der objektiven Zweckmäßigkeit. – Die Eigentümlichkeit der organischen Natur. – Kants teleologische Deutung organischen Geschehens. – Erkenntnistheoretische Untersuchung der »zufälligen« Beschaffenheit organischer Gegenstände. – Folgerung für die Kritik der teleologischen Urteilskraft.

Abschließende Bemerkung 145

Die Zitate aus Kants Schriften, soweit diese bereits in der Ausgabe der Preußischen Akademie der Wissenschaften erschienen sind, wurden überall dieser Ausgabe entnommen. Um die Auffindung der einzelnen Stellen auch ohne Zuhilfenahme der Akademie-Ausgabe zu ermöglichen, wurden folgende Regeln beobachtet:

Es werden bezeichnet:
die *Kritik der reinen Vernunft*, erste Auflage als r. V. A.;
die *Kritik der reinen Vernunft*, zweite Auflage als r. V. B.; beide Auflagen mit den Seitenzahlen der Originalausgaben;
die *Kritik der praktischen Vernunft* als p. V. mit den Seitenzahlen der ersten Auflage von 1788;
die *Kritik der Urteilskraft* als U. mit den Seitenzahlen der zweiten Auflage von 1793;
die übrigen Schriften Kants als A. A. mit den Band- und Seitenzahlen der Akademie-Ausgabe; mit folgenden Ausnahmen:
die sogenannte Erste Einleitung in die *Kritik der Urteilskraft*, die nach dem von Prof. Schirrmacher in der Rostocker Universitätsbibliothek aufgefundenen Manuskript zum erstenmal in der Cassirerschen Ausgabe der Werke Kants veröffentlicht wurde, als C. mit den Seitenzahlen des 5. Bandes der Cassirerschen Ausgabe;
der Aufsatz ›Über die Fortschritte der Metaphysik seit Leibniz und Wolff‹ mit Band- und Seitenzahlen der Cassirerschen Ausgabe;
Kants *Opus postumum* als O. p. mit den Seitenzahlen der Darstellung des O. p. von Erich Adickes (Berlin 1920);

außerdem:

Fichtes Werke mit Band- und Seitenzahlen der von Imanuel Hermann Fichte besorgten Gesamtausgabe (1834–1846).

Einleitung:
Die Stellung der *Kritik der Urteilskraft* in der Philosophie Kants

Die Aufgabe dieser Arbeit

Kants kritisches Philosophieren geht auf die Errichtung des philosophischen Systems. Seit der Einleitung in die erste Auflage der *Kritik der reinen Vernunft* (r. V. A. 12) hat er das System wiederholt an bedeutsamen Stellen als Endziel seiner Bestrebungen bezeichnet, und wesentlich als Leistung »zum Behuf der Möglichkeit desselben« (U. XXV), nämlich des Systems, sind seine kritischen Hauptwerke von der anschließenden Entwicklung aufgenommen worden.

Kant selbst hat seit dem Erscheinen der *Kritik der reinen Vernunft* den Sinn seiner Arbeit immer mehr im Aufbau des Systems gesehen. Während ursprünglich die *Kritik* nur als »Propädeutik« (r. V. B. XLIII, 869 u. a.), als »Vorbereitung womöglich zu einem Organon, und wenn dieses nicht gelingen sollte, wenigstens zu einem Kanon derselben« (r. V. A. 12) eingeführt worden war, lehnte Kant es in späteren Jahren feierlich als »Anmaßung« ab, ihm »die Absicht unterzuschieben«, er habe »bloß eine Propädeutik zur Transzendentalphilosophie, nicht das System dieser Philosophie selbst, liefern wollen« (A. A. XII, 2. Aufl., 370 f.). So sehr identifizierte er schließlich sein Tun mit dem Aufbau des Systems, das »auf einer völlig gesicherten Grundlage ruhend, auf immer befestigt, und auch für alle künftigen Zeitalter zu den höchsten Zwecken der Menschheit unentbehrlich sei« (ebenda).

Über die sachlichen Gründe für den Nachdruck, mit dem Kant vom System gesprochen hat, und darüber, was er unter diesem Ausdruck verstand, herrschte weder zu seinen Lebzeiten noch später Einigkeit der Meinung. Aber es handelt sich dabei um Probleme, die notwendig zum Bestande der kritischen Philosophie gehören und ohne deren Auflösung das Denken innerhalb dieser Philosophie keine Ruhe finden und bei ihr nicht stehenbleiben kann.

So sehr es nun im Hinblick auf gewisse Formulierungen Kants berechtigt sein mag, die Fragen, die ihn unter dem Titel des Systems beunruhigten, durch eine Erörterung des Unterschiedes zwischen kritischer »Propädeutik« und systematischer »Doktrin«, zwischen kritischem und doktrinalem »Geschäft« (U. X) zu bestimmen[1], so läßt sich doch auch ohne derartige Untersuchungen erkennen, daß ein bestimmtes Problem, als besonders bedeutsames, jenes Streben nach dem System motiviert hat: die Frage nach dem Verhältnis der Ethik zum Ganzen der Transzendentalphilosophie. Mit diesem Gegenstande hat Kant sich seit dem Beginn der kritischen Periode bis in die letzten Lebensjahre in steigendem Maße beschäftigt. Seine Auffassung hat in dieser Zeit entscheidende Wandlungen erfahren, aber es hat nicht den Anschein, als ob er schließlich die Aufgabe einer ausreichenden Bestimmung jenes Verhältnisses für befriedigend gelöst erachtet hätte.

In der Einleitung zur *Kritik der reinen Vernunft* wird die Frage eindeutig negativ beantwortet: »– obzwar die obersten Grundsätze der Moralität und die Grundbegriffe derselben Erkenntnisse a priori sind, so gehören sie doch nicht in die Transzendentalphilosophie« (r. V. A. 14f.). Da das »Moralische« als Gegenstand gefaßt wird, »der der transzendentalen Philosophie fremd ist« (r. V. B. 829), so wäre die notwendige Folge, daß diese Philosophie ohne systematische Verbindung und ohne notwendige Beziehung zur Ethik abgehandelt und beschlossen werden müßte.

Dabei aber beruhigt sich Kant nicht, denn dies würde nichts weniger bedeuten, als daß in bezug auf die beiden obersten Arten des Vernunftgebrauches, nämlich »die des spekulativen und praktischen Gebrauchs der reinen Vernunft« (r. V. B. 869), keine Möglichkeit bestände, einen systematischen Zusammenhang aufzuweisen. Das Ganze der Philosophie, das ja aus den beiden Zweigen der theoretischen und der praktischen Philosophie besteht, wäre eben daher ein bloßes »Aggregat«, wäre unvernünftig, denn alle Erkenntnis und ein Ganzes derselben muß einer Regel gemäß sein. »Regellosigkeit ist zugleich Unvernunft« (A. A. IX, 139 und XVI, 780).

---

1 Kant selbst hat diesen Unterschied, der von seinen unmittelbaren Nachfolgern für so entscheidend angesehen wurde (vgl. Fichte I. 32ff. und I. 478f.), jedenfalls zu manchen Zeiten nur in einer gewissen »Ausführlichkeit der Anwendung auf das Besondere« und der »Eleganz der Präzision« gesehen (C. 228).

Bereits in der *Kritik der reinen Vernunft* selbst geht Kant über die ursprüngliche Negation dem Sinne nach hinaus: »Die Gesetzgebung der menschlichen Vernunft (Philosophie) hat nun zwei Gegenstände, Natur und Freiheit, und enthält also sowohl das Naturgesetz als auch das Sittengesetz, anfangs in zwei besonderen, zuletzt aber in einem einzigen philosophischen System« (r. V. B. 868). Sobald er sich aber noch eingehender mit Fragen der praktischen Philosophie beschäftigt hatte, stand für ihn fest, »zur Kritik einer reinen praktischen Vernunft« werde erfordert, »daß, wenn sie vollendet sein soll, ihre Einheit mit der spekulativen in einem gemeinschaftlichen Prinzip zugleich müsse dargestellt werden können, weil es doch am Ende nur eine und dieselbe Vernunft sein kann, die bloß in der Anwendung unterschieden sein muß« (*Grundlegung zur Metaphysik der Sitten,* A. A. IV, 391).

Diese Forderung einer Darstellung der Einheit theoretischer und praktischer Philosophie »in einem gemeinschaftlichen Prinzip« wurde mit der Zeit geradezu der Hauptinhalt des Kantischen Ringens um das System. In dem nachgelassenen Konvolut, an dem Kant vom Dezember 1800 »bis mindestens April 1803« (O. p. 719) gearbeitet hat, finden sich mehr als 150 Definitionen des Begriffes der Transzendentalphilosophie (ebenda 737). Darunter lesen wir Bestimmungen wie die folgenden: »Tr. ph. ist nicht der Inbegriff der Objekte der Sinne, sondern das Verhältnis der theoretisch-spekulativen und moralisch-praktischen Vernunft in Verknüpfung miteinander in einem System der Selbsterkenntnis...« (ebenda 744f.). »Tr. ph. ist das allgemeine Prinzip der theoretisch spekulativen und moralisch praktischen Vernunft in einem Systeme der Ideen beider vereinigt vorgestellt« (ebenda 751). Es wird betont, Tr. ph. sei »das Prinzip, welches das *Ganze* der Philosophie als in einem System bestimmt« (ebenda 753), und immer wieder erscheint die gesuchte höchste systematische Einheit als »Inbegriff der Ideen, die das Ganze der synthetischen Erkenntnis a priori aus Begriffen in einem System sowohl der theoretisch-spekulativen als moralisch-praktischen Vernunft unter *einem* Prinzip enthalten...« (ebenda 751).

Dieses System, das einheitliche Ganze also der Transzendentalphilosophie, erscheint im *Opus postumum* erst als »Plan« (ebenda 721), und nicht etwa wird es als schon geleistet angesehen. – Trotzdem steht zwischen dem ersten Ausblick auf diese Einheit in der *Kritik der reinen Vernunft* (s. o. S. 83) eine gewaltige Anstrengung, sie herzustellen: die *Kritik der Urteilskraft*. Ihre Bestimmung ist nach Kants eigenen Worten, »Verbindungsmittel« zu sein, »der zwei Teile der Philosophie zu einem Ganzen« (U. XX). Es ist daher zu untersuchen, inwiefern die *Kritik der Urteilskraft* diesen Zweck tatsächlich zu erfüllen vermag, und wie weit die Herstellung der Einheit auf befriedigendere Art zu leisten wäre, welches letztere das *Opus postumum* vorauszusetzen scheint.

Indem nun diese Aufgabe hier in Angriff genommen wird, soll ganz und gar nicht auf die positiven Intentionen des *Opus postumum* Rücksicht genommen werden; diese bewegen sich in einer von den Bestrebungen der *Kritik der Urteilskraft* höchst verschiedenen Richtung. Vielmehr soll es allein darauf ankommen, einige Hauptprobleme der letzten der drei *Kritiken* im Hinblick auf ihre bezeichnete Funktion im Ganzen der Kantischen Philosophie zu erörtern, und – soweit mit den Mitteln der transzendentalen Philosophie selbst konsequentere Lösungen möglich erscheinen – die Richtung, in der diese liegen, zu bezeichnen. Auf diesen letzten Punkt kommt es wesentlich an. Kants Problemstellung soll überall nur der Ausgangspunkt sein, die mangelnde Befriedigung des *Opus postumum* in Beziehung auf die endgültigen Lösungen aber mag das Recht begründen, diese Lösungen vom Standpunkte des transzendentalen Idealismus aus zu prüfen und gegebenenfalls konsequentere zu versuchen.

Die ursprüngliche Scheidung der beiden Vernunftarten

Um die Problematik der *Kritik der Urteilskraft*, insoweit sie auf die bezeichneten systematischen Fragen Bezug hat, zu verstehen, ist es notwendig, sich auf eine Grundvoraussetzung von Kants Philosophie zu besinnen: die Einteilung der »Vermögen« des menschlichen »Gemüts«. –
Die drei *Kritiken* ruhen auf psychologischem Fundament. In schlichter Unterstellung seiner Gültigkeit a priori, die erst in ihrem Rahmen hätte begründet werden müssen, setzen sie ein Hauptresultat der zu ihrer Zeit herrschenden Psychologie voraus. Diese hatte, ausgehend von der dogmatischen Psychologia rationalis Wolffs, aus

dessen Spekulationen über das »Wesen« der Seele als sicheres Ergebnis festgehalten, diese sei als ein Komplex verschiedener Vermögen (»facultates«) aufzufassen, und sah eine Hauptaufgabe darin, zu bestimmen, »wie viele solcher Grundvermögen« es gebe »und welche dafür zu halten sind«[2].

Während nun in der praktischen Lösung dieser Frage »die Psychologen nicht einerlei Meinung« waren[3], gab es für Kant nicht den geringsten Zweifel darüber, daß jenes Prinzip selbst, also die Hypostasierung einer gewissen Anzahl von »Kräften« und »Vermögen des menschlichen Gemüts« jeder philosophischen Bemühung zugrunde gelegt werden müsse.[4] Er hat ausdrücklich gegen den Versuch, die absolute Verschiedenheit dieser Vermögen und deren endgültige Isolierung durch weitere Zurückführung aufzuheben, polemisiert: »Allein es läßt sich sehr leicht dartun«, schreibt er während der Arbeit an der *Kritik der Urteilskraft,* »und seit einiger Zeit hat man es auch schon eingesehen, daß dieser, sonst im echten philosophischen Geiste unternommene Versuch, Einheit in diese Mannigfaltigkeit der Vermögen hineinzubringen, vergeblich sei« (C. 188).

Die oberste und entscheidendste Teilung nun, die Kant voraussetzt, ist diejenige der Vernunft in einen praktischen und einen theoretischen Zweig. Vornehmlich diese Unterscheidung zweier selbständiger Vernunftarten, die sich historisch unmittelbar auf die Tetenssche Statuierung eines Erkenntnis- und eines Begehrungsvermögens gründet[5], hat für das Kantische System die bedeutsamen Konsequenzen gehabt, die in der Problematik der *Kritik der Urteils-*

---

2 Tetens, *Philosophische Versuche*, I. Bd., Leipzig 1777, S. 619.
3 Ibid.
4 »Kritische Philosophie ist diejenige, welche ... von der Untersuchung der *Vermögen* der menschlichen Vernunft (in welcher Absicht es auch sei) Eroberung zu machen anfängt« (A. A. VIII, 416).
5 Vgl. J. E. Erdmann, *Grundriß der Geschichte der Philosophie*, [2]1870, Bd. II, S. 339. – Es ist behauptet, aber auch bestritten worden, daß Kants Unterscheidung mit der scholastischen Trennung des intellectus speculativus vom intellectus practicus zusammenfalle (vgl. Bäumker, ›Die christliche Philosophie des Mittelalters‹, in: *Allgemeine Geschichte der Philosophie, Kultur der Gegenwart*, [2]Berlin 1913, S. 414). Unmittelbar erwuchs Kants Trennung jedenfalls auf dem Boden der zeitgenössischen Vermögenspsychologie und nicht, wie Schopenhauer angibt, »ohne weitere Autorität« als die der Scholastiker aus jener traditionellen Scheidung (*Die Welt als Wille und Vorstellung*, Deußensche Ausgabe Bd. I, S. 513).

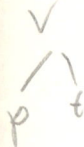

kraft, aber auch an vielen Stellen der übrigen Werke Kants zutage treten und lange Zeit hindurch das philosophische Denken beunruhigt haben. Diese Konsequenzen also müssen wir bezeichnen.
In allgemeinem und daher wenig exaktem Ausdruck kann als Gesamtobjekt der Transzendentalphilosophie das Ganze der vernünftigen Persönlichkeit, der Mensch als Vernunftwesen bezeichnet werden. Da nach dem transzendentalen Idealismus jede Bestimmtheit des Gegenstandes vom Subjekt herrührt, so betreffen alle Scheidungen, alle Aussagen in bezug auf die Struktur der Persönlichkeit ebensosehr die Objektivität; die Erforschung der Faktoren des transzendentalen Subjektes ist identisch mit der Analyse der letzten konstitutiven Elemente der Gegenständlichkeit.
In Anbetracht dieses Grundsatzes bedeutet die Anerkennung zweier höchster Vernunftarten als selbständiger gesetzgebender Vermögen, die »gegen allen wechselseitigen Einfluß« (U. LIII) durch »eine unübersehbare Kluft« (U. XIX) voneinander abgesondert sind, als eine der ersten Voraussetzungen Kants, nicht nur die Spaltung der Persönlichkeit in ein erkennendes und ein wollendes Wesen, einen Schnitt durch die Vernunft, der die zwei isolierten »Kräfte«: Wille und Erkenntnis an Stelle der scheinbar ursprünglichen Einheit setzt. Sondern diese Anerkennung bedeutet gleichzeitig die Trennung der Welt im Sinne eines Erkenntnisobjektes von der Welt als dem Objekte unserer sinnvollen Tätigkeit, einer natürlichen Welt, von einer Welt der Freiheit.
Die Tragweite dieser Scheidung ist kaum zu ermessen. Ihre Auswirkung in scheinbar fernabliegenden Einzelfragen wird uns sogleich entgegentreten. Kant war sich dieser Tragweite bewußt, und eine seiner bekanntesten Lehren, die lange vor der Abfassung der *Kritik der Urteilskraft* schon verkündet worden war, die Lehre vom Primat der praktischen Vernunft, hat den systematischen Sinn, einen Zusammenhang der beiden Vermögen »unter einem Prinzip« herzustellen.

Das Primat der praktischen Vernunft

Nach dieser Lehre ist die theoretische Vernunft insofern der praktischen untergeordnet, als sie die ethischen Maximen, d. h. diejenigen Sätze, die »unabtrennlich zum praktischen Interesse der reinen Vernunft gehören, zwar als ein ihr fremdes Angebot, das nicht auf ihrem Boden erwachsen, aber doch hinreichend beglaubigt ist, annehmen und sie mit allem, was sie als spekulative Vernunft in ihrer Macht hat, zu vergleichen und zu verknüpfen suchen müsse« (p. V. 218). Auch das theoretische Streben ist *Streben* und untersteht als solches den Weisungen der praktischen Vernunft, »weil alles Interesse zuletzt praktisch ist« (p. V. 219).

Kant begründet diese Lehre damit, daß »ohne diese Unterordnung ein Widerstreit der Vernunft mit ihr selbst entstehen« würde (ebenda), und er meint damit einen Kompetenzstreit, der daraus resultieren würde, daß »sie einander bloß beigeordnet (koordiniert) wären« (ebenda).

Die vornehmlich auf allgemeinphilosophischen Erwägungen ruhende Lehre vom »Primat« der praktischen Vernunft vermochte die aus jener ursprünglichen Trennung stammenden Schwierigkeiten nicht zu überwinden. Diese Lehre regelt zwar das Verhältnis der beiden Vernunftarten als Ganze zueinander und bestimmt daher eine gewisse Ordnung der beiden Kritiken. Die Folgen der dualistischen Anlage aber machen sich in den einzelnen Theorien innerhalb der *Kritiken* selbst und in den Momenten der auf sie gegründeten Weltanschauung ebensosehr geltend. Es war prinzipiell unmöglich, sie durch die allgemeine Betrachtung zu überwinden. Um die so entstehenden spezielleren Probleme zu erfassen, bedarf es einer etwas eingehenderen Charakterisierung der beiden Vernunftarten.

Unterschiede der beiden Vermögen

Unter dem theoretischen Vermögen, dort wo es dem praktischen gegenübergestellt wird, versteht Kant vornehmlich den Verstand.[6] Ihm allein fällt die Aufgabe zu, aus dem sinnlichen Material die Welt

---

6 Der Unterschiede im Gebrauch der Ausdrücke »theoretische Vernunft« und »Verstand« bei Kant sind mannigfache und an gewissen Stellen schwerwiegende. Die Berechtigung, von diesen Unterschieden im Texte abzusehen, leiten wir daher, daß das Verhältnis des praktischen zum theoretischen Vermögen, insofern es in der *Kritik der Urteilskraft* als Problem erscheint, wesentlich als ein solches »der Gesetzgebungen des Verstandes und der Vernunft« (U. LIII) erscheint, wobei als Vernunft nicht etwa das Vermögen zu schließen, sondern das Vermögen praktischer Zielsetzung im Gegensatz zum Verstande als dem spezifisch theoretischen Vermögen gemeint ist. Wenn insbe-

Einleitung

der Erfahrung aufzubauen. Die Einordnung dieses Materials in die Kategorien des reinen Verstandes, seine erste Befassung unter diese ursprünglichen begrifflichen Formen, bedeutet die Konstitution der Natur. Verstand wird charakterisiert »als das Vermögen der Regeln« (r. V. A. 126) und diese Regeln selbst, die »Ordnung und Regelmäßigkeit also an den Erscheinungen« nennen wir »Natur« (r. V. A. 125). Der Verstand ist »der Quell aller Wahrheit«, dadurch, daß seine Regeln »den Grund der Möglichkeit der Erfahrung als des Inbegriffes aller Erkenntnis, darin uns Objekte gegeben werden mögen, in sich enthalten« (r. V. A. 237). Jeder natürliche Gegenstand ist nur insofern wirklich, als er »vermittelst des Verstandes bestimmt« (r. V. A. 234) ist. Die allgemeine Einheit der Natur sowohl wie die Einheit jedes einzelnen Naturdinges ist dadurch gestiftet, daß sinnliches Material kategoriale Formung hat. Jede wirkliche Einheit ist überall das Werk des Verstandes und einzig durch Rückgang auf seine Kategorien erkenntnistheoretisch letztlich zu begreifen.

Die Vernunft als praktisches Vermögen heißt zu wiederholten Malen »die Vernunft« schlechthin. Fast überall, wo dieser Ausdruck ohne Beiwort bei Kant auftritt, bedeutet er die höchste praktische Instanz.

Wenngleich Schopenhauer mit seiner Ansicht, es sei »höchst auffallend«, daß Kant die Vernunft »auch nicht ein einziges Mal ordentlich und genügend bestimmt« und »nur gelegentlich und wie der jedesmalige Zusammenhang es fordert, unvollständige und unrichtige Erklärungen von ihr« gebe (l. c., S. 511), in Beziehung auf das erste Hauptwerk nicht so sehr unrecht haben mag, so läßt sich doch die Funktion dieses Begriffes im Ganzen der Kantischen Philosophie klar bezeichnen.

Die Vernunft als praktisches Vermögen hat es nicht mit der Erkennt-

---

sondern jener soeben berührte Unterschied zwischen der Vernunft als dem Vermögen zu schließen und dem Verstande hierbei ignoriert wird, so darf daran erinnert werden, daß Kant selbst einmal (allerdings noch in vorkritischer Zeit) erklärt hat, »daß Verstand und Vernunft, d. i. das Vermögen deutlich zu erkennen und dasjenige, Vernunftschlüsse zu machen, keine verschiedene Grundfähigkeiten seien« (A. A. II, 59). Wenn Kant unter dem Titel des Verhältnisses von theoretischem und praktischem Vermögen nicht überall dasjenige zwischen *Verstand* und praktischem Vermögen eindeutig festgehalten hat, so scheint uns dies für die im Text behandelten Probleme irrelevant, wo nicht verwirrend.

nis von Gegenständen zu tun, sondern damit, Gegenstände »wirklich zu machen« (p. V. 160). Sie wird bezeichnet als »das Vermögen..., durch seine Vorstellungen Ursache von der Wirklichkeit der Gegenstände dieser Vorstellungen zu sein« (p. V. 15f. Anm.). Sie ist der »Quell der Ideen« (U. 101). Idee, ganz allgemein bestimmt, ist nach Kant immer die Vorstellung eines Ganzen, das durch sich selbst und um seiner selbst willen als möglich gedacht wird. Sie ist »der Vernunftbegriff von der Form eines Ganzen, sofern durch denselben der Umfang des Mannigfaltigen sowohl als die Stelle der Teile untereinander a priori bestimmt wird« (r. V. B. 860).

Der Unterschied zwischen den Ideen (»den Vernunftbegriffen«) und den Begriffen des Verstandes wird vielleicht in einer Betrachtung der durch beide gestifteten Einheit am deutlichsten gezeigt.

Das einzige Geschäft des Verstandes besteht darin, daß er »nur den Stoff zum Erkenntnis, die Anschauung, die ihm durchs Objekt gegeben werden muß, verbindet und ordnet« (r. V. B. 145). Dabei handelt es sich nur um eine äußerlich hinzutretende »Zusammensetzung des mannigfaltigen Gegebenen«, die wir »immer selbst machen müssen« (A. A. XI, 2. Aufl., 347, Brief an Beck v. 3.7.1792). Der Verstand vermag »verschiedene Vorstellungen zueinander hinzuzutun« (r. V. B. 103), aber so, daß kein Teil in dieser Vereinigung eine innigere Beziehung zum Ganzen besitzt, als eben das bloße Verbundensein mit den übrigen Teilen durch das Band der Synthesis des Verstandes, der sie – wie Hegel einmal gesagt hat – »durch das bloße *Auch* verbunden *nebeneinander* beläßt«[7]. Verstandesmäßige Einheit ist immer »bloß ein zufälliges Aggregat« (r. V. B. 673), nur die »Idee« vermag über diese Art »mechanischer« Einheit hinauszugehen.

Die durch Vernunft gestiftete Einheit ist nach Kants eigenem Ausdruck »System« (r. V. B. 708, 860 u. a.). Im System geht das Ganze der Erkenntnis »vor der bestimmten Erkenntnis der Teile« vorher (r. V. B. 673), so daß es »die Bedingungen enthält, jedem Teile seine Stelle und Verhältnis zu den übrigen a priori zu bestimmen« (ebenda). »Eine Idee läßt sich nicht durch Zusammensetzung erhalten. Das Ganze ist hier eher wie der Teil« (A. A. XVI, 538).

Hier also, in bezug auf unsere Vernunftbegriffe, sind wir nicht ange-

---

7 Hegel, *Enzyklopädie*, in: *Werke*, Berlin 1843, S. 36.

wiesen auf die bloße Zusammensetzung disparater Teile, hier erschöpft sich die geistige Funktion nicht im Registrieren und Zusammenfassen von Einzeldaten und fällt zusammen mit der Kantischen Konzeption exakt bestimmender Naturwissenschaft, hier brauchen wir nicht »bloß Erscheinungen nach synthetischer Einheit zu buchstabieren, um sie als Erfahrung lesen zu können« (r. V. A. 314); sondern wir vermögen, ohne daß sie durch Zusammensetzung konstituiert wären, Einheiten zu fassen, die »doch nicht gedichtete« (r. V. B. 799, vgl. A. 327) sind, in sich geschlossene, organisierte Einheiten, »die aber nichtsdestoweniger ihre Realität haben und keineswegs bloße Hirngespinste sind« (r. V. A. 314). Der Gegensatz zwischen Verstandeseinheit als der »distributiven« (r. V. B. 672) und Vernunfteinheit als der »kollektiven« (ebenda), zwischen »cognitio discursiva« (A. A. IX, 91) und »conceptus archetypus« (A. A. XVI, 537) ist derjenige zwischen Aggregat und System, zwischen »coacervatio« und »articulatio« (r. V. B. 861) oder, um modern zu sprechen: zwischen summativer und gestalteter Einheit.[8]

Die Idee gehört einem anderen Reiche an als der Verstand. Während dieser den durch ihn geschaffenen Einheiten durch Anwendung einer Kategorie der Relation den Charakter des Daseins, der Wirklichkeit zu verleihen vermag, so »besteht eben das Eigentümliche« der Idee darin, »daß ihr niemals irgendeine Erfahrung kongruieren könne« (r. V. B. 649). »Vernunfteinheit ist ... nicht Einheit einer möglichen Erfahrung« (r. V. A. 307). Es mangelt ihr »an Realität des objektiven Gebrauchs« (r. V. A. 357); um die Natur der Dinge »ihrer inneren Möglichkeit nach zu denken, das ist die Anwendung der Kategorien auf dieselbe zu bestimmen, bedürfen wir keiner Idee, das ist einer die Erfahrung übersteigenden Vorstellung« (r. V. B. 712). Unsere wirkliche Welt hat keinen Raum für vernunftgestiftete, systematische Einheiten, nichts in ihr ist durch Ideen konstituiert, als welchen kongruent also kein Gegenstand erfahren werden kann. Die Vernunft vermag zwar durch Ideen dem Verstande unerreichbare Vorbilder zu geben, die ihm in gewisser Weise bei seiner Arbeit – und zwar vornehmlich in negativem Sinne (vgl.

---

8 Vgl. zu den letzteren Ausdrücken den Aufsatz: ›Untersuchungen zur Lehre von der Gestalt‹ von Max Wertheimer (*Psychologische Forschung*, 1. Bd., Berlin 1922, S. 47 ff.).

r. V. B. 620) – von Nutzen sein können. Sie gibt durch ihre Begriffe dem menschlichen Handeln die Richtschnur und ist also vornehmlich das Vermögen der Zwecke (vgl. r. V. B. 730) und insofern das Vermögen der Sinngebung. [Aber das Sinnvolle⁹ ist bloß ideell, es vermag als Intention die Handlungen zu beseelen, hat jedoch keine Stätte in der wirklichen Welt.]
Die ursprüngliche Scheidung, die der Kantischen Philosophie zugrunde liegt, hat es also mit sich gebracht, daß die Funktion der sinnvollen Gestaltung der Welt als Attribut eines Einzelvermögens auf die *eine* Seite kam und die Wirklichkeit als Produkt eines anderen Einzelvermögens zusammenfiel mit den Konstruktionen einer mechanistischen Naturwissenschaft.

Das erkenntnistheoretische Grundproblem der ›Kritik der Urteilskraft‹

Aus dieser Situation erwachsen die speziellen systematischen Schwierigkeiten, die Kant durch die *Kritik der Urteilskraft* zu überwinden versucht. Es findet sich nämlich, daß im Reiche der Wirklichkeit, in der dinglichen Natur, Einheiten auftreten, die unverkennbar Einheiten im Sinne von Systemen, in sich geschlossene Ganze, selbständige Totalitäten sind, solche wirkliche Gegenstände also, die zweifellos alle Eigentümlichkeiten von »Vernunfteinheiten« an sich tragen; es findet sich, daß die Forschung von ihnen – und zwar gerade von ihnen im Sinne *so* gearteter Wesenheiten – Notiz nimmt, ja daß ganze Zweige der Forschung und der Kultur überhaupt auf solche Gegenstände bezogen sind.

Der Verstand, das einzige Vermögen, das aus dem Sinnenmaterial daseiende Gegenstände formt, vermag sie als diese Einheiten nicht zu schaffen, aus seinen Kategorien sind sie nicht zu begreifen, und ein anderes Wirklichkeit konstituierendes Vermögen, das außer- und neben dem Verstande zu solcher Funktion befugt oder befähigt wäre, kann prinzipiell nicht aufgefunden werden: die Vernunft als

---

9 Dieser Ausdruck ist im Texte immer in derjenigen Bedeutung zu verstehen, die sich aus der obigen Stelle ergibt: sinnvoll ist hier dasselbe wie systematisch, vernunftgestiftet, einer Idee gleichkommend.

solche ist ausdrücklich ausgeschlossen, die *Kritik der reinen Vernunft* hat keinen Platz dafür gelassen. Die Ideen haben ihr eigenes Gebiet, das »durch die große Kluft, welche das Übersinnliche von den Erscheinungen trennt, gänzlich abgesondert« ist (U. LIII).[10]
Das Vorkommen dieser Einheiten also, die durch ihr Dasein den Erörterungen der Vernunftkritik, nach denen »Erfahrung... niemals ein Beispiel vollkommener systematischer Einheit« gibt (r. V. B. 709), zu widersprechen scheinen, dieses Vorkommen, sofern es aus der lebendigen Erfahrung nicht wegzudekretieren ist, erscheint nach den beiden ersten *Kritiken* schlechthin als Wunder, bzw. nach Kants eigenem Ausdruck als »Zufall« (vgl. U. XXXIII, 285, 331 u. a.). Zufall aber bedeutet hier das Gegenteil des erkenntnistheoretisch Faßbaren, das total Unbegreifliche, das Gesetzlose, das Unverständliche.
So stellt sich an der Schwelle der *Kritik der Urteilskraft* die allgemeine Aufgabe der Überbrückung jener »unübersehbaren« Kluft in der speziellen Form des Problems jener nicht durch den Verstand konstituierten und doch faktisch vorfindbaren Einheiten.
Diese Einheiten sind bei Kant als »zweckmäßig« charakterisiert. Der Sinn dieses Ausdruckes ist nach dem schon Ausgeführten rasch geklärt. – Die Einheiten tragen den Stempel der Idee an sich, sie entsprechen Begriffen der Vernunft. Vernunft aber *konstituiert* nicht Objekte, sondern ist dazu da, sie »wirklich zu machen« (s. o.). Verwirklichung der Idee aber ist nach Kant nur denkbar durch das Medium der Willenshandlung und auch da bloß in fortwährender Annäherung, niemals völlig adäquat. Nur als Produkt bewußter, von der Vernunft geleiteter Tätigkeit kann etwas der Idee sich annähern, so daß es »Zusammenhang... aus einem Prinzip« (r. V. B. 673) besitzt, und es daher möglich wäre, »aus dem Ganzen die Teile zu zeichnen« (A. A. XVI, 537). Einheit im Sinne des Systems ist nach Kant immer Ziel und Bestimmungsgrund gestaltenden Wirkens – also Zweck. Niemals erfahrbare, natürliche Wirklichkeit. Wo daher Wirklichkeit trotz aller Theorie unableug-

---

10 Durch diese Absonderung des Reiches der »Gestalt«, der »heiteren Regionen, wo die reinen Formen wohnen« (wie es in Schillers Gedicht heißt) von der irdischen Welt der mechanischen Naturwissenschaft ist vielleicht der geschichtliche Sinn der Kantischen Philosophie am treffendsten zu bezeichnen.

bar das Gepräge des Sinnvollen aufweist, da bleibt zunächst nichts übrig, als das merkwürdige Faktum festzustellen, sie trage in gewisser Weise den Charakter der Idee an sich, sie werde einem Zweck ›entsprechend‹ befunden, sie als zweckmäßig zu betrachten.

Nach dem Gesagten erscheint die heute noch ziemlich verbreitete Anschauung, daß die prinzipielle Vereinigung der systematischen Fragen des Zusammenhangs zwischen Ethik und theoretischer Philosophie mit den Untersuchungen über jene zweckmäßigen Einheiten auf einen ungegründeten Hang Kants zur Architektonik zurückzuführen sei, als unhaltbar. Vielmehr ergibt sich die gemeinsame Behandlung der Fragen und die Bedeutung der spezielleren Untersuchungen für das allgemeine systematische Problem als zwingende Konsequenz aus der Struktur der Kantischen Philosophie. Ebenso ist die Mittelstellung des Begriffes der »Zweckmäßigkeit« zwischen Idee und Verstandesbegriff zwischen »dem Gebiete des Naturbegriffs als dem Sinnlichen, und dem Gebiete des Freiheitsbegriffs als dem Übersinnlichen« (U. XIX) in den Fundamenten dieser Philosophie begründet.

Daß aus sachlichen Gründen die Beurteilung der Objekte als zweckmäßiger, das Gewahrwerden und Aufsuchen der Übereinstimmung von Zügen der Wirklichkeit mit den Ideen der Vernunft weder das Werk des Verstandes noch das des »Begehrungsvermögens« sein könne, sondern »ein mittleres Vermögen« (C. 189), eine besondere »Empfänglichkeit« (ebenda) dazugehöre, leuchtet ebenfalls ohne weiteres ein. Als dieses »mittlere« Vermögen fungiert die Urteilskraft, die in ihrer Funktion, jene Harmonie von wirklichen Gegenständen mit Vernunftideen bewußt zu machen, in diesem eigentümlichen Gebrauche, die wunderbare Übereinstimmung von Dasein und Gestalt aufzunehmen, in einem ebenso innigen Verhältnis zum »Gefühle der Lust und Unlust« steht wie der Verstand zum Erkenntnisvermögen (vgl. U. LVI).

Gewiß kommen in der konkreten Durchführung dieser Gedanken auch rein architektonische und zeitlich unmittelbar bedingte Motive zum Ausdruck. Einerseits lag es Kant entschieden am Herzen, mit allen Mitteln darzutun, daß nicht »die Gemütskräfte nur ein Aggregat und kein System« (C. 188) ausmachen. Andererseits waren Meier, Mendelssohn und Tetens ihm mit einer genau entsprechenden Dreiteilung der Vermögen vorausgegangen.[11] Aber die entscheidenden Motive liegen in der Beschaffenheit der kritischen Philosophie selbst und sind nicht von außen hineingetragen.

So interessant und für das Verständnis des Kantischen Werkes förderlich es nun auch sein möchte, die Zusammenhänge der *Kritik der Urteilskraft* mit dem Gesamtwerk zu verfolgen und den Darlegungen der ersteren interpretierend und prüfend nachzugehen, so liegt dies doch nicht im Programm dieser Arbeit. Nachdem versucht wurde, die Situation, von der die Untersuchungen der *Kritik der Urteilskraft* ihren Ausgang nehmen, zu erhellen, sollen nunmehr drei der Hauptfragen, von deren systematischer Stellung bei Kant in dieser Einleitung die Rede war, einzeln erörtert und Kants Lösungen in Beziehung auf die dargelegte Intention betrachtet werden. Die Möglichkeit konsequenterer Lösungen innerhalb der Transzendentalphilosophie selbst darzutun, ist dabei die Absicht.

---

11 Vgl. J. E. Erdmann, l. c., S. 339.

I. Abschnitt:
Die formale Zweckmäßigkeit in der Natur

Darstellung des Problems

Die erste systematische Einheit, die, wie Kant angibt, jenen Charakter der »Zufälligkeit« an sich trägt, ist keine geringere als – die Natur selbst. Bei der Konstitution der Welt durch den Verstand, die in der transzendentalen Analytik analysiert worden ist, könnte nämlich, so meint Kant selbst, »die Mannigfaltigkeit und die Ungleichartigkeit der empirischen Gesetze so groß sein, daß es uns zwar teilweise möglich wäre, Wahrnehmungen nach gelegentlich entdeckten besonderen Gesetzen zu einer Erfahrung zu verknüpfen, niemals aber die empirischen Gesetze selbst zur Einheit der Verwandtschaft unter einem gemeinschaftlichen Prinzip zu bringen« (C. 190). Kants Ansicht geht also dahin, daß durch die konstitutive Arbeit des Verstandes allein noch »kein durchgängiger Zusammenhang empirischer Erkenntnisse zu einem Ganzen der Erfahrung stattfinden würde« (U. XXXIII); und in dieser Hinsicht, so heißt es, »beurteilen wir die Natureinheit nach empirischen Gesetzen, und die Möglichkeit der Einheit der Erfahrung (als Systems nach empirischen Gesetzen) als zufällig« (ebenda).

Was hier also als »zufällig« erscheint, ist ein Aufsteigen »vom Besonderen zum Allgemeinen... eine Klassifikation des Mannigfaltigen, das ist eine Vergleichung mehrerer Klassen, deren jede unter einem bestimmten Begriffe steht, untereinander und... ihre Subsumtion unter höhere Klassen (Gattungen), bis man zu dem Begriffe gelangt, der das Prinzip der ganzen Klassifikation in sich enthält (und die oberste Gattung ausmacht)« (C. 195). Die »Zufälligkeit« betrifft kurz gesagt die empirische Begriffsbildung im Sinne einer systematisch ordnenden Funktion.

Schon die *Kritik der reinen Vernunft* kennt dieses Problem sehr wohl. Als Idee ist dort diejenige der systematischen Einheit der Natur (s. r. V. B. 647, 721 u. a.) unter anderen Ideen ausführlich erör-

I. Abschnitt: Die formale Zweckmäßigkeit in der Natur

tert worden (insbesondere im Anhang zur transzendentalen Dialektik). Aber da dieser Begriff von vornherein als Idee und keineswegs als Verstandesbegriff eingeführt worden war, so stand das Resultat ohne weiteres fest: Die Vernunft könne unserem theoretischen Streben, wie unserem Handeln überhaupt, einen ihrer Begriffe – in diesem Fall die Konzeption der systematischen Einheit der Natur – als »Richtschnur« (r. V. B. 703) vorhalten, aber es sei »die systematische Einheit (als bloße Idee) lediglich nur *projektierte* Einheit, die man... nur als Problem ansehen muß« (r. V. B. 675).
Nur problematisch sollen wir an die Möglichkeit systematischer Ordnung unserer Begriffe denken dürfen, dieser Gedanke mag dienlich sein »auf unbestimmte Art (principium vagum): nicht als konstitutives Prinzip, um etwas in Ansehung seines direkten Gegenstandes zu bestimmen, sondern als bloß regulativer Grundsatz und Maxime den empirischen Gebrauch der Vernunft durch Eröffnung neuer Wege, die der Verstand nicht kennt, ins Unendliche (Unbestimmte) zu befördern und zu befestigen« (r. V. B. 708).
Da man nun aber entdeckt, daß diese systematische Natureinheit, d. h. eine logisch geordnete Gliederung der Arten und Gattungen, nicht sowohl im vorwissenschaftlichen Leben, sondern auch in der einzelwissenschaftlichen Arbeit faktisch zutage tritt, eine Ordnung, von der ausdrücklich erklärt worden ist, daß ihre Konstitution dem Verstande nicht zuzuschreiben sei, obwohl es sich um eine »dem Verstande so heilsame Einheit« (r. V. B. 709 f.) handelt – so müssen wir über dieses Auftreten »gleich als ob es ein glücklicher, unsre Absicht begünstigender Zufall wäre, erfreut (eigentlich eines Bedürfnisses entledigt) werden« (U. XXXIV).
Daß diese Einheit in eminentem Sinne »zweckmäßig« genannt zu werden verdient, ist nicht zu bezweifeln. Ihre Abwesenheit, d. h. die Unmöglichkeit, in der Natur »eine faßliche Ordnung zu entdecken, ihre Produkte in Gattungen und Arten einzuteilen, um die Prinzipien der Erklärung und des Verständnisses des einen auch zur Erklärung und Begreifung des andern zu gebrauchen und aus einem für uns so verworrenen... Stoffe eine zusammenhängende Erfahrung zu machen« (U. XXXVI), das wäre allerdings nicht nur unzweckmäßig, sondern das Ende aller Naturforschung, wenn nicht menschlicher Kultur überhaupt. Dessen ist sich Kant in der *Kritik der Urteilskraft* wohl bewußt, und er lehrt ausdrücklich, daß wir

eine solche Einheit von vornherein »notwendig annehmen mußten« (U. XXXIV), »ohne daß wir sie doch einzusehen und zu beweisen vermochten« (ebenda).

Kants Lösung des Problems

Die Art, wie Kant sich mit diesem »glücklichen Zufall« theoretisch abfindet, ist typisch für die *Kritik der Urteilskraft*: Es entspricht der »formalen Zweckmäßigkeit der Natur« – so wird die einer systematisch ordnenden Funktion zugängliche Eigenschaft benannt – ein Prinzip der Urteilskraft.

Die Urteilskraft, die im dritten Hauptwerk kritisiert, d. h. auf die ihr einwohnenden Elemente synthetischer Urteile a priori untersucht wird, fällt weder mit der transzendentalen Urteilskraft zusammen, deren Doktrin in der *Kritik der reinen Vernunft* mit der Analytik der Grundsätze identisch ist, noch wird darunter überhaupt ein bestimmendes, erkenntnisschaffendes Vermögen verstanden. Es handelt sich vielmehr um die Urteilskraft als das Organ bloßer, der bestimmenden Erkenntnis vorhergehender Überlegung, um die Urteilskraft als »facultas dijudicandi« (C. 192), als »reflektierende« Urteilskraft. Es ist ihr Geschäft, »von dem Besondern in der Natur zum Allgemeinen aufzusteigen« (U. XXVII), d. h. die Natur, so wie sie vom Verstande vorkonstituiert uns entgegentritt, nach neuen Gesetzen zu durchforschen. Sie ist in eigentlichem Sinn das Organ sowohl der alltäglichen Beobachtung wie der wissenschaftlichen Forschung.

Wie die reflektierende Urteilskraft auf Einheiten stößt, deren Korrespondenz mit Ideen der Vernunft sie konstatieren muß, wie sie das Phänomen des Systems in der Wirklichkeit erfährt, wurde oben dargetan. Diese Urteilskraft ist es, deren Kritik im dritten Hauptwerke Kants vorliegt.

Was diese Kritik einzig leisten soll, ebenso wie die Methode der Lösung ihrer Grundfragen, entspricht den Kantischen Grundsätzen durchaus: In der *Kritik der reinen Vernunft* wurde der Verstand untersucht, mit der Intention, die für seine Funktion wesentlichen Prinzipien zu gewinnen. Die Aufgabe der reflektierenden Urteilskraft ist nicht (wie die des Verstandes) bestimmende Erkenntnis, sondern Entdeckung, Überlegung, Forschung, also *Vorarbeit* für

I. Abschnitt: Die formale Zweckmäßigkeit in der Natur

bestimmende Erkenntnis. Daher können ihre Prinzipien nicht konstitutiv, erkenntnisschaffend wie die des Verstandes sein, sondern sie sind bloße Leitsätze der Forschung, wenn auch die elementarsten, diejenigen, ohne welche die Ausübung der Funktion der reflektierenden Urteilskraft auf den verschiedenen Gebieten überhaupt nicht gedacht werden kann: Kant nennt sie regulative Prinzipien a priori. Die Entdeckung solcher Prinzipien ist der Zweck der *Kritik der Urteilskraft*. Diese findet sich daher auch mit dem Problem der formalen Zweckmäßigkeit der Natur durch die Aufstellung eines entsprechenden Prinzips ab.

Die Lehre vom »Prinzip der formalen Zweckmäßigkeit der Natur« besagt im Kern das Folgende: Ohne Voraussetzung der Systematisierbarkeit der Natur in dem oben besprochenen Sinn, d. h. ihrer formalen Zweckmäßigkeit für unser Erkenntnisvermögen, würde die »Nachforschung der Natur« (U. XXX) unmöglich sein, »denn durch Herumtappen unter Naturformen, deren Übereinstimmung untereinander zu gemeinschaftlichen empirischen, aber höheren Gesetzen die Urteilskraft gleichwohl als ganz zufällig ansähe, würde es noch zufälliger sein, wenn sich besondere Wahrnehmungen einmal glücklicherweise zu einem empirischen Gesetze qualifizierten« (C. 191). Die Forschung hat daher, will sie nicht direktions- und hoffnungslos herumtappen (was ihrem eigenen Begriffe widersprechen hieße), den glücklichen Zufall in ihre Rechnung einzusetzen, jene Vergleichbarkeit und Einteilbarkeit ihrer Objekte »durch ein Prinzip a priori... vorauszusetzen« (ebenda). Sie hat diesem Prinzip – gleichsam als einem »Leitfaden« – gemäß zu vergleichen, das in bestimmter Hinsicht gleich Befundene klassenmäßig abzugrenzen usf., kurz jene durch ihr Prinzip vorausgesetzte Möglichkeit einer »systematischen Einheit der Naturerkenntnis« (ebenda) Schritt für Schritt zu realisieren.

Kant nennt dieses Prinzip der Urteilskraft auch ein »transzendentales Erkenntnisprinzip« (U. XXXIV), denn, wie nunmehr gezeigt worden ist, wäre Erkenntnis der empirischen Natur ohne die durch das Prinzip getroffene Voraussetzung nicht denkbar.[1] Das Problem

---

1 Wir wären sogar nach Kants Meinung unbeholfener als Tiere, denn was beim Menschen die reflektierende Urteilskraft nur mit Hilfe dieses Prinzips vermag, vollzieht sich »bei Tieren... instinktmäßig« (C. 192).

war, wie wir bereits oben (s. S. 94 f.) gesehen haben, schon in der *Kritik der reinen Vernunft* aufgetreten, und auch da war Kant genötigt, ein transzendentales Prinzip aufzustellen, »durch welches eine solche systematische Einheit als den Objekten selbst anhängend, a priori als notwendig angenommen wird« (r. V. B. 678 f.). Aber die Frage wird nicht in der transzendentalen Analytik, sondern in der transzendentalen Dialektik abgehandelt, welch letztere von vornherein als »Logik des Scheins« (r. V. A. 131) charakterisiert ist. Auch in der transzendentalen Dialektik werden als positives Resultat, wie in der *Kritik der Urteilskraft*, prinzipiell nur regulative Prinzipien gewonnen, da die Analyse der Konstitution gültiger Erfahrung als in der transzendentalen Analytik, der »Logik der Wahrheit« (ebenda), erledigt angesehen wird.

Ein regulatives Prinzip aber (selbst wenn es ein transzendentales heißt) ist eine bloße Forschungsmaxime, ein Leitfaden heuristischer Art, der – um einen bei anderer, aber mit diesem Problem eng zusammenhängender Gelegenheit von Kant angewandten Ausdruck zu gebrauchen – »vielleicht mehr Petition als Postulat ist« (r. V. A. 309). – Mit der Aufstellung eines solchen Prinzips ist für Kant das Problem der systematischen Einheit der Natur, soweit dieses Problem oben dargelegt wurde, im wesentlichen erledigt.

Die Einheit der Natur in der transzendentalen Deduktion der reinen Verstandesbegriffe

In Kants Behandlung der Frage gibt es ein beunruhigendes Moment: die Rolle des Zufalls. Ohne das kontinuierliche Eintreten des »glücklichen Zufalls« würde freilich geordnete Erfahrung der empirischen Natur unmöglich sein, denn das regulative Prinzip allein wäre völlig ohnmächtig, wenn die Natur wirklich nur »ein rohes chaotisches Aggregat und nicht die mindeste Spur eines Systems darlegte« (C. 190). Daß dem nicht so ist, das gibt für Kant das Motiv ab, den Zufall einzuführen.

Ob dieser Rekurs auf den Zufall nach den Voraussetzungen der Kantischen Philosophie unumgänglich und ob er überhaupt zulässig ist, diese Frage zu prüfen haben wir nicht nur das Recht, sondern sehr wohl die Veranlassung, denn jener Begriff des Zufalls ist keineswegs eindeutig und mindestens bedeutenden Mißverständnissen ausgesetzt[2]; dort, wo er auftritt, kann unser Erkenntnisstreben sich keineswegs endgültig beruhigen.

Wir gehen daher auf die Deduktion der reinen Verstandesbegriffe zurück, auf dieses Kernstück nicht nur der *Kritik der reinen Vernunft*, sondern der kritischen Philosophie überhaupt, um zu untersuchen, ob sein Inhalt uns nicht etwa eine andere Richtung für die Lösung weist.

Diese für Kants Lehre wahrhaft grundlegende Untersuchung, die transzendentale Deduktion, beruht auf dem Prinzip, daß die Einheit der Erfahrung, »in welcher alle Wahrnehmungen als im durchgängigen und gesetzmäßigen Zusammenhange vorgestellt werden« (r. V. A. 110), sich gründe auf die Einheit des Bewußtseins. Da »nichts in das Erkenntnis kommen kann« (r. V. A. 113), außer vermöge seiner Zugehörigkeit zum einheitlichen Zusammenhange des Bewußtseins, so muß eben diese »Identität« in alle Mannigfaltigkeit der Erscheinungen, »so fern sie empirische Erkenntnis werden soll, hineinkommen« (ebenda). Nur indem wir auf diese letzte Einheit rekurrieren, meint Kant, kann »die Ordnung und Regelmäßigkeit ... an den Erscheinungen, die wir Natur nennen« (r. V. A. 125), ihre erkenntnistheoretische Rechtfertigung finden.

Daß jede andere Methode »keine andere als bloß zufällige Einheit« begründen könnte, »die aber bei weitem an den notwendigen Zusammenhang nicht reicht, den man meint, wenn man Natur nennt« (r. V. A. 114), das ist in der transzendentalen Deduktion ein Hauptgesichtspunkt, aus dem argumentiert wird. Der notwendige Zusammenhang, die Einheit der Natur – davon geht die Untersuchung als von einer in den Wissenschaften und im vorwissenschaftlichen Leben manifesten Tatsache aus. Es gilt, sie erkenntnistheoretisch zu begründen, ihren berechtigten Sinn klar zu machen – nicht sie skeptisch abzuleugnen oder wegzudekretieren. Eben *weil* »diese Natureinheit ... eine notwendige, das ist a priori gewisse Einheit der Verknüpfung der Erscheinungen« (r. V. A. 125) ist, darum ist das Verfahren der Deduktion nach Kants Ansicht berechtigt und das einzig mögliche; denn »wie sollten wir wohl a priori eine synthetische Einheit auf die Bahn bringen können« (ebenda), lägen die Gründe

---

2 Vgl. Schopenhauer, l. c., S. 551 f.

nicht als Bedingungen gegenständlicher Erfahrung in den Quellen unseres Gemüts!

Das ist Kants Gedankengang in der Deduktion. Im Hinblick auf die *Kritik der Urteilskraft* ist nun zu fragen, inwiefern die in der letzteren behandelte »formale« Einheit der Natur von der in der Deduktion als sicherer Ausgangspunkt fungierenden unterschieden ist. *Daß* Kants eigener Meinung nach ein solcher Unterschied tatsächlich besteht, darüber kann kein Zweifel herrschen, denn jene gilt ja als Vernunfteinheit, welche, wie immer wieder betont wird, »von ganz anderer Art ist, als sie von dem Verstande geleistet werden kann« (r. V. A. 302).

Es erhebt sich die Frage, wo der Grund dafür liegt, daß in der transzendentalen Deduktion gerade nur Einheit der Natur im Sinne eines bloßen »Aggregats«, eines Chaos vorausgesetzt werden muß, Einheit, bei der es sogar zufällig wäre, »wenn sich besondere Wahrnehmungen einmal glücklicherweise zu einem empirischen Gesetze qualifizierten« (s. o.), also jedenfalls eine schlechte Einheit! Besteht denn die »notwendige, das ist a priori gewisse Einheit der Verknüpfung der Erscheinungen« (s. o.) wirklich in nichts anderem als in »einem für uns so verworrenen (eigentlich nur unendlich mannigfaltigen, unserer Fassungskraft nicht angemessenen) Stoffe«? (U. XXXVII)

Das Resultat der »Analogien der Erfahrung« lautet: Alle Erscheinungen »liegen in *einer* Natur und müssen darin liegen, weil ohne diese Einheit a priori keine Einheit der Erfahrung, mithin auch keine Bestimmung der Gegenstände in derselben möglich wäre« (r. V. A. 216). Auch hier wird also gemäß den Prinzipien der transzendentalen Deduktion die Möglichkeit der Einheit der Erfahrung als letztes Kriterium benutzt. – Warum ist es einzig die Möglichkeit dieser seltsamen, chaotischen Erfahrung, die bei den entscheidenden Untersuchungen als leitender Gesichtspunkt fungiert? Tatsächlich denken wir doch, wenn von Erfahrung die Rede ist, ganz und gar nicht an ein Wirrnis unzusammenhängender Wahrnehmungen, sondern weit eher an die Einheit im Sinne der *Kritik der Urteilskraft*, jedenfalls aber wesentlich an ein vergleichbares, vernünftiger Ordnung durchaus zugängliches Material. Wäre denn in jener von Kant herangezogenen Einheit, insofern sie nicht mehr zu sein braucht als eine unübersehbare Vielheit unvergleichbarer, einzelner

I. Abschnitt: Die formale Zweckmäßigkeit in der Natur

Erfahrungsfetzen, »Bestimmung der Gegenstände« tatsächlich möglich? – Nach Kants Meinung gewiß, denn Natur als verstandeskonstituierte Einheit soll ja eben einen Zusammenhang von *Bestimmungen* bedeuten. Aber darunter, daß »alle Begebenheiten in einer Naturordnung empirisch bestimmt sind« (r. V. B. 570), versteht Kant im wesentlichen (abgesehen von der Bestimmung durch die »mathematischen« Grundsätze) nichts anderes als die Anwendung des Kausalitätsgesetzes (s. ebenda), ohne welches »die Bestimmung einer Begebenheit in der Zeit... unmöglich wäre« (r. V. B. 816). Doch abgesehen davon, daß nach Kants eigenen Worten »die Gegenstände der Erkenntnis außer jener formalen Zeitbedingung noch auf mancherlei Art bestimmt, oder, so viel man a priori urteilen kann, bestimmbar« (U. XXXII) sind, kann man sehr wohl bezweifeln, daß ohne jede Möglichkeit der Vergleichung von Gegenständen die Bestimmung durch das Gesetz der Kausalität überhaupt denkbar wäre.

Die Wurzeln von Kants Begriff einer notwendigen Natureinheit

Es bleibt also die Frage offen, ob der Ausgang der transzendentalen Deduktion von einer bloß »gehäuften« Einheit, von Natur im Sinne eines Chaos einander fremder, durch die bloße Sukzession in der Zeit verknüpfter, sonst aber total isolierter Gegenstände – ob der Ausgang von dieser theoretischen Abstraktion berechtigt ist, oder ob nicht vielmehr Natur grundsätzlich als systematische Einheit zu fassen sei, so daß die durch das Prinzip der formalen Zweckmäßigkeit geforderte Beschaffenheit als wesentliche mit in den Begriff einer Natur überhaupt aufzunehmen wäre. Präzise können wir die Frage so formulieren: warum die »für uns faßliche Gleichförmigkeit« (C. 194) nicht ebensosehr zur Einheit der Natur gehören soll, wie der Zusammenhang der einzelnen Geschehnisse in der objektiven Zeit.

Wie eingehend wir auch nach sachlichen Gründen für Kants Stellung (die hier unserer gewohnten Begriffsbildung so sehr zuwiderläuft) suchen, es will nicht gelingen, solche aufzufinden. Kant selbst erklärt, daß Naturforschung, ja, daß empirische Begriffsbildung den *nicht* abstrakten Naturbegriff notwendig bedingen und von ihm gar nicht abzulösen sind. Und doch legt er bei Behandlung der Frage, wie Natur möglich sei, in den entscheidenden Abschnitten seines Hauptwerkes die theoretische Fiktion zugrunde.

Es bleibt nichts übrig, als an Stelle der sachlichen Gründe bloß historische zu vermuten. Diese aber liegen in der Tradition der Leibniz-Wolffischen Schule. Wolff hatte gelehrt: Es »wird daher die Erfahrung der Vernunft entgegengesetzt; die Wissenschaft aber kommt aus der Vernunft«[3]. Dieses Vorurteil hat Kant zeitlebens nie mit Bewußtsein abgelegt, und so kommt es, daß dort, wo er von Naturwissenschaft spricht, er nicht die lebendige Forschung im Auge hat, sondern in erster Linie die »reine« Naturwissenschaft, deren Sätze als Sätze höchster Allgemeinheit »aus bloßer Vernunft« und gar nicht aus der Erfahrung stammen sollen.

Diese Sätze nun, die traditionsgemäß festlagen, enthalten nichts dem Prinzip der formalen Zweckmäßigkeit Entsprechendes, wohl aber das Kausalgesetz. Sie machen jedoch für Kant den Inbegriff dessen aus, was als »Natur« auf seine Möglichkeit hin untersucht wird. Daß auf diese Weise eine Abstraktion und eine sehr fragwürdige Abstraktion zum Thema wird, versteht sich.

Dafür, daß wirklich diese Konzeption einer »reinen« Naturwissenschaft (also eine in der Geschichte der Wissenschaft längst überwundene Vorstellung) die Untersuchungen Kants bestimmt hat, spricht nicht allein die Formulierung des zweiten Teiles »der transzendentalen Hauptfrage« in der *Prolegomena*, die weder auf die Möglichkeit der Natur, noch der Naturwissenschaft, dagegen ausdrücklich auf die Möglichkeit der *reinen* Naturwissenschaft geht; sondern auch die Tatsache, daß Kant eine eigene Disziplin, nämlich die »Naturbeschreibung« (*Metaphysische Anfangsgründe der Naturwissenschaft*, Vorrede, A. A. IV, 468) statuiert, die nichts als ein »Klassensystem derselben (der ›Naturdinge‹ [M.H.]) nach Ähnlichkeiten« (ebenda) sein soll, und die er zur historischen Naturlehre zählt. Von dieser wird nicht nur die reine, sondern die Naturwissenschaft überhaupt als völlig geschieden und unabhängig betrachtet. Das Vergleichen

---

[3] *Vernünftige Gedanken von Gott* usw., § 372, zitiert nach Baumann, *Wolffsche Begriffsbestimmungen*, Leipzig 1910, S. 27.

empirischer Tatsachen zählt danach also überhaupt nicht zu wissenschaftlicher Erkenntnis.[4]

Nicht die Konstitution der »Natur... nach empirischen Gesetzen« (C. 190) hatte sich Kant in der *Kritik der reinen Vernunft* bewußt als Thema gesetzt, sondern die Möglichkeit der Natur als des Inbegriffs jener allgemeinsten Sätze einer »reinen« Naturwissenschaft, deren Unabhängigkeit von aller Empirie er als herrschendes philosophisches Dogma übernahm. »Der Verstand aber«, heißt es, »abstrahiert in seiner transzendentalen Gesetzgebung der Natur von aller Mannigfaltigkeit möglicher empirischer Gesetze; er zieht in jener nur die Bedingungen der Möglichkeit einer Erfahrung überhaupt ihrer Form nach in Betrachtung« (C. 191). Diese »Form« aber steht von vornherein fest: sie besteht aus denjenigen Sätzen höchster Allgemeinheit einer rationalen Physik, die Kant als »ganz rein und von Erfahrungsquellen unabhängig« (*Prolegomena* § 15, A. A. IV, 295) traditionsgemäß gelten ließ.

So sind wir gezwungen, als tiefste Wurzel des Problems, das unter dem Titel der formalen Zweckmäßigkeit der Natur in der *Kritik der Urteilskraft* erscheint, das Vorurteil Kants anzunehmen, das auch in anderer Hinsicht schwerwiegende Folgen für seine Philosophie gezeitigt hat: nämlich die Ansicht, daß Erfahrung »ein nur uneigentlich so genanntes Wissen« sei (*Metaphysische Anfangsgründe der Naturwissenschaft*, Vorrede, A. A. IV, 468).

Begründung einer anderen Lösung des Problems der formalen Zweckmäßigkeit durch Aufweis einer Lücke in der transzendentalen Deduktion

Mit diesen Feststellungen ist freilich noch keineswegs eine positive Lösung angezeigt, die befriedigender wäre als die Aufstellung des regulativen Prinzips in der *Kritik der Urteilskraft*. Doch bietet eine solche Angabe nun keine besonderen Schwierigkeiten mehr.

---

4 Bedeutende Naturforscher jener Zeit stimmten freilich darin mit Kant wenig überein. So nennt der von Kant so sehr geschätzte Lambert bei der Erörterung des Unterschiedes wissenschaftlicher von »gemeiner« Erkenntnis als ersten Punkt, daß »die wissenschaftliche Erkenntnis sich beschäftige, Erfahrungen mit Erfahrungen zu vergleichen« (Lambert, *Neues Organon*, Leipzig 1764, 1. Bd., S. 393).

Wären nämlich jene der Tradition nach »reinen« Sätze nicht schon vor der Untersuchung als genügender Ausdruck der einheitlichen Form der Natur angesehen worden, dann hätte die transzendentale Deduktion erst als durchgeführt angesehen werden können, wenn nicht nur die Bestimmungen einer abstrakten, bloß theoretischen Erfahrungseinheit aufgewiesen worden wären, sondern erst mit dem Aufweis der allgemeinsten Momente des konkreten Erfahrungszusammenhangs, so wie ihn jeder von uns als bekannten besitzt.[5]

Wohl macht Kant in der Deduktion[6] einen Anlauf zu erschöpfender Analyse, indem er die Bedingungen für die »durchgängige und allgemeine, mithin notwendige Einheit des Bewußtseins« (r. V. A. 112) als allgemeine Bestimmungen jeder zukünftigen Erfahrung erkennt und die Deduktion wirklich im Sinne eines Aufweises dieser Bedingungen begreift. Aber dieser Aufweis geschieht eben doch im Hinblick auf das Abstraktum einer »reinen« Wissenschaft, deren Sätze schon vor der Untersuchung festliegen, und schließt daher keineswegs etwa den Aufweis des Sinnes dieser Sätze in voller Inhaltlichkeit ein. Vielmehr bleibt es bei – wenn auch höchst fruchtbaren – Ansätzen phänomenologischer Analyse.

Es ist hier nicht der Ort, die Deduktion auf diese Ansätze hin zu untersuchen. Für den hier verfolgten Zweck genügt es, die Ergänzung derjenigen Lücke anzuzeigen, deren Ausfüllung durch Kant selbst das Auftreten des Problems der formalen Zweckmäßigkeit der Natur überhaupt würde unmöglich gemacht haben.

Daß Einheit des Bewußtseins ohne Verstand nicht denkbar ist, hat Kant immer wieder betont. Er hat den Verstand geradezu als das Vermögen, diese Einheit jederzeit herzustellen, gefaßt, ja er hat ihn mit ihr identifiziert (vgl. r. V. A. 119, B. 134 Anm.). Da nun die Be-

---

5 Daß die Frage nach der Möglichkeit synthetischer Urteile a priori, d. h. der Möglichkeit solcher synthetischer Urteile, die für alle künftige Erfahrung gelten, von Kant (wenn man von der Mathematik absieht) auf die Frage nach der Möglichkeit der Geltung jener reinen Naturwissenschaft eingeschränkt wurde, ist eine Tatsache, die bisher vielleicht allzu wenig Beachtung gefunden hat.

6 Wenn hier von der transzendentalen Deduktion gesprochen wird, so ist immer dieses Stück der *Kritik der reinen Vernunft* so gemeint, wie es in der ersten Auflage vorliegt.

dingungen dieser Einheit gleichzeitig Gründe der Möglichkeit und notwendige Bestimmungen aller Erfahrung sind, so wäre der Aufweis solcher Momente, ohne die der Verstand nicht denkbar ist, nicht nur ein Beweis für die Unvollständigkeit der Deduktion, sondern zugleich eine positive Ergänzung derjenigen transzendentalen Prinzipien, die nicht nur regulative, sondern im eigentlichen Sinne konstitutive Bedeutung haben.

Eine solche Bestimmung findet sich bei Kant selbst, ohne daß er freilich ihre Bedeutung für die transzendentale Deduktion erkannt hätte. Im Anhang zur transzendentalen Dialektik wird nämlich ausgeführt, daß ebenso wie ohne alle Möglichkeit der Unterscheidung kein Verstand denkbar wäre, so auch nicht ohne Gleichartigkeit der Sachen. »Denn wir haben eben sowohl nur unter Voraussetzung der Verschiedenheiten in der Natur Verstand, als unter der Bedingung, daß ihre Objekte Gleichartigkeit an sich haben, weil eben die Mannigfaltigkeit desjenigen, was unter einem Begriff zusammengefaßt werden kann, den Gebrauch dieses Begriffs und die Beschäftigung des Verstandes ausmacht« (r. V. B. 685). Eine andere Stelle erklärt: »Wäre unter den Erscheinungen, die sich uns darbieten, eine so große Verschiedenheit, ...daß auch der allerschärfste menschliche Verstand durch Vergleichung der einen mit der anderen nicht die mindeste Ähnlichkeit ausmachen könnte..., so würde das logische Gesetz der Gattungen ganz und gar nicht stattfinden; und es würde selbst ein Begriff von Gattung oder irgendein allgemeiner Begriff, ja sogar kein Verstand stattfinden, als der es lediglich mit solchen zu tun hat« (r. V. B. 681 f.). Endlich wird genau dasjenige, was die *Kritik der Urteilskraft* als regulatives Prinzip, also als bloßen »Leitfaden«, als heuristische Forschungsmaxime einführt, ausdrücklich als Bedingung der Möglichkeit der Erfahrung erkannt. Als Begründung des transzendentalen Prinzips, nach dem »in dem Mannigfaltigen einer möglichen Erfahrung notwendig Gleichartigkeit vorausgesetzt« (ebenda) wird, gibt nämlich Kant an, daß »ohne dieselbe«, also ohne die durch das Prinzip vorausgesetzte Bedingung, »keine empirische Begriffe, mithin keine Erfahrung möglich wäre« (ebenda).

Hiermit aber ist eine andere positive Lösung des Problems der formalen Zweckmäßigkeit der Natur als die in der *Kritik der Urteils-*

kraft gegebene angezeigt: Diejenige allgemeine Beschaffenheit der Natur, die im letztgenannten Werke als formale Zweckmäßigkeit auftritt, ist nicht einem glücklichen Zufall zuzuschreiben, mit dem die Forschung eben zu rechnen hätte, und den sie als notwendige Voraussetzung ihres systematischen Betriebs in Form eines regulativen Prinzips sich erst nutzbar machen müßte. Diese Beschaffenheit gründet sich vielmehr notwendig auf die Bedingungen der Einheit des Bewußtseins, und der sie konstituierende transzendentale Faktor hätte als eine solche Bedingung in der transzendentalen Deduktion wirklich aufgezeigt werden müssen. Die systematische Einheitlichkeit der Natur ist keine zufällige, für unser Erkenntnisvermögen bloß zweckmäßige Qualität, sondern sie ist durch dieses Erkenntnisvermögen selbst konstituiert und daher a priori notwendig.

Auch an einer anderen Stelle spricht Kant selbst die entscheidende Einsicht aus, aber auch da in einem sachfremden und theoretisch vorbeschwerten Zusammenhang. Im Abschnitt von der Amphibolie der Reflexionsbegriffe heißt es: »Vor allen objektiven Urteilen vergleichen wir die Begriffe, um auf die Einerleiheit (vieler Vorstellungen unter einem Begriffe)... oder die Verschiedenheit derselben..., auf die Einstimmung... und den Widerstreit... usw. zu kommen« (r. V. A. 262). Da der Verstand als Vermögen der Urteile charakterisiert ist, so erscheint also auch nach der soeben angeführten Stelle das »Vergleichen« als eine transzendentale Bedingung der Möglichkeit der Erfahrung.

In der Deduktion selbst heißt es: »Wenn eine jede einzelne Vorstellung der andern ganz fremd, gleichsam isoliert und von dieser getrennt wäre, so würde niemals so etwas, als Erkenntnis ist, entspringen, welche ein Ganzes *verglichener*[7] und verknüpfter Vorstellungen ist« (r. V. A. 97). Dieses Ganze hat nach Kant seinen Grund in einer dreifachen Synthesis: derjenigen der Apprehension, der Reproduktion und der Rekognition. Da es aber doch ein Ganzes »verglichener« Vorstellungen darstellt, vermissen wir die Regel von einer Synthesis der Komparation, welche aber weder dem Ausdruck noch dem Sinne nach in der Deduktion oder an einer anderen Stelle

---

7 Bei Kant nicht hervorgehoben.

innerhalb der transzendentalen Analytik, der »Logik der Wahrheit« auftritt.

An den Rand des Manuskriptes zur ersten Einleitung in die *Kritik der Urteilskraft* hat Kant folgende Bemerkung geschrieben: »Konnte wohl Timäus hoffen ein System der Natur zu entwerfen, wenn er hätte besorgen müssen, daß, wenn er einen Stein fand, den er Granit nannte, dieser von jedem anderen, der doch ebenso aussehe, seiner inneren Beschaffenheit (nach [M.H.]) unterschieden sein dürfte, und er also immer nur einzelne, für den Verstand gleichsam isolierte Dinge, nie aber eine Klasse derselben, die unter Gattungs- und Artsbegriffe gebracht werden könnte, anzutreffen hoffen dürfte« (C.196). – Nach den obigen Ausführungen dürfen wir Kant erwidern, daß seine Frage – wie die entsprechende allgemeine Frage in der *Kritik der Urteilskraft* überhaupt – eine andere Beantwortung ihrem Sinne nach voraussetzt, als Kant sie tatsächlich gibt. Timäus hätte weder »einen Stein« als solchen Granit nennen, noch besorgen können, daß er von allen übrigen Steinen, die »ebenso« aussehen, innerlich unterschieden wäre, eben weil das alles Vergleichung, Klassifikation schon voraussetzt. Auch »isolierte Dinge« hätte Timäus als solche nie erkennen können, weil auch ein derartiges Wissen Erkenntnis der Dinge als gleichartiger Gegenstände im Gegensatz etwa zu den bloßen »Ideen« – also Klassenbildung einschließt. Das vermeintlich nur regulative Prinzip gehört eben zur Möglichkeit der Erfahrung überhaupt und nicht bloß zur systematischen Naturforschung. – Damit ist der erste Teil der Aufgabe, die oben vorgesetzt wurde, erledigt.

Allgemeine Bemerkung

Zugleich mit dieser Lösung ist ein Resultat gewonnen, das für den Fortgang dieser Arbeit von Wichtigkeit sein kann. Die Form der Natur nämlich, deren Ausdruck Kant lediglich in den Sätzen einer »reinen« Naturwissenschaft Wolffischer Art gesehen hatte, ist mehr als ein bloßes Chaos isolierter Dinge, als welches jenen »reinen« Sätzen zufolge sie hätte betrachtet werden müssen. Vielmehr gehört zur Natur notwendig – soviel läßt sich nun mit voller objektiver

Gültigkeit a priori urteilen – eben diejenige Ordnung, die durch das Prinzip der formalen Zweckmäßigkeit nur hypothetisch angenommen werden sollte. Insofern aber vollendete Naturerkenntnis grundsätzlich undenkbar ist, dürfen wir mit derselben Notwendigkeit urteilen, daß alle Schritte verstandesmäßiger Bestimmung sinnlichen Materials (also nicht nur diejenigen einer »historischen Naturlehre«, sondern der erkenntniskonstituierenden Wissenschaft selbst) die Synthesis der Vergleichung enthalten müssen, deren Möglichkeit nach der *Kritik der Urteilskraft* bloß als Folge des fortgesetzten Eintretens eines Zufalls mehr erhofft, als vorausgesagt werden durfte.

Bei der ersten jener Einheiten, die auf unerklärliche Weise Ideen der Vernunft entsprechen sollten, hat sich also gezeigt, daß die betreffende zweckvolle Beschaffenheit nicht bloß für die reflektierende Urteilskraft besteht, sondern durch die bestimmende Urteilskraft, d. h. durch die Anwendung des Verstandes auf die Erscheinungen notwendig bedingt ist.

Wenn auch das eigentlich Systematische, die »articulatio«, hier bloß in der klassenmäßigen Über- und Unterordnung, in einer gewissen »Hierarchie« der Klassen zum Vorschein kommt und in Beziehung auf den einzelnen Naturgegenstand höchst äußerlich scheinen mag, so darf man nicht vergessen, daß es sich bei dieser Einheit eben um die allgemeinste, formalste natürliche Einheit handelt, die denkbar ist: um die Natur als Ganzes.

Hier also gibt es einen Fall, wo das, was Kant nur in der Idee für möglich gehalten hatte, in der Wirklichkeit legitim erkennbar ist: ein Zweck- und Sinnvolles, das nicht bloß als prinzipiell unerreichbares Ziel für menschliche Handlungen eine praktische, rein ideelle Richtschnur bilden mag, sondern als wirkliche Beschaffenheit real vorfindlich ist. Hier ist System, wenn auch nur im allgemeinsten Sinn und gleichsam als Grenzfall des Systematischen, so doch in Beziehung auf die Einheit selbst als »inneres Gesetz« (r. V. B. 678).

Insoweit erwies sich die Ansicht, als ob Wirklichkeit a priori nur als Aggregat und Inbegriff von Aggregaten denkbar wäre, als unhaltbar. An dieser Stelle gibt es jene »unübersehbare Kluft«, die Kant zu überbrücken sucht, gar nicht: die Idee findet sich realisiert in der Wirklichkeit und die Wirklichkeit erhebt sich zur Idee. Es bedurfte nicht der Brücke eines regulativen Prinzips zur Vereinigung, denn hier trägt Verstandeseinheit die Merkmale der Einheit der Vernunft, es herrscht zwischen beiden Arten von Einheiten nicht Verschiedenheit, sondern Identität.[8]

---

[8] Um Mißverständnisse auszuschließen, sei ausdrücklich festgestellt, daß der im Text gegebene Nachweis für eine im Kantischen Sinn systematische Beschaffenheit der Natur nicht die Tatsache berührt, derzufolge die zukünftige Geltung jedes von uns festgestellten speziellen empirischen Gesetzes durch den Eintritt neuer Veränderungen in der Welt der Dinge in Frage gestellt werden kann. Ein festes System der Natur in dem Sinne, daß alle gültigen empirischen Gesetze ein für allemal festgestellt und geordnet werden können, würde der Lehre des transzendentalen Idealismus von der prinzipiellen Unvollendbarkeit der Naturerkenntnis zuwiderlaufen.

II. Abschnitt:
Die Zweckmäßigkeit der ästhetischen Gegenstände

Die Einteilung der ›Kritik der Urteilskraft‹

Die *Kritik der Urteilskraft* zerfällt in zwei Teile, in die Kritik der ästhetischen und diejenige der teleologischen Urteilskraft. – Die Rechtmäßigkeit dieser Einteilung, d. h. der Einbeziehung zweier so heterogener Kulturbereiche, wie Kunst und Biologie sie darstellen, in das Feld der Betätigung eines und desselben Vermögens: der reflektierenden Urteilskraft, mag auf den ersten Blick höchst fraglich erscheinen, umsomehr als Kant keine ganz unzweideutige Erklärung des Verhältnisses dieser Bereiche gegeben hat.[1]

Nach den einleitenden Ausführungen über die Funktion der *Kritik der Urteilskraft* im Ganzen der Kantischen Philosophie ist der sachliche Grund der Einteilung leicht zu erkennen: Die Analyse derjenigen erfahrbaren Einheiten, deren Formung nicht auf die bloß aggregierende Funktion des Erkenntnisvermögens zurückzuführen ist, macht das Geschäft des ganzen Werkes aus. Die allgemeinste dieser Einheiten ist die Natur selbst. Sie erschien »zweckmäßig« aus den im letzten Abschnitt dargelegten Gründen. Es bleibt aber, so meint Kant, »weil wir einmal der Natur in ihren besonderen Gesetzen ein Prinzip der Zweckmäßigkeit unterzulegen Grund haben, immer möglich und erlaubt, wenn uns die Erfahrung zweckmäßige For-

---

1 Wie wenig übereinstimmend diese Berechtigung gleich zu Anfang beurteilt wurde, zeigen die Urteile Goethes und Schopenhauers. Der letztere führt die Form der *Kritik der Urteilskraft* auf einen »Einfall« zurück und fährt dann fort: »So entsteht nun die barocke Vereinigung der Erkenntnis des Schönen mit der des Zweckmäßigen der natürlichen Körper in *ein* Erkenntnisvermögen, Urteilskraft genannt, und die Abhandlung beider heterogenen Gegenstände in einem Buch« (l.c., S. 630). Goethe erklärt, der *Kritik der Urteilskraft* »eine höchst frohe Lebensepoche schuldig« zu sein, und begründet dies wie folgt: »Hier sah ich meine disparatesten Beschäftigungen nebeneinandergestellt, Kunst- und Naturerzeugnisse eins behandelt wie das andere, ästhetische und teleologische Urteilskraft erleuchteten sich wechselweise« (›Einwirkung der neuern Philosophie in den Morphologischen Heften‹, Ausgabe des Bibliographischen Instituts, Bd. 29, S. 134f.).

men an ihren Produkten zeigt, dieselbe eben demselben Grunde, als worauf die erste beruhen mag, zuzuschreiben« (C. 198 f.). Von solchen zweckmäßigen Formen, also systematischen, in sich geschlossenen Einheiten begegnet nun die reflektierende Urteilskraft, deren allgemeiner Gebrauch durch das ihr »eigentümliche Prinzip« (C. 196) der formalen Zweckmäßigkeit gesichert ist, zwei besonderen Arten, zu deren Beurteilung das allgemeine Prinzip allein nicht ausreicht: den Gegenständen ästhetischer Kontemplation und denjenigen der biologischen Wissenschaft.

Die Analysen der beiden Objektbereiche in der Kritik der ästhetischen und teleologischen Urteilskraft geben Kant Anlaß zur ausführlichen Entwicklung seiner Theorie des Schönen und des Erhabenen und der Begründung einer umfassenden Teleologie. Beide Teile, insbesondere der zweite, bergen eine Fülle fruchtbarer und für die Vollendung der kritischen Philosophie entscheidender Untersuchungen. Zu dem hier verfolgten Zweck gehört weder das Eingehen auf die Ausführung der Theorie der Ästhetik noch auf diejenige der Teleologie, vielmehr haben wir lediglich die erkenntnistheoretische Grundlage der beiden Teile und auch diese nur so weit zu berücksichtigen, wie sie das Problem der Legitimierung der ästhetischen bzw. teleologischen Einheiten betrifft.

Der Sinn der formal-subjektiven Zweckmäßigkeit

Die Zweckmäßigkeit eines ästhetischen Objekts besteht nach Kant darin, daß »die Form eines gegebenen Objekts in der empirischen Anschauung so beschaffen ist, daß die *Auffassung* des Mannigfaltigen desselben in der Einbildungskraft mit der *Darstellung* eines Begriffs des Verstandes (unbestimmt welches Begriffs) übereinkommt« (C. 201). »Dann«, so fährt Kant fort, »stimmen in der bloßen Reflexion Verstand und Einbildungskraft wechselseitig zur Beförderung ihres Geschäfts zusammen und der Gegenstand wird als zweckmäßig bloß für die Urteilskraft wahrgenommen, mithin die Zweckmäßigkeit selbst, bloß als subjektiv betrachtet« (ebenda). Auf dieser »subjektiven« und – da es sich um die bloße Form des Gegenstandes handelt – »formalen« Zweckmäßigkeit beruht nach Kant das ästhetische Urteil, das Urteil des »Geschmacks«.

Zunächst muß verstanden werden, was es heißt, daß »die Auffassung des Mannigfaltigen« eines Objekts in der Einbildungskraft mit der »Darstellung eines Begriffs des Verstandes« übereinkommt.
Ohne auf die äußerst komplizierte Lehre Kants von der Einbildungskraft einzugehen, die ohne Erörterung historischer Voraussetzungen gar nicht restlos verständlich zu machen wäre, heben wir nur diejenige Funktion der Einbildungskraft heraus, auf die es in der *Kritik der Urteilskraft* ankommt. Diese besteht darin, daß die »Einbildungskraft... das Mannigfaltige der Anschauung in ein Bild bringen« soll (r. V. A. 120). Dabei erscheint die Einbildungskraft als »notwendiges Ingredienz der Wahrnehmung selbst« (ebenda), und die Notwendigkeit dieses Bestandteils wird nach Kant offenbar, sobald man sich davon überzeugt hat, daß es falsch sei zu glauben, »die Sinne lieferten uns nicht allein Eindrücke, sondern setzten solche auch sogar zusammen und brächten Bilder der Gegenstände zuwege, wozu ohne Zweifel außer der Empfänglichkeit der Eindrücke noch etwas mehr, nämlich eine Funktion der Synthesis derselben, erfordert wird« (ebenda). Diese »Funktion der Synthesis«, die aus dem chaotischen Sinnenmaterial »Bilder« formt, ist es, die uns als »Auffassung« in der *Kritik der Urteilskraft* entgegentritt. Es ist darunter also nicht etwa schon eine begriffliche Formung von Erscheinungen zu verstehen, sondern die Synthesis, die Kant im Auge hat, ist »jederzeit sinnlich, weil sie das Mannigfaltige nur so verbindet, wie es in der Anschauung *erscheint*, z. B. die Gestalt eines Triangels« (r. V. A. 124). Ein solches »Bild«, worunter also nichts anderes zu verstehen ist, als die anschaulich gegebene Figur irgendeines Sinnengebietes, soll nun mit der »Darstellung« eines Begriffs übereinstimmen.

Die »Darstellung« eines Begriffs besteht darin, »dem Begriffe eine korrespondierende Anschauung zur Seite zu stellen« (U. XLIX). – Um diesen Ausdruck zu verstehen, ist es notwendig, sich an eine Lehre Kants zu erinnern, die zu den schwierigsten Stücken seiner Erkenntnistheorie gehört: die Lehre vom Schema.

Kant ist der Meinung, daß nirgends die Gegenstände, die uns mittelbar oder unmittelbar gegeben werden, auf Grund der an ihnen selbst vorgefundenen Beschaffenheit ohne weiteres begrifflich geordnet werden können, sondern es bedarf nach seiner Ansicht überall zur Anwendung eines Begriffs auf einen empirischen Gegenstand noch einer anderen Funktion der Einbildungskraft als derjenigen des »Bilder«formens (von der oben die Rede war), nämlich der Produktion eines Schemas. Das Schema wird als ein Gegenstand bestimmt, der sowohl die Allgemeinheit des Begriffs wie die Anschaulichkeit des wahrgenommenen Individuellen an sich trage und daher dazu dienen könne, Begriff und Individuelles zu verbinden, also insbesondere, »einem Begriff sein Bild zu verschaffen« (r. V. A. 140). Beispiele eines solchen Schemas vermag nach Kant vorzüglich die Mathematik zu liefern. Wenn ich an einem bestimmten Dreieck auf dem Papier den Satz beweise, daß die Summe seiner Winkel gleich zwei Rechten ist, so führe ich den Beweis nicht für dieses einzelne gezeichnete Dreieck, sondern dieses fungiert nur gleichsam als Unterlage, als »Fundierung« (Husserl[2]) für das Schema, »das niemals anderswo als in Gedanken existieren« kann (r. V. A. 141). Allerdings wird der Beweis nach Kant auch nicht etwa für das Schema geführt, sondern für den begrifflichen Gegenstand, aber die Beziehung der empirischen Anschauung, des »Bildes«, auf den Begriff, für den der Beweis gelten soll, und umgekehrt des Begriffes auf die Anschauung, ist nach Kant nicht unmittelbar möglich, da die Bilder »mit dem Begriff nur immer vermittelst des Schemas, welche sie bezeichnen, verknüpft werden müssen« (r. V. A. 142). Nur dadurch, daß die als empirische Anschauungen gegebenen Sachen ein Schema »bezeichnen«, d. h., daß wir auf Grund ihrer Gegebenheit eine Vorstellung besitzen, die zwar gleichfalls anschaulich ist, doch »ohne auf irgendeine einzige besondere Gestalt, die mir die Erfahrung darbietet, oder auch ein jedes mögliche Bild, was ich in concreto darstellen kann, eingeschränkt zu sein« (r. V. A. 141) – nur dadurch wird der empirische Gegenstand zum Beispiel für den Begriff, dem das betreffende Schema entspricht.

Diese Handlung nun, einen bestimmten Begriff auf einen anschaulich gegebenen Gegenstand zu beziehen, »die Handlung der Hinzufügung der Anschauung zum Begriffe heißt... Darstellung (exhibitio) des Objekts, ohne welche (sie mag nun mittelbar oder

---

[2] Der Beziehungen zwischen Kants Lehre vom Schema und Edmund Husserls Lehre von der Wesensschau scheinen dem Verfasser mannigfaltige zu bestehen. Ihr Aufweis jedoch gehört nicht in den Rahmen dieser Arbeit.

unmittelbar geschehen) es gar kein Erkenntnis geben kann« (*Fortschritte der Metaphysik*, Cassirersche Ausgabe Bd. VIII, S. 313). Die Beziehung zwischen Anschauungen und Begriffen herzustellen, also die »Darstellung« von Begriffen, gehört zu den Aufgaben der Urteilskraft, deren allgemeine Bestimmung lautet, »das Besondere als enthalten unter dem Allgemeinen zu denken« (U. XXV). Den Begriff zu einer gegebenen einzelnen Sache aufzusuchen, gehört zum eigentümlichen Geschäft der Forschung, daher zur »reflektierenden«, die Befassung unter den schon feststehenden Begriff zur »bestimmenden« Urteilskraft. Darauf, daß die reflektierende Urteilskraft bei der Ausübung ihres Berufs auf größere oder geringere Schwierigkeiten stößt, weil nicht jeder gegebene Einzelgegenstand sich gleich gut zur »Darstellung« eines Begriffes eignet, beruhen die ästhetischen Unterschiede der Objekte. Wo auch immer die Einbildungskraft uns Bilder vorhält, kann dies »niemals geschehen, ohne daß die reflektierende Urteilskraft, auch unabsichtlich, sie wenigstens mit ihrem Vermögen, Anschauungen auf Begriffe zu beziehen, vergliche. Wenn nun in dieser Vergleichung die Einbildungskraft (als Vermögen der Anschauungen a priori) zum Verstande (als Vermögen der Begriffe) durch eine gegebene Vorstellung unabsichtlich in Einstimmung versetzt und dadurch ein Gefühl der Lust erweckt wird, so muß der Gegenstand alsdann als zweckmäßig für die reflektierende Urteilskraft angesehen werden. Ein solches Urteil ist ein ästhetisches Urteil über die Zweckmäßigkeit des Objektes, welches sich auf keinem vorhandenen Begriffe vom Gegenstande gründet, und keinen von ihm verschafft« (U. XLIV).

Einheit der erkenntnistheoretischen Begründung der formalen Zweckmäßigkeit der Natur und der Zweckmäßigkeit der ästhetischen Gegenstände

Worin die Zweckmäßigkeit der ästhetischen Gegenstände bei Kant besteht, ist nun in grobem Umrisse zu ersehen: in ihrer für begriffliche Erkenntnis besonders geeigneten Struktur, einer Anlage, die ganz unabhängig von dem tatsächlichen Vollzug dieser Erkenntnis beurteilt wird.

Der Grund, warum diese Beschaffenheit als »zweckmäßig« bezeichnet wird, ist derselbe, aus dem die begriffliche Faßbarkeit der Natur als formal zweckmäßig bezeichnet werden mußte: weil diese Eigenschaft der ästhetischen Gegenstände in den Untersuchungen der *Kritik der reinen Vernunft* nicht als durch unser Erkenntnisvermögen konstituiert aufgezeigt worden ist, und daher bei Kant als bloßer Zufall erscheint. Auch bei der formalen Zweckmäßigkeit der Natur konnte die merkwürdige Übereinstimmung der Objekte mit den Bedürfnissen unseres Erkenntnisvermögens, in der jene systematische Einheit sich offenbarte, nur durch die Analogie mit menschlicher Absichtlichkeit, als »Zweck«, begriffen werden, »als ob... ein Verstand (wenn gleich nicht der unserige) sie zum Behuf unserer Erkenntnisvermögen... gegeben hätte« (U. XXVII). Geradeso folgert Kant beim Objekt ästhetischer Betrachtung: »...da diese Zusammenstimmung des Gegenstandes mit den Vermögen des Subjekts zufällig ist, so bewirkt sie die Vorstellung einer Zweckmäßigkeit desselben in Ansehung der Erkenntnisvermögen des Subjekts« (U. XLV).

Tatsächlich liefert auch nach Kant die formale Zweckmäßigkeit der Natur das erste Beispiel ästhetischen Wohlgefallens, denn es ist »die entdeckte Vereinbarkeit zweier oder mehrerer empirischen heterogenen Naturgesetze unter einem sie beide befassenden Prinzip der Grund einer sehr merklichen Lust, oft sogar einer Bewunderung, ...und nur weil die gemeinste Erfahrung ohne sie nicht möglich sein würde, ist sie allmählich mit dem bloßen Erkenntnisse vermischt und nicht mehr besonders bemerkt worden« (U. XL).

Auch handelt es sich bei der formalen Zweckmäßigkeit um die Übereinstimmung der gleichen Vermögen wie bei der ästhetischen Zweckmäßigkeit überhaupt. Die erstere bestand wesentlich in der Möglichkeit, »durch Vergleichung der Wahrnehmungen zu empirischen Begriffen... zu gelangen« (C. 194). Weil nun die Wahrnehmungen, wie oben gezeigt wurde, erst möglich werden durch die bilderformende Einbildungskraft, so gehört auch zur formalen Zweckmäßigkeit der Natur »Einstimmung« der »Einbildungskraft... zum Verstande« (s. o.) wie bei jedem ästhetischen Gegenstand.

Das regulative Prinzip der formalen Zweckmäßigkeit gehört daher dem ästhetischen Zweige der reflektierenden Urteilskraft an, und erhebt den ersten Teil der Kritik, der damit »allein ein Prinzip enthält, welches die Urteilskraft völlig a priori ihrer Reflexion über die Natur zum Grunde legt« (U. L), zum gewichtigeren für die Transzendentalphilosophie. Es ist dieselbe Art von Zweckmäßigkeit, die sowohl die »gemeinste Erfahrung« (s. o.) als auch die ästhetische Betrachtung möglich macht: objektiv ausgedrückt besteht sie in der systematischen Beschaffenheit der Objektivität (im allgemeinen als Natur, im besonderen als gewisse für begriffliche Erkenntnis hervorragend geeignete Gegenstände), subjektiv in »zweier Vorstellungskräfte Zusammenstimmung: nämlich der Einbildungskraft... und des Verstandes« (U. 145).

Diese gemeinsame erkenntnistheoretische Begründung wird die Auflösung der »Zufälligkeit«, die Kant im ästhetischen Urteil behauptet, wesentlich vereinfachen.

Über den ästhetischen Wert der Regelmäßigkeit

Vorher aber muß noch eines der möglichen Mißverständnisse ausgeschaltet werden, die sich auf Grund des bisher Gesagten in Beziehung auf Kants Ästhetik ergeben könnten.

Es liegt nämlich nahe, anzunehmen, daß nach Kant etwa geometrisch regelmäßige oder überhaupt auf den ersten Blick als Beispiele eines bestimmten Begriffs erkennbare Gestalten als besonders schöne Gegenstände gelten. Eine derartige Interpretation von Kants Ästhetik würde jedoch deren Sinn verkennen.

Gerade dort, wo beim Anblick eines Gegenstandes ein bestimmter Begriff, dem dieser Gegenstand korrespondiert, gleichsam ohne weiteres mitgegeben wird, liegt nach Kant eine Situation vor, die nicht zu ästhetischer Betrachtung, sondern zu bestimmender Erkenntnis besonderen Anlaß gibt. Jene Gegenstände also sollen keineswegs als hervorragend schön gelten.

Unter Berufung auf das, was oben von der Lehre vom Schema dargelegt wurde, dürfen wir dies so erklären: In der ästhetischen Betrachtung kommt es zwar darauf an, daß der anschaulich gegebene Gegenstand durchaus mit einem Schema übereinstimme, ja, daß er der schematisierenden Einbildungskraft »gerade eine solche Form an die Hand geben könne, die eine Zusammensetzung des Mannigfaltigen enthält, wie sie die Einbildungskraft, wenn sie sich selbst frei überlassen wäre, in Einstimmung mit der Verstandesgesetzmäßigkeit überhaupt entwerfen würde« (U. 69). Aber die Übereinstimmung des Schemas mit einem *bestimmten* Begriff soll eben nicht vorliegen, sondern nur die »Einstimmung mit der Verstandesgesetzmäßigkeit überhaupt«, was nichts anderes bedeutet, als die allgemeine Möglichkeit begrifflicher Einordnung. – Ästhetisch, so ist Kants Meinung, wirkt ein Gegenstand, wenn er nicht ohne weiteres als Beispiel eines bestimmten allgemeinen Begriffs in die Augen tritt, während seine Form sich doch als geschlossene Einheit darbietet, so daß die allgemeine Möglichkeit seiner begrifflichen Faßbarkeit ohne Beziehung auf einen bestimmten Begriff einleuchtet.

So mißt Kant in der Ausführung seiner Ästhetik nicht nur den regelmäßigen Figuren der Geometrie, sondern regelmäßigen Gebilden überhaupt eher niederen als hohen ästhetischen Wert bei, und lobt es, daß »der englische Geschmack in Gärten, der Barockgeschmack an Möbeln, die Freiheit der Einbildungskraft eher bis zur Annäherung zum Grotesken treibt« (U. 71).

Kritik von Kants Theorie der empirischen Begriffsbildung als Grundlage seiner Ästhetik

Bei der Darstellung der formal-subjektiven Zweckmäßigkeit war es notwendig, auf einige Bestimmungen aus dem Kapitel vom Schematismus der reinen Verstandesbegriffe einzugehen, denn daß beim ästhetischen Gegenstand die Einbildungskraft »ohne Begriff schematisiert« (U. 146), ist eine der Hauptbedingungen des Geschmacksurteils. Nun hat Kant selbst den Schematismus unseres Verstandes »eine verborgene Kunst in den Tiefen der menschlichen Seele« genannt, »deren wahre Handgriffe wir der Natur schwerlich jemals abraten und sie unverdeckt vor Augen legen werden« (r. V. A. 141); und sein Schüler Schopenhauer hat von diesem Stück der *Kritik der reinen Vernunft* erklärt, daß es »als höchst dunkel berühmt ist, weil kein Mensch je hat daraus klug werden können« (l. c., S. 533). Mindestens eine, wenn nicht *die* Wurzel des Kapitels sowohl als seiner Dunkelheit besteht in der im letzten Abschnitt nachgewiesenen Lücke der transzendentalen Deduktion und der damit zusammenhängenden unklaren Theorie der empirischen Begriffsbildung.

Die im Kapitel vom Schematismus vorgetragenen Theorien, insoweit sie die Bildung und Anwendung empirischer Begriffe betreffen, werden überflüssig, sobald diejenige Synthesis als notwendige Bedingung einheitlicher Erfahrung berücksichtigt wird, die Kant, wie oben gezeigt wurde, zwar im Fortgange der Kritik in ihrer transzendentalen Bedeutung erkannt hat, ohne jedoch diese Entdeckung für die Probleme der transzendentalen Deduktion fruchtbar zu machen.

Gemäß dieser Erkenntnis ist es eine notwendige Folge der Bedingungen für die Einheit des Bewußtseins, alle Vorstellungen »durch Vergleichung auf Begriffe (von mehrerer oder minderer Allgemeinheit) zu bringen« (C. 193). Alle Klassenbegriffe, welche es auch seien, die allgemeinsten wie die niedersten, beruhen auf der transzendental bedingten Vergleichung der Objekte. Sie bedeuten nichts anderes als das Gemeinsame derjenigen Gegenstände, die unter sie fallen. Nennt man mit Kant die Erkenntnis eines anschaulich gegebenen Gegenstandes als Beispiel eines bestimmten Begriffs die »Darstellung (exhibitio)« dieses Begriffs, so bedarf es zu dieser Darstellung durchaus nicht eines Schemas. Vielmehr beruht eine derartige Beurteilung des Gegenstandes darauf, daß er als in einer bestimmten Beschaffenheit mit anderen, bekannten Gegenständen übereinstimmend befunden wird. Diese gemeinsame Beschaffenheit, von der wir in jedem Falle nur durch die Erkenntnis der Ähnlichkeit, d. h. durch eine – im allgemeinen unwillkürliche – Vergleichung der einzelnen Exemplare ein Wissen erlangen können, bildet den Inhalt des Begriffs, und es kann daher weder ein Zufall heißen, noch »Bewunderung« erregen, daß ein gegebener empirischer Gegenstand mit einem Begriffe übereinkommt.

Wenn Kant erklärt, es erreiche auf keinen Fall »ein Gegenstand der Erfahrung oder Bild desselben jemals den empirischen Begriff, sondern dieser bezieht sich jederzeit unmittelbar auf das Schema der Einbildungskraft« (r. V. A. 141), so liegt dieser Behauptung eine höchst komplizierte Theorie zugrunde, die überflüssig wird, sobald jene Synthesis der Vergleichung als ein transzendentaler Faktor erkannt ist, ohne welchen »die durchgängige Affinität der Erscheinungen (dadurch sie unter beständigen Gesetzen stehen und darunter gehören *müssen*)« (r. V. A. 113) nicht möglich wäre. Weder entstehen Begriffe vermittelst eines Schemas, noch werden schon

II. Abschnitt: Die Zweckmäßigkeit der ästhetischen Gegenstände

gebildete Begriffe vermittelst eines solchen auf die Gegenstände bezogen, vielmehr gewinnen wir Begriffe am sinnlichen Material durch die synthetischen Funktionen des Verstandes, und die Begriffe sind daher überall auf dieses sinnliche Material notwendig bezogen. Eines Schemas der Einbildungskraft bedarf es nicht.

»Die Bilder«

Noch einen anderen Gebrauch desselben Vermögens, der Einbildungskraft, setzt Kant in der Kritik der ästhetischen Urteilskraft voraus: das Mannigfaltige der Anschauung in ein »Bild« zu bringen (s.o.). Auch die Statuierung dieser Funktion, die mit der soeben kritisierten bei Kant aufs engste zusammenhängt und sogar durch sie erst ermöglicht werden soll, ist mit schweren Problemen behaftet.

Sie beruht auf der Anschauung, daß ursprünglich immer nur ein Chaos isolierter sinnlicher Elemente gegeben sei, und daher alle Struktur erst »von uns« hineingetragen werden müßte.

Diese Ansicht, die Kant von der zeitgenössischen Psychologie übernommen hat, vermag einer Analyse des phänomenal wirklich Vorfindlichen nicht standzuhalten. Es ist nicht wahr, daß uns unmittelbar nur ein Wirrnis sinnlicher Elemente gegeben sei; vielmehr vermögen wir von sinnlichen Elementen überhaupt nur insoweit zu reden, als wir künstlich-abstraktiv irgendwelche Bestandteile aus demjenigen Zueinander gelöst haben, in dem sie ursprünglich gegeben waren. Keine im Zusammenhange unseres Bewußtseins auftretende sinnliche Konstellation ist durch die Summe der Eigenschaften jener abstraktiv gewonnenen »Elemente« erschöpfend zu beschreiben.[3] Nicht die Bilder sind als solche Produkte einer besonderen synthetischen Funktion; weit eher lassen sich die einzelnen Bestandteile, die Kant als das im Bild zusammengefaßte »Mannigfaltige« bezeichnet, als Produkte »von uns« gemachter Isolierung betrachten.

Also nicht nur die Funktion der Einbildungskraft als eines schematisierenden, sondern auch als eines bilderformenden Vermögens er-

---

3 Es wird von dieser Tatsache im nächsten Abschnitt noch eingehend die Rede sein.

weist sich als überflüssig. Freilich ist dies keineswegs so zu verstehen, als ob das, was Kant als »Bilder« im Gegensatz zu dem die »Bilder« ausfüllenden »Mannigfaltigen« bezeichnet, nicht hätte in die transzendentale Untersuchung einbezogen werden müssen. Die Tatsache, daß uns überall das sinnliche Material nur als Bestandteil von Gestalten gegeben ist, stellt eine der ersten Eigentümlichkeiten unseres Bewußtseins dar.[4] Da dieser Umstand für alle sinnlichen Inhalte notwendig zutrifft, wäre allerdings die erste natürliche Stelle, an der seiner hätte Erwähnung getan werden müssen, nicht die transzendentale Logik, sondern die transzendentale Ästhetik gewesen. Es handelt sich um eine Form, die »jederzeit sinnlich« ist, »weil sie das Mannigfaltige nur so verbindet, wie es in der Anschauung *erscheint*« (s. o.). Die »bloße Form der Erscheinungen« (r. V. A. 22) aber gehört ausdrücklich zum Thema der transzendentalen Ästhetik.

Wenn aber das »Bild« schon zur unmittelbaren Gegebenheit der Erscheinung gehört und nicht erst im Hinblick auf unabhängig von aller Erfahrung bereitliegende Begriffe vermittelst eines komplizierten Zusammenspiels der »reinen« und der »empirischen« Einbildungskraft zustande kommt[5], dann kann auch keine anschaulich gegebene Gestalt, kein »Bild« Anlaß geben, die Übereinstimmung der Einbildungskraft als eines Vermögens »für die Anschauung und die Zusammensetzung des Mannigfaltigen« (U. 145) mit dem Verstande lustvoll zu empfinden.

Als Ergebnis dürfen wir daher festhalten, daß sowohl die Funktion der Einbildungskraft »Bilder« zu formen, als auch diejenige »Schemate« zu entwerfen, überflüssige Bestandteile von Kants Lehre bilden. Die Ästhetik der *Kritik der Urteilskraft* gründet das ästhetische Urteil auf die »Übereinstimmung der Einbildungskraft mit dem Verstand«, wobei unter der ersteren wesentlich der Inbegriff der beiden genannten Funktionen zu verstehen ist. Als sachlich berechtigter Kern des Ausdruckes von der Übereinstimmung bleibt nach den obigen Untersuchungen nichts, als die allgemeine Möglichkeit, jeden empirischen Gegenstand unter Begriffe zu bringen. Diese

---

4 Vgl. Anm. 3.
5 Von einer ausführlichen Darstellung dieses Zusammenspiels, wie Kant es sich vorstellt, wurde hier aus Gründen der Übersichtlichkeit abgesehen.

Möglichkeit ist aber, wie wir gesehen haben, nicht eine bloß zufällige, sondern die Erkenntnis der Ähnlichkeit, welche überall die Begriffsbildung notwendig bedingt, erfolgt auf Grund transzendentaler Gesetzmäßigkeit. Daß wir angesichts einer »Übereinstimmung«, die kraft eines transzendentalen Faktors überall vorliegen muß, »nicht die mindeste Wirkung auf das Gefühl der Lust in uns antreffen, auch nicht antreffen können, weil der Verstand damit unabsichtlich nach seiner Natur notwendig verfährt« (U. XL) – das hat Kant selbst festgestellt. So ist es also unmöglich, daß ein Gegenstand, insofern dessen Form das »Gefühl« jener Übereinstimmung hervorruft, ästhetisches Wohlgefallen erwecke. Kants Fundierung der Ästhetik ist unhaltbar, weil seine Theorie der empirischen Begriffsbildung, insbesondere dabei die Lehre von der Einbildungskraft, unhaltbar ist.

Allgemeine Bemerkung

Der Begriff der Einbildungskraft soll bei Kant dazu dienen, »beide äußerste Enden, nämlich Sinnlichkeit und Verstand« (r. V. A. 124) zu verbinden. Die Notwendigkeit dieser Verbindung, die eine künstliche und äußerliche bleibt, entspringt der starren Gegenüberstellung der beiden Vermögen und in letzter Linie dem Grunddogma Kants, daß uns das Material der Erkenntnis von einem unerkennbaren Dinge an sich geliefert werde, ein Material, auf das wir unsere subjektiv-intellektuellen Faktoren, darunter die für die Ordnung des Gegebenen entscheidenden höchsten Begriffe (die Kategorien), als total heterogenen Apparat zur Anwendung brächten. So kommt es, daß Begriffe und empirisches Material trotz aller Verbindungen, in die beide Arten von Elementen in der empirischen Erkenntnis durch die Funktionen der Einbildungskraft zusammengebracht werden, einander gänzlich äußerlich bleiben.
Das Bewußtsein der systematischen Übereinstimmung von empirischen und »formalen« Elementen der Erkenntnis, von Besonderem und Allgemeinem, kurz, gerade desjenigen, was Kant ursprünglich als total fremdartig dargestellt hatte, ist es, das ihn anstatt zu einer Aufhebung dieser traditionellen Trennung zur Hypostasierung eines neuen Vermögens, der Einbildungskraft, veranlaßt hat. Die

Übereinstimmung dieses dritten Vermögens, der Einbildungskraft, mit dem Verstande, ist dann zu einem neuen Problem geworden.
Das Verhältnis von Sinnlichkeit und Verstand hätte sich nur dann zureichend bestimmen lassen, wenn Kant das Vorurteil von der Heterogenität überwunden und eine unvoreingenommene Untersuchung der Genesis des Begriffs aus der unmittelbaren sinnlichen Gegebenheit geleistet hätte. Die Harmonie aller unserer Erkenntnisvermögen, die allein die Ausübung der Funktion der Urteilskraft, nämlich die Erkenntnis des »Allgemeinen im Besonderen« (A. A. XVI, 99), möglich macht, wäre dann nicht als das auf wunderbare Weise einer Idee der Vernunft entsprechende Zusammenspiel ursprünglich isolierter Vermögen, sondern als notwendige, a priori feststehende Einheit erschienen.

Über die Zweckmäßigkeit erhabener Gegenstände

An dieser Stelle ist eine Anmerkung zu machen. Während nämlich Kant als Grund für das Reflexionsurteil der ästhetischen Urteilskraft ursprünglich allgemein die zweckmäßige Übereinstimmung von Einbildungskraft und Verstand angegeben hatte, erscheint in der Analytik des Erhabenen, dem zweiten Buche der Analytik der ästhetischen Urteilskraft, das Verhältnis von Einbildungskraft und *Vernunft* als entscheidend für die Beurteilung: »Denn so wie Einbildungskraft und *Verstand* in der Beurteilung des Schönen durch ihre Einhelligkeit, so bringen Einbildungskraft und *Vernunft* hier durch ihren Widerstreit subjektive Zweckmäßigkeit der Gemütskräfte hervor.« (U. 99)
Nun ist freilich diese Art erkenntnistheoretischer Fundierung eines ästhetischen Urteils durch die obige Kritik der Lehre von der Einbildungskraft ohne weiteres mitbetroffen. Trotzdem mag es von Vorteil sein, kurz anzumerken, worin der »Widerstreit« zwischen den »Gemütskräften«, durch welchen diese letzteren nichtsdestoweniger »harmonisch« (ebenda) erscheinen sollen, nach Kant besteht.
Dieser Widerstreit bedeutet nichts anderes als die Unmöglichkeit, daß irgendein wirklicher Gegenstand einer Idee nicht nur zufällig entspreche, sondern tatsächlich eine systematische Einheit nach-

weisbar darstelle – eine Unmöglichkeit, von der im einleitenden Abschnitt ausführlich die Rede gewesen ist. Die Einbildungskraft, die das Mannigfaltige der Anschauung gemäß den Begriffen des Verstandes zusammensetzt, ist nach Kant zwar dazu bestimmt und angewiesen, so etwas wie systematische Einheit zu schaffen, weil auch unserem *theoretischen* Streben die praktische Vernunft kraft ihres Primates die Ziele vorhält; aber die Einbildungskraft (bzw. ihr Medium, die bestimmende Urteilskraft) *vermag* prinzipiell nichts anderes zu konstituieren als Aggregate, da sie einzig den Kategorien gemäß das chaotische Sinnenmaterial zu bearbeiten hat. Daher beweist sie »selbst in ihrer größten Anstrengung in Ansehung der von ihr verlangten Zusammenfassung eines gegebenen Gegenstandes in ein Ganzes der Anschauung (mithin zur Darstellung der Idee der Vernunft) ihre Schranken und Unangemessenheit, doch aber, zugleich ihre Bestimmung zur Bewirkung der Angemessenheit mit derselben als einem Gesetze« (U. 97).

Daß trotz Kants Meinung unser Erkenntnisvermögen wenigstens in einer Hinsicht seiner »Bestimmung zur Bewirkung der Angemessenheit« mit einer Idee gerecht wird: nämlich bei der Konstitution einer systematischen Naturordnung, haben wir im vorhergehenden Abschnitt dieser Arbeit zu zeigen versucht. Im nächsten Abschnitt, wo wir nach Kants Ausdruck unmittelbar »den Verstand mit der Vernunft (die zur Erfahrung überhaupt nicht notwendig ist) in Verhältnis setzen müssen« (C. 213), werden weitere solche Fälle zutage treten.

Hinweis auf eine positive Begründung der Ästhetik

Zunächst soll – nachdem die von Kant gegebene erkenntnistheoretische Begründung der Ästhetik in dieser Untersuchung unbefriedigend erschienen ist – wenigstens mit einigen Worten auf die Möglichkeit einer anderen Art dieser Begründung hingewiesen sein, zu der sich in der Kantischen Darstellung allerdings nur wenige Ansatzpunkte finden.

Nicht in Beziehung auf jede denkbare Art der Erkenntnis, sondern lediglich insoweit sie die Möglichkeit der Befassung unter Klassenbegriffe angeht, ist oben die grundsätzliche Eignung jedes möglichen Gegenstandes behauptet worden. Nun könnte es aber doch sein, daß zwar nicht im Hinblick auf die Befassung unter höhere Arten, sondern auf andere Erkenntnisvorgänge die Formen der Gegenstände Unterschiede aufweisen, und zwar so, daß gewisse »Bilder« auftreten, die »als einzeln und ohne Vergleichung mit anderen« (U. 31) ohne weiteres eine Erkenntnis bedingen, die in anderen Fällen erst durch Erfüllung einer Reihe anderweitiger Bedingungen zu gewinnen wäre.

Kant hat richtig gesehen, daß das mit der Bestimmung eines Gegenstandes durch einen gegebenen allgemeinen Begriff etwa verbundene Wohlgefallen »bloß die Billigung der Auflösung, die einer Aufgabe Genüge tut« (U. 71), darstellt. Da er keine von dieser Art der Erkenntnis verschiedene Möglichkeit, Gegenstände zu erkennen und Ergebnisse solcher Erkenntnisse festzuhalten, gekannt hat, knüpfte er das ästhetische Wohlgefallen an das Bewußtsein von der allgemeinen Möglichkeit begrifflicher Erkenntnis. Da die Grundlage dieses Bewußtseins, das nach Kant eher als »Gefühl« der Einhelligkeit verschiedener Gemütskräfte zu fassen wäre, nämlich die Übereinstimmung von Einbildungskraft und Verstand, sich im obigen als nichtexistent erwies, so war seine konkrete Beschreibung nicht mehr unsere Aufgabe. Jedenfalls beruhen die ästhetischen Unterschiede der Gegenstände nach Kant wesentlich auf ihrer verschiedenen Eignung, es zu erwecken.

Tatsächlich aber gründet sich das ästhetische Wohlgefallen auf eine Art von Erkenntnis, deren Wesen sich einzig mit Hilfe eindringlicher phänomenologischer Analyse des von Kant noch dogmatisch gebrauchten Dingbegriffes erschließt. Da die Ausführung der so angezeigten Begründung der Ästhetik durch den Aufweis einer eigenen Weise des Erkennens weit über den Rahmen dieser Arbeit führen müßte, sei hier hervorgehoben, daß diese Begründung – freilich in wesentlicher Beschränkung auf die bildende Kunst – von Hans Cornelius geleistet worden ist.[6]

Kant hatte es als »Eigentümlichkeit« des Geschmacksurteils bezeichnet, daß dieses »alle Subjekte so in Anspruch nimmt, als es nur immer geschehen könnte, wenn es ein objektives Urteil wäre, das

---

6 Siehe insbesondere: *Elementargesetze der bildenden Kunst*, III. Aufl., Berlin 1921 und *Kunstpädagogik*, Zürich und München 1920.

auf Erkenntnisgründen beruht und durch einen Beweis könnte erzwungen werden« (U. 142). Dies ist dort insofern bestätigt worden, als das »Geschmacksurteil« tatsächlich »auf Erkenntnisgründen beruht« – allerdings auf Erkenntnisgründen solcher Art, daß sie nicht wissenschaftlich, sondern einzig künstlerisch ihren angemessenen Ausdruck finden können.[7]

---

7 Vgl. hierzu auch die Anmerkung 1, S. 127f.

III. Abschnitt:
Die Zweckmäßigkeit der organischen Gegenstände

Verschiedene Arten der objektiven Zweckmäßigkeit

»Ein Gewächs, ein Tier, die regelmäßige Anordnung des Weltbaus (vermutlich also auch die ganze Naturordnung) zeigen deutlich, daß sie nur nach Ideen möglich seien.« (r. V. A. 317) – Von einer Art, wie »die ganze Naturordnung« nach Kantischen Prinzipien als zweckmäßig, d. h. nur nach Ideen möglich, gedacht werden kann, ist im ersten Abschnitt die Rede gewesen. Dort hat es sich gezeigt, inwiefern die Form der Natur als »System empirischer Erkenntnis« (C. 197) und nicht als Aggregat zu denken sei. Doch gibt dies, so erklärt Kant, »keine Folgerung auf ihre (der Natur) Tauglichkeit zu einer realen Zweckmäßigkeit in ihren Produkten, d. i. einzelne Dinge in der Form von Systemen hervorzubringen« (ebenda). *Daß* aber solche Produkte sich vorfinden, dafür liegen »deutliche Beweise« vor. Wie sind diese Produkte möglich? – Wie ist es denkbar, daß ein wirklicher Einzelgegenstand, ein Ding in der Natur, das doch nach Kants Lehre einzig durch die Anwendung der Faktoren des Verstandes auf das sinnliche Material für die Erkenntnis konstituiert wird, eine Struktur aufweist, die »deutlich« zeigt, daß sie »nur nach Ideen möglich« ist – eine Struktur also, die nach Kant zwar als die im Dasein unerreichbare Bestimmung eines vorgestellten Ziels, niemals aber als wirkliche Eigenschaft eines wirklichen Dinges soll gelten können? –

Während die im letzten Abschnitt behandelte Art der Zweckmäßigkeit wesentlich nur das Zueinander der Vermögen des Subjekts betroffen hatte, und der ästhetische Gegenstand dabei lediglich insofern als »zweckmäßig« erschienen war, als er Anlaß gab, die »Harmonie« der subjektiven »Kräfte« zu empfinden, handelt es sich hier um eine Beschaffenheit von Objekten selbst. Nicht bloß das erkennende Subjekt empfindet sich als »zweckmäßig« organisiert im Hinblick auf seine allgemeine Bestimmung: zu erkennen; sondern die systematische Struktur, die zweckmäßige Organisation erscheint jetzt als Eigenheit erkannter Gegenstände. Daher heißt diese letztere Art der Zweckmäßigkeit objektiv, im Gegensatz zur bloß subjektiven, von der in der Ästhetik die Rede war.

Noch von anderen Arten der Zweckmäßigkeit ist die hier intendierte wohl zu unterscheiden. Die *Kritik der Urteilskraft* kennt sowohl eine »formale« als auch eine »relative« objektive Zweckmäßigkeit, die beide mit derjenigen, auf die es ankommt, nicht verwechselt werden dürfen.

Unter der formalen objektiven Zweckmäßigkeit versteht Kant die Tauglichkeit gewisser Gestalten für bestimmende Erkenntnis. So ist z. B. die »Regelmäßigkeit« von Gegenständen der Anschauung zwar – wie wir oben (S. 116 f.) gesehen haben – nicht in ästhetischer Hinsicht wertvoll, also nicht formal und subjektiv zweckmäßig, doch ist die Regelmäßigkeit »ein Zweck in Ansehung der Erkenntnis« (U. 71).

Es gibt zwei Arten dieser *objektiv*-formalen Zweckmäßigkeit: Erstens diejenige, bei der die erscheinende Gestalt dazu geeignet ist, ohne weiteres den dinglichen Gegenstand, der uns durch sie gegeben wird, erkennen zu lassen, und zweitens die Tauglichkeit gewisser, hauptsächlich mathematischer Figuren als wissenschaftliche Hilfsmittel. Es liegt »in einer so einfachen Figur, als der Zirkel ist,... der Grund zu einer Auflösung einer Menge von Problemen, deren jedes für sich mancherlei Zurüstung erfordern würde, und die als eine von den unendlich vielen vortrefflichen Eigenschaften dieser Figur sich gleichsam von selbst ergibt« (U. 272).[1]

---

[1] Darin, daß Kant diese beiden Arten der objektiv formalen Zweckmäßigkeit nicht genügend geschieden, sondern sie vielmehr unter einem gemeinsamen Titel als »intellektuelle Zweckmäßigkeit« (U. 274) miteinander vermengt hat, mag neben den im vorhergehenden Abschnitt genannten Gründen ein weiteres Hindernis für die Ausbildung einer ausreichenden Ästhetik gelegen haben. Unter der im Text zuerst genannten Art dieser Zweckmäßigkeit hat nämlich Kant gerade diejenige Beschaffenheit von Gegenständen getroffen, auf die es in der künstlerischen Gestaltung überall ankommt. – Daß gewisse Gestalten auf Grund ihrer bloßen Gegebenheit die Kenntnis der Dingform, der sie angehören, unmittelbar bedingen, ist etwas grundsätzlich anderes, als die Funktion mathematischer Demonstrationsfiguren. »Wo eine Absicht, z. B. die Größe eines Platzes zu beurteilen, oder das Verhältnis der Teile zueinander und zum Ganzen in einer Einteilung faßlich zu machen, wahrgenommen wird: da sind regelmäßige Gestalten, und zwar die von der einfachsten Art nötig« (U. 70). – Die »Absicht«, die in diesem Falle vorliegt, hat mit jener, die der Auflösung einer mathematisch-wissen-

Unter der relativen oder äußeren objektiven Zweckmäßigkeit eines Dinges haben wir einfach diejenige Beschaffenheit zu denken, zufolge deren dieses »Ding der Natur einem andern als Mittel zum Zwecke dient« (U. 379), also seine »Nutzbarkeit (für Menschen), oder auch Zuträglichkeit (für jedes andere Geschöpf)« (U. 279 f.).
Die Kritik der teleologischen Urteilskraft handelt von der materialen und inneren objektiven Zweckmäßigkeit, als von derjenigen Beschaffenheit eines Naturgegenstandes, kraft deren er nicht für andere Wesen, sondern in Beziehung auf sich selbst zweckmäßig heißen kann. Oder – wie wir auf Grund der allgemeinen Bestimmung des Zweckbegriffes sagen können: die Kritik der teleologischen Urteilskraft handelt von denjenigen Gegenständen der Natur, die für sich selbst, ohne Verbindung mit anderen Gegenständen, einer Idee entsprechen.
Die Frage, was darunter konkret zu verstehen ist, welche Eigentümlichkeit wirklicher Objekte mit diesem Ausdruck getroffen werden soll, ist zunächst zu beantworten. Das bedeutet aber nichts anderes als die Aufgabe einer erkenntnistheoretischen Klärung des Begriffes der organischen Form.

Die Eigentümlichkeit der organischen Natur

Die Beiträge, die Kant zu einer solchen Klärung geliefert hat, sind äußerst wertvoll. Doch sind die Ansätze zu reiner Beschreibung fast überall mit Bestandteilen vorgefaßter Theorien durchsetzt. Die gereinigte Darstellung und der Versuch konsequenter Weiterführung der Kantischen Analysen zur erkenntnistheoretischen Klärung des Begriffes der organischen Form ist in diesem Abschnitte die Aufgabe. Doch kann es hier natürlich einzig darauf ankommen, die allerallgemeinsten Züge des in Frage stehenden Begriffes aufzuweisen; nur sie haben auf die Grundfrage Bezug. Der Unterschied zwi-

---

schaftlichen Aufgabe zugrunde liegt, nur wenig gemeinsam; dagegen scheint sie uns mit der künstlerischen Absicht architektonischer Gestaltung des betreffenden Platzes durchaus zusammenzufallen. Das »Wohlgefallen«, das – wie Kant ausdrücklich angibt – mit der Erfüllung der letzteren Absicht verbunden ist, mag allerdings »mit der Billigung der Auflösung, die einer Aufgabe genüge tut« (U. 71), zusammenhängen, aber eben nicht einer wissenschaftlichen, sondern einer künstlerischen Aufgabe.

schen unserer Behandlung von Kants Grundlegung der Ästhetik und derjenigen der Biologie wird also darin bestehen, daß es in der ersteren hauptsächlich auf die Widerlegung, hier aber auf die konsequente Weiterführung der Kantischen Gedanken ankommt.
Die erste und für den Gang der Kritik der teleologischen Urteilskraft entscheidende Bestimmung Kants besagt, daß überall nur dort etwas als organisch erfahren werden kann, wo »ein Verhältnis der Ursache zur Wirkung zu beurteilen ist...« (U. 279). Kant begreift die organische Beschaffenheit als Moment eines in der objektiven Zeit sich erstreckenden Gegenstandes. Dort, wo ein Geschehen vorliegt, »welches wir als gesetzlich einzusehen uns nur dadurch vermögend finden, daß wir die Idee der Wirkung der Kausalität ihrer Ursache als die dieser selbst zum Grunde liegende Bedingung der Möglichkeit der ersteren unterlegen« (ebenda) – dort ist die Voraussetzung der teleologischen Beurteilung gegeben.
Worin besteht der Unterschied zwischen dieser Grundstruktur des organischen und derjenigen des anorganischen Geschehens; inwiefern besteht im einen Falle ein andersartiges »Verhältnis der Ursache zur Wirkung« als im anderen? –
Das Kausalgesetz lautet in der Kantischen Formulierung: »Alles, was geschieht (anhebt zu sein), setzt etwas voraus, worauf es nach einer Regel folgt« (r. V. A. 189). Der Ausdruck »Regel« in diesem Satz geht auf nichts anderes als auf die Ausnahmslosigkeit in Beziehung auf die Zeitfolge: *immer* wenn ein bestimmter dinglicher Zustand eintritt, muß ein bestimmter anderer dinglicher Zustand vor dieser Veränderung schon eingetreten sein, und dieser letztere heißt die Ursache des ersteren.
Über die Beschaffenheit der beiden Zustände ist dabei nicht das geringste ausgesagt, der »Grundsatz der Erzeugung« präjudiziert von den beiden, Ursache und Wirkung genannten Zuständen gar nichts als ihre ausnahmslose zeitliche Nachbarschaft, ihre Aufeinanderfolge: es wird darin »nur auf die Notwendigkeit der Verknüpfung der Begebenheiten in einer Zeitreihe... gesehen« (p. V. 173). Denken wir uns eine Reihe von Zustandsänderungen in der Natur so, daß immer der vorhergehende Zustand nach der Kantischen Bestimmung die Ursache des folgenden heißt, so erhalten wir eine Reihe, über deren Struktur auf Grund hiervon gar nichts ausgesagt werden kann, als daß die einzelnen Glieder regelmäßig einander fol-

gen. Die Beschaffenheit des Ganzen, also der gesamten Reihe, insoweit sie als ein eigener Gegenstand und nicht als Summe der Eigenschaften ihrer voneinander abgelösten Glieder betrachtet wird, ist bloße Folge, ihre innere Ordnung erschöpft sich in der Bestimmtheit des Vor und Nach.

Die Besonderheit des organischen Geschehens soll nun darin bestehen, daß wir uns gezwungen sehen, die Vorstellung der Wirkung als eine Bedingung der Ursache anzunehmen. Der Eintritt irgendeines Zustandes soll dabei als Wirkung betrachtet werden, wie der Grundsatz der Erzeugung es fordert, aber doch so, daß der »Begriff« des betreffenden Zustandes als »der reale Grund seiner Möglichkeit« (U. 32) erscheint. Dies kann selbstredend nur dadurch geschehen, daß man diesen »Grund seiner Möglichkeit« »in einer Ursache« sucht, »deren Vermögen zu wirken durch Begriffe bestimmt wird« (U. 284), d. h. in einer mit menschlicher Intelligenz verwandten Wesenheit.

Es soll hier ganz davon abgesehen werden, daß durch eine derartige Analogie insbesondere deshalb nichts geklärt werden kann, weil eben das, womit verglichen wird, nämlich die menschliche Willenshandlung, in Kants Philosophie einer befriedigenden Analyse durchaus ermangelt (und aus der in der Einleitung dargelegten ursprünglichen Scheidung der Welt der Freiheit von der natürlichen Welt ermangeln *muß*). Wir fragen lediglich, wodurch auf Grund dieser Besonderheit der organischen Reihe diese von der anorganischen sich unterscheiden soll.

Kant beschreibt den Unterschied wie folgt: Im letzteren Fall haben wir einen Zusammenhang vor uns, der »eine Reihe (von Ursachen und Wirkungen) ausmacht, welche immer abwärts geht; und die Dinge selbst, welche als Wirkung andere als Ursache voraussetzen, können von diesen nicht gegenseitig zugleich Ursache sein. ... Dagegen aber kann doch auch eine Kausalverbindung nach einem Vernunftsbegriffe (von Zwecken) gedacht werden, welche, wenn man sie als Reihe betrachtete, sowohl abwärts als aufwärts Abhängigkeit bei sich führen würde, in der das Ding, welches einmal als Wirkung bezeichnet ist, dennoch aufwärts den Namen einer Ursache desjenigen Dinges verdient, wovon es die Wirkung ist« (U. 289).

So sehr man über den Sinn dieser Sätze (z. B. über die Äquivokation des Ausdrucks ›Ding‹, der einmal die Dingvorstellung, das andere

Mal deren Gegenstand zu bezeichnen scheint) im Unklaren sein mag; soviel ist sicher: Diejenigen Glieder der organischen Reihe, die zwischen den beiden ausgezeichneten Phasen (deren erste man als Konzeption des Zweckes, deren zweite als seine Wirklichkeit bezeichnen könnte) liegen, sind die »Mittel«, den Gegenstand der als Motiv gedachten Vorstellung zu verwirklichen.[2] Diese Mittel, insofern sie als Reihenglieder der endlichen Wirkung vorhergehen, sind mit dieser zusammen das einzig Erfahrbare der Reihe: das ›Motiv‹ steht außerhalb der Realität, im Charakter des ›Als-ob‹, als eine Fiktion, die wir auf Grund des wirklich Erfahrenen, also der realen Glieder der Reihe, nicht umhin können einzuführen.

Die Abhängigkeit von jenem ideellen Glied kann daher keineswegs den Unterschied der organischen von der anorganischen Reihe bezeichnen, weil durch diese Abhängigkeit auf dem Gebiete der Erfahrung keine Verschiedenheit bedingt ist. Das bloße Hinzudenken eines ideellen Gliedes zu einer »normalen«, d. h. anorganischen Reihe, dasjenige, was nach Kant den »nexus finalis« (U. 269 u. a.) vor dem »nexus effectivus« (ebenda u. a.) auszeichnet, trägt also gar nichts zur Beschreibung der Verschiedenheit in den Phänomenen selbst bei.

Vielmehr ist nun das Problem lediglich zurückgeschoben: Wo liegt in den *Sachen* die Veranlassung, im einen Fall auf dieses Glied, auf eine »Endursache« zu rekurrieren, im andern nicht? Woher kommt es, daß wir uns hier mit einer »Verknüpfung der realen ... Ursachen« (U. 290) zufriedengeben, dort aber gezwungen sind, zu einem andern Prinzip der Beurteilung zu greifen? – Das ist die Frage, auf deren Beantwortung es zunächst ankommt.

Die Antwort, die Kant hierauf gegeben hat, also sein Aufweis der eigentlich organischen Beschaffenheit, ist um so strenger von seiner theoretisch-teleologischen Ausdeutung durch den nexus finalis zu sondern, weil bei Kant selbst diese Sonderung nicht immer streng durchgeführt erscheint.

Das – soviel wir sehen können – entscheidendste Kennzeichen, das

---

[2] »Denn, wo Zwecke als Gründe der Möglichkeit gewisser Dinge gedacht werden, da muß man auch Mittel annehmen, deren Wirkungsgesetz *für sich* nichts einen Zweck Voraussetzendes bedarf, mithin mechanisch und doch eine untergeordnete Ursache absichtlicher Wirkungen sein kann.« (U. 361)

Kant für die Erkenntnis organischen Geschehens gegeben hat, findet seinen Ausdruck darin, »daß... die Idee des Ganzen... die Form und Verbindung aller Teile bestimme: nicht als Ursache – denn da wäre es ein Kunstprodukt –, sondern als Erkenntnisgrund der systematischen Einheit der Form und Verbindung alles Mannigfaltigen, was in der gegebenen Materie enthalten ist, für den, der es beurteilt« (U. 291). Hier tritt die »Idee« ausdrücklich nicht als Ursache, sondern als »Erkenntnisgrund« eines Naturganzen, d. h. eines in Raum und Zeit sich erstreckenden Geschehens auf. Der angeführte Satz ist nicht leicht verständlich, seine Bedeutung ergibt sich aus der Betrachtung des Unterschiedes zwischen dem durch ihn angezeigten Verhältnis und dem Sachverhalt beim gemeinen Kausalverhältnis:

Die Erkenntnis, daß zwei natürliche Tatbestände in dem Verhältnis von Ursache und Wirkung zueinander stehen (oder – mit Kantischen Worten – die Verknüpfung zweier Erscheinungen durch das Gesetz der Kausalität), ist überall nur dort möglich, wo diese natürlichen Tatbestände unabhängig von jeder Verknüpfung isoliert gegeben werden können. Abgesehen von ihrer regelmäßigen Folge in der Zeit, welch letztere, wie bereits oben gezeigt wurde, »das einzige empirische Kriterium der Wirkung in Beziehung auf die Kausalität der Ursache, die vorhergeht« (r. V. A. 203), darstellt, haben die beiden durch das Kausalverhältnis verbundenen Gegenstände gar nichts miteinander zu tun.

Wo wir dagegen natürliche Tatbestände als einem organischen Geschehen zugehörig beurteilen, ist es nach Kant gerade umgekehrt wie im ersten Falle. Während bei diesem die Beziehung als Zusammensetzung isoliert betrachteter, selbständig gegebener Teile sich charakterisieren ließ, bestimmt dort »die Idee des Ganzen« als »Erkenntnisgrund... Form und Verbindung aller Teile«. Dazu, daß ein organisches Geschehen einheitlich aufgefaßt wird, bedarf es nicht der Zusammensetzung der isoliert gegebenen Teile solchen Geschehens. Auf eine solche Weise würden wir im Gegenteil niemals zum Begriffe eines Organismus als zeiträumlicher Einheit gelangen. Sondern die »Idee des Ganzen« ist unabhängig von aller Erkenntnis zunächst beziehungsloser Teile gegeben. Soweit uns organische Teile als solche gegeben werden können, sind sie überall notwendig durch ihre Stellung und Funktion im Ganzen schon bestimmt.

In einer gewissen Vergröberung kann man diese Anschauung so exemplifizieren: Ein tierisches Glied ist in dieser seiner Form überhaupt nur Gegenstand, insofern es durch seine Rolle im Gesamtorganismus bestimmt ist, d. h. insofern es im Rahmen des Gesamtgeschehens Relevanz besitzt. Soweit es ohne Beziehung auf das Ganze (und zwar nicht etwa nur auf das *Raum*ganze, sondern auf das *Raumzeit*ganze) betrachtet wird, geht es gerade derjenigen Bestimmungen verlustig, durch die es vorher in seiner Eigenart einzig bestimmt war. Gewiß vermögen wir ein solches Glied, nachdem die Idee des Ganzen uns einmal auf seine Betrachtung hingeleitet hat, kraft unserer Fertigkeit schließlich auch aus aller Beziehung zu seinem Organismus, gedanklich, oder auch in Wirklichkeit, zu entfernen, es dabei als identischen Gegenstand festzuhalten und diesen Gegenstand zu anderen, ihm fremden Sachen in Beziehung zu setzen. Daß eine derartige willkürliche Zerstückelung und absolut sachfremde Betrachtung künstlich möglich ist, kann freilich nicht geleugnet werden, und hat auch wissenschaftlich seine Wichtigkeit. Aber daß die Erkenntnis eines organischen Geschehens sich aufbaue auf der Betrachtung solcher raumzeitlicher Fetzen und nichts anderes bedeute als deren Synthesis in eindeutig bestimmtem Neben- bzw. Nacheinander analog der Kausalerkenntnis: das ist ein Gedanke, der sich von selbst verbietet.

So geht Kants Ansicht über den Unterschied anorganischer und organischer Reihen, insoweit beide auf dem Gebiete der Erfahrung gegeben werden können, dahin, daß die erstere Art als Gefüge isoliert betrachteter Einzelgegenstände, die letztere als gegliederte Einheit erfahren werde. Die übrigen Bestimmungen des Begriffes eines »Naturzwecks« (so heißt der Organismus in der *Kritik der Urteilskraft*), die sich bei Kant noch finden, beziehen sich wesentlich auf die angezeigte Eigentümlichkeit.

Gemäß den Prinzipien des transzendentalen Idealismus entspricht dem subjektiven Unterschiede der Erfahrungsweise ein objektiver. – Während die Gesetzlichkeit des durch den Grundsatz der Erzeugung geregelten Geschehens immer nur die Abhängigkeit eines Gegenstandes a von einem Gegenstande b, des Gegenstandes b von einem Gegenstande c usf. bedingt, so daß immer jedes Glied die unmittelbare Bedingung des nächsten, und Vollständigkeit der Reihe der Bedingungen eine unendliche Aufgabe ist, scheint im

Falle des organischen Geschehens »eine ganz eigne Gesetzmäßigkeit« (U. 268) vorzuliegen. Denn hier sollen alle Bedingungen für die betreffenden Veränderungen im »Ganzen« liegen, so daß die nächste Bedingung für Dasein und Form jedes Teilgeschehens nicht bei einem vorhergehenden Teilgeschehen usf., sondern gleichzeitig für alle Teile im Ganzen liegt, wie auch wiederum jeder Teil, insofern, und *nur* insofern er notwendig zum Ganzen gehört, immer *alle* übrigen Teile »hervorbringt«. Während wir auf Grund des Kausalgesetzes »ein Ganzes der Materie seiner Form nach als ein Produkt der Teile und ihrer Kräfte und Vermögen sich von selbst zu verbinden (andere Materien, die diese einander zuführen, hinzugedacht) betrachten« (U. 351), so müssen wir uns beim Organismus die »Teile (ihrer Beschaffenheit und Verbindung nach) als vom Ganzen abhängend vorstellen« (U. 349).

Die Frage nach der Notwendigkeit einer bestimmten Veränderung in der Natur wird auf Grund des Kausalgesetzes (nach der *Kritik der reinen Vernunft*) durch die Angabe einer anderen Veränderung beantwortet, von der wir wissen, daß sie regelmäßig jener zu erklärenden Veränderung vorausgeht. Dem Streben nach solchen Erklärungen, deren die Wissenschaft überall bedarf, entspricht das Zerlegen jedes Vorganges in möglichst viele exakt beobachtete Teilvorgänge, die Herstellung und Untersuchung der verschiedenartigen Relationen zwischen ihnen und die darauf gegründete, stets fortschreitende Angabe von Bedingungen für den Eintritt einer immer wachsenden Anzahl von Effekten.

Dagegen bildet der Hinweis auf die Zugehörigkeit zu einem bestimmten organischen Geschehen eine grundsätzlich von dieser Erklärung verschiedene Antwort. Sie bezeichnet den betreffenden Vorgang als Glied eines ursprünglichen Naturganzen, das in seiner Totalität als Grund für die wahrgenommenen Veränderungen gilt, ganz abgesehen davon, wie weit die Erklärung dieser Veränderungen im Sinne des Kausalgesetzes gediehen ist. Die Gesetzmäßigkeit bezieht sich hier keineswegs zunächst auf die Regelung zeiträumlich benachbarter Vorgänge, sondern immer auf das Gesamtgeschehen in einer bestimmten Sphäre, die eben hierdurch, d. h. als von *einem* Gesetz durchherrschte, als natürliche Einheit charakterisiert ist. Immer ist hier eines durch alles und ebendaher alles zugleich durch jedes Eine bedingt. Wenn das Entfalten der Blüte als Beispiel eines

III. Abschnitt: Die Zweckmäßigkeit der organischen Gegenstände   135

organischen Vorgangs gelten kann, dann gehört geradesosehr das Reifen der Frucht wie das Treiben der Knospe zu ihrer Bedingung, als welche einzig das einheitliche, ihre Entwicklung beherrschende Gesetz gelten kann. »In einem solchen Produkte der Natur wird ein jeder Teil so, wie er nur *durch* alle übrige da ist, auch als *um der andern* und des Ganzen *willen* existierend... gedacht.« (U. 291) Dieses Gesetz aber ist nicht als ein ›immer wenn – dann‹ formulierbar, weil es nicht gegebene Veränderungen auf vorhergehende bezieht, sondern alle Veränderungen innerhalb eines gewissen Bereiches auf dessen einheitliche Struktur.

Kants teleologische Deutung organischen Geschehens

Mit diesen Gedankengängen, die – wie wir glauben – tatsächlich die allgemeinste Bedeutung der Bezeichnung einer Veränderung als organischer anzeigen, sind bei Kant häufig theoretische Ausdeutungen im Sinne einer gleichsam auf Absicht gegründeten Zweckmäßigkeit der organischen Naturprodukte vermengt. Das »einheitliche Prinzip«, das eine organische Entwicklung beherrscht, ist nach Kant von vornherein nur im Sinne einer die betreffende Entwicklung bewußt herbeiführenden Absicht zu begreifen. Es ist ein Grundsatz seiner Teleologie, »daß nach der Beschaffenheit des menschlichen Verstandes für die Möglichkeit organischer Wesen in der Natur keine andere als absichtlich wirkende Ursache könne angenommen werden« (U. 360).
Bevor die Notwendigkeit einer solchen Deutung untersucht wird, ist zu bestimmen, worin die »Zufälligkeit« organischen Geschehens liegen soll. Das ergibt sich ohne weiteres aus dem Verhältnis der beiden Arten, einen Vorgang als gesetzlich zu begreifen.
Damit, daß wir eine Veränderung in der Natur als Lebensäußerung eines bestimmten Organismus auffassen, ist im Sinne des »Grundsatzes der Erzeugung« noch gar nichts erklärt. Der Begriff eines Organismus ist nicht »konstitutiv«, er läßt sich nicht als kategoriale Formung sinnlichen Materials legitimieren, und darf daher keineswegs zu Erklärungen gebraucht werden. Ist ein gegebener Vorgang zu erklären, so ist, wie wir oben gesehen haben, »die Zeitfolge allerdings das einzige empirische Kriterium der Wirkung in Beziehung

auf die Kausalität der Ursache, die vorhergeht« (s. o.). In Beziehung auf die Zeitfolge aber ist durch jene Beurteilung einer Begebenheit als organischer Funktion nichts vorgezeichnet; denn weder besteht ein erkennbarer Grund dafür, daß die zeitlich vorhergehenden Bedingungen vorwiegend im Bereiche dieses Organismus aufzufinden wären, noch kann die Maxime, die sich notwendig aus dem »Grundsatz der Erzeugung« ergibt: immer »ein reales Ganze der Natur nur als Wirkung der konkurrierenden bewegenden Kräfte der Teile anzusehen« (U. 349), durch einen solchen Hinweis aufgehoben werden. Vielmehr erscheint im Sinne der zweiten Analogie der Erfahrung organisches Geschehen als solches (also soweit nicht anderweitige Erklärungen vorliegen) als total zufällig, weil, falls »die Ursache bloß in der Materie, als einem Aggregat vieler Substanzen außereinander gesucht wird, die Einheit des Prinzips für die innerlich zweckmäßige Form ihrer Bildung gänzlich ermangelt« (U. 372).

Die Organismen bieten das prägnanteste Beispiel der natürlichen Einheiten, von denen im einleitenden Abschnitt die Rede war und deren Konstitution durch die Ausführungen der *Kritik der reinen Vernunft* nicht zu begreifen ist. So wenig läßt die Beschaffenheit der organischen Natur als solcher sich durch die dort angezeigten Methoden verständlich machen, »daß sie vielmehr gerade das ist, worauf man sich vorzüglich beruft, um die Zufälligkeit derselben (der Natur) und ihrer Form daraus zu beweisen. Denn wenn man z. B. den Bau eines Vogels, die Höhlung in seinen Knochen, die Lage seiner Flügel zur Bewegung und des Schwanzes zum Steuern usw. anführt: so sagt man, daß dies alles nach dem bloßen nexus effectivus in der Natur ... im höchsten Grade zufällig sei« (U. 268 f.).

Kant überwindet, oder glaubt diesen Charakter der Zufälligkeit dadurch zu überwinden, daß er das unerklärliche Sichaufdrängen gewisser Naturprozesse als systematischer, notwendig durch die Existenz eines einheitlichen Gesetzes bedingter Einheiten zwar als für die Naturbeobachtung in einem sogleich anzugebenden Sinne förderliches Faktum gelten läßt, jedoch keineswegs als wirkliche Erkenntnis. Es handelt sich nach ihm gleichsam um eine besondere Art, die Dinge anzusehen, die wesentlich »aus subjektiven Gründen der besonderen Art und Beschränkung unseres Verstandes« (U. 387) entspringt und nicht etwa aus der wirklichen Beschaffen-

heit der betreffenden Gegenstände. Vielmehr ist er der Überzeugung, daß in den »bloß mechanischen Gesetzen« der Natur »die wahren physischen Erklärungsgründe« liegen (C. 215).
Das Förderliche der Beurteilung eines Vorgangs als eines organischen besteht dann wesentlich in nichts anderem als in der Bezeichnung der Aufgabe für die kausal-mechanische Erklärung, »als ein Gesichtspunkt für die Fragestellung und für die richtige Instruktion einer Untersuchung«, wie H. Cohen sich ausdrückt.[3] Die Meinung ist dabei allgemein diejenige, daß die Beziehung einer natürlichen Veränderung auf einen Gesamtprozeß zwar unser Erklärungsbedürfnis in keiner Weise befriedige, aber doch eine gewisse Richtung andeute, in der die »Nachforschung« nach Erklärungen mechanischer Art sich mit Aussicht auf Erfolg bewegen könne. So ist die Auffassung eines Vorganges als eines organischen als »Nothilfe« (U. 320) gestattet, es entspricht ihr (nicht ein *Erklärungs*prinzip, sondern) »ein regulatives Prinzip für die bloße Beurteilung der Erscheinungen« (U. 270); vor allem aber besteht keine Berechtigung, von der Wirklichkeit eines Organismus als eines solchen, eines »Naturzwecks« zu reden, welcher Begriff als ein »Fremdling in der Naturwissenschaft« (U. 320) zu gelten hat.

Erkenntnistheoretische Untersuchung der »zufälligen« Beschaffenheit organischer Gegenstände

Es soll nunmehr festgestellt werden, ob wir tatsächlich – wie Kant meint – »nach der Natur unseres (menschlichen) Erkenntnisvermögens oder gar überhaupt nach dem Begriffe, den wir uns von dem Vermögen eines endlichen vernünftigen Wesens überhaupt machen können« (U. 339), nicht behaupten dürfen, »daß der Grund eines solchen (einen Vorgang als organisch bestimmenden [M. H.]) Urteils im Objekte liege« (U. 340).
Es ist einer der entschiedensten Grundsätze des transzendentalen Idealismus, daß die allgemeinste Struktur der gegenständlichen Welt aus der Analyse des erkennenden Bewußtseins zu verstehen sei. Die prinzipiell verschiedenen Arten begrifflicher Formung

---

3 *Kants Theorie der Erfahrung*, Berlin ³1918, S. 713.

müssen in den Grundeigentümlichkeiten unseres Bewußtseins begründet sein. Der Nachweis der Berechtigung solcher Arten kann daher nach kritischen Prinzipien nur durch den Aufweis derjenigen allgemeinen Tatsachen unseres Bewußtseins geführt werden, die jenen Unterschied bedingen. Die Darlegung, daß der Unterschied mechanischer und organischer Gesetzmäßigkeit (wie wir der Einfachheit halber sagen wollen) tatsächlich aus einer solchen Grundeigentümlichkeit unseres Bewußtseins hervorgeht, würde eine andere Lösung der von Kant in der Kritik der teleologischen Urteilskraft behandelten Schwierigkeit nahelegen, als er sie gegeben hat. Wir versuchen im folgenden eine solche Darlegung zu geben.

Jede Erscheinung (dieser Ausdruck hier nicht, wie Kant ihn häufig gebraucht, als Synonym für das Wort ›Ding‹, sondern als Bezeichnung für jede unmittelbare Gegebenheit des Bewußtseins genommen) kann als Einzeltatsache immer nur dadurch gedanklich festgehalten und mit andern Sachen in Beziehung gesetzt werden, daß wir sie abstraktiv aus dem Zusammenhang, in dem sie ursprünglich aufgetreten war, lösen. Diese phänomenale Ursprungssituation hat andere Beschaffenheiten als die sie komponierenden Teile. Wenn wir einen bestimmten gesungenen Ton auf Reinheit, Stärke, Klangschönheit usw. untersuchen, sehen wir von der Liedmelodie, der er ursprünglich angehört, ab, und diese Melodie ist auch nicht *seine* Beschaffenheit, sondern die Beschaffenheit der gesamten Tonfolge, in der er auftrat. Entsprechend verhält es sich mit jeder Erscheinung unseres Bewußtseins.

Bezeichnen wir die Beschaffenheiten von Mehrheiten solcher Gegenstände, in denen eine Erscheinung auftritt, mit großen, diejenigen der Einzelerscheinungen mit kleinen Buchstaben, so ergibt sich folgende Konsequenz: Existiert ein gesetzmäßiger Zusammenhang derart, daß bei Erfüllung einer bestimmten Bedingung b regelmäßig E eintritt, das die Beschaffenheit einer sukzessiven Mehrheit von Erscheinungen sein soll, dann setzt die Erkenntnis dieses Gesetzes eine Bestimmung der komponierenden Teilerscheinung nicht voraus. Vielmehr ist die abstrakte Beurteilung der Teilerscheinungen eine Tatsache, die keineswegs Bedingung für das Wissen von dem erwähnten Gesetze ist. Mit der Erkenntnis der Beschaffenheiten dieser Teilerscheinungen aber ist überall ihre Einordnung in gesetzmäßige Zusammenhänge verbunden, die mit dem ursprünglichen Zusammenhang, in dem E vorkommt, keineswegs identisch sind.

Nach den Untersuchungen von H. Cornelius, deren Ergebnisse nach dem Vorwort zu dieser Schrift hier als bekannt vorausgesetzt werden, bezeichnet der Begriff des beharrlichen Dinges allgemein einen gesetzmäßigen Zusammenhang von Erscheinungen derart, daß immer, wenn eine bestimmte Erscheinung gegeben ist, bei Erfüllung bestimmter Bedingungen (worunter nichts anderes als Erlebnisse zu verstehen sind) weitere bestimmte Erscheinungen, bei Erfüllung einer anderen Bedingung andere Erscheinungen notwendig gegeben werden.

Im Hinblick auf den soeben besprochenen Fall können wir sagen, daß wir das Wissen von der Existenz einer Art von Dingen haben können, zu deren Erscheinungsweisen E gehört, ohne daß doch damit etwas über die Zugehörigkeit von e, f, g, h ausgesagt wäre, welche letzteren die Einzelerscheinungen derjenigen Erlebnismehrheit bezeichnen sollen, die E als Beschaffenheit aufweist. Dann stellt die fortschreitende abstraktive Erkenntnis die Aufgabe der Einordnung von e, f, g, h in andere derartige Zusammenhänge, d. h. auch *ihre* Beurteilung als Erscheinungen dinglicher Bestände. – Freilich besteht auch überall die umgekehrte Möglichkeit, nämlich diejenige, daß eine Erscheinung, die bereits einem bestimmten Dinge zugeordnet ist, in einer sukzessiven Mehrheit auftritt, die als solche Beschaffenheiten besitzt, deren Einordnung in ein einheitliches Gesetz erst noch die Aufgabe ist.

Nunmehr sei der Fall gesetzt, daß ein dinglicher Zusammenhang besteht, gemäß dem auf die Erfüllung der Bedingung b die Erscheinung e folgt. Wenn dann von einem bestimmten Zeitpunkt an regelmäßig auf die Erfüllung derselben Bedingung b nicht mehr e, sondern f folgt, so bedeutet die Feststellung dieses neuen Zusammenhangs gleichzeitig die Feststellung der Veränderung einer dinglichen Beschaffenheit.[4] Die Erklärung dieser Veränderung hat gemäß dem Kausalgesetz zu erfolgen, d. h. durch den Aufweis eines allgemeinen Gesetzes, nach dem der Fall b : c von der Erfüllung

---

4 Vgl. hierzu und zum folgenden Cornelius, *Transcendentale Systematik*, l.c., S. 224 ff.

einer, der Fall b : f von der Erfüllung einer anderen (und zwar einer dinglichen) Bedingung notwendig abhängt.

Nun nehmen wir an, es sei bereits ein Zusammenhang bekannt, gemäß dem auf die Erfüllung b die Erscheinung E eintritt. Sind – wie es unserer Voraussetzung entspricht - e und f Glieder der Mehrheit E, dann besteht folgender Sachverhalt: Was im Hinblick auf den ersteren Zusammenhang noch zur Erklärung aufgegeben ist (nämlich daß bei Erfüllung der Bedingung b nicht nur e, sondern auch f notwendig folgen kann), wird durch das Gesetz, in dem E vorkommt, gefordert: allerdings nicht im Sinne des Kausalgesetzes, sondern auf eine eigentümliche Weise, die nur so bezeichnet werden kann, daß in diesem Gesetz sowohl e als f als g usw. durch Erfüllung der einen Bedingung b notwendig bedingt sind.

Das Bedenken, daß hierbei der Eintritt von f gar nicht unmittelbar an die Erfüllung b, sondern der Bedingung e geknüpft sei, wäre nicht stichhaltig: Im Begriffe des betreffenden Gesetzes ist im eigentlichen Sinne nur E durch b bedingt. Weil aber E die Beschaffenheit der gesamten Mehrheit e, f, g, h darstellt, so ist auch die *ganze* Mehrheit, d. h. *sowohl* e *als* f usw. gleichzeitig an die Erfüllung der Bedingung b geknüpft.

Gerade diese Tatsache, daß nach dem *einen* Gesetz b : E als einheitliche Beschaffenheit, als die Erscheinung einer und derselben dinglichen Eigenschaft gilt, was auf Grund der abstrakten Erkenntnis (e, f, g, h) als gegründet auf die Erscheinungen *verschiedener* dinglicher Zusammenhänge sich darstellt, bezeichnet die eigentümliche Sachlage, in der wir uns überall befinden, wo eine zeitlich ausgedehnte Erscheinung als beruhend auf einer Mehrheit von Erscheinungen verschiedener Dinge erkannt wird, ohne daß wir doch in der Lage wären, den gesetzmäßigen Grund dieser Folge, also eine kausale Erklärung anzugeben. Eine derartige Situation liegt überall vor, wo, wie Kant angibt, die Erklärungsschwierigkeit innerhalb der Biologie »auf der Nachfrage nach Einheit des Grundes der Verbindung des Mannigfaltigen außer einander in diesem Produkte« (U. 372) beruht. Denn daß »dieses« Produkt als eigentümliche Einheit, d. h. als einheitlicher gesetzmäßiger Zusammenhang erkannt ist, und diese Frage doch sich auftut – diese Sachlage ist durch die obige Beschreibung getroffen.

Die dingliche Beschaffenheit b : E erscheint als gebunden an eine dingliche Konstellation, über deren Ursache wir noch nicht im klaren sind, da wir das Gesetz (die »Einheit des Grundes«) nicht kennen, das die Änderung der Beschaffenheit b : e in b : f bedingt, so daß wir zwar sagen können, eine entsprechende Veränderung sei durch die Existenz des Zusammenhanges b : E notwendig gefordert, aber kausal noch keineswegs erklärt.

Das »Systematische« des Gegenstandes, dem E zugehört, besteht dann in der gesetzmäßigen Vorzeichnung einer Veränderung von Dingen durch das einheitliche Gesetz eben dieses Gegenstandes.

Zusammenfassend läßt sich sagen: Die allgemeine Tatsache unseres Bewußtseins, daß jede Mehrheit von Erlebnissen andere Merkmale als diejenigen der Teile dieser Mehrheit besitzt, und daß die Beurteilung der ersteren Beschaffenheiten keineswegs diejenige der letzteren voraussetzt oder einzuschließen braucht, bringt es mit sich, daß an bekannten Dingen der uns umgebenden Natur Erscheinungen sich finden können, deren Eintreten auf Grund des betreffenden Dinggesetzes wir als notwendig erkennen, die jedoch andererseits an dingliche Veränderungen gebunden sind, welche letzteren wir kausal nicht schon zu ›erklären‹ vermögen. Dabei sind diese Veränderungen doch durch das bekannte Gesetz gefordert.

Mit dem Aufweis dieser Möglichkeit ist natürlich noch nicht der Tatbestand bezeichnet, der überall vorliegt, wo von Organismen mit Recht gesprochen wird. Vielmehr ist sehr wohl zu beachten, daß der umrissene Tatbestand auch Problemen, die zum Bereiche der anorganischen Natur gerechnet werden, zugrunde liegen kann. Aber hier kam es nicht darauf an, eine genügende Abgrenzung der beiden Reiche zu geben und die herrschenden Anschauungen über dieses Thema einer Kritik zu unterziehen, sondern diejenige Schwierigkeit zu erklären, die Kant als »Zufälligkeit« der organischen Naturprodukte in der Kritik der teleologischen Urteilskraft behandelt hat. Und daß dieses Problem sich nicht auf das Gebiet der Biologie beschränkt, sondern eine viel allgemeinere Sachlage bezeichnet, hat Kant selbst dadurch bekundet, daß er als solche Fälle, wo die Natur nicht »mechanisch« sondern »technisch d. i. zugleich als Kunst« (C. 198) verfahre, nicht nur »allerlei Gestalt der Blumen«, den »inneren Bau der Gewächse und Tiere«, sondern auch »Kristallbildungen« (ebenda) anführt.[5]

Die in Frage stehende »Zufälligkeit« besteht wesentlich darin, daß sich an Naturdingen Erscheinungen finden, die ein nach dem Stande unseres Wissens unerklärtes Zusammenwirken von Einzeldingen voraussetzen, so daß eben dieses Zusammenwirken als für die Realität des einheitlichen Gesetzes des betreffenden Naturdinges unentbehrlich und daher eminent »zweckmäßig«[6] erscheint. Diese Zufälligkeit ist eben deshalb *keine* solche, weil sich die beschriebene Sachlage notwendig aus Grundtatsachen unseres Bewußtseins ergibt, insbesondere daraus, daß die Erkenntnis der spezifischen Beschaffenheiten von Erlebnismehrheiten, der »Gestaltqualitäten«, von derjenigen der Beschaffenheiten der Teile unabhängig ist.[7]

Damit ist aber zugleich die Frage beantwortet, ob ein Urteil, das irgendeinem Gegenstande eine derartige Beschaffenheit zuspricht, grundsätzlich objektive Gültigkeit beanspruchen darf. Der Nachweis der Realität des gesetzmäßigen Zusammenhangs, den wir mit $b:E$ bezeichnen, ist vollständig unabhängig von der Kausalerklärung für die Veränderung der Eigenschaft $b:e$ in $b:f$ zu führen. Diese Kausalerklärung kann sich überhaupt niemals auf das Auftreten der Erscheinung E erstrecken, eben weil die letztere keineswegs mit der Summe ihrer Glieder identisch ist, sondern ein eigentümliches, irreduzibles Phänomen darstellt.

Daß die fortschreitende Abstraktion uns immer vor neue Aufgaben der begrifflichen Ordnung unserer Erfahrungen stellt, ist eine bekannte Tatsache: der eigentümliche Zusammenhang des Gesetzes $b:E$ mit jenen Gesetzen, denen e, f, g, h angehören, bedeutet nur

---

5 Wenn Kant an einer anderen Stelle, wo von Kristallisationsprozessen die Rede ist, erklärt, diese gäben nicht »den geringsten Grund zur Vermutung an die Hand... daß es dazu noch etwas mehr als ihres (der Natur) Mechanismus, bloß als Natur, bedürfe« (U. 248), so bezieht sich dies auf *bestimmende* Urteile und hätte ebensowohl von lebenden Organismen gesagt werden können. Von diesen sagt Kant ausdrücklich, daß ihre eigentümliche Gesetzmäßigkeit aus der Materie »und ihren Kräften nach mechanischen Gesetzen (gleich denen, wonach sie in Kristallerzeugungen wirkt)... abzustammen scheint« (U. 369).
6 Das Wort hier in populärem Sinn genommen, wie Kant es häufig gebraucht.
7 Es handelt sich dabei um dieselbe wichtige Tatsache, von der auch im zweiten Abschnitte (s. o. S. 119 ff.) Gebrauch gemacht worden ist.

einen Spezialfall der allgemeinen, unabschließbaren Aufgabe der Erkenntnis.
Kant hat eine Lösung des Problems in unserem Sinne nicht gegeben. Dafür ist, neben vielen anderen Momenten, diejenige seiner Anschauungen zu nennen, deren Überwindung zu einer Hauptintention der Philosophie seiner Nachfolger geworden ist, nämlich die Anschauung, daß legitime Erkenntnis immer notwendig »von den Teilen als allgemeingedachten Gründen zu verschiedenen darunter zu subsumierenden möglichen Formen als Folgen fortgehen muß« (U. 349). Dieser Satz, in dem die fundamentale Tatsache der Gestaltqualitäten übersehen ist, führt im vorliegenden Problem notwendig dazu, E als selbständiges Phänomen nicht gelten zu lassen und auch die dingliche Eigenschaft, in der es sich wiederfindet, den Zusammenhang b : E nicht als objektiv anzusehen, sondern eine derartige Begriffsbildung nur als vorläufige hypothetische, »subjektive« zu betrachten: als bloße Anweisung auf die befriedigende begriffliche Einordnung der Teilerscheinungen e, f, g, h, einschließlich der kausalen Erklärung der entsprechenden dinglichen Veränderungen. Das Ding, dem E zugeordnet ist, dürfte demnach nicht als Einheit hingenommen werden, sondern wäre als vorerst unverständliche Zusammensetzung bloß Problem.
Kants Voraussetzung aber ist unrichtig und eben darum auch die Folgerung. E gehört einer eigenen Gesetzmäßigkeit zu, die weder »Folge«, noch Wirkung von Teilgesetzen ist. Daher bleibt auch Kants allgemein ausgesprochener Satz: »Nach der Beschaffenheit unseres Verstandes ist... ein reales Ganze der Natur nur als Wirkung der konkurrierenden bewegenden Kräfte der Teile anzusehen« (U. 349) – eine bloße Behauptung.

Folgerung für die Kritik der teleologischen Urteilskraft

Die Grundthese der Kritik der teleologischen Urteilskraft, die hier zu untersuchen war, besagt: daß die organischen Naturprodukte, insofern sie Eigenschaften aufweisen, die nicht als »ein Produkt der Teile und ihrer Kräfte und Vermögen sich von selbst zu verbinden« (s. o.) zu erklären sind, nur als Zwecke für uns zu denken möglich seien. Da sie als wirkliche Dinge durch unser Erkenntnisvermögen konstituiert sind und dabei doch eine Struktur aufweisen, die nach den Prinzipien dieses Vermögens, so wie Kant sie gefaßt hat, nicht zu verstehen ist, so erschienen diese Produkte als Zeugen einer merkwürdigen und wunderbaren Übereinstimmung zwischen theoretischer und praktischer Vernunft.

Auch hier, wie in den beiden vorhergehenden Abschnitten ließ sich diese Beschaffenheit, die als »zufällig« erschienen war, als ein notwendig aus dem Zusammenhang unseres Bewußtseins sich herleitender Tatbestand begreifen. Insbesondere hat es sich gezeigt, daß die Meinung, als könnten in der Natur lediglich ›summative‹ Einheiten, »Aggregate« gefunden werden, schon deshalb irrig sein muß, weil bereits für den Bereich der Erlebnisse der Satz gilt, daß jede Mehrheit eigene Beschaffenheiten besitzt, die von der Summe der Beschaffenheiten irgendwelcher Teile sich unterscheidet. Diese Bestimmung muß sich in der objektiven Welt, insofern diese nach den Prinzipien des transzendentalen Idealismus als begriffliche Ordnung der Erlebnisse zu denken ist, notwendig wiederfinden.

Gerade dieses aber, daß es »sich nicht durch Zusammensetzung erhalten« läßt (A. A. XVI, 538), daß hier »das Ganze... eher wie der Teil« ist (ebenda), war das Kennzeichen des »Systems« im Gegensatz zum »Aggregat«, der Idee im Gegensatz zur Verstandeseinheit. Mit der Einsicht in die objektive Bedeutung der Tatsache jener eigenen Beschaffenheiten von Mehrheiten ist also das Dogma von der prinzipiellen Heterogeneität natürlicher und ideeller Gegenstände, wenigstens so weit sie den Punkt betraf, der hier in Betracht kam, überwunden, ein Resultat, das bereits durch den Nachweis der objektiven Bedeutung der formalen Zweckmäßigkeit der Natur im ersten Abschnitt dieser Arbeit eingeleitet war (s. S. 107ff.). Die Existenz natürlicher Gegenstände, die nicht als Aggregate anzusehen sind, sondern in der beschriebenen Weise »systematisch«, vernunftgemäß, sinnvoll heißen dürfen, widerspricht keineswegs dem Wesen unseres Erkenntnisvermögens, sondern geht vielmehr mit Notwendigkeit aus ihm hervor. Die »materiale, innere objektive Zweckmäßigkeit« bezieht sich ebensowenig wie die »formal-subjektive« auf zufällige Beschaffenheiten von Gegenständen, wenn man das Wort ›zufällig‹ als Gegensatz zu ›notwendig‹ gebraucht.

Abschließende Bemerkung

Aus dem einleitenden Abschnitt ergab es sich als Aufgabe der vorliegenden Arbeit, zu untersuchen, inwiefern Kants Lösung des Problems der Einheiten, die nach der *Kritik der reinen Vernunft* erkenntnistheoretisch noch ungeklärt waren, als endgültig anzusehen ist, und was diese Lösung zur Überbrückung der »Kluft« zwischen theoretischem und praktischem Vermögen, gemäß der systematischen Funktion der *Kritik der Urteilskraft* im Ganzen der Kantischen Philosophie, beizutragen vermag. Das Ergebnis läßt sich kurz zusammenfassen:

In Beziehung auf die behandelten Einheiten besteht die Kluft nicht. Die Eigenart dieser Gegenstände, die nach Kants Meinung den Stempel der beiden Reiche theoretischer und praktischer Vernunft an sich tragen, ist ohne Rekurs auf praktische Vernunft, d. h. auf einen Willen, erkenntnistheoretisch zu begreifen. In dieser Hinsicht also ist die *Kritik der Urteilskraft* kein »Verbindungsmittel«.

Aber es ergibt sich aus eben dem Grund, der dieses negative Resultat zur Folge hat, ein positives, und zwar gerade in der von Kant angedeuteten Richtung.

Gewiß ist es nicht wahr, daß der Idee »niemals irgendeine Erfahrung kongruieren könne« (s. o.), denn es findet sich der Idee Kongruentes (nicht bloß für die reflektierende, sondern auf Grund von Sätzen der *bestimmenden* Urteilskraft) als wirklich in der wirklichen Welt. Aber ebenso wie es zur Klärung der Existenz vernunftgemäßer Gegenstände in der Wirklichkeit nicht des Rückganges auf eine Absicht braucht, so dürfen wir nun sagen, daß – wo eine auf die Realisierung von Ideen gerichtete Absicht vorliegt – diese Realisierung wenigstens nicht darum von vornherein nur im beschränkten Sinn als möglich gedacht werden kann, weil das Wesen der Wirklichkeit einer adäquaten Verwirklichung dieser Absicht widerspräche.

Die Schwierigkeiten im Problem der Willenshandlung sind damit freilich noch lange nicht behoben. Aber es ist wenigstens gezeigt, daß die Kantischen »Ideen«, insofern sie Einheiten besonderer Art, nämlich »Systeme« darstellen, in Beziehung auf ihre Realisierbarkeit anderen, minder systematischen Zwecken gegenüber kein Spezialfall sind. Nicht *ob* ›das Reich der Ideen‹ mit dem Naturreiche zu vereinigen sei, muß die Frage lauten – denn daß diese Gebiete nicht prinzipiell getrennt sind, hat sich uns gezeigt, – sondern wie die Möglichkeit der Verwirklichung einer Absicht theoretisch zu begreifen ist. Die Beantwortung dieser Frage setzt eingehende psychologische Analysen voraus und gehört nicht in den Rahmen dieser Arbeit.

Mit dem Grundproblem der Ethik, *wie* gehandelt werden soll und wie *nicht* gehandelt werden soll, hängen alle diese Fragen unmittelbar gar nicht zusammen, denn ethisch wertvolle und ethisch minderwertige Handlungen fallen, insofern sie Handlungen sind, in gleicher Weise unter das Problem.

So erscheint als wesentliches Ergebnis dieser Arbeit in Beziehung auf die Vereinigung des theoretischen und des praktischen Vermögens dieses: daß gerade das Kennzeichen, durch welches das letztere vom ersteren in den Untersuchungen der *Kritik der Urteilskraft* vornehmlich unterschieden war, nämlich die Fähigkeit zur Konzeption von Ideen im Sinne systematischer Einheiten, keine unüberwindliche Scheidung ausmacht. Es folgt aus dieser Einsicht freilich noch keineswegs das Hegelsche Resultat, daß Vernunft nun überhaupt zusammenfalle mit der Wirklichkeit. Denn daraus, daß es vernunftgemäße Wirklichkeit geben kann und sie an manchen Stellen tatsächlich gibt, folgt noch nicht die *allgemeine* Übereinstimmung. Ja, es bedürfte erst noch des Nachweises, inwiefern die Wirklichkeit solcher Gegenstände, wie Kant sie als Ideen beschreibt, denn in Wahrheit ethisch relevant sei, und inwiefern überhaupt das Vermögen, ethisch zu handeln, zu Recht den Namen der Vernunft zu führen habe.

Aufs neue ist durch diese letzten Fragen eine Forderung begründet, die dem Sinne nach schon aus den einleitenden Betrachtungen sich ergab: die Forderung einer gründlichen Klärung derjenigen Lehre, die nicht allein der Kantischen Philosophie, sondern in weitem Maße der modernen Kultur zugrunde liegt: der Lehre von der ursprünglichen Zwiespältigkeit der vernünftigen Person als einem Beieinander von Wille und Erkenntnis.

Würdigungen

Hans Cornelius
Zu seinem 60. Geburtstag

(1923)

Reich an philosophischen Scheinproblemen, Schulbegriffen und Lehrmeinungen wie kaum jemals eine andere Gesellschaft, deren Ratlosigkeit in kulturellem Chaos ihren Ausdruck fand, steht die Gesellschaft dieser Periode in heilloser Verwirrung vor den entscheidenden Fragen theoretischer und praktischer Philosophie. Der individuelle Mensch* erfährt diesen Zustand in seiner persönlichen geistigen Not, in weltanschaulicher und religiöser Haltlosigkeit, und er flüchtet oder vielmehr glaubt sich zu flüchten: theoretisch in die billige Alltagsweisheit des ›gesunden Menschenverstands‹, in den exaltierten Phrasenbau von Scharlatanen oder zu den morschen Götzen traditioneller Mächte; praktisch aber in blinde Abhängigkeit von fremden Gewalten, in Heteronomie. Den Ursprung dieses Zustandes durch Aufdeckung seiner Verwurzelung in der gesellschaftlichen Situation zu enthüllen und damit die Voraussetzungen seiner Überwindung aufzuzeigen, ist hier nicht der Ort. Doch wenn wir einmal anerkennen, daß nicht nur das Tempo dieser Überwindung mit abhängt von der Wirksamkeit eigentlich geistiger Faktoren, sondern auch die neue Kulturperiode die wertvollen Momente der vorhergehenden notwendig aufzunehmen haben wird, dann sind wir auch verpflichtet, hinter dem lauten Gewirr dilettantischer und sensationell aufgemachter Meinungsäußerungen die wenigen philosophischen Bestrebungen aufzusuchen und sorgsam zu verfolgen, in denen die große Tradition der deutschen Philosophie weiterlebt und ihre aktuelle Gestalt hat.

Dafür daß in der Gegenwart trotz allen kulturellen Niederganges echte philosophische Leistung tatsächlich vollzogen wird, bietet das Werk von Hans Cornelius vollgültige Gewähr. In dieses Werk Ein-

[* Diese Passage des Textes bis zum Ende des Abschnitts (»Der individuelle Mensch... Gestalt hat.«) ist im Typoskript, nicht aber im Druck der *Frankfurter Zeitung* enthalten. Ob Horkheimer selbst oder, was wahrscheinlicher ist, die Redaktion die Streichung veranlaßte, ließ sich nicht mehr klären.]

blick zu verschaffen, vermag einzig die angestrengte Beschäftigung mit den Schriften selbst. Für diese Philosophie gilt in vollem Sinn das Fichtesche Wort, »es könne nur derjenige über sie urteilen, der sie gelernt habe«*. Doch es soll hier wenigstens in kurzen Worten auf eine der philosophischen Hauptleistungen von Cornelius hingewiesen sein, die in der einzelwissenschaftlichen Forschung insbesondere fruchtbar geworden ist: die neue Auffassung vom Wesen des Bewußtseins durch Erhebung des Begriffes der Gestaltqualität zur philosophischen Fundamentalkategorie. Hierzu bedarf es einiger historischer Bemerkungen, die auch über die allgemeine Grundrichtung der Schriften von Cornelius und über deren geschichtliche Stellung einen wenn auch nur ganz oberflächlichen Aufschluß geben können.

Seit Descartes war das Bewußtsein als Inbegriff der Erlebnisse Grundthema der Erkenntnistheorie. Die Geschichte der neueren Philosophie ist vornehmlich die Geschichte der Erforschung des durch Descartes erschlossenen Feldes der cogitationes, d. h. der reinen Erlebnisse. Das Motiv für diese zentrale Stellung der Bewußtseinserlebnisse lag etwa in folgender Betrachtung. Die ganze objektive Welt, die Gegenständlichkeiten der Einzelwissenschaften, alles das, worauf ihre Gesetze bezogen sind: Raum, Zeit, Körperlichkeit, sind für uns nur durch unsere Erlebnisse gegeben. Auf die Erlebnisse angewandt hat die Frage nach Wahrheit oder Falschheit keinen Sinn, sie machen diejenige Sphäre aus, in der alles, was objektive Geltung beansprucht, sich ausweisen muß: die Sphäre der unmittelbaren Gewißheit. Meine Erlebnisse *sind*, an ihnen vermag ich nicht zu zweifeln, sie selbst sind schlechthin evident, und nur durch den Rückgang auf sie vermögen wir letzte Klarheit zu gewinnen über den Sinn dessen, was in ihnen und einzig durch sie sich erweist als Wahrheit und Falschheit, als Dinge im Raum, als fremdes Bewußtsein usf. Im Zusammenhang der Erlebnisse konstituiert sich für uns die zeitlich-räumliche Welt, und die Bedeutung aller Begriffe, in denen die Wissenschaften diese Welt als eine geordnete besitzen, aller Merkmale, mit denen sie beschreiben, läßt sich in keinem Falle rest-

[* Johann Gottlieb Fichte, *Sonnenklarer Bericht an das größere Publikum, über das eigentliche Wesen der neuesten Philosophie*, Vorrede, in: *Werke*, hrsg. von Fritz Medicus, 3. Bd., Leipzig o. J., S. 550.]

los klarmachen durch bloße Definition, wie wohl oft geglaubt wird, sondern nur durch Aufzeigung derjenigen Erlebnisse, in denen wir ein unmittelbares Wissen von den Sachen besitzen, für deren zusammenfassende Beschreibung die betreffenden Begriffe gebildet sind.
Es leuchtet ein, daß auf Grund solcher Erwägungen die Erforschung des Erlebnisfeldes als diejenige Aufgabe erscheinen mußte, von deren Fortschreiten alle Einzelwissenschaften die letzte und grundsätzliche Klärung ihrer Prinzipien und Voraussetzungen zu erwarten hatten. Aber die Bemühungen um eine abschließende und befriedigende Theorie erreichten in ihrer höchsten und genialsten Form bei Hume ein skeptisches Resultat: Die Bedeutung derjenigen Grundbegriffe, die als entscheidende Voraussetzungen der Einzelwissenschaften in der konkreten Forschung überall lebendig waren, die Bedeutung der Begriffe des beharrlichen Dings, der Kausalität und der Persönlichkeit ließ sich durch Rückgang auf Bewußtseinserlebnisse nicht befriedigend erweisen. Als bloße Täuschung mußte die Theorie den Glauben an ein diesen Begriffen entsprechendes Sein abtun, während dieser Glaube doch in der Praxis jederzeit unserem Handeln zugrunde liegt.
Die Humesche Skepsis wurde von Kant überwunden. Cornelius hat die Kantische Lösung aufgenommen und konsequent durchgeführt. Diese Lösung liegt wesentlich im Hinweis auf gewisse fundamentale Beziehungen zwischen den Erlebnissen, die man bis dahin zu studieren unterlassen hatte. Unmittelbar gegeben ist uns nämlich nirgends eine bloße Summe von Einzelerlebnissen, die quasi als selbständige Etwasse, mechanisch aneinandergereiht, einander folgen würden. Dann freilich wären die Regelmäßigkeiten ihres Ablaufes (die Assoziationsgesetze, wie Hume sie aufgestellt hatte) das einzig Gesetzmäßige, was ihre Betrachtung uns enthüllen könnte. Vielmehr zeigen sich die Erlebnisse verbunden zur Einheit des persönlichen Bewußtseins, als dessen Teilinhalte sie sich geben und in Beziehung auf das sie immer nur Teilerlebnisse sind. In ihrer Vereinzelung betrachtet sind sie Abstraktionen, ja sogar falsche Abstraktionen. Die Hauptaufgabe der Kantischen Transzendentalphilosophie, so wie sie von Cornelius verstanden und gelehrt wird, ist es, die Beziehungen zu studieren, die für die Einheit unseres Bewußtseins konstitutiv sind, und die Faktoren herauszustellen, die notwendige

Bedingungen für den Zusammenhang unseres Bewußtseins bilden. Die allgemeinsten Gesetze, die aus einer solchen Betrachtung sich ergeben, müssen dann solche sein, ohne die ein Bewußtseinszusammenhang nicht gedacht werden kann, und die daher grundlegend sind für alle künftige Erfahrung. Das Studium dieser Gesetzmäßigkeiten und auf Grund dieses Studiums die endgültige Klärung der schon erwähnten Grundbegriffe: des beharrlichen Dings, der Kausalität, der Persönlichkeit durch eingehende Bedeutungsanalysen ist Ziel und Inhalt der Corneliusschen Philosophie, so wie sie insbesondere in den beiden Hauptschriften: *Einleitung in die Philosophie*[1] und *Transcendentale Systematik*[2] liegt.

Bei den Untersuchungen, die Cornelius zu dem eben angedeuteten Zweck angestellt hat, ist eine Grundtatsache des Bewußtseins aufgedeckt worden, auf die zwar in anderem Zusammenhang schon hingewiesen worden war, deren erkenntnistheoretische Bedeutung voll erkannt und fruchtbar gemacht zu haben aber ein Hauptverdienst dieser Philosophie darstellt. Es ist nämlich nicht so, daß die sogenannten Einzelerlebnisse als Teilerlebnisse gewissermaßen Elemente des Bewußtseins bilden, sondern wenn wir von »einem« Erlebnis reden, so ist dies überhaupt nur möglich durch ein Absehen von dem lebendigen Zusammenhang, in dem es auftrat. Hieraus folgt, daß irgendein im Bewußtsein gegebenes Ganzes nicht in der Weise aus Elementen abgeleitet werden kann, daß man die Eigenschaften der Bestandteile aufzählt. Die Eigenschaften irgendwelcher durch Isolierung aus einem Ganzen gewonnenen Komponenten sind nicht gleich diesem Ganzen selbst. Dies bedeutet, daß am unmittelbar Gegebenen Eigenschaften sich finden, sogenannte Gestaltqualitäten (der Ausdruck stammt von Chr. v. Ehrenfels), die verloren gehen, d. h. die nicht gesehen werden, wenn wir die einzelnen Erlebnisse für sich betrachten und beurteilen. Wenn ich zwei Erlebnisse noch so eingehend beschrieben und jedes für sich aufgewiesen habe, so ist damit noch gar nichts geleistet in Beziehung auf das Zueinander, das die Erlebnisse bilden, wenn sie im lebendigen Zusammenhang tatsächlich auftreten. Für dieses Zueinander, wenn es isoliert beurteilt wird, gilt wiederum dasselbe wie von den Teiler-

---

1 Leipzig ²1919.
2 München 1916.

lebnissen, die es konstituieren. Was wir tatsächlich überall erleben, der konkrete Bewußtseinszusammenhang selbst, ist eben diese in sich verschlungene Einheit, in der jedes mit jedem und allem in unendlich mannigfaltigen Bildungen sich zeigt, diese Einheit, die jedenfalls nicht in der Weise aus Elementen ableitbar ist, daß man sie versteht, wenn man die Eigenschaften der Bestandteile kennt und diese Eigenschaften addiert.

Die Konsequenzen dieser Auffassung des Bewußtseins für die Erkenntnistheorie und Philosophie überhaupt hier auch nur anzudeuten, ist unmöglich. Aber auch für die einzelwissenschaftliche Forschung hat sie entscheidende Folgen gezeitigt. Die radikale Erneuerung der Psychologie durch Max Wertheimer, Wolfgang Köhler und ihren Kreis nimmt den Ausgang von einer um den Begriff der Gestalt zentrierten Anschauung des Bewußtseins. Die Zuwendung auf die gestaltete Einheit, das Wissen um die destruktive Wirkung mechanischer Analyse, das in der Wissenschaft allenthalben sich auszubreiten beginnt, bedingt eine neue Einstellung in den verschiedensten Reichen der Forschung.

Von Cornelius selbst besitzen wir grundlegende Werke nicht nur auf dem Gebiete der Erkenntnistheorie, sondern insbesondere auch der Kunstwissenschaft und der Kunstpädagogik. Einblick in seine Arbeit gewähren hier vor allem die beiden Bücher *Elementargesetze der bildenden Kunst*[3] und *Kunstpädagogik*[4]. Aus der gleichen Familie wie der Maler und der Komponist hervorgegangen, ist Hans Cornelius ein bildender Künstler und ein praktischer Kunstpädagoge seltensten Ranges. Den Doktorgrad hat er als Chemiker erworben, und die dauernde Beschäftigung mit den Naturwissenschaften spricht aus den Schriften des Frankfurter Ordinarius der Philosophie wie kaum aus den Schriften eines anderen lebenden Philosophen. Die letzterschienene Schrift *Vom Wert des Lebens*[5], die in der allgemein verständlichen Form einer Predigt über die Freiheit einen Abriß der Ethik darstellt, vermöchte nicht allein jugendliche Menschen aus ethischer Verwirrung zur Klarheit freien Handelns zu erheben.

---

3 Berlin ⁴1921.
4 Zürich 1921.
5 Hannover 1923.

Rudolf Eucken
Ein Epigone des Idealismus[*]

(1926)

In der Geschichte der Philosophie folgt auf die Abschnitte über die deutschen Idealisten Fichte, Schelling und Hegel gebräuchlicherweise das Kapitel von der Auflösung der Hegelschen Schule. Darin werden neben anderen die Brüder Bauer, David Friedrich Strauss, Ludwig Feuerbach behandelt, also die Philosophie der späten radikalen Aufklärung in Deutschland. Hier wendet sich die Theorie vom Idealismus ab, sie beginnt mit der Gleichsetzung von selbständiger Vernunft und Wirklichkeit zu brechen und unternimmt es, den Idealismus selbst historisch zu erklären.

Hegel hatte die Geschichte als Offenbarung und vollständige Realisierung des »Geistes« angesehen, d. h. als Entfaltung eines unbedingten, »an und für sich seienden« Ideenreiches, dessen ewige Ordnung unabhängig von der Geschichte durch reines Denken zu konstruieren sein sollte. Damit erschien die Geschichte selbst als Durchführung eines unabänderlichen Planes, als Theodizee, als Erfüllung der Zwecke einer »ewigen Weisheit«[**], die der Philosoph auszuschöpfen und im System darzustellen vermochte. Es gehört zur Größe der Hegelschen Philosophie, auch die untersten Schichten des gesellschaftlichen Lebens, Wirtschaft und Verkehr, als für die Idee bedeutsam, in deren historische Entfaltung einbezogen zu haben, freilich im Sinne von bloßen Mitteln, deren sich die absolute Vernunft zur Erreichung ihrer Zwecke bediente. Die Aufklärung jener Schüler Hegels kehrte das Verhältnis um, suchte in der materiellen Wirklichkeit Bedingungen und Inhalt der »überzeitlichen

---

[* Das Ts. trägt den Titel ›Rudolf Eucken †‹. Daraus geht hervor, daß es offenbar anläßlich des Todes von Eucken (16. Sept. 1926) verfaßt wurde. Ob der Untertitel ein Zusatz der Redaktion der *Frankfurter Zeitung* ist oder von Horkheimer selbst stammt, ließ sich nicht mehr ermitteln.]

[** Hegel, *Philosophie der Geschichte*, in: *Werke*, Bd. IX, Berlin 1837, S. 20; in: *Sämtliche Werke* (Jubiläumsausgabe), Bd. XI, Stuttgart 1928, S. 42.]

Ideen« und machte diese Wirklichkeit und ihre Veränderung zum zentralen Thema der Wissenschaft. Während also diese Bewegung Ökonomik und Politik in die Philosophie hereinnahm und eine materialistische Theorie der Geschichte zu entwickeln begann, schien in der akademischen Philosophie die Tradition des metaphysischen Idealismus mit dem Sturz des Hegelschen Systems abgebrochen zu sein. Dem neuen Selbstbewußtsein der Industrie in den fünfziger bis achtziger Jahren des letzten Jahrhunderts entsprach das unbegrenzte Vertrauen in die exakte Naturwissenschaft als einzig legitime sachhaltige Erkenntnis. Die Ausbildung einer Systematik der Formen und Methoden dieser Erkenntnis wurde zur anerkannten Funktion der Philosophie. Sie schien sich in erkenntnistheoretischen Spezialuntersuchungen zu verlieren und von aller Metaphysik abzuwenden.

Unter den repräsentativen Versuchen der Rehabilitierung des deutschen Idealismus und seiner Versöhnung mit der Geltung der exakten Wissenschaften hat das Werk des jüngst verstorbenen, mit dem Nobelpreis ausgezeichneten Jenenser Philosophen Rudolf Eucken einen hervorragenden Platz. Das Grundmotiv für seine Anknüpfung an Hegel ist die Gleichgültigkeit der positiven Wissenschaften gegenüber jedem »Sinn« des individuellen und allgemeinen Lebens. Wenn die Welt, wie der Positivismus behauptet, aufzulösen ist in Tatsachen und mechanische Beziehungen von Tatsachen, dann erscheint die Geschichte als bloße Folge von Ereignissen, die jeweils durch frühere Ereignisse kausal bedingt sind, überhaupt gibt es dann keine kontinuierliche Menschengeschichte im Sinn eines durch die Geschlechterfolge hindurch sich verwirklichenden geistigen Gehaltes, dem das Leben des Einzelnen glaubhaft zu verpflichten wäre. Die Alleinherrschaft dieser mechanischen Weltansicht, die zum Beispiel alle Wirksamkeit der Menschen im Staatsverband nur aus der Abhängigkeit von einer Reihe blinder Tatsachen erklärt, müßte den Bestand der Kultur in steigendem Maß gefährlich werden, denn es »ist nicht zu ersehen, weshalb der Mensch diese oft recht drückende Abhängigkeit als ein hohes Gut begrüßen, sie in seine Gesinnung aufnehmen und sein eigenes Wohl dem Nebeneinander und Nacheinander aufopfern sollte«[*].

[* Eucken, *Einführung in die Hauptfragen der Philosophie*, Leipzig ²1919, S. 40.]

In der Neigung zu solchem Naturalismus sieht Eucken eine der Wurzeln der geistigen Krise der Gegenwart. Ihre Überwindung liege nicht in einer Bestreitung der Resultate der positiven Wissenschaft, nicht in einer Leugnung der Naturgesetzlichkeit, sondern in der Anerkennung einer zweiten und höheren Wirklichkeit, der Welt des »Geistes«, die dem Naturmechanismus enthoben sei. Im seelischen Bereich des einzelnen Menschen treffen sich beide Wirklichkeiten: das natürliche, gesetzmäßig ablaufende Getriebe unserer Sinnes- und Vorstellungserlebnisse und der gleichsam von oben her ins Bewußtsein durchbrechende, in der freien Tat sich äußernde, überindividuelle »Geist«. Vor ihm versagt die psychologische Methode, sein Wesen ist keineswegs Gegenstand der inneren Erfahrung des Einzelsubjekts, sondern offenbart sich in der historischen Kontinuität des Kulturlebens.

Die Aufgabe der Philosophie ist es nach Eucken, durch ein besonderes Verfahren zu erfassen, wie das »Geistesleben« durch die menschliche Tat hindurch sich auf allen Kulturgebieten schöpferisch entwickelt. Indem sie es darstellt und vermittelt, hilft sie es »bilden und weiterführen, seine Bewegung tragen und treiben«*. Nicht die wirtschaftliche Produktion, nicht die »Zivilisation« ist nach Eucken die Domäne des »Geisteslebens«, dort bleibt die Tat stets an den äußeren Gegenstand gebunden, aber auf den eigentlichen Gebieten der Geisteskultur, vor allem in Religion, Kunst, Moral, Philosophie schließen sich die geistigen Akte zu den großen Lebenszusammenhängen des Geistes, zum Ganzen einer »Tatwelt« zusammen. Hier ist das Geistesleben »bei sich selbst«, hier offenbart sich die Bewegung eines selbständigen Gesamtlebens, und es ist die ethische Aufgabe des Einzelnen, daran mitzuwirken, es gegen die Widerstände des Daseins durchzusetzen und zu entwickeln.

So glaubt Eucken die Sinnlosigkeit des Geschehens dadurch zu überwinden, daß er die isoliert gefaßte Bewegung der obersten Schichten des Kulturbaues als Ausbreitung des selbständigen Geistes proklamiert. Wie bei Hegel erhält die Geschichte so den Charakter einer Verwirklichung des absoluten Geistes oder der Zwecke

---

[* Ibid., S. 9. – In der dem Hrsg. vorliegenden 2. Auflage der Schrift Euckens heißt es: Die Philosophie hilft das Leben »bilden und weiterführen, sie wird von seiner Bewegung getragen und getrieben«.]

einer »ewigen Weisheit«, nur daß der Gehalt nicht durch reines Denken als eindeutiger fester Plan konstruiert werden kann, sondern durch das Leben der großen historischen Personen ins Dasein einbrechen soll. Das philosophisch wirksamste Motiv der Hegelschen Philosophie, die Frage nach der Rolle der untersten gesellschaftlichen Mächte im historischen Prozeß, das Problem, an das die junghegelianische Aufklärung anschließt, hat Eucken, zu Fichte zurückkehrend, mit der bloßen ethischen Forderung der Überwindung aller »Widerstände« verdeckt.

Was aber ist dieses »Geistesleben«, in dessen Namen die Widerstände überwunden werden sollen, wofür sollen denn die ethisch geforderten materiellen Opfer gebraucht und die reale Not des Daseins getragen werden? – Auf diese Fragen gibt Eucken nicht bestimmte Gedanken zur Antwort, sondern verharrt in purer Formalität. Er spricht von einer »inneren Erhöhung des Menschen, einer Verjüngung des geistigen Lebens, einer geistigen Reformation«. Es ist bei ihm die Rede von »Wesensbildung«, von »Innerlichkeit«, von »Mut und Kraft zum vordringenden Schaffen« und der »Umkehrung des Lebens«*. Aber alle diese Ausdrücke entbehren der Beziehung auf die Praxis der realen Existenz, wenn die Beziehung nicht etwa darin bestehen soll, auf diese Praxis, um jenes »bei sich selbst seienden« Geistes willen, als auf die bloße »Äußerlichkeit« herabzublicken.

Die von der »Zivilisation«, von der »Arbeitskultur« ausdrücklich losgelöste unbedingte Geisteskultur, die »Tatwelt«, als deren gefeierter Prediger Eucken in Deutschland und im Ausland aufgetreten ist, wird die Krisis der Gegenwart nicht beheben, sondern erweist sich in ihrer Beziehungslosigkeit vielmehr als deren Symptom. Doch haben, gerade infolge der von Eucken so oft festgestellten kritischen Situation, sein Kulturenthusiasmus und seine begeisterte Persönlichkeit ausgedehnte Sympathien erweckt. Sie gehören mehr dem späten idealistischen Pädagogen als dem wissenschaftlichen Philosophen.

[* *Die Lebensanschauungen der großen Denker*, Leipzig [10]1915, S. 532.]

Hans Driesch
Zum 60. Geburtstag

(1927)

Überall, wo die gegenwärtigen Probleme der Biologie, der Logik und Metaphysik Beachtung finden, besitzt Hans Driesch das Ansehen eines großen Gelehrten und bedeutenden Philosophen. Die Geltung seines Namens war seit der Jahrhundertwende international und ist es auch nach dem Krieg geblieben. Er erscheint mit wenigen anderen dem Ausland als repräsentativ für die Wissenschaft in Deutschland, und diese hat das Recht, im Rufe solcher Vertretung ein Zeugnis von Aufmerksamkeit und Achtung zu erkennen.

Mit dem gründlichen Tatsachenwissen und der intellektuellen Disziplin, ohne die Naturforschung heute nicht denkbar ist, hat Driesch eine Lehre geschaffen, in der die prinzipiellen Fragen der Wissenschaft und des wirklichen Lebens ihre Stelle haben und mit modernen philosophischen Mitteln erörtert werden. In seinem Werk sind Umsicht und Gewissenhaftigkeit des einzelwissenschaftlich geschulten Forschers verbunden mit der Zuständigkeit in den großen Themen jenseits der Fachwissenschaft, und wo »deutsche Metaphysik« wegen ihrer Widersprüche gegen Erfahrung und Experiment einst zum Spottruf geworden war, erfährt dieses System, freilich begünstigt durch die gegenwärtige geistige Situation, höchste Anerkennung.

Driesch ist von biologischen Experimenten zur Philosophie übergegangen. Den Anlaß bildete sein Bedürfnis nach einer logischen Rechtfertigung des Vitalismus, den er aus Versuchen an Eiern des Seeigels und des Seesterns gefolgert hat. Diese Experimente betrafen das alte Problem der Formbildung des Individuums, die Frage nach den Faktoren, die den Entwicklungsprozeß der organischen Form vom Keim bis zu den kompliziertesten Gebilden leiten. Als maßgebliche Ansicht darüber galt vor dreißig Jahren die mechanistische Theorie, nach der in einem Teil des Keimes eine Struktur vorgebildet ist, die im Laufe des Wachstumsprozesses zerlegt wird und dadurch die Entwicklung der Form des lebendigen Einzelwesens bestimmt. Wilhelm Roux hatte auf experimentellem Weg diese Theorie glänzend gestützt. Roux tötete eine der beiden ersten Furchungszellen des Froscheies, und die Entwicklung des halben Eies ergab wirklich einen halben Embryo. In der Tat schien dies ein unwiderleglicher Beweis dafür zu sein, daß zur Erklärung der Lebensvorgänge die Grundsätze der Physik und Chemie ausreichen und insbesondere die Genesis der individuellen Form als rein mechanische Zerlegung eines im Keim enthaltenen materiellen Gefüges aufzufassen sei. Jede Phase des organischen Entwicklungsprozesses erscheint in dieser Theorie als »blinde« Wirkung ihrer vorhergehenden Ursache, ebenso wie nach herrschender (heute freilich ebenfalls bestrittener) Ansicht jeder Einzelvorgang in der anorganischen Natur durch vorhergehendes Einzelgeschehen notwendig bedingt ist. Driesch hat im Gegensatz zu den Experimenten von Roux gezeigt, daß aus einem halbierten Ei zwei vollständige kleinere Embryos entstehen können. Es ist ihm gelungen, aus den isolierten Zellen des Vierstadiums vier verkleinerte Larven zu ziehen, ja er hat nachgewiesen, daß man den Seeigelkeim in einem späteren Entwicklungsstadium beliebig in zwei Teile zerschneiden kann und doch zwei harmonisch ausgebildete Organismen erhält.

Auf Grund seiner Experimente zog Driesch den Schluß, die mechanistische Theorie sei falsch, lebendiges Geschehen könne aus den bekannten physikalischen und chemischen Gesetzen unmöglich begriffen werden. Diese Theorie, die das Werden der organischen Form als notwendigen Ablauf aus einer Konstellation physikalischer und chemischer Einzelbestandteile zu erklären sucht, also den Entwicklungsprozeß prinzipiell wie die Leistung einer Maschine betrachtet, muß nach Driesch vor den Problemen des Lebens versagen, denn keineswegs vermag das Triebwerk einer wie immer komplizierten Maschinerie nach beliebiger Entnahme oder Verlagerung von Teilen stets ein proportional richtiges und vollständiges Formergebnis zu liefern. Eben durch diese beliebig mögliche Veränderung bei trotzdem richtigem Effekt sind aber die von Driesch untersuchten Lebensvorgänge definiert. Der Vitalismus behauptet daher die Unzulänglichkeit der Gesetze der toten Natur für die Erklärung der Lebensvorgänge. Sie werden nach ihm von einer selbsteigenen Gesetzlichkeit, von besonderen vitalen Faktoren beherrscht, ohne daß freilich die Geltung der physikochemischen Gesetze aufgehoben sein soll. Driesch lehrt, daß ein vitales Agens, ein unräumliches Prinzip bei organischen Vorgängen lenkend in den materiellen Prozeß eingreife, als möglich vorgebildete Entwicklungsreihen aufhebe und solche wiederum in Wirksamkeit setze, die es vordem verhindert hatte. Es »kontrolliert« das betreffende materielle System und schreibt den allgemeinen Plan vor, nach dem dieses sich richtet. Sofern es die Formbildung bestimmt, heißt dieses Agens »Entelechie«, sofern es die nach Driesch ebensowenig mechanisch erklärbaren selbständigen Handlungen der Tiere und Menschen leitet, »Psychoid«. Nach einer Reihe spezieller Einzelvorschriften hat Driesch in der zweiten Auflage seiner *Philosophie des Organischen*[1] diesen Vitalismus vollständig dargelegt.

Das Bestreben, die Selbstgesetzlichkeit des Lebens, diese neue Art der Kausalität, logisch sicherzustellen, hat zum Ausbau eines logischen Systems geführt, der *Ordnungslehre*[2]. Die Logik selbst, ferner Natur und Seele, Phylogenie und Geschichte, als Gebiete des Wissens, werden auf die Momente untersucht, durch die sie als irgend geordnete gegeben sind. Die Rechtfertigung des Vitalismus findet sich hier in der Lehre vom Werden, wo aus den Voraussetzungen unseres Wissens um Naturgegebenheiten überhaupt neben der (mechanischen) »Einzelheitskausalität« die (organische) »Ganzheitskausalität« als empirische Werdeform abgeleitet wird. Da die Ordnung nirgends absolut und vollendet gegeben ist und immer unerfüllbar bleibt, so behält auch die mechanische Methode, die dem »Sinnlosen«, »Summenhaften«, der Stückhaftigkeit des materiell Einzelnen entspricht, ihr Recht. Driesch bekennt sich zum Dualismus alles Gegebenen, und gerade dieser Zug seiner Lehre scheint uns ihre Aufnahme wesentlich begünstigt zu haben, denn dieser Dualismus bedeutet die Anerkennung der technisch wichtigen physikochemischen Forschung auch innerhalb der Biologie, und zugleich eröffnet er die Möglichkeit zu einer spiritualistischen und theistischen Metaphysik.

Diese Metaphysik hat Driesch in der *Wirklichkeitslehre*[3] ausgeführt. Nur vermutend kann man nach ihm vom »Wirklichen«, vom

---

1 Leipzig ²1921.
2 Jena 1912.
3 Leipzig ²1922.

»Ansich« als von dem Grund des Gegebenen sprechen, endgültige Entscheidungen darüber sind nach Driesch ausgeschlossen. Er hat indessen kunstvolle und fachgerechte Methoden geschaffen, damit die Wahrscheinlichkeit der Schlüsse so groß wie möglich sei. Der Satz, daß die Wirklichkeit nie ärmer an Mannigfaltigkeit sein könne als ihre Folge, die erscheinende Welt, leitet die Untersuchung und begründet metaphysische Ausdeutungen des Raumes, der Zeit und der Kausalität. Entelechie und Psychoid, aber auch Krankheit und Böses, Irrtum und Willen, haben im Wirklichen ihren Grund, ebenso der Tod. Er gilt ihm als Übergang von der Zeitlichkeit in eine zeitlose Seinsart des Wirklichen, und damit ist ihm die Fortexistenz der Seele verbürgt. Endlich erscheint Gott als die höchste Bedingung alles Seins. Es erweist sich am Ende, daß für diesen Philosophen, der als exakter Naturforscher begann, von vorneherein »jedes Sonderproblem ein Teil des Gottesproblems« gewesen war: solche Einbettung ist der Sinn des Systems, durch den es seine Verwandtschaft mit manchen scheinbar heterogenen Lehren der Gegenwart enthüllt.

Der Arbeit Drieschs hat, wie schon erwähnt, die Anerkennung nicht gefehlt. Bereits 1907 erhielt er durch die Wahl als »Gifford-Lecturer« die höchste Auszeichnung der schottischen Universität Aberdeen, und 1910 ist er ihr Ehrendoktor geworden. Nach dem Krieg hat er an den großen Universitäten Chinas, Japans und Amerikas gelesen, und 1926 hat die Society for Psychical Research in London ihn als ersten Deutschen zu ihrem Präsidenten gewählt. Heute wirkt Driesch als Ordinarius für Philosophie an der Universität Leipzig.

Leopold Ziegler

(1929)

Das Werk des Philosophen Leopold Ziegler zeugt von so seltener Kraft des Denkens, von so rastloser Bemühung um die Wahrheit, von solcher Weite des Wissens, daß ihm kein Denkender die Achtung versagen wird. Es umfaßt weite Gebiete des religiösen, ästhetischen, philosophischen Lebens in der Vergangenheit und Gegenwart, ohne daß es ein festes System von Prinzipien enthielte. Die grundlegenden Begriffe sind nicht in eindeutige Formeln gebracht. Unser Versuch, von dieser prophetischen Metaphysik und ihrem Autor eine Vorstellung zu geben, muß notwendig unangemessen bleiben.

Ziegler ist im Jahre 1881 in Karlsruhe geboren. Sein Vater war ein wohlhabender Kaufmann, der ein Bilderrahmengeschäft betrieb. Vom Elternhaus hat der spätere Kulturphilosoph so wenig geistige Bildung mitbekommen, daß er in der Sexta des Gymnasiums sitzen blieb. Der Lateinlehrer meinte, der kleine Ziegler tauge höchstens zum Kaufmann, und riet zur Realschule. Dort zeigte sich zwar seine Begabung, aber er fühlte sich in Opposition zum Schulbetrieb und zu den meisten Lehrern und blieb isoliert unter seinen Mitschülern. In den oberen Schulklassen wählt er Schopenhauer, Richard Wagner und Böcklin zu seinen wirklichen Erziehern, und schließlich wird er im Anschluß an ein Privatissimum Arthur Drews', an dem er als Oberprimaner teilnehmen darf, begeisterter Anhänger Eduard von Hartmanns. Das kränkliche Kind hatte sich in seiner Isolierung zu einem frühreifen Denker entwickelt, der schon als Primaner den Entwurf zu seiner ersten Schrift über die *Metaphysik des Tragischen*[1] verfaßte.

Eine Zeitlang studierte er Philosophie bei Drews. Dann ging er nach Heidelberg und hörte dort Kuno Fischer und Windelband. Er fand aber keinen wirklichen Philosophen, wie noch Hartmann einer ge-

---

1 Leipzig 1902.

wesen war, sondern nur gelehrte Spezialisten. Die Zeit, in der auch die exakten Einzelforschungen in Deutschland noch mit einem Blick auf die großen Probleme betrieben wurden, war damals schon vorüber, und selbst die Philosophie hatte den Charakter der Einzelwissenschaft angenommen. Von dieser Philosophie aufs tiefste enttäuscht, hörte er in seinen letzten Heidelberger Semestern nur noch naturwissenschaftliche Vorlesungen. Im Jahre 1905 promovierte er bei Eucken in Jena. Die Dissertation ist unter dem Titel *Der abendländische Rationalismus und der Eros*[2] erschienen.
Ziegler lehnt heute diesen großen Entwurf einer einheitlichen Geistesbewegung zwischen dem platonischen Sokrates und Hegel als mißlungen ab, doch die Denkweise und viele inhaltliche Züge seiner gegenwärtigen Philosophie sind darin schon sichtbar: das »Erschauen« weltumspannender Zusammenhänge, der Glaube an einen inneren, geistigen Sinn geschichtlicher Abläufe, die metaphysische Abneigung gegen die Aufklärung, die Überzeugung von einer geistigen Mission des deutschen Volkes. Die selbständigen Gedanken Zieglers paßten ebensowenig zur damals noch maßgeblichen Ansicht von wissenschaftlicher Philosophie wie die Lehren Hartmanns, die sich in seinem Buche finden. Den Versuch einer Habilitation in Freiburg gibt er auf, als man ihn diesen Tatbestand deutlich fühlen ließ.
In der Folgezeit hat sich freilich auch Ziegler der Wirkung des Neukantianismus nicht entzogen. Unter dem Einfluß Cohens sagt er sich von der Metaphysik des Unbewußten völlig los. Sein Buch *Das Weltbild Hartmanns*[3] greift diesen von einem kantianischen, ja fast empiristischen Standpunkt an. Ziegler ist zu jener Zeit der Metaphysik und damit der »Weltbegriffe von Gleichnissen satt und ihrer uneinlösbaren Symbolik müde«*. Gemessen an den radikalen Kritikern der traditionellen Kultur von Kant bis Nietzsche erscheint ihm Hartmann als rückschrittlich und seine Kritik am Christentum nicht entschieden genug. »Denn im Grunde wollte er (Hartmann) das Rätsel des Christentums nur fertig raten und eine andere Religion, die sich auf dieselbe Eschatologie gründet wie das

[* *Das Weltbild Hartmanns*, Leipzig 1910, S. 182.]
2 Jena 1905.
3 Leipzig 1910.

Christentum.«* Ebenso wie seinem Lehrer Hartmann kündigt Ziegler in diesem Jahre auch Böcklin und Richard Wagner die Gefolgschaft. Den beiden ästhetischen Abhandlungen im *Logos***, in denen er seinen Bruch begründet, folgt die *Florentinische Introduktion zu einer Philosophie der Architektur und der bildenden Künste*⁴. Dieses schöne Buch eines philosophierenden Künstlers und Kunstverständigen wird auch der genießen können, den die dichterische Sprache der philosophischen Hauptwerke Zieglers nicht mit ihrem Inhalt zu versöhnen vermag.

Die Arbeit an einer großen prinzipiellen Schrift über die Krisis der Ideale wurde durch den Krieg unterbrochen, und an die Stelle ihrer Ausführung traten Kriegsaufsätze und Essays. Sie sind unter den Titeln *Der deutsche Mensch*⁵ und *Volk, Staat und Persönlichkeit*⁶ erschienen. Auch Ziegler hat im August 1914 die Welt »vollkommen einfach, vollkommen zwiefach« gesehen: auf der einen Seite »das Schlechttun«, auf der anderen »die Gerechtigkeit«. Aber mit der Lauterkeit, die in seinen Schriften überall zutage tritt, hat er bekannt, daß er damals »der Suggestion der Waffe« erlegen sei. Die späteren dieser philosophischen Aufsätze haben mit der üblichen Kriegsliteratur nichts mehr zu tun. Einer von ihnen verkündigt die Idee einer europäischen Gesellschaft, »in der die Gerechtigkeit lebt«***.

Die Niederschrift des *Gestaltwandels der Götter*⁷ hat Ziegler noch während des Krieges begonnen. Als ein Unternehmen, die geistige Quintessenz vergangener Kulturen zusammenfassend auszusprechen, das gegenwärtige Zeitalter zu deuten und mittels solcher Deutung einen Weg aus den ideellen Nöten des Augenblicks zu weisen, gleicht das Buch äußerlich dem *Untergang des Abendlandes*****. Aber wenn Zieglers Werk an umspannenden Ausblicken, schöpferi-

---

[* *Das Weltbild Hartmanns*, l. c., S. 183.]
[** ›Über das Verhältnis der bildenden Künste zur Natur‹ und ›Die Tyrannis des Gesamtkunstwerks‹, in: *Logos*, Bd. 1, 1910/11, S. 95 ff. und 371 ff.]
[*** *Volk, Staat und Persönlichkeit*, Berlin 1917, S. 163.]
[**** Von Oswald Spengler; I. Bd. München 1918 (Neufassung 1922); II. Bd. München 1922.]
4 Leipzig 1912.
5 Berlin 1915.
6 Berlin 1917.
7 Berlin 1920.

scher Phantasie und Eindringlichkeit der Darstellung hinter Spengler nicht zurücksteht, so stellt doch der *Gestaltwandel* ungleich höhere Ansprüche an Denkkraft und Verantwortlichkeit des Lesers als die gefälligen Konstruktionen Spenglers.

Schon im letzten Kriegsessay über den ›Notstand der Persönlichkeit und seine Überwindung‹* ist Kant gründlich abgeschworen. Als Ausweg aus diesem »Notstand«, der Einsamkeit des modernen Menschen, wird von einer neuen theologiefreien Religiosität gesprochen, die nicht dort beginnt, wo die Wissenschaft aufhört, sondern jeden Inhalt betreffen kann. Die religiösen Erlebnisse ergreifen die Persönlichkeit in einer unendlich verpflichtenderen Weise als »bloße« wissenschaftliche Erkenntnisse, und alles hängt davon ab, daß die Wirklichkeit wieder einmal religiös erfahren werden kann, daß eine neue Religion den Europäer aus seiner selbstverschuldeten Einsamkeit und Ratlosigkeit erlösen wird.

Der *Gestaltwandel der Götter* beginnt mit dem Versuch einer großartigen Entwicklungsgeschichte des religiösen Bewußtseins in Europa von den griechischen Mythen bis zur Entgötterung der Erde in den Tagen der kausalmechanischen Welterklärung. Ziegler zeichnet die Wandlungen der primitiven, götterschaffenden Geistigkeit bis zur tragischen Religion des Christentums. Er ordnet die Hauptgestalten der griechischen Tragödie und Philosophie in diesen Weltprozeß bedeutsam ein, der in den repräsentativen Persönlichkeiten des Christentums, in Thomas, Franz von Assisi, Meister Eckehart, Luther seine großen Stationen hat. Seit der Renaissance versiegt die Kraft lebendiger Religiosität. Mit den Veränderungen in der gesellschaftlichen Organisation wird der europäische Geist gewaltsam von seiner Mitte abgezogen, und das Bild einer durch die Wissenschaften vergegenständlichten Welt ergreift von der ganzen Seele Besitz. Ausgedehnte Untersuchungen über die Logik der Naturwissenschaft und ihre Systeme legen das Gerüst dieser neuen Ansicht bloß. – Im Verlauf dieser Untersuchungen unterscheidet Ziegler die Leistung der Begriffe als Ordnungszeichen, denen eine Wirklichkeit entspricht, von dem Anspruch auf Wertverwirklichung, den sie »als Willensziele möglicher Verwirklichungen« haben können. Und gerade in dieser Eigenschaft der Ideen liege ihre

[* In: *Volk, Staat und Persönlichkeit*, l. c., S. 165 ff.]

grenzenlose Bedeutung. Von solchen logischen Reflexionen aus findet Ziegler eine Verbindung mit der Verwirklichung Gottes aus dem Geiste des Menschen. Der Begriff Gott hat nach ihm seine reale Gültigkeit. Es gibt keinen Gegenstand, kein Ding, keine Person als dessen Widerschein, als dessen Ordnungszeichen wir die Gottesvorstellung zu betrachten hätten, so wie es bei den wissenschaftlichen Begriffen der Fall ist. Die Versuche der abendländischen Philosophie, Gottes Existenz zu beweisen, ebenso wie alle Bemühungen um eine positive Bestimmung des Unbedingten beruhen auf dem ungeheuerlichen Irrtum, Gott sei ein Gegenstand im Sinne des verwissenschaftlichten Bewußtseins. Aber Gott entspringt der schöpferischen Kraft der religiösen Persönlichkeit, »dem spontanen Akte der Deifikation im Menschen und durch den Menschen«. In einer merkwürdigen Zustimmung zu Feuerbach und zu Ergebnissen der Psychoanalyse, ja sogar der Psychologenschule von Nancy (»toute idée tend à se transformer en réalité«) gründet Ziegler das Sein Gottes auf einen Projektionsmechanismus des menschlichen Gemüts. Den Glauben an die persönlichen Götter hat die Wissenschaft des neuen Zeitalters gründlich zerstört. Aber unzerstörbar ist »die Tendenz zur Religion«[*], das heißt »Bedürfnis und Wunschverlangen, Zielstrebigkeit und Antrieb..., wie sie von allem Anfang an religio erzeugten und bis ans Ende erzeugen werden... Schaffen wir diesem Willen zur Gott-Erschaffung seine Gelegenheit... Die Götter sind tot, Gott selber ist tot, so leben denn die Götter, die Mensch-Gebildeten; so lebe denn Gott, der Mensch-Gebildete, der Mensch-Gott...!«[**]

Die beiden Bände des *Gestaltwandels der Götter* faßt Ziegler nur als den ersten Teil eines Lebenswerkes auf, zu dem weiter *Der ewige Buddho*[8] und *Das heilige Reich der Deutschen*[9] hinzugetreten sind. Mit der Hingabe des Gläubigen und der Meisterhand des Künstlers will Ziegler dem seelisch verarmten Europa den Buddhomythos zeichnen. »Hier ist ein Mensch und nichts weiter als ein Mensch, der dennoch die unmenschliche Wirklichkeit der Welt

---

[* *Gestaltwandel der Götter*, Berlin 1920, S. 506.]
[** Ibid., S. 508.]
8 Darmstadt 1922.
9 Zwei Bde., Darmstadt 1925.

vollkommen meistert. Meistert freilich um den notwendig zu entrichtenden Preis des Verzichtes, der Entsagung – aber eines Verzichtes, einer Entsagung, die ihn wiederum keine einzige seiner echt menschlichen Eigenschaften kostet und ihn keinesfalls jenen frommen Ungeheuern zugesellt, welche zu ihrem Teil die Heiligengeschichte anderer Religionen so zahlreich wie widerwärtig bevölkern.«* Daß auf die religionslose Zeit in Europa mit ihrem »Mythos-Atheos der Wissenschaften«** wenn auch keine neue theistische, doch eine gottlose Religion folgen könne, diese Überzeugung mag Ziegler dazu bestimmt haben, den »gottlosen« Buddho den christlichen Gottschöpfern seines *Gestaltwandels* gegenüberzustellen. Die Geschichtsentwicklung in Gegensätzen ist ihm ein vertrauter Gedanke, und er hofft fest darauf, daß der verhaßten »Jetztzeit« mit ihrer verantwortungslosen, »entmenschlichten« und »entseelten« Mentalität, dieser Zeit des Kampfes aller gegen alle, der Anarchie und Ratlosigkeit auf jedem Gebiet, die Epoche eines religiös erneuerten und geeinten Europa folgen werde. Diese Erneuerung mit herbeiführen zu helfen, ist das Ziel seiner ganzen Arbeit.

In dem Dienst an dieser Erneuerung sieht er die Sendung des deutschen Volkes, durch deren Erfüllung allein es sich selbst und dem ohnmächtigen Europa helfen könne. Im Mittelalter war die Idee eines heiligen Reiches, eines sacrum imperium, am vollkommensten verwirklicht unter Karl dem Großen, dem »ersten guten Europäer«, und jenem Heinrich III., der am Gründonnerstag des Jahre 1043 einen Frieden verkündete, »wie er seit vielen Jahrhunderten unerhört war«***. Jene frühe Versöhnung der Gegensätze in der staatlichen Wirklichkeit des sacrum imperium gilt ihm als sichtbarer Ausdruck des inneren Wesensgesetzes der deutschen Menschlichkeit. Karl der Große »als der erste Vollstrecker einer universalhistorischen coincidentia oppositorum auf europäischer Erde ist Franke und ist Römer, ist König und ist Kaiser, ist Heide und ist Christ, ist Krieger und ist Befrieder, ist Feldherr und ist Gesalbter Gottes, ist Held und ist... der weltliche Heiland«****.

[* *Der ewige Buddho*, l. c., S. 21.]
[** *Gestaltwandel der Götter*, l. c., S. 291 ff.]
[*** *Das heilige Reich der Deutschen*, 1. Bd., l. c., S. 129.]
[**** Ibid., 1. Bd., S. 98.]

Nicht bloß in der neuartigen Schau der deutschen Geschichte, mit der das Werk anhebt, sondern in weit ausholenden metaphysischen Betrachtungen begründet Ziegler die Notwendigkeit und die Möglichkeit der Vereinigung der Gegensätze auf allen Gebieten. Unter dem Gesichtspunkt dieser Überwindung werden Idee und Problem der Klassik und die großen Kämpfe der deutschen idealistischen Philosophie in epischer Breite beschrieben. Kant hat durch seine Idee eines »anschauenden Verstandes«, eines »intellectus archetypus«, seit der Antike zuerst wieder das in starren Gegensätzen am Leitfaden des Satzes vom Widerspruch sich fortbewegende Denken relativiert. Goethe hat diesen »anschauenden Verstand« nicht mehr bloß hypothetisch gesetzt, sondern sich ohne weiteres zugeschrieben, und die Nachfolger Kants haben ihn positiv begründet. Der anschauende Verstand ist bei Ziegler »neben und außer, etwa sogar über Instinkt und Intellekt... eine dritte Erkenntnisart«*, die ihren Träger in ganz anderem Sinne erleuchtet als wissenschaftliche Erkenntnis. Vor allem bewahrt er das urzeitliche Leben der Gattung, er ist, wie Ziegler im Anschluß an Jung erfährt, der »Ort urtümlicher Bilder«**. Durch die schöpferische Kraft der Erinnerung vermag das Mitglied einer entwickelten Kultur dieses mythische Geistesgut, das Vermächtnis seiner Stammesvorfahren, neu zu beleben. »Der persönliche Wert, der geschichtliche Rang eines Deutschen bemißt sich an dem Grad seiner Teilhabe an diesem Urwissen, platonisch gesprochen (und fast noch mehr gotamidisch!) an seiner Fähigkeit, sich zu erinnern.«*** Der »anschauende Verstand« verleiht also seinem Träger die doppelte Eigenschaft der Möglichkeit des Rückgriffes auf das mythische Gut der Vorzeit und der Zusammenschau aller Gegensätze. Sein Besitz und die ersehnte religiöse Schöpferkraft erscheinen als nahezu identisch. Wenn einmal der »intellectus archetypus« wieder Gemeingut werden wird, dann wird auch die »coincidentia oppositorum« auf allen Gebieten des persönlichen, gesellschaftlichen, religiösen Lebens verwirklicht werden. Diese Versöhnung der Gegensätze, die heute die europäische Menschheit zerreißen, ist demnach zuerst eine innere Aufgabe.

[* Ibid., 2. Bd., S. 67.]
[** Ibid., 2. Bd., S. 79.]
[*** Ibid., 2. Bd., S. 125.]

Sie fällt zusammen mit der Schöpfung des neuen Gottes, sie ist die Bestimmung des deutschen Volkes und soll verwirklicht werden durch den Dienst an der Erneuerung des mittelalterlichen »heiligen Reiches der Deutschen«.

In den Vorträgen, die in Zieglers neuestem Buch *Der europäische Geist** zusammengefaßt sind, hat er seine leitenden Gedanken formuliert. Hermann Herrigel hat bei der Besprechung treffend die Unterscheidung zwischen primitiver Mentalität und verwissenschaftlichtem Denken als Zieglers erkenntnistheoretisches Grunddogma erkannt und kritisiert.[10] Ziegler bestreitet der Geistesverfassung, die er verwissenschaftlichtes Bewußtsein nennt, die Kompetenz, über sein Werk zu urteilen. Die Bestimmung dieses Werkes liegt nicht in der Ordnung vorhandener Wirklichkeiten, sondern darin, »idée force« zu sein, d. h. eine Idee mit der inneren Kraft Wirklichkeit zu werden. Aber Ziegler ist ja nicht bloß Prophet neuer oder alter Werte, nicht bloß Künder eines deutschen Mythos, sondern auch deutender Philosoph. Mit intellektuellen Mitteln will er Einsicht in Vergangenheit und Gegenwart verschaffen, seine Auslegung der Welt stützt sich auf eine ganze Reihe alter und neuer Forschungsergebnisse. Wenn die ersten Gläubigen seiner neuen Religion der Deutschen diesem Führer willig folgen und die schwer überschaubaren Massen von Gedanken und Einfällen, durch die er sie mitteilt, mit Hingebung vernehmen, so wird der Leser, der die Verantwortung noch nicht an den Meister abgetreten hat, immer wieder die Frage nach der Tragfähigkeit der Theorien stellen, auf die der gedankliche Bau begründet ist.

Bei der Beantwortung dieser Frage erweist sich die Sprache Zieglers, deren dichterische Schönheit wir gerühmt haben, als schweres Hindernis. In wichtigste Begriffe wie z. B. in den »intellectus archetypus« ist so viel hineingeheimnist, es werden unter der Fülle der Gleichnisse und Bilder so viel verborgene Beziehungen zwischen Wort und Sachverhalt, zwischen gegenwärtiger und uralter Wirklichkeit mitgemeint, daß selbst angestrengteste Aufmerksamkeit häufig nur zu einem ungefähren Verständnis führt. Bei zum Teil glänzenden Ausführungen, wie denen über die coincidentia

[* Darmstadt 1929.]
10 [*Frankfurter Zeitung,*] Erstes Morgenblatt vom 17. Juli und 10. August [1929].

oppositorum, sucht man vergeblich nach einem einleuchtenden Zusammenhang zwischen den Begriffen, die durch Zieglers Sprachkunst scheinbar in innigster Verbindung stehen. Dunkel bleibt die prästabilierte Harmonie zwischen der methodologischen Möglichkeit, die Gegensätze in eins zu denken, und ihrer Vereinigung in der Wirklichkeit. Und doch scheint uns diese Harmonie zwischen Denken und Sein eine der grundlegenden Voraussetzungen des »Mythos« vom »Heiligen Reich«.

Inwiefern Ziegler durch seinen Begriff der schöpferischen Religiosität, den er mit dem »anschauenden Verstand« ohne weiteres in eine innige, die Zeiten überspannende Verbindung bringt, etwas Wesentliches an der Erstehung der Religionen getroffen hat, mag dahingestellt bleiben. Jedenfalls ist seine Theorie der Religionsschöpfung aus reiner Innerlichkeit ein Spezialfall der philosophischen Überzeugung, daß die Geschichte überall oder wenigstens in ihren entscheidenden Zügen der Ausdruck von geistigen Wesenheiten sei. Es gibt bei Ziegler nicht bloß einen festen Typus »deutscher Mensch«, aus dessen Wesensgesetz die deutsche Geschichte zu verstehen sei, nicht bloß eine »metahistorische Intention deutscher Historie«, sondern auch einen Geist und Sinn »der« Geschichte. Ohne solche Vorstellungen einer idealistischen Metaphysik ist Kulturphilosophie im Sinne Zieglers freilich nicht wohl möglich, doch erscheinen sie in seiner ziemlich sorglosen Verwendung nicht glaubwürdiger als in den älteren Systemen, in denen sie ihren Ursprung haben. Die geschichtlichen Veränderungen geben keine Kunde von der Einheit eines Sinnes, gleichviel ob er einem Weltgeist zugeschrieben oder als inneres Wesensgesetz eines Typus Mensch erschaut werden soll. Jeder Mythos, der aus solcher Deutung entspringt, auch der vom »Heiligen Reich«, ist ebenso überlebt wie nach dem *Gestaltwandel* die alten Götter. Nicht bloß, wie Ziegler meint, die positive Theologie, sondern auch solche positive Metaphysik trägt das Zeichen der Vergeblichkeit auf der Stirn. Heute richtet sich gegen Ziegler selbst, was er gegen den Lehrer seiner Jugend geschrieben hat: wir sind »der Weltbegriffe von Gleichnissen satt und ihrer uneinlösbaren Symbolik müde«.

Seine stets erneuerte Forderung zur Überwindung aller Gegensätze aus dem menschlichen Inneren heraus überspringt die Unterschiede des Innern der wirklichen Menschen, das jeweils mit der wider-

spruchsvollen Wirklichkeit verflochten ist. Nicht aus einem wie immer gedachten einheitlichen seelischen Gesetz, sondern aus der geschichtlichen Auseinandersetzung der einzelnen und der gesellschaftlichen Gruppen geht die Verschlechterung oder Verbesserung der Welt hervor. Daher ist weniger vom Appell an das abstrakte, allgemeine Innere als von der Mitwirkung an den aktuellen Problemen der Gesellschaft eine Erneuerung zu erwarten.
»Philosophie sinngemäß in deutsches Denken übertragen, heißt Weltverwurzeltheit, der Philosoph ist der Weltverwurzelte«, schreibt Ziegler selbst, und es erhebt sich die Frage, was er zur Welt, im grob realen Verstand des Wortes, zu sagen hat. Die Antwort hat er in vielen verstreuten Bemerkungen und ausführlich in dem Buch *Zwischen Mensch und Wirtschaft*[11] gegeben. Er rät als gangbaren Ausweg aus der Katastrophe, zu der nach seiner Meinung das kapitalistische System hintreibt, die allgemeine »Einbürgerung des Proletariats im organischen Betrieb« nach dem Muster Ernst Abbés, Rathenaus oder Henry Fords im Rahmen einer Vereinigung von moderner Demokratie und mittelalterlichem Ständestaat. Die Analysen der Wirtschaft und Gesellschaft, durch die Ziegler diese Antwort zu begründen versucht, wollen uns als weltfremd erscheinen. Aber dieser Mangel an »Weltverwurzeltheit« betrifft nicht mehr die Metaphysik, sondern hier beginnt die Wissenschaft.

11 Darmstadt 1927.

Nicolai Hartmann

(1931)

Auf den seit langen Jahren offenen Lehrstuhl Ernst Troeltschs ist Nicolai Hartmann, seit 1925 ordentlicher Professor an der Universität Köln, berufen worden. Bei aller Verschiedenheit der Persönlichkeit und des sachlichen Inhalts ihrer Lehren zeugt der Entwicklungsgang beider Philosophen von der gleichen großen Wandlung in der geistigen Lage seit der Jahrhundertwende. Als formaler Idealismus hatte die Philosophie ihrer Funktion der Sinngebung genügt, indem sie die grundlegenden Methoden der Wissenschaften idealistisch als wirklichkeitsschaffende Methoden deutete und systematisierte, den sachlichen Inhalt aber der Wissenschaft überließ; aber mit dem Glauben an die Macht der Wissenschaft, durch ihren bloßen Fortschritt die Wirklichkeit entscheidend zu verbessern, ist der Wissenschaftsidealismus ebenso geschwunden wie die Scheu vor der Unantastbarkeit und Ausschließlichkeit ihrer gegebenen Verfahrungsweisen. Die Philosophie hat sich unmittelbar um inhaltliche Probleme gekümmert, sie traute sich zu, Gegenstandsbereiche, die von der Wissenschaft in ihrer positivistischen Form gewaltsam umgedeutet oder überhaupt der Sicht entrückt gewesen seien, mit eigenen Mitteln zu behandeln: die Philosophie ist »welthaltig« geworden. Mag in der unmittelbaren Gegenwart diese philosophische Wandlung ihre eigentliche Fortsetzung in den sich stark verändernden Wissenschaften selbst finden und auch in anderer Hinsicht schon überholt erscheinen, so gehören jedenfalls Troeltsch und Hartmann zu ihren repräsentativen Trägern.
Beide sind ursprünglich einer neukantianischen Schule nahegestanden, beide haben danach gestrebt, die Gleichgültigkeit des positivistischen Zeitalters gegen philosophische Wertlehren, die mit der Steigerung der gesellschaftlichen Widersprüche in metaphysische Ratlosigkeit umgeschlagen war, durch die Aufhebung eines absoluten Sinnes zu überwinden, beide haben im Kampf gegen den Relativismus als den philosophischen Feind einer autonomen metaphysi-

schen und religiösen Wahrheit ihre bedeutsamsten philosophischen Werke geschaffen: Troeltsch seinen *Historismus*[1] und Hartmann die *Ethik*[2], beide haben in ihren Schriften so viel vom Gehalt ihrer Zeit mit aufgenommen, daß in ihrer inhaltlichen Fülle ein großer Teil der geistigen Motive und Bewegungen der Gegenwart zum Ausdruck kommt.

Hartmann war in Marburg Privatdozent (seit 1909) und hat sich zunächst der Cohenschen Richtung des Neukantianismus zugewandt. *Platos Logik des Seins*[3] und *Philosophische Grundfragen der Biologie*[4] galten als echte Marburger Arbeiten, die zweite als mustergültige Begründung einer wissenschaftlichen Biologie aus Grundsätzen a priori im Sinne der Transzendentalphilosophie. Hartmann war davon überzeugt, daß »der transzendentalen Methode... in aller philosophischen Denkweise« der Vortritt gesichert sei.[5]

In der *Metaphysik der Erkenntnis*[6], die er als Marburger Ordinarius (seit 1920) veröffentlicht hat, wird im Gegensatz zum neukantischen Idealismus eine metaphysische Seinslehre, eine Ontologie, begründet. Hatte Cohen ein vom Denken unabhängiges Ding an sich geleugnet und die gegenständliche Welt als »Setzung« des Geistes angesehen, so erklärt nun Hartmann: »Die Überordnung der ›Setzung‹ über das Sein ist die Unterschlagung des Seins, ist Verfehlung des Erkenntnisproblems. Wo es kein Seiendes gibt, das erst noch zu erkennen wäre, kann keine Erkenntnis sein.«[7] In einer phänomenologischen Beschreibung des Sinnes von Erkenntnis überhaupt stellt er fest, daß zu ihr das Erfassen eines vom Subjekt unabhängigen und unantastbaren Gegenstandes und umgekehrt die Bestimmung des aufnehmenden Subjekts durch das Objekt notwendig gehöre. Das Subjekt greift im Erkenntnisakt in eine andere Seinssphäre, die des Gegenstandes, über, und der Gegenstand bestimmt das Bild im Subjekt. Die Erkenntnisrelation wurzelt in der Seinsrelation von Subjekt und Objekt. Diese Ansicht will »diesseits der

---

1 *Der Historismus und seine Überwindung*, Berlin 1924.
2 Berlin und Leipzig 1926.
3 Gießen 1909.
4 Göttingen 1912.
5 ›Systematische Methode‹, in: *Logos,* Bd. 3, S. 163.
6 Berlin 1921, ²1925.
7 *Metaphysik der Erkenntnis*, Bd. I, S. 127.

Antithese von Idealismus und Realismus« stehen und entfernt sich möglichst wenig von der »natürlichen Einstellung«. Mit vielen Einschränkungen vollzieht Hartmann die Rückkehr zu der Überzeugung, daß in der Erkenntnis der Gegenstand abgebildet wird. Die Feindschaft des Neukantianismus gegen alle Metaphysik hat hier zur Abkehr von seiner eigenen Lehre der »Erzeugung« des Gegenstandes und zur Anerkennung des irrationalen Dings an sich geführt.

Das Kennzeichen und die Bedeutung des Werks lag weniger in seinen Thesen als in der Technik, alle Aporien, d. h. alle logischen Schwierigkeiten, die sich aus dem Faktum der Erkenntnis ergeben, aufzurollen und mit allem philosophischen Scharfsinn zu erörtern. Die Grundrichtung geht auf die Ablehnung jeder standpunktlichen Verengung, jeder konstruktiven Verdeckung der Problematik. Hartmann wendet die beschreibenden Methoden auf die philosophischen Fragen an; er legt entscheidendes Gewicht darauf, alle widersprechenden philosophischen Standpunkte mit ihren Gründen und ihrer Notwendigkeit aus den sachlichen Fragen zu entwickeln, und erweist sich so im Gegensatz zum transzendentalen Logiker als Phänomenologe der Erkenntnis.

Den »Sachen« soll ihr Recht widerfahren. Die Eigentümlichkeit und Eigengesetzlichkeit jedes besonderen Standpunkts wie jedes Gegenstandsbereichs sollen herausgestellt und nachgezeichnet werden; die theoretisch konstruktive Bewältigung, die vermittelnde Erklärung, die bestimmte Entscheidung treten in dieser Philosophie zurück. Stets hatte Hartmann die radikale Verschiedenheit des theoretischen, ethischen und ästhetischen Gegenstands betont und auf ihre »eigenartigen Seinsweisen« aufmerksam gemacht.[8] Wenn er daher seine *Ethik* auf der Ansicht vom idealen Ansichsein der Werte aufbaut, so geht diese Überzeugung keineswegs bloß auf Max Scheler, an den er anknüpft, zurück, sie ist vielmehr in seiner eigenen philosophischen Entwicklung notwendig vorbereitet und begründet. Vom Neukantianismus zur phänomenologischen Sachphilosophie führt eine gerade geschichtliche Linie, die nur eine sehr oberflächliche Betrachtung aus zufälligen Einflüssen anstatt aus der sich im Rahmen der Gesamtkultur verändernden Funktion der

---

8 ›Logische und ontologische Wirklichkeit‹, in: *Kantstudien*, Bd. XV, S. 19 u. 27.

philosophischen Sinngebung verstehen wird. Der erste Teil der *Ethik* erstrebt den Nachweis des vom Subjekt unabhängigen idealen Seins der Werte. »Werte sind der Seinsweise nach platonische Ideen.«[9] Als »Gebilde einer ethisch idealen Sphäre, eines Reiches mit eigenen Strukturen, eigenen Gesetzen, eigener Ordnung«[10] vermögen die Werte einem Wirklichen, das an ihnen teilhat, den Charakter des Wertvollen zu verleihen. Im zweiten Teil ist es Hartmann um den Nachweis einer Rangordnung in diesem Ideenreich zu tun; von seinem Gelten legt »ein primäres Differenzgefühl der Werthöhe«[11], d. h. unser Sinn dafür, daß es höhere und niederere Werte gibt, ein unmittelbares Zeugnis ab. Das Gute ist nach Hartmann die Richtung auf den höheren Wert in der Entscheidung. In dem dritten Teil der *Ethik* soll die menschliche Freiheit auf das Phänomen der Verantwortung und Zurechnung, die Hartmann vom Verantwortungsgefühl streng scheiden will, gegründet werden. Die tief eindringenden Beschreibungen der einzelnen Werte, die sich in einer Fülle von Einzelanalysen vollzieht, haben dem Buch Berühmtheit verschafft.

Auch wer diese objektive, inhaltliche Ethik, in der die Gerechtigkeit »als niederster, elementarster Tugendwert«[12] neben vielen anderen Werten ihren Platz findet, im Grundsätzlichen nicht zu bejahen vermag, wird den großen Wert ihrer Beschreibungen nicht verkennen. Vielleicht wird er fragen, ob die Sehnsucht nach dem Sein einer sinnvollen Ordnung, der Hartmanns Werk so sehr entgegenkommt, philosophisch überhaupt mit Recht befriedigt werden kann oder nicht gerade erst die Unmöglichkeit solcher Beruhigung den Anstoß zum »verantwortlichen« Handeln zu geben vermag.

Seine historischen Arbeiten (u. a. *Philosophie des deutschen Idealismus*[13], ›Aristoteles und Hegel‹[14], *Hegel*[15]) haben Hartmann zur Beschäftigung mit Hegel geführt. Er hat die drei ursprünglich von ihm

---

9 *Ethik*, l. c., S. 108.
10 Ibid., S. 136.
11 Ibid., S. 257.
12 Ibid., S. 383.
13 *Philosophie des deutschen Idealismus* [Teil 1: *Fichte, Schelling und die Romantik.* Berlin] 1923.
14 In: *Beiträge zur Philosophie des deutschen Idealismus*, 1923.
15 [*Philosophie des deutschen Idealismus*, Teil 2: *Hegel*. Berlin] 1929.

für wesentlich gehaltenen Methoden, die transzendentale, die deskriptive und die dialektische, nacheinander in meisterlicher Beherrschung geübt; vielleicht führt ihn das Instrument der Dialektik auch noch über die Hegelsche These, daß der objektive Geist in sich vollendet und der Begriff im System der Philosophie zu sich selbst gekommen sei, hinaus. Der Schluß des Hegelbuchs läßt es vermuten.

Anfänge der bürgerlichen Geschichtsphilosophie

(1930)

Vorwort

Die vorliegende Schrift enthält einige zur Selbstverständigung niedergelegte Studien. Neue philologische Forschungsergebnisse zu erzielen, liegt nicht in ihrer Absicht. Der Verfasser ist der Überzeugung, auch das gegenwärtige Nachdenken über die Geschichte sei in umfassende geschichtliche Zusammenhänge einbezogen, deren Wurzeln tiefer als in der Gegenwart liegen. Dies hat ihn veranlaßt, einige traditionelle Anschauungen, die für das Verständnis der geschichtsphilosophischen Problemlage in der Gegenwart bedeutungsvoll erscheinen, in besonders wichtigen früheren Gestaltungen aufzusuchen, um etwas sachlich Brauchbares aus ihnen zu lernen.
Doch mag die Veröffentlichung dieser Arbeit nicht wertlos sein. Wird auch hier die grundlegende geschichtsphilosophische Überzeugung des Verfassers nicht im Zusammenhang entwickelt, so sind doch, eben infolge des ursprünglichen Zwecks, die Probleme im Hinblick auf die Gegenwart in ihren Grundzügen dargestellt und erörtert.
So können die Auseinandersetzungen über die an Machiavelli entwickelte *psychologische Geschichtsauffassung* nicht bloß für moderne, von der Psychologie beeinflußte Geschichtstheorien, sondern auch für Fragen der philosophischen Anthropologie Bedeutung gewinnen.
Die Einwände gegen Machiavellis Ansicht sind wesentlich am Begriff der Gesellschaft orientiert; von ihr ist bei der *Naturrechtslehre* Hobbes' die Rede. Ihre Grundgedanken sind in vielen Staats- und Rechtstheorien der Gegenwart noch enthalten. Auch das Problem der *Ideologie*, einer bestimmten Funktion im gesellschaftlichen Kampf, wird im Hobbesschen System aufgewiesen. Es steht gegenwärtig im Mittelpunkt der philosophischen und soziologischen Diskussion.
Bewirkt die Ideologie den Schein, so ist dagegen *Utopie* der Traum

von der »wahren« und gerechten Lebensordnung. Sie spielt dem Sinne nach in jede philosophische Beurteilung der menschlichen Gesellschaft mit hinein. Ideologie und Utopie wollen als Haltungen gesellschaftlicher Gruppen aus der gesamtgesellschaftlichen Wirklichkeit begriffen sein.

Die gesetzmäßige Abhängigkeit der kulturellen Sphären vom Entwicklungsgang der Menschheit hat Vico zum Grundthema seiner *Neuen Wissenschaft* gemacht; das Glanzstück ist die Behandlung der *Mythologie* als Spiegel politischer Verhältnisse. In der Gegenwart hat die Mythologie nicht bloß im Sinn einer ideologischen Bewußtseinsform, sondern ebensosehr in der Frage nach dem Wesen des primitiven Denkens wieder die philosophische Aufmerksamkeit auf sich gelenkt.

Den hier behandelten geschichtsphilosophischen Problemen ist nicht allein die gegenwärtige Bedeutung gemeinsam, sondern sie sind in der frühen Form, in der hier von ihnen die Rede ist, aus der gleichen Situation erwachsen: nämlich der sich befestigenden, von den Fesseln des Feudalsystems sich befreienden bürgerlichen Gesellschaft. Auf die bestimmten Bedürfnisse, Wünsche, Nöte und Widersprüche dieser Gesellschaft sind sie notwendig bezogen. Darum sind sie hier als Fragen der »*bürgerlichen Geschichtsphilosophie*« gekennzeichnet.

Frankfurt am Main, im Januar 1930   Max Horkheimer

Zu den Anmerkungen: Im Hinblick auf die im Vorwort angezeigte Absicht dieser Arbeit wurden die Anmerkungen auf das unvermeidliche Mindestmaß beschränkt. Man wird deshalb hier keine bibliographischen Nachweise über die geschichtsphilosophischen Werke unserer Autoren finden; sie können in den verschiedenen Handbüchern der Geschichte der Staatslehre und der Philosophie nachgelesen werden. Ebenso wurde in der Regel darauf verzichtet, nach den Originalausgaben zu zitieren, vielmehr wurde jeweils die am leichtesten zugängliche deutsche Übersetzung zugrunde gelegt.

1. Machiavelli und die psychologische Geschichtsauffassung

In der Renaissance wurde der Grund zur Naturwissenschaft der neueren Zeit gelegt. Es ist der Sinn dieser Wissenschaft, mit Hilfe systematisch angestellter Erfahrung Regelmäßigkeiten im Naturlaufe festzustellen, um mittels ihrer Kenntnis bestimmte Wirkungen nach Wunsch herbeiführen oder verhindern zu können, mit anderen Worten: um die Natur in möglichst großem Umkreis zu beherrschen. Während das intellektuelle Verhalten der Menschen im Mittelalter wesentlich darauf gerichtet war, Sinn und Zweck der Welt und des Lebens zu erkennen, und sich darum zum weitaus größten Teil in der Auslegung der Offenbarung sowie der kirchlichen und antiken Autoritäten erschöpft hatte, begannen die Menschen der Renaissance, anstatt nach dem jenseitigen Zweck, den man aus der Überlieferung ermitteln wollte, nach den diesseitigen Ursachen zu fragen, die durch sinnliche Beobachtung festzustellen sind.
Zur neuen Wissenschaft gehört also die Überzeugung von einer gewissen Gleichförmigkeit des Naturlaufs. Beobachtungen wie diejenigen, daß ein freifallender Körper eine bestimmte Geschwindigkeit besitzt oder daß die Verbindung zweier Substanzen eine neue ergibt, die andere Eigenschaften als ihre Bestandteile aufweist, oder daß das Einnehmen einer Arznei gewisse Vergiftungserscheinungen beseitigt, sind nur dann für die Gesellschaft wertvoll, wenn diese Ereignisse sich in Zukunft ebenso wiederholen, d. h. also, wenn die Formel für den freien Fall dieselbe bleibt, wenn die Vereinigung der beiden Substanzen jedesmal zu dem gleichen Resultate führt, jenes Mittel auch in späteren Fällen die Vergiftung beseitigt. Man mag diese Ähnlichkeit der zukünftigen mit den vergangenen Ereignissen so vage fassen wie man will, man mag die individuellen Verschiedenheiten jedes besonderen Falles noch so sehr hervorheben und die Möglichkeit störender Einflüsse sowie die Veränderlichkeit der Bedingungen unterstreichen: der Wert von Naturgesetzen, auf die es der neuen, in der Renaissance begründeten Wissenschaft überall an-

kommt, ist abhängig von der zukünftigen Wiederholung solcher Fälle, für welche die Gesetze gelten sollen, d. h. also von der Anwendungsmöglichkeit dieser Gesetze.[1] In der neuen Wissenschaft der Renaissance erscheint die Möglichkeit von Naturgesetzen und damit auch die Naturbeherrschung als logisch abhängig von der Voraussetzung regelmäßigen Geschehens in der Natur.

Die Überzeugung von der Gleichförmigkeit liegt der Ausbildung von Physik und Chemie, der Einführung mathematischer Erkenntnis in diese Wissenschaften, der Entstehung einer wissenschaftlichen Anthropologie und Medizin zugrunde. Sie selbst ist wissenschaftlich nicht beweisbar, sondern ein hypothetischer Entwurf. Im Positivismus des neunzehnten Jahrhunderts hat man sich bemüht, sie als Erfahrungstatsache hinzustellen, indem man erklärte, wir hätten überall die Beobachtung gemacht, daß solche Regelmäßigkeiten stattfänden, und wir könnten zu jedem beliebigen Zeitpunkt feststellen, daß ein Vorgang, der immer und überall in der Natur *vor* diesem Zeitpunkt in einer bestimmten Weise verlaufen sei, auch *nach* ihm ebenso verlaufe, und damit sei die Behauptung der Gleichförmigkeit induktiv erwiesen.[2] Hierbei wird übersehen, daß dieser Gedankengang selbst nur dann beweiskräftig ist, wenn wir den zu beweisenden Satz schon voraussetzen. Die Gleichförmigkeit der Natur in der Vergangenheit begründet nur insofern den Satz von der Gleichförmigkeit in der Zukunft, als wir annehmen, die Zukunft werde der Vergangenheit entsprechen; damit wird aber gerade das vorausgesetzt, was in Frage steht. Auch kein wie immer geartetes Wesensgesetz, keine Einsicht etwa nach Art der mathematischen Gesetze begründet die in Rede stehende Annahme; denn die Mathematik handelt von reinen Möglichkeiten, und in der Annahme von der Gleichförmigkeit wird etwas über die wirkliche Welt ausgesagt. Daß freilich ohne diese Voraussetzung der besondere Naturbegriff, wie ihn die Neuzeit wesentlich in der mathematisch-mechanischen Naturwissenschaft ausgebildet hat, unmöglich wäre, ist gewiß. Die

---

1 Freilich besitzt für die neue Wissenschaft auch die Formulierung von Naturgesetzen, deren Anwendung in Zukunft fraglich ist, einen Ordnungswert; aber dieser ist in der Möglichkeit begründet, andere Gesetze zu finden, deren Realisierung selbst nicht ebenso beschränkt ist.
2 John Stuart Mill (*System der deduktiven und induktiven Logik,* ins Deutsche übertragen von J. Schiel, Braunschweig 1869, erster Teil, S. 363) bezeichnet diese Behauptung als »ein Beispiel von Induktion«.

1. Machiavelli und die psychologische Geschichtsauffassung

Wissenschaft der bürgerlichen Gesellschaft ist in ihrer Entstehung unlösbar mit der Entwicklung von Technik und Industrie verbunden; ohne Beziehung auf die Herrschaft dieser Gesellschaft über die Natur läßt sich diese Wissenschaft überhaupt nicht begreifen. Aber nicht nur auf der Beherrschung der Natur im engeren Sinne, nicht nur auf der Erfindung neuer Produktionsmethoden, auf dem Bau von Maschinen, auf der Erhaltung eines gewissen Gesundheitsstandes beruht die Gesellschaft, sondern ebensosehr auf der Herrschaft von Menschen über Menschen. Der Inbegriff der Wege, die dazu führen, und der Maßnahmen, die der Aufrechterhaltung dieser Herrschaft dienen, heißt Politik. Es ist die Größe Machiavellis, an der Schwelle der neuen Gesellschaft die Möglichkeit einer der neuzeitlichen Physik und Psychologie in ihren Prinzipien entsprechenden Wissenschaft von der Politik erkannt und ihre Grundzüge einfach und bestimmt ausgesprochen zu haben. Hier ist nicht zu untersuchen, inwiefern Machiavelli sich dieser Analogie bewußt war, welche Anregungen er der Lektüre antiker Schriftsteller oder zeitgenössischen Forschern verdankte: seine Absicht liegt offen zutage. In der wirklichen Gesellschaft werden die Menschen beherrscht durch andere Menschen; auf Grund von Beobachtungen und einem systematischen Studium der Tatsachen sollen die Kenntnisse vermittelt werden, wie man Herrschaft erwirbt und wie man sie aufrechterhält. Diesen und keinen anderen Sinn – sieht man von seinen künstlerischen Versuchen ab – haben alle seine Schriften, vor allem sein Hauptwerk: *Drei Bücher Diskurse über die ersten zehn Bücher des Titus Livius,* ferner die berühmte Schrift *Der Fürst,* die man als einen selbständigen Teilabschnitt aus dem Hauptwerk ansehen kann, aber auch seine ausgezeichnete *Geschichte von Florenz.*[3]

Der Naturforscher hat im Verfolg seiner Absicht, Gesetzmäßigkeiten zu entdecken, in der Regel die Fälle unmittelbar zur Hand. Abgesehen von gewissen Problemen der Astronomie, der Geologie und einiger anderer Zweige seines Wissensgebietes ist er in der Lage,

---

3 *I tre libri de' Discorsi sopra la prima deca di Tito Livio* (1531), deutsch: *Discorsi, Politische Betrachtungen über die alte italienische Geschichte,* Berlin 1922, unten zitiert als *Discorsi; Il Principe* (1532), deutsch am meisten verbreitet in der hier zitierten Reclamschen Ausgabe: *Machiavellis Buch vom Fürsten,* Leipzig o. J., unten abgekürzt als *Fürst; Dell' istorie Fiorentine* (1532), zitiert nach dem vierten Band der *Gesammelten Schriften,* München 1925, als *Schriften IV.*

die Gegenstände seiner Beobachtung in beliebiger Fülle vor Augen zu bringen. Er kann in der Regel die Vorgänge im Experiment hervorrufen, seine Begriffe und Sätze beruhen zum großen Teil auf eigener oder wenigstens auf prinzipiell wiederholbarer sinnlicher Erfahrung. Physik und Chemie, auch Psychologie und Medizin finden ihre Beobachtungsgegenstände in der Gegenwart als gegeben vor und haben einen gewissen Spielraum für das willkürlich anzustellende Experiment. Das Material für die Wissenschaft Machiavellis dagegen liefert vor allem die Vergangenheit. Freilich hat er als hoher Beamter von Florenz, einem der damals fortgeschrittensten Staatswesen, wichtige politische Ereignisse innerhalb und außerhalb Italiens beobachten können; bei seinem Sturz und während seiner Bemühungen, wieder Einfluß zu gewinnen, haben sich gesellschaftliche Bewegungen von nicht geringer Tragweite vor seinen Augen abgespielt. Seine Werke beweisen, daß er seine eigene Zeit mit höchster Genauigkeit verfolgt hat; aber im wesentlichen sieht er sich doch auf die Geschichte angewiesen: dem politischen Forscher muß neben der Gegenwart die Vergangenheit die Beispiele liefern, aus denen die Regelmäßigkeiten abzulesen sind. Wenn Machiavelli die römische Geschichte an Hand des Livius durchforscht, so sucht er in ihr die ewigen Regeln, nach denen sich die Menschen beherrschen lassen.

Der Satz von der Gleichförmigkeit des Geschehens ist von dieser Absicht Machiavellis sinngemäß nicht zu trennen. Wenn die in den Staaten zusammengefaßten Menschengruppen in Gegenwart und Zukunft nicht auf die gleiche Weise reagieren wie in der Vergangenheit, wenn die Leidenschaften der Menschen, an die sich jene Reaktionen knüpfen, nicht dieselben bleiben, dann hätten alle Schriften Machiavellis das Ziel ihres Autors verfehlt, dann wäre für ihn seine eigene Wissenschaft nur ein Traum. Diese pragmatische Auffassung gibt auch den Schriften Machiavellis die äußere Form. Wer das Hauptwerk, die *Diskurse*, aufschlägt, wird finden, daß die Kapitel meistens mit der Wiedergabe einer von Livius erzählten Begebenheit beginnen, aus der dann – gewöhnlich auf Grund der Heranziehung weiterer Beispiele aus der alten oder aus der neueren Geschichte – ein allgemeiner Satz abgeleitet wird. Im Buch vom *Fürsten* werden einzelne politische, hauptsächlich für einen Fürsten wichtige Fragen gestellt und in je einem kleinen Kapitel, in der Regel

auch auf Grund von Beispielen behandelt. Die *Florentinische Geschichte* ist ein einziges großes Beispiel: sie ist eine Sammlung von Erinnerungsmaterial im Dienste der zukünftigen Politik.
Die Behauptung der Wesensgleichheit der Menschen findet sich in den *Diskursen* so formuliert, daß »die Menschen in Geburt, Leben und Tod stets dem gleichen Gesetz unterworfen« sind.[4] Die Theorie von der gleichen Menschennatur bestimmt überall das Werk Machiavellis. »Bei Betrachtung der gegenwärtigen und alten Begebenheiten«, so heißt es in seinem Hauptwerk[5], »erkennt man leicht, daß bei allen Städten und Völkern von jeher die gleichen Wünsche und Stimmungen herrschten. Wer also sorgfältig die Vergangenheit untersucht, kann leicht die zukünftigen Ereignisse in jedem Staate voraussehen und dieselben Mittel anwenden, die von den Alten angewandt wurden, oder wenn er keine angewandt findet, kann er bei der Ähnlichkeit der Ereignisse neue ersinnen.« An einer anderen Stelle äußert sich Machiavelli: »Kluge Männer pflegen nicht unbedacht und nicht ohne Grund zu sagen, wer die Zukunft voraussehen wolle, müsse auf die Vergangenheit blicken, denn alle Dinge auf Erden haben jederzeit Ähnlichkeit mit dem Vergangenen gehabt. Das kommt daher, daß sie von Menschen vollbracht werden, die immer die gleichen Leidenschaften besitzen und besaßen; mithin muß das Ergebnis auch immer das gleiche sein.«[6] Diejenigen, die seinen Weg für ungangbar halten, die nicht glauben wollen, daß man das Vergangene auf die Zukunft übertragen und nachahmen könne, hält Machiavelli für ungebildet und beschränkt: »...als ob Himmel, Sonne, Elemente und Menschen in Bewegung, Gestalt und Kräften anders wären als ehedem.«[7]
Hier meldet sich eine Frage an, welche immer die Forschung über Machiavelli beschäftigt hat: wem dient die Wissenschaft von der Politik? wer soll denn nach Machiavelli die Menschen beherrschen? oder – in mehr geschichtsphilosophischer Fragestellung – welche Form der Beherrschung, d. h. für Machiavelli: welche Staatsform hat sich in der Geschichte als die beste erwiesen oder welche soll erst noch im Fortgang der Dinge ausgebildet werden? Es bestehen von

---

4 *Discorsi*, S. 37.
5 Ibid., S. 83.
6 Ibid., S. 303.
7 Ibid., S. 6.

Machiavellis Meinung die verschiedenartigsten Auffassungen, und alle scheinen Beweisgründe für sich zu haben. Im Buch vom *Fürsten*, das er einem Medici zu Füßen legt, preist er die Monarchie in ihrer brutalsten Form als den einzigen Weg zur Einigung Italiens, während er ebenso unzweideutig in den *Diskursen* die Republik für die beste Staatsform hält und durchaus republikanische, ja selbst demokratische Sympathien enthüllt.

Jedenfalls ist Machiavelli der Ansicht, daß keine Staatsform auf die Dauer bestehen kann. Ebenso wie in der Vergangenheit eine Regierungsart die andere abgelöst hat, wird es auch in alle Ewigkeit geschehen. Es gibt einen bestimmten Zyklus, der mit naturgesetzlicher Regelmäßigkeit abläuft. Die ursprüngliche, aus dem Zusammenschluß der zerstreut lebenden Menschen hervorgehende Regierungsform ist die Monarchie, die durch Auswahl des Tapfersten, später des Klügsten und Gerechtesten entsteht. Sobald die Fürsten durch Erbfolge bestimmt werden, artet die Monarchie in Tyrannei aus: Umsturz, Meuterei und Verschwörung gegen die Fürsten ist die Folge. Anstifter der Unruhen ist zunächst nicht die Masse, sondern die Mächtigsten und Vornehmsten machen der Tyrannei ein Ende und bilden eine aristokratische Regierung. Die Söhne dieser Adeligen können die Herrschaft ebenso wenig auf die Dauer behalten, denn immer ergaben sie sich nach Machiavelli »dem Ehrgeiz, den Gelüsten nach Frauen und machten die Herrschaft der Vornehmen zur Herrschaft weniger, ohne irgendwelche Rücksicht auf die bürgerlichen Rechte«[8]. Es kommt zu ihrem Sturz und zur Errichtung der Demokratie. Diese hat aber die Tendenz, sich in Korruption und damit in Anarchie aufzulösen, aus der ein Volk nur wieder durch einen tatkräftigen einzelnen, einen Diktator, einen Monarchen errettet werden kann. Dann beginnt der Zyklus von neuem. Man soll sich nach Machiavelli freilich nicht vorstellen, daß die ganze Reihe oder gar ihre Wiederholung notwendig in einem und demselben Staatswesen stattfinden müsse. »Denn kaum ein Staat besitzt soviel Lebenskraft, daß er solche Umwälzungen mehrmals durchmachen kann, ohne zugrunde zu gehen.«[9] Mächtige Staaten zerfallen oder geraten in die Gewalt von Nachbarstaaten; aber in

---

8 Ibid., S. 12.
9 Ibid., S. 13.

1. Machiavelli und die psychologische Geschichtsauffassung

derartigen Veränderungen setzt sich doch der Kreislauf der Regierungsformen durch, den Machiavelli – im Anschluß an Polybios – gezeichnet hat.

»Die Länder pflegen zumeist bei ihren Veränderungen von der Ordnung zur Unordnung zu kommen und dann von neuem von der Unordnung zur Ordnung überzugehen. Es ist von der Natur den menschlichen Dingen nicht gestattet, stille zu stehen. Wie sie daher ihre höchste Vollkommenheit erreicht haben und nicht mehr steigen können, müssen sie sinken. Ebenso, wenn sie gesunken sind, durch die Unordnung zur tiefsten Niedrigkeit herabgekommen, und also nicht mehr sinken können, müssen sie notwendig steigen. So sinkt man stets vom Guten zum Übel und steigt vom Übel zum Guten. Denn die Tapferkeit gebiert Ruhe, die Ruhe Müßiggang, der Müßiggang Unordnung, die Unordnung Verfall. Ebenso entsteht aus dem Verfall Ordnung, aus der Ordnung Tapferkeit, hieraus Ruhm und Glück.«[10] Wenn also eine Regierungsform auch die beste sein mag, ewigen Bestand wird sie nicht haben, jede trägt den Keim des Untergangs in sich. Machiavelli erörtert die Vorzüge und Nachteile der einzelnen Regierungsformen. Einen uneingeschränkten Vorzug hat er endgültig keiner unter ihnen zuerkannt. Freilich schwankt er im Grunde nur zwischen Monarchie und Republik und lehnt die Aristokratenherrschaft aus später zu erörternden Gründen ab. Im übrigen erklärt er: »Wo große (Vermögens-)Gleichheit herrscht oder hergestellt ist, gründe man eine Republik, wo hingegen große (Vermögens-)Ungleichheit herrscht, eine Monarchie, sonst schafft man etwas, das ohne Verhältnis und von kurzer Dauer ist.«[11]
Wir wissen jetzt, daß nach Machiavellis Auffassung seine Ratschläge Fürsten und Republikanern zugute kommen: jener Interessen erörtert er mit ebensolcher Gründlichkeit wie die Maßnahmen, die ihre Gegner zu ergreifen haben, um die Fürsten zu stürzen – und dies geschieht sogar häufig im selben Kapitel. Er erteilt ebensowohl der jeweiligen Regierung Ratschläge wie denjenigen, die sich gegen sie verschwören. Kommt es ihm dabei nur auf das Spiel der Kräfte im sozialen Leben an, hat ihn der Machtkampf als intensivster Ausdruck des Lebens gefangengenommen, als er – hin-

---

10 *Schriften IV*, S. 268.
11 *Discorsi*, S. 112.

gerissen von den politischen Kämpfen seiner Zeit – unbekümmert um alle Resultate aus leidenschaftlicher Interessiertheit ihre Gesetze zu untersuchen unternahm? Unter dem Einfluß der modernen Lebensphilosophie ist Machiavelli wohl so verstanden worden. Bei der glühenden Propaganda für die Unabhängigkeit Italiens im Schlußkapitel des *Fürsten* scheint die vermeintliche Freude an großer vitaler Kraftentfaltung an erster Stelle zu stehen und nicht die sachliche Begründung. Aber eine solche Auffassung – mag sie auch psychologisch nicht völlig verfehlt sein – verkennt den objektiven Sinn von Machiavellis Gedanken.

Bei allen scheinbaren Widersprüchen gibt es doch einen einzigen, für Machiavelli völlig selbstverständlichen Maßstab, nach dem gewertet wird. An ihm hält er unverändert und unzweideutig fest. Nicht um ihrer selbst willen berät dieser Schriftsteller Monarchen und republikanische Regierungen, sondern die Macht und Größe, die feste Sicherheit des bürgerlichen Staates als solche hat er befördern wollen. In allen Kommentaren ist zwar viel und bis in alle Einzelheiten von den politischen Ereignissen im Italien Machiavellis und seiner persönlichen Teilnahme an der Politik die Rede, aber wenig vom theoretisch wichtigsten Ergebnis seiner Erfahrungen. Genau ausgedrückt besteht es in der Einsicht, daß von der Entfaltung des Verkehrs, von der ungehinderten Ausbreitung bürgerlicher Tüchtigkeit in Handel und Gewerbe, von dem freien Spiel der wirtschaftlichen Kräfte das Wohlergehen des Ganzen abhänge und daß eine solche gesellschaftliche Entwicklung nur durch eine mächtige Staatsgewalt zu sichern sei. Diese Lehre hat er nicht nur aus seiner Teilnahme an diplomatischen Aktionen und den florentinischen Bürgerkriegen gezogen, sondern er glaubte sie in der ganzen Weltgeschichte, vor allem in der Blütezeit des alten Rom bestätigt zu finden. Nur insofern als der Staat die Bedingungen für die bürgerliche Kraftentwicklung des einzelnen und der Gesamtheit ist, wird für Machiavelli die Politik zur vornehmsten Aufgabe des Denkers.

Ein entscheidender Begriff in seiner Wissenschaft heißt virtù. Über die Bedeutung ist mit Recht viel geschrieben worden, denn hier rührt man tatsächlich an einen sehr wichtigen Punkt im geschichtlichen Denken Machiavellis. Der Begriff virtus hat in der Geschichte der Philosophie eine entscheidende Rolle gespielt. Sein

1. Machiavelli und die psychologische Geschichtsauffassung 189

Sinnwandel ist deswegen schwer darzustellen, weil der jeweilige Sinn immer nur im Zusammenhang mit den gesamten Lebensverhältnissen einer bestimmten Zeit zu erfassen ist. Allgemein wird sein Inhalt am besten getroffen, wenn man folgendes festhält: virtus (virtù, vertu) bezeichnet den Inbegriff der Eigenschaften, die in demjenigen Lebenskreis, in dem der Begriff benutzt wird, als erwünscht und anständig gelten. Ein Mann, der virtus besitzt, ist ein »rechter Mann«, ein Mann, wie er sein soll. Staats- und Kriegsgeist des Römers, der die gemeine Arbeit dem Sklaven überläßt, heißt ebenso virtus wie später die christliche Demut. Der Begriff Machiavellis, der gleich dem klassischen Vornehmheit und Tapferkeit mit einschließt, birgt weiterhin in sich das moderne Moment der Arbeitsamkeit, der Erwerbstüchtigkeit. Machiavelli verabscheut den Adel nicht nur, weil er den Reformen Trotz bietet, der bürgerlichen Entwicklung allgemein im Wege steht, indem er die Bildung zentraler Regierungsgewalten und großer Staaten hemmt, sondern auch deshalb, weil er keine bürgerliche Arbeit verrichtet. »Zur Erklärung der Bezeichnung Edelleute«, so heißt es in den *Diskursen*[12], »sage ich, daß man diejenigen so nennt, die müßig vom Ertrag ihrer Güter im Überfluß leben, ohne sich um den Landbau oder irgendeinen anderen Lebensberuf zu kümmern. Solche Leute sind in einer Republik und in jedem Lande verderblich, zumal wenn sie außer den genannten Gütern auch noch Burgen und Untertanen haben, die ihnen gehorchen.« Wer eine Republik gründen will, vermag dies nach den Worten Machiavellis nur dann, wenn er die Adligen »vorher alle ausrottet«[13]. Ein Staatswesen ist gut, besitzt virtù, wenn die Bedingungen in ihm erfüllt sind, daß seine Bürger virtù entfalten können. Sie sollen selbstbewußte, starke, ungehemmte Menschen sein, also diejenigen Eigenschaften besitzen, die unter den damaligen Verhältnissen ein großer Unternehmer, ein Händler, ein Schiffahrer, ein Bankier haben mußte. Von der Blüte dieser Berufe hängt nach Machiavelli die allgemeine Wohlfahrt ab. Es beweist seinen politischen Weitblick, daß tatsächlich der Aufstieg der Bürgerklasse in der Renaissance die Bedingung des großen gesellschaftlichen Fortschritts gewesen ist. Was es mit dem landläufigen Begriff des

---

12 Ibid., S. 110 f.
13 Ibid., S. 111.

»Machiavellismus« im Sinne radikaler politischer Skrupellosigkeit, völlig »moralfreien« Handelns auf sich hat, läßt sich erst jetzt verstehen. Machiavelli fordert die Unterordnung aller Rücksichten unter den ihm am höchsten erscheinenden Zweck: die Herbeiführung und Aufrechterhaltung eines starken, zentralisierten Staats als Bedingung bürgerlichen Wohlergehens. Will man den Inhalt des *Fürsten* und der *Diskurse* in dem Satz zusammenfassen, der Zweck heilige die Mittel, so muß man mindestens hinzufügen, um welchen Zweck es sich handelt, nämlich um die Herstellung des bestmöglichen Gemeinwesens. Diesem höchsten Ziel menschlichen Tuns sollte nach Machiavelli Religion und Moral untergeordnet werden. In den Dienst dieses Zwecks darf man nach ihm Lug und Trug, Heuchelei, Grausamkeit, Mord stellen.

Die Mittel zur Beherrschung der Menschen, die Machiavelli aus der Geschichte abgelesen hat, haben in der Tat stets in der Politik Verwendung gefunden, aber jenen höchsten Zweck hatten sie in der Regel keineswegs zur Absicht. Wenn das berühmte achte Kapitel des *Fürsten* erklärt, daß der Fürst Verträge brechen dürfe, sein Wort nicht zu halten brauche, wenn Machiavelli zeigt, wie die Religion zu allen Zeiten tauglich war, die beherrschten Gesellschaftsklassen in Frieden bei der Stange zu halten, wenn er skrupellos abwägt, ob die heidnische oder christliche Religion dazu besser zu verwenden sei, wenn er unter gewissen Bedingungen die Ausrottung ganzer Menschengruppen als ein solches Mittel aufzeigt, kurz, wenn er dartut, daß die heiligsten Güter und die schwärzesten Verbrechen allesamt jederzeit Mittel in der Hand der Herrschenden gewesen sind, dann hat er damit eine bedeutsame geschichtsphilosophische Lehre formuliert. Sein Irrtum, den die anschließende Zeit in der Lehre von der Staatsräson noch vergröberte, liegt darin, daß er Mittel der Herrschaft, die unerläßliche Bedingungen für den Aufstieg des Bürgertums in seiner Zeit und in seinem Lande waren, auch für Vergangenheit und Zukunft rechtfertigte. Eine solche Verewigung von zeitlich Gültigem ist ein spezifischer Mangel der neueren Geschichtsphilosophie.

Machiavelli will, daß sich die Herrschenden von nun an bewußt der Mittel bedienen sollen, die bisher häufig instinktiv angewandt wurden. Aber die naive Entdeckerfreude des Renaissancemenschen tritt darin zutage, daß er den wichtigsten Grundsatz solcher Anwen-

1. Machiavelli und die psychologische Geschichtsauffassung

dung völlig außer acht gelassen hat, nämlich die Verbrämung, die Geheimhaltung, die Illusion. Die Religion ist nicht als politisches Mittel zu verwenden, wenn sie ausdrücklich als ein solches bezeichnet wird; die Verbrechen nützen den Regierungen nichts, wenn man sie öffentlich als ihr notwendiges Werkzeug durchschaut. Bei aller Strukturähnlichkeit zwischen der Wissenschaft Machiavellis und den naturwissenschaftlichen Disziplinen, deren Grund ebenfalls in der Renaissance gelegt worden ist, besteht doch in Beziehung auf ihre Anwendung ein großer Unterschied. Wenn der Naturforscher die von ihm gefundenen Gesetze offen ausspricht, so hat er für ihre Anwendungsmöglichkeit nichts zu befürchten. Die Möglichkeit aber, die von Machiavelli festgestellten Zusammenhänge wirksam auszunützen, hängt davon ab, daß sie als ein Unheil der Vergangenheit gelten und ihr Fortbestand in der Gegenwart geleugnet wird. Was den Philosophen und Staatsmann Bacon und einige Jahrhunderte später Hegel begeistert hat, daß bei Machiavelli ausgesprochen wird, was ist, und nicht, was nach irgendeiner Privatmeinung oder nach dem herrschenden Vorurteil sein soll, das widerspricht im Grunde Machiavellis eigener Absicht. Als Friedrich II. seinen *Antimachiavell* geschrieben hatte, soll, so berichtet Diderot[14], ein großer Philosoph ihm gesagt haben: »Sire, ich denke, daß die erste Lektion, die Machiavell seinem Schüler gegeben hätte, die gewesen wäre, sein Werk zu widerlegen.«

Die leidenschaftliche Verkündigung des starken Staats ist bei Machiavelli im Glauben an die Möglichkeit des geistigen und moralischen Fortschritts begründet. Fortschritt der Kultur, ja ihre Entstehung, sind nach seiner Auffassung materiell verursacht. In den *Diskursen* lehrt er[15], »daß die Menschen nur aus Not etwas Gutes tun. Sobald ihnen aber freie Wahl bleibt und sie tun können, was sie wollen, gerät alles drunter und drüber. Darum sagt man, Hunger und Armut machen die Menschen arbeitsam und Gesetze machen sie gut.« Die gesamten auf Arbeit beruhenden Lebensverhältnisse gehen also letzten Endes nicht auf einen ideellen Ursprung zurück, sondern sind durch die materielle Not erzwungen. Auch die Moralität entsteht nicht aus ursprünglich angelegten kulturellen Intentio-

---

14 Diderot, *Œuvres complètes*, Paris 1876, T. XVI, S. 33.
15 *Discorsi*, S. 15.

nen, sie gründet sich keineswegs auf irgendwelche moralische Triebe, sondern ist abgeleitet aus den durch Not bedingten gesellschaftlichen Verhältnissen. Moralisch ist hiernach ein Handeln, das den in der zivilisierten Gesellschaft geltenden Gesetzen und Sitten entspricht. Weder die Menschheit im ganzen, noch der einzelne bringt die Richtung auf Vornehmheit, Anstand, Güte, Gerechtigkeit fertig mit auf die Welt, sondern es bestehen natürliche Kausalzusammenhänge: die jeweilige Ausbildung und der besondere Inhalt der Moral wird jeweils durch die wandelbaren Bedürfnisse der gesellschaftlichen Entwicklung bestimmt. Der Stand der menschlichen Kultur überhaupt wird durch das Maß der virtù, d. h. in der Gegenwart: der bürgerlichen Freiheit angezeigt.

Ein wichtiges Mittel, durch welches kultureller Fortschritt nach Machiavelli bis jetzt zustande gekommen ist, sind die Kämpfe der gesellschaftlichen Klassen. Diese Kämpfe, die er wesentlich in der Gestalt von Bürgerkriegen gesehen hat, sind für ihn daher keineswegs etwas schlechthin Verderbliches, sondern eine wesentliche Bedingung des Aufstiegs. Die Form, in der er sie selbst am lebendigsten erfahren hat, sind die blutigen Auseinandersetzungen zwischen Adeligen und Bürgerlichen. »Mir scheint«, heißt es im Hauptwerk[16], »wer die Kämpfe zwischen Adel und Volk verdammt, der verdammt auch die erste Ursache für die Erhaltung der römischen Freiheit. Wer mehr auf den Lärm und das Geschrei solcher Kämpfe sieht als auf ihre gute Wirkung, der bedenkt nicht, daß in jedem Gemeinwesen die Gesinnung des Volkes und der Großen verschieden ist und daß aus ihrem Widerstreit alle zugunsten der Freiheit erlassenen Gesetze entstehen.« In der Vorrede zur *Florentinischen Geschichte* erklärt Machiavelli: »Und fürwahr, nach meinem Urteil scheint mir kein anderer Beweis so sehr die Macht unserer Stadt darzutun, als der, welcher in diesen Spaltungen selbst liegt. Denn während sie Kraft genug gehabt haben würden, die größte und mächtigste Republik zu vernichten, schien die unserige immer größer zu werden.«[17] Wo er über die Mittel spricht, die die römische Plebs in solchen Kämpfen anwandte, wo er schildert, »wie das ganze Volk gegen den Senat und der Senat gegen das Volk schrie, wie

16 Ibid., S. 16.
17 *Schriften IV*, S. 6 f.

es durch die Straßen tobte, die Kaufläden geschlossen wurden, das ganze Volk aus Rom auszog«[18], da führt er aus, das seien Dinge, die denjenigen schrecken mögen, der sie liest, im Staatsleben aber seien sie notwendig. »Auch sind die Forderungen freier Völker selten der Freiheit schädlich, denn sie entstehen entweder aus der Unterdrückung selbst oder aus der Furcht, unterdrückt zu werden.«[19] Bessere und freiheitliche Einrichtungen seien gewöhnlich die Folge derartiger Bewegungen.

Aber Machiavelli weiß auch von den Kämpfen zwischen Adel und Fürsten und besonders zwischen dem popolo, d. h. dem Bürgertum und der plebe, d. h. den in den Manufakturen, in Reederei und Schiffahrt beschäftigten Arbeitern und den arbeitslosen Existenzen, die auf dem Land und in den Städten der Renaissance ihr Wesen trieben. Es handelt sich um die ersten Anfänge des modernen Proletariats. »In Florenz spaltete sich zuerst der Adel unter sich, dann der Adel und das Volk (popolo), und zuletzt das Volk und der Pöbel; und oft kam es, daß eine dieser Parteien nach ihrem Siege sich in zwei spaltete. Durch diese Spaltungen entstand so großes Blutvergießen, erfolgten so viele Verbannungen, so viele Familien gingen unter, als nie in irgend einer Republik, von der man Nachrichten hat.«[20] In der *Florentinischen Geschichte* wird eingehend eine Lohn- und Reformbewegung der Arbeiter geschildert, die bei der Wollzunft und in anderen Zünften beschäftigt waren. Einen der »leidenschaftlichsten und zugleich erfahrensten Revolutionäre« läßt Machiavelli dabei eine Rede halten, in der es unter anderem heißt: »Wir gehen meines Erachtens einem gewissen Siege entgegen, weil die, welche uns widerstehen könnten, uneinig und reich sind. Ihre Uneinigkeit wird uns den Sieg geben; ihre Reichtümer in unseren Händen werden ihn uns erhalten. Laßt euch durch das Alter ihres Blutes nicht abschrecken, das sie uns vorhalten. Alle Menschen haben den gleichen Ursprung, ihre Geschlechter sind gleich alt, alle hat die Natur gleich geschaffen. Zieht sie nackt aus, ihr werdet sehen, daß sie uns gleich sind. Kleidet uns in ihre Kleider, sie in die unsrigen und ohne allen Zweifel werden wir Adel, sie Pöbel erschei-

18 *Discorsi*, S. 16 f.
19 Ibid., S. 17.
20 *Schriften IV*, S. 6.

nen. Nur Armut und Reichtum macht zwischen uns den Unterschied. Es schmerzt mich, viele unter euch zu wissen, die das Geschehene aus Gewissenhaftigkeit bereuen und sich neuer Taten enthalten wollen. Wollt ihr das wirklich, so seid ihr nicht die Männer, für die ich euch hielt. Weder Gewissen noch Schande darf euch abschrecken. Der Sieger, darf er siegen, durch welches Mittel er will, trägt niemals Schande davon, und das Gewissen dürfen wir nicht in Anschlag bringen. Wer, wie wir, Hunger und Kerker zu fürchten hat, kann und darf der Furcht vor der Hölle nicht Raum geben. Betrachtet die Handlungsweise der Menschen. Ihr werdet sehen, daß alle, die zu großem Reichtum und zu großer Macht gelangen, durch Gewalt oder Betrug dazu gelangten. Was sie aber durch Hinterlist oder Gewalttat an sich gerissen, beschönigen sie, um die Verworfenheit des Erwerbs zu verbergen, durch die falschen Titel Eroberung und Gewinn. Wer aus Unklugheit oder Dummheit diese Mittel meidet, schleppt sich in ewiger Armut und Knechtschaft dahin. Treue Knechte bleiben immer Knechte und ehrliche Leute bleiben immer arm.«[21]

Machiavelli hat also die verschiedenen Arten der Klassenkämpfe seiner Zeit gekannt und klar beschrieben. Trotz der Opfer, die sie fordern, sind sie für ihn als Beobachter der Weltgeschichte eine notwendige Bedingung der menschlichen Entwicklung. In diese gewalttätigen Auseinandersetzungen werden die Menschen durch ihre äußeren Lebensumstände getrieben, und so zeigt sich auch hier die Not als Ursache des Fortschritts. Aber ist nicht damit der Sinn von Machiavellis Unternehmen in Frage gestellt, verträgt sich diese materialistische Theorie mit seiner Überzeugung, daß die Kenntnis historischer Gesetze etwas verbessern könnte? Sind denn die Menschen überhaupt imstande, mit Bewußtsein in den Gang der Geschichte einzugreifen?

Im *Fürsten* wird einmal – wie immer bei Machiavelli in praktischer Absicht – die Frage untersucht: »Welchen Einfluß das Glück auf die Angelegenheiten der Menschen hat?«[22] Unter Glück versteht er hierbei alles, was nicht vom Willen der Menschen abhängt. »Ich weiß wohl, daß viele ehedem die Meinung gehegt haben und noch

---

21 Ibid., S. 176 f.
22 *Fürst*, S. 117.

jetzt hegen, die Begebenheiten der Welt würden solchergestalt vom Glück und von Gott regiert, daß die Menschen mit aller Klugheit sie nicht verbessern und nichts dagegen ausrichten können. Daraus könne man abnehmen, daß es nicht der Mühe wert sei, viel einzufädeln, sondern daß man sich nur dem Schicksal hingeben möge... Indem ich hierüber nachgedacht, bin ich zu Zeiten geneigt gewesen, mich zu derselben Meinung zu bekennen. Weil aber doch der menschliche freie Wille damit in Widerspruch steht, so urteile ich, daß das Glück wohl die Hälfte aller menschlichen Angelegenheiten beherrschen mag; aber die andere Hälfte oder doch beinahe soviel uns selbst überlassen müsse. Ich vergleiche das Glück mit einem gefährlichen Flusse, der, wenn er anschwillt, die Ebene überschwemmt, Bäume und Gebäude umstürzt, Erdreich hier fortreißt, dort ansetzt. Jedermann flieht davor und gibt nach; niemand kann widerstehen. Dennoch können die Menschen in ruhigen Zeiten Vorkehrungen treffen, mit Deichen und Wällen bewirken, daß der Fluß bei hohem Wasser in einem Kanale abfließen muß oder doch nicht so unbändig überströmt, und nicht so viel Schaden tut. In gleicher Art geht es mit dem Glücke, welches seine Macht zeigt, wo keine ordentlichen Gegenanstalten getroffen sind und sich mit Ungestüm dahin kehrt, wo keine Wälle und Dämme vorhanden sind, es im Zaume zu halten.«[23] Wir werden zwar immer mit den Naturfaktoren zu rechnen haben; auch die Geschichte der Technik, in welcher der Mensch mit der Natur sich auseinandersetzt, hat eine bestimmte Eigengesetzlichkeit, die wir nicht überspringen können. Aber wird so die Macht der Natur nie ganz zu tilgen sein, so ist sie doch in weitem Ausmaß beherrschbar. Dies gilt nicht bloß für die Naturvorgänge in engerem Sinne, für die Gegenstände der Naturwissenschaft, sondern ebensosehr für die Vorgänge in der gesellschaftlichen Natur. Auch Machiavellis Kreislauf der Regierungsformen ist grundsätzlich ein ehernes Naturgesetz. Man kann versuchen, die schlechten Phasen abzukürzen und die guten zu verlängern; man kann es unternehmen, durch Kombination der Herrschaftsformen, wie sie nach Machiavelli und seinem antiken Gewährsmann Polybios im republikanischen Rom bestanden haben (Konsuln, Senat, Volkstribunen), einen möglichst dauerhaften Zu-

---

23 Ibid., S. 117.

stand zu schaffen, aber den Zyklus umkehren, dem Zug der Zeit zuwiderhandeln, führt ins Verderben. Machiavelli glaubt, »daß es dem gut gehe, der in seiner Handlungsweise mit dem Geist der Zeit zusammentrifft, und daß derjenige verunglücken müsse, der mit den Zeiten in Widerspruch gerät«[24]. Hier findet sich also bereits im Keim Hegels Lehre von den großen Männern, die sich von den Phantasten dadurch unterscheiden, daß sie aussprechen und tun, was an der Zeit ist, während der Phantast träumerisch die Wirklichkeit überspringt.

Machiavelli hat der menschlichen Aktivität einen Spielraum gelassen, innerhalb dessen auf Grund von Willensentschlüssen der Gang der Natur und der Gesellschaft beeinflußt werden kann. Aber sind diese Entschlüsse selbst frei? Ist irgend etwas in den Menschen nicht auf Naturfaktoren, sondern auf ein der Natur Transzendentes, auf ein Absolutes, auf Gnade oder freien Willen zurückzuführen? Im Gegensatz zu den protestantischen Strömungen hat der Denker der italienischen Renaissance diese Frage verneint. Wenn Machiavelli von freier Entschlußfähigkeit spricht, so meint er keineswegs eine dem Naturlauf enthobene Instanz, sondern der Wille ist ebensosehr durch Naturfaktoren, nämlich die Triebe, die natürlichen Neigungen, gegen die niemand handeln kann, bedingt wie der Fall eines Steines durch die Schwerkraft. Bei Machiavelli ist die philosophische Ansicht zwar nicht ausführlich begründet und entwickelt, aber doch vorbereitet, daß die menschlichen Triebe in den großen Kausalmechanismus eingeordnet sind. Der Mensch ist ein Stück Natur und kann sich in keiner Weise den Naturgesetzen entziehen. Er besitzt insofern Freiheit, als er auf Grund eigener Entscheidungen handeln kann; er besitzt sie insofern nicht, als man unter ihr die Freiheit von Naturbedingungen versteht. Von diesem Gegenstand wird noch im nächsten Abschnitt zu sprechen sein.

Große Staatsmänner und Fürsten der in seiner Zeit eingeleiteten Epoche des Absolutismus haben dem Denker Machiavelli zugestimmt, wenn er alle geschichtliche Bewegung als politische versteht und, um der virtù eine möglichst starke Entfaltung zu sichern, den Machtstaat als höchste Staatsweisheit der geschichtlich handelnden Menschen verkündet. Je mehr aber die wirtschaftliche und damit

---

24 Ibid., S. 118.

kulturelle Führung von den italienischen Republiken an die großen nationalen Monarchien überging, desto mehr verloren die republikanischen *Diskurse*, das Hauptwerk, an Bedeutung, und der *Fürst* allein rückt in den Mittelpunkt der Beachtung. Im Jahrhundert der Aufklärung liest man fast nur noch ihn, lehnt ihn aber zugleich als Verteidigung von Tyrannei und Angriff auf Recht und Menschlichkeit ab. Machiavelli erscheint als Verteidiger des Fürsten, der die Menschen verachtet, keinem Moralgesetz sich unterwirft, mit Gift und Dolch regiert, sein Wort bricht, die Religion beschützt, die er doch für falsch hält. Der Mangel, der in der Kritik bis heute Machiavelli immer wieder vorgeworfen wird, ist die moralische Indifferenz; er habe den Regierungen unsittliche Ratschläge erteilt, und außerdem die moralische Stärke als politischen Machtfaktor verkannt. Tatsächlich hat aber Machiavelli die Moralität als Machtfaktor nicht übersehen; nur war ihm Echtheit oder Unechtheit des Charakters, Übereinstimmung oder Unterschied zwischen moralischer Erscheinung und persönlicher Gesinnung ihres Trägers bedeutungslos. Die Gesinnung, soweit sie gesellschaftlich wirkungslos bleibt, wird auch von Hegel als Ohnmacht der besonderen Individualität und von Nietzsche als Belanglosigkeit der puren Innerlichkeit gleichgültig beiseite geschoben. Machiavelli, dem es auf die Begründung einer guten gesellschaftlichen Ordnung als höchstes Ziel des geschichtlichen Handelns ankommt, hat die Charaktere nicht nach ihrer subjektiven Moralität, sondern nach ihrer politischen Wichtigkeit zu beurteilen.

Die gemeinsame Eigenart Machiavellis und der Kritiker seiner »Moral« liegt vielmehr in der Überschätzung der geschichtlichen Rolle des Charakters. Mit Machiavelli sind sich seine Gegner und seine Anhänger, Richelieu und Friedrich der Große, Diderot und Fichte darüber einig, daß es allein von der Beschaffenheit der Menschen, die die Regierung bilden, abhängt, ob sie gerecht oder ungerecht, grausam oder milde, fanatisch oder tolerant die Menschen beherrschen. Auf eine letzte – freilich von mannigfachen Naturbedingungen abhängige – persönliche Eigenart: den Charakter der Herrschenden, kommt für den Untertanen alles an. Friedrich erklärt, daß die Könige die Macht hätten, Gutes oder Böses zu tun, »wenn sie es beschlossen haben«, und er zählt später gleichsam als Beweis für seine Ansicht neben einem Nero, Caligula, Tiberius die Namen

der guten römischen Kaiser, »die geheiligten Namen eines Titus, eines Trajan und der Antonine« auf.[25] Wenn daher in der Aufklärung nicht bloß Philosophen, sondern selbst Fürsten die Grundsätze Machiavellis verdammen, so müßte dies nach dieser psychologischen Geschichtsdeutung selbst daher rühren, daß die Fürsten in jener späteren Zeit zufällig bessere Menschen waren als die Herrscher der Renaissance und des Barock, die als Scheusale auf die Welt gekommen sind. Nach dieser Ansicht bestimmen eben Leidenschaften und Triebe der Menschen den Gang der Dinge, sie erklären sogar den Wechsel zwischen Ordnung und Unordnung und den Kreislauf der Regierungsformen. Die seelischen Grundkräfte sollen zu jeder Zeit wesentlich die gleichen bleiben; sie werden wie die anderen Naturkräfte als geschichtslos gedacht. Die verschiedene Mischung der gleichen seelischen Elemente, als welche die Charakterunterschiede des Herrschers erscheinen, wird in dieser Geschichtsbetrachtung nicht erklärt, sondern ist zufällig. Auch die wirklichen Kämpfe in der Geschichte, sowie die Vorstellungen, die sich die Menschen machen, sind hauptsächlich aus ihren verschiedenen Charakteren zu erklären. Die Charaktere reagieren auf äußere Einflüsse, auf die menschliche und außermenschliche Umwelt. So antwortet ein gütiger Fürst auf die Armut seiner Untertanen mit sozialpolitischen Maßnahmen, ein grausamer mit despotischer Gewalt.
Physik und Psychologie erklären das gesamtmenschliche Geschehen. »Ich glaube«, schreibt Machiavelli in einem Brief[26], »daß die Natur dem Menschen, wie sie ihm verschiedene Gesichter gab, so auch verschiedenen Geist und verschiedene Ideen gegeben habe. Daher entsteht, daß ein jeder seinem Geist und seiner Idee gemäß verfährt.« Der Mangel der Geschichtsbetrachtung Machiavellis liegt darin, daß er diese eigene Art »zu denken und zu fühlen« nur von geschichtlich unwandelbaren Naturfaktoren und in keiner Weise von den gesellschaftlichen Veränderungen, die sich im Verlauf der Geschichte vollziehen, abhängig sein läßt. Im Sinne der neuen Wissenschaft eignet sich nur das, was relativ zu dem Veränderlichen konstant bleibt, zu seiner Erklärung; solange man die Atome als

---

25 Friedrich d. Gr., *Antimachiavell*, Vorrede.
26 *Schriften* V, S. 464.

unveränderliche Einheiten betrachtete, bildeten sie das letzte Erklärungsmaterial der Physik. Ebenso sind bei Machiavelli die Charaktere des Menschen letztes Erklärungsmaterial des Geschichtsverlaufs, weil sie aus den konstanten seelischen Elementen, den ewig gleichen Trieben und Leidenschaften bestehen.
Aber diese Anschauung ist dogmatisch. Sie sieht davon ab, daß die psychischen und physischen Elemente, die den Bau der menschlichen Natur bestimmen, in die historische Wirklichkeit einbezogen sind. Diese dürfen daher nicht als starre, sich gleichbleibende Einheiten genommen werden, bei denen man als letzten Erklärungsfaktoren stehenbleiben könnte. Gewiß haben die aufgeklärten Fürsten des achtzehnten Jahrhunderts menschlicher regiert als Alexander Borgia oder Ludwig XIV. Aber wenn es richtig ist zu sagen, daß der König von England aus Menschlichkeit Respekt vor seinen Untertanen hat, so ist es doch ebenso wahr, daß er aus Respekt vor seinen Untertanen menschlich ist. Auch Respekt hängt von geschichtlichen Bedingungen ab. Nicht bloß das äußere Verhalten einer Regierung, sondern auch ihre Gesinnung ist durch die realen Machtverhältnisse im Staat bestimmt, und diese selbst sind durch das gesamte gesellschaftliche Leben gestaltet. In der Renaissance bedurfte das Bürgertum zur Niederwerfung aller Hemmnisse seines Verkehrs eines mit allen Machtmitteln ausgerüsteten Gewaltherrschers; der erste Geschichtsphilosoph der neueren Zeit hat ein entsprechendes Ideal entworfen. In der Aufklärung war das Bürgertum bereits so gestärkt, es hatte kraft seiner für die Gesellschaft lebensnotwendigen Funktionen bereits eine solche tatsächliche Machtstellung erreicht, daß es nicht mehr nötig hatte, die Willkür eines Gewaltherrschers oder auch nur einen allzu kostspieligen Hof zu dulden. Der Absolutismus hatte seine geschichtliche Aufgabe, die Niederwerfung der Feudalität, bereits erfüllt und den notwendigen staatlichen Zentralismus hergestellt. Ein erfolgreicher Fürst, der sich als erster Diener des Staates fühlt, ist Produkt und nicht Ursache der vollzogenen gesellschaftlichen Umwandlung. In der Renaissance wäre wohl seiner Herrschaft ein rasches Ende gesetzt worden.
Machiavelli und mit ihm die Anhänger der psychologischen Geschichtsauffassung könnten diese Betrachtung wohl zugeben – freilich mit einer entscheidenden Einschränkung. Gewiß – so könnten sie einräumen – ändern sich die Zeiten und damit auch die Chancen

für einzelne Charaktertypen. Aber es habe z. B. in der Renaissance genau solche Menschen gegeben wie im achtzehnten Jahrhundert, nur hätten jene infolge der damaligen Verhältnisse nicht hervortreten können, sie hätten keine Wirkungsmöglichkeit gehabt. »...da die Zeiten verschieden sind«, schreibt Machiavelli[27], »und die Ordnung der Dinge mannigfaltig, so erreicht derjenige seine Wünsche ad votum, derjenige ist glücklich, dessen Art zu verfahren mit der Zeit übereinstimmt; derjenige hingegen ist unglücklich, der durch seine Handlungen von der Zeit und Ordnung der Dinge sich unterscheidet.« Aber auch damit läßt sich die Lehre von der unveränderlichen Natur des Menschen nicht retten. In der Renaissance haben keine Friedriche und Voltaires im Verborgenen geblüht, sondern es hat sie gar nicht gegeben. Unter den Zunftmeistern der mittelalterlichen Stadt gab es keine modernen Unternehmer- und Trustherren-Naturen, die nur keine Gelegenheit zu einer entsprechenden Tätigkeit gehabt hätten, unter den Zunftgesellen kein Bewußtsein, gleichsam unbemerkt und in der Stille, wie es dem Industriearbeiter von heute eigentümlich ist. Nur ganz vage Analogien lassen sich anführen. Charaktere, von der Zeit losgelöst, sind ganz unwirklich; wenn man diese Personen von den Inhalten der Aufklärung selbst trennt, dann bleibt nur ein Schemen. Ebenso gibt es im Preußen Friedrichs keinen Cesare Borgia; wenn man irgendeinen heruntergekommenen adligen Abenteurer, der am Galgen endet, als »Borgia-Natur« bezeichnet, die nur zur falschen Zeit auf die Welt gekommen sei, so ist das eine leere Redeweise. Mit den wirklichen Verhältnissen wälzen sich nicht nur die praktischen Einrichtungen, die Regierungsformen, die Gesetze um, sondern es verändert sich auch die menschliche Natur. Die Grundlage aller menschlichen Verhältnisse, d. h. die Art und Weise, wie sich die Menschen ihren Lebensunterhalt verschaffen, ist einem Wandel unterworfen. Dieser gibt den Anstoß zu Veränderungen in der geistigen Sphäre, so in Wissenschaft, Kunst, Metaphysik und Religion.

Die Lehre, daß zwar die Zeiten sich veränderten, aber die Beschaffenheit der Menschen die gleiche bleibe, ist falsch. Es hängt nicht vom Charakter der Regierenden ab, ob sie gerecht oder ungerecht, grausam oder milde, fanatisch oder tolerant die Menschen beherr-

27 Ibid.

schen wollen. Die Lehre von der ewig gleichen Menschennatur, die im geschichtsphilosophischen Denken der neueren Zeit immer wieder auftritt, die Lehre von den gleichen Trieben und Leidenschaften, ist ein Fehler. Freilich ist auch die entgegengesetzte Behauptung nicht zu halten, daß die Menschen verschiedener Zeiten und Kulturen sich radikal voneinander unterschieden und daß wir daher überhaupt keinen Zugang zum adäquaten Verständnis der Menschen vergangener Epochen besäßen. Bei solchem historischen Agnostizismus bliebe nichts übrig, als auf jedes Verständnis der Geschichte zu verzichten. Ihm entspräche eine psychologische Lehre von einander unzugänglichen Milieu-Welten der besonderen Menschen und Tiere. Auf historischem Gebiet steht diesem skeptischen Radikalismus vor allem die folgende Erwägung entgegen: ein Mensch auf primitiverer Stufe der Zivilisation kann zwar nur ausnahmsweise entwickelteres Leben erfassen oder voraussehen; aber unsere höher organisierte Vernunft in Verbindung mit dem Tatbestand, daß wir selbst in wichtigen psychischen Schichten primitiveres Sein bewahren und häufig ebenso wie die Menschen früherer Entwicklungsstufen reagieren, ermöglicht uns selbst die erfolgreiche Erforschung jener Menschen anders strukturierter Geistigkeit. Wir verstehen die Menschen anderer Kulturen ferner deswegen, weil unser eigenes Leben in der Gesellschaft so geartet ist, daß wir mit ihnen inhaltlich übereinstimmende Gedanken, Gefühle und Zwecke haben. So waren die uns bekannten Gesellschaftsformen wesentlich auf einer Organisation begründet, die nur einen relativ kleinen Teil der Menschen in den vollen Genuß der jeweiligen Kultur setzte, während die große Masse zu fortwährendem Triebverzicht gezwungen war. Die durch materielle Umstände erzwungene Form der Gesellschaft war bisher die Scheidung in Produktionsleitung und Arbeit, in Herrschende und Beherrschte. Darum muß z. B. der Wille zur Gerechtigkeit im Sinne des sozialen Ausgleichs, d. h. zur Überwindung dieser Gegensätze einen die bisherigen Zeiten übergreifenden Inhalt des Bewußtseins ausmachen. Die Forderung der Gerechtigkeit als Abschaffung der Vorrechte und Einrichtung der Gleichheit stammt von den unteren beherrschten Schichten. Ihr treten im Sinne der aufrecht zu erhaltenden Ungleichheit die Begriffe der Herrschenden gegenüber: Tüchtigkeit, Adel, Wert der Persönlichkeit. Solche Begriffe könnten nur mit den sie bedingenden gesellschaftlichen

Grundlagen verschwinden. Auf Grund der bisher herrschenden gesellschaftlichen Verhältnisse erscheinen sie aber leicht als ewige Grundzüge der menschlichen Natur.

Machiavellis Fehler besteht nicht schlechthin in der Behauptung von Gleichförmigkeiten im Charakter der geschichtlich aufgetretenen Menschen, sondern in dem Absehen von den gesellschaftlichen Bedingungen für die Erhaltung oder Veränderung psychischer Eigenschaften. Mit Ausnahme von Hegel hat kaum ein Philosoph der neueren Zeit den Irrtum Machiavellis vermieden. In der gegenwärtigen Tiefenpsychologie wird das individuelle seelische Leben als eine durch Umweltsituationen bedingte Entwicklung begriffen. Den wichtigsten Umweltfaktor hat man in der Familie zu sehen gelernt; diese selbst ist aber verschieden je nach der historischen Epoche und der sozialen Stellung ihrer Mitglieder in der Gesellschaft. Sind auch zweifellos bestimmte Reaktionsweisen der Menschen bisher relativ konstant geblieben, so besteht doch in der Gegenwart die Möglichkeit, die Abhängigkeit des Charakters aus den gesellschaftlichen Verhältnissen, in denen ein bestimmtes Individuum sich vorfindet und entwickelt, wissenschaftlich weitgehend zu erklären. Eine philosophische Anthropologie, d. h. eine Lehre von der besonderen menschlichen Wesensart im Sinne endgültiger Aussagen über die unveränderliche, von der Geschichte nicht betroffene Idee des Menschen ist daher unmöglich. Insofern sich solche Versuche in der Gegenwart streng an den Stand der empirischen Forschungsergebnisse halten, ohne ihre Vorläufigkeit zu verkennen, haben sie den Wert, Fragestellungen und Resultate über die spezialwissenschaftliche Sphäre hinauszuheben und für eine Orientierung über die Zusammenhänge der Wirklichkeit fruchtbar zu machen. Außerdem vermögen sie unseren Sinn dafür zu schärfen, welche Auffassung vom Menschen unsere geschichtlichen und soziologischen Theorien implizieren. Vom Wesen des Menschen können wir freilich nur sprechen, insofern es sich äußert. Endgültigkeit in den Äußerungen über das Wesen des Wirklichen überhaupt widerspricht dem Wahrscheinlichkeitscharakter aller Voraussagen über tatsächliche Ereignisse. Wir können heute Machiavellis ontologische Setzung einer unabänderlichen Psyche des Menschen vermeiden, ohne dabei auf psychologische Erklärungen in der Geschichte verzichten zu müssen.

Die Kritik an Machiavelli pflegt sich aber gar nicht gegen seinen statischen Begriff des Menschen, sondern gegen das, was man seinen Naturalismus nennt, zu richten. Sie wirft ihm vor, daß er die geschichtlichen Vorgänge wie Naturprozesse betrachtet, daß er alle Begebenheiten streng kausal aus der materiellen Not und aus der natürlichen Veranlagung der politisch sich auseinandersetzenden Menschen ableiten will. Aber dies kann gar nicht als stichhaltiger Einwand gelten. Denn ebenso wie für jeden Vorgang in der übrigen Welt die wissenschaftliche Aufgabe besteht, ihn als gesetzmäßig aus bekannten Bedingungen zu erklären, so ist auch der Versuch berechtigt, geschichtliche Vorgänge in Hinsicht ihrer kausalen Verflechtung zu erforschen. Der Vorwurf des Naturalismus setzt dogmatisch einen prinzipiellen methodischen Unterschied zwischen der Arbeit des Natur- und des Geschichtsforschers voraus. Den Begriff Naturalismus in solcher Bedeutung kritisch gebrauchen heißt, sich gegen aufklärende Erforschung der geschichtlichen Zusammenhänge wenden. Die Handlungen des Menschen werden hier voreilig als unbedingt hypostasiert, nicht unähnlich dem soeben erwähnten Fehler in der Psychologie Machiavellis.
Nur dann kann der Vorwurf des Naturalismus mit Recht gegen Machiavelli erhoben werden, wenn man darunter versteht, daß die dialektischen Beziehungen zwischen außermenschlicher und menschlicher Natur auf Grund einer Betrachtungsweise, die wesentlich der ersteren angepaßt ist, vereinfacht sind. Bei Machiavelli werden ja die Menschen als Gattungen in der Natur genommen wie irgendeine Tiergattung. Jedes Individuum, gleichviel welcher Gruppe und welcher Zeit es angehört, wird als Exemplar der einheitlichen Gattung betrachtet, so wie man eine Biene oder Ameise oder gar ein Atom immer als Beispiel für die übrigen Individuen der Gattung setzen kann. Soweit von Unterschieden zwischen den Individuen die Rede ist, sind es einzig natürliche Unterschiede im engeren Sinne, so wie man nicht eine Arbeitsbiene für eine Drohne setzen kann oder ein besonders schwaches, krankes oder anormales Exemplar für das reguläre der Gattung. Die Menschen treten hier wie vertauschbare Exemplare einer biologischen Gattung auf; die anorganische und organische Natur macht ihre Einflüsse auf die Individuen geltend, von denen jedes nach seinen Gattungsmerkmalen reagiert, und die Summe der individuellen Reaktionen ist dann die Geschichte.

Hieran ist naturalistisch, daß die Reaktionsweisen der Menschen aus dem Begriff von Individuen einer biologischen Gattung abgeleitet werden, ohne daß man jene Momente berücksichtigt, durch die das Individuum nicht von der außermenschlichen Natur, sondern von der sich entwickelnden Gesellschaft, von den übergreifenden sozialen Gesetzmäßigkeiten her, bestimmt ist. Die Gesellschaft hat ihre eigenen Gesetze, ohne deren Erforschung die Menschen ebensowenig zu begreifen sind wie die Gesellschaft ohne die Individuen und diese wieder ohne die außermenschliche Natur.

Der bloß biologischen Auffassung der Menschen entspricht wie überall so auch bei Machiavelli eine naturalistische Auffassung der Natur, nach der sie wesentlich als »umgebende«, als den Menschen bestimmende und nicht als vom Menschen bestimmte, bearbeitete und veränderte Natur gesehen wird. Was wir Natur nennen, ist in einem doppelten Sinne vom Menschen abhängig: erstens wird die Natur im Entwicklungsprozeß der Menschheit durch den Gang der Zivilisation forwährend umgewandelt, zweitens hängen die begrifflichen Elemente selber, durch die wir dem Worte Natur einen Inhalt geben, von der Epoche ab, in der die Menschheit sich befindet. Mit anderen Worten: der Gegenstand der Naturerkenntnis wie diese selbst ist bedingt. Die naive Hinnahme der Naturgesetze und des durch sie bestimmten Naturbegriffs als eines absoluten Ausgangspunktes für alle Erklärungen ist also ebenfalls naturalistisch. Was Natur ist, hängt ebensosehr von dem Lebensprozeß der Menschen ab wie umgekehrt dieser Lebensprozeß von der Natur. Das gleiche gilt von dem Verhältnis Individuum–Gesellschaft; wir können den Inhalt keines dieser Begriffe ohne die Bestimmungen des anderen erkennen, alle diese Bestimmungen selbst sind nicht unwandelbar, sondern haben ihre Geschichte. Ansätze zur Überwindung des Naturalismus, d. h. zur Erkenntnis spezifisch sozialer Gesetze finden sich bei Machiavelli teils in seiner Lehre vom notwendigen Wechsel der Regierungsformen, teils in den Kapiteln, wo die Kämpfe zwischen den Klassen als bestimmend für die kulturelle Fortbewegung dargetan werden. Freilich hat er diese Einsichten über gesamtgesellschaftliche Bewegungstendenzen für seine prinzipiellen Gedanken nicht fruchtbar gemacht; denn er meint, auch die Bewegungen der Klassen wie das politische Leben überhaupt aus dem Begriff isolierter Individuen erklären zu können.

2. Naturrecht und Ideologie

Machiavelli, der erste Geschichtsphilosoph der Neuzeit, ist ein Vorkämpfer der aufsteigenden bürgerlichen Gesellschaft. Ihrer Förderung und Entfaltung gelten die Prinzipien seiner Geschichtsbetrachtung. Zu seiner Zeit war die einheitliche italienische Nation Bedingung eines konkurrenzfähigen italienischen Bürgertums. Doch ist der Machiavellismus für alle Länder charakteristisch, wo die Gesellschaft, um die Schranken der gebundenen mittelalterlichen Wirtschaft und mit ihnen die Reste der Feudalität zu beseitigen, einer starken zentralisierten Regierung bedarf. Diese hat alle widerstrebenden und störenden Elemente niederzuwerfen und über alles menschliche Grauen und Elend eines Übergangszustandes hinweg mit rücksichtsloser Gewalt unbehinderten, sicheren, einheitlich geregelten Verkehr möglich zu machen, kurz, einer bürgerlichen Ordnung auf einem möglichst großen und selbständigen Gebiete die Wege zu ebnen. Mit machiavellistischen Prinzipien schuf Richelieu in Frankreich den einheitlichen Nationalstaat. Napoleon, dessen geschichtliche Aufgabe es war, nach den Stürmen der französischen Revolution bürgerliche Sicherheit und Ordnung einzuführen und der nach Erfüllung dieser Funktion vom französischen Bürgertum alsbald im Stich gelassen wurde, hat einen Kommentar zu Machiavelli geschrieben. Fichte, der bürgerliche Freiheit und Gesinnung forderte, schrieb eine Verteidigungsschrift für Machiavelli, und Hegel, in dessen Philosophie das im vormärzlichen Deutschland überall in seiner wirtschaftlichen und politischen Entfaltung gehemmte Bürgertum seinen deutlichsten ideellen Ausdruck fand, stimmt nicht bloß sachlich in vielen Gedanken mit Machiavelli überein, sondern hat ihn auch selbst aufs höchste geschätzt. Hobbes ist der Sohn eines Landes, in dem zu seinen Lebzeiten die Grundlagen zu einer ungehemmten Entwicklung der bürgerlichen Gesellschaft gelegt wurden. Seine Geschichtsphilosophie darf man im Gegensatz zu Machiavelli, dessen Gedanken im eigenen Lande zunächst ohne tatsächlichen Einfluß blieben, ebensowohl als Wirkung wie als Ursache der Praxis ansehen.

Er ist 1588, dem Jahre der Zerstörung der Armada, geboren. Sohn eines mäßig gebildeten Predigers in Oxford, ist er selbst einer der bedeutendsten Philosophen der neueren Geschichte. Während er in der Geschichtsphilosophie bei Machiavelli in die Lehre ging, war er in den übrigen Disziplinen Schüler des großen Francis Bacon, der – im Gegensatz zu heute verbreiteten Ansichten – als ein Denker zu gelten hat, der entscheidende Ideen der neueren Philosophie zuerst in den Mittelpunkt stellte. Das Leben Hobbes' erstreckt sich über einen Zeitraum von 91 Jahren und gehört zu seinem größten Teil der Zeit des Endkampfes zwischen dem englischen Bürgertum und der Feudalität an. Er hatte Gelegenheit zu sehen, wie die Krone, um nicht zu stürzen, unbedingter Macht bedarf, wie sie aber zur Aufrechterhaltung ihres Bestandes diese Macht den »nationalen«, d. h. denjenigen bürgerlichen Interessen widmen muß, die im damaligen England wesentlich mit denen des protestantischen Geldadels zusammenfielen.

Hobbes hat noch einen Teil der Regierungszeit der Elisabeth erlebt, sieht dann die schwache Regierung Jakobs I. und schließlich auch die Folge der lediglich auf Vermehrung der Hausmacht gerichteten Politik des englischen Königshauses: den Sturz der Krone. Obwohl er immer persönlich die Monarchie für die beste Regierungsform hielt, obwohl er deshalb 1640, als das »Lange Parlament« zusammentrat, aus London fliehen und elf Jahre in Frankreich bleiben mußte, hat er doch jederzeit – ganz im Geiste Machiavellis – die *Form* des Staates als relativ nebensächlich gegenüber der faktischen Existenz irgendeiner starken Herrschaftsgewalt angesehen. So erklärt es sich, daß der Emigrant in Frankreich den späteren Karl II., der als verbannter Prince of Wales in St. Germain Hof hält, zwar unterrichtet und sich sogar mit ihm anfreundet, sich aber in der Folge mit ihm überwirft, weil Hobbes Cromwells republikanische Regierung anerkennt; gegen Ende 1651 kehrt er auf Grund der Amnestie des Parlaments als loyaler Bürger des neuen Regimes nach London zurück. Wenn Karl II. ihm später bei seinem Einzug wieder die Hand reichte, so wußte er wohl, daß Hobbes Monarchist geblieben war. Aber er war es doch gleichsam nur als Privatmann; als Philosoph war er Diener der starken, jeweils am Ruder befindlichen

Regierung, deren Macht zu festigen ihm höchste Pflicht und Aufgabe schien. Nicht einem Monarchen, noch einer Republik, sondern der stärksten politischen Macht hat er, wie Machiavelli, seine Wissenschaft gewidmet.[1]
Der florentinische Staatsmann, bei dem abstrakte und prinzipielle Erwägungen selten sind, hatte die Analogie zwischen Politik und Physik, zwischen naturwissenschaftlicher und geschichtlicher Erklärung noch in naiver Weise einfach angenommen. Hobbes' philosophisches System dagegen, eines der glanzvollsten und scharfsinnigsten geistigen Dokumente seiner Zeit, beruht wesentlich auf einer theoretischen Analyse dieser Analogie in der Struktur natürlicher und sozialer Gebilde, d. h. physikalischer Gefüge und der Vereinigung von Menschen im Staat. Seine Lehren über Staat und Geschichte lassen sich ohne Kenntnis seiner Naturauffassung nicht begreifen; sie selbst gründet in dem mechanistischen Weltbegriff, den die aufsteigende neue Gesellschaft als Lösung aller Rätsel dem mittelalterlichen Kosmos entgegensetzte.
Galilei hatte alles Geschehen auf mechanisches Geschehen, und zwar auf Bewegungen kleinster Stoffteilchen zurückgeführt. Auch der komplizierteste Vorgang, die Veränderung großer Massen, läßt sich nach ihm auf die Bewegung von Atomen zurückführen. Entgegen der mittelalterlichen Auffassung, die noch heute im »natürlichen« Weltbild anzutreffen ist, die Ruhe sei der ursprüngliche und gleichsam angemessene Zustand aller Dinge, war die Lehre Galileis, daß gleichförmige und geradlinige Bewegung der einfachste physikalische Begriff sei, daß, allgemein betrachtet, Ruhe und Bewegung

---

1 Folgende Werke kommen hauptsächlich in Betracht: *Über den Bürger* (1642), *Leviathan oder über Inhalt, Form und Macht des geistlichen und bürgerlichen Staates* (1651), *Über den Menschen* (1658); äußerst interessant ist das Buch *Behemoth oder das lange Parlament*, eine historische, in Dialogform gehaltene Abhandlung über den Gang der Cromwellschen Revolution von 1640 bis zur Restauration. Für dieses postum veröffentlichte Werk konnte Hobbes trotz seiner Aussöhnung mit Karl II. und trotz seiner aus Vorsicht eingefügten Angriffe auf Cromwell und die Independenten keine Druckerlaubnis erhalten, da der Einfluß seiner geistlichen Gegner am Hofe immer mehr wuchs. Katholiken und Protestanten haben seine Schriften teilweise noch zu seinen Lebzeiten verboten. Drei Jahre nach seinem Tode erließ die Universität Oxford ein Dekret gegen die verderbliche Lehre, daß alle bürgerliche Autorität ursprünglich vom Volke ausgehe (vgl. Ferdinand Tönnies, *Thomas Hobbes Leben und Lehre*, Stuttgart 1925, S. 65), die Bücher *Vom Bürger* und *Leviathan* wurden von den Studenten öffentlich verbrannt. Die rückständige Regierung der Stuarts war eben im Grunde gegen alle Interessen des englischen Bürgertums gerichtet.

überhaupt als relativ angesehen werden müßten, eine welthistorische Tat. Nicht die Bewegung als solche ist nach Galilei zu erklären, sondern Beschleunigung oder Verlangsamung und Abänderung der Richtung. Damit wurde der Gott des Aristoteles, der selbst unbewegte Beweger der Welt, der erste Anstoß und zugleich der Erhalter der Bewegung, wenigstens in der Naturphilosophie überflüssig.

Dieser neuen in der Renaissance begründeten Anschauung hat Hobbes in radikaler Weise ihren geschlossenen systematischen Ausdruck verliehen. Alle Wissenschaft ist nach ihm Wissen von den Ursachen, darf sich also niemals mit bloßer Feststellung oder Beschreibung von Tatsachen begnügen. Die Ursachen für alle Veränderungen der Körper sind Bewegungen ihrer Teile. Zwar gehörte Hobbes nicht im eigentlichen Sinne zum Atomismus. Für diese Schule, zu der sein Freund Gassendi zählte, bestand alles Seiende aus letzten, unveränderlichen, unteilbaren, selbständigen Teilchen: den Atomen; diese haben bestimmte Eigenschaften wie etwa Schwere und Undurchdringlichkeit, wenn auch keine eigentlich sinnlichen Qualitäten. Solche kleinsten Teile der Materie erkennt Hobbes nicht an: ihm sind klein und groß relative Begriffe, die ihre Bedeutung nur in Beziehung zum auffassenden Subjekt haben; was dem Physiker noch als kleinster Teil erscheint, muß es nicht auch in absolutem Sinne sein. Aber davon ist Hobbes überzeugt, daß es nichts Wirkliches gibt als solches, das seine Stelle im Raume hat. Er nennt es nicht Materie (ein für ihn nur abgezogener und allgemeiner Begriff, der zu sehr an Aristoteles erinnert), sondern Körper. Alles, was mit Recht Substanz oder Wirklichkeit heißen darf, ist Körper; alle Veränderungen sind Bewegungen der Teile von Körpern, die wir in immer weitere Teilbewegungen hinein verfolgen müssen. Ausdehnung und Figur sind beständige Eigenschaften der Körper, Farbe, Geruch, Geräusch bloße subjektive Auffassungsweisen von ihnen. Die obersten Gesetze der Bewegung sind die obersten Gesetze der natürlichen Welt; eine andere Welt gibt es nicht.

Ein Mechanismus, der aus körperlichen Teilen besteht, ist auch der Mensch; er unterscheidet sich von allen anderen Körpern in der Natur nicht etwa dadurch, daß irgendwelche Vorgänge in ihm anderen als den mechanischen Gesetzen gehorchen, sondern lediglich durch eine größere Kompliziertheit des Aufbaus und der Funktionen. Hobbes hat das Herz mit einer Feder, die Nerven mit Schnüren, die

Gelenke mit Rädern verglichen, die den Körper in Bewegung setzen. Ist Hobbes gelegentlich vom Problem, daß der Mensch sich doch wenigstens durch sein Bewußtsein von einem Teil der übrigen Körper unterscheidet, gequält worden, hat er dieses Problem auch in verschiedenen Epochen seines Lebens in verschiedener Weise behandelt, so spricht er sich doch nirgends darüber eindeutig aus. Er schwankt zwischen der Lehre, daß auch die Empfindungen und die Bewußtseinsvorgänge überhaupt materielle Vorgänge seien wie alles übrige sonst, und der Ansicht, daß man gewisse Vorgänge einmal als physische, einmal als psychische betrachten könne, wobei es sich dann nicht um reale Verschiedenheiten, sondern nur um verschiedene Möglichkeiten der Zuordnung handelt. Jedenfalls, so ist seine Meinung, berechtigt die Tatsache des Bewußtseins zu keinen anderen Erklärungen menschlichen Tuns als zu mechanischen, jedenfalls sind menschliche Bewegungen genau so wie etwa Bewegungen der Atmosphäre aus Teilbewegungen als ihren Ursachen zu begreifen.

Der Staat verhält sich zu den einzelnen Menschen wie die einzelnen Menschen zu den stofflichen Teilen ihres Körpers, d. h. wie jedes physikalische System zu seinen materiellen Bestandteilen. »Gleich wie man in einem Uhrwerk oder in einer anderen etwas komplizierten Maschine die Bedeutung jedes Teiles und Rades nicht erkennen kann, wenn man sie nicht auseinandernimmt und Stoff, Figur, Bewegung jedes Teiles für sich betrachtet, ebenso ist es bei Untersuchung des Staatsrechtes und der Untertanenpflicht zwar nicht nötig, daß der Staat wirklich aufgelöst, aber doch, daß er als ein aufgelöster betrachtet werde, d. h. daß man die Beschaffenheit der menschlichen Natur richtig erkenne, durch welche Seiten sie tüchtig oder untüchtig sei, um ein Staatswesen zusammenzuschweißen, und auf welche Weise die Menschen untereinander sich verbinden müssen, die eine Einigung erzielen wollen.«[2] Wie man die Beschaffenheit der kleinsten Teile der Materie untersuchen müsse, um die großen Dinge zu begreifen, wie man in der Physik immer weiter in der Richtung auf das unendlich Kleine zu fragen habe, so sei auch

---

2 Thomas Hobbes, *Grundzüge der Philosophie*, zweiter und dritter Teil, Lehre vom Menschen und vom Bürger, Philosophische Bibliothek Band 158, Leipzig 1918, unten zitiert als *Grundzüge*. [Die hier im Text angeführte Übersetzung dieser Passage ist mit der zitierten Übersetzung nicht identisch.]

aus den Beschaffenheiten der kleinen Teile im staatlichen Gefüge, nämlich der Menschen, die Entstehung und das Zusammenhalten des Großen, des Staates zu erklären.

Damit wird in der systematisch fundierten Theorie Hobbes' der grundlegende Fehler in der Geschichtserklärung Machiavellis noch schärfer sichtbar. Aus dem Begriffe isolierter Individuen, deren Beschaffenheiten Hobbes in bewußter Analogie zu den Eigenschaften der anorganischen Körper als ewige und unveränderliche faßt, sollen alle gesellschaftlichen Veränderungen in Staat, Politik und Religion, Moral und Recht erklärt werden. Jedes dieser Individuen reagiert in unbedingter Notwendigkeit auf äußere Bewegungen. Von innen her gesehen stellen sich die menschlichen Reaktionen als bestimmte Erlebnisse, Gefühle und Triebregungen dar. Hobbes' Anthropologie beruht auf dem Grundgedanken, daß alle Affekte, auf Grund deren wir handeln, streng notwendige Wirkungen mechanischer Vorgänge in unserem Körper und weiterhin in der Außenwelt sind. Die Funktionen des menschlichen Körpers werden durch das Herz in Bewegung gesetzt und gehalten. Dieses selbst erhält für seine Tätigkeit fortwährende Anstöße durch gewisse Stoffe beim Einatmen. Das Herz pumpt das Blut durch den Körper und erhält so die Organe in ihrer Tätigkeit. Was den Blutumlauf fördert, verursacht Lust, was ihn hemmt, Unlust. Auch z. B. die ästhetische Freude ist bedingt durch Ätherschwingungen, die von leuchtenden Körpern ausgehen, über die Netzhaut des Auges, den Sehnerv und das Gehirn zum Herzen sich fortpflanzen und von da aus Lust verursachen. Bewegungen, die aus der umgebenden Natur oder aus dem Inneren des Körpers selbst stammen, sind überall die Ursachen, auf Grund deren gesetzmäßig Lust und Unlust zustande kommen. Aus Lust und Unlust oder – physisch betrachtet – aus Förderung und Hemmung der Zirkulation gehen dann mit gesetzlicher Notwendigkeit die Willenshandlungen des Menschen hervor. In genauer Analogie zur Mechanik werden die »Bewegungen« der Seele in anziehende und abstoßende eingeteilt. Zu jenen gehören Liebe, Begehren, Aneignen und Behaltenwollen; zu diesen Schmerz, Abneigung, Furcht. Trennt der gemeine Verstand etwa geistige von körperlichen Schmerzen, so weiß er nicht, daß es sich beidesmal um qualitativ Gleiches handelt, nur daß bei den körperlichen Schmerzen lediglich eine bestimmt umschriebene Stelle des Leibes, bei den geistigen der gesamte Körper in seiner Funktion getroffen wird. Im Zusammenhang damit teilt Hobbes sämtliche Leidenschaften in solche ein, die auf Anziehung und Aneignung gehen, und solche, die widerstreben oder abwehren.

Für die sogenannte Freiheit des Willens kann also in dieser Philosophie kein Raum sein; die Lehrbücher der Philosophiegeschichte reihen Hobbes gewöhnlich auch nach diesem Gesichtspunkt ein. Wichtiger freilich ist die Unterscheidung der Freiheit des Willens von der des Handelns, durch die Hobbes das Freiheitsproblem wesentlich gefördert hat. Die Lehre von der Freiheit des Willens, die nicht bereits in der Hochscholastik, sondern erst in der Reformation und Gegenreformation in bewußtem Gegensatz zu der sich ausbreitenden neuen Naturwissenschaft ihre wirksame Bedeutung gewonnen hat, läßt sich auf den Satz zurückführen, das Handeln des Menschen sei nicht aus natürlichen Ursachen zu erklären. Vielmehr bestehe eine Instanz in uns selbst, die das liberum arbitrium indifferentiae besitze, die aus sich heraus ohne natürliche Gesetzmäßigkeit, d. h. beliebig, von mehreren Handlungsmöglichkeiten eine bestimmte verwirkliche. An dieser Lehre hängt nicht bloß ein religiöses, sondern ebensosehr ein soziales Interesse. Ohne Wahlfreiheit macht es Schwierigkeiten, die Verantwortlichkeit vor Gott, die jenseitige und die diesseitige Verdammnis zu begründen. Wenn erst in der allerjüngsten Zeit von Juristen selbst gegen die Gewohnheit protestiert worden ist, die juristische Praxis durch die Lehre von der Freiheit des Willens zu rechtfertigen, so ist festzustellen, daß schon Hobbes und nach ihm die Aufklärung diese Theorie mit mächtigen Argumenten entkräftet hat.

Wo wir in einem Einzelfall die triebmäßigen Ursachen für ein Verhalten nicht kennen, ist damit noch keine Wahrscheinlichkeit begründet, daß die betreffende Reaktion überhaupt nicht in einen ursächlichen Zusammenhang zu bringen ist. Vielmehr bedeutet der theoretische Ansatz positiver Freiheit an Stelle einer Erklärung für Hobbes und die Aufklärung eine künstliche Beschränkung der Wissenschaften, deren Sache es ist, an keiner Stelle der Forschung endgültig stehenzubleiben. Wo wir die Mechanismen der menschlichen Handlungen nicht kennen, haben wir zwar keineswegs das Recht, dogmatische Kausalketten zu konstruieren, aber wir dürfen die weitere Fragestellung auch nicht durch einen

Begriff von Freiheit verbauen, der die Wissenschaft voreilig begrenzt.

»Nach meiner Ansicht«, heißt es bei Hobbes[3], »ist die Freiheit nichts anderes als die Abwesenheit von allem, was die Bewegung hindert. Deshalb ist das in ein Gefäß eingeschlossene Wasser nicht frei, das Gefäß hindert sein Ausfließen; dagegen wird es frei, wenn das Gefäß zerbricht. Ein jeder hat mehr oder weniger Freiheit, je nachdem er mehr oder weniger Raum zur Bewegung hat. Deshalb hat der in ein weites Gefängnis Eingeschlossene mehr Freiheit als der in einem engen Gefängnis Befindliche. Auch kann der Mensch nach einer Seite hin frei sein und nach der anderen nicht. So wird der Fußgänger an der einen oder anderen Seite durch Zäune oder Mauern gehindert, damit er nicht die an den Weg angrenzenden Saatfelder und Weinberge zerstöre. Dergleichen Hindernisse sind äußerliche und unbedingte; und in diesem Sinne sind alle Sklaven und der Gewalt Unterworfene frei, die nicht gefesselt oder eingekerkert sind. Andere Hindernisse treffen nur den Willen; sie hindern die Bewegung nicht unbedingt, sondern mittelbar, indem sie unsere Wahl beeinflussen. So ist der Passagier im Schiff nicht derart gehindert, daß er sich nicht in das Meer stürzen könnte, wenn er will. Aber auch hier hat ein Mensch um so größere Freiheit, auf je mehr Arten er sich bewegen kann. Und hierin besteht die bürgerliche Freiheit... In jedem Staate und jeder Familie aber, wo sich Sklaven befinden, haben die freien Bürger und die Familiensöhne vor den Sklaven das Privilegium voraus, daß sie die ehrenvolleren Ämter im Staate oder in der Familie innehaben und an überflüssigen Dingen mehr besitzen. Und der Unterschied zwischen einem freien Bürger und einem Sklaven liegt darin, daß der Freie nur dem Staate, der Sklave aber auch einem Mitbürger dient. Jede andere Freiheit ist eine Befreiung von den Gesetzen des Staates und gebührt nur den Herrschern.« Diese Ausführungen Hobbes' erweisen deutlich, daß er nicht von der Freiheit zu wollen, sondern von der zu handeln spricht. Willensfreiheit im idealistischen Sinne gibt es für ihn nicht, sondern nur die Freiheit von Hemmnissen, die unsere Handlungsmöglichkeiten einschränkt. Sie ist nach Individuum, Situation und Klassenlage verschieden. Nicht nur äußere, sondern auch innere

---

3 *Grundzüge*, S. 175 f.

Hindernisse, z. B. zu erwartende Folgen beschränken unsere Handlungen. Jener Seereisende wird, obwohl ihm der Weg dazu offensteht, nicht ins Meer springen, sofern er »normal« ist; für einen unbeteiligten Passanten ist es gleichgültig, ob ihm der Eintritt in ein Haus wirklich versperrt oder bei Todesstrafe verboten ist. In beiden Fällen, die Hobbes als mittelbare und unmittelbare Hindernisse geschieden hat, ist der Wille selbst nicht frei, sondern durch eine Reihe von Ursachen bestimmt.

Die von Hobbes abgelehnte metaphysische Freiheit des Willens wäre ein Moment, das unterschiedslos alle Menschen, hoch und niedrig, reich und arm, krank und gesund, jung und alt miteinander verbände, ein gemeinsames Vermögen im Sinne der Theologie, der alle Menschen in gleicher Weise Gottes Kinder sind, oder der Aufklärung, die die Gleichheit aller Menschen aus politischen Gründen betont. Die von Hobbes anerkannte Freiheit des Handelns dagegen ist jeweils verschieden. In Bezug auf sie hebt er vor allem die Unterschiede der gesellschaftlichen Situation hervor. In dem letzten Zitat war mit Rücksicht auf den Sklaven und seinen Herrn von »überflüssigen Dingen«, d. h. von Luxus, die Rede. Haben der Sklave und sein Herr den Willen, sich in den Genuß solcher Gegenstände zu setzen, mit ihrer Hilfe sich Genüsse zu verschaffen, so sind sie darin nach dem Begriffe der idealistischen Freiheit voneinander gar nicht zu unterscheiden: der rein philosophische Streit, ob sie in diesem Sinne frei sind, zu wollen oder nicht, betrifft beide in gleichem Maße. Das theoretische Ergebnis solchen Streits faßt sie unter einem gemeinsamen Begriff unterschiedslos zusammen und spricht ihnen entweder eine gemeinsame Würde oder auch eine gemeinsame Tragik zu, lenkt daher insofern von der Realität ab, »führt über sie hinaus«. Der Hobbessche Freiheitsbegriff dagegen führt zur Realität hin. Das steht für den physikalischen Mechanisten und Schüler Machiavellis a priori fest, daß der Sklave und sein Herr nach ihrer Natur wünschen und wollen müssen. Aber wenn der Herr sich den Genuß verschafft, so kann er ihn auskosten; befriedigt der Sklave die gleiche Sehnsucht, so wird er dafür umgebracht. Auf diesen Unterschied der Freiheit kommt es in der gesellschaftlichen Wirklichkeit an; zu seiner Erörterung kann jener andere Freiheitsbegriff jedenfalls nichts beitragen.

Zum Verständnis der Untersuchung Hobbes', wie die Menschen,

deren Handlungen also aus Ursachen zu erklären sind, im Staate sich vereinigen, Kultur schaffen, kurz – ihre Geschichte machen, ist zu betonen, daß Hobbes nicht vor allem die wirkliche Entstehung der Staaten darstellen wollte. Vielmehr geht sein für viele Geschichtsphilosophen bis über Rousseau und Kant hinaus charakteristischer Gedankengang im Sinne der Lehre vom »Staatsvertrag« dahin: um die eigentlichen Ursachen, welche immer und überall die Existenz des Staates begründen, kennenzulernen, bedürfen wir nicht des Studiums der abgelaufenen Geschichte. Braucht doch auch nach Hobbes der Naturforscher nicht das wirkliche Zustandekommen eines Dinges in der Natur zu verfolgen, um angeben zu können, aus welchen Ursachen es sich herleitet. Der Physiker kennt ja die Eigenschaften der materiellen Teilchen, aus denen sich die Natur zusammensetzt, er kennt sie abgesehen von ihrem Zusammenhang in einem bestimmten Körper und kann daher in Gedanken auf Grund der Kenntnis von Teilbeschaffenheiten, also hier der Bewegungsgesetze der Materie, konstruieren, wie die Dinge physikalisch zustande kommen. Ebenso haben wir nur die Individuen unabhängig von ihren Beziehungen im Staate zu betrachten, also so, wie sie ohne Staat, im »natürlichen« Zustande sich verhalten müßten, um die Ursachen zu erkennen, die zur Staatenbildung führen. Wie die Physik jener Zeit die Teile, Korpuskeln oder Atome, für sich betrachtete, um aus ihren Eigenschaften die gestalteten Dinge zu begreifen, wie sie aus dem Chaos, d. h. der beziehungslos gedachten Materie, die Welt entstehen ließ, so wollte man von den gesellschaftlichen Beziehungen der Menschen abstrahieren, um dann aus den Individuen als den einzelnen Beziehungspunkten den ganzen Staat entstehen lassen zu können. Man dachte nur nachsehen zu müssen, wie die beziehungslosen Individuen im »Naturstaat« kraft ihrer Eigenschaften getrieben wären, Beziehungen zu schaffen und diese im Staat zu verfestigen, um den geschichtlich gegebenen Staat zu begreifen.

Weder Welt- noch Naturgeschichte ist also für Hobbes im eigentlichen Sinne Wissenschaft von der Politik, vielmehr wird die Staatslehre aus reinem Denken konstruiert. Ihre Grundzüge lassen sich folgendermaßen bestimmen: Da Lust und Unlust die Menschen allein bewegen, gilt als höchstes Gut das Leben, als größtes Übel der Tod. Im Naturzustande ist das Leben des einzelnen aufs höchste bedroht. Zwar hat jeder infolge der Gesetzlosigkeit ein natürliches Recht auf alles, aber er muß immer gewärtig sein, daß ihm der Stärkere, gelegentlich sogar der Schwächere, alles wegnimmt. Auch der Schwächere kann ja das höchste Gut, das Leben, dem Stärkeren rauben; jene vitalistische Romantik, die behauptet, in der Natur triumphiere immer das biologisch Höherwertige über das Unterlegenere, ist ein Irrtum. Der natürliche Zustand ist durch den unbegrenzten Appetit des einzelnen, zugleich aber durch seine Furcht vor allen übrigen gekennzeichnet. Es herrscht das »bellum omnium in omnes«. Aus der Furcht erwächst das Bedürfnis der Sicherung, aus diesem die Bereitschaft, auf die eigene unbeschränkte Freiheit zu verzichten, die fortwährend bedroht ist, um eine beschränkte in Ruhe zu genießen. So wird der Gesellschaftsvertrag aus Furcht und Hoffnung geschaffen, als Kompromiß zwischen unserer grenzenlosen Angriffslust und unserer grenzenlosen Angst.

Da im natürlichen Zustand noch gar keine Regierung besteht, wird nicht zwischen ihr und den Regierten, sondern zwischen allen zukünftigen Bürgern des Staates der Urvertrag geschlossen. Auf Grund ihres übereinstimmenden Willens übertragen die einzelnen die Souveränität *einem* Menschen oder *einer* Versammlung, die fortan kraft dieses Vertrags die Herrschaft ausübt. Der Wille des Souveräns, dem alle Kraft und Macht der Vertragschließenden zur Verfügung gestellt sind, repräsentiert mit seinem einzigen Willen den Willen aller. So geht also die Autorität ursprünglich vom Volke aus, gründet sich auf den Willen aller einzelnen oder wenigstens der Mehrzahl der Urversammlung. Aber abgesehen von diesem Ursprung haben die einzelnen dem Staat, d. h. dem Souverän gegenüber, gar keine Freiheit mehr, sondern müssen sich ganz und gar seinen Gesetzen unterwerfen: der Wille des Staats ist identisch mit dem Willen des Herrschers, gleichviel ob dieser monarchisch von einem einzelnen Menschen oder republikanisch von einem Präsidium ausgeht. Für Hobbes als unbedingtem Absolutisten ist jede Einschränkung der höchsten Gewalt wider den Sinn des Urvertrags. Gewiß leiten sich aus dem Vertrag auch Pflichten für die Inhaber der Staatsgewalt her, aber nicht Bürger können sie gegen die Herrscher geltend machen; diese sind nur Gott und der Vernunft verantwortlich.

Ist einmal die Gewalt übertragen und von allen aus der Hand gegeben, so kann kein einzelner diese Übertragung mehr rückgängig machen, möge er sich auch mit noch so viel anderen einzelnen verbünden. Aus der Naturphilosophie erwächst Hobbes hier der Vergleich zwischen dem aus Konvention hervorgegangenen Staat mit den aus Konvention festgelegten Begriffen der Mathematik. Ein einziges Mal hat man die Freiheit der Bestimmung, kann man seine Begriffe definieren, wie man will. Ist aber allgemeine Übereinkunft geschaffen, so läßt sich nicht mehr an ihr rütteln. Wer in der Geometrie gegen Definitionen verstößt, begeht Irrtümer; wer gegen die Gesetze des Staates verstößt, ist Verbrecher oder Rebell. Wie die geometrischen Konventionen letzten Endes getroffen wurden, um Maschinen zu bauen, so ist die Konvention des Urvertrags abgeschlossen, um die größte aller Maschinen zu errichten: den Staat. Die Funktion dieser Riesenmaschine ist es, die Schrecken des Urzustandes, der Anarchie fernzuhalten, alle Ungeheuer, die die bürgerliche Ruhe und Sicherheit gefährden könnten, vor allem die »Behemoth«, das Ungeheuer der Rebellion, zu unterdrücken. Der Staat ist in Wahrheit selbst auch nichts anderes als das mächtigste Ungeheuer, der »Leviathan«, der »sterbliche Gott«, der nach eigener Willkür schaltet und vor dem der Wille aller anderen Sterblichen verstummt.

So läßt Hobbes den Staat mit Notwendigkeit aus der Veranlagung der Individuen hervorgehen. Diese Ableitung ist zugleich die naturrechtliche Begründung der politischen Grundpflichten. Während das positive Recht mit den im Staate geltenden Gesetzen identisch ist, heißt Naturrecht bei Hobbes alles, was notwendigerweise aus der Natur des Menschen für seine Handlungen folgt, soweit dazu vernünftige Überlegung gehört. Nach seinen Worten[4] handelt es sich dabei um alles, was wir vernünftigerweise »behufs einer möglichst langen Erhaltung des Lebens und der Glieder« tun und lassen müssen. Die naturrechtliche Aufgabe des Staats, der ja aus solchem natürlichen Gesetz hervorgehen soll, ist die Garantie des inneren Bürgerfriedens.

Als die Professoren und Studenten der Universität Oxford Hobbes' Lehren verdammten und seine Bücher verbrannten, da hatten sie die

---

4 Ibid., S. 91.

Gefährlichkeit der Theorien vom Gesellschaftsvertrag und vom Naturrecht sehr wohl erkannt. Denn der mittelalterlichen Überzeugung, die Regierenden und mit ihnen die gesamte Zunft- und Ständeordnung seien von Gott eingesetzt, tritt die Ansicht gegenüber, Staat und Gesellschaft leiteten ihre Existenz und Berechtigung vom Willen des Volkes her, dessen Wohl ihr Zweck sei. Die feudalen Mächte mußten die rückständigen Ordnungen und Einrichtungen, die Vorrechte und Selbstherrlichkeiten, mit dem Hinweis auf ihre Heiligung durch Gott und die Tradition rechtfertigen. Das »Ehrwürdige« und »Göttliche« – die spätere Romantik nennt es »das organisch Gewachsene« – wurde gegen die frühbürgerliche rationale Zwecksetzung des größtmöglichen Glücks der größtmöglichen Anzahl verteidigt. Hobbes, mit ihm die klassischen Vertreter der Vertragstheorie und des neueren Naturrechts, wie Grotius und Pufendorf, Christian Wolff und Rousseau, aber auch Fichte und überhaupt die meisten großen Philosophen des Bürgertums bis zum Beginn des neunzehnten Jahrhunderts, begründen aus dem Urvertrag und dem natürlichen Recht die Forderungen derjenigen Schichten, die sich aus den feudalen, zu Fesseln gewordenen Formen befreien wollen. Denn auch die Herrscher haben nach dieser Lehre bestimmte Pflichten. Wenn sie auch keiner bürgerlichen Instanz unterstehen müssen – bei Hobbes wäre das ein logischer Widerspruch gegen die Definition des Souveräns –, so haben doch auch sie dem Sinn des Vertrags zu genügen. Nicht bloß für den inneren Frieden allein hat nach Hobbes der Herrscher zu sorgen, ja nicht einmal bloß für das nackte Leben, sondern er muß Gesetze erlassen und durchführen, die ein möglichst genußreiches Dasein aller Bürger zum Ziele haben.[5]

Hobbes erörtert eingehend die zur bürgerlichen Wohlfahrt gehörigen Regierungsmaßnahmen, wie sie der damaligen Situation entsprachen. Zu jener Zeit, wo Handel und Gewerbe noch wenig entwickelt sind, mußte den Maßnahmen des Staates zu ihrer Förderung ein wesentlich größerer Spielraum als einige Jahrhunderte später eingeräumt werden. Die merkantilistische Politik beruht wesentlich auf der Notwendigkeit staatlicher Tätigkeit und Bevormundung der bürgerlichen Geschäftszweige. Solche Forderungen leitet Hobbes

---

5 Ibid., S. 213 f.

aus urvertraglichem Naturrecht ab. So schreibt er z. B.[6]: »Gibt es...
nur drei Wege, auf denen die Bürger wohlhabend werden können,
Land- und See-Erzeugnisse, Arbeit und Sparsamkeit, so hat sich
auch die Pflicht der Herrscher nur auf diese zu richten. Dem ersten
Weg nützen Gesetze, welche den Landbau und den Fischfang be-
günstigen, die also den Ertrag von Land und Meer vermehren. Dem
zweiten sind alle Gesetze gegen die Trägheit und solche, die zum
Fleiß anregen, von Vorteil« (wir können dabei auch zu dieser Zeit
noch einerseits an die Gesetze gegen Bettel und Landstreicherei
denken, durch die man die Arbeitslosen zu furchtbaren Bedingungen in die Manufakturen preßte, andererseits an die Subventionen,
vor allem für die Schiffahrt). Außer der Schiffahrt nennt Hobbes als
besonders wichtig »die mechanischen Künste, worunter ich die Tätigkeit aller höheren Handwerker verstehe, und die Mathematik,
die Quelle der Schiffs- und Gewerbekunst«[7]. Ausdrücklich heißt
es: »da... dergleichen Gesetze für die obengenannten Zwecke zu-
träglich sind, so gehört es auch zur Pflicht der Herrscher, sie zu
erlassen«[8].

Die bürgerliche Lehre, das Wohl des Staates müsse höchstes Gesetz
sein, hat bei Hobbes wie überhaupt bei vielen ihrer früheren Vertreter einen Sinn, den die neuere Entwicklung sehr modifiziert hat. Lag
damals das Gewicht wesentlich darauf, daß das Wohl des Staates
gefördert werden müsse, weil nur so das Wohl der einzelnen zu sichern sei, so bedeutet jene ethische Ansicht heute vielfach umgekehrt, daß der einzelne dem Ganzen gegenüber nichts bedeute, vielmehr sich selbst und sein Leben für es hingeben müsse. Der Grund
für diesen Funktionswandel des Begriffes vom Staatswohl, für die
Verdinglichung und die Verabsolutierung des Staatsbegriffes, ist vor
allem in dem Umstand zu suchen, daß zu Hobbes' Zeiten die staatlichen und gesetzgeberischen Forderungen des Bürgertums durchaus im Sinne einer Hebung der materiellen Lage des weitaus größten
Teiles jener Gesellschaft lagen. Im seitherigen Verlauf der Geschichte sind Staats- und Allgemeininteresse oft recht wenig äquiva-
lente Begriffe gewesen. So hat auch die Forderung des Einsatzes für

---

6 Ibid., S. 221.
7 Ibid.
8 Ibid., S. 222.

den Staat häufig schwer durch die Identität mit den realen Interessen des einzelnen motiviert werden können. Waren ursprünglich im Begriffe des Staatswohls Zweck und Mittel in naiver Beziehungseinheit verbunden, so wird allmählich der Staat in der Theorie zum Selbstzweck, zu einer selbständigen Wesenheit verdinglicht.

Freilich ist mangelnde Klarheit ein Wesenszug der früheren Lehren. Der Staat als unterschiedslose Einheit der Nation und der Staat als Zusammenfassung der verschiedenen sozialen Klassen mit ihren verschiedenen Interessen, also Staat und Gesellschaft, sind begrifflich noch nicht auseinandergelegt. Aber in der Realität entwickeln sich diese Unterschiede; sie haben sich seit der merkantilistischen Periode bis zur Gegenwart als Widersprüche des wirklichen Lebens immer heftiger geltend gemacht, wenn auch zahlreiche Theorien in ihrer Begriffsbildung immer noch bei Hobbes halten. Die philosophische Entwertung des Zeugnisses der Wirklichkeit, wie sie in der Philosophie der Gegenwart vor allem in den verschiedenen Richtungen der Phänomenologie durchgeführt wird, kann im Zusammenhang mit diesen Problemen betrachtet werden. Ist die Einheit von Staat und Gesellschaft auch als Tatsache nicht mehr zu retten, so erschaut man ein entsprechendes soziales Gebilde doch als Wesenheit in ungetrübter Reinheit. Man neigt dazu, in der Idee als »Wahrheit« festzuhalten, was in der Wirklichkeit sich nicht verifizieren läßt, und schaut auf das »krude Faktum«, auf die rohen Tatsachen herab, die zwar von der Idee sich entfernen mögen, angeblich aber doch nichts gegen sie aussagen. Demgegenüber wäre festzustellen, daß Staat und Gesellschaft voneinander verschieden sind. Die Gesellschaft ist nicht einheitlich, sondern in sich gespalten; die Rolle des Staates hängt jeweils davon ab, welche gesellschaftlichen Gruppen der Staat in einer bestimmten Situation objektiv repräsentiert.

Weiterhin zeigt sich die Naivität bei Hobbes vor allem darin, daß er das absolutistische Regime zwar als Bedingung für das Wohlergehen aller ansieht und dies ausspricht, aber sich nicht begnügt, es unmittelbar und prinzipiell damit zu begründen, sondern seine Ableitung aus dem Naturrecht, besonders aus den Pflichten des Gesellschaftsvertrages für nötig erachtet. Das Naturrecht ist bei ihm wesentlich der Ersatz für das mittelalterliche göttliche Gebot. Durch Berufung auf Natur und Vernunft sucht ein Teil der neueren Philosophie bis zum achtzehnten Jahrhundert der neuen Ordnung die Heiligung zu verleihen, die der alten durch eine ungebrochene Religiosität zuteil geworden war. Solcher Weihe bedurften die Philosophen nicht nur ihrem Publikum, sondern auch sich selbst gegenüber; sie entspringt nicht zweckbewußter Überlegung, sondern ist Effekt eines sozial wirksamen psychologischen Mechanismus. In dem philosophischen Streit, der sich von Hobbes bis zur Aufklärung hinzieht, geht es um die Frage, ob die staatlichen Institutionen von Gott oder von der natürlichen Vernunft begründet seien. Ist die letztere Annahme zu jenen Zeiten freilich auch die fortschrittlichere, so sind doch beide illusionär, verdecken beide die wirklichen Entstehungsgründe des Staates. Die Begründung durch Naturrecht und Gesellschaftsvertrag enthält in verhüllter Form die Ahnung, daß die natürlichen Lebensinteressen der Menschen den Staat geschaffen haben. Daß diese aber nicht einheitlich sind, daß sie sich spalten und verwandeln können, daß daher der Staat aus einem objektiv allgemeinen zu einem partikularen Interessenausdruck werden kann, ist eine Einsicht, die der Vertragsmythos versperrt. Machiavellis Lehre von Wandel und Entartung der Staatsformen, in der die Revolution nicht nur als Verbrechen, sondern auch als historische Notwendigkeit einbegriffen war, ist umfassender und angemessener als die starre Naturrechtslehre vom Staate bei Hobbes und seinen Nachfolgern; denn diese weiß von den Veränderungen in den Tiefen des gesellschaftlichen Lebens überhaupt nichts, begründet hingegen den inzwischen noch verfestigten Glauben an die Ewigkeit des von den philosophischen Staatstheoretikern proklamierten Zustandes.

Hierin ist also Hobbes dem Instinkt des großen Renaissancepolitikers unterlegen. Aber er hat dessen fragmentarische Betrachtungen über den Zusammenhang von Politik und Natur in systematischer Form dargelegt. Wenn die Vorwürfe der Unmoral und der Widerwille gegen die Entschleierung tatsächlicher Zusammenhänge zwischen Idee und Wirklichkeit sich gegen Hobbes nicht noch stärker als gegen Machiavelli gerichtet haben, so darf das wohl teilweise dem Umstand zugeschrieben werden, daß Machiavellis Bücher bei ihrem unsystematischen Verfahren leichter zugänglich gewesen sind als die abstrakteren Darstellungen des Hobbes; dieser ist hinter der Schärfe des Italieners keineswegs zurückgeblieben, sondern hat sie

eher durch seine umfassende Begründung noch hervorgehoben. Vielleicht ist die gegnerische Aufmerksamkeit von Hobbes auch dadurch abgelenkt worden, daß der *Theologisch-politische Traktat* des Spinoza, der kurz nachher die Welt in Bewegung setzte, dieselben Fragen in den Mittelpunkt stellt und sie in ähnlichem Sinne wie Hobbes entscheidet. Hobbes hat in seinem Alter das Buch des Spinoza kurz nach seinem Erscheinen noch gelesen und – wohl aus Angst vor den in England damals rauchenden Scheiterhaufen – nur in dunklen Worten zu verstehen gegeben, daß Spinozas Werk in noch kühnerer Sprache als seine eigenen Schriften die gleichen Gedanken ausdrückt wie er. –
Aus seinen allgemeinen philosophischen Grundsätzen zieht Hobbes dann Folgerungen für Politik und Kultur überhaupt, die mit den geschichtsphilosophischen Ansichten einer Reihe anderer Denker übereinstimmen. Diese könnte man die materialistische Richtung in der Geschichtsphilosophie des aufsteigenden Bürgertums nennen. Sie wird durch Machiavelli, Spinoza, Pierre Bayle, Mandeville und einige radikale Denker der französischen Aufklärung wie Holbach, Helvetius und Condorcet gekennzeichnet.
Abgesehen von der im Raum sich ausbreitenden Natur – so verläuft der Gedankengang – gibt es keine Wirklichkeit. Die Menschen sind selbst ein Stück Natur und ihren allgemeinen Gesetzen ebenso unterworfen wie die übrigen Wesen. Die Geschichte ist nichts anderes als die Erzählung einer Folge von Begebenheiten in der menschlichen Natur, so wie die übrige Naturgeschichte Begebenheiten aus anderen Naturreichen beschreibt. Wahre Erkenntnis bezieht sich immer auf die natürliche Wirklichkeit, die sich gleichermaßen in der anorganischen, vegetativen, animalischen und menschlichen Natur, in den Individuen und in der aus ihnen sich zusammensetzenden Gesellschaft vorfindet. Auch Staat und Gesellschaft, die ja begrifflich noch ungeschieden sind, gehören zur Wirklichkeit, da sie Organisationsformen der Individuen sind. Wie jede andere funktionierende Maschine müssen sie als Beziehung wirklicher Teile selbst als wirklich angesehen werden. Das Problem des Zusammenhangs von Seele und Körper führt begrifflich auch nicht über die Natur hinaus; es gibt ja keine selbständigen, vom Körper ungetrennten oder unabhängigen Seelen, keine Geister oder Gespenster, keine Engel oder Teufel, die mehr als Natur wären: alle menschlichen Handlungen,

ob sie unbewußt oder bewußt, willkürlich oder unwillkürlich geschehen, stehen unter naturgesetzlicher Notwendigkeit.

Wenn dem aber so ist, dann erhebt sich die Frage, wie die moralischen, metaphysischen, religiösen Vorstellungen überhaupt zustande gekommen sind, wie die Überzeugung von der Existenz unnatürlicher und jenseitiger Gegenstände die Menschen jahrtausendelang beherrschen konnte. Wie sind diese merkwürdigen Irrtümer entstanden, wozu werden sie aufrechterhalten? Damit ist das Problem der Ideologie, das erst in der nachhegelianischen Zeit mit ausreichenden Methoden in Angriff genommen worden ist, grundsätzlich gestellt. Freilich ist die Antwort Hobbes' und seiner Nachfolger, die auch schon bei Machiavelli angelegt war, recht einfach: alle Vorstellungen, die von der exakten Theorie der menschlichen und außermenschlichen Natur abweichen, sind von Menschen erfunden worden, um andere Menschen zu beherrschen. An der Wiege all dieser Ideen steht List und Betrug. Ihre Ursache ist Herrschaftswille auf der einen, mangelnde Bildung auf der anderen Seite; ihr Zweck ist die Aufrechterhaltung der Macht derer, die sie propagieren. Gemäß dem Gegensatz zu der Gesellschaftsform, gegen die sich die neueren Theorien wenden, sind es Kirche und Priester, die als Autoren dieser geistesgeschichtlichen Irrtümer erscheinen. Diese Lehre tritt mit universalem geschichtlichen Anspruch auf. Nicht bloß alle Gesellschaftsschichten, die in der gesamten Vergangenheit auf die Regierungen bestimmenden Einfluß ausgeübt haben, sollen damit getroffen werden, sondern Machiavelli, Hobbes und Spinoza sind sich darüber einig, daß keine denkbare wirkliche Herrschaft dieser Methoden entraten könne, also auch der neue Staat nicht; dieser müsse vielmehr die ideologischen Machtmittel den alten Mächten entreißen und sie selbst, wenn auch in kluger Beschränkung, anwenden. Daß diese Denker ihre Anschauung von der Notwendigkeit der Ideologie geschichtsphilosophisch verallgemeinert haben, ist sicher ein Grund für ihre Ablehnung in der späteren Literatur. »Ich zweifle nicht daran«, heißt es im *Leviathan*[9], »wenn der Satz, daß die drei Winkel eines Dreiecks zwei Winkeln eines Quadrats gleich sind, irgendwelchen Eigentumsrechten oder

---

9 Zitiert bei Tönnies, ibid., S. 178 (vgl. Anm. 1, S. 207).

(richtiger gesagt) dem Interesse derjenigen, welche Eigentum haben, zuwider gewesen wäre, dann würde diese Lehre, wenn nicht bestritten, so doch durch Verbrennung aller Geometriebücher unterdrückt worden sein, soweit als die Beteiligten es durchzusetzen vermocht hätten.«
Hobbes gibt eingehende Analysen über den Nutzen der Religion für den Klerus; selbst die entferntesten philosophischen Lehren der Scholastik werden in Beziehung zu den realen Interessen gesetzt. Ein Beispiel findet sich im ersten Dialog des *Behemoth*[10], eines für dieses Problem besonders charakteristischen Buchs. Die Unterredner heißen A und B. A setzt nach einer längeren Erörterung über die Scholastik auseinander, welche Bedeutung die Übernahme der aristotelischen Philosophie gehabt habe. Auch sie wurde »zum Bestandteil der Religion gemacht, da sie einen großen Teil absurder Artikel stützte, die die Natur von Christi Körper und den Zustand der Engel und Heiligen im Himmel betrafen; und diese Artikel hielten sie für geeignet, Glaubenssätze zu werden, weil einige von ihnen Vorteile, andere Ehrfurcht für die Geistlichkeit, selbst für den Geringsten unter ihnen, brachten. Denn wenn sie das Volk glauben gemacht haben, daß der Geringste unter ihnen den Körper Christi machen konnte, möchte ich sehen, wer nicht ihnen gegenüber Ehrfurcht zeigen wollte und nicht freigebig ihnen oder der Kirche gegenüber sein würde, besonders in der Zeit einer Krankheit oder wenn sie denken, jene machen oder bringen ihnen den Erlöser«. B fragt: »Aber welchen Vorteil brachte ihnen die aristotelische Lehre bei diesen Betrügereien?« A antwortet: »Mehr Gebrauch machten sie von seiner Dunkelheit als von seiner Lehre. Keine Schrift der antiken Philosophie kann mit denen des Aristoteles verglichen werden bezüglich der Geschicklichkeit, die Menschen mit Worten zu verwirren und Dispute auszuhecken, die schließlich in den Entscheidungen der römischen Kirche enden mußten. Und trotzdem machten sie Gebrauch von vielen Punkten dieser Lehre des Aristoteles, wie z. B. zuerst von der Lehre von den getrennten

---

10 Thomas Hobbes, *Behemoth oder das lange Parlament*, übersetzt von Julius Lips als Anhang zu seinem Buche *Die Stellung des Thomas Hobbes zu den politischen Parteien der großen englischen Revolution*, Leipzig 1927, S. 139 ff.; unten zitiert als *Behemoth*.

Wesenheiten.« B: »Was sind getrennte Wesenheiten?« – A: »Getrennte körperlose Wesen.« – B: »Wovon getrennt?« – A: »Von allem, was ist.« – B: »Ich verstehe nicht das Wesen eines Dinges, das nicht wirklich dasein soll, aber was können sie daraus machen?« A: »Sehr viel in Fragen, die die Natur Gottes und den Zustand der Seele nach dem Tode im Himmel, in der Hölle und im Fegefeuer betreffen. Du und jedermann weiß ja, wie groß der Gehorsam ist und wieviel Geld sie mit diesen Mitteln vom gemeinen Volk verdienen. Aristoteles dagegen hält die Seele für die erste Ursache der Bewegung des Körpers und infolgedessen der Seele selbst. Sie machen Gebrauch davon in der Lehre vom freien Willen. Wie und was sie dadurch gewinnen, will ich nicht sagen.«

Das Gespräch berührt weiterhin die Funktion einiger anderer Lehren des Aristoteles, auch die Differenzen zwischen ihm und der Scholastik und nimmt plötzlich folgende Wendung. B: »Ich sehe jetzt, wie sie Aristoteles Logik, Physik und Metaphysik gebrauchen, aber ich sehe noch nicht, wie sie seine politischen Lehren ihren Zielen nutzbar machen können.« A: »Ich auch nicht; es hat, wie ich denke, ihnen nichts Gutes gestiftet, obgleich es uns zufällig viel Schaden gebracht hat. Denn die Leute, die der Unverschämtheit der Priester schließlich müde wurden und die Wahrheit jener Lehren prüften, die ihnen auferlegt wurden, begannen den Sinn der Heiligen Schrift, wie er in den gelehrten Sprachen steht, zu untersuchen, indem sie griechisch und lateinisch studierten. Sie wurden daher mit den demokratischen Grundsätzen von Aristoteles und Cicero bekannt, aus Liebe zu deren Beredsamkeit wurden sie für deren Politik in steigendem Maße eingenommen, bis es in die Empörung ausartete, von der wir jetzt sprechen.« Was die radikalen Franzosen des achtzehnten Jahrhunderts für das erwachende Bürgertum ihres Landes in propagandistischer Absicht zum Motor geschichtlicher Ereignisse machen wollten, glaubte Hobbes, in dessen Land das Bürgertum sich schon weitgehenden Anteil an der öffentlichen Macht gesichert hatte, als unmittelbare, aber verderbliche Ursache bisheriger historischer Vorgänge zu erkennen: die aus materiellen Momenten hervorgehende Aufklärung, welche die Revolution vorbereitet.

Hobbes, der nicht wie die französischen Philosophen hauptsächlich als Kämpfer gegen die letzten Stützen des Feudalismus, sondern als

Herold zu Beginn der neuen Ordnung auftritt, geht von dieser Erkenntnis unmittelbar zu Schlußfolgerungen für den neuen Staat über. Da die Menschen infolge ihrer Triebveranlagung durch moralische und religiöse Vorstellungen leicht zu leiten sind, da jedenfalls, wie die Vergangenheit zeigt, solche ideellen Einwirkungen ein wichtiges Mittel der Herrschenden sind, so muß der neue Staat es den Mächten der Vergangenheit entreißen und sich seiner mit vollem Bewußtsein selbst bedienen.

Nach der Ansicht von Hobbes ist im Mittelalter hauptsächlich durch die Universitäten solche ideelle Einwirkung erfolgt. Auf ihnen sind zahlreiche Gelehrte ausgebildet worden, die eine Menge intellektueller Fertigkeiten sich aneignen mußten, um als der einzige Stand zu gelten, dem ein Urteil über die entscheidenden Angelegenheiten der Menschen zusteht. Auf den Universitäten lernten sie »das Kunststück, alles, wozu sie Lust hatten, ihren Lesern weiszumachen, die Kraft des wahren Verstandes abzubiegen durch Wortzangen: ich meine damit Unterscheidungen, die nichts bedeuten und nur dazu dienen, die Menge unwissender Leute in Erstaunen zu setzen. Verständige Leser gab es so wenige, daß diese neuen erhabenen Doktoren sich nicht darum kümmerten, was jene dachten. Diese Scholastiker sollten alle Glaubensartikel gutheißen, die die Päpste von Zeit zu Zeit zu glauben befahlen, ... aus den Universitäten gingen auch alle Priester hervor und ergossen sich über Stadt und Land, um das Volk in einen unbedingten Gehorsam gegen des Papstes Kanon hinzuschrecken...«[11]

Dieses Werkzeug, das seine Wichtigkeit im Gange der Geschichte so einleuchtend bewiesen hat, muß jetzt in den Dienst einer neuen und guten Sache: den des bürgerlichen Staates gestellt werden. Der innere Frieden ist nach Hobbes zum großen Teil durch die Ideen bedingt, die den Menschen eingepflanzt werden. Die Universitäten als wichtigste Pflanzstätten der herrschenden Ansichten müssen daher nach ihm bei der Organisation ihrer wissenschaftlichen Arbeit darauf bedacht sein, den Zwecken des Staats zu entsprechen. Was sie im Mittelalter der Kirche geleistet haben, sollen sie jetzt für den neuen naturrechtlich ja als beste Regierungsform begründeten nationalen Machtstaat verrichten. Hobbes läßt sich darüber ganz unmißver-

---

11 Ibid., S. 138.

ständlich aus[12]: »Die Irrtümer, die mit der Ruhe des Staates unvereinbar sind, gelangen in das Gemüt der unwissenden Untertanen, teils durch die Katheder, teils durch das tägliche Gerede der Leute, die infolge geringer anderweitiger Beschäftigung Muße genug finden, Bücher zu lesen; und diese Personen nahmen ihre Ansichten von jenen Lehrern auf, die auf öffentlichen Universitäten die Jugend unterrichten. Deshalb muß man andererseits, wenn man heilsame Lehren zur Geltung bringen will, bei den Universitäten beginnen. Dort müssen die wahren und als wahrhaft erwiesenen Grundlagen für eine Staatslehre gelegt werden; die darin unterrichteten jungen Leute werden dann später die Masse im einzelnen und öffentlich darüber belehren können. Und das werden sie um so bereitwilliger und erfolgreicher tun, je mehr sie selbst von der Wahrheit dessen überzeugt sind, was sie verkündigen und lehren.«

Die großartige Einfachheit, mit der diese Ansichten ausgesprochen werden, zeigt sich noch deutlicher in der inhaltlichen Erörterung dessen, was nach Hobbes an den öffentlichen Lehranstalten in der Ethik und der Auslegung der Religion unterrichtet werden soll. Weil eben zu seiner Zeit die Interessen des von ihm propagierten Staates denen der ökonomisch zukunftsreichsten Schichten des englischen Volkes entsprachen, konnte er selbst mit Überzeugung die Sicherheit dieses Staates offen als den einzigen wirklichen Rechtsgrund für alle Verpflichtungen des Menschen zu lehren vorschlagen. Weil die Verschiedenheit von Staat und Gesellschaft noch nicht erkannt war, ließ sich der Satz glaubhaft machen, daß alle Moral, soweit sie nicht als bürgerliche Tugend der Verträglichkeit schon aus dem Naturrecht deduziert war, mit den vom Staat erlassenen Gesetzen identisch sei. Sonst hätte Hobbes nicht mehr übersehen können, was schon Machiavelli entgangen war, daß die ideellen Machtmittel, deren Gebrauch man aus der Vergangenheit übernimmt, zu ihrer wirksamen Anwendung des geheimnisvollen Dunkels in bezug auf ihren Zweck nicht entraten können, das sie in der Vergangenheit umgeben hat. Für Hobbes ist der Staat identisch mit der Garantie für das größtmögliche Wohlergehen der größtmöglichen Anzahl seiner Bürger. Wo der Staat diese Bedingung nicht erfüllt und daher seiner Machtmittel am allerdringendsten bedarf, müßte

---

12 *Grundzüge*, S. 217.

Hobbes' Methode, die Zusammenhänge von Staatsmacht und ideellen Gütern offen zu bezeichnen, die schlechtesten Erfolge leisten. Er selbst hat ja als Bedingung des Erfolgs der öffentlichen Lehrer gefordert, daß sie von der Wahrheit dessen überzeugt seien, was sie verkündigen und lehren. Aber mit dem Gebrauch der Wahrheit als Machtmittel hat es in der Geschichte seine eigene Bewandtnis. Aufsteigenden Schichten scheint sie in der Tat verbündet zu sein. Aber sie ist veränderlich und untreu. Im Prozeß der Konsolidierung dieser Schichten zieht sie sich allmählich aus den Gedanken, die damit zur Anerkennung gelangen, zurück. Obgleich der mit Überzeugung verkündigte Wortlaut derselbe bleiben mag, ist er dann von der Wahrheit verlassen wie der Spruch »liberté, égalité, fraternité« über den Gefängnissen der französischen Republik.
Daß mit der Wahrheit in der Politik der Machthaber allein nicht auszukommen sei, stand für Hobbes auch von vornherein fest. Wenn er erklärt, der Staat müsse Kirche und Religion in seine Dienste stellen, so handelt es sich ihm dabei um die staatliche Ausnutzung von Illusionen; Erkenntnis ist ihm ja mit dem Inhalt der Natur- und Staatslehre identisch. »Ich liebe nicht die Absicht, die Religion zu einer Wissenschaft zu machen, wo sie doch ein Gesetz sein sollte. Obgleich sie nicht in allen Ländern die gleiche ist, so ist sie doch in jedem Lande unbestreitbar.«[13]
Der Staat habe diejenigen Illusionen, die für seine Zwecke am nützlichsten sind, als Religion zu erklären, den zugehörigen Kult zum Gesetz zu machen und gemäß der Praxis der englischen Hochkirche durch eine Reihe von ihm besoldeter Geistlicher pflegen und verbreiten zu lassen. So wie früher die Priester die Religion für ihre eigenen Zwecke mit Überlegung erfunden und aufrechterhalten hätten, so müsse es für die seinen nun auch der Staat tun: »die Furcht unsichtbarer Mächte, sei es, daß diese erdichtet, sei es, daß sie durch Tradition überliefert sind, ist Religion, wenn sie von Staats wegen festgestellt, Aberglaube, wenn sie nicht von Staats wegen festgestellt ist«[14]. Die Furcht also, Grundeigenschaft der menschlichen Natur, soll durch die Religion in den Dienst des Staates gestellt werden, d. h. vor allem für den Gehorsam gegen die Gesetze und bürger-

---

13 *Behemoth*, S. 140.
14 Ibid.

liches Wohlverhalten im allgemeinen Verwendung finden. »Alles, was für das Seelenleben erforderlich ist, im Glauben und in der Sitte, ist – ich bekenne es – in der Bibel so einfach wie möglich niedergelegt: Kinder, gehorcht Euren Eltern in allen Dingen, dienet Euren Herren! Laßt alle Menschen der höheren Macht untertan sein, sei es der König oder jene, die von ihm gesandt sind! Liebet Gott von ganzer Seele und Euren Nächsten wie Euch selbst, sind Worte der Heiligen Schrift, die gut genug verstanden werden. Aber weder Kinder noch der größte Teil der Menschen verstehen, warum es ihre Pflicht ist, es zu tun. Sie sehen nicht, daß die Sicherheit des Staates und daher auch ihre eigene von dem Erfüllen ihrer Pflicht abhängt.«[15]

Daß Christus der im Alten Testament verheißene Erlöser ist, dieser Glaubenssatz gilt für Hobbes als ausreichende Bedingung der Seligkeit; denn so wird man geneigt sein, anzunehmen, daß die Befolgung der Gebote zur ewigen Seligkeit verhilft. »Ich stimme daher... überein«, so heißt es am Schluß des ersten wichtigen Dialogs von *Behemoth*[16], »daß die Menschen zu einer Liebe des Gehorsams gebracht werden müssen durch Prediger und Adelige, die in ihrer Jugend in den Universitäten gute Grundsätze einsaugen, daß wir niemals einen dauernden Frieden haben werden, bis die Universitäten selbst... in dieser Weise reformiert sind und die Geistlichen wissen, daß sie keine Autorität haben außer der, die ihnen die oberste zivile Gewalt gibt.« Bewußt wird also die Religion, »die Furcht vor unsichtbaren Mächten«, in den Dienst der Beherrschung der Gesellschaft gestellt.

Freilich liegt in der Denkart des frühbürgerlichen Philosophen Hobbes gemäß seiner geschichtlichen Stellung nicht nur die Tendenz auf Verfestigung, sondern – damit verbunden – auch die auf kritische Durchdringung gesellschaftlicher Vorstellungen und Theorien beschlossen.

Er hat selbst den Satz geschrieben[17]: »Ein Privatmann hat immer die

---

15 Ibid., S. 150. – Auch Hegel hat noch die Frömmigkeit »rechter Art« darin gesehen, die Verehrung gegen Wahrheit und staatliche Gesetzesordnung zu erzeugen. (Vgl. Hegel, *Grundlinien der Philosophie des Rechts*, hrsg. von Georg Lasson, Philosophische Bibliothek Band 124, Leipzig 1921, Vorrede; unten zitiert als *Grundlinien*.)
16 *Behemoth*, S. 155.
17 Tönnies, S. 263.

Freiheit, weil Gedanken frei sind, in seinem Herzen die Taten, die für Wunder ausgegeben werden, zu glauben oder nicht zu glauben, je nachdem er erkennen wird, welcher Vorteil durch den Glauben der Leute denen erwächst, die das Wunder behaupten und sich dafür einsetzen, und mag danach vermuten, ob sie für Wunder zu halten sind oder für Lügen.« Diese Ansicht enthält eine sprengende geschichtliche Dialektik, dann nämlich, wenn die zunächst bloß »privaten« und auf den Wunderglauben beschränkten Gedanken als umfassende Kritik der herrschenden Ideen öffentliche Wirksamkeit gewinnen.

Das grundsätzliche Problem, das die Geschichtsphilosophie Hobbes' hier aufwirft, ist – wie bereits oben gesagt – das der Ideologie. Dieser in Wirklichkeit viel sachhaltigere Begriff ist bei Hobbes zwar noch nicht dem Wortlaut, aber bereits dem Sinn nach vorhanden. Allerdings ist er bei ihm vereinfacht als Inbegriff derjenigen Überzeugungen, die zu einer bestimmten Periode in einer bestimmten Gesellschaft herrschen und geeignet sind, die Form dieser Gesellschaft aufrecht zu erhalten. Die Ansicht von Hobbes, mit ihm die Spinozas und der gesamten Aufklärung läßt sich etwa so formulieren: der Gang der seitherigen Geschichte ist nur zu begreifen, wenn wir als einen der wichtigsten Faktoren die Leitung der Menschen durch ideologische Mittel in Rechnung stellen. Im späten Mittelalter seien es vor allem die Adligen und Priester gewesen, die mittels der Ideologie eine gesellschaftliche Gestaltung aufrechterhalten haben, von deren dauerndem Fortbestand ihre Vormacht wesentlich abhing. Der Ideologie wird die Vernunft entgegengesetzt. Sie, bei Hobbes häufig »die rechte Vernunft« genannt, ist identisch mit Wissenschaft und Naturrecht, sie ist der Inbegriff aller auf wirklicher Einsicht gegründeten Sätze.[18]

Für Hobbes und die Aufklärung besteht also Vernunft aus einer Reihe von Erkenntnissen, die jederzeit auf Grund der Erfahrung oder des folgernden logischen Denkens vergrößert werden kann; aber die Glieder dieser Reihe selbst sollen ein für allemal feststehen,

---

18 In der ganzen englischen und französischen Aufklärung bezeichnet der Begriff »Vernunft« richtige Erkenntnis und den menschlichen Besitzstand an ihr. Daß die deutschen Philosophen um Christian Wolff das Wort »Raison« bloß im Sinne eines psychischen Vermögens genommen haben, hat eine heillose Verwirrung zur Folge gehabt, die selbst noch bei Kant nicht ganz beseitigt ist.

und wenn sie einmal gefunden sind, soll an ihnen nicht mehr zu rütteln sein. So gibt es nicht bloß einen schlechthin gültigen Begriff der Natur, sondern auch einen in Zeit und Raum allgemein gültigen der Moralität und des wahren Interesses aller Menschen; alle der einmal als richtig erkannten Idee der Gesellschaft und des Staates zugeordneten Kategorien werden als ewige gedacht. Die Geschichte erscheint dann wesentlich als der Prozeß, in dem die Menschheit den vollen Besitz der Vernunft erwirbt; mit ihm wäre ohne weiteres auch die beste Einrichtung der Gesellschaft, die man als Endzustand erstrebt, gegeben. Da dieser nach den Grundsätzen des Naturrechts – Erhaltung des Allgemeinwohls durch gesicherte Betätigung der einzelnen Egoismen – bestimmt wird, und da diese Grundsätze das Wesen der bürgerlichen Gesellschaft formulieren, so bedeutet diese Theorie objektiv eine Auffassung von der Geschichte als dem Fortschritt zum Ideal der bürgerlichen Gesellschaft mit ihrer Eigentumsordnung und der freien Konkurrenz. Gemessen wird dieser Fortschritt an den zeitbedingten, aber für ewig gehaltenen Ideen der Denker selbst. Dabei besteht zwischen Hobbes und der Aufklärung ein Unterschied: jener nimmt naiv an, daß die Vernunft gleichsam schon am Anfang fertig gegeben gewesen wäre und bloß durch bestimmte Machenschaften, besonders durch die Verwirrungstaktik der Kirche, verdeckt worden sei, während nach den Aufklärern mit Ausnahme Rousseaus die Vernunft nur auf Grund der gesellschaftlich organisierten Erfahrung – freilich auch nach ihnen unter Überwindung der von den Herrschenden entgegengesetzten Schwierigkeiten – erworben werden kann. Steht also bei Hobbes die Erkenntnis schon am Anfang wie in der biblischen Geschichte, wird sie nur durch die Schuld der Menschen verdunkelt und damit in ihrer Wirksamkeit gehemmt, so ist es für die Aufklärung ein natürliches Gesetz, daß am Anfang die Ideologie steht, die erst im Verlaufe des historischen Prozesses verdrängt werden kann.

Allen diesen Auffassungen bleibt gemeinsam, daß die Vernunft ewig dieselbe bleibt, daß wir die Wahrheit bei all ihrer Vermehrbarkeit doch jetzt und hier ein für allemal zu erfassen vermögen. Während die Wahrheit ein Gegenstand ist, auf den sich die Menschen hinbewegen, oder von dem sie sich entfernen, bleibt sie selbst unberührt von der Geschichte, von dem zeitlichen Schicksal der Menschen. So weist diese Theorie, deren Problematik erst in der Philosophie

Hegels deutlich wird, mit der von ihr als Ideologie bestrittenen Religion die Ähnlichkeit auf, daß auch sie absolute und abschließende Wahrheit zu geben verspricht. Ihr steht fest, daß der Zeitpunkt, an dem sie selbst auftritt, die Wahrheit schlechthin sich angeeignet hat.

So hält die neuere Philosophie ihre Natur- und Gesellschaftslehre für endgültig; so zeichnet sie auch die Geschichte völlig in Schwarz und Weiß. Für alle ihr entgegenstehende Überzeugungen vergangener Epochen gibt es nur die Prädikate des Betrugs, bestenfalls des Irrtums; die ideellen Leistungen der Vergangenheit gehören einem schlechten Gewissen oder einem schlechten Verstande an. Zwar findet man bei manchen Denkern des Mittelalters, mehr noch des Altertums, gewisse Gemeinsamkeiten mit der Gegenwart und spendet etwa im Gegensatz zur Bewertung im Mittelalter einem Demokrit oder Epikur als Vorkämpfer und Herold, als zufälliger Erscheinung von Genialität besonderes Lob; aber gerade diese Bewertung enthüllt noch schärfer die Sicherheit des Glaubens an sich selbst, an die überzeitliche Wahrheit, die man im Gegensatz zur zeitlichen und räumlichen Umwelt fest besitzt. Die Gemeinsamkeit mit dem kritisierten religiösen Denken besteht darin, daß man fremde Anschauungen aus ihrem Zusammenhang reißt, sie mit den eigenen Meinungen vergleicht und dann bloß verwirft oder billigt, ohne imstande zu sein, ihre historische Rolle zu begreifen. Wie der Gläubige auf Grund der Offenbarung als der ewigen Wahrheit schlechthin die Ketzer von den Heiligen schied, so scheidet die Philosophie des bürgerlichen Materialismus auf Grund ihrer eigenen »Vernunft« Narren und Betrüger von Weisen und Märtyrern.

Für diese Haltung, daß man sich in der Beurteilung kultureller Erscheinungen der Vergangenheit beim bloßen Ja- oder Nein-Sagen beruhigt und anstatt zu begreifen bloß vergleicht, hat Hegel folgende Worte gefunden: »das Ganze der Geschichte der Philosophie« sei »ein Schlachtfeld, nur bedeckt mit den Gebeinen der Toten ... ein Reich vergangener, nicht nur leiblich verstorbener Individuen, sondern widerlegter, geistig vergangener Systeme, deren jedes das andere totgemacht, begraben hat. Statt ›folgt mir nach‹, müßte es freilich in diesem Sinne vielmehr heißen: ›Folge dir selbst nach‹; d. h. halte dich an deine eigene Überzeugung, bleibe bei deiner eigenen Meinung stehen. Warum bei einer fremden? ... Aber der früheren Erfahrung gemäß zeigt sich vielmehr, daß auf solche Philosophie gleichfalls andere Worte der Schrift anwendbar sind, die der Apostel Paulus... spricht: ›Siehe die Füße derer, die dich hinaustragen werden, stehen schon vor der Türe.‹ Siehe die Philosophie, wodurch die deinige widerlegt und verdrängt werden wird, wird nicht lange ausbleiben, so wenig als sie bei jeder anderen ausgeblieben ist... Die Taten der Geschichte der Philosophie sind keine Abenteuer – sowenig die Weltgeschichte nur romantisch ist –, nicht nur eine Sammlung von zufälligen Begebenheiten, Fahrten irrender Ritter, die sich für sich herumschlagen, absichtslos abmühen und deren Wirksamkeit spurlos verschwunden ist. Ebensowenig hat sich hier einer etwas ausgeklügelt, dort ein anderer...«[19] – »Was das Individuum betrifft, so ist ohnehin jedes ein Sohn seiner Zeit; so ist auch die Philosophie ihre Zeit in Gedanken erfaßt. Es ist ebenso töricht zu wähnen, irgendeine Philosophie gehe über ihre gegenwärtige Welt hinaus, als, ein Individuum überspringe seine Zeit, springe über Rhodus hinaus.«[20] Den Sinn in der Geschichte aufgetretener Ideen erfassen wir nach Hegel erst dann, wenn wir diese aus den Bestimmungen ihrer Zeit begreifen, d. h. wenn wir sie in der Beziehung zu allen Sphären des gesellschaftlichen Lebens sehen. »Die Religion eines Volks, seine Gesetze, seine Sittlichkeit, der Zustand der Wissenschaften, der Künste, der Rechtsverhältnisse, seine sonstige Geschicklichkeit, Industrie, seine physischen Bedürfnisse zu befriedigen, seine ganzen Schicksale und Verhältnisse und seine Nachbarn in Krieg und Frieden, alles das steht im innigsten Zusammenhang... Worauf es ankommt, ist die Bestimmung, was für ein Zusammenhang wirklich vorhanden sei.«[21]

Von Hobbes bis zur Aufklärung hat man zwar einen solchen Zusammenhang wiederholt festgestellt (Hegel erinnert selbst an Montesquieu), aber er wurde bloß äußerlich gefaßt. Man läßt alle Lebensäußerungen eines Volkes miteinander zusammenhängen, ordnet sie einem »Volksgeist« zu, aber man unternimmt es nicht,

---

19 Hegel, *Vorlesungen über die Geschichte der Philosophie*, erster Band (*Sämtliche Werke*, XIII, Berlin 1833, S. 29 ff.).
20 Hegel, *Grundlinien*, S. 15.
21 Hegel, *Vorlesungen über die Philosophie der Weltgeschichte*, hrsg. von Georg Lasson, Philosophische Bibliothek Band 171a, Leipzig 1920, S. 100, zitiert als *Philosophie der Geschichte*.

den Inhalt der religiösen, metaphysischen, moralischen Vorstellungen selbst systematisch aus der Struktur der betreffenden Gesellschaft zu erklären. Aber das ist gerade das Problem der Ideologie. Daß das falsche Bewußtsein sich als ein solches am Stand der wirklichen Wissenschaft entlarvt, ist richtig; aber für die Erkenntnis der Geschichte genügt es doch nicht, religiöse oder metaphysische Vorstellungen, soweit sie sich nicht mehr mit dem Stand der Wissenschaft in Übereinstimmung bringen lassen, in der gleichen Weise als bloße Irrtümer zu behandeln, wie man eine falsche Hypothese in der Naturwissenschaft als Irrtum irgendeines Forschers verwirft. Die Religion auf subjektive Erfindung der Priester zurückzuführen ist schon deshalb falsch, weil die Eigenschaften, die z. B. Hobbes dabei als Motive der Priester und Adeligen voraussetzt, vor allem der Erwerbstrieb, seelische Momente sind, die erst durch die bürgerliche Gesellschaft entwickelt werden. Hobbes sah sie zwar schon vor sich und konnte sie zu Ende denken; aber etwa für das frühe Mittelalter waren sie keineswegs bezeichnend.

Die bedeutsamen Vorstellungen, die eine Epoche beherrschen, haben einen tieferen Ursprung als den schlechten Willen einiger Individuen. Diese selbst sind bereits in eine gesellschaftliche Struktur hineingeboren, die vorgezeichnet ist durch die Art und Weise, wie die Menschen zu ihrer Zeit ihr Leben gewinnen. Ebenso wie dem primitiven Jäger und Fischer durch den einfachen Prozeß, in dem er sein Dasein gewinnen muß, nicht bloß seine materielle Lebensweise, sondern damit auch sein geistiger Horizont in gewisser Weise vorgeschrieben ist, ebenso wie die Lebensgestaltung auf Grund dieser primitiven Entwicklungsstufe nicht bloß das tatsächliche Leben der Individuen, sondern auch ihr Wissen von der Außenwelt, Inhalt und Bau ihres Weltbildes mitbestimmt, so ist auch in den differenzierteren Formen der Gesellschaft das geistige Sein der Menschen in den Lebensprozeß des gesellschaftlichen Körpers verflochten, dem sie angehören und der ihre Tätigkeit bestimmt. Weder ist die Realität ein kompaktes Ding, noch das Bewußtsein ein blanker Spiegel, der im Sinne der Aufklärung von verständnislosem oder frevelhaftem Hauch getrübt oder durch Wissende gereinigt werden könnte, sondern die gesamte Wirklichkeit ist identisch mit dem Lebensprozeß der Menschheit, in dem weder die Natur, noch die Gesellschaft, noch ihre Beziehung unverändert bleiben. So kann man Inhalt und

Art der geistigen Verfassung von Menschen nicht verstehen ohne Kenntnis der Epoche, in der sie leben, ja – wenn man von den Primitiven absieht – ohne Kenntnis der besonderen Stellung der Gruppe, der sie im gesellschaftlichen Produktionsprozeß angehören. Seit der Zeit der primitiven Jäger und Fischer sind die zur Erhaltung und Fortsetzung des Daseins notwendigen Lebensfunktionen nicht mehr in den einzelnen Personen selbst vereinigt, sondern in verschiedenen Gruppen innerhalb der Gesellschaft aufgeteilt. Damit hat sich aber notwendig auch alles geistige Leben differenziert und in sich Gegensätze entwickelt. Eine einheitliche Ideengeschichte von Kunst, Philosophie und Wissenschaft, die große Zeiträume umspannt und sich dabei auf rein geistige Entwicklungszüge beschränkt, ist daher Konstruktion.

Zum erstenmal in der neueren Geschichtsphilosophie ist von Hobbes und der Aufklärung das Problem der Ideologie, d. h. der Beziehung als falsch erkannter herrschender Vorstellungen auf die gesellschaftliche Situation gestellt worden. Aber anstatt die Ideologie in ihrer Abhängigkeit von der Gesellschaft zu begreifen, hat man sich mit der Psychologie des Individuums begnügt, so daß schließlich als Inhalt und Zweck der mittelalterlichen Religiosität psychologische Bestimmungen der bürgerlichen Welt wie Privatinteresse, Geschicklichkeit, Erwerbstrieb, Übervorteilung und Gewinn erschienen. Aber in dieser Religiosität sind Erkenntnis und Ideologie ziemlich ungeschieden enthalten, sie ist – was sich freilich nur einer Betrachtung der gesamtgesellschaftlichen Dynamik enthüllt – vielmehr die Gestalt der mittelalterlichen Vernunft. Jene statische Philosophie ist aber im wesentlichen bei einer bloßen Gegenüberstellung von »Vernunft« und Ideologie stehengeblieben, ohne beide in ihrer geschichtlichen Rolle zu begreifen. Die Richtung auf eine solche Erkenntnis wäre mit dem kritischen Selbstbewußtsein in bezug auf die Ewigkeit der eigenen Anschauung identisch gewesen. Man hätte die materielle und ideelle Entwicklung der vorhergehenden Perioden als notwendige Voraussetzung der Aufklärung erkennen müssen, die Aufklärung wäre, nach einem Worte Hegels[22], »über sich selbst aufgeklärt worden«; außerdem wäre die prinzi-

---

22 Hegel, *Phänomenologie des Geistes*, hrsg. von Georg Lasson, Philosophische Bibliothek Band 114, Leipzig 1911, S. 367.

pielle Wandelbarkeit der Kategorien, ihre geschichtliche Bedingtheit überhaupt deutlich geworden, und der starre Vernunftbegriff dieser Zeit, die so unbeirrt wie das Mittelalter an sich geglaubt hat, hätte seine Auflösung erfahren.

Die Lehre von der geschichtlichen Bedingtheit geistiger Gehalte führt nicht zum historischen Relativismus. Bedingtheit eines Satzes und Ideologie sind zweierlei. Die Grenze für das, was wir mit Recht Ideologie nennen dürfen, setzt stets der gegenwärtige Stand unserer Erkenntnis.[23] Nicht daß sie die Wissenschaft ihrer Zeit ernst genommen und Lehren, die mit ihr unverträglich waren, als sozial wirksame Illusion zu erklären begonnen haben, war der Irrtum Hobbes und seiner Nachfolger; er lag vielmehr darin, daß sie ihren eigenen Erkenntnisbestand in summa als ewige Vernunft hypostasiert haben, anstatt auch ihn als ein Moment des gesellschaftlichen Gesamtprozesses zu erkennen, das im Fortgang der Geschichte nicht bloß der Analyse, sondern auch der Verifikation und unter Umständen dem Wandel unterworfen ist.

Das Vertrauen auf strenges und gewissenhaftes Denken und das Wissen um die Bedingtheit von Inhalt und Struktur der Erkenntnisse schließt sich nicht aus, sondern gehört notwendig zusammen. Daß die Vernunft ihrer Ewigkeit nie gewiß sein kann, daß die Erkenntnis zwar einer Zeit gemäß, aber zu keiner Zeit für alle geschichtliche Zukunft gesichert ist, ja, daß der Vorbehalt der zeitlichen Abhängigkeit sogar noch die Erkenntnis betrifft, die sie feststellt – dieses Paradoxon hebt die Wahrheit dieser Behauptung selbst nicht auf, sondern es liegt gerade im Wesen der echten Erkenntnis, niemals abgeschlossen zu sein. Vielleicht ist das die tiefste Bedeutung aller dialektischen Philosophie. »Es ist aber wohl die schlechteste der Tugenden«, heißt es in der *Enzyklopädie*, »eine solche *Bescheidenheit* des Denkens, welches das *Endliche* zu einem schlechthin Festen, einem *Absoluten* macht und die ungründlichste der Erkenntnisse, in dem, was seinen Grund nicht in sich selbst hat, stehen zu bleiben... Die erwähnte Bescheidenheit ist das Festhalten dieses Eitlen, des Endlichen gegen das Wahre – und darum selbst das

---

[23] Die Einsicht in die historische Bedingtheit einer Theorie ist niemals identisch mit dem Beweis, daß sie ideologisch sei. Vielmehr bedarf es hierzu des sehr komplizierten Nachweises ihrer gesellschaftlichen Funktion.

Eitle.«[24] An einer anderen Stelle führt Hegel aus, es sei die Dialektik, »welche dieses Verständige, Verschiedene über seine endliche Natur und den falschen Schein der Selbständigkeit seiner Produktionen wiederverständigt und in die Einheit zurückführt«[25]. Diese ist bei Hegel schon im absoluten Geiste vollendet, nicht erst Fragment in der unabgeschlossenen Geschichte der Menschen. Hegel selbst ist dem Wahn der von ihm so erbittert bekämpften Aufklärung anheimgefallen: er hat die Dialektik nur auf die Vergangenheit angewandt und sie für seine Position in Gedanken als abgeschlossen angesehen. Auch er hat einen geschichtlichen Augenblick in seinem Denken zur Ewigkeit gemacht. Da ihm aber die Wirklichkeit als Darstellung der Idee erschienen ist, so mußte er zugleich mit seiner Philosophie auch die politische Grundlage, auf der sie sich erhob, d. h. den vorrevolutionären preußischen Staat in des Wortes eigenster Bedeutung vergöttern und anbeten. Diese Demut vor dem Bestehenden war die falsche »Bescheidenheit« seines eigenen Denkens.

---

24 Hegel, *Encyklopädie der Philosophischen Wissenschaften im Grundrisse,* hrsg. von Georg Lasson, Philosophische Bibliothek Band 33, Leipzig 1920, S. 336, zitiert als *Encyklopädie.*
25 Ibid., S. 192.

3. Die Utopie

Aus Hobbes, wie aus Spinoza und der Aufklärung, spricht unverhüllt das Vertrauen in die Organisationsform der bürgerlichen Gesellschaft. Sie selbst und ihre Entfaltung ist das Ziel der Geschichte, ihre Grundgesetze sind ewige Naturgesetze, deren Erfüllung nicht bloß das höchste moralische Gebot, sondern auch die Garantie für irdisches Glück darstellt. Die großen Utopien der Renaissance dagegen sind der Ausdruck der verzweifelten Schichten, welche die Unkosten des Überganges zwischen zwei Wirtschaftsformen zu tragen hatten. Die Geschichte Englands im fünfzehnten und sechzehnten Jahrhundert weiß von den kleinen Bauern zu erzählen, die durch ihre Gutsherrn von Haus und Hof vertrieben waren, weil man ganze Dorfgemeinden damals in Schafweiden verwandelte, um die brabantischen Tuchmanufakturen auf lohnende Weise mit Wolle zu beliefern. Das Schicksal der plündernd umherziehenden Banden hungriger Bauern war furchtbar. Zehntausende wurden von den Regierungen umgebracht, viele andere unter unglaublichen Arbeitsbedingungen in die Manufakturen hineingezwungen, die damals sich entwickelten. Gerade in solchen Schichten stellt sich die erste Form des modernen Proletariats dar; frei zwar von der Leibeigenschaft, waren sie zugleich aber auch frei von allen Mitteln, ihr Leben zu fristen. Ihre Lage ist der Grund für die erste große Utopie der neueren Zeit, die allen folgenden den Namen gegeben hat, die *Utopia* des Thomas Morus (1516), der nach einem Konflikt mit dem König im Gefängnis hingerichtet worden ist.[1]

1 In diesem Abschnitt werden außerdem eine Reihe anderer Utopien, in denen ähnliche Gehalte sich darstellen, mit behandelt, vor allem der *Sonnenstaat* (1623) von Campanella, des süditalienischen Mönches, eines der größten Philosophen seiner Zeit. (Zur Darstellung Campanellas vgl. besonders Friedrich Meinecke, *Die Idee der Staatsräson in der neueren Geschichte*, München u. Berlin 1925). Es gibt eine große utopistische Literatur von den radikalen Anhängern Cromwells, den Levellers an, bis zur französischen Aufklärung, als deren charakteristischste Utopie der *Code de la Nature* des Abbé Morelly (1755) erscheint. Die Utopien des neunzehnten und zwanzigsten Jahrhunderts, die eine andere geschichtsphilosophische Bedeutung haben, sind hier von der Betrachtung ausgeschlossen.

Die Utopisten sehen, wie in der sich entfaltenden Verkehrswirtschaft der Profit zum Triebrad der Geschichte wird. Vor ihren Augen entstehen aus den Reichtümern, die in den Städten aufgehäuft sind, die großen Manufakturen und andere Unternehmungen, die das alte Zunftwesen wirtschaftlich sprengen und eine neue Produktionsform zur Herrschaft bringen. Auf der einen Seite konzentriert sich der Besitz an Arbeitsmöglichkeiten: die gebildeten und geschickten Unternehmer besitzen nicht bloß Kenntnisse und Organisationsfähigkeiten für die neuartigen Produktionsmethoden, sondern auch die Arbeitsräume, Rohstoffe, Werkzeuge, Schiffe und sonstige Anlagen, ohne die es jetzt keine lohnende Arbeit mehr gibt. Auf der anderen Seite konzentriert sich die völlige Entblößtheit von allen Mitteln, der Hunger und das Elend. Die Überlebenden der Leibeigenschaft, die verhungernden Massen der großen Städte, die menschlichen Trümmer der versinkenden Ordnung werden zu Lohnarbeitern, die ihre Arbeitskraft verkaufen müssen.

Auf diese neuen Verhältnisse reagierten die Utopisten mit dem Ruf: das Eigentum ist schuld! Im Mittelalter hatte der Reichtum eine andere Bedeutung gehabt als in der neueren Zeit; er trat damals im wesentlichen als Güteransammlung zum unmittelbaren Genuß auf und schloß nicht unbedingt die Macht über Menschen ein. Durch die seit der Renaissance neu geschaffene Situation wird es verständlich, daß den Utopisten jetzt plötzlich das Eigentum als der Teufel erscheinen konnte. Denn jetzt beruhte die Macht immer weniger auf Herrschaftstiteln und angestammten Rechten, jetzt hing sie immer weniger davon ab, wer als Herr eingesessen oder als Meister zugelassen war, sondern die Verfügung über die Menschen und ihre Arbeitskraft wurde mehr und mehr mit dem Reichtum als Besitz der Arbeitsmittel identisch. Mit der neuen Wirtschaftsweise ließ sich diese Verfügungsgewalt immer ungemessener ausnutzen. Nicht bloß die Zustände im Innern der Länder, sondern auch die – zwischen den italienischen Städten beginnende – nationale Konkurrenz führte zu blutigen Konsequenzen. Die Utopisten erfaßten, daß die Ursache der Kriege die gleiche war wie für die Vertreibung der Pächter durch die englischen Grundherrn: der Gewinn.

Es ist kein Zufall, daß die beiden großen Utopisten Thomas Morus

und Campanella Katholiken gewesen sind. Heinrich VIII. ließ seinen ehemaligen Kanzler deshalb hinrichten, weil dieser am Katholizismus festhielt und die kirchliche Oberhoheit des Königs nicht anerkennen wollte; Campanella verfaßte in einem spanischen Gefängnis begeisterte Schriften für die Ausbreitung eines spanisch-päpstlichen Weltreiches und eiferte gegen die Ketzer. Am Schluß seines Prozesses – das Todesurteil war eben ausgesprochen – erklärte Thomas Morus seinen Richtern: »Ich bin, sagt Ihr, Verräter und Rebell gegen den König. O nein, meine Herren; Sie selbst sind es. Indem Sie sich von der wahren Kirche trennen, zerstören Sie deren Einheit und den Frieden. Sie bereiten eine schreckliche Zukunft vor.«[2]
Angesichts der Zerstörung der Einheit und des Friedens, die durch die Entfesselung der Einzelkräfte und der neuen Konkurrenzwirtschaft der Zukunft Europas drohte und die mit der Entstehung der bürgerlichen Nationalstaaten notwendig verbunden war, mußte diesen geschichtlich geschulten Männern, die ihre Religion beim Wort nahmen, die mittelalterliche Idee von der geeinten Christenheit als die Vorstellung des Paradieses erscheinen. Trug zwar die Kirche im Tridentinischen Konzil den neuen Verhältnissen Rechnung, so konnte doch für den Katholizismus als einer überlieferten Volksreligion die Welt noch eine nach religiösen Gesichtspunkten gestiftete Ordnung darstellen, in der auch für den Geringsten noch väterlich gesorgt war. In den Gedanken der Massen lebte noch die Kirche des Mittelalters, die wichtige soziale Funktionen, vor allem eine großzügige Armenpflege besorgt hatte; jetzt, da auch sie sich anschickte, bewußt Macht in Waren- und Geldform anzusammeln, gab sie diese Funktionen auf. Morus und Campanella blieben mit breiten Volksschichten aus ehrlicher Überzeugung von der Größe und Heilsamkeit der katholischen Lehre ihrem Glauben treu. Die in ihm gegründete Idee einer geeinten Menschheit, in Campanellas Sprache einer »Universalmonarchie«, mußte sie angesichts der blutigen Zerrissenheit Europas, welche die Folge der neuen anarchischen Wirtschaft war, begeistern.

---

2 Prozeßakten, zitiert nach Emile Dermenghem, *Thomas Morus et les Utopistes de la Renaissance*, Paris 1927, S. 86.

Diesen Denkern mußte Machiavelli verhaßt sein. Denn was für den Florentiner eine für alle Zeiten gültige Tatsache war, der Gebrauch der Religion als eines über die Moral triumphierenden Mittels der Staatsräson, war für sie das Kennzeichen, ja der Grund aller Übel der Gegenwart. »Fast alle Fürsten sind machiavellistische Politiker«, klagt Campanella, »und gebrauchen die Religion nur als Kunst der Herrschaft.«[3] Beiden Utopisten war gleich verhaßt, was sie nicht bloß bei den großen Herrschern, sondern besonders bei den kleinen italienischen und deutschen Fürsten in Blüte sahen: religiöse Begeisterung als Phraseologie, als fadenscheiniger Mantel kleinlichster Geldhändel der Höfe.

Für Morus und Campanella war die Religion das Gefäß, das die Forderung der Gerechtigkeit im Angesicht des realen Elends unverfälscht bewahrte; sie wollten die heilige Gemeinschaft auf Erden verwirklichen, welche die Gesetze der freien Konkurrenz durch die Gebote Christi zu ersetzen hätte. Ihre Anschauung konnte sich nicht auf die der unmittelbaren Gegenwart abgelesene Konzeption von der Wolfsnatur des Menschen durch Hobbes stützen. Vielmehr ist nach diesen Denkern der Mensch nicht von Natur schlecht, sondern er wird es durch die Verflechtung in irdische Institutionen, vor allem in die des Eigentums. Campanella wirft Machiavelli vor, er kenne nur die schlechten Motive der Menschen. In den Menschen könnten nicht bloß der Egoismus, sondern auch die göttlichen Antriebe der Nächstenliebe wirksam sein.

Bei den Utopisten wird also die Theorie Rousseaus vorweggenommen, daß die von Natur guten Menschen durch das Eigentum verdorben seien. »Wenn ich mich diesen Betrachtungen hingebe«, heißt es in der *Utopia* von Thomas Morus, »muß ich dem Plato völliges Recht widerfahren lassen, und ich wundere mich nicht mehr, daß er es verschmähte, Völkern, welche die Gütergemeinschaft von sich wiesen, Gesetze vorzuschreiben. Dieser große Geist hatte klar vorhergesehen, daß das einzige Mittel, öffentliches Glück zu begründen, in der Anwendung des Prinzips der Gleichheit bestehe. Die Gleichheit aber, meine ich, ist in einem Staate, wo der Besitz Einzelrecht und unbeschränkt ist, unmöglich; denn jeder sucht sich dort mit Hilfe verschiedener Vorwände und Rechte soviel

---

3 Meinecke, ibid., S. 123.

anzueignen als er kann, und der Nationalreichtum fällt endlich, so groß er auch sein mag, in den Besitz weniger Individuen, die den andern nur Mangel und Elend lassen.«[4]

Auch dem Utopisten der Aufklärung ist das Eigentum die historische Quelle der schlechten Eigenschaften der menschlichen Seele, auch Morelly schreibt also im Gegensatz zu Machiavelli und Hobbes: »Analysiert doch einmal die Eitelkeit, die Geckenhaftigkeit, den Hochmut, den Ehrgeiz, den Betrug, die Heuchelei, die Ruchlosigkeit; zergliedert ebenso die Mehrzahl unserer scheinhaften Tugenden, alles löst sich auf in das feine und gefährliche Element: den Wunsch zu besitzen; Ihr werdet es sogar noch auf dem Grunde der Uneigennützigkeit wiederfinden – aber hätte diese universale Pest, das Privatinteresse, dieses schleichende Fieber, diese Schwindsucht jeder Art von Gesellschaft dort Platz greifen können, wo es nicht nur keine Nahrung, sondern auch nicht einmal den geringsten gefährlichen Gärstoff gefunden hätte? – Ich glaube, daß man die Schlagkraft der Behauptung nicht wird bestreiten können, daß da, wo keinerlei Eigentum existieren würde, auch keine seiner gefährlichen Konsequenzen auftreten könnte.«[5] Und bei Rousseau heißt es: »Der erste, der ein Gebietsstück umgrenzte und sich herausnahm zu sagen: das gehört mir – und der dann Leute fand, die dumm genug waren, es zu glauben, der war der wahre Begründer der bürgerlichen Gesellschaft.«[6]

Aber es besteht ein wichtiger Gegensatz zwischen Rousseau und den Utopisten. Denn jener dachte nicht daran, eine geschichtliche Rückentwicklung oder besser eine unmittelbar gleiche Eigentumsverteilung zu vertreten, während sie in Gedanken eine kommunistische Gesellschaft ohne Privateigentum entwarfen, deren Verwirklichung ihnen in fantastischer Weise mit den Mitteln der Gegenwart als möglich erschien. So erklärt es sich, daß ihre Wunschländer im Gegensatz zu den modernen sozialistischen Entwürfen von Zukunftsgesellschaften und auch zu der *Nova Atlantis* Bacons nicht in der Zukunft liegen, sondern nur in räumlicher Entfernung von dem Aufenthaltsort der Autoren. Das Land Utopia des Morus liegt auf

---

4 Thomas Morus, *Utopia*, Leipzig o. J. (Reclam), S. 49 f.
5 Morelly, *Code de la Nature ou le véritable esprit de ses loix*, Paris 1910, S. 16.
6 J. J. Rousseau, *Discours sur l'origine de l'inégalité parmi les hommes*, seconde partie, erster Satz.

einer Insel des Weltmeeres, der Sonnenstaat Campanellas im Innern Ceylons. Für diese Philosophen läßt sich die vollendete Gesellschaft jederzeit und allerorten einrichten, wenn nur die Menschen durch Überredung, List oder auch Gewalt[7] zu einer entsprechenden Staatsverfassung gebracht werden können.

Die Abstraktion von den geschichtlichen Bedingtheiten verbindet die Utopisten mit Hobbes. Denn ebenso wie die Vertragstheorie die Gesellschaft auf einem freien Willensakt der Bürger begründet sein läßt, glauben die Utopisten ohne Rücksicht auf die zeitlichen Umstände unmittelbar eine neue Gesellschaft bloß auf Grund freier rationaler Entschließungen der Menschen begründen zu können. Morus führt aus, man müsse den Herrschern nur die richtigen Maßnahmen vorschlagen; denn das Bessere sei des Guten Feind, und erst dann könne alles gut werden, wenn die Menschen selbst gut geworden seien. Dies werde, so fügt er freilich vorsichtig hinzu, noch »einige« Jahre dauern.[8] Vielleicht aber hat er selbst die Kanzlerschaft Heinrichs VIII. mit solchen utopischen Gedanken angenommen.

Die Utopie überspringt die Zeit. Aus den Sehnsüchten, die durch eine bestimmte Lage der Gesellschaft bedingt sind und bei einer Veränderung der jeweiligen Gegenwart sich mitverändern, will sie mit in der Gegenwart vorgefundenen Mitteln eine vollendete Gesellschaft errichten: das Schlaraffenland einer zeitbedingten Phantasie. Die Utopie verkennt, daß der geschichtliche Entwicklungsstand, von dem aus sie zum Entwurf ihres Nirgendlandes gedrängt wird, materielle Bedingungen seines Werdens, Bestehens und Vergehens hat, die man genau kennen muß und an denen man selbst anzusetzen hat, wenn man etwas zustande bringen will. Die Utopie möchte das Leid der gegenwärtigen Gesellschaft streichen, das Gute an ihr für sich allein behalten, aber sie vergißt, daß die guten und die schlechten Momente nur verschiedene Seiten des gleichen Zustandes sind, weil sie auch auf den gleichen Bedingungen beruhen. Für sie ist die

---

7 Daß der utopische Entwurf seinem Wesen nach Gewalt und Überredung als Mittel zur Verwirklichung der besseren Ordnung zuläßt, hat Campanella in seinem eigenen Leben bewiesen, indem er nach Niederwerfung seines Aufstandes im Gefängnis sein Ideal weiterverfolgte und die Machthaber durch seine Schriften zu überreden suchte.
8 Morus, ibid.

Änderung des Bestehenden nicht an die mühsame und opferreiche Umwandlung der Grundlagen der Gesellschaft geknüpft, sondern in den Kopf der Subjekte verlegt.
Aber die utopistische Lehre enthält damit eine logische Schwierigkeit; denn während nach ihr das materielle Eigentum der Grund für die tatsächliche seelische Beschaffenheit der Menschen ist, soll auch umgekehrt aus dieser Psyche heraus das Eigentum abgeschafft werden. In allgemeiner Fassung besteht die mangelnde Folgerichtigkeit darin, daß hier den menschlichen Vorstellungen, die doch von den bestehenden schlechten Institutionen beeinflußt sein sollen, nicht bloß, wie es berechtigt wäre, die geduldige Arbeit an der Wirklichkeit, sondern auch die Zeichnung eines inhaltlich bis ins Einzelne bestimmten Idealbildes von einer vollkommenen Gesellschaft zugemutet wird. Hier steckt der gleiche überhebliche Begriff einer absoluten Allgemeinvernunft, die uns in der Theorie der bürgerlichen Philosophen begegnete, wo sie im Gegensatz zu den Utopisten die Funktion hatte, die bestehende Gesellschaft zu verklären und ihre Kategorien für ewige auszugeben.
Morus und Campanella sind davon überzeugt, daß die für die Gesellschaft notwendigen Güter bei einer rationell geregelten Organisation der Arbeit, wenn nicht für den Gewinn des einzelnen, sondern unmittelbar für die Bedürfnisse der Allgemeinheit produziert wird, in Fülle vorhanden sein werden. Außer für die Gebrechlichen herrscht für alle Zwang zur Arbeit: bei Morus genügen sechs, bei Campanella sogar vier Stunden täglich. Die Utopie des Morus hat mehr den Charakter einer allgemeinen Assoziation freier Bürger, sie kennt die Beamtenwahl; der Sonnenstaat des Campanella ist dem Modell mittelalterlicher Klosterordnungen angenähert. Ist die Ordnung der Utopier humaner, liberaler, aufgeklärter, englischer als die des Sonnenstaates, so hat Campanella in kühnerer Weise die Möglichkeit der Naturbeherrschung durch die fortschreitende Wissenschaft erkannt. In seinem Zukunftsland sieht er eine Reihe moderner Maschinen voraus; darin war ihm freilich schon Bacon vorangegangen. Campanella ist auch der Überzeugung, nicht bloß die außermenschliche Natur lasse sich in ihren Wirkungen bestimmen und nutzen, sondern man vermöge auch den Nachwuchs der Gesellschaft an Hand wissenschaftlicher Eugenik zu regeln.
Das Verweilen in Idealstaaten und die Verkennung der realen Ent-

wicklungstendenzen hat sich am Charakter der utopistischen Systeme gerächt. Die wirtschaftlichen Voraussetzungen für eine auf Gemeineigentum beruhende rationale Leitung der gesellschaftlichen Angelegenheiten waren zu ihrer Zeit in keiner Weise vorhanden; im Gegenteil, die Verwirklichung ihrer Phantasiegebilde hätte eine künstliche Unterbindung der Entwicklung bedeutet, die von der Entfaltung der schöpferischen Initiative der einzelnen in der freien Konkurrenz abhing. Zu einer Zeit, wo die Persönlichkeit eines Kapitäns nicht bloß für die Erfolge der Seefahrt entscheidend sind, sondern wo »Kapitän« auch für die Führer der anderen zukunftsreichen Gewerbezweige die zutreffende Bezeichnung war, zu einer Zeit also, wo infolge der noch geringen Durchrationalisierung innerhalb der menschlichen Produktion zwischen dem Bewußtsein der Wirtschaftsleiter und dem der Ausführenden eine Welt lag, da mußte auch notwendigerweise zwischen den materiellen Lebensbedingungen von Leiter und Ausführenden eine Welt liegen. Gemeineigentum, gleiche Lebensverhältnisse, wie sie die Utopisten forderten, wäre der Tod der Zivilisation gewesen. Darum erscheinen im Vergleich zu Morus und Campanella Machiavelli und Hobbes als fortschrittlich, und mit Recht heißt es im *Principe* in bezug auf utopistische Versuche: »Da... meine Absicht darauf gerichtet ist, etwas für den, der es versteht, Nützliches zu schreiben, so scheint es mir schicklicher, die Wahrheit so darzustellen, wie sich dieselbe in der Wirklichkeit findet, als den Einbildungen jener zu folgen: (denn manche Schriftsteller haben Republiken und Fürstentümer erdacht, dergleichen niemals gesehen worden oder in der Wahrheit gegründet gewesen sind) weil ein so großer Unterschied vorhanden ist unter dem, was da geschieht und dem, was geschehen sollte; daß derjenige, der das erste vernachlässigt und sich nur nach dem letzten richtet, seinen Untergang eher als seine Erhaltung bereitet.«[9]

In der Tat hat die Utopie zwei Seiten; sie ist die Kritik dessen, was ist, und die Darstellung dessen, was sein soll. Die Bedeutung liegt wesentlich im ersten Moment beschlossen. Aus den Wünschen eines Menschen kann man auf seine wirkliche Lage schließen; durch das glückliche Utopien des Morus scheint der Zustand der Massen in England hindurch, deren Sehnsucht der humane Kanzler gestaltet

---

9 *Fürst*, S. 83 f.

hat. Freilich erkennt er diese Sehnsucht nicht selbst als die Reaktion auf die gesellschaftliche Situation, in der er mit den Massen lebt und leidet, sondern er projiziert den Inhalt dieser Sehnsucht naiv in ein räumliches oder zeitliches Jenseits. Die Utopie der Renaissance ist der säkularisierte Himmel des Mittelalters. Gewiß stellt die Konstruktion eines fernen Diesseits, in das man lebend gelangen könne, eine radikale Wandlung dar gegenüber Zeiten, in denen der Arme erst mit dem Tod in Utopien einziehen konnte. Doch so wenig wie der mittelalterliche Gläubige im Himmel das Widerspiel seiner eigenen Bedürftigkeit fand, erblickten die Utopisten in jenen fernen Inseln die Reaktion auf das Elend ihrer Gegenwart.

Von den Philosophen, die als die Apologeten des Bestehenden oder gerade Entstehenden auftreten, unterscheiden die Utopisten sich durch die Erkenntnis, daß auch in der zu Ende gedachten bürgerlichen Ordnung trotz der Befreiung des einzelnen aus dem System der Leibeigenschaft das wirkliche Elend weder aufgehoben ist noch aufgehoben werden kann. Wenn Hobbes und Spinoza verkündeten, der neue Staat sei der Ausdruck für das Allgemeininteresse, so hatten sie damit insofern recht, als die Befriedigung der Forderungen bestimmter reicher Bürgerschichten, die Entwicklung ihrer Unternehmungen auf absehbare Zeit auch die Gesellschaft im ganzen förderten. Diese Philosophen waren gleichsam die praktischeren Ärzte; sie verordneten das unmittelbar Notwendige, auch wenn es an einzelnen Stellen schmerzte. Aber im Gegensatz zu ihnen erkannten die Utopisten die Ursache der gesellschaftlichen Leiden in der Ökonomie, d. h. vor allem in der Existenz des Privateigentums und machten die endgültige Heilung nicht von der Veränderung der Gesetze sondern der Eigentumsverhältnisse abhängig.

Freilich ist der Vergleich der Gesellschaft mit einem kranken oder gesunden Organismus gefährlich. Er trübt den Blick für den Sachverhalt, daß in sehr weitem Maße Glück und Leben breiter Schichten nichts weniger als »organisch« mit dem Gedeihen des »Ganzen« verbunden sind. Mochte zur Zeit des Hochmittelalters an einzelnen Stellen Europas (analog gewissen primitiven Stämmen mit Gemeinwirtschaft) ein solches organisches Verhältnis zwischen Individuum und Gesellschaft bestehen, daß das Wohl und Wehe von ihr identisch war mit dem Ergehen des einzelnen Mitgliedes, so gilt das jedenfalls für die neuere Zeit nicht mehr. In Hegels Sprache wäre dieser Tatbestand als die Äußerlichkeit der Momente gegeneinander und die Zerrissenheit des Ganzen zu formulieren. Der Vergleich mit dem kranken Körper der Gesellschaft, den man retten muß, auch wenn es an manchen Stellen schmerzt, übersieht nur die Kleinigkeit, daß diese einzelnen Stellen existierende lebendige Menschen mit eigenem Schicksal und einmaligem Dasein sind. Die Utopisten aber verstanden die übergangene Kleinigkeit in der Tat als die leidenden, von der Gesellschaft zu einem unmenschlichen Dasein gezwungenen Menschen. In ihren Werken lag die Versicherung beschlossen, daß keine bloß juristischen Verbesserungen, sondern einzig die Umwälzung der Grundlagen allein an Stelle eines zerrissenen und unmenschlichen Daseins Einheit, an Stelle von Ungerechtigkeit Gerechtigkeit schaffen könne.

Wo man auch die Utopien aufschlägt, erfährt man, es komme darauf an, daß das Verdienst gebührend geehrt werde und nicht wie üblich alles Gute dem Schlechten zufalle. Wo – wie in der Gegenwart – die wirtschaftlichen Gesetze frei wirken könnten, da müsse bei der gegebenen Differenz der Vermögen die Verteilung von Glück und Unglück nicht nach Wert und Verdienst, sondern bloß nach Zufall erfolgen. Die Utopie enthält die Überzeugung, daß die Gesellschaft den ihr vom bürgerlichen Naturrecht vorgeschriebenen Zweck, die Interessen aller zu befriedigen, nur dann erfüllen kann, wenn sie als wirtschaftliche Grundlage die blinde Mechanik vieler konkurrierender Einzelwillen aufgibt und ihren Lebensprozeß im Interesse aller planvoll regelt. Durch diese Theorie, die nicht bloß das äußere Wohlergehen, sondern auch die Entwicklung der Moral und der Wissenschaft mit den Beziehungen der Menschen in der Wirtschaft in Zusammenhang bringt, sind die Träume der neuzeitlichen Utopisten mit Platons *Staat* verbunden und gleichzeitig der Realität mindestens ebenso nahe wie die Apologeten des Bestehenden.

Je mehr die Interessen derjenigen Individuen, die das Leiden in der herrschenden Gesellschaftsordnung zu tragen haben, an Macht in der Gesellschaft gewinnen, desto mehr wird auch die Lehre der Utopie vom Eigentum zu einer aktuellen Erkenntnis. Gewiß war es ein Fehler, die Gegenwart zu überspringen und mit der Verkündung einer absoluten Vollkommenheit die im Gegebenen liegenden Möglichkeiten zu übersehen. Aber es ist ebenso ein Mangel, eine bessere Ordnung nicht auszudenken und ihre Voraussetzungen nicht zu erkennen.»... man würde besser tun«, heißt es in der *Kritik der reinen Vernunft* mit Beziehung auf die Utopie des Platon[10], »diesem Gedanken mehr nachzugehen und ihn... durch neue Bemühungen ins Licht zu stellen, als ihn unter dem sehr elenden und schädlichen Vorwande der Untunlichkeit als unnütz beiseite zu stellen.« Kant schließt sich dem Irrtum der Utopisten in bezug auf die Bedingungen der Verwirklichung selbst an, wenn er die mangelnde Verwirklichung eines vollkommen gesellschaftlichen Zustandes vorwiegend »aus der Vernachlässigung der echten Ideen bei der Gesetzgebung« erklärt und behauptet, es komme wesentlich darauf an, diese echten Ideen den »Gesetzgebern« beizubringen. Auch er hält am Phantom einer harmonischen Gesellschaft fest, zu deren Begründung es jeweils nur auf die rechte Einsicht und den guten Willen aller Beteiligten ankomme. Aber nicht die Gesetzgeber der Gegenwart, sondern diejenigen Gruppen, die selbst die Not infolge ihrer Stellung im gesellschaftlichen Lebensprozeß erfahren, sind die natürlichen Träger der Erkenntnis von den Wurzeln des Übels, das in der Utopie sich spiegelt, und von dem Ziele, mit dem die Erlösung verbunden ist.

Im Gegensatz zur Abwendung vom Bestehenden bei den Utopisten war die Erklärung der Naturrechtler, der neue bürgerliche Staat sei seinem Wesen nach Garantie des allgemeinen Wohls, er sei die bestmögliche Sicherung des Lebens seiner Bürger, in jener Zeit unmittelbar fortschrittlich und richtig. Daß sie in der Zukunft starr festgehalten wurde, ohne die staatliche Wirklichkeit fortwährend mit der Zielvorstellung zu konfrontieren, hat sie schließlich zur reinen Ideologie gemacht. Neben der ideologischen Apologetik einer Ordnung, die wesentlich durch die Negation der mittelalterlichen Gebundenheit, d. h. durch die freie Konkurrenz charakterisiert war, stand die Utopie zunächst nur als Ausdruck ohnmächtiger Sehnsucht, als reine Dichtung. Es versteht sich aber, daß diese Sehnsucht ihre Machtlosigkeit genau in dem Maße abzustreifen vermag, in dem die Gesellschaft für eine Umwandlung der Grundlage reifer wird und die Kräfte dazu entwickelt. Wie schon ausgesprochen worden ist, verbot sich im sechzehnten und siebzehnten Jahrhundert eine Gemeinwirtschaft, und die Konkurrenz war als Bedingung

---

10 Kant, *Kritik der reinen Vernunft*, Leipzig (Reclam), S. 276.

für die Höherentwicklung der Gesellschaft erforderlich.[11] Wenn in den Utopien dies übersehen ist, so formulieren sie doch das Endziel, so daß jede politische Unternehmung an ihm gemessen werden kann.

Die Unmöglichkeit, dieses Ziel unmittelbar zu verwirklichen, und die Zweckmäßigkeit der bekämpften Eigentumsordnung bedeuten keine Rechtfertigung für die in ihr herrschenden Widersprüche. Das unter der neuen Ordnung leidende Individuum hat nur die Zuflucht in den Traum, in die bloße Innerlichkeit; daher lebt auch gerade zu jenen Zeiten in den unteren Schichten die Religion. Diese Individuen sind die Opfer, die der »Weltgeist« seinem erhabenen Ziele bringt, denn sie leiden an einer für den Fortschritt notwendigen Periode der geschichtlichen Entwicklung. Sie sind, um jenen organizistischen Vergleich, dessen Zweideutigkeit hier besonders deutlich wird, wieder anzuwenden, das Blut, das um der Heilung willen vergossen wird, um derselben Heilung willen, die auch ihre eigene, in der Utopie sich Gestalt verleihende Not herbeisehnt. Ein gesellschaftlicher Zustand, in dem die Kräfte eines jeden sich freier zu entfalten vermögen, verursacht weltgeschichtliche Unkosten.

Hier wird die Problematik alles Idealismus, auch des von Hegel, offenbar. Sein idealistischer Gedanke lautet, alle Wirklichkeit sei identisch mit dem absoluten Geist, »Natur und Geschichte nur seiner Offenbarung dienend und Gefäße seiner Ehre«[12]. Wir sehen »den Geist in der Geschichte sich nach einer unerschöpflichen Menge von Seiten ergehen, die sich darin genießen und befriedigen. ...In dieser Lust seiner Tätigkeit hat er es nur mit sich selbst zu tun«[13]. Dieser Gedanke hat nicht nur etwas Problematisches, sondern auch etwas Furchtbares an sich. Denn auf diese Weise erscheint der einmalige wirkliche Tod der einzelnen Menschen so im System, daß er vor der überlebenden geistigen Wesenheit, vor dem absoluten Geist oder auch dem transzendentalen Bewußtsein als eine bloße Illusion erscheint, mindestens gerechtfertigt wird. Aber der Tod ist

---

11 Weil Ziel und vorhandene Mittel grotesk unangemessen waren, werden die sonderbaren Wege der Utopisten zur Verwirklichung ihrer Ideen verständlich; Morus will die Herrschenden überzeugen, und Campanella bereitet einen Mönchsaufstand in Calabrien vor.
12 Hegel, *Encyklopädie*, S. 463.
13 Hegel, *Philosophie der Geschichte*, S. 12.

theoretisch auf keine Weise »sinnvoll« zu machen; vielmehr erweist sich an ihm die Ohnmacht aller sinngebenden Metaphysik und jeder Theodizee. Gewiß sind jene wirklichen Leiden, deren Reflex die Utopie ist, durch den Prozeß bedingt, ohne den die Erlösung von ihnen nicht denkbar ist; aber nichts widerspricht der Aufgabe einer wirklichen Philosophie mehr als die Weisheit, welche in der Feststellung jener Notwendigkeit sich befriedigt fühlt. Daß die Geschichte eine bessere Gesellschaft aus einer weniger guten verwirklicht hat, daß sie eine noch bessere in ihrem Verlaufe verwirklichen kann, ist eine Tatsache; aber eine andere Tatsache ist es, daß der Weg der Geschichte über das Leiden und Elend der Individuen führt. Zwischen diesen beiden Tatsachen gibt es eine Reihe von erklärenden Zusammenhängen, aber keinen rechtfertigenden Sinn.

Diese philosophischen Erwägungen verbieten es, solche Unternehmungen überlegen abzuurteilen, in denen Menschen unvermittelt die Utopie verwirklichen und die absolute Gerechtigkeit auf Erden einsetzen wollen. Zur Zeit des Thomas Morus hat in Deutschland ein vom englischen Kanzler selbst verabscheuter Mann mit gänzlich ungeeigneten Mitteln ein solches von vornherein aussichtsloses Unternehmen begonnen und ist mit ihm gescheitert. Dieser Mann war Thomas Münzer. Er wollte nicht warten, bis das Christentum nach einem endlosen Leidensgang sich verwirklichte. Er verkündete, auch Christus sei nicht geduldig gewesen gegenüber der Ungerechtigkeit auf Erden, und er berief sich dabei auf die Worte Christi selbst im Gegensatz zu den theologischen Interpreten.

Die Geduld des Idealismus ging Thomas Münzer ab. Einsicht und Wissen von Forschern und praktischen Politikern um die komplizierten und langwierigen Bedingungen selbst für die geringsten wirksamen Verbesserungen gesellschaftlicher Not können nimmermehr die Resignation des beschaulichen Weisen begründen. Wer vor dem Leiden und dem Tod, soweit sie durch menschliche Einrichtungen bedingt sind, Geduld fordert, muß bedenken, daß die allgemeine Geduld, die gegenüber dem geschichtlichen Gange besteht, ein wesentlicher Grund für die Notwendigkeit zu warten ist. Geschichtsphilosophisch gilt jedenfalls: die Erklärung des bisherigen Geschichtsverlaufes, die zum großen Teil noch geleistet werden muß, ist etwas anderes als seine unmögliche Rechtfertigung.

Nietzsche hat zu scharf und darum unwirksam geurteilt, wenn er in seinem Aufsatz ›Vom Nutzen und Nachteil der Historie‹ überhaupt vor der wissenschaftlichen Beschäftigung mit der Geschichte mißtrauisch macht. Aber wenn man die Geschichte gegen die Utopie ausspielt, dann darf doch auf Nietzsche hingewiesen werden. Über die Bewunderung der sogenannten »Macht der Geschichte« schreibt er, daß sie »praktisch alle Augenblicke in nackte Bewunderung des Erfolgs umschlägt und zum Götzendienste des Tatsächlichen führt: für welchen Dienst man sich jetzt die sehr mythologische und außerdem recht gute deutsche Wendung ›den Tatsachen Rechnung tragen‹ allgemein eingeübt hat. Wer aber erst gelernt hat, vor der ›Macht der Geschichte‹ den Rücken zu krümmen und den Kopf zu beugen, der nickt zuletzt chinesenhaft-mechanisch sein Ja zu jeder Macht, sei dies nun eine Regierung oder eine öffentliche Meinung oder eine Zahlenmajorität, und bewegt seine Glieder genau in dem Takte, in dem irgend eine ›Macht‹ am Faden zieht. Enthält jeder Erfolg in sich eine vernünftige Notwendigkeit, ist jedes Ereignis der Sieg des Logischen oder der Idee, dann nur hurtig nieder auf die Knie und nun die ganze Stufenleiter der ›Erfolge‹ abgekniet... Und welche Schule der Wohlanständigkeit ist eine solche Betrachtung der Geschichte! Alles objektiv nehmen, über nichts zürnen, nichts lieben, alles begreifen, wie macht das sanft und schmiegsam... Ich würde also sagen: die Geschichte prägt immer ein: ›Es war einmal‹, die Moral: ›Ihr sollt nicht‹ oder ›Ihr hättet nicht sollen‹. So wird die Geschichte zu einem Kompendium der tatsächlichen Unmoral.«[14] Nietzsche, dessen spätere philosophische Entwicklung ihn freilich selbst dazu geführt hat, zwar nicht die menschliche Geschichte, aber die Naturgeschichte, die Biologie anzubeten, und der in der Tat »in nackte Bewunderung des Erfolgs« von bloßer Vitalität verfallen ist, hat hier einen Gedanken der Aufklärung formuliert. Die vollständig gelungene Erklärung, die durchgeführte Erkenntnis der Notwendigkeit eines geschichtlichen Ereignisses, kann für uns, die wir handeln, zum Mittel werden, Vernunft in die Geschichte hineinzubringen; aber die Geschichte *hat* keine Vernunft »an sich« betrachtet, ist keine wie immer geartete »Wesenheit«, weder »Geist«, dem wir uns beugen müßten, noch »Macht«, sondern eine begriffliche Zusammenfassung von Ereig-

---

14 Nietzsche, *Werke*, Taschenausgabe Band II, Leipzig 1906, S. 178.

nissen, die sich aus dem gesellschaftlichen Lebensprozeß der Menschen ergeben. Von der »Geschichte« wird niemand ins Leben gerufen oder getötet, sie stellt weder Aufgaben noch löst sie solche. Nur die wirklichen Menschen handeln, überwinden Hindernisse und können dazu gelangen, einzelnes oder allgemeines Leid, das sie selbst oder das Naturmächte geschaffen haben, zu verringern. Die pantheistische Verselbständigung der Geschichte zu einem einheitlichen substanziellen Wesen ist nichts als dogmatische Metaphysik.

4. Vico und die Mythologie

Für alle Ereignisse, soweit sie nicht bewußte Handlungen von Menschen sind, beantwortet die Wissenschaft immer nur die Frage nach der Ursache, niemals die nach dem Zweck. Aber die Frage nach dem »Wozu?« angesichts des individuellen Leides und Todes stammt aus einer allzu tiefen psychischen Wurzel, als daß sie je hätte verstummen können. Wenn die Versuche versagen, die Gegenwart für alle glücklich zu gestalten, wenn die Utopie, in welcher der Zufall ausgelöscht ist, sich nicht verwirklichen läßt, muß eine Geschichtsphilosophie entstehen, die hinter der erfahrenen Wirrnis von Leben und Tod eine verborgene gütige Absicht zu erkennen meint, in deren Plänen das einzelne, scheinbar unbegreifliche und sinnlose Faktum seinen ganz bestimmten Stellenwert hat, ohne selbst darum zu wissen. Wenn es wahr ist, daß die Konstruktion eines solchen verborgenen Sinnes das Wesen aller echten Geschichtsphilosophie ausmacht, dann ist der Italiener Giambattista Vico der erste wirkliche Geschichtsphilosoph der Neuzeit gewesen. Denn sein Hauptwerk beabsichtigt zu zeigen, daß die Vorsehung in der menschlichen Geschichte walte und ihre Ziele durch die Handlungen der Menschen verwirkliche, ohne daß diese selbst davon ein klares Bewußtsein besäßen oder besitzen müßten. Seine Größe liegt freilich nicht in der Konstruktion, sondern in den empirischen Untersuchungen, die er bei dieser Gelegenheit angebahnt hat.
Vico ist 1668 in Neapel geboren und 1744 dort gestorben. Dieser während seines ganzen Lebens fast völlig unbekannte Mann, der zuerst Hauslehrer und dann ein armseliger Professor der Rhetorik an der Universität Neapel war, ein frommer Katholik und ein kleiner Bürger, ist in der Tat nicht nur einer der größten Geschichtsphilosophen, sondern auch ein Soziologe und Psychologe bedeutender Art gewesen. Zudem war er ein Erneuerer der Philologie, hat die Philosophie der Kunst begründet und einen Blick für große kulturelle Zusammenhänge besessen, wie es sich nicht bloß zu seiner

Zeit, sondern auch in den folgenden Jahrhunderten kaum ereignet hat. Vico ist ein Beispiel dafür, daß die Beschäftigung mit der Geschichte, wenn sie nicht auf ein Referat von Oberflächenerscheinungen, sondern auf die Entdeckung gesetzmäßiger Zusammenhänge abzielt, universale Fruchtbarkeit besitzen kann.

Zu dieser Erkenntnis ist Vico selber in seiner Polemik gegen die Cartesianische Philosophie gelangt. Descartes war 1650 gestorben. Seine Philosophie weist in vieler Hinsicht in die Zukunft, denn sie hatte nicht bloß den Weg für eine vorurteilslose Naturforschung theoretisch freigelegt, sondern in der Begründung einer kritischen Erkenntnistheorie auch den Ausgangspunkt fortschrittlicher Richtungen in der Philosophie gebildet. Die großen intellektuellen Energien, die zur Entfaltung und Ausbildung der mathematischen Naturwissenschaft drängten, schlossen sich an den französischen Denker an, der ja zugleich Erfinder der analytischen Geometrie gewesen ist, und bedienten sich seiner Methoden und seiner Terminologie. Doch nicht nur die Naturforschung: auch der sich erneuernde Katholizismus ergriff die Erkenntnismittel Descartes', um die Religiosität der fortschreitenden kulturellen Entwicklung anzupassen. Descartes war zu Vicos Zeit große philosophische Mode; es war unmöglich, an einer Auseinandersetzung mit ihm vorbeizugehen.

Descartes' Philosophie bildet das philosophische Korrelat zu dem Umstand, daß die neue Gesellschaft sich in weitem Ausmaß auf die Ausbildung der mathematischen Naturwissenschaften verlegte. Die Bedürfnisse der sich entfaltenden Verkehrswirtschaft, die Notwendigkeit der technischen Beherrschung der toten Natur führten zur Verabsolutierung der Mathematik als des einzigen verläßlichen Wissens. Das »cogito ergo sum« des Descartes, die tiefen Betrachtungen seiner Meditationen, haben in seinem Gesamtwerk die Funktion, die Mathematik als einzig sicheres Wissen zu begründen. Am Satz des cogito gewinnt er die Kriterien der Klarheit und Deutlichkeit; er findet sie dann wesentlich nur in der Mathematik erfüllt, aus der er sie wahrscheinlich insgeheim schon bezogen hatte, als er sie am cogito entdeckte. Die Auseinandersetzung mit Descartes ist die Auseinandersetzung mit der Frage, ob Mathematik die einzig echte Erkenntnis und damit zugleich, ob das mathematische Denken die wahre Wesensäußerung des Menschen sei.

Das Hauptwerk Vicos, die *Scienza Nuova*, die *Neue Wissenschaft über die gemeinschaftliche Natur der Völker*, deren erste Ausgabe 1725 erschienen ist, trägt auf der Titelseite ein allegorisches Bild. Unter anderem findet sich eine große Kugel, die auf einem Altar ruht. Diese Kugel, auf der eine Frau mit geflügeltem Haupt steht, liegt am Rande des Altars und wird nur von einer Seite her durch ihn gestützt. Das will besagen, daß die Wirklichkeit bisher nur nach einer Seite hin betrachtet worden ist, »nur in bezug auf die Ordnung der Natur«[1]. Noch haben die Philosophen, so meint Vico, die Wirklichkeit »nicht betrachtet von der Seite, die doch die eigentümliche der Menschen ist: deren Wesen diese Haupteigenschaft hat, daß sie gesellig sind«[2]. Descartes hatte die mathematische Erkenntnis als die einzig gewisse und echte nach dem Grundsatz verteidigt, wir erkennen restlos nur das, was wir selbst gemacht haben – ein Grundsatz der sich von Bacon, Hobbes, Descartes über Leibniz bis zu Kant und Fichte als philosophisches Prinzip geschichtlich verfolgen läßt. Unter dem »wir« ist dabei die abstrakte Reflexion des Verstandes, der Inbegriff des isolierten Denkapparats nach dem Muster der traditionellen Logik zu verstehen. Vico nimmt den Grundsatz der ausschließlichen Erkennbarkeit des selbst Geschaffenen auf, ja er macht ihn zur Richtschnur seiner Philosophie: nur gibt er ihm eine ganz verschiedene und unerhört neue Wendung. Was die Menschen selbst geschaffen haben, und was daher der vornehmste Gegenstand der Erkenntnis sein muß, diejenigen Schöpfungen also, in denen das Wesen der menschlichen Natur und des »Geistes« am deutlichsten zum Ausdruck kommt, sind nicht die fiktiven Konstruktionen des mathematischen Verstandes, sondern ist die geschichtliche Wirklichkeit. Mit Bezug auf sein eigenes Unternehmen sagt Vico: »So verfährt diese Wissenschaft gerade so wie die Geometrie, die die Welt der Größen, während sie sie ihren Grundsätzen entsprechend aufbaut und betrachtet, selbst schafft; doch mit um so mehr Realität, als die Gesetze über die menschlichen Angelegenheiten mehr Realität haben als Punkte, Linien, Flächen und Figuren.«[3]

---

1 Giambattista Vico, *Die Neue Wissenschaft über die gemeinschaftliche Natur der Völker*, München o. J. (1924), S. 44.
2 Ibid.
3 Ibid., S. 139.

4. Vico und die Mythologie

Machiavelli hatte die Geschichte lediglich zum zweckmäßigen Gebrauch für unmittelbar politische Maßnahmen durchblättert, Hobbes in seiner Konstruktion des Gesellschaftsvertrages großzügig über die wirklichen Begebenheiten hinweggesehen: bei beiden stand die eigentlich sichere Wissenschaft, nicht nur Mathematik und Naturwissenschaften, sondern auch die Lehre vom Menschen in erhabener Trennung und Unabhängigkeit von der Geschichte. Sehen wir von Hegel und seiner Schule ab, so wird in der neueren Philosophie die Geschichte vornehmlich als eine Beschreibung von Ereignissen angesehen, die man zu irgendwelchen praktischen oder erbaulichen Zwecken betreiben mag, die aber für die entscheidenden theoretischen Erkenntnisse ohne Bedeutung ist. Einer solchen Metaphysik, die die wirkliche Welt, mit ihr das Wesen des Menschen ohne jede grundsätzlich geschichtliche Erforschung zugänglich machen zu können wähnte, ist erst im neunzehnten Jahrhundert wirksam widersprochen worden. Doch schon Vico hatte gegenüber dem ihm verhaßten Descartes erkannt, daß eine nur vom – vermeintlich selbständigen – Individuum ausgehende Betrachtung beschränkt und eitel, vor allem aber notwendig falsch werden muß. Selbsterkenntnis der Menschen gründet sich nur auf eine Analyse des geschichtlichen Prozesses, in welchem die Menschen tätig sind, nicht auf den bloßen Blick ins eigene Innere, wie es der subjektive Idealismus zu allen Zeiten gemeint hat. Wirtschaft, Staat, Recht, Religion, Wissenschaft, Kunst – alle spezifischen Erzeugnisse der Menschen sind in der Geschichte geworden und darum nicht aus den isolierten Individuen, sondern nur aus den Beziehungen dieser Individuen, in Vicos Sprache: aus der Eigenschaft ihrer Gesellig keit zu verstehen.

Wenn Vico die Vorsehung »die Königin der menschlichen Handlungen«[4] nennt, wenn ihm ausdrücklich seine »Wissenschaft gewissermaßen eine Begründung der Vorsehung als historische Tatsache«[5] gibt, so scheint der Glaube an einen göttlichen Sinn und Heilszweck der Geschichte die hauptsächliche Bedeutung seiner Philosophie auszumachen. Aber wo er von dem Begriff der Vorsehung eine konkrete Anwendung macht, versteht er unter ihr wesentlich nichts an-

---

4 Ibid., S. 119.
5 Ibid., S. 134.

deres als die Instanz oder das Gesetz, durch das die Menschen trotz ihrer individualistischen, barbarischen, egoistischen Triebe zur Gesellschaft- und Kulturbildung gebracht werden. Die Oberflächenerscheinungen der Geschichte, zu denen Vico vor allem die Motive und Handlungen der einzelnen Menschen rechnet, sind nicht das Wesentliche an ihr; vielmehr setzt sich ohne Bewußtsein der Individuen, gleichsam hinter ihnen, eine Abfolge von Gesellschaftsformen durch, die die zivilisatorische Leistung der Menschen ermöglichen.

Die Frage nach diesen geheimen Gesetzen wird so zum eigentlichen Thema der »neuen Wissenschaft«. Vico weist darauf hin[6], daß die wahre Bedeutung des Wortes Vorsehung diejenige sei, nach der sie »divinitas« genannt wurde, von divinari, d.h. das Verborgene begreifen. Er bestimmte es als die Aufgabe seines Hauptwerkes, »das Verborgene zu begreifen, das wirkt, ohne daß die Menschen es bemerkten oder daran mitwirkten, ja oft ihren Plänen ganz entgegengesetzt ist«[7]. Was Hegel später die »List der Vernunft« genannt hat, schreibt Vico der divinitas zu: sie verwirklicht durch das chaotische Tun der Menschen hindurch im unerbittlichen Kampf der einzelnen, der Klassen und der Völker, in allem Leid und Elend persönlicher Schicksale, trotz Borniertheit, Geldgier, Grausamkeit, Fanatismus, ja sogar *mittels* dieser Momente menschenwürdige Ordnungen und schließlich ein rational bestimmtes Leben der Gesellschaft.

Freilich ist die Frage nach der Gerechtigkeit für die einzelnen Menschen, die in der Utopie gestellt wurde, nicht durch den Hinweis auf die gütige Absicht einer göttlichen Vorsehung zu beantworten, wenn diese Individuen auf dem Weg der Geschichte, der zum Licht führen soll, zerstampft werden. Vico findet in seinem Katholizismus dafür Beruhigung: ob ein Mensch in einer dunklen oder hellen Geschichtsperiode gelebt hat – nach seinem Tode wird ihm vom höchsten Richter nach rechtem Maß das Urteil gesprochen. Das Gericht über den einzelnen bleibt also bei Vico der Geschichte transzendent. Für Hegel, dem das Weltgericht unmittelbar mit der Weltgeschichte zusammenfällt, dessen Religion wesentlich in dem

---

6 Ibid.
7 Ibid.

Glauben an eine immanente Teleologie, d. h. an eine Erfüllung der absoluten Gerechtigkeit in der Geschichte besteht, wird die Frage nach dem Leid des einzelnen durch idealistische Leugnung des wesenhaften Seins der Individualität gegenstandslos. Am Beispiel Hegels und Vicos zeigt sich, daß wenigstens in der Neuzeit der ehrliche Glaube an eine geoffenbarte transzendente Religion eine vorurteilslosere Erforschung des Diesseits ermöglicht, als eine pantheistische Vermengung von Gott und Welt, von Vernunft und Wirklichkeit. Weil Vico die transzendente Gerichtsbarkeit für den einzelnen beibehält, kann er den Gang der Geschichte relativ vorurteilslos untersuchen, die inneren Bewegungsgesetze, die geheimen und unterirdischen Tendenzen der Geschichte freizulegen streben. Ist sein Werk um vieles weniger großartig und umfassend als das ihm in mancher Beziehung ähnliche Hegels, so ist es auch viel empirischer, bedeutend weniger konstruktiv, als die Spekulationen des großen Idealisten, dem es darauf ankam, das Göttliche im Diesseits aufzuweisen.

Eine Darstellung einzelner Lehren Vicos gibt einen Begriff, welche fruchtbaren, von der Wissenschaft heute noch großenteils unausgeschöpfte Erkenntnisse von ihm gefunden worden sind. – Aus den Werken des großen Philosophen Bacon, den er aufs höchste verehrte, hat Vico die Abneigung gegen jene Ansicht übernommen, nach der die Denker des klassischen Altertums oder andere Philosophen der Vergangenheit bereits das höchste Wissen von den ewigen Dingen besessen hätten und nach der das Menschengeschlecht keinen Fortschritt, eher noch einen Abstieg, eine Verarmung durchgemacht haben soll. Allerdings ist der katholische Vico gezwungen, das Paradies und die göttliche Schöpfung gemäß dem Dogma an den Anfang zu stellen. Aber er benutzt die Bibelerzählung der Sintflut, um die Existenz jener goldenen Zeit aus der Wissenschaft gänzlich zu entfernen, und läßt – gemäß der Wahrheit – die eigentliche Geschichte in Dunkelheit und Barbarei beginnen. »Zu der Anmaßung der Nationen«, so heißt es in der *Neuen Wissenschaft*[8], die darin bestand, »daß jedes griechische oder barbarische Volk Anspruch darauf erhob, als erstes vor allen anderen die Bequemlichkeiten des menschlichen Lebens gefunden zu haben und die Überlieferung sei-

---

8 Ibid., S. 76.

ner Geschichte seit Anfang der Welt aufzubewahren«[9], »gesellt sich die der Gelehrten, die wollen, daß das, was sie wissen, ebenso alt sei wie die Welt«[10]. Vico macht sich ein Verdienst daraus, »die Vorurteile von der unerreichbaren Weisheit der Alten wegzufegen«[11]. »Dies ist die Entwicklung der menschlichen Dinge: erst waren Wälder, dann Hütten, Städte und zuletzt Akademien.«[12] Das Menschengeschlecht beginnt seine Laufbahn in einer dunklen und furchtbaren Urgeschichte.

Es erhebt sich die Frage, nach welchen Gesetzen sich die Entwicklung zur Kultur vollziehe. »Um diese Natur der menschlichen Dinge aufzufinden«, erklärt Vico sein methodologisches Prinzip, »verfährt unsere Wissenschaft nach einer strengen Analyse der menschlichen Gedanken bezüglich des Notwendigen und Nützlichen im Gemeinschaftsleben.«[13] Ähnlich wie Machiavelli, nur viel bewußter und folgerichtiger, geht er also davon aus, daß die menschlichen Produktionen aus Notwendigkeit, genauer gesprochen: aus der Reaktion auf materielle Not zu erklären sind. In den äußeren Lebensumständen, verbunden mit der primitiven psychischen Beschaffenheit der frühen Menschen liegen nach ihm die Erklärungsmomente für die menschliche Geschichte. Die überlieferten Zeugnisse für die frühen Zeiten, vor allem die Mythologie, sind das Material, aus dem dieser Sachverhalt erschlossen wird.

In großartigem Entwurf hat Vico die Anfänge der Zivilisation dargestellt. Aus der Furcht vor den Elementen, die personifiziert werden, indem die frühen Menschen ihr eigenes Wesen in das Weltall hineinprojizieren, entstehen die ersten Vorrichtungen und Sitten. Blitz und Donner, die äußeren Unbilden, zwangen die Menschen, gesicherte Orte aufzusuchen und flößten ihnen gleichzeitig Angst vor den übermächtigen Riesen ein. Die primitive Deutung der Naturereignisse durch Projektion des eigenen Wesens in die Natur, also durch Verlebendigung der Naturkräfte, ist der Ursprung der Dichtung, der mit dem Anfang der Zivilisation zusammenfällt. Indem die frühen Menschen, in Vicos Sprache »die Giganten«, aus Not

---

9 Ibid., S. 75.
10 Ibid., S. 76.
11 Ibid., S. 98.
12 Ibid., S. 100.
13 Ibid., S. 137.

sich Behausungen schaffen, ist der erste Anstoß zur weiteren kulturellen Entwicklung gegeben. Diese entsagten nun »ihrer tierischen Gewohnheit des Umherirrens im Urwald der Erde und gewöhnten sich an eine ganz entgegengesetzte Sitte, nämlich lange Zeit verborgen und ansässig in ihren Höhlen zu bleiben«[14]. In der allmählich sich steigernden Herrschaft des Willens über die Regungen des Körpers »folgte die Autorität des natürlichen Rechts; denn indem sie die Orte, an denen sie sich zur Zeit des ersten Blitzes zufällig befanden, lange Zeit innehatten und bewohnten, wurden sie durch Okkupation Herr darüber; die Okkupation ist ein lang andauernder Besitz, die Quelle alles Eigentums auf der Welt. Das sind also die pauci quos aequus amavit Jupiter; der historische Sinn dieses Ausspruches ist, daß die Giganten in jenen Verstecken, in jenen Gründen die Häupter wurden der sogenannten ›gentes maiores‹, die Jupiter als den ersten Gott zählten und aus denen die ersten Herren und die ersten Gemeinwesen sich bildeten«[15]. Denn nachdem die Giganten erst durch die Natur gezwungen waren, seßhaft zu werden, blieb es nicht bei ihrer Wohnung in Höhlen, sondern sie lernten Hütten zu bauen und ließen sich schließlich, da sie den Ackerbau begannen, an den fruchtbarsten Orten nieder, soweit sie dort auch sonst guten Schutz finden konnten.

Es ist besonders interessant, wie Vico aus dem Zusammenwirken der äußeren materiellen Lage mit der triebmäßigen Beschaffenheit der Menschen die Bedingungen der Zivilisation entspringen läßt. Obwohl er überall, wo solche Wirkungen ganz ohne den bewußten Willen der Menschen zustande kommen, an die göttliche Vorsehung erinnert, gibt er doch völlig vorurteilslose Erklärungen, die dem Prinzip nach häufig mit den modernsten Anschauungen zusammenstimmen. Es sind vor allem vier Momente, die er als zivilisatorische Bedingungen aus dem erwähnten Zusammenwirken hervorgehen läßt. Er nennt sie die »vier Ursachen, gewissermaßen die vier Elemente des historischen Universums... nämlich Religionen, Ehen, Asyle und das erste Agrargesetz«[16].

Als Beispiel soll hier nur Vicos Theorie der Mythologie behandelt

---

14 Ibid., S. 162.
15 Ibid.
16 Ibid., S. 265.

werden. Vico ließ diese ja als eine Reaktion der Furcht vor den übermächtigen Naturkräften entstehen. Die Menschen projizieren ihr eigenes Wesen in die Natur hinein, d. h. die Naturmächte sind ihnen von vornherein als lebendige Wesenheiten der gleichen Art wie sie selbst, nur eben stärker, mächtiger, furchtbarer gegenwärtig. Vicos Anschauung, mit der er sich als Vorläufer der anthropologischen Deutung der Religion durch Ludwig Feuerbach erweist, ist in hohem Grade deutlich und durchgebildet. Nachdem er von der Beschaffenheit der primitiven Menschen gehandelt hat, fährt er fort: »Von solcher Art mußten die ersten Gründer der heidnischen Menschheit sein, als 200 Jahre nach der Sintflut, nachdem die Erde genügend getrocknet war, der Himmel schließlich blitzte und donnerte mit schreckenerregendem Blitz und Donner, wie sie durch die erste derartige gewaltige Erschütterung der Luft erzeugt wurde. Da erhoben einige wenige Giganten (die kräftigsten, denn sie lebten verstreut in den Wäldern auf den Bergeshöhen, wie die stärksten Tiere dort ihr Lager habend), erschreckt und entsetzt von der ungeheuren Wirkung, deren Ursachen sie nicht wußten, die Augen und gewahrten den Himmel. Da nun in solchem Fall die Natur des Menschengeistes es mit sich bringt, daß er einer derartigen Wirkung sein eigenes Wesen zuschreibt, ihr Wesen aber das von Menschen war, die nur aus ungeheuren Körperkräften bestehen und heulend und brüllend sich gegenseitig ihre wilden Leidenschaften kundmachen, so erdichteten sie den Himmel als einen großen belebten Körper, den sie Jupiter nannten, den ersten der Götter der sogenannten gentes maiores, der ihnen durch das Zischen des Blitzes und das Krachen des Donners etwas mitteilen wollte.«[17]

Vico erklärt also, »daß im gesetzlosen Zustand die Vorsehung den Wilden und Gewalttätigen einen Anstoß zur Menschlichkeit und zur Staatenbildung gab, indem sie in ihnen eine verworrene Vorstellung der Gottheit erweckte, die jene in ihrer Unwissenheit Wesen zuschrieben, denen sie nicht zukam; auf diese Art, aus Furcht vor solcher eingebildeten Gottheit, begannen sie sich in eine gewisse Ordnung zu fügen«[18]. An einer anderen Stelle drückt Vico diesen Gedanken folgendermaßen aus: »Alles dies stimmt überein mit dem

---

17 Ibid., S. 153 f.
18 Ibid., S. 88.

Ausspruch des Lactanz, ...wo er von den Anfängen des Götzendienstes spricht: daß die ersten einfachen und rohen Menschen sich die Götter erdachten ›ob terrorem praesentis potentiae‹. So hat die Furcht die Götter geschaffen; doch... nicht die Furcht der Menschen voreinander, sondern ihre Furcht vor sich selbst.«[19] Die Menschen »begannen... ihrer natürlichen Neugier zu folgen, der Tochter der Unwissenheit und Mutter der Wissenschaft, welche den menschlichen Geist aufschließt und dabei das Staunen gebiert...«[20]
Hält man Vicos Lehre vom historischen Ursprung der Mythologie der einfachen Auskunft vom Priesterbetrug entgegen, mit der die Aufklärung zur gleichen Zeit oder wenige Jahrzehnte später sich mit der Religion abfand, dann erscheint seine Leistung erst im richtigen Licht. Er hat die zivilisatorische Bedeutung der Religion im einzelnen verfolgt; so hat er gelehrt, daß die Religionen unter anderem auch die Funktion haben, die großen Massen für den Triebverzicht zu entschädigen, der im gesellschaftlichen Leben von ihnen verlangt wird. Für Vico war ferner die Mythologie eine notwendige primitive Vorform der Erkenntnis, aus der unsere Wissenschaft entsprungen ist, und ebenso einer Stufe der Gesellschaft zugeordnet, wie unsere Art der Geistigkeit der modernen Zivilisation. »Wo die Völker durch Kriege so verwildert sind, daß die menschlichen Gesetze keine Geltung mehr unter ihnen haben, ist das einzig taugliche Mittel, sie zu bändigen, die Religion.«[21] Vico lehrt im Gegensatz zur Aufklärung, daß die falschen Religionen nicht durch individuellen Betrug, sondern auf Grund einer notwendigen Entwicklung entstanden sind.
Zum erstenmal bewußt und ausdrücklich hat wohl Vico die Analogie der historisch frühen Völker mit den gegenwärtig noch lebenden Primitiven erkannt, ebenso die Gleichheit zwischen der Mentalität der Primitiven und der Kinder, also die Entsprechung der menschlichen Ontogenese und Phylogenese. In diesem Zusammenhang hat er wichtige Entdeckungen gemacht, unter anderem diejenige, daß Kinder und Primitive unfähig sind, »verstandesmäßige Gattungsbe-

---

19 Ibid., S. 158.
20 Ibid., S. 154.
21 Ibid., S. 88.

griffe zu bilden und anstelle dessen«, wie er sich ausdrückt, »phantasiegeschaffene Gattungsbegriffe oder Universalien«, Vorbilder oder ideale Portraits besitzen, auf die sie alles zurückführen.[22] Diese Lehre, nach der die frühen Stufen der Intellektualität in hohem Maße der kategorialen Verhaltungsweise entbehren und durch ein prälogisches Denken gekennzeichnet sind, stimmt mit den Resultaten der modernen Forschung, vor allem mit den Arbeiten Lévy-Bruhls durchaus überein.

Eine weitere große Leistung in bezug auf die mythologische Religiosität ist die Theorie Vicos, deren Prinzip er in dem Satze ausspricht, »daß die ältesten Sagen politische Wahrheiten enthalten mußten und also die Geschichte der ersten Völker darstellten«[23]. Damit wird die Überzeugung ausgesprochen, daß die mythologischen Anschauungen nicht freie Schöpfungen des Geistes sind, sondern die gesellschaftliche Realität, wenn auch in verzerrter Weise, widerspiegeln. Überträgt man diese Ansicht nicht bloß, wie Vico es noch getan hat, auf Metaphysik und Kunst, sondern auf alle ideologischen Formen des Bewußtseins, dann ist eine geschichtsphilosophische Lehre von ungeheurer Tragweite formuliert. Die geistigen, für eine Periode charakteristischen Vorstellungen entspringen aus dem gesellschaftlichen Lebensprozeß, bei dem Natur und Menschen in Wechselwirkung stehen. Ihr Inhalt, sowohl in der trübsten Vorstellung als auch in der klarsten Erkenntnis – ist die Wirklichkeit, das Sein; es kommt nur darauf an, die jeweils zugrunde liegende Realität zu erkennen, welche auch im dunkelsten Kult sich noch spiegelt.

Vicos Deutung der Kadmos-Sage bietet ein Beispiel seiner Methode. Aus den Giganten, die sich an den besten und fruchtbarsten Orten niedergelassen haben, sind die Herren der ersten Gemeinwesen entstanden. Sie haben Familien gegründet und Asyle eröffnet, deren sich die weniger Begünstigten aus materiellen Gründen bedienen müssen. Das erste Ackergesetz hat dann die Eigentumsverhältnisse stabilisiert, d. h. die Herren in ihrer Vorherrschaft bestätigt. So waren nach Vicos Worten »die Gemeinwesen entstanden, gebildet aus zwei Gruppen von Menschen: den Adeligen, die befahlen, und

---

22 Ibid., S. 95.
23 Ibid., S. 93.

den Plebejern, die gehorchten; daraus entspringt die Materie der politischen Wissenschaft, die nichts anderes ist als Wissenschaft vom Befehlen und Gehorchen im Staat«[24]. Die Giganten als Herren – gemeint sind die archaischen Griechen und Römer, die sich dann selbst als Götter verherrlichen – heißen bei Vico Heroen:
Kadmos »tötet die große Schlange (d. h. er rodet den alten Urwald aus), sät ihre Zähne (eine schöne Metapher für das Pflügen mit gebogenem hartem Holz, bevor man den Gebrauch des Eisens kannte); wirft einen großen Stein (der die harte Erde ist, die die Klienten für sich pflügen wollten); aus den Furchen entstehen bewaffnete Männer (wegen der heroischen Kämpfe um das erste Agrargesetz erheben sich die Heroen aus ihrem Grund und Boden, um anzuzeigen, daß sie seine Herren sind; sie vereinigen sich in Waffen gegen die Plebejer und kämpfen zwar nicht gegeneinander, sondern gegen die empörten Klienten; mit den Furchen sind die Stände gemeint, in denen sie sich zusammenschließen und mit denen sie die ersten Gemeinwesen auf der Basis der Waffen bilden und befestigen); und Kadmos verwandelt sich in eine Schlange, Draco, woraus die Herrschaftsgewalt der aristokratischen Senate entsteht, denn bei den Griechen ist es Draco, der die Gesetze mit Blut schreibt. Der Mythos von Kadmos enthält also mehrere Jahrhunderte poetischer Geschichte und ist ein wichtiges Beispiel für die Unbehilflichkeit, mit der die Kindheit der Welt sich auszudrücken bemüht war; dies ist eine der Hauptquellen für die Schwierigkeiten der Mythenerklärung.«[25]
Vico findet immer wieder diese Abhängigkeit der Plebejer von den Patriziern, der Famuli von den Herren, die er mit dem mittelalterlichen Lehens- und Leibeigenschaftsverhältnis vergleicht und identifiziert, in den Mythen wieder. Die Söhne werden aus der familialen Unterwerfung unter die monarchische Gewalt des Vaters einmal befreit und können selber Väter werden. Das Gesinde aber lebt hoffnungslos in Unfreiheit. Durch den auf den Sklaven lastenden Druck entstehen Unzufriedenheiten und schließlich Revolutionen. So ist

---

24 Ibid., S. 264.
25 Ibid., S. 283 ff. Vico deutet unbedenklich griechische Mythen aus altrömischen Verhältnissen. Der Grund dafür kann hier, wo es wesentlich um das Prinzip zu tun ist, unerörtert bleiben.

für Vico der Gegensatz der Klassen die grundlegende gesellschaftliche Tatsache, der Schlüssel zur griechischen Mythologie. Die verschiedenen Formen des Elends der Sklaverei finden in den besonderen Leiden der Tantalos, Ixion, Sysiphos ihre symbolische Gestaltung.[26] In diesen Mythen sind ebensoviel Motive der Empörung niedergelegt.

Nicht bloß die Mythologie hat Vico als Reflex gesellschaftlicher Verhältnisse gefaßt, sondern auch die Metaphysik bringt er in Zusammenhang mit der geschichtlichen Realität. Die intelligiblen Gattungsbegriffe des Sokrates und die Ideen des Platon stammen nach ihm »aus der Beobachtung, daß die athenischen Bürger beim Gesetzgeben sich in der übereinstimmenden Idee eines gleichmäßig verteilten, allen gemeinsamen Vorteils vereinigten«[27], und anläßlich der Erörterung des neuen Begriffs der Gerechtigkeit bei Aristoteles erklärt Vico ausdrücklich, »daß solche Grundsätze der Metaphysik, der Logik und der Moral von dem Marktplatz Athens herkamen«[28].

Diese Auffassung von Mythologie und Metaphysik, der es tatsächlich um die Zusammenhänge, um das »Verborgene« zu tun ist, bedeutet einen gewaltigen Fortschritt gegenüber der bloßen Feststellung des Hobbes, die verkehrten Lehren seien frei erfunden, um die Menschen zu täuschen. Bei Vico sind sie wesentlich verzerrte Erscheinungsformen der Realität auf einer niederen geschichtlichen Entwicklungsstufe. Ebensowenig wie der Staat freiwillig und bewußt aus der Vernunft der Menschen entstanden ist – wie die Naturrechtslehrer glaubten –, ebensowenig haben Sprache, Kunst, Religion, Metaphysik einen rationalen Ursprung. Es ist vielmehr die Aufgabe der Wissenschaft, diese Kulturprodukte als Oberflächenerscheinung der Geschichte wahrzunehmen und die naturhaften, triebmäßigen, sozialen Zusammenhänge zu begreifen, aus denen sie hervorgegangen sind und die sich in ihnen reflektieren.

Vicos Deutungen der Mythologie sind Musterbeispiele für den Versuch, »geistige« Gehalte aus den bedingenden gesellschaftlichen Verhältnissen zu begreifen. Vico ist weit davon entfernt, den Prozeß

---

26 Ibid., S. 106, 245 u. a.
27 Ibid., S. 396.
28 Ibid., S. 397.

der künstlerischen und religiösen Schöpfung als bewußte oder gar absichtliche Umdichtung einer zuvor unideologisch gegebenen Wirklichkeit verstehen zu wollen. Die ästhetischen Gebilde, in denen der Soziologe nachträglich die Gesellschaft der betreffenden Epoche sich spiegeln sieht, erscheinen – vom Standpunkt ihres Urhebers aus – als ursprüngliche, durchaus »originäre« Schau. Zwischen dem gesellschaftlichen Ausdruckswert schöpferischer Leistungen und der ihnen zugrunde liegenden individuellen Intention besteht keine prästabilierte Harmonie. Die Durchsichtigkeit gewinnen die Werke erst im Lauf der Geschichte.

»Der menschliche Geist ist von Natur geneigt, am Einheitlichen Gefallen zu finden.«[29] Freilich ist es von Vicos Streben nach vereinheitlichender Geschichtserklärung noch weit bis zu jenen konstruktiven Synthesen, in denen man das Prinzip zu besitzen meint, nicht bloß die Vergangenheit verstehen, sondern auch die Zukunft errechnen zu können. Solchen geschichtsphilosophischen Systemen ist die Geschichte gleichsam der Leib eines einheitlichen Sinnes, den man logisch eindeutig nachdenken und zu Ende konstruieren kann. Diese Struktur eignet ebenso der großartigen Systematik Hegels wie dem einfachen Schema Spenglers, bei dem jeweils eine Kultur die herrschende ist, Jugend, Blütezeit und Alter erlebt, um dann von der nächsten abgelöst zu werden. Auch Vico gewährt uns die Befriedigung universaler Schau der Geschichte, auch bei ihm können wir am »Einheitlichen« Gefallen finden. Ja das, was am Spenglerschen Schema sicherlich nicht als bloße geschichtsphilosophische Träumerei gedeutet werden darf, findet sich auch ähnlich bei Vico. Allerdings hegt er im Gegensatz zu Spengler die philosophische Überzeugung, daß trotz der Wiederkehr alter Formen, trotzdem die Menschheit je am Ende eines Zyklus in Barbarei versinkt, die endliche Herrschaft einer gerechten Lebensordnung die ewige Aufgabe sei. Dieser Gedanke wird durch die Identität zwischen geschichtlicher Gesetzlichkeit und göttlicher Vorsehung noch in besonderer Weise fundiert.

»Man sehe in den Worten Jugend, Aufstieg, Blütezeit, Verfall... endlich objektive Bezeichnungen organischer Zustände«, heißt es gleich in der Einleitung des *Untergangs des Abendlandes*, man

---

29 Ibid., S. 94.

»suche das Typische in den wechselnden Geschicken dieser großen Individuen (gemeint sind die Kulturen), das Notwendige in der unbändigen Fülle des Zufälligen, und man wird endlich das Bild der Weltgeschichte sich entfalten sehen, das uns, den Menschen des Abendlandes und uns allein natürlich ist.«[30] Vico hat – wahrscheinlich im Anschluß an Machiavelli – von solchem Bilde, auf Grund dessen sich uns Heutigen die Ansicht der Weltgeschichte »endlich« entfalten soll, längst denjenigen Gebrauch gemacht, der sich ihm ohne Zwang darbot und der jedenfalls metaphysisch unbelastet ist. Unsere Wissenschaft, so führt er aus, gelangt dazu, »eine ewige ideale Geschichte darzustellen, nach der in der Zeit ablaufen die Geschichten aller Völker mit ihrem Aufstieg, Fortschritt, Zustand, Verfall und Ende«[31]. Da für ihn die Zivilisation nicht aus dem freien Geist heraus gesetzt wird, sondern kraft materieller Umstände und ihrer Wechselwirkung mit den primitiven Menschen in Beginn und Entwicklung notwendig bedingt ist, so ist er auch davon überzeugt, daß überall, wo eine Gesellschaft sich formt, sie notwendig immer und überall den gleichen Verlauf nehmen muß, so daß man tatsächlich die Grundlinien einer »idealen Geschichte« feststellen könne, nach der sich das Geschick aller Zivilisationen vollziehen müsse. »Denn überall«, heißt es, »wo wir beobachten, daß die Menschen aus wilden und tierischen Urwaldzeiten durch die Religionen zur Gesittung gelangen, da beginnen sie, schreiten fort und endigen nach den Stufenfolgen, die hier erforscht werden.«[32]

Im ersten Zeitalter also herrschen die Giganten; die Form der Erkenntnis ist Phantasie, ihr Ausdruck phantastische Poesie. Im zweiten Zeitalter – Vico nennt es das heroische – entstehen die Klassen und damit die Staaten. Die Heroen, d. h. die Patrizier, schließen sich gegen die Plebejer, die Klienten, zu bewaffneten Ständen zusammen, um die Eigentumsordnung zu schützen und sich gegen die Besitzlosen zu wehren. Aus den patrizischen Anführern in solchen sozialen Auseinandersetzungen werden die Könige. Sie sind also diejenigen, die sich an die »Spitze stellten gegen die Revolten der

---

30 Oswald Spengler, *Der Untergang des Abendlandes*, Band 1, München 1920, S. 36.
31 Vico, ibid., S. 138 f.
32 Ibid., S. 164.

famuli«[33] und »die ersten Staaten sind ganz und gar darauf angelegt, die Macht der Adeligen zu erhalten«[34]. Die weiteren Etappen seiner »idealen« Geschichte, das »Zeitalter der Menschen«, hat Vico weniger gründlich untersucht. Weitaus den größten Teil der *Scienza Nuova* bilden die Analysen des poetischen und heroischen Zeitalters. Auf das frühe Königtum folgt zuerst die aristokratische, darauf die demokratische Republik, dann das Kaisertum und schließlich der Untergang. »Der Charakter der Völker ist erst roh, dann streng, später mild, darauf fein und zart, zuletzt sittenlos.«[35]
Vico ist also wie Machiavelli überzeugt, daß auf jeden solchen Zyklus der Rückfall in die Barbarei und der Beginn eines neuen folgen muß. Der unmittelbare Grund für diese Überzeugung von den Rückfällen liegt für Vico in der Tatsache des Mittelalters. Das Mittelalter ist eine neue Heroenzeit, die zweite Barbarei. Es gibt kaum tiefere Kapitel in der *Scienza Nuova* als diejenigen, in denen Vico das Mittelalter in seiner dunklen Grausamkeit und Enge mit jenen frühen Epochen vergleicht, von denen die klassische Mythologie uns Zeugnis gibt. Dieser Katholik scheut sich nicht zu behaupten, daß der Titel »geheiligte königliche Majestät« und die Annahme geistlicher Würden durch die mittelalterlichen Fürsten eine Wiederholung der Selbstvergottung der Heroen aus den griechischen Mythen sei und auf einer Wiederkehr ähnlicher sozialer Verhältnisse beruhe. Vico bietet Musterbeispiele einer vergleichenden Soziologie, die – mit Ausnahme des einzigen Voltaire – alle Leistungen auf diesem Gebiet im siebzehnten und achtzehnten Jahrhundert weit übertreffen. Bedeutend ist auch die Erkenntnis Vicos, wenn er das Schema seiner idealen Geschichte nicht spekulativ im Sinne eines Apriori anwendet, gleichsam als ein von oben gesetztes Verhängnis, sondern z. B. die neue Barbarei aus der Völkerwanderung als empirischer Ursache erklärt. Überall wo durch derartige Ereignisse die Menschheit wieder auf ihre Ursprünge zurückgeworfen wird – handle es sich um Naturereignisse, um den Einbruch unzivilisierter Horden, um die anarchische Selbstzerfleischung zivilisierter Völker –, da muß kraft der sozialen Gesetzmäßigkeiten, die Vico in der

---

33 Ibid., S. 106.
34 Ibid., S. 247.
35 Ibid., S. 101.

Scienza Nuova aufgezeigt zu haben glaubt, die ganze Entwicklung von neuem beginnen und in gleicher Weise ablaufen. Er erklärt von seiner Wissenschaft, »daß die Dinge so, wie sie es darstellt, geschehen mußten, geschehen müssen und werden geschehen müssen... wäre es selbst, daß in alle Ewigkeit immer wieder neue Welten entstünden, was ohne Zweifel falsch ist«[36].

Vicos Wiederholungslehre ist ein bloßer Glaube an die Wiederkehr der menschlichen Dinge. Doch so weit ist ihm recht zu geben, daß die Möglichkeit des Rückfalls in die Barbarei niemals völlig ausgeschlossen ist. Äußere Katastrophen können eintreten, aber auch Verursachungen, die von den Menschen selber abhängen. Die Völkerwanderung ist zwar ein Ereignis der Vergangenheit; doch unter der trügenden Oberfläche der Gegenwart enthüllen sich innerhalb der Kulturstaaten Spannungen, die sehr wohl furchtbare Rückschläge zu bedingen vermöchten. Freilich nur in dem Maße waltet über den menschlichen Ereignissen das Fatum, als die Gesellschaft es nicht vermag, ihre Angelegenheiten in ihrem eigenen Interesse selbstbewußt zu regeln. Wo die Geschichtsphilosophie noch den Gedanken an einen dunklen, aber selbständig und eigenmächtig wirkenden Sinn der Geschichte enthält, den man in Schemata, logischen Konstruktionen und Systemen nachzuzeichnen versucht, ist ihr entgegenzuhalten, daß es gerade soviel Sinn und Vernunft auf der Welt gibt, als die Menschen in ihr verwirklichen. Wenn es darauf ankommt, Gesetzmäßigkeiten in der Geschichte aufzufinden, deren Kenntnis solcher Verwirklichung als Mittel dienen kann, dann ist Vico, dieser frühe »sinndeutende« Geschichtsphilosoph, ein bahnbrechender Geist gewesen.

---

36 Ibid., S. 138.

Aufsätze

Ein neuer Ideologiebegriff?

(1930)

Bei der Eingliederung der Lehren von Karl Marx in die Geisteswissenschaft der Gegenwart wird der Sinn seiner Grundbegriffe in das Gegenteil verkehrt. Ihre Leistung sollte wesentlich in der einheitlichen Erklärung der gesellschaftlichen Bewegungen aus den durch die wirtschaftliche Entwicklung bedingten Klassenverhältnissen bestehen. Nicht die Erkenntnis einer »Totalität« oder eine totale und absolute Wahrheit, sondern die Veränderung bestimmter gesellschaftlicher Zustände war die Absicht seiner Wissenschaft. Im Zusammenhang damit wird auch die Philosophie kritisiert, aber nicht eine neue Metaphysik an die Stelle der alten gesetzt.
Im Verlauf der letzten Jahrzehnte hat die Diskussion der Marxschen Theorien in Deutschland einen breiten Raum eingenommen. Der letzte, besonders scharfsinnige Versuch, einige ihrer Grundbegriffe in eine rein geistesphilosophische Fragestellung einzubeziehen, sind die Arbeiten Karl Mannheims, vor allem sein Buch: *Ideologie und Utopie*.[1] Es wird mit Recht in weiten Kreisen beachtet, denn es liefert ein besonders geistreiches Beispiel dafür, wie diese brennend gewordenen Fragen gegenwärtig behandelt werden. Durch eine Analyse des Mannheimschen Ideologiebegriffes soll hier versucht werden, einen Beitrag zur Erkenntnis dieser Bestrebungen zu liefern.
Nach Mannheim ist es die Bestimmung der Wissenssoziologie, die Ideologienlehre aus der »Kampfapparatur einer Partei« zu einer überparteilichen »soziologischen Geistesgeschichte« zu machen (32)[2]. Die bisherige Leistung des Ideologiebegriffs habe wesentlich darin bestanden, die Anschauungen des politischen Gegners durch den Hinweis auf ihre gesellschaftliche Bedingtheit zu entwerten. Jetzt aber, nachdem es sich nicht mehr umgehen lasse, auch den

---

[1] Bonn, 1929.
[2] Eingeklammerte Seitenzahlen im Text beziehen sich auf *Ideologie und Utopie*.

eigenen gedanklichen Standort als »seinsgebunden« zu erfassen, sei dieser Begriff zu einem allgemeinen Erkenntnismittel geworden, durch das die Vergangenheit neu überprüft und die krisenhafte Denklage der Gegenwart festgestellt werden könne. Die so entstehende Wissenschaft von der gesellschaftlichen Zuordnung der Ideen eröffne den einzigen Ausweg aus der geistigen Not unserer Zeit, in der das Vertrauen auf die unbedingte Gültigkeit einer der verschiedenen Weltansichten schon gründlich erschüttert sei (55).
Am Anfang dieser neuen Wissenssoziologie steht ein neuer Begriff der Ideologie, dessen Geschichte Mannheim darzustellen versucht. Wahrscheinlich in der politischen Praxis sei eine »Seelenhaltung« entstanden, die einzelne Vorstellungen des Gegners als Verhüllungen beargwöhnt, die seinem Interesse dienen. Dieser Verdacht wird nach Mannheim schließlich grundsätzlich. Er betrifft nicht die Form, sondern nur die Inhalte des gegnerischen Denkens, die er psychologisch aus dem Eigennutz erklärt. Wenn mit der Bezeichnung Ideologie nichts anderes getroffen werden soll, als daß »dieses oder jenes Interesse kausal zu jener Lüge oder Verhüllung zwingt«, heißt sie bei Mannheim »partikular«. Diesem »partikularen« Ideologiebegriff gegenüber bedeute der »totale«, der »die gesamte Weltanschauung des Gegners (einschließlich der kategorialen Apparatur)« in Frage zieht, einen wichtigen Fortschritt (9f.). Nach Kant, in dessen Bewußtseinsphilosophie dieser neue Begriff theoretisch begründet sei, wird das Ganze unserer Erfahrung durch die tätige Anwendung der Faktoren unseres Verstandes geformt und ist nicht der Spiegel einer seienden Welt. In diesem Sinne wird auch im totalen Ideologiebegriff eine Abhängigkeit der Struktur des Weltbildes vom Subjekt behauptet. Aber das Subjekt erkennt jetzt nicht mehr wie bei Kant unbedingt und allgemein, sondern hängt mit seinem ganzen Erkenntnisapparat, mit allen Kategorien und Anschauungsformen von historischen und soziologischen Bedingungen ab. Der Lage einer Gesellschaftsgruppe sollen nicht bloß bestimmte Inhalte, sondern überhaupt eine bestimmte Weise zu erkennen und demgemäß zu werten und zu handeln »entsprechen«. Es werden nicht wie beim partikularen Ideologiebegriff die wirklichen Menschen mit ihren Interessen zur Erklärung der Vorstellungen herangezogen, sondern ein »Zurechnungssubjekt«, d. h. eine ideale Erkenntnishaltung, die sinngemäß zur Stellung einer Gruppe in der

jeweiligen Gesellschaft gehört (11). Verbindet sich dann die ursprünglich philosophische Tendenz des totalen Ideologiebegriffs mit der politischen des partikularen, dann werden nicht mehr bloß einzelne Vorstellungen angegriffen, sondern der Vorwurf des falschen Bewußtseins wird entschieden verallgemeinert. »Früher warf man dem Gegner als Repräsentanten einer bestimmten sozialen Position vor, daß er gerade als solcher die bewußte oder unbewußte Fälschung von Fall zu Fall begehe. Jetzt wird der Angriff dadurch vertieft, daß man ihm die Möglichkeit des richtigen Denkens nimmt, indem man seine Bewußtseinsstruktur, und zwar in ihrer Ganzheit, diskreditiert. Diese einfache Beobachtung bedeutet, auf ihren strukturellen Inhalt hin analysiert, daß man früher nur auf der psychologischen Ebene enthüllte, indem man dort sozial gebundene Täuschungsquellen aufwies, jetzt aber die Destruktion dadurch radikalisiert, daß man auch die noologisch logische Ebene in den Angriffskreis einbezieht und auch diese noologische Ebene der gegnerischen Aussagen durch soziale Funktionalisierung in ihrer Geltung destruiert« (23).
Der totale Ideologiebegriff tritt nach Mannheim zuerst als der des Klassenbewußtseins im Marxismus auf. Doch besitze man erst in der Gegenwart den Mut, ihn folgerichtig durchzudenken. Solange das klassenmäßig gebundene falsche Denken nur beim Gegner gesucht und der eigene Standort nicht als ideologisch erkannt werde, sei das Problem der Ideologie noch nicht in seiner ganzen Tragweite gestellt, sondern unberechtigt eingeschränkt. Deshalb will Mannheim der »speziellen« Fassung des totalen Ideologiebegriffs, über die der Marxismus nicht hinausgekommen sei, eine »allgemeine« gegenüberstellen. Da nicht nur das bürgerliche Bewußtsein, sondern das *jeder* gesellschaftlichen Gruppe überhaupt dem Inhalt und der Form nach von gesellschaftlichen Umständen abhängig sei, dürfe auch der Marxismus keinen Anspruch auf unbeschränkte Gültigkeit erheben (32).
Die Anwendung des allgemeinen totalen Ideologiebegriffs, der für die Mannheimsche Wissenssoziologie von grundlegender Bedeutung ist, bedinge (aus später zu erörternden Gründen) keinen philosophischen Relativismus. Mit ihm solle nur behauptet werden, daß alles Denken »seinsgebunden«, d. h. in einer bestimmten gesellschaftlichen Lage »verwurzelt« sei. Es entspreche einer Gruppe je-

weils ein Denkganzes, dessen Teile sich durchgehend aufeinander und auf ihre historische Grundlage beziehen. Diese grundsätzliche »Bezüglichkeit aller Sinnelemente aufeinander und ihre sich gegenseitig fundierende Sinnhaftigkeit in einem bestimmten System« (41) nennt Mannheim Relationismus. Der Wissenssoziologe kann diese Zusammenhänge in ihrem geschichtlichen Werden und Vergehen untersuchen, ohne daß er dabei für eines der Denk- und Wertungssysteme Partei ergreifen muß. Er darf sich darauf beschränken, die Geschichte der verschiedenen sich als Wahrheiten gebärdenden Anschauungen, »die gesamte Bewußtseinsgeschichte von den Denkhaltungen bis zu den Erlebnisformen auf ihre jeweilige Seinsgebundenheit hin zu sichten und zu zeigen, wie sich stets alles im innigsten Zusammenhange wandelt« (36).

Diese »wertfreie« Anwendung des entfalteten Ideologiebegriffs treibt nach Mannheim dialektisch über sich selbst hinaus und führt zu einer neuen Scheidung der Denksysteme im Hinblick auf ihre Wahrheit. Hatte früher die Philosophie eine bestimmte Ansicht als die wahre Theorie der gesamten Wirklichkeit schlechthin von allen anderen unterschieden, so ist Mannheim davon überzeugt, daß infolge der fortwährenden Umwandlung der Wirklichkeit ein in der Vergangenheit gültiges System später zur verhängnisvollen Unwahrheit werden kann. In der wissenssoziologischen Forschung zeige es sich nämlich, daß Bewußtseinsformen auch dann noch weiter bestehen könnten, wenn die gesellschaftliche Lage, der sie ursprünglich angemessen waren, sich verändert habe. Wegen dieses Mangels an Übereinstimmung zwischen den Seinsgrundlagen und der Lebensdauer der zugeordneten Gedankensysteme gibt es zur selben Zeit verschiedene Arten der Weltauslegung, von denen die einen der neuen gesellschaftlichen Wirklichkeit angepaßt sind und sich in ihr bewähren, andere veraltet sind und wieder andere ihr (als »Utopien«) vorauseilen (38 ff.). Der Grad dieser Übereinstimmung liefert dem Wissenssoziologen einen Maßstab, mit dem er »unter den Normen, Denkweisen, Orientierungsschemen *ein und derselben Zeit* wahre und unwahre, echte und unechte« unterscheidet (50).

Wahr oder echt wären demnach »im Ethischen« Forderungen, die sinngemäß genau erfüllbar sind, in »der seelischen Selbstauslegung« eine Einstellung, die »neuartiges seelisches Reagieren und neues

Menschwerden« weder verdeckt noch verhindert, in der Theorie solche Ansichten, mit denen man sich in der vorhandenen Wirklichkeit zurechtfinden kann. Das *falsche* Bewußtsein läßt sich also vom richtigen im wesentlichen dadurch unterscheiden, daß seine Normen und Denkformen »überlebt« sind und »vollzogenes Handeln, inneres und äußeres Sein nicht klären, sondern vielmehr verdecken« (51). Weil gemäß dieser Lehre der Wahrheitsgehalt jedes Bewußtseins immer wieder an einer Wirklichkeit, die nie die gleiche bleibt, gemessen wird, erhält der Ideologiebegriff auf dieser Stufe das weitere Kennzeichen des Dynamischen.

Die »Krisis« der Gegenwart soll darin bestehen, daß jedes der »sich bekämpfenden aber gleichzeitig vorhandenen Lebenssysteme« als »partikular« zu durchschauen sei. Alle beanspruchten zwar das Ganze der Welt und des Lebens angemessen zu deuten, d. h. als abschließende Wahrheiten zu gelten, in Wirklichkeit aber seien sie samt und sonders »seinsbedingte« Teilansichten. Das ist nicht so zu verstehen, als ob sie es mit grundsätzlich verschiedenen Gegenständen zu tun hätten, in diesem Fall könnte man die fortgeschrittensten unter ihnen einfach zu einer Gesamtschau zusammensetzen. Nach Mannheim kommt vielmehr die Verschiedenheit daher, daß die Tatsachen in einem »Denk- und Lebenszusammenhang« erfahren werden, der je nach dem gesellschaftlichen Standort verschieden ist. Die Art, etwas zu erleben, die Fragestellung und die Bewältigung eines Problems enthalte überall eine metaphysische Vorentscheidung, eine »vitale und intellektuelle Option« (59), die einer der vielen entgegengesetzten Seinsgrundlagen unserer zerrissenen Gegenwart entspreche. Wenn es sich aber so verhält, »daß wir kaum mehr in derselben Denkwelt leben, daß es gegeneinander sich bewegende Denksysteme gibt, die letzten Endes schon im Wirklichkeitserleben auseinandergehen« (56), so wird es fraglich, inwiefern man überhaupt noch von einer verbindlichen Wirklichkeit sprechen kann. Unsere besondere Verlegenheit bestehe darin, daß man heute über zahllose wissenschaftliche Methoden und Einzelbeobachtungen verfüge – wenn auch die Krisis schon »mitten in der Empirie faßbar« sei (59) –, aber in den »Totalitätsfragen« wegen des Offenbarwerdens der »Partikularität« aller Standpunkte die »nachtwandlerische Sicherheit ungebrochener Zeiten« völlig verloren habe. Die Wissenssoziologie will uns davor bewahren, diese Sachlage zu verkennen, ja sie strebt dahin, diese Erschütterung der »Werte und Gehalte« durch die planmäßige Anwendung ihres neuen Ideologiebegriffes auf alle vergangenen und gegenwärtigen Überzeugungen noch zu verstärken. Aber gerade in dieser Enthüllung der Verbundenheit aller »Denkstile« mit einem je veränderlichen Sein erblickt sie den Funken, »der die auf der Gegenwartsstufe wirklich nötigen Gedanken entzündet« (55). Indem sie kein sich für unbedingt haltendes Denksystem in seiner Vereinzelung gelten läßt, sondern es von seinen geschichtlichen Voraussetzungen her versteht und auf diese Weise »soziologische Zeitdiagnostik« treibt, fühlt sie sich auf dem einzig gangbaren Weg zur »Totalität«. Diese wird gemäß der philosophischen Grundansicht Mannheims weder als der Inbegriff des Seienden, noch als alles umschließende Theorie gefaßt. Totalität bedeutet vielmehr »Partikularsichten in sich aufnehmende, diese immer wieder sprengende Intention auf das Ganze, die sich schrittweise im natürlichen Prozeß des Erkennens erweitert und als Ziel nicht einen zeitlos geltenden Abschluß, sondern eine für uns mögliche maximale Erweiterung der Sicht ersehnt« (63). Es ist das Ziel der Wissenssoziologie, durch einen auf Geistesgeschichte gegründeten und stets neu zu prüfenden »Situationsbericht« (64) den Menschen immer mehr aus dem Verhaftetsein an vergängliche Sicherheiten zu lösen und ihm anhand der Geschichte das Werden seines eigenen Wesens zu erschließen.

Im Zusammenhang der Wissenssoziologie wird der moderne Begriff der Ideologie in den Dienst einer Aufgabe gestellt, die der Theorie, der er entstammt, zuwiderläuft. Marx wollte die Philosophie in positive Wissenschaft und Praxis verwandeln, die Wissenssoziologie verfolgt eine *philosophische* Endabsicht. Das Problem der absoluten Wahrheit, ihre Form und ihr Inhalt, beunruhigt sie; in seiner Aufhellung sieht sie ihre Sendung. Der stets vertiefte Einblick in den Wandel aller metaphysischen Entscheidungen, mit denen die Menschen das Ganze der Welt zu treffen wähnten, wird selbst zum metaphysischen Verfahren. Die Möglichkeit, durch ihre Betrachtungsart allmählich das Wesen der Dinge zu erschließen, verleiht ihr die Weihe. Der von der alten Metaphysik Enttäuschte braucht nach ihr nicht zu verzagen. Wir besitzen zwar keine letzte Fassung der für alle Zeiten und alle Menschen gültigen Wahrheit, aber die soziologische Beschäftigung mit dem Schicksal der historisch aufgetretenen Weltansichten eröffnet auf jeder höheren Stufe einen reicheren Ausblick auf »die Wirklichkeit« (60). Unter Wirklichkeit ist zunächst das »Menschwerden« zu verstehen. Es vollzieht sich und »wird erfaßbar im Wandel der Normen der Gestaltungen und der Werke, im Wandel der Institutionen und Kollektivwollungen, im Wandel der Ansatzpunkte und Standorte, von denen aus das jeweilige historische und soziale Subjekt sich selbst und seine Geschichte sieht« (47). Im Wandel der geistigen Gestaltungen offenbart sich also dem Wissenssoziologen allmählich das Wesen des Menschen.

Bei Mannheim verbindet sich die Wissenssoziologie mit wichtigen Bestandteilen der Geschichtsphilosophie Diltheys. Auch nach Dilthey gibt es kein philosophisches System, das die Welt ihrem Wesen nach allgemein gültig erfaßt. Aber wir vermögen durch die Erforschung der geschichtlich aufgetretenen Verhaltungsweisen und Systeme auf allen Gebieten der Kultur das sich in ihnen äußernde Wesen des Menschen immer deutlicher zu erkennen. Er bezeichnet es als einen ihm »naheliegenden Standpunkt«, daß man »den unendlichen Gehalt der menschlichen Natur nur an seiner Entwicklung in der Geschichte zu studieren vermag«[3]. »Der Mensch erkennt sich nur in der Geschichte, nie durch Introspektion. Im Grunde suchen wir ihn alle in der Geschichte... Der einzelne Mensch realisiert immer nur eine Möglichkeit seiner Entwicklung, die von den Stationen seines Willens immer eine andere Richtung nehmen konnte. Der Mensch überhaupt ist uns nur unter Bedingung verwirklichter Möglichkeiten da. Auch in den Kultursystemen suchen wir eine anthropologisch bestimmte Struktur, in welcher sich ein X realisiert. Wir nennen es das Wesen...«[4]

Wenn auch Mannheim sich viel unbestimmter ausdrückt als Dilthey und nur davon spricht, daß »alle jene Sinngebungsgefüge, die die jeweilige Welt ausmachen, eine geschichtliche, sich verschiebende Kulisse sind, und daß das Menschwerden entweder in ihnen oder hinter ihnen sich vollzieht« (41), so kommt doch auch bei ihm zum Ausdruck, daß der in der Geschichte zu entdeckende Sinn, der

---
3 W. Dilthey, *Das Erlebnis und die Dichtung*, Leipzig und Berlin 1919, S. 307.
4 W. Dilthey, *Gesammelte Schriften*, Band VII, Leipzig und Berlin 1927, S. 279.

»dem Geschichtlichen und Sozialen immer wieder gleichsam den Anstoß gibt« (47), die Entfaltung »des« Menschen sei.
Bei Dilthey ist diese Geschichtsphilosophie durchaus im Einklang mit seiner sonstigen Lehre. Er ist fest davon überzeugt, daß die Entwicklung der geistigen Kulturgebiete nicht etwa bloß in der Gesellschaft, sondern ebensosehr »in dem Individuum an sich angelegt« sei.[5] Die Taten und Schöpfungen der Menschen aller Zeiten, Völker und Klassen entspringen nach ihm einem und demselben Menschen, dessen Wesen alle wirklichen Personen in sich tragen. Er hat ausdrücklich eine Soziologie bekämpft, welche den Grund der Geistesgebilde im gesellschaftlichen Lebensprozeß sucht; vielmehr gehen Philosophie, Kunst, Religiosität auf ein letztes schöpferisches Prinzip zurück. »Könnte man sich ein einziges auf der Erde hinschreitendes Individuum denken, so würde dieses bei einer für die Entwicklung zureichenden Lebensdauer diese Funktionen in völliger Einsamkeit aus sich entwickeln.«[6] Die zeitgenössische Psychologie hatte den Menschen nur anhand ihrer Versuchspersonen erforscht und aus den dabei aufgefundenen seelischen Elementen die ganze Kultur konstruiert; dagegen besteht Diltheys Leistung darin, daß er die Geistesgeschichte zu einem wichtigen Mittel der Erforschung des Menschen macht.
Diese philosophische Überzeugung erscheint der individualistischen Denkart Diltheys angemessen; redet der Soziologe Mannheim vom »Wesen« Mensch, dessen Werden sich hinter oder in den Kulturgebilden vollziehe, so ist das schwer verständlich. Mannheim kann unmöglich meinen, daß – wie nach Dilthey – in allen Menschen zu allen Zeiten dasselbe Wesen sei, daß alle Individuen dieselben Bestandteile und Funktionen enthalten. Eine solche auf den bestimmten Gegenstand »Mensch« bezogene Aussage müßte mit Sicherheit dem Urteilsspruch des »totalen, allgemeinen und dynamischen« Ideologiebegriffs verfallen. Wie unbestimmt aber auch Mannheim selbst diese geschichtsphilosophische Ansicht ausdrücken mag, so besagt sie doch auch in seiner Fassung, daß wir bei der wissenssoziologischen Arbeit von einem durch die Geschichte nicht bedingten, wesenhaft Menschlichen erfahren. Auch für ihn soll die

---

5 W. Dilthey, *Gesammelte Schriften*, Band I, S. 422.
6 L. c.

echte Geschichtsforschung zur Erkenntnis unseres eigenen Wesens werden. Damit erweist sich die Mannheimsche Wissenssoziologie ebenso wie die Diltheysche Geisteswissenschaft als Nachfolgerin der klassischen idealistischen Philosophie. Diese hatte als Ergebnis der wirklichen und der geschriebenen Geschichte das sich selbst erkennende Subjekt gesetzt, das ihr das einzige wahre, sich selbst genügende Wesen und insofern die »Totalität« bedeutete. Aber der idealistische Glaubenssatz, nach dem das Subjekt, das Wesen Mensch, oder irgend etwas Reales oder Ideales im Menschen überhaupt allem anderen Seienden gegenüber den Vorzug der Absolutheit und Ausschließlichkeit haben soll, verträgt sich mit der umfassenden Ideologienlehre nicht besser als irgendeine andere »Selbsthypostasierung« sonst. Machen wir mit Mannheims Ideologienlehre Ernst, dann gibt es weder eine zureichende Begründung dafür, warum in der durchgängig bedingten und veränderlichen Wirklichkeit das »Menschwerden« allein diese Ausnahmestellung einnehmen sollte, noch wird es einsichtig, inwiefern unter allem Wissen gerade das anthropologische nicht ideologisch wäre. Auf einem Standpunkt, von dem aus man »alles und jedes als ideologiehaft zu sehen imstande ist« (40), muß der Diltheysche Glaube an »den« sich in der Geschichte entfaltenden Menschen, die fortgeschrittenste Form der idealistischen Geschichtsphilosophie, bloß als die »Absolutsetzung« eines einzelnen seinsgebundenen Erkenntnisgehaltes erscheinen.

Wenn die Kennzeichnung des »Menschwerdens« als der metaphysischen Wirklichkeit, auf die durch die Wissenssoziologie ein Ausblick eröffnet werden soll, nach ihren eigenen Voraussetzungen hinfällig wird, so bleibt noch die allgemeine Versicherung, daß es einen außergeschichtlichen Grund der Geschichte gibt, bestehen. Sie enthält sinngemäß das Bekenntnis, daß nicht die wandelbare Gesellschaft, sondern ein »Außerhalb« der Geschichte der wahre Urheber des Geschehens sei (47). Das Verneinende daran leuchtet ein. Alle Vorgänge, von denen die wirkliche Geschichte berichtet, alle Nationen und Klassen mit ihren Taten und Schicksalen, die Hungersnöte, Kriege, Wirtschaftskrisen und Revolutionen sind danach nicht das Wirkliche, auf das wir bei unseren Nachforschungen abzielen. Es wäre nach Mannheim auch verfehlt, den wahren Grund dieser Vorgänge im Bereich des Feststellbaren oder auch nur bestimmt Ausdrückbaren zu suchen. Alles Tatsächliche ist ja bereits durch eine »Begriffsapparatur« bedingt, die selbst wieder bedingt und vergänglich ist. Die erfahrenen Zusammenhänge als das wirkliche Geschehen gelten zu lassen, soll deshalb unmöglich sein, weil unser Standort, auf dem wir diese Erfahrungen machen, infolge seiner Beschränktheit Aussagen von unendlicher Wahrheit, Aussagen über »die« Wirklichkeit verbiete. Sollten wir doch versuchen, sie zu erschließen, dann hätten wir demnach in der gewöhnlichen Geschichte höchstens die Spuren des Außergeschichtlichen zu suchen. An dies »Wesentliche«, ohne dessen Erwartung die »Geschichte... stumm und sinnlos« ist, denkt Mannheim bei der Aussage, daß »im Elemente des Geschichtlichen... irgend etwas doch geschieht« (48). Sieht man von ihrer Metaphysik »des« Menschen ab, so bleibt als Leitgedanke dieser Soziologie der unbestimmte Glaube, daß alle »Denkstandorte und Denkgehalte... Teile eines über sie hinausragenden sinnvollen Werdens sind«[7].

Bei aller Unbestimmtheit wird dieser Sinn der Geschichte näher umschrieben. Er ist das »Unbenennbare, aber von den Ekstatikern stets Intendierte« (48), also, verstehen wir recht, das Göttliche. Man kann es nicht »direkt« benennen und aussprechen, aber es steht »in irgendeiner Beziehung« zu dem, was vorgeht.

Mannheim selbst spricht bei diesem Glauben von einem »letzten Endes unzweifelhaft durch ein besonderes Weltgefühl fundierten Verhältnis zur Geschichte und zum Sozialen« (48). Jedenfalls wird durch dieses Gefühl die Geschichte metaphysisch verklärt. Wie kaum ein anderer Philosoph hat Mannheim die Möglichkeit eines ewigen, in sich ruhenden jenseitigen Wesens bestritten; aller Sinn ist nach ihm in das Geschehen einbezogen. Aber bei dieser Verweltlichung des göttlichen Gehaltes bleibt nicht nur in der Sprache der Hinweis auf metaphysische Hintergründe bewahrt; denn die umstürzende Lehre, wir dürften auf keinem Standort die Sicherheit haben, daß unser Glaube vor der Ewigkeit bestehen könne, wird durch die Beteuerung gemildert, daß die ontologischen Entscheidungen, denen gemäß wir die Tatsachen erleben und gliedern,

---

7 K. Mannheim, ›Das Problem einer Soziologie des Wissens‹, in: *Archiv für Sozialwissenschaft und Sozialpolitik*, Bd. 53, S. 635.

einen übergreifenden Sinn immer mehr enthüllen.[8] Daß aber Mannheim die Begriffe einer den Gesamtlauf der Geschichte verklärenden Metaphysik nicht verwirft, sondern sie bei aller Kritik in einer unklaren und dehnbaren Form übernimmt, ist mit seinem eigenen totalen Ideologiebegriff in keiner Weise zu vereinbaren. Die Behauptung eines einheitlichen und zugleich positiv bewertbaren Sinnes der Geschichte, die bei der Färbung der wesentlichen Begriffe Mannheims entscheidend mitspielt, verbindet zwar seine Ansicht mit der zeitgenössischen Philosophie, ist aber wie diese in Europa auf die christliche Gotteslehre gegründet. Darf denn aber gemäß der Soziologie Mannheims die Einheit vor der Vielheit, ja vor dem Chaos, das Göttliche vor dem Teuflischen, etwa vor dem blinden Weltwillen, wie ihn Schopenhauer versteht, einen höheren Grad ontologischer Wahrscheinlichkeit haben? Warum sollte, was wir auf unserem beschränkten Standort gerade als den göttlichen Sinn zu erschauen glauben, nicht eine trügerische Sage sein? Auf den Grundlagen einer theistischen oder auch pantheistischen Lehre, die eine Anwendung des Ideologiebegriffs auf ihren eigenen Inhalt natürlich verwerfen müßte, wäre diese entscheidende Frage einsichtig zu beantworten. Alle Ausdrücke Mannheims aber, mit denen er das »Wesen« mittelbar oder unmittelbar zu beschreiben versucht, gehören zu metaphysischen Systemen, deren Geltung seine Ideologienlehre doch gerade bestreiten will. Heißen diese Ausdrücke, durch die er es von einem bloßen X unterscheiden möchte, nun »Menschwerden« oder das »Ekstatische, das... direkt nicht benennbar und nicht aussprechbar ist« (48), oder das »Ganze« (63) oder »Einheit und Sinn« (47), es gelingt ihm nicht, sie mit seinen Grundgedanken zu versöhnen.
Diese grundstürzende, alles »dynamisch« auflösende Soziologie kommt also ohne den Halt einer dogmatischen Metaphysik nicht aus, vielmehr hebt sie die Zerstörung aller absoluten philosophischen Sinnforschung damit wieder auf, daß sie sich selbst als ihre fortgeschrittenste Form empfiehlt. Um den Preis der unbeirrbaren Folgerichtigkeit, die er sonst allen anderen Rücksichten gegenüber wahren will, stellt Mannheim die Aufgabe des Metaphysikers voran. Marx hatte mit dem Ideologiebegriff das Ansehen der

---

8 L. c., S. 630.

Metaphysik zu stürzen versucht. Indem die neue Soziologie diesen Begriff nicht bloß verwendet, sondern ihn vertieft, verallgemeinert, zu Ende denkt und beweglich macht, will sie ihn gleichzeitig mit der Denkart versöhnen, deren Wirksamkeit er brechen sollte. Marx hatte mit Recht die Überzeugung beseitigen wollen, als gebe es ein die Epochen und Gesellschaften durchwaltendes Sein, das ihnen einen Sinn verleihe. Gerade dieser Zug der Hegelschen Philosophie erschien ihm als idealistischer Wahn. Nur die Menschen selbst, und zwar nicht das »Wesen« Mensch, sondern die wirklichen voneinander und von der äußeren und inneren Natur abhängigen Menschen eines bestimmten geschichtlichen Augenblicks sind die tätigen und leidenden Subjekte der Geschichte. Die irdischen Geschöpfe und gar nichts sonst haben ein »Schicksal«; weder von einem Geist noch von irgendeinem »Wesen« kann man mit Grund sagen, daß die Schicksale des »Historischen und Sozialen... auch irgendwie seine Schicksale sind« (48). Weil die Schicksale der Menschen zu den verschiedenen Zeiten und zu derselben Zeit, ja innerhalb eines Volkes höchst ungleich sind, auch keinen einheitlichen Sinnzusammenhang aufweisen, ist es nach der Marxschen Theorie »Ideologie«, die wirtschaftlich nicht privilegierten Klassen durch die Behauptung eines solchen Zusammenhangs über ihre wirklichen Leiden zu beruhigen.

Die Geschichte als Ganzes kann in der Tat unmöglich den Ausdruck irgendeiner sinnvollen Gestalt bedeuten. Denn die Geschichte ist die Zusammenfassung von Vorgängen, die aus den widerspruchsvollen Beziehungen in der menschlichen Gesellschaft erwachsen. Diese Vorgänge offenbaren keine seelische oder geistige Einheit, sie sind auch nicht die Wirkung von Kämpfen zwischen bloßen Gesinnungen, Haltungen, Denkstilen und Systemen, sondern bei ihrem Zustandekommen spielen ganz ungleichartige menschliche und außermenschliche Kräfte mit. Soweit die Geschichte nicht dem bewußten Sinn der sie planmäßig bestimmenden Menschen entstammt, hat sie daher auch keinen, und man kann ihre verschiedenen Bewegantriebe in einer bestimmten Epoche zwar wissenschaftlich unter Gesetze zu befassen suchen, aber die Behauptung eines verstehbaren Sinnes hinter den Begebenheiten, ob er nun wie bei Hegel wirklich ausgeführt oder wie bei Mannheim bloß beteuert wird, beruht auf philosophischer Erdichtung. Es gehört zum

Marxschen Materialismus, gerade den unbefriedigenden Zustand der Dinge in der irdischen Wirklichkeit als das wahre Sein auszusprechen und nicht zuzulassen, daß irgendwelche Gedanken der Menschen als Sein im höheren Sinn hypostasiert werden. Er ist der geschworene Feind jedes Versuchs, die Wirklichkeit aus einem Ideenhimmel oder überhaupt aus einer rein geistigen Ordnung zu verstehen. Ein solcher Trost über die Welt ist uns nach Marx versagt.

Bei Mannheim dagegen ist eine solche tröstende idealistische Überzeugung nicht bloß der Beweggrund seiner Wissenschaft, sondern die höchste Rücksicht geistiger Bemühung überhaupt. Demgemäß sucht er auch seine Lehre immer wieder gegen die Anklage des Relativismus zu sichern. Sie ist in der gegenwärtigen Logik ursprünglich gegen diejenige Erkenntnistheorie erhoben worden, welche die logischen Grundsätze aus Einzeltatsachen ableiten wollte. Später wurde dieser Vorwurf auf jede Theorie ausgedehnt, die Urteilen auf sachhaltigen Gebieten ewige Wahrheit nicht zuerkennen will. Er ist in dieser umfassenden Form überhaupt nur von dem Vorurteil einer statischen Ontologie her verständlich und beruht auf einem überspannten Wahrheitsbegriff, der die Ewigkeit sachhaltiger Einsichten, d. h. ihre Unabhängigkeit vom erkennenden Subjekt, behauptet. Inzwischen ist diese Vorstellung in der Philosophie selbst wieder in Verruf gekommen.[9] Statische Ontologie und ewiger Wahrheitsbegriff sind unhaltbar: denn es ist ebenso gewiß, daß alle unsere Gedanken, die wahren und die falschen, von Bedingungen abhängen, die sich ändern können, wie, daß die Vorstellung einer ewigen, d. h. das Leben aller erkennenden Subjekte überdauernden Wahrheit unvollziehbar ist. Dadurch wird in keiner Weise die Gültigkeit der Wissenschaft berührt. Die Aussage z. B., nach dem Tode aller Menschen werde es noch eine bestimmt geartete Natur geben, bleibt für uns verbindlich, und ebenso wäre es falsch, diese Natur anders zu denken, als gemäß den logischen und mathematischen Gesetzen, die wir auf unserem bedingten Standort erkennen. Derartige Sätze, deren Inhalt etwas über die Dauer der Menschheit Hinausreichendes betrifft, besagen zwar aufgrund unserer Theorie der objektiven Zeit etwas über das Verhältnis der Gegenstände Mensch und Natur, aber

---

9 Vgl. Heidegger, *Sein und Zeit*, Halle a. S. 1927, S. 226 f.

gar nichts über die Beziehung von Wahrheit und Sein überhaupt. Sie sind also in keiner Weise mit dem Schicksal des überspannten Wahrheitsbegriffs verknüpft. Wem es in der Wissenschaft auf die Richtigkeit seiner Urteile über innerweltliche Gegenstände ankommt, ganz gleichgültig, ob es sich dabei bloß um die Zeit bis zu seinem Tode oder um einen späteren Abschnitt handelt, der hat von einer grundsätzlichen Entscheidung über das Problem der absoluten Wahrheit nichts zu hoffen und nichts zu befürchten. Aber Mannheim sucht seine Ideologielehre vor dem Einspruch dieses unhaltbaren Wahrheitsbegriffes, der seiner eigenen Anschauung von einem die Geschichte übergreifenden Sinn innewohnt, zu retten. Er erklärt den Vorwurf des Relativismus als vor dem Richterstuhl der ewigen Wahrheit selbst relativ und daher unzutreffend. Auch jene Erkenntnistheorie, die es als Relativismus erkläre, alle Standorte als »partikular« zu bezeichnen, sei selbst bloß partikular.

Der Begriff der Partikularität, der bei Mannheim eine Hauptrolle spielt, bezeichnet nichts anderes als das Verhältnis jedes Standortes zur ewigen Wahrheit. Er behauptet, daß infolge der Bedingtheit des Sprechenden jede Aussage ihr unangemessen sei. Daß aber die Tatsache der »Seinsgebundenheit« Einfluß auf den Wahrheitsgehalt eines Urteils haben soll, ist gar nicht zu verstehen – warum sollte die Einsicht nicht gerade so gut seinsgebunden sein wie der Irrtum? Aber die Wissenssoziologie kennzeichnet – wie jede Metaphysik – alle Denkstandorte sub specie aeternitatis, nur daß sie die ewige Wahrheit noch nicht in Besitz genommen zu haben behauptet, sondern sich erst auf dem Wege zu ihrer Eroberung fühlt.

Wenn Mannheim die Überzeugungen außerdem nach ihrer praktischen Anwendbarkeit bewertet, so steht das mit diesem überspannten Begriff der Wahrheit nur in losem Zusammenhang. Auch durch diesen Hinweis auf eine pragmatische Bewertung soll dem Vorwurf des Relativismus begegnet werden. Daß aber eine solche Beurteilung der Wahrheit, die sich selbst für bedingt hält, einer Philosophie, für die der Relativismus im dargelegten Sinn einen Vorwurf bedeutet, nicht zu genügen vermöchte, leuchtet ohne weiteres ein. Diese pragmatische Fassung, die den Gegensatz von wahr und falsch mit dem von echt und unecht zusammenwirft (50), erinnert an die Theorien der Lebensphilosophie; diese teilt allerdings »jene

Angst, die das gegenwärtige Denken dem Relativismus gegenüber bekundet«[10], viel weniger als Mannheim selbst.
Die wichtigsten Stufen der Verwandlung des Mannheimschen Ideologiebegriffs, wie sie oben geschildert worden sind, werden von Mannheim als Abschnitte einer Entwicklung behandelt, die zur Vertiefung und Radikalisierung des Begriffes geführt habe, und in der Tat besteht kein Zweifel darüber, daß er ihn »zu Ende gedacht« hat. Der Begriff ist so verallgemeinert worden, daß er zwar die Befugnis zur Behandlung von »Totalitätsfragen« im Mannheimschen Sinn gewonnen haben mag, aber dafür seinen bestimmten Inhalt eingebüßt hat. Das Weiterdenken eines Begriffs führt nicht notwendig dazu, ein schärfer geschliffenes Erkenntnismittel aus ihm zu machen, sonst müßte der bei vielen Einzelforschern lebendige Trieb, aus Begriffen, die sich auf einem Teilgebiet als fruchtbar erwiesen, eine weltumspannende Lehre zu bilden, größere Erfolge gezeitigt haben.
Schon beim ersten Schritt, mit dem der Ideologiebegriff aus dem Bereich der politischen Kritik entfernt wird, leidet sein bestimmter Sinn. Er führt, wie wir gesehen haben, von der »partikularen« zur »totalen« Ideologie. Wie es sich mit der Bekämpfung von Ansichten verhält, die vom »partikularen« Ideologiebegriff aus erfolgt, ist leicht verständlich. Wo immer in der Geschichte Nationen oder Klassen ihren Bestand außer mit der blanken Waffe durch moralische, metaphysische, religiöse Ideen gesichert haben, da waren diese Vorstellungen schließlich dem Angriff der Beherrschten ausgesetzt. Der Kampf gegen die kulturellen Stützen gesellschaftlicher Zustände pflegt die politische Auflehnung einzuleiten und zu begleiten, und zwar so, daß die Verteilung der Parteien bei dem geistigen Kampf im großen der Interessenlage in Beziehung auf den Ausgang des Politisch-Wirtschaftlichen entspricht. Daher ist die Entwertung bestimmter Ideen, durch die ein verhaßter Zustand begründet, gestützt und verklärt wird, so alt wie diese Kämpfe selbst. Weniger das von Mannheim angeführte Sprichwort aus der Renaissance, daß man anders in piazza als in palazzo denke, kennzeichnet einen solchen Angriff, als jene Rede, die Machiavelli in seiner Geschichte von Florenz den Anführer bei einem Aufstand der unteren

---

10 Mannheim, ›Das Problem einer Soziologie des Wissens‹, l. c., S. 581.

Massen halten läßt: »Betrachtet die Handlungsweise der Menschen«, heißt es dort, »ihr werdet sehen, daß alle, die zu großem Reichtum und zu großer Macht gelangen, es der Gewalt oder dem Betrug verdanken. Was sie aber durch Hinterlist oder Gewalttat an sich gerissen haben, das beschönigen sie, um die Verwerflichkeit der Erwerbung zu verbergen, mit dem falschen Titel Eroberung und Gewinn.«[11]

Der totale Ideologiebegriff betrifft nicht mehr einzelne Theorien und Wertungen der Gegenpartei, sondern gleich das gesamte Bewußtsein »einschließlich der kategorialen Apparatur« (9). Unser ganzer Lebenskreis, alles, von dem wir überhaupt in irgendeiner Form etwas wissen, auch wenn es als »Option« unerkannt unser Denken beeinflußt, die kleinsten Bruchstücke so gut wie die großen Züge des Zusammenhangs, eben das erkennende Subjekt in seiner »Totalität«, sein gesamtes »Weltwollen«, wie Mannheim sich auch ausdrückt, soll als »ideologisch« erklärt werden. Es wird behauptet, jedes Bewußtsein »entspreche« einer bestimmten Lage in der Geschichte und der Gesellschaft, und deshalb sei seine Wahrheit zu bezweifeln. Mannheim versichert, der Angriff werde dadurch »radikalisiert«, denn man bestreite dem Gegner »die Möglichkeit des richtigen Denkens«. In Wirklichkeit wird er dabei aus einer bestimmten Anklage zur uneinsichtigen Rede eines dogmatischen Philosophen. Weder das Interesse noch überhaupt empirische Tatbestände sollen als Erklärung für die Entstehung und Verfestigung der Gesamtanschauung dienen, sondern es wird eine bloße, unvermittelte »Entsprechung« behauptet. Daher muß der Umstand, daß eine Gesamtanschauung ein falsches Bewußtsein darstellt, als schicksalhafte Fügung, als mystisches Verhängnis erscheinen.

Mannheim muß hierbei nicht bloß die Interessenpsychologie alten Stils, sondern offenbar auch die Psychologie der Gegenwart verwerfen, soweit sie als ihre Erbin die geistigen Vorgänge in letzter Linie aus äußerer Lebensnot zu erklären unternimmt. Er will die psychologischen Befunde »durch stukturanalytische oder morphologische Formentsprechungen, die zwischen Seinslage und erkenntnismäßiger Formung bestehen, ersetzen« (10f.). Was er sich dabei

---

11 Vgl. *Gesammelte Schriften*, München 1925, Bd. IV, S. 177.

denkt, wird nirgends mit klaren Ausdrücken bezeichnet.[12] Soweit wir ihn verstehen, sollen die Weltanschauungssysteme, d. h. die geistigen Totalitäten sich nicht etwa aus der wirklichen Lebenslage der Menschen entwickeln, sondern mit bestimmten sozialen Schichten verbunden sein. Zu diesen Weltanschauungssystemen gehört auch ein jeweils bestimmtes »Wirtschaftswollen« ebenso wie ein Kunststil, Denkstil usw. Es wäre nach Mannheim unrichtig, die geistige Totalität oder einzelne ihrer Teile erforschen zu wollen, indem man die gesellschaftliche Lage ihrer Träger als Bedingung heranzieht. Er sucht vielmehr nach »Formentsprechungen« zwischen der sozialen Lage und der etwa im Sinne eines »Idealtypus« ausgedachten Weltanschauungstotalität. Aufgrund gewisser Stileigentümlichkeiten des Denkens oder Wertens wird dann zunächst das Bewußtsein eines Menschen der idealtypischen »Weltwollungen« zugeordnet und schließlich, wiederum aufgrund sehr unbestimmter Überlegungen, seine Zugehörigkeit zu einer gesellschaftlichen Lage »rekonstruiert«. Auch bei Mannheim hat doch der Ideologiebegriff etwas mit dem Problem der Wahrheit zu tun; was können solche »Konstruktionen« über die Wahrheit oder Falschheit oder Fraglichkeit eines Bewußtseins ausmachen?

Ob mit diesem »totalen« Ideologiebegriff der erkennende Mensch oder die zweifelhafte ideale »Weltwollung« getroffen werden soll, in jedem Fall erweist er sich als eine idealistische Überspanntheit, nicht unähnlich wie die ewige Wahrheit und der »Sinn« der Geschichte. Diese Überspanntheit liegt in dem Gedanken eines »Ganzen« des Bewußtseins. Wenn beim totalen Ideologiebegriff vom Ganzen gesprochen wird, so ist nicht irgendeine Summe, sondern das Ganze im Sinn eines oberflächlichen Gestaltbegriffs gemeint. Wie es etwa heißt, daß im Organismus alle Teile die Prägung der lebendigen Einheit an sich tragen, so sollen auch die Teile des Bewußtseins jeweils die Züge der Totalität enthalten, der sie sinnmäßig angehören. Aufgrund solcher formalen Momente, also etwa des »Stils« des Denkens und Wertens, sollen wir ein ideales Ganzes entwerfen können, mit dem er nach innerer Notwendigkeit verbunden ist. Aber die

---

12 Vgl. für das Folgende ›Das Problem einer Soziologie des Wissens‹, l. c., S. 644 ff.

Vorstellung des Bewußtseins als einer einheitlichen Gestalt widerspricht seiner Eigenart ganz und gar. Der Begriff des Ganzen in einem außerhalb der strengen Gestaltforschung regelmäßig mißverstandenen Sinn hat in der neuesten Biologie, vor allem in der »Gestaltpsychologie«, fruchtbare Ergebnisse gezeitigt. Hier ist es gelungen, wirkliches von Gestaltgesetzen beherrschtes Geschehen nachzuweisen. Aber das Bewußtsein eines einzelnen Menschen und die »Weltanschauungssysteme« der Geschichte haben eine solche Beschaffenheit nicht. Eine einfache Wahrnehmung so wie die verschlungene wissenschaftliche Theorie, ein Affekt so gut wie die dauernde Einstellung zu den Mitmenschen sind in die besonderen Verhältnisse verflochten, unter denen sie auftreten. Zu ihnen gehört nicht bloß die triebliche Struktur der Person, sondern ebensosehr die Gestaltung der toten und lebendigen Umwelt. Weil die Veränderungen in der Umgebung eines bestimmten Menschen nicht aufgrund der gleichen Bedingungen erfolgen wie seine persönliche Entwicklung, die freilich wiederum durch jene Veränderungen beeinflußt wird, so ist zwar das Auftreten des bewußten Erlebnisses in der gegebenen Situation notwendig, aber zugleich Ergebnis ganz verschiedenartiger Bedingungsreihen. Wir können sehr wohl anhand psychologischer Erfahrung, d. h. der Kenntnis, wie ein bestimmt geartetes Wesen in bestimmten Situationen zu reagieren pflegt, begründete Erwartungen darüber hegen, was sich bei diesem oder jenem Fall in seinem Bewußtsein ereignen wird. Aber es ist unmöglich, ohne die Verhältnisse der nichtgeistigen Wirklichkeit im besonderen zu berücksichtigen, aufgrund der Kenntnis irgendwelcher Teile des Bewußtseins ein einheitliches »Weltwollen« zu konstruieren, aus dem man diese Teile als aus einem gestaltenden Prinzip zu begreifen vermöchte. Der Glaube, man könne ohne Heranziehung der materiellen Entstehungs- und Daseinsbedingungen, also durch lediglich innergeistige Untersuchungen geistiger Gebilde eine Weltanschauung verstehen, ist idealistischer Wahn. Gewiß fällt es nicht schwer, erfahrungsgemäß einen Gedanken als Teil der Anschauungen wiederzuerkennen, in deren Zusammenhang er zu stehen pflegt, gewiß hat es die Forschung auf den verschiedensten Gebieten so weit gebracht, aufgrund scheinbar unbedeutender Züge die Gesellschaft und den Zeitabschnitt festzustellen, denen ein geistiges Gebilde entstammt, gewiß finden sich in den Gedanken und überhaupt in den Lebensäußerungen der einzelnen, der gesellschaftlichen Gruppen, der Zeitalter, zwischen vielen Bruchstellen Strecken rein geistiger »Affinität«, aber der Sprung aus solchem gleichsam handwerklichen Wissen des Geschichtsforschers in die Behauptung eines »gesamten geistig-seelischen Strukturzusammenhanges, der zu einer gesellschaftlich-historischen Wirklichkeit in der bestimmten Epoche gehört«[13], ist der Sprung von der empirischen Wissenschaft zur Hegelschen Lehre von den Volksgeistern, die als »Weltwollungen« oder »objektive Strukturzusammenhänge« wieder auferstehen.

Trotz der wiederholten Versicherungen Mannheims, wie eng diese geistigen Einheiten mit dem Schicksal der an ihrem Bestehen »engagierten« Klassen verbunden seien, ist doch sein idealistisches Bestreben, die geistigen Vorgänge von den groben Machtkämpfen der wirklichen Menschen ungetrübt zu denken, so stark, daß jene unbestimmte Verbindung von Sein und Bewußtsein tatsächlich als ein bloß äußeres Beieinander, eben als schicksalhafte Fügung erscheint. Für ihn gibt es die gemeinen Kämpfe des geschichtlichen Alltags und *daneben auch* die Gegensätze der »Weltanschauungssysteme«. Merkwürdig freilich ist, daß dabei jede der kämpfenden Gruppen eines dieser Systeme – man weiß nicht warum – ergriffen hat und an ihm festhält: »... so findet man in einem jeweiligen Stadium der Geschichte nicht nur mehrere sich bekämpfende, sozial verschieden interessierte Schichten, sondern *mit ihnen zugleich auch* den Kampf verschiedener Weltwollungen gegeben.« Wie über den Scharen der streitenden Griechen und Trojaner die mit ihnen verbündeten Götter sich bekriegten, so glaubt man nach dieser modernen Soziologie über den gesellschaftlichen Klassen »Welten... gegen Welten« kämpfen zu sehen.[14]

Hat die Verwandlung des partikularen in den totalen Ideologiebegriff den Blick tatsächlich von den wirklichen Händeln hinauf in die Nebelgefilde sich bekämpfender »Weltwollungen« gelenkt, so wird uns mit seiner Weiterbildung und Entfaltung der Boden unter den Füßen weggezogen. Denn auf der Stufe des totalen Ideologiebe-

---

13 K. Mannheim, ›Das konservative Denken‹, in *Archiv für Sozialwissenschaft und Sozialpolitik*, Bd. 57, S. 76.
14 ›Das Problem...‹, l. c., S. 645. Kursivierungen vom Autor.

griffs, auf der angeblich Marx gestanden sein soll, wurde die »Ideologiehaftigkeit« einer Gesamtanschauung wenigstens noch von einer als unideologisch gedachten Theorie aus beurteilt. Mit der Aufhebung dieser Beschränkung des totalen Ideologiebegriffs, d. h. seiner Umwandlung in den allgemeinen, fällt diese Unterscheidung weg, und »das menschliche Denken bei allen Parteien und in sämtlichen Epochen« wird zur »Ideologie« gestempelt (32). Hierbei wird der Ideologiebegriff gründlich von den Resten seiner anklägerischen Bedeutung gesäubert und seine Einbürgerung in die Geistesphilosophie vollendet. Wenn überhaupt jedes Denken als ideologisch gekennzeichnet werden soll, wird es offenbar, daß Ideologie ebenso wie »Partikularität« nichts anderes bedeutet als die Unangemessenheit an die ewige Wahrheit. Es mag zwar gewisse Unterschiede in der jeweiligen Echtheit oder Überlebtheit von Gedanken geben; aber »ideologisch« sind sie grundsätzlich alle, denn sie sind »seinsgebunden«.

Bei folgerichtiger Anwendung des allgemeinen Ideologiebegriffs müssen auch die eigenen Theorien über das »Sein«, über die Struktur der Weltanschauungen und über die Verbundenheit zwischen beiden in Frage gezogen werden, wenn anders von den Ideen, von ihrer »Entsprechung« und vom »Sein« bisher in einem bestimmten Sinne die Rede gewesen sein sollte. Bei der »speziellen« Fassung des Ideologiebegriffs schien es, als ob gerade über das »Sein« eine bestimmte Theorie, nämlich die marxistische Einteilung der Gesellschaft in einander bekämpfende Klassen, als verbindlich angesehen würde; in den stofflichen Teilen seiner Wissenssoziologie wird dieses Sein unter anderem als »klassenmäßig geschichtete Gesellschaft«, als Adel, Bürokratie, Bürgerliche gekennzeichnet.[15] Jetzt, wo versichert wird, daß sein »eigenes Haus brennt« (62), jetzt, wo ausdrücklich verlangt wird, daß der Marxismus in sich gehe und seine auch ihn treffende Ideologiehaftigkeit erkenne, muß auch dieser Grundbestandteil der Marxschen Lehre als anrüchig gelten. Was soll aber den soziologischen Leitfaden bei der Zuordnung der verschiedenen Denkarten bilden, wenn nicht eben diese oder auch eine andere bestimmte Lehre von der Gliederung der Gesellschaft? Der Ausdruck »seinsgebunden« bleibt ohne eine solche Theorie ganz

---

15 ›Das konservative Denken‹, l. c., S. 83.

inhaltslos und rückt in bedenkliche Nähe zu dem Begriff des Seins im Anfang der Hegelschen Logik, wo er die dialektische Neigung hat, in den des Nichts umzuschlagen. Es wird uns tatsächlich der Boden weggezogen. Das »Sein«, von dem alle Gedanken abhängig sein sollen, bewahrt zwar in Mannheims Sprache eine gewisse Kennzeichnung im Sinne gesellschaftlicher Gruppen, aber weil die Theorie, welche diese Gruppen zu bestimmen hätte, im Grunde nur angeführt wird, um sie in Frage zu ziehen, bleiben wir über die tatsächliche Bedeutung der Seinsgebundenheit völlig im unklaren. Sie kann von Marxisten als Zuordnung zu den durch die Eigentumsverhältnisse gesonderten Gesellschaftsklassen und von den erklärten Gegnern der materialistischen Geschichtsauffassung unter Zustimmung Mannheims als Abhängigkeit von einem »spezifischen Geist« ausgelegt werden.[16] Wenn daher in den grundlegenden Teilen dieser Wissenssoziologie in so allgemeinem Verstand von Bindung »an die jeweilige soziale Seinslage« (33) oder gar bloß von »Seinsgebundenheit« die Rede ist, so treffen auf sie die Ausführungen von Troeltsch über den Begriff des Sozialen in aller Schärfe zu: »Von der Gesellschaft als dem Inbegriff aller großen, kleinen und kleinsten soziologischen Kreise und ihrer gegenseitigen Verschlingungen und Beeinflussungen kann man als von etwas Übersehbarem und wissenschaftlich Brauchbarem überhaupt nicht reden; die ist in der Unendlichkeit ihrer Bildung und der für jede Betrachtungsweise beliebig vornehmbaren Verknüpfung der Phänomene etwas überhaupt Unausdenkbares, ein Abstractum, wie Kultur oder Geschichte überhaupt, von denen auch nur die Dilettanten immer im Ganzen reden...«[17] Nach Troeltsch kann unter den Begriff des »sozialen« Seins »zunächst nur die arbeitsteilige, Klassenstände bildende, Güter produzierende und tauschende, vom wirtschaftlichen Existenzbedürfnis aus organisierte Gesellschaft samt ihren mannigfachen Komplikationen gemeint sein«[18]. Es leuchtet ein, daß so bestimmt geartete Begriffe der Gesellschaft die Mannheimsche Lehre von der Seinsgebundenheit allen Denkens nicht bloß in die

---

16 *Verhandlungen des VI. Deutschen Soziologentages vom 17.–19. 9. 1928 in Zürich*, Tübingen 1929, S. 93.
17 E. Troeltsch, *Gesammelte Schriften*, I. Band, Tübingen 1919, S. 8.
18 L. c., S. 9.

Nähe des von ihm selbst als ideologisch erklärten historischen Materialismus bringen, sondern geradezu eine Steigerung des Marxismus ins Abenteuerliche bedeuten würden. Denn es hieße weit über Marx hinausgehen, wenn man behaupten wollte, daß zu jeder bestimmten wirtschaftlichen Klassenlage je ein ganzes Weltanschauungssystem nach Form und Inhalt einschließlich aller Wertungen und »unterbewußten« metaphysischen Entscheidungen gehöre. In dieser bestimmten Fassung würde die Unhaltbarkeit des allgemeinen, totalen Ideologiebegriffs freilich ohne weiteres deutlich. Mit einem so inhaltslosen Begriff des »Seins« dagegen, wie er in den grundsätzlichen Teilen der Wissenssoziologie auftritt, kann man ruhig alle Theorien einschließlich der eigenen für Ideologie erklären und Gott und die Welt in diese Aussage einbeziehen. Sie ist wissenschaftlich nichtssagend und höchstens im Zusammenhang einer absoluten Philosophie von einem allerdings recht zweifelhaften Gewicht.

Die Frage nach der Richtigkeit oder Falschheit in bezug auf die gleichermaßen seinsverbundenen Ideologien wird nur als Beurteilung ihrer Zeitgemäßheit zugelassen. Nirgends tritt die spiritualistische Grundeinstellung dieser Art Soziologie deutlicher hervor als in einer derartigen Sichtung. Sie muß willkürlich und unzuverlässig bleiben, weil die Entscheidung darüber, was zeitgemäß und was überholt sei, nicht aufgrund einer ausgesprochenen wissenschaftlichen Theorie von der Gesellschaft erfolgt. Aber darüber hinaus treibt sie ihre Absicht, an die Stelle der Untersuchung von Bedingungszusammenhängen zwischen den wirklichen Kämpfen der Menschen und ihren Gedanken geistesgeschichtliche Betrachtungen zu setzen, auf die Spitze. Als Beispiel eines falschen, weil überlebten Bewußtseins bezeichnet es Mannheim, »wenn etwa ein Gutsbesitzer, dessen Gut bereits ein kapitalistischer Betrieb geworden ist, seine Beziehungen zu den Arbeitern und seine Funktion noch immer in patriarchalistischen Kategorien auslegt« (52). In diesem Falle mißt Mannheim die Unzeitgemäßheit an einer Theorie, die ebenso wie jede naturwissenschaftliche den Anspruch auf nicht »ideologiehafte« Richtigkeit erheben muß und aufgrund zahlreicher Beobachtungen erklärt: das Verhältnis des Gutsbesitzers zu seinen Arbeitern ist ein »kapitalistisches«, und deshalb kann es in feudalistischen Begriffen nicht angemessen erfaßt werden. Das Bekenntnis

zu dieser Theorie wieder durch die Zeitgemäßheit zu begründen, die ja gerade an ihr gemessen werden soll, wäre ein Zirkel. Aber nicht diese logische Unzulänglichkeit ist das Kennzeichnende an solchen Versuchen, sondern ihre grundsätzliche Beschränkung auf den geistigen Bereich. Mannheim beschäftigt an diesem Beispiel der Umstand, daß der Gutsbesitzer »in der Weltorientierung erkenntnismäßig versagt« (52). Ob das »Versagen« in der zwischenmenschlichen Wirklichkeit, also hier in der Gestaltung des tatsächlichen Verhältnisses zwischen Gutsbesitzer und Landarbeiter gleichfalls einen Mangel bedeutet, oder ob dieses Versagen nicht vielmehr die Gestaltung dieses Verhältnisses notwendig beeinflußt, wird nicht in Betracht gezogen. In der Tat wäre es aber gerade die wichtigste wissenssoziologische Aufgabe, zu untersuchen, inwiefern die Art solcher Verhältnisse auf das Festhalten an der alten Denkweise einwirkt und umgekehrt, welche Leistung diese dabei ausübt. Bei Mannheim wird die Aufmerksamkeit von der gesellschaftlichen Funktion der »Ideologie« auf innergeistige Erwägungen abgelenkt.
Die soziologischen Begriffe werden bei Mannheim durchgängig so verflüchtigt, daß sie schließlich für das Verständnis des gesellschaftlichen Lebens nicht mehr zu verwenden sind. Eine »Zeitdiagnostik«, die hauptsächlich mit den unklaren idealistischen Vorstellungen dieser Wissenssoziologie arbeitet, muß ein höchst einseitiges Bild geben. Sie erhebt zwar den Anspruch, daß von ihr »unsere gesamte Seins- und Denklage im Querschnitt erfaßt« werde (49), aber dieser Querschnitt läßt die wichtigsten Teile der gesellschaftlichen Wirklichkeit unberührt. In ihrem »Situationsbericht« über die Gegenwart erscheint unter dem Kennwort der Not und der Krise kein wirkliches Elend, die »unheimliche Wendung der Neuzeit« (13) betrifft wesentlich das Schicksal der »Kategorie des Absoluten«, das »radikal Beunruhigende unserer geistigen Gesamtlage« fließt nicht aus dem Zustande der Wirklichkeit, sondern aus dem »Gedanken der Möglichkeit eines falschen Bewußtseins überhaupt« (24). Und die »Lebensverlegenheit, aus der alle unsere Fragen aufsteigen, ist zusammenfaßbar in der einzigen Frage: Wie kann der Mensch in einer Zeit, in der das Problem der Ideologie und Utopie einmal radikal gestellt und zu Ende gedacht wird, überhaupt noch denken und leben?« (3).

Selbst in der Anwendung auf umgrenzte Stoffgebiete, wie in den Untersuchungen über das konservative Denken[19], die ausdrücklich als »soziologische Beiträge zum Werden des politisch-historischen Denkens in Deutschland« bezeichnet sind, finden sich nur spärliche Hinweise auf die Zusammenhänge zwischen der als »konservativ« abgestempelten Gedankengruppe und der gesellschaftlichen Wirklichkeit. Die geschichtlichen Verhältnisse der Träger dieses Denkens, ihre Beziehungen zu anderen Gesellschaftsschichten und die politische Gesamtlage werden nur gelegentlich gestreift, als ob die »konservative« Vorstellungswelt ohne sorgfältigste Erörterung dieser Tatbestände überhaupt zu verstehen wäre. Die ganze Arbeit beschränkt sich fast ausschließlich auf »phänomenologisch-logische Stilanalyse«, »immanente Weltanschauungsanalyse«, Analyse des »Erlebens«, Analyse des Zusammenströmens verschiedener Denkstile und ähnlich lautende Zergliederungen geistiger Gebilde.

Die Wissenssoziologie stellt nach ihrer eigenen Überzeugung ein Denken dar, »das sich auf der Höhe der aktuellen Realproblematik bewegt und die Fähigkeit besitzt, den jeweils vorhandenen Konfliktstoff zu übersehen« (61). Sie bedient sich dabei einer höchst »radikalen« Sprache und marxistischer Denkmittel. Aber ihr Versuch, diese Denkmittel in den Dienst der Geistesphilosophie zurückzuversetzen, aus deren Hegelscher Form sie Marx gelöst hatte, führt folgerichtig auch zur idealistischen Umdeutung der bestehenden Widersprüche in die Gegensätze von Ideen, »Denkstilen« und »Weltanschauungssystemen«. Wo es Marx darauf ankam, wirkliche Erkenntnisse vom verklärenden Schein der Ideologie abzuheben, läuft bei Mannheim alles auf die Gegensätze von endlicher und unendlicher Wahrheit hinaus. Von jenen verantwortungslosen Philosophen, deren Blindheit nach Mannheim durch das Verharren in einem »höher gelagerten Bereich« (61) verursacht wird, unterscheidet er selbst sich grundsätzlich nur dadurch, daß er mit einigen Stücken aus der Rüstkammer des Marxismus wieder dorthin zurückkehrt.

---

[19] *Archiv für Sozialwissenschaft und Sozialpolitik*, Bd. 57, Heft 1 u. 2.

Hegel und das Problem der Metaphysik

(1932)

»Was vernünftig ist, das ist wirklich; und was wirklich ist, das ist vernünftig.« Der berühmte Satz aus der Vorrede zur *Rechtsphilosophie* weist auf zwei sehr verschiedene Seiten des Hegelschen Denkens hin. Der erste Teil spricht aus, daß ein Unbedingtes, das wesentlich bloß in der Idee bestünde oder »nur Begriff, Prinzip des Geistes und Herzens«[1] wäre, sich nicht von einem Hirngespinst unterschiede. Die Überzeugung, daß auch die philosophische Gattung der Geschichte »bloß aufzufassen hat, was ist und gewesen ist, und um so wahrer bleibt, je mehr sie sich an das Gegebene hält«[2], läßt Hegel in einer Linie mit den aufklärerischen Philosophen erscheinen, denen man ihn radikal entgegenzustellen pflegt.

Lehnt er so eine vom irdischen Sein sich entfernende Schau entschieden ab, so ist seine Lehre doch ein metaphysisches System. Seine Überwindung der traditionellen Unterschiede zwischen Diesseits und Jenseits, Endlichkeit und Unendlichkeit, zwischen der civitas terrena und coelestis, dem mundus intelligibilis und sensibilis, der heiligen und der unheiligen Geschichte geschieht bei ihm nicht im Sinne der verweltlichenden Aufklärung. Das sichere Wissen soll nicht wie »das natürliche Licht« bei d'Alembert auf die Erkenntnis der psychischen und physischen Erscheinungen beschränkt bleiben, es empfängt Begründung und Ziel nicht aus dem tätigen Leben der Menschen, sondern es hat aus sich selbst Rechtfertigung und Sinn des Lebens hervorzubringen. Der zweite Teil jenes Satzes formuliert in klassischer Weise die Sanktionierung des Weltlaufs durch den reinen Gedanken; denn daß alles Wirkliche vernünftig sei, bedeutet, es sei in Ordnung. Indem Hegel die Offenbarung auf die erfahrbare Wirklichkeit beschränkt, erweitert er die Gegebenheit

---

1 *Enzyklopädie der philosophischen Wissenschaften*, § 482.
2 *Vorlesungen über die Geschichte der Philosophie*, IX, 12. – Zitiert wird nach der »durch einen Verein von Freunden des Verewigten« veranstalteten Ausgabe, deren Seitenzahlen auch in der Glocknerschen Jubiläumsausgabe enthalten sind.

zur Offenbarung; indem er das Göttliche verweltlicht, vergöttlicht er zugleich die Welt. Die Bezeichnung der Wirklichkeit wird zu einem »emphatischen Namen« gestempelt.[3]
Aber wie soll diese metaphysische Verklärung möglich sein, ohne daß dem ersten Teil des Satzes widersprochen wird? Wie vermag der reine Gedanke eine Erkenntnis zu begründen, für die keine Erfahrung zuständig ist, wenn nach Hegels eigener Überzeugung die Idee nur insofern wahr ist, als sie sich gegenständlich darstellt? Die Antwort ergibt sich aus dem Begriff der unbedingten Erkenntnis, wie er in der deutschen idealistischen Philosophie sich ausgebildet hat. Dieser Begriff ist nämlich so gefaßt, daß der Satz der Identität von Subjekt und Objekt als notwendige Voraussetzung für die Existenz von Wahrheit erscheint. Bekanntlich hatten die Nachfolger Kants geglaubt, seinen Gedanken, daß nur das Subjekt sich selbst in voller Angemessenheit erkennen könne, folgerichtig weitergeführt zu haben. Sofern das Subjekt durch ein anderes Sein begrenzt ist, bleibt nach ihnen alle unsere Erkenntnis bloßes Stückwerk. Wir können dann nie versichert sein, daß vor einer vollendeten Erkenntnis des Ganzen nicht das bruchstückhafte Wissen, das wir jetzt zu besitzen meinen, inhaltlich verändert oder ganz vernichtet werden müßte. Das sich selbst erkennende Subjekt muß also nach der idealistischen Ansicht selbst als mit dem Absoluten identisch gedacht werden; es muß unendlich sein. Im Gegensatz zu jeder Art positivistischer Philosophie versucht der deutsche Idealismus das Einzelwissen in der Erkenntnis der Totalität zu begründen. Nur sofern diese als verwirklicht gelten darf, ist nach ihm auch der Anspruch des Teilwissens auf unbedingte Gültigkeit zu retten.
Von dieser Voraussetzung wird Hegels System überall bestimmt. Nicht ein vereinzelter jenseitiger Gedankeninhalt ist es, durch den er es unternimmt, das Bestehende zu verklären, sondern die Verklärung geschieht aus seinem Begriff der Erkenntnis selbst. Der große Empiriker, dessen Einsichten in historische, soziologische, psychologische Tatbestände an mehr als einer Stelle wichtige Ergebnisse der planmäßigen Arbeit eines Jahrhunderts vorweggenommen haben und der Forschung heute noch die Wege weisen können, wußte zuviel von der Bedingtheit und Vergänglichkeit der

---

3 *Enzyklopädie*..., § 6.

in der Geschichte der Philosophie aufgetretenen ewigen Wesen, um sich eines oder mehrere auszuwählen. Aber er hält daran fest, daß entweder überhaupt kein sicheres Wissen möglich sei oder gleich das Wissen vom Ganzen im Sinne der Selbsterkenntnis des alles umspannenden, alles seienden Subjekts. Diesem Gedanken entsprechend, daß alle Erkenntnis Selbsterkenntnis des mit sich identischen unendlichen Subjekts sei, weist die Logik die Begriffe auf, die im Urteil der Identität notwendig mitgesetzt sind, d. h., die als bestimmende Züge zur Idee dieser Einheit überall gehören. Am Leitfaden dieser abstrakten »Kategorien« deutet Hegel die Natur und die Menschenwelt, er teilt die Geschichte nach den Stufen ein, in denen diese Selbsterkenntnis sich entfaltet. In den höchsten Schöpfungen des Geistes, in Staat und Kultur, wird nur diese Erkenntnis verwirklicht, die in dem ausgeführten, nach dem Kategoriensystem der Logik gegliederten Gesamtinhalt der Natur- und Menschenwelt besteht. Es ist der Erkenntnisbegriff des Identitätssystems, durch den Hegel die Vernünftigkeit des Wirklichen begründet.

Sein Kampf gegen die »abstrakte Identität« und gegen Schelling bezieht sich in Wahrheit nicht auf das Prinzip selbst, sondern auf seine Inhaltlosigkeit, die es als summarische Verneinung aller Unterschiede an sich hat. In der Identität dürfen die Unterschiede nach Hegel ja nicht bloß negiert, sondern sie müssen in der doppelsinnigen Bedeutung des Wortes »aufgehoben« sein. Die Identität muß als begriffliche Einheit der Widersprüche gedacht werden, aus deren Überwindung sie sich ergibt, d. h. als das einheitliche philosophische Weltsystem mit dem ganzen Reichtum seines Inhalts. Aber die Lehre von der absoluten Identität des Subjekts und Objekts steht von Anfang an fest und bildet überall den Richtpunkt. Nur deshalb können in dieser Philosophie die Verschiedenheiten und Spannungen in »Widersprüche« uminterpretiert werden, weil sie von vornherein als Gedanken des allumfassenden und mit allen identischen Subjekts gefaßt sind. Die dialektische Selbstbewegung des Begriffs beruht wesentlich darauf, daß jede nicht abschließende begriffliche Bestimmung an der Idee des vollendeten Systems der Selbsterkenntnis gemessen wird und ihr nicht Genüge tut. Das Resultat (die absolute Identität) ist schon im Anfang vorweggenommen, und kein entscheidender philosophischer Schritt in Logik,

Natur- und Geistesphilosophie wäre ohne diese Voraussetzung zu begreifen.

Die aus dem Prinzip der Identität hergeleiteten Kategorien bilden den Maßstab, an dem die wahre Wirklichkeit von der bloßen »zufälligen« Existenz unterschieden wird. Sie definieren die der Wirklichkeit in letzter Instanz zugrunde liegende Vernunft, auf die Hegel gegenüber der Feststellung der Sinnlosigkeit im einzelnen und des Leids der Kreaturen verweist, und geben ihm die Möglichkeit, davon nur als »Schein« zu sprechen. Mit dem Zaubermittel des idealistischen Erkenntnisbegriffs macht Hegel aus dem Weltwissen Gotteserkenntnis, enthebt er sich, Erkenntnis mit der positiven Wissenschaft gleichzusetzen, unterscheidet er zufälliges und notwendiges Geschehen, wählt er aus den Tatsachen aus, um einige von ihnen als wesentliche und wahre bloß »fauler« Existenz gegenüberzustellen. Mit seiner Hilfe läßt er die späteren Geschehnisse in der Geschichte teleologisch den früheren Zuständen zugrunde liegen und rechtfertigt die wenig erhabenen wirklichen Ursachen des Geschehens, deren Erkenntnis er sich nicht verschließt, durch das ebenso wenig erhabene Bild von der List der Vernunft, die sich ihrer als Werkzeug bediene. Die Lehre von der Identität setzt ihn instand, »niedrige und unwahre Existenzen«[4] im Gebiet der Philosophie zu bagatellisieren, ohne daß diese auf den Anspruch verzichten müßte, das »Wirkliche« zu umfassen. Diese Lehre prägt den aufklärerischen Sinn seiner Versicherung, nur das gelten zu lassen, was sich gegenständlich darstellt, dadurch metaphysisch um, daß unter dem Gegebenen eine Auswahl getroffen wird, nach der »das Dasein zum Teil Erscheinung und nur zum Teil Wirklichkeit ist«[5]. Indem der Philosoph das Vergängliche als vergänglich weiß, vermeint er zugleich seinen Gegenstand aufzuheben; der Fortgang im System besteht wesentlich darin, daß alle Freuden und Leiden der einzelnen Menschen, Armut und Reichtum, ja überhaupt alle realen Widersprüche der irdischen Welt das versöhnende Zeichen des »bloß« Endlichen erhalten.

Die Bedeutung des Hegelschen Systems für die philosophische Situation der Gegenwart liegt vor allem in der rücksichtslosen Klar-

---

4 *Enzyklopädie...*, § 135, Zus.
5 *Enzyklopädie...*, § 6.

heit, mit der hier die Metaphysik an den idealistischen Mythos der Einheit von Denken und Sein gekettet worden ist. Wenn wir mit keinem »absoluten« Geist identisch sind, wenn »das Sein« weder in einem von uns Menschen, noch in einem überindividuellen Subjekt aufgeht, wenn die Zeit nicht so reif geworden ist, daß von allem Wesentlichen eine vollendete Erkenntnis möglich wäre, dann gibt es nach Hegel nicht etwa bloß Bruchstücke einer Metaphysik, sondern gar keine. Metaphysik will eine die wissenschaftliche Erforschung der tatsächlichen Zusammenhänge begründende und daher von ihr unabhängige Erkenntnis des Wirklichen sein. Sie ist nach Hegel ganz unlösbar von jenem Dogma. Streicht man die Identität, dann müßte nach ihm selbst auch seine Behauptung einer wahren, von der Philosophie darzustellenden Ordnung der Welt dahinfallen, und es bliebe von seinem Werk wesentlich nur noch die empirische Seite, durch die er zu den großen Geschichts- und Gesellschaftsforschern des achtzehnten und neunzehnten Jahrhunderts gehört.

Aber auch diese Seite verändert, losgelöst von dem metaphysischen Ganzen, ihre Bedeutung. Der Bericht von den Existenzkämpfen der Menschen, vom Untergang der einzelnen und der Völker, von Kriegen und Revolutionen, wie auch die Erkenntnis des Gesetzmäßigen in diesen Geschehnissen, die Untersuchung der inneren Gründe, aus denen die menschliche Gesellschaft sich auf ihrer anarchischen Grundlage hat erhalten können – all diese geistige Arbeit wird durch die Loslösung von einer metaphysischen Bedeutung aus der Selbsterkenntnis des ewigen Wesens zur vielfach bedingten und vergänglichen Lebensäußerung menschlicher Individuen. Mit der List der Vernunft, die hinter den Interessenkämpfen der Menschen und der Art ihrer Bedürfnisbefriedigung in der Gesellschaft stehen soll, schwindet der Glaube, daß die Absicht dieser List: die Erkenntnis, auch das entscheidende, höchste, in sich selbst begründete Ziel des Weltprozesses sei. Bei Hegel steht und fällt dieser Glaube mit der fragwürdigen Lehre von der Wesensgleichheit zwischen erkennendem Geist und Wirklichkeit. Nach dem Bauplan der Logik, den die Identität geliefert hat, ist der Tempel seines Systems errichtet, durch ihn unterscheidet es sich von den gewöhnlichen Wohnhäusern der Wissenschaft: wer diesen Plan verwirft, verwirft auch das Gebäude. Die Verneinung der Lehre von der Identität stempelt die Erkenntnis zur vielfältig bedingten Lebensäußerung bestimmter Menschen.

Mit der Verklärung ihrer selbst ist es ebenso vorbei wie mit der ihres Inhalts. Diese Folgerung ist nach den Prinzipien der Hegelschen Philosophie selbst unvermeidlich.

Es könnte scheinen, als bliebe nach der Verneinung des Dogmas von der Identität noch ein metaphysischer Teilanspruch des Systems bestehen, ähnlich wie ihn Hegel den früheren philosophischen Deutungen der Welt zugebilligt hat. Jedes philosophische System soll ja nach ihm die absolute Idee auf einer bestimmten Stufe ihrer Entwicklung enthalten, und zwar ganz und ungeteilt, wenn auch nicht voll entfaltet: es ist in der Geschichte der Philosophie »Eine Idee im Ganzen und in allen ihren Gliedern, wie in einem lebendigen Individuum Ein Leben, Ein Puls durch alle Glieder schlägt«[6]. Es bliebe daher, so könnte man denken, nach Hegels eigener Ansicht sein Werk ein Spiegel der ganzen Wahrheit wie jede echte Philosophie, selbst wenn der metaphysische Grundsatz den Widerspruch der Späteren verdiente.

Aber dieser Gedankengang übersieht ein Doppeltes. Einmal war der »Glaube an den Weltgeist«, mit dem Hegel die Geschichte der Philosophie betrachtet hat, für ihn selbst kein bloßes Gefühl, sondern eine mit dem bestrittenen idealistischen Grundsatz unlösbar verknüpfte Überzeugung, ferner könnte uns die Versicherung, daß in einem System die wahre Idee enthalten sei, gar nichts nützen, wenn wir den Leitfaden nicht besäßen, sie darin zu entdecken. Dieser unentbehrliche Leitfaden, die logischen Kategorien, sind aber wiederum ohne den Gedanken der Identität nicht zu gewinnen. Man muß »diese reinen Begriffe in dem zu erkennen wissen, was die geschichtliche Gestalt enthält«[7], – »um in der empirischen Gestalt und Erscheinung, in der die Philosophie geschichtlich auftritt, ihren Fortgang als Entwicklung der Idee zu erkennen, muß man freilich die Erkenntnis der Idee schon mitbringen«[8].

Was folgerichtig vom Hegelschen System nach der Preisgabe seiner Grundansicht noch aufrechterhalten werden kann, ist weder die Einheit des Systems noch der Stufencharakter der philosophischen Lehrmeinungen, weder eine der gesamten Geistesgeschichte inne-

---

6 *Vorlesungen über die Geschichte der Philosophie*, XIII, 41.
7 Ibid., 43.
8 Ibid., 44.

wohnende eigengesetzliche Notwendigkeit noch die organische Beschaffenheit ihrer Gebiete: all dies ist bei Hegel von der Identitätsthese in der bestimmten Fassung seiner Philosophie gar nicht zu trennen, ohne den Sinn seiner Begriffe gründlich zu verändern. Sieht man von der dialektischen Methode als solcher ab, die freilich durch den Fall des Grunddogmas in ihrer Bedeutung ebenfalls verändert wird, so bleibt als ihr Ergebnis nur das einzelne bestehen, das Bruchstück, das im Fortgang der Wissenschaft standhält, und auch dies stellt sich nur als Wissen der bestimmten vergänglichen Menschen dar, ohne den Glanz, ein Gedanke des Weltgeists zu sein.

Hegel selbst hat diesen Tatbestand sichtbar gemacht. Sein Werk ist in der Überzeugung begründet, daß entweder gar keine Metaphysik oder nur das vollendete System des sich selbst in seiner Entäußerung wiedererkennenden Geistes möglich sei. Wenn Wissen und Gegenstand, Denken und gedachte Wirklichkeit sich nicht im Fortgang ihrer Bestimmung als identisch erweisen, wenn das Denken immer so, wie es empirisch erscheint, nämlich als Denken bestimmter Einzelmenschen zu begreifen ist, dann muß es seinen absoluten Anspruch preisgeben und der wissenschaftlichen Erkenntnis des Besonderen den Platz räumen. Auch die Erkenntnis der »transzendentalen« Voraussetzungen führt nicht über ein solches Wissen hinaus, denn es ist nicht abgeschlossen und daher in seiner Struktur radikalen Veränderungen ausgesetzt. Der Metaphysik aber ist es um überzeitliche Wahrheit zu tun.

Die Behauptung der Identität ist aber ein bloßer Glaube. Wir kennen Einheiten der verschiedensten Art und auf den verschiedensten Gebieten, die Identität von Denken und Sein aber ist nichts als eine philosophische »Lehrmeinung« ebenso wie die in ihr vorausgesetzte Einheit jedes ihrer Momente: z. B. »des« Denkens, »des« Seins, »der« Geschichte, »der« Natur usf. Das *Denken* der verschiedenen Menschen mag übereinstimmen: deswegen darf es doch nicht als ein übergeordneter, einheitlicher Prozeß angesehen werden, wie es in der idealistischen Philosophie geschieht. Es gibt nicht »das« Denken schlechthin, sondern immer nur das bestimmte Denken eines bestimmten Menschen, das gewiß von der gesamtgesellschaftlichen Situation mitbestimmt ist. Die Forschung erlaubt keine endgültige Entscheidung zwischen einer individuellen oder ganzheitlichen Dynamik des Geschehens, wie man sie von einer metaphysisch gerichteten Philosophie wohl fordern mag, sondern es bedarf zur Bestimmung der jeweils wirksamen übergreifenden und der relativ individuellen Faktoren konkreter Analysen. Auch von dem sich selbst denkenden *Sein* hat es keinen Sinn zu sprechen. Das Sein in einer solchen Bedeutung ist keine irgendwie existierende Einheit, sondern der bloße Hinweis auf eine Vielheit von Seiendem. Hegel hat selbst mit Recht das Sein in so allgemeiner Bedeutung dem Nichts gleichsetzt, aber er hat nicht erkannt, daß jeder systematische Schritt seiner eigenen Philosophie insgeheim an solchen abstrakt festgehaltenen Allgemeinheiten orientiert ist. Nicht anders als mit »dem« Denken und »dem« Sein steht es mit »der« *Geschichte*. Es existiert keine Wesenheit oder einheitliche Macht, die den Namen der Geschichte tragen dürfte. Der Weltgeist ist so wenig Urheber der Geschehnisse, daß er vielmehr als bloßes Kunstmittel in der Darstellung des Philosophen fungiert. Alle diese Totalitäten, durch welche die große Totalität: das Subjekt-Objekt, bestimmt ist, sind höchst sinnleere Abstraktionen und keineswegs etwa Seelen des Wirklichen, wie Hegel geglaubt hat. In der Philosophie des Kritizismus können sie als »Aufgaben« verständlich gemacht werden. Hegel aber hat sie hypostasiert.

Die Lehre von der Identität ist längst zusammengebrochen und mit ihr das Gebäude der Hegelschen Philosophie. Aber es wird leicht vergessen, was es alles unter sich begraben hat. Es heißt die Größe von Hegels Leistung schlecht verstehen, wenn man verkennt, daß mit der Auflösung der gestaltbildenden Grundsätze seiner Philosophie zwar die fruchtbarsten methodischen und stofflichen Gedanken aus ihrem dogmatischen Gefüge befreit worden sind, aber zugleich die Metaphysik als ein von den Erfahrungswissenschaften unabhängiges, selbständiges Wissen vom wahren Wirklichen fragwürdig geworden ist. Denn solange die im deutschen Idealismus mit den besten Gründen entwickelte Lehre vom notwendigen Zusammenhang zwischen der Gültigkeit des Dogmas von der Identität und der Möglichkeit überzeitlicher Wahrheit, wie sie die Metaphysik erstrebt, nicht widerlegt ist, darf man das Schicksal der Hegelschen Metaphysik nicht als das eines beliebigen Systems ansehen, sondern als das Schicksal der Metaphysik selbst. Mit der »absoluten« Philosophie, die sich über den Unterschied der erkennenden Subjekte und über die Lückenhaftigkeit des Wissens hinwegsetzt,

mit der Geistesphilosophie, die das Seiende aus »einem« Geist begreifen oder deuten will, ist es vorbei. Auch was sich als Teildeutung, als grundsätzlich vorläufiges Wissen, auf ein solches Ganze bezieht, hat insofern sein Gewicht verloren, als dieses Ganze: sei es »der« Geist oder »die« Geschichte oder »das« Sein gar nicht existiert. Wenig verschlägt es, ob die Einheit, mit der die Metaphysik es zu tun hat, als werdend oder seiend aufgefaßt wird: bei allem Unterschied der Verfeinerung und Vertiefung hängen diese Meinungen an der gleichen dogmatischen Voraussetzung.
Die Bemühungen der mathematischen Naturwissenschaft um ein System werden von all dem nicht berührt. Selbst wenn man sich dieses System geschaffen denkt, bliebe es Hilfsmittel bestimmter Menschen, ein abstraktes Rechnungsschema, das sich in der Vergangenheit in bestimmter Hinsicht bewährt hat und auf die Bestätigung in der Gegenwart stets neu angewiesen ist. Welche Wege auch immer die exakte Forschung einschlagen mag, um Begriffe zu gewinnen, die eine rasche Übersicht verschaffen, und welche logische Struktur diese Begriffe aufweisen mögen: sie sind von jenem Dogma unabhängig. Es sei denn, sie beanspruchten überzeitliche, metaphysische Geltung, wie es eine Reihe naturalistischer Philosophen im achtzehnten und neunzehnten Jahrhundert wirklich getan hat. Nicht die Naturwissenschaft, sondern die naturalistische Philosophie wird von der gleichen Schwierigkeit betroffen wie die Metaphysik überhaupt: sie muß behaupten, freilich im Widerspruch mit ihrem eigenen Prinzip, in sich abgeschlossene Selbsterkenntnis zu sein, oder sie muß ihren Anspruch aufgeben, überzeitliche, vom Subjekt unabhängige Wahrheit zu sein. Seit dem Sturz von Hegels universalem System, das aus der Entwicklung der Metaphysik den Schluß zog, Wissen von der Totalität sein zu müssen, hat die Erkenntnis den letzten Rest ihres heiligen Charakters abgelegt und selbst ihren menschlichen nur in einer veränderten Bedeutung bei behalten. Denn das Menschliche wird jetzt nicht mehr als Gegensatz zur Gottheit oder an ihre Stelle gesetzt, sondern gerade als das genommen, als was wir es in fortschreitender äußerer und innerer Beobachtung erfahren. Es hat aufgehört, aus einer höchsten Einheit gedeutet zu werden.
Alle Kritik der absoluten Philosophie ist dem Einwand ausgesetzt, selbst nichts anderes zu sein, als was mit ihr getroffen werden soll.

Dem Angriff auf die universale Deutung der Welt stellt sich in der Gegenwart nicht nur die neue Hochschätzung der Metaphysik, sondern zugleich die Behauptung entgegen, auch der Angreifer habe eine im Hinterhalt. Nur sei es eine schlechte, schwankende, folgewidrige Metaphysik, die seinen Gedanken unentwickelt innewohne. Der Einwand weist in der Tat auf eine Reihe schwieriger Aufgaben hin, deren Sonderung und Lösung eine wichtige Aufgabe der Gegenwart ist. Doch wird der obige Gedankengang nicht von ihm betroffen. Metaphysik ist hier in einem ganz bestimmten Sinn gemeint, in dem sie sich von der empirischen Forschung und Theorie unterscheidet, wie es auch den großen metaphysischen Entwürfen der abendländischen Metaphysik entspricht. Sie wurde als ein Streben gekennzeichnet, durch ein die empirische Erforschung der tatsächlichen Zusammenhänge übersteigendes Wissen vom Wirklichen diese empirischen Gegebenheiten erst zu begründen. So sehr also die Tatsachen durch die mannigfachsten theoretischen und außertheoretischen Bedingungen präformiert sein mögen, so viel Dogmatismus in der sogenannten strengen Einzelforschung stecken mag, so weit entfernt oft ihre Versuche von der Erkenntnis der eigenen Voraussetzungen und Bedingungen sind: ihrem Sinne nach ist die empirische Theorie keine metaphysische Lehre. Gestaltgesetze und statistische Regelmäßigkeiten, ein mathematisches Axiomensystem und die Feststellung einer geschichtlichen Begebenheit können stimmen oder nicht, können uns auf die verschiedenste Weise fördern oder nicht, aber erst in einen neuen, umfassenderen Zusammenhang gestellt, leisten sie metaphysische Dienste.

Zur Metaphysik in der hier gemeinten Bedeutung gehört es, das einzelne zu begründen. Diese Begründung ist ebenso von seiner zulänglichen Erfassung durch geschickte Verfahrensweisen wie von der Ursachenerklärung ganz verschieden. Sie leitet es vielmehr als notwendig aus dem Gedanken einer höheren Einheit ab oder behauptet wenigstens eine solche Einrichtung der Welt, daß unter gewissen Voraussetzungen der Inhalt von Vergangenheit, Gegenwart und Zukunft grundsätzlich als an seiner Stelle notwendig einzusetzen wäre. Das einzelne wird nicht als gegebenes Ereignis aufgefaßt, dessen begriffliche Verknüpfung, ob sie im gegebenen Zeitpunkt zwingend oder künstlich erscheint, jeweils subjektiv mitbedingt ist, sondern es gilt als Glied eines in sich geschlossenen Ganzen, das seine innere Logik, seine eigene Vernunft, seinen eigenen Sinn hat. Unbefriedigt von der Zerstreutheit und Begrenztheit der wenigen sinnvoll zu nennenden Bezirke in der erfahrbaren Welt und vom Charakter der Naturgesetze ist die Metaphysik von einer selbständigen allgemeinen Seinsordnung überzeugt. Aus ihr, mag sie im übrigen statisch oder dynamisch verstanden werden, soll die stückhafte Mannigfaltigkeit, von der wir wissen, nicht bloß als aus einem brauchbaren Gesichtspunkt erfaßt, sondern als aus dem unabhängigen Urgrund der Welt einsichtig gemacht werden, und wäre es nur, indem sie in ihrer Gesamtheit als zufällige Erscheinung an der Idee jener Ordnung gemessen wird. Diese Überzeugung ist auch dort maßgebend, wo die Erkenntnis des Seinsgrundes als Entwicklungsgang angesehen oder ans Ende der Zeiten verlegt ist. Überall, wo sie ausgesprochen oder unausgesprochen das Denken beherrscht, vor allem, wo gleichsam selbstverständlich ein derartiges Ziel als höchste Triebfeder aller Bemühungen um Erkenntnis gilt und die Richtung der Untersuchung oder auch nur die Färbung der Begriffe beeinflußt, wird hier von einer metaphysischen Rücksicht gesprochen.

Der Verzicht auf diese Rücksicht berührt die Eigenart unserer gesamten Begriffe und Urteile. Das Denken verliert den mystischen Sinn einer Vereinigung mit dem Sein, es wird in viele Vorgänge höchst verschiedenen Ursprungs und verschiedener Leistung zerspalten. Und diese Vorgänge behalten auch insofern die Eigentümlichkeit von Tatsachen, als sie am Aufbau des Wissens um sie selbst beteiligt erscheinen. Keineswegs bloß isolierte »Empfindungen«, sondern Sachverhalte, Gestalten, Gesetze, Systeme, weisen in dem Sinne Tatsachencharakter auf, daß sie einer universalen »notwendigen« Verbindung untereinander, die einzelnen von ihnen innewohnen mag, ermangeln. Die Folgen dieses Umstands für die Philosophie sind in ihrem vollen Umfang heute erst noch aufzudecken.

Ein anderes ist die Empirie, ein anderes die Metaphysik. Bei allem Bestreben Hegels, überall am Ende die Einheit herzustellen, bei aller Unmöglichkeit, die Rolle des Widerspruchs im System ohne das Ergebnis seiner Überwindung richtig zu begreifen, bleibt Hegels Bestimmung der Unterschiede in sehr vielen Fällen in Kraft. Die Metaphysik hat ihn für die Empirie nicht blind gemacht, ja seinen Blick in manchen Fällen sogar sicher geschärft. Die Metaphysik konstruiert den Inhalt nach ihm ja nicht aus sich selbst, sondern sie ist dabei angewiesen auf die Ordnungsarbeit der empirischen Forschung, »und ohne die Ausbildung der Erfahrungswissenschaften für sich hätte die Philosophie nicht weiter kommen können, als bei den Alten«[9]. Es ist auch durchaus möglich, in der Philosophie die Resultate der empirischen Forschung auf eigene Weise darzustellen, so daß in ihr das Leben des Gegenstandes nach allen Seiten zum Ausdruck kommt. Aber mangels des Glaubens an die Identität bleibt auch eine nach den Grundsätzen der Dialektik dargestellte Wissenschaft, ebenso wie jedes wissenschaftliche System, in dem »die kalt fortschreitende Notwendigkeit der Sache«[10] alles zu bestimmen scheint, eine in vieler Hinsicht bedingte Tatsache unseres Lebens.

Auch wo die Forschung ganze Geschehensbereiche in Gedanken entwickeln und vorwegnehmen kann, ohne von den Ereignissen widerlegt zu werden, bleibt die Bestätigung selbst jeweils ein irrationales Faktum, und wir müssen uns davor hüten, den logischen Gang der Gedanken, dessen Ergebnis gestimmt hat, etwa als wirkende Kraft, als »Vernunft« dem Geschehen beizulegen. Selbst für den Fall, daß die ganze Vergangenheit in einem System begriffen und in eine einzige Weltformel zu befassen wäre, blieben die tatsächlichen Ereignisse der Gegenwart, mögen sie die alte Rechnung bestätigen oder nicht, ein anderes als die Folgen des Systems. Das Wissen um dieses Verhältnis erscheint in der gegenwärtigen Wissenschaft als die hypothetische Bedeutung ihrer Sätze und als der grundsätzliche Wahrscheinlichkeitscharakter aller Voraussagen über reales Geschehen. Dieser Charakter ist nicht etwa in dem noch unentwickelten Zustand des menschlichen Wissens, sondern in dem unaufhebbaren Unterschied zwischen Denknotwendigkeit und realem Geschehen begründet. Metaphysik aber muß den Unterschied überspringen, sie muß wenigstens dem Fazit, das sie aus der Vergangenheit gezogen hat, die gleiche Bündigkeit für die Gegenwart zuschreiben wie für die Vergangenheit, also gerade in Beziehung auf das Wesentliche die Geschichte leugnen.

Der Gegensatz zwischen Empirie und Metaphysik, zwischen dem

---

[9] *Vorlesungen über die Geschichte der Philosophie*, XV, 283.
[10] *Phänomenologie des Geistes*, II, 8.

Inbegriff des höchst mannigfaltigen, mit vielen Unklarheiten durchsetzten, nach den verschiedensten Gesichtspunkten geordneten theoretisch vermittelten Erfahrungswissens und dem vermeintlichen Einblick in eine unabhängige Seinsordnung ist nicht zu »überwinden«, selbst dann nicht, wenn einmal die gesellschaftliche Wirklichkeit im Weltmaßstab weit mehr einer sinnvollen Ordnung gleichen sollte, als es in der Gegenwart der Fall ist.
Mit der Metaphysik ist die Geistesphilosophie insoweit unhaltbar geworden, als sie die Tatsachen des geschichtlichen Lebens für den Ausdruck eines wenn auch »dialektischen« geistigen Prozesses nimmt. Vom Geschichtsverlauf als von einer wesentlich geistigen Auseinandersetzung sprechen, heißt nicht bloß ihn verklären, sondern enthält auch unmittelbar das Bekenntnis zur Identität. Der Geist ist das wahrhaft Wirkliche, das Wesen, die Substanz. Die empirische Ansicht hingegen, daß die geschichtlichen Tatsachen das Ergebnis verschiedenartigster Konstellationen sind, verhindert zwar keineswegs, sie unter möglichst wenig Begriffe zu befassen und bei der Darstellung aus diesen zu entwickeln, aber sie widerspricht sowohl dem Glauben, die Tatsachen würden durch eine unabhängige geistige Kraft geschaffen, als auch der Unterordnung der wissenschaftlichen Arbeit unter das Ziel, dieses Wesen zu erkennen. Die empirische Erforschung geschichtlicher Vorgänge ist auf möglichst treffende Beschreibung und letzten Endes auf die Erkenntnis von Gesetzen und Tendenzen gerichtet, ganz ebenso wie die Forschung auf dem Gebiete der außermenschlichen Natur: der Gedanke an ein zugrundeliegendes geistiges Prinzip, das notwendig höchst abstrakt sein müßte, ist ihr ganz fremd. Von den Wissenschaften der toten und der lebendigen Natur zielt nicht etwa die eine Gattung auf bloße »Richtigkeit«, die andere dagegen auf reine »Wahrheit«, die Physik auf die bloße Praxis, die Geschichte, Anthropologie, Soziologie hingegen auf den Einblick in eine höhere Wirklichkeit. Weder die logische Struktur der erstrebten Begriffe noch der Anspruch auf Gültigkeit begründet einen grundsätzlichen Unterschied der beiden Wissenschaftsgruppen, es sei denn, daß man die Geschichte als bloße auswählende Beschreibung jeder »Theorie« entgegensetze, wie es in der südwestdeutschen Schule geschieht. Aber auch diese Fassung könnte, abgesehen davon, daß sie dem wirklichen Forschungsverfahren auf allen Gebieten ganz unan-

gemessen ist, die These von der selbständigen geistigen Entwicklung, die sich in der Geschichte vollziehen soll, nicht retten. Der Geist vermag sich weder in der Natur noch in der Geschichte wiederzuerkennen, denn selbst wenn der Geist nicht bloß ein fragwürdiges Abstraktum wäre, so wäre er nicht identisch mit der Realität.

Dämmerung.
Notizen in Deutschland

(1931/1934)

Woher der düstre Unmut unsrer Zeit,
Der Groll, die Eile, die Zerrissenheit? –
Das Sterben in der Dämmerung ist schuld
An dieser freudenarmen Ungeduld;
Herb ist's, das langersehnte Licht nicht schauen,
Zu Grabe gehn in seinem Morgengrauen.

Lenau.

Vorbemerkung

Dieses Buch ist veraltet. Die in ihm enthaltenen Gedanken sind gelegentliche Notizen aus den Jahren 1926 bis 1931 in Deutschland. Sie wurden in den Pausen einer anstrengenden Arbeit aufgezeichnet, ohne daß der Verfasser sich Zeit genommen hätte, sie zu schleifen. Daher sind sie auch ganz ungeordnet. Sie enthalten viele Wiederholungen, auch manchen Widerspruch. Der Bereich ihrer Themen ermangelt freilich nicht jeder Einheitlichkeit. Sie beziehen sich immer wieder kritisch auf die Begriffe Metaphysik, Charakter, Moral, Persönlichkeit und Wert des Menschen, wie sie in dieser Periode des Kapitalismus Geltung besaßen.
Da sie der Zeit vor dem endgültigen Sieg des Nationalsozialismus angehören, betreffen sie eine heute schon überholte Welt. Probleme wie das der sozialdemokratischen Kulturpolitik, der mit der Revolution sympathisierenden bürgerlichen Literatur, der akademischen Zurichtung des Marxismus bildeten eine geistige Atmosphäre, die sich jetzt verzogen hat. Doch mögen die Einfälle des seiner Lebensart nach individualistischen Verfassers auch späterhin nicht ganz ohne Bedeutung sein.

Deutschland, im Februar 1933.

Dämmerung

Je windiger es um notwendige Ideologien bestellt ist, mit desto grausameren Mitteln muß man sie schützen. Der Grad des Eifers und des Schreckens, mit denen wankende Götzen verteidigt werden, zeigt, wie weit die Dämmerung schon fortgeschritten ist. Der Verstand der Massen hat in Europa mit der großen Industrie so zugenommen, daß die heiligsten Güter vor ihm behütet werden müssen. Wer sie gut verteidigt, hat seine Karriere schon gemacht; wehe dem, der mit einfachen Worten die Wahrheit sagt: neben der allgemeinen, systematisch betriebenen Verdummung verhindert die Drohung mit wirtschaftlichem Ruin, gesellschaftlicher Ächtung, Zuchthaus und Tod, daß der Verstand sich an den höchsten begrifflichen Herrschaftsmitteln vergreife. Der Imperialismus der großen europäischen Staaten hat das Mittelalter nicht um seine Holzstöße zu beneiden; seine Symbole sind durch feinere Apparate und furchtbarer gerüstete Garden beschützt als die Heiligen der mittelalterlichen Kirche. Die Gegner der Inquisition haben jene Dämmerung zum Anbruch eines Tages gemacht, auch die Dämmerung des Kapitalismus braucht nicht die Nacht der Menschheit einzuleiten, die ihr heute freilich zu drohen scheint.

Monadologie

Ein Philosoph hat einmal die Seele mit einem Haus verglichen, das keine Fenster hat. Die Menschen gehen miteinander um, sprechen miteinander, machen miteinander Geschäfte, verfolgen einander, ohne daß doch einer den andern sieht. Der Philosoph hat dann die Vorstellungen, die sich doch die Menschen gegenseitig von sich machen, damit erklärt, daß Gott jedem Einzelnen ein Bild von den andern in die Seele gelegt habe, das sich, ohne daß äußere Eindrücke hinzukämen, im Laufe des Lebens zum vollen Bewußtsein von Mensch und Welt entwickele. Aber diese Theorie ist fragwürdig. Das Wissen der Menschen voneinander scheint mir nicht von Gott zu stammen, ich meine vielmehr, daß jene Häuser schon Fenster haben, aber solche, die jeweils bloß einen kleinen und verzerrten Ausschnitt von den Vorgängen draußen ins Innere dringen lassen.

Das verzerrende Moment besteht weniger in den Besonderheiten der Sinnesorgane als in der besorgten oder heiteren, ängstlichen oder eroberungslustigen, geduckten oder überlegenen, satten oder sehnsüchtigen, stumpfen oder wachen seelischen Einstellung, die in unserem Leben jeweils den Grund bildet, auf dem alle unsere Erlebnisse sich abzeichnen und der ihnen den Charakter gibt. Neben dem unmittelbar wirksamen Zwang des äußeren Schicksals hängt von diesem Grund die Verständigungsmöglichkeit zwischen den Menschen ab. Als Wahrzeichen für den allgemeinen Grad der Verständigung in der kapitalistischen Gesellschaft könnten zwei Bilder gelten: das Kind, zu seinem Ärger vom Spiel mit den Kameraden geholt, erstattet seinem kranken Onkel einen Besuch. Der Prince of Wales fährt am Steuer eines neuen Cabriolets an einer alten Frau vorbei.

Ich kenne nur eine Art von Windstoß, der die Fenster der Häuser weiter zu öffnen vermag: das gemeinsame Leid.

Roulette

Die Systeme sind für die kleinen Leute. Die großen haben die Intuition; sie setzen auf die Nummern, die ihnen einfallen. Je größer das Kapital, desto größer die Chance, verfehlte Intuitionen durch neue wettzumachen. Den reichen Leuten kann es nicht passieren, daß sie zu spielen aufhören, weil ihnen das Geld ausgeht, und im Weggehen gerade noch hören, daß ihre Nummer jetzt, wo sie nicht mehr setzen können, gewinnt. Ihre Intuitionen sind zuverlässiger als die mühsamen Kalkulationen der Armen, die immer daran scheitern, daß man sie nicht gründlich durchprobieren kann.

Entehrte Begriffe

Ein angesehener Gelehrter, der mit dem Sozialismus sympathisiert, hörte bei einem wissenschaftlichen Tischgespräch einen unbefangenen Teilnehmer von Menschlichkeit sprechen. Er erglühte sogleich in edlem Zorn und wies den Ahnungslosen zurecht: Der Begriff der Menschlichkeit, der »Humanität«, sei durch die übelste kapitalistische Praxis, die ihn durch Jahrhunderte als Deckmantel benützte, entehrt und inhaltslos geworden. Anständige Menschen könnten ihn nicht mehr ernsthaft gebrauchen, sie hätten aufgehört, das Wort in den Mund zu nehmen. Ich dachte: »Ein radikaler Gelehrter! Nur – welcher Bezeichnungen für das, was gut ist, sollen wir uns dann noch bedienen dürfen? Sind sie nicht alle durch einen die schlechte Praxis verschleiernden Gebrauch ebenso entehrt wie der Ausdruck Humanität?«
Einige Wochen später erschien ein Buch von diesem Gelehrten über die Wirklichkeit des Christentums. Zuerst war ich überrascht, dann fand ich: er hatte gar nicht das Wort, sondern die Sache verworfen.

Unbegrenzte Möglichkeiten

Das zwanzigste Jahrhundert ist das Zeitalter der unbegrenzten Möglichkeiten. Die Leistungen der Technik steigen täglich. Fähigkeiten, die man soeben noch als abnorm bestaunte, stehen unter dem Durchschnitt. Auch die menschlichen Produktivkräfte übertreffen sich selbst. Die Geschicklichkeit des Arbeiters ist seit hundert Jahren über alle Erwartungen gewachsen, der durchschnittliche Aufwand an Energie, Pünktlichkeit, Ausdauer des Einzelnen hat sich vervielfacht – nicht bloß in der Industrie, sondern auf allen Gebieten. Virtuose Leistungen auf dem Cello, die früher nur die größten Künstler zustande brachten und die an das Wunderbare grenzten, gehören heute zum festen Können jedes Schülers, der das Konservatorium verläßt. Nicht bloß im Sport, sondern wahrscheinlich auch im Versemachen werden die Blütezeiten der Vergangenheit übertroffen. Der Komponist spielt ironisch mit Melodien, die den Glanzpunkt einer alten Symphonie gebildet hätten. Ford macht in einem Tage neuntausend Automobile, und Kinder steuern sie durch den Verkehr New Yorks. Das Ungeheure ist alltäglich geworden. Jahrhunderte haben mit Grauen von der Bartholomäusnacht gesprochen, und das Martyrium eines Einzelnen bildet den Gegenstand einer ganzen Religion. Heute gehören die Bartholomäusnächte des Imperialismus ebenso wie der Heldenmut des Einzelnen, der ihnen widersteht, zum Alltäglichen, von dem die Presse unter »Vermischtes« berichtet. Der Sokratesse, Thomas Münzers und Giordano Brunos gibt es so viele, daß ihre Namen in den Lokalzeitungen untergehen. Wegen eines einzigen Jesus von Nazareth brächte man kaum besonderen Ärger auf. »Jerusalem, den soundsovielten: Der Führer des Aufstandes, über den wir kürzlich berichteten, wurde heute zum Tode verurteilt und sogleich hingerichtet.« Es gibt freilich Leute, die im Kino über ›Sunny-Boy‹ Tränen haben, zur gleichen Zeit, wo im Dienste ihrer eigenen Besitzinteressen wirkliche Menschen langsam zu Tode gequält werden, nur weil sie im Verdacht standen, für die Befreiung der Menschheit zu kämpfen. Photographie, Telegraphie und Radio haben die Ferne zur Nähe gemacht. Das Elend der ganzen Erde spielt sich vor den Bewohnern der Städte ab. Man sollte meinen, es fordere sie jetzt zu seiner Abstellung heraus; doch gleichzeitig hat sich die Nähe in Ferne verwandelt, denn nun geht der Schrecken der eigenen Städte in dem allgemeinen Leiden unter, und man beschäftigt sich mit den Ehehändeln des Kinostars. Die Vergangenheit wird von der Gegenwart in jeder Hinsicht übertroffen.

Die verräterischen Hände

Bei Silvesterveranstaltungen in gehobenen Weinlokalen und besseren Hotels pflegt unter den Gästen ein Gefühl von Zusammengehörigkeit, Vertraulichkeit, Kameradschaft zu herrschen. Sie erinnern trotz des einfachen Anlasses an die harmonische Stimmung bei Naturkatastrophen, nationalen Freudentagen, Unglücksfällen, beim Ausbruch des Weltkrieges, sportlichen Rekordleistungen usf. Der Beginn des neuen Jahres wird als allgemein menschliche Sache aufgefaßt, als eines der majestätischen Ereignisse, bei denen wieder einmal offenbar wird, daß die Unterschiede zwischen den Menschen, vor allem zwischen reich und arm in Wirklichkeit belanglos sind. Die in dieser Nacht durch die Preisunterschiede der verschiedenen Vergnügungsstätten ohnehin gemilderte Vermischung erfährt freilich durch die Anwesenheit der Kellner noch eine weitere Einschränkung; im ganzen herrscht jedoch *ein* Geist der Gemütlichkeit, und um zwölf Uhr sind alle in bedeutsamer Ausgelassenheit miteinander verbunden.

Gerade zu dieser Zeit, als der Jubel seinen Höhepunkt erreichte, hatte die von ihrem vornehmen Freund eingeladene kleine Angestellte Wein auf ihr Kleid verschüttet. Während das Gesicht in Begeisterung strahlte und sich die allgemeine Fröhlichkeit darin spiegelte, fuhren ihre Hände in unbewußtem Eifer fort, den Flecken zu entfernen. Diese isolierten Hände verrieten die ganze Festgesellschaft.

Philosophische Gespräche im Salon

Das Gebiet möglicher Erkenntnis ist unbegrenzt. Die Menschen, die sich mit der Wahrheit um ihrer selbst willen beschäftigen, vermögen unser Erstaunen über ihre sonderbaren und weithergeholten Themen leicht abzutun. Alles kann ja in irgendeiner Hinsicht wichtig werden. Trotzdem interessiert mich bei gelehrten Gesprächen in vornehmer Gesellschaft die Ursache der Wichtigtuerei häufig viel mehr als das in Rede stehende Problem. So bin ich dahintergekommen, daß ein gut Teil der Diskussionen hauptsächlich aus der persönlichen Konkurrenz und Reklamesucht der akademischen Teilnehmer zu erklären ist. Sie wollen zeigen, wie gut sie für ihre Aufgabe geeignet sind, durch Erziehung zu verdunkelnden Denkmethoden und durch Aufbringung fernliegender Fragen von den wirklichen Problemen abzulenken. Daher kommt es in diesen Gesprächen auch viel mehr auf die bloße Routine, auf das »Niveau« als auf den Inhalt an. Häufig erscheint bereits die bloße Verwirrung und Vernebelung der Wirklichkeit durch konfuse Ausdrucksweise als verdienstvoll.

Der Grund des Interesses an dem besonderen Problem wird für gewöhnlich auch gar nicht angegeben. In irgendeiner Hinsicht kann ja, wie gesagt, alles wichtig werden, und im übrigen pflegt jeder der Diskutierenden nicht bloß bei der besonderen Wichtigkeit des betreffenden Themas, sondern auch bei den im Gespräch vorkommenden Namen und Begriffen etwas ganz anderes als die anderen im Auge zu haben. Wenn nur jeder für sich gut abschneidet und als besonders gescheit und brauchbar aus dem unblutigen Kampf hervorgeht. Manchmal – besonders wenn reiche Laien anwesend sind – erinnern derartige geistreiche Unterhaltungen an mittelalterliche Turniere, nur daß man sich ihnen nicht unmittelbar im Dienst und zum Ruhm schöner Frauen, sondern als Eignungstests für eine gute Karriere unterzieht.

Die Parteilichkeit der Logik

Wer irgendein Übel, eine Ungerechtigkeit, eine Grausamkeit, die zu dieser Gesellschaftsordnung gehört, mit dürren Worten feststellt, wird häufig zu hören bekommen, daß man nicht verallgemeinern dürfe. Es wird auf Gegenbeispiele verwiesen.
Aber gerade hier ist die Methode der Gegenbeispiele logisch unzulässig. Zwar ist die Behauptung, daß irgendwo Gerechtigkeit bestehe, durch den Nachweis eines einzigen Gegenbeispiels aus den Angeln zu heben, nicht aber umgekehrt. Die Anklage gegen ein Gefängnis, aus dem ein tyrannischer Direktor die Hölle macht, ist keineswegs durch ein paar Beispiele von Anständigkeit zu entkräften, aber die Leitung eines guten Direktors wird durch einen einzigen Fall von Grausamkeit widerlegt.
Die Logik ist nicht unabhängig vom Inhalt. Angesichts der Tatsache, daß in der Wirklichkeit dem bevorzugten Teil der Menschen billig ist, was dem anderen unerreichbar bleibt, wäre eine unparteiische Logik so parteiisch wie das Gesetzbuch, das für alle das gleiche ist.

Charakter und Avancement

Daß in dieser Gesellschaft die Furchtbaren an der Spitze stehen, werden viele erkennen. Es ist allzu offenbar, daß gerade diejenigen Herrschaften sich oben halten, denen Hekatomben im Elend verkümmerten und erstickten Menschenmaterials als regelmäßiges Produkt ihres Daseins kaum eine oberflächliche Lüge, kaum eine heuchlerische Begründung der »Notwendigkeit« des unaufhörlichen Elends entlocken. Welche menschlichen Qualitäten müssen in einem Wettbewerb, bei dem die, welche Erfolg haben, so aussehen, entscheidend sein!
Aber das Auge, das die Verhältnisse auf den höchsten Stufen der sozialen Rangordnung noch zu unterscheiden vermag, pflegt an Schärfe bei der Hinwendung auf die eigene Sphäre zu verlieren. Man nimmt stillschweigend an, daß mit abnehmender Quantität der Vermögen die moralische Qualität derer, die sich um sie streiten, zunimmt oder wenigstens die Gemeinheit geringer wird. Aber die kapitalistische Wirtschaft ist so organisiert, daß tatsächlich die größere Verwandtschaft mit der seelischen Verfassung derer an der Spitze auf jeder Stufe die größeren Chancen sichert. Richtiger noch als jener Glaube der kleinen Unternehmer zugunsten ihrer eigenen Moral wäre die entgegengesetzte Ansicht. Während oben das Verhältnis zwischen der ausbeutenden Person und der ausbeuterischen Tätigkeit höchst vermittelt sein kann, drücken sich auf den niederen Stufen die unmenschlichen Qualitäten notwendig unmittelbar in den Personen aus. Ein Millionär oder gar seine Frau können sich selbst einen sehr geraden und noblen Charakter leisten, sie können alle möglichen bewundernswerten Eigenschaften ausbilden. Je größer die Unternehmung, um so mehr läßt sie sogar einen gewissen Spielraum für »arbeiterfreundliche« und am Verhalten der Fachgenossen gemessen humane Maßnahmen zu, ohne daß sie unrentabel wird. Der kleine Fabrikant ist auch hier im Nachteil. Bei ihm sind schon persönlich ausbeuterische Züge vonnöten, um bestehen zu können. Diese »moralische« Benachteiligung wächst mit der Abnahme der Charge im Produktionsprozeß. Bei der Konkurrenz der Werkmeister untereinander trägt der am wenigsten moralisch Gehemmte, unter Umständen einfach der Brutalste, auf die Dauer den Sieg davon, d. h. *er* kann avancieren. Man denke, daß die gepflegte Hand

eines Ministers, der eine geringe Ausführungsbestimmung des Strafvollzugs verfügt, noch einem »Schöngeist« gehören kann, und schaue sich die Zuchthausknechte an, die jene Bestimmung ausführen.

Nein, die abnehmende Qualität des Übels, das man anrichten kann, schlägt nicht in die bessere Qualität des Charakters um. Wer auf den niederen Stufen gut besteht, erweist sich in der gleichen moralischen Ordnung als tüchtig wie die glücklicheren Trustmagnaten. Auch vom Untüchtigen und Untergehenden ist noch nicht gesagt, daß er aus größerer Zartheit versage, wenngleich ihm gegenüber wenigstens diese Frage am Platz ist. Im ganzen darf man sagen, daß trotz einiger oberhalb des wirklichen Proletariats existierender gesellschaftlicher Sphären, in denen eine gewisse Anständigkeit sich notdürftig eine Zeitlang über Wasser halten kann, das Avancement jedenfalls ein schlechtes Zeichen für moralische Skrupel bildet.

Gewalt und Harmonie

Die Ablehnung der Anwendung von Gewalt ist reiner als der Versuch, Gewalt durch Gewalt abzuschaffen. Der Pazifist ist seiner selbst sicherer, und wenn er selbst Gewalt erfährt, wird sie, die er verabscheut hat, ihn nicht widerlegen. Sein Leben ist harmonischer als das des Revolutionärs, und er kann diesem in manchen elenden Situationen wie das Licht in der Hölle erscheinen. Welcher Anblick: der Mann der Gewalt von seinem Gegner besiegt ohnmächtig am Boden liegend, jetzt selbst ebenso wie die von ihm Geführten ein erbarmungswürdiges Objekt fremder Gewalt, und der Engel, dem die Gewalt an sich immer das Schlechte war, imstande, ihm Hilfe zu leisten, da sein Prinzip ihn behütet hat! – Aber wie, wenn die Menschheit ohne die, welche zu allen Zeiten gewaltsam ihre Befreiung betrieben, noch tiefer in der Barbarei steckte? Wie, wenn es der Gewalt bedürfte? Wie, wenn wir unsere »Harmonie« durch den Verzicht auf tatkräftige Hilfe erkauften? Diese Frage vernichtet die Ruhe.

Aller Anfang ist schwer

Aller Anfang ist schwer, und weil den meisten Menschen, wenn überhaupt, so nur ein einziges Mal die Aussicht, in eine bessere Lebenslage hineinzukommen, die Chance eines Anfangs geboten wird, so machen sie es schlecht und bleiben in ihrem Elend sitzen. Wer ohne Gewöhnung in einen Salon kommt, benimmt sich ungeschickt, und wehe, wenn auch noch fühlbar wird, daß er begierig ist dabeizusein. Die Freiheit, Selbstverständlichkeit, »Natürlichkeit«, die einen Menschen in gehobenem Kreis sympathisch machen, sind eine Wirkung des Selbstbewußtseins; gewöhnlich hat sie nur der, welcher immer schon dabei war und gewiß sein kann, dabeizubleiben. Die Großbourgeoisie erkennt die Menschen, mit denen sie gern umgeht, die »netten« Menschen an jedem Wort.
Aller Anfang ist schwer. Wenn man dem Lehrling ein Geschäft gibt, das er beim Gehilfen hundertmal gesehen hat, so macht er es trotzdem verkehrt, es sei denn, daß ihm die Identifikation mit dem Erwachsenen im Blute liegt wie dem begabten Hochstapler die Identifikation mit der guten Gesellschaft. Zieht man einen Unteren zu den Leistungen der Oberen heran, dann zeigt es sich leicht, daß er versagt. So wird die schon bestehende Rangordnung immer aufs neue bestätigt. Der Abhängige ist unbegabt. Dies wird noch dadurch kompliziert, daß der Anfang für jeden mit dem Alter immer schwerer wird und die, welche nicht schon in eine glückliche Situation hineingeboren oder jung hineingerutscht sind, fürs Leben dazu verdorben bleiben. Die Selfmade-Männer beweisen bloß die Regel. Aber sogar diese werden immer seltener, weil der Anfang immer noch schwerer wird, als er schon früher war.

Von innen nach außen

Das Kind in der bürgerlichen Familie erfährt nichts von ihrer Bedingtheit und Veränderlichkeit. Es nimmt ihre Verhältnisse als natürliche, notwendige, ewige hin, es »fetischisiert« die Gestalt der Familie, in der es aufwächst. Es entgeht ihm daher Wesentliches über seine eigene Existenz.

Etwas Ähnliches gilt für die Menschen, die in der Gesellschaft in festen Beziehungen stehen. Mögen bestimmte Schichten der Arbeiter – sie sind nicht so groß, wie man zu glauben neigt – kraft der sozialistischen Theorie die Bedingtheit ihres Verhältnisses zu den Unternehmern durchschauen, so nehmen sie doch die Beziehungen innerhalb der eigenen Klasse als natürliche und selbstverständliche hin. Aber auch diese sind durch vergängliche gesellschaftliche Kategorien mitkonstituiert, was erst beim wirklichen Heraustreten aus ihnen ganz offenbar wird. Dazu genügt freilich nicht der eigene Entschluß, auch nicht die bloße Überlegung. Vielmehr bedarf es des entscheidenden Wandels der gesellschaftlichen Situation eines Menschen nach unten, seines Herausfliegens aus allen Sicherungen sozialer und menschlicher Art, um ein relatives Außerhalb gegenüber den grundlegenden gesellschaftlich-ökonomischen Beziehungen ins Bewußtsein zu bringen. Erst dann kann das Dasein wirklich den Glauben an die Natürlichkeit seiner Bedingungen verlieren und entdecken, wieviel gesellschaftlich bedingte Elemente noch in der Liebe, der Freundschaft, der Achtung, der Solidarität, die es genossen hat, enthalten waren. Es bedarf bestimmter Ereignisse, welche das Leben eines Menschen so verändern, daß es nicht wiedergutzumachen ist. Der Arbeiter, von seinen Kameraden beim Diebstahl ertappt, der angesehene Beamte, dem Unterschlagungen nachgewiesen worden sind, die Schöne, von den Pocken befallen und ohne genügende Mitgift, um die Narben unsichtbar zu machen, der Trustmagnat im Bankrott oder im Sterben mögen vielleicht einen ungetrübten Blick auf das werfen, was ihnen vorher selbstverständlich war. Sie sind im Begriff, die Grenze zu überschreiten.

Zeit ist Geld

Als ob es gleichgültig wäre, um welches Subjekt es sich handelte! Ob meine oder ob deine Zeit, ob die Zeit des Herrn Krupp oder eines Arbeitslosen: sie ist Geld. Es wird auch verschwiegen, wessen Geld und wieviel Geld, während es doch zum Beispiel klar ist, daß der Zeitverlust des Herrn Krupp sein eigenes Geld kostet und der Zeitverlust seiner Arbeiter – auch sein eigenes, Herrn Krupps eigenes Geld.

Man wird hier einwenden: wenn ein Arbeiter der Kruppwerke Zeit verbummelt, so kostet es nicht Krupps Geld, sondern der Arbeiter fliegt auf die Straße und erfährt an sich selbst die allgemeine Richtigkeit von »time is money«. Aber *erstens* gilt dieser Einwand nur, wenn man den einen Arbeiter in Gegensatz zu allen übrigen bringt (eine allgemeine Verminderung des Arbeitstempos bei allen Arbeitern überhaupt müßte Krupps Profit verringern). *Zweitens* bedeutet die ursprüngliche Verlangsamung des Tempos, um derentwillen der einzelne Arbeiter auf die Straße fliegt, zunächst einmal einen Verlust des Werkes, und gerade die unendliche Kleinheit, die Belanglosigkeit dieses Verlustes für Krupp (im Gegensatz zu den Konsequenzen für den Arbeiter) wäre das ergiebige Thema einer philosophischen Abhandlung. *Drittens* wird durch den Einwand der Sinn des Wortes verdreht: ursprünglich bedeutet es: jede Minute kann für dich ergiebig sein, also wäre es dumm, eine zu vertrödeln; jetzt soll es heißen: wenn du nicht ordentlich schuftest, wirst du verhungern. Diese beiden Bedeutungen treffen auf zwei verschiedene Klassen zu, aber unter den Fittichen des Sprichworts haben beide Platz, sowohl der Fluch, unter dem das Leben des Arbeiters steht, als die Ermunterung für den Kapitalisten.

»Zeit ist Geld« – es drängt sich die Frage nach einem Kriterium auf, wieviel Geld eine bestimmte Zeit wert ist. Als Hilfe, ein solches Kriterium zu finden, wäre vielleicht folgende Betrachtung geeignet. Ein Arbeiter, der sich ein Automobil mietet, um morgens noch rechtzeitig zur Arbeitsstätte zu kommen, ist dumm (Vergleich der Fahrtkosten mit seinem Taglohn), ein Erwerbsloser, der fünf Mark in der Tasche hat und ein Auto benutzt, um Zeit zu sparen, ist verrückt, aber schon ein mittlerer Prokurist wird anfangen, talentlos zu sein, wenn er seine Besuche nicht im Auto erledigt. Eine Minute im Leben des Erwerbslosen besitzt einen anderen Wert als eine Minute des Prokuristen. Es empfiehlt sich auszurechnen, das Leben von wieviel Hunderten von Arbeitern zusammen den Wert des Tages eines kleineren Bankiers ergeben. Zeit ist Geld – aber was ist die Lebenszeit der meisten Menschen wert?

Wenn man sich schon nicht scheut, so allgemein daherzureden wie ein Sprichwort, dann ist nicht Zeit Geld, sondern Geld ist Zeit, ebenso wie es Gesundheit, Glück, Liebe, Intelligenz, Ehre, Ruhe ist. Denn es ist ja erlogen, daß, wer Zeit hat, auch Geld hat, mit bloßer Zeit kann man sich kein Geld verschaffen, aber umgekehrt.

Widerspruch

Die Erde ist groß, zu groß für einen hungernden Chinesen, um dorthin zu gelangen, wo es etwas zu essen gibt, zu groß für einen deutschen Landarbeiter, um das Fahrgeld dorthin zu bezahlen, wo er bessere Arbeit findet.
Die Erde ist klein. Wem die Mächtigen in den Ländern nicht hold sind, der findet keine Heimat, sie schenken ihm keinen Paß, vor dem ihre Beamten salutieren, und er wird, auf seiner Wanderschaft ertappt, nachts über andere Grenzen geschoben, in Länder, in denen er auch keine Stätte hat. Nirgends ist für ihn Raum. Wenn anständige Leute nachts eine Grenze passieren, geben sie am Abend vorher dem Kontrolleur des Schlafwagens Billett und Paß und äußern den berechtigten Wunsch, bei der Kontrolle nicht geweckt zu werden. Gott hat sie lieb.

Der Hotelportier

Der junge Mann nahm mit seiner Freundin in einem Luxushotel der Großstadt Wohnung. Beide waren ausgezeichnet angezogen, und es stand ihnen ein Wagen führender Marke zur Verfügung. Als er sich einschrieb, erklärte der junge Mann, drei Wochen zu bleiben, und übergab dem Portier den Schein für das große Gepäck.
Die ersten acht Tage gingen ausgezeichnet vorüber. Das Paar blieb häufig in seinem Zimmer, machte einige Fahrten in die Umgebung und fiel wenig auf. Dann beging der junge Mann einen Fehler: er gab dem Portier für eine geringe Besorgung ein übermäßig hohes Trinkgeld. Dieser wurde stutzig, ging der Sache nach und entdeckte den Tatbestand. Der junge Mann war wegen einer Unterschlagung verfolgt. Am gleichen Abend wurde er verhaftet.
In dem Hotel verkehrten Fürsten und Millionäre; der Portier be-

kleidete den Posten seit vielen Jahren. Sie und er hatten das richtige Maß. Dem jungen Mann erschien die freundliche Dienstfertigkeit des Portiers, die in Wahrheit Routine war, nicht als selbstverständlich, wie dem echten Mitglied der herrschenden Klasse. Er war die Fülle von Ehrerbietung, Liebenswürdigkeit, Beflissenheit, welche der Privilegierte in dieser sonst so furchtbaren Gesellschaft auf allen seinen Wegen erfährt, noch nicht gewohnt. Er verriet sich durch den dankbaren Impuls und durch die mangelnde Achtung vor dem Kleingeld, welch letztere selbst der großzügigste Reiche beweist. Wie sie im Leben des Einzelnen zustande kommt, ist von der Psychologie noch nicht aufgehellt. Sicher stellt sie eine Weisheit des objektiven Geistes dar. Sie wirkt wie eine geheime Konvention der Herrschenden, die Gerechtigkeit ihres Systems, in welchem der geringe über das Leben des Armen oft genug entscheidende Betrag für sie selbst keine Rolle spielt, dadurch zu beweisen, daß sie dem Armen gegenüber gerade diesen für sie nichtigen Betrag, gerade dieses Kleingeld heilig halten. Die Konvention lag dem jungen Mann noch nicht im Blut. »Etwas kann da nicht stimmen«, dachte der Portier, und er hatte recht.

Der Gang der kapitalistischen Wirtschaft ist im Hinblick auf die Aktienkurse schwer vorauszusagen. Seine Einwirkung auf die menschliche Seele ist präzise zu berechnen. Ein Hotelportier geht selten fehl. Er entlarvt durch seinen Scharfblick freilich weniger die Unehrlichkeit des Gastes als die Ehrlichkeit des Hotels.

Anmerkung

In Monte Carlo entscheidet die Überlegung des reichen Spielers, ob er noch eine Minute bleiben soll, über den Gewinn oder Verlust von vielen tausend Francs. Sie brauchen für ihn nichts zu bedeuten. Es ist gleichgültig, ob er noch einmal ein paar goldbedruckter Jetons auf den Tisch legt, es könnte die Zeit bis zum Diner knapp werden. Im Hinausgehen legt er vielleicht noch ein weiteres Jeton oder eine Note auf irgendeinen Spieltisch. Es macht nichts, ob sie verloren wird, sie ist gleichsam überzählig. Aber der Lakai, welcher sich bückt, wenn dem Spieler zuletzt ein Jeton hinunterfällt, ist sehr zufrieden, wenn er noch einen Franc bekommt. Würde er sich höflich für den Franc bedanken, wenn ihm die Bedeutung der Tausender im

Leben der Herrschenden demonstriert wäre, indem er sie ebensooft als Trinkgeld erhieltet, wie man sie à fond perdu auf einen Spieltisch wirft? Das wäre ja gar nicht auszudenken!
Übrigens ist mit dieser automatisierten Vorsicht am wenigsten der Lakai im Spielsaal gemeint. Der beurteilt den Kapitalismus heute noch nach den Spielern und glaubt am Ende, einmal müßten alle ihr Geld verspielen. Aber der Herr, welcher sich lieber die Mühe nimmt, in der Tasche nach einem Franc zu suchen, als ihm den überzähligen Jeton zu lassen, nimmt den Lakaien als Vertreter der Unterklasse überhaupt und hütet sich, ihn zu korrumpieren. Die, welche sich nicht hüten, sind unsichere Kantonisten. Sie verdienen Mißtrauen.

Erziehung und Moral

Häufig sind moralisch üble Qualitäten einfach darauf zurückzuführen, daß einer nicht gelernt hat, seine Lust in sozialer Weise zu befriedigen. Verstocktheit, Hartnäckigkeit des schlechten Charakters trotz liebevoller Mühe der anderen erscheint dann als Folge davon, daß er auch nicht zu lernen gelernt hat, d. h. im Lernen keine Lust zu finden vermag. Auch dieser Erziehungsfehler findet sich natürlich häufiger bei den niederen als bei den höheren Klassen; sie sind darin benachteiligt. Die Einsicht in diesen Zusammenhang vernichtet den Wunsch, sich an bösen Menschen zu rächen.

Gefahren der Terminologie

Beim Gang durch ein Irrenhaus wird der schreckliche Eindruck, den der Laie von dem Tobsüchtigen empfängt, durch die sachliche Feststellung des Arztes beschwichtigt, dieser Patient befinde sich in einem »Erregungszustand«. Durch die wissenschaftliche Einordnung wird der Schrecken über das Faktum gewissermaßen als unangebracht hingestellt. »Nun – es handelt sich eben um einen Erregungszustand.« Ebenso beruhigen sich manche Menschen bei der Feststellung des Übels überhaupt durch den Besitz einer Theorie, in der es aufgeht. Ich denke dabei auch an manche Marxisten, welche angesichts des Elends rasch dazu übergehen, es zu deduzieren. Man kann auch mit dem Begreifen zu rasch sein.

Kategorien der Bestattung

Sobald die Theorie eines genialen Mannes genügend Macht gewinnt, um zwangsläufig von sich reden zu machen, setzt die Arbeit ihrer Angleichung an das Bestehende ein. Unter anderem macht sich eine Menge Fachleute daran, die neuen Gedanken mit ihren wissenschaftlichen Absichten in Einklang zu bringen, indem sie die Begriffe der revolutionären Theorie in ihre Darstellungen gleichsam selbstverständlich einweben und ihren ideologischen Bestrebungen dienstbar machen. So entsteht der Anschein, als sei das Positive und Brauchbare bereits von diesen fortschrittlichen Denkern übernommen und bei ihnen besser aufgehoben als bei dem Autor oder seinen eigentlichen Schülern selbst.
In den Ansichten der sogenannten »Orthodoxen« dagegen, welche sie mit Scheuklappen vor den Augen wiederholen, verliert die Lehre des Meisters durch die fortschreitende Veränderung der übrigen geistigen Welt ihren ursprünglichen Sinn. Starr festgehaltene Leitsätze können dadurch, daß sich die Realität und mit ihr der allgemeine Erkenntnisstand anders strukturiert, schief, verkehrt oder wenigstens belanglos werden.
Aber die heute beliebteste Form, eine Theorie unschädlich zu machen, ist nicht so sehr die Orthodoxie, sondern jene frisch-fröhliche Übernahme ihrer Kategorien in einen Zusammenhang, der dem Autor ganz zuwiderläuft. Im Gegensatz zum Autor, dem man, besonders wenn er tot ist, einen formalen Respekt entgegenbringt, werden die Orthodoxen, welche immerhin die Gedanken sorgfältig zu bewahren streben, als unfruchtbare, armselige Geister verachtet.
Der Person des Schöpfers erweist man also größeren Respekt als dem Inhalt seiner Gedanken. Dies tritt besonders auffällig bei der Haltung gegenüber den revolutionären Vorkämpfern des bürgerlichen Geistes selbst zutage. Der Name derer, welche durch den Kampf gegen das Mittelalter in den Köpfen der Menschen Schritt-

macher der bürgerlichen Ordnung waren und die auch nach dem Siege dieser Ordnung unbekümmert um die neuen Wünsche des ökonomisch zur Macht gekommenen Bürgertums weiter der geistigen Befreiung, der Wahrheit zu dienen strebten, hat allzu großen Glanz gewonnen, als daß man sie totschweigen könnte. So läßt man Voltaire, Rousseau, Lessing, Kant und ihre Nachfahren bis in die moderne Literatur und Wissenschaft hinein als große Köpfe, tiefe Denker und Feuergeister gelten, aber ihre Gesinnung, die Triebe und Motive, welche sie beseelten, der Sinn ihrer Lehren, ihre Unversöhnlichkeit mit dem herrschenden Unrecht werden zurückgewiesen und verlacht, für armselig, flach, einseitig erklärt, im Ernstfall verfolgt und ausgerottet, wo man sie antrifft. Hatte das Mittelalter die verstorbenen Autoren ketzerischer Ansichten in die Hölle verbannt, so ist der Hochkapitalismus darin toleranter, er verhimmelt Größe, Produktivität, Persönlichkeit, Potenz an sich und verwirft doch ihr Erzeugnis. Er idealisiert die bloßen Qualitäten. Die Bilder der philosophischen und literarischen Schriftsteller, deren wirkliche Anhänger das Bürgertum verlacht und schikaniert, finden Platz in seiner Ehrenhalle.

Der Besucher des Pantheons in Paris mag sich wundern, die Kämpfer der Freiheit zugleich mit den Führern der Reaktion verehrt zu sehen. Die Manen dessen, der die verlogene Verehrung der Jeanne d'Arc gebrandmarkt hat, in einem Raum zu feiern, dessen Wände ihrer Heiligengeschichte gewidmet sind, erscheint als Hohn. Man feiert den Aberglauben zugleich mit denen, die uns davon befreien wollten. Protestierten wir, die Vertreter der herrschenden Geistigkeit würden uns darüber aufklären, daß Voltaire und die Heiligsprechung der Jeanne d'Arc, Robespierre und Chateaubriand sich wohl vertrügen. Der Formalismus des gegenwärtigen Denkens, sein Relativismus und Historismus, die Angleichung an das herrschende Bewußtsein, das bei jedem großen Gedanken sofort nach seinem Auftreten einsetzt, die Vergegenständlichung alles Lebens als Kapital der Historie und Soziologie hat eine solche Gewöhnung herbeigeführt, die Inhalte anstatt ernst bloß noch ad notam zu nehmen, daß sie sich alle mit den gegenwärtigen Zuständen, d. h. mit der kapitalistischen Ideologie vertragen.

Es gibt in unseren Tagen einen zu historischer Einsicht ganz unfähigen Vielschreiber, der mit komischer Geschäftigkeit Bücher bequemen Formats über Bismarck und Napoleon Bonaparte, Wilhelm II. und Jesus von Nazareth schreibt und sich einbildet, alle besser zu verstehen als sie sich selbst. Er behält über sie die Oberhand wie der Totengräber am Ende über die Menschen. Was mit den meisten Menschen von dem Augenblick an, wo sie in ihrem Bett gestorben sind, bis sie im Grab liegen, passiert, hat mit den Unterschieden ihrer Existenz wenig zu tun. Die Kategorien der Bestattung sind nicht sehr zahlreich. Die Menschen mit den verschiedensten Charakteren und Zielen, mit den verschiedensten Leben werden im Tod Objekte eines primitiven Verfahrens. In den Büchern jenes Schriftstellers wird auf den verschiedenen Sinn des Lebens der von ihm behandelten Personen nicht mehr viel Wert gelegt. Die Tatsachen, d. h. das Geschehen, dessen Beziehung zum Leben seiner Helden er gerade noch bemerkt, werden gefällig dargestellt, aber die Kategorien der Bestattung sind auch hier nicht zahlreich. Für den Schriftsteller sind Napoleon und Bismarck eben *große* Männer wie für den Totengräber Karl Marx und Mister Miller *tote* Männer sind. Sie werden Objekte des Bestattungsverfahrens. Die Gegenwart triumphiert.

Gerechtes Schicksal

Die Ansicht, jeder verdiene sein Schicksal, die unter den verschiedensten philosophischen und unphilosophischen Formen auftritt, schließt nicht nur die Behauptung von der Hellsichtigkeit der blinden Natur, sondern auch die von der Gerechtigkeit des gegenwärtigen Wirtschaftssystems ein.

»Die Hand, die samstags ihren Besen führt, wird sonntags dich am besten karessieren.«

O wie weit zurück liegen diese Zeiten! So weit, daß nach unserem psychologisch geschulten Bewußtsein das Motiv des Lords, der die Kammerzofe heiratet, weniger im Edelmut als in neurotischem Schuldgefühl besteht. Rein sind solche Akte nur noch in schlechten

Kinostücken. Aber nicht bloß die Heirat, sondern schon das »Karessieren« wird heute keiner, der auf sich hält, der Dienstmagd überlassen. Die Bourgeoisie ist anspruchsvoll geworden, und sie verlangt von den Frauen, mit denen man schläft, daß sie total – im exakten Sinn des Wortes: mit Haut und Haaren – zur Luxusware geworden sind. Die Deklassierung der niederen sozialen Schichten betrifft durchaus auch die erotische Wertigkeit.

Entsprechend gehört beim Mann die wirtschaftliche Stellung zur erotischen Potenz. – Einer, der in dieser Gesellschaft nichts ist, nichts hat, nichts kann, nichts wird, keine realen Chancen verkörpert, der hat auch keinen erotischen Wert. Die ökonomische Kraft kann die sexuelle geradezu ersetzen. Das schöne Mädchen mit dem alten Mann ist nur blamiert, wenn er nichts hat. Mit der Konsolidierung der Arbeiteraristokratie und der Uniformität der Gesellschaft wird vielleicht diese Grenze mehr nach unten rücken, aber um so schicksalhafter sein.

Bridge

Eine Bridgepartie mit Großbürgern setzt den Laien in Erstaunen. Er bewundert mit Recht die Qualitäten der Klasse, die dabei zum Ausdruck kommen: den Ernst, die Sicherheit, die Freiheit, die technische Überlegenheit, die Raschheit der Entschlüsse. Er bewundert, ebenfalls mit Recht, den wunderbar funktionierenden Mechanismus, kraft dessen dieselben intelligenten, geschulten, sicheren Menschen den armseligsten Blödsinn vorbringen, sobald das Gespräch auf gesellschaftlich wichtige Fragen kommt. Ihre Gescheitheit bringt es fertig, sich um ihres guten Gewissens willen in Dummheit zu verwandeln. Sie vermögen es, harmonisch zu leben.

Wertblindheit

Was es mit dem angeborenen Sinn für ästhetische Wertdifferenzen auf sich hat, lernte ich am Champagner kennen. Als Kind erhielt ich bei festlichen Gelegenheiten ein halbes Glas, das mit Respekt getrunken werden sollte. Ich fand nichts Besonderes dabei, ebensowenig wie das Dienstmädchen, das man gewöhnlich mit anstoßen ließ. Das Verständnis fehlte mir, bis ich eines Tages während einer langen Mahlzeit ohne besondere Aufmerksamkeit meinen Durst mit Champagner stillte; da entdeckte ich verwundert seinen besonderen Reiz. Das Dienstmädchen dagegen ist sicher wertblind geblieben.

Grenzen der Freiheit

Wie die Struktur der kapitalistischen Gesellschaft sich fortwährend verwandelt, ohne daß doch die Grundlage dieser Gesellschaft, das Kapitalverhältnis, angetastet wird, befindet sich auch der kulturelle Überbau in stetiger Wandlung, während doch bestimmte Hauptstücke ohne wesentliche Veränderung weiter existieren. An den wandelbaren Anschauungen über Natur, Recht, Mensch und Gesellschaft ist daher auch eine verhältnismäßig radikale Kritik erlaubt, der Kritiker setzt sich, falls sie unzeitgemäß ist, bloß dem Vorwurf der Unwissenheit oder Überspanntheit aus. Dagegen sind jene Vorstellungen, die kraft ihrer schwer zu ersetzenden Rolle im psychischen Haushalt des Einzelnen einen wichtigen Bestandteil des Machtapparats der herrschenden Klasse bilden, tabu. Ein oberflächlicher Vergleich des Ernstes, der bei der Volkserziehung auf den Glauben an eine überirdische Macht und auf die Liebe zur Heimat gewandt wird, mit der Ausbildung anderer geistigen Kräfte, z. B. einem strengen Sinn für Wahrheit und Gerechtigkeit, läßt den erwähnten Unterschied sogleich erkennen. In puncto Volk und Religion versteht man keinen Spaß. Deshalb kannst du auch als Bürger eines vorerst liberalen Landes ohne ernsthafte Gefahr die ökonomischen Theorien des Marxismus zustimmend erörtern. Du kannst die berühmtesten Gelehrten, ja sogar Politiker und Industriegrößen des Landes abfällig behandeln, aber bei der ersten wirklich verächtlichen Bemerkung über Gott selbst oder gar das deutsche Vaterland und das Feld der Ehre, auf dem die Masse zu fallen bereit sein soll, wirst du gleich an dir selbst das unmittelbare Interesse, das der Kapitalismus an der Unberührtheit dieser Begriffe besitzt, erfahren. In Deutschland war im letzten Jahrhundert der Atheismus, sofern er in gewissen Grenzen blieb, fast erlaubt. Das hing noch mit den Kämpfen gegen den Feudalismus und mit der Selbstsicherheit des Aufschwungs zusammen; die Erlaubnis war nie ganz allgemein und ist rasch zurückgenommen worden. Heute steckt schon in dem Unwillen über den »Aufklaricht«, mit dem allen ernsthaften religionskritischen Schriften begegnet wird, die Drohung der Prügel oder des Totschlags, die den Feind der religiösen und nationalen Lüge bei Gelegenheit erwarten. Dazwischen gibt es eine nuancenreiche Skala juristischer und nichtjuristischer Strafen für den Sünder an den heiligsten Gütern.

Man sollte erwarten, daß die Massen durch den verlorenen Krieg, in dem Millionen Menschen für nackte Kapitalinteressen geopfert und keine der den Helden und ihren Hinterbliebenen gemachten Versprechungen gehalten worden sind, durch jene Zeit der Lüge und des Mords gewitzigt wären, aber gewitzigt scheinen nur die Herren zu sein: sie verfolgen heute mit Feuer und Schwert alles, was die Bereitschaft der Massen zu einem neuen Krieg, zu einem neuen Aderlaß auch nur von ferne gefährden könnte. In dieser Verfolgung, in der schonungslosen Unterdrückung der entscheidenden Erkenntnisse sind die Kapitalisten jeder Spielart wahrhaftig miteinander einig, darin besteht eine Klassensolidarität, das große kulturelle Band. In die Werkstätten der Fabriken, in die Bergwerke, in die Büros werden die Proletarier schon vom Hunger getrieben; damit sie sich auf den Schlachtfeldern zu Millionen verstümmeln, erschießen, vergiften lassen, braucht man eine latente Begeisterung, welche ohne die fetischisierten und verschlungenen Begriffe von Volk und Kirche nicht aufrechtzuerhalten ist. Diese gehören unmittelbar zum Bestand des Systems, wer sich an ihnen vergreift, rührt an seine Grundfesten.

Auf die Gemeinheit ist eine Prämie gesetzt

Das kapitalistische System in der heutigen Phase ist die im Weltmaßstab organisierte Ausbeutung. Seine Aufrechterhaltung ist die Bedingung unermeßlicher Leiden. Diese Gesellschaft besitzt in Wirklichkeit die menschlichen und technischen Mittel, um das Elend in seiner gröbsten materiellen Form abzuschaffen. Wir wissen von keiner Epoche, in der diese Möglichkeit in solchem Ausmaß wie heute bestanden hätte. Nur die Eigentumsordnung steht ihrer Verwirklichung im Weg, d. h. der Umstand, daß der ungeheure Produktionsapparat der Menschheit im Dienste einer kleinen Ausbeuterschicht funktionieren muß. Die ganze offizielle Nationalökonomie, die Geisteswissenschaften und die Philosophie, Schule, Kirche, Kunst und Presse sehen es als eine Hauptaufgabe an, diesen ungeheuerlichen Tatbestand zu verdecken, zu verkleinern, umzulügen oder zu leugnen. Wenn man sich über die große gesellschaftliche Anerkennung irgendeiner offenkundig verkehrten Theorie oder z. B. über die Fortführung eines solchen Unfugs wie der gangbaren Geschichtsschreibung wundert und diesen Sachen auf den Grund geht, so stellt sich gewöhnlich heraus, daß auch noch die Ursache so geringfügiger Erscheinungen der Reaktion in der Ablenkung von jener Wahrheit besteht.

Aber die Ideologie ist ein Spiegelbild der materiellen Basis. Ist diese durch den Tatbestand der nicht mehr zu rechtfertigenden Ausbeutung gekennzeichnet, so hat nur der, welcher an ihrer Fortsetzung mitwirkt, Belohnung zu gewärtigen. Doch die Verhältnisse sind sehr verschlungen. Eine veraltete, schlecht gewordene Gesellschaftsordnung erfüllt, wenn auch unter Entfaltung unnötiger Leiden, die Funktionen, das Leben der Menschheit auf einem bestimmten Niveau zu erhalten und zu erneuern. Ihre Existenz ist schlecht, weil eine bessere technisch möglich wäre; sie ist gut, weil sie die reale Form der menschlichen Aktivität darstellt und auch die Elemente einer besseren Zukunft einschließt. Aus diesem dialektischen Sachverhalt geht hervor, daß einerseits in einer solchen Periode der Kampf gegen das Bestehende zugleich als Kampf gegen das Notwendige und Nützliche erscheint, andererseits die positive Arbeit im Rahmen des Bestehenden zugleich positive Mitwirkung am Fortbestehen der ungerechten Ordnung ist. Weil die schlechte Gesellschaft wenn auch schlecht die Geschäfte der Menschheit besorgt, handelt der, welcher ihren Bestand gefährdet, unmittelbar auch gegen die Menschheit, ihr Freund erscheint als ihr Feind. Die schlechte Seite ist von der guten in der Realität nicht zu trennen, deshalb muß der Kampf gegen das Veraltete auch als Kampf gegen das Notwendige in Erscheinung treten, und der Wille zur menschenwürdigen Arbeit ist gezwungen, als Streik, als Obstruktion, als Kampf gegen die »positive« Arbeit aufzutreten, und umgekehrt bildet die Belohnung für ein sozial wichtiges Tun zugleich auch den Lohn für die Mitwirkung an dieser schlechten Ordnung. Die Verhältnisse sind so vertrackt, daß noch der Hunger der indischen Paria und die Dienste chinesischer Kulis zum Ausbeutungsfaktor englischer Textilarbeiter werden und daß die Arbeit an der Wissenschaft Bacons und Galileis heute der Kriegsindustrie zugute kommt.

Es haben sich freilich feine Mechanismen dafür ausgebildet, welche Arbeit einen speziellen Wert gerade für das Faktum der Ausbeutung besitzt, und die Skala der Belohnungen entspricht in diesem verkehrten Zustand weniger dem wirklichen Wert einer Leistung für den Bestand der Menschheit als ihrer Bedeutung für die Fortdauer des alten Systems. Der Umstand, daß die Arbeit im Dienst der herrschenden Klasse in der Regel nützlich ist, verhindert nicht, daß es auch Leistungen gibt, die wenig oder gar nicht der Gesamtgesellschaft, dafür aber hauptsächlich oder ausschließlich der Aufrechterhaltung der schlechten Gesellschaft dienen. In dem Maß, in dem diese Gesellschaft in ihrer gegenwärtigen Form gefährdet ist, stehen gerade diese Leistungen besonders hoch im Kurs. Das gilt nicht bloß für die Kommandostellen der wirklichen Unterdrückungsapparate und für die ideologischen Werke großen Stils, für Militär, Polizei, Kirche, Philosophie und Nationalökonomie, sondern auch für die bloße Gesinnung. Der Markt für diese liegt in den feinen gesellschaftlichen Mechanismen, die sich zur Auswahl der Kandidaten für die einzelnen Arbeitsplätze vom Proletarier bis zum Minister ausgebildet haben. Das Spiel der »guten« Beziehungen ist hier von Bedeutung. Wer sie hat, gibt dadurch schon eine gewisse Garantie für seine Zuverlässigkeit. Das System hat Organe dafür, um, wo es not tut, jede »gute« Tendenz zu berücksichtigen. Freilich wird auch der Preis des Willens noch nach seiner Nützlichkeit und den Reproduktionskosten bemessen. Der gute Wille des Dienstmädchens ist weniger wert als der eines Professors. Wirkliche Zuverlässigkeit höchsten Grades heißt bei alldem die unumstößliche, sture Entschlossenheit, den Bestand dieser um der Profitinteressen einer geringen Anzahl von Menschen willen aufrechterhaltenen Ordnung auch um den Preis neuer Meere von Blut und mittels jeder Untat zu verteidigen, und die damit verbundene Überzeugung, seine Pflicht zu tun. Wirkliche Zuverlässigkeit ist die absolute Bereitschaft, alle

wichtigen Wertungen der herrschenden Klasse treu zu übernehmen, den, der sein Leben für die Verbesserung der Verhältnisse einsetzt, zu hassen und zu verleumden, jede ihn in den Schmutz ziehende Lüge zu glauben und zu verbreiten, seinen Tod als eine Erlösung zu begrüßen. Man sollte glauben, eine so gut ausgebildete Gesinnung fände sich nur selten, aber sie ist ziemlich allgemein.
Jeder Gedanke, jede Sympathie, jede Beziehung, jede kleine und große Handlung *gegen* die herrschende Klasse bedeutet das Risiko eines persönlichen Nachteils, und jeder Gedanke, jede Sympathie, jede Beziehung, jede Handlung *für* sie, d. h. für den weltumspannenden Ausbeutungsapparat, bedeutet eine Chance. Menschen, welche es zu etwas bringen wollen, müssen sich schon beizeiten den Glauben anschaffen, nach dem sie dann mit gutem Gewissen so handeln können, wie es in der Realität gefordert wird, denn wenn sie es contre cœur tun, merkt man es ihnen an, und sie machen es schlecht. Das System wirkt bis in die feinsten Zweige der individuellen Seele hinein; es hat auf die Gemeinheit eine Prämie gesetzt.

Zweierlei Tadel

Das Kind und der Greis, beide sind ungeschickt, beide werden getadelt. Gegenüber beiden ist es die Frau, welche sich mit der Gesellschaft ineinssetzt und den Anstand vertritt. Das Geheimnis dieser Identifikation liegt in der Macht des Bestehenden. Die Frau verschreibt sich, zumindest unbewußt, immer dem Mächtigen, und im stillen erkennt auch der Mann diese Wertung an. Während das Kind gegen die Zurechtweisung der Mutter rebellieren darf, fügt sich daher der Greis beschämt dem Tadel der jüngeren Frau. In beiden Fällen geht die Ungeschicklichkeit aus physischer Schwäche hervor. In jenem aber kündigt sich die spätere Kraft, in diesem der Tod, die völlige Ohnmacht an. Aus dem Tadel der Frau mag das Kind eine Hoffnung lesen, der Greis entnimmt ihr mit Recht hauptsächlich die Verachtung.

»Das unentdeckte Land...«

Die Stellung des Menschen erscheint gegenüber allen dumpfer lebenden Wesen unermeßlich bevorzugt, und diese Bevorzugung steigert sich mit der äußeren und inneren Freiheit des Einzelnen im Verhältnis zu den schlechter gestellten Teilen der Menschheit. In entscheidenden Zügen sind wir dasselbe wie die Tiere, ja wie alles Lebendige, und mögen uns als sein natürlicher Anwalt fühlen, wie der glücklich befreite Gefangene gegenüber den Leidensgenossen, die noch eingeschlossen sind. Aber unsere bevorzugte Stellung, unsere Fähigkeit, das Leiden des Lebendigen in uns selbst zu erleben, reicht nicht so weit, daß wir wirklich mit ihm eins werden oder es gar in uns erlösen könnten. Wir können das Dasein einzelner Wesen leichter machen, wir können aus der empirischen Einsicht einige praktische Konsequenzen ziehen, aber wir stehen dabei vor einem Meer von Dunkelheit, das durch kein Wort zu erhellen ist. Die Sprache hat die Wahl, ein endliches Werkzeug oder Illusion zu sein.

Diese Einsicht ist eine bessere Waffe gegen den Fideismus als die Aufspreizung unseres fragmentarischen Wissens zur Erkenntnis der Totalität. Diese Aufspreizung ist leer, auch wenn sie den Kreuzzug gegen die Metaphysik predigt. Der Nachweis, daß jene Gebiete, von denen wir keine Erfahrung besitzen, nicht zu entdecken sind und daher auch keine Konsequenzen aus vorgeblichen Nachrichten über das Jenseits gezogen werden können, tritt an die Stelle des optimistischen Leugnens, daß uns Dunkelheit umgibt.

Zur Lehre vom Ressentiment

Ein feiner Trick: das System zu kritisieren soll denen vorbehalten bleiben, die an ihm interessiert sind. Die anderen, die Gelegenheit haben, es von unten kennenzulernen, werden entwaffnet durch die verächtliche Bemerkung, daß sie verärgert, rachsüchtig, neidisch sind. Sie haben »Ressentiment«.

Demgegenüber sollte niemals vergessen werden, daß man ein Zuchthaus in keinem Fall und unter gar keinen Umständen kennenlernen kann, wenn man nicht wirklich und ohne Verkleidung als

Verbrecher fünf Jahre dort eingesperrt war mit der Gewißheit, daß die goldene Freiheit, nach der man sich in diesen fünf Jahren sehnt, in einem nachträglichen Hungerleben besteht.
Es wirkt wie ein stillschweigendes Abkommen der Glücklichen, daß man über diese Gesellschaft, die weitgehend ein Zuchthaus ist, nur diejenigen als Zeugen gelten lassen will, die es nicht verspüren.

Absolute Gerechtigkeit

Mit der irdischen Gerechtigkeit oder dem verdienten Schicksal kann es zwar sicher besser werden, als es ist, und dafür wird ja auch der geschichtliche Kampf geführt. Doch absolut in Ordnung kommen kann diese Sache nicht. Wem soll Gerechtigkeit werden, wer soll sein Schicksal verdienen? Die Menschen? – aber gehört nicht zu jedem Menschen sein Äußeres und Inneres, seine Nase, sein Kopf, seine Begabung, seine Erregbarkeit, seine Eifersucht, die Leere oder Fülle seines Geistes? Es besteht doch kein Zweifel darüber, daß Armut, Krankheit, früher Tod nicht in höherem Maße Schläge des Schicksals sind und daher von der Gerechtigkeit ausgeglichen werden müßten als ein häßliches Gesicht, schlechte Charakteranlagen und Ohnmacht des Geistes. Wer also, da selbst die »Persönlichkeit« ihm bloß »zugehört«, ist das Ich, das der Hilfe bedarf? Vauvenargues hat gegen Rousseau gesagt, Vermögensgleichheit könne durch den Hinweis auf natürliche Gleichheit nicht begründet werden, denn die Menschen seien in Wahrheit nicht gleich, sondern ungleich erschaffen. Vauvenargues hat damit die Verteidigung der Ungleichheit in der Gesellschaft begründet anstatt die Verbesserung der Natur. Die gesellschaftliche Umwälzung hat auch die »Natur« zu verändern. Aber was nach alledem immer problematischer wird, sind die Subjekte, denen Gerechtigkeit werden soll. Sie erscheinen schließlich als völlig abstrakte, aller wirklichen Eigenschaften entkleidete »reine« Iche. Die »radikale« philosophische Frage führt wie überall so auch hier ins Nichts, denn diese Iche sind wesenloser Schein oder vielmehr der Schein des Wesens. Das Substrat der durch die vollendete Gerechtigkeit zu bewirkenden Veränderung ist unauffindbar. In der Wirklichkeit werden unter dem Titel der Gerechtigkeit ganz bestimmte Veränderungen, die man bezeichnen kann, gefordert – die absolute Gerechtigkeit ist ebenso unausdenkbar wie die absolute Wahrheit. Die Revolution braucht sich nicht darum zu kümmern.

Nietzsche und das Proletariat

Nietzsche hat das Christentum verhöhnt, weil seine Ideale aus der Ohnmacht stammten. Menschenliebe, Gerechtigkeit, Milde, das alles sollen die Schwachen in Tugenden umgelogen haben, weil sie sich nicht rächen konnten, besser noch, weil sie zu feig gewesen seien, sich zu rächen.
Er verachtet die Masse, aber er will sie doch als Masse erhalten. Er will Schwäche, Feigheit, Gehorsam konservieren, um für die Züchtung seiner utopischen Aristokraten Raum zu gewinnen. Denen müssen natürlich andere die Toga nähen, damit sie nicht als Landstreicher herumgehen, denn könnten sie nicht vom Schweiß der Masse leben, müßten sie ja selbst an den Maschinen stehen. Die Dionysos-Dithyramben verstummten da von selbst. In der Tat ist Nietzsche höchst befriedigt, daß es die Masse gibt, nirgends erscheint er als wirklicher Gegner des Systems, das auf Ausbeutung und Elend beruht. Nach ihm ist es daher ebenso recht wie nützlich, daß die Anlagen der Menschen unter miserablen Bedingungen verkümmern, sosehr er für ihre Entfaltung beim »Übermenschen« eintritt. Nietzsches Ziele sind nicht die des Proletariats. Aber es kann sich merken, daß die Moral, welche ihm anempfiehlt, verträglich zu sein, nach diesem Philosophen der herrschenden Klasse nur Irreführung ist. Er selbst prägt den Massen ein, daß nur die Furcht sie abhält, diesen Apparat zu zerbrechen. Wenn sie dies wirklich verstehen, kann sogar Nietzsche dazu beitragen, den Sklavenaufstand in der Moral in proletarische Praxis zu verwandeln.

Spielregeln

Die Voraussetzung des Verkehrs eines ärmeren Bürgers mit der Großbourgeoisie besteht wesentlich darin, daß das Wichtigste, nämlich der Klassenunterschied zwischen ihm und ihr, nicht erwähnt wird. Der gute Ton fordert, daß nicht nur darüber geschwiegen wird, sondern daß man ihn durch Ausdruck und Benehmen geschickt verdeckt. Es muß so getan werden, als bewege man sich auf der gleichen sozialen Ebene.

Der Millionär trägt das Seinige dazu bei. Fährt er in den Sommerferien nach Trouville und sein kleiner Bekannter in ein miserables Schwarzwaldnest, so wird der Millionär nicht sagen: »Sie können sich nichts anderes leisten«, sondern: »O, wir möchten auch einmal wieder in den schönen Schwarzwald«, oder: »Ich gehe ungern nach Trouville, der Betrieb dort ist mir zuwider, aber was wollen Sie –.« Der Ärmere hat dann zu erwidern: »Es ist wahr, ich freue mich wirklich auf den Schwarzwald!« Versichert er: »Auch ich möchte lieber nach Trouville, aber ich bin zu arm«, so wird er zunächst die Antwort erhalten: »Sie Schwindler«; beharrt er aber im Ernst darauf und nicht nur bei der Sommerreise, sondern bei jeder Gelegenheit, wo diese Antwort sachlich am Platze wäre, dann wirkt er gemein, und der Verkehr hört auf.

Sollte er aber wirklich selbst nach Trouville fahren, obwohl er ganz im Ernste zu arm ist, so wird er merken, daß seine Freunde aus der Großbourgeoisie die Einkommensverteilung der kapitalistischen Ordnung als absolut gerechtes Maß der jedem erlaubten Triebbefriedigung ansehen. Wie kommt er dazu, wie »darf er« unter diesen Umständen nach Trouville fahren, warum geht er denn nicht in den Schwarzwald!

Die Voraussetzung des Verkehrs ist die ideelle Verschleierung, aber strikt reelle Einhaltung und Anerkennung der Klassenlage. Da er für den ärmeren Teil meist von einem gewissen praktischen Nutzen ist oder vielmehr, da er sich einen solchen Nutzen erhofft, so verdrängt er gewöhnlich die klare Erkenntnis des Unterschiedes, zunächst innerhalb der Beziehung selbst, dann überhaupt. Sein Bewußtsein paßt sich seinem Handeln an. Weil die Menschen gern nach ihrem Glauben handeln, glauben sie in der Regel schließlich das, wonach sie handeln möchten. Kleinere Leute, die dauernd solchen Verkehr pflegen, vor allem Intellektuelle, haben in der Tat meist ein übergewöhnlich ideologisch verschlamptes Bewußtsein, sie leiden außer an den gängigen Harmonie-Illusionen ihrer Schicht noch an einer privaten Borniertheit – mögen sie im übrigen auch besonders begabt sein. Die Folgen der Verdrängung machen sich am Ende auch in ihrem übrigen Denken geltend, zuerst in der Vergrößerung der guten Eigenschaften ihrer großbourgeoisen Freunde. Hast du schon einmal einen solchen Mann mit guten Beziehungen getroffen, der die Damen und Herren nicht wenigstens »so nett« oder »so gescheit« gefunden hätte? Als »so ausbeuterisch« kann er sie nicht mehr erkennen. Der Verkehr hat seine Folgen für das Bewußtsein – um so größere, je intimer und aufrichtiger er ist.

Archimedes und die moderne Metaphysik

Aus Interesse an seiner Wissenschaft vergaß Archimedes, daß um ihn herum gemordet wurde, und ging darüber zugrunde. Aus Interesse an ihrer Wissenschaft vergessen die heutigen Philosophen, daß um sie herum gemordet wird, und erklären die Kunde davon als Greuelgeschichten. Aber sie laufen keine Gefahr dabei. Denn nicht die gegnerischen, sondern ihre eigenen Truppen haben das Heft in der Hand.
Wie die Figuren des Archimedes sind ihre Systeme Verteidigungsmaschinen für ihre Mitbürger. Aber im Gegensatz zu dem griechischen Gelehrten segeln sie unter falscher Flagge. Er hatte nicht behauptet, daß seine Wurfmaschinen Freund und Feind zugute kämen. Die moderne Metaphysik hält sich dagegen für eine Sache der Menschheit.

Umschlag von Gedanken

Das Bekenntnis zu moralischen Motiven, vor allem zu dem des Mitleids, das doch in ihrem Denken und Handeln als geheime Triebfeder wirkt, ist bei marxistischen Theoretikern nicht bloß aus Scham so verpönt, sondern auch weil sie die Erfahrung gemacht haben, daß diese Verkündigung an die Stelle der Praxis zu treten pflegt. Bewußt oder unbewußt nehmen sie an, daß der moralische Impuls entweder im wirklichen Handeln sich auswirke oder in Worten. Deshalb sind sie gegen diese so mißtrauisch.

Aber sie geraten dadurch in eine ähnliche Gefahr wie bei ihrer Feststellung, daß die Wirklichkeit sich nur um die materiellen Güter drehe. Indem sie der Betonung, daß es auch andere Bedürfnisse und andere Qualitäten gebe als den Hunger und die Macht, durch den Hinweis auf die nüchterne Realität, in der sich alles um die Befriedigung der primitivsten Bedürfnisse dreht, begegnen, neigen sie dazu, die Bitterkeit dieser Feststellung in eine Apologie zu verwandeln. Die Behauptung, daß in der gegenwärtigen Wirklichkeit das Ideelle nur die ideologische Verschleierung einer üblen materialistischen Praxis ist, schlägt dann leicht um in die Realitätsgerechtigkeit gewisser Journalisten und Reporter: »Laßt uns mit der Kultur zufrieden, wir wissen, daß das Schwindel ist.« Sie sind mit diesem Zustand ganz zufrieden und ausgesöhnt.

Man kann nur dem Ganzen helfen

Sei mißtrauisch gegen den, der behauptet, daß man entweder nur dem großen Ganzen oder überhaupt nicht helfen könne. Es ist die Lebenslüge derer, die in der Wirklichkeit nicht helfen wollen und die sich vor der Verpflichtung im einzelnen bestimmten Fall auf die große Theorie hinausreden. Sie rationalisieren ihre Unmenschlichkeit. Zwischen ihnen und den Frommen besteht die Ähnlichkeit, daß beide durch »höhere« Erwägungen ein gutes Gewissen haben, wenn sie dich hilflos stehenlassen.

Skepsis und Moral

Aus den von Marx entdeckten ökonomischen Gesetzen »folgt« nicht der Sozialismus. Gewiß, es gibt genug wissenschaftliche Voraussagen, die den Charakter höchster Wahrscheinlichkeit haben,

z. B. daß morgen die Sonne aufgeht. Diese sind das Fazit eines ungeheuren Erfahrungsmaterials. Aber wer wird glauben, daß es um die Voraussage des Sozialismus so bestellt sei?

Der Sozialismus ist eine bessere, zweckmäßigere Gesellschaftsform, deren Elemente in gewisser Weise im Kapitalismus vorhanden sind. Es bestehen im Kapitalismus »Tendenzen«, die auf einen Umschlag des Systems hintreiben. Das Erfahrungsmaterial, auf Grund dessen wir annehmen, daß die Tendenzen sich wirklich durchsetzen, ist sehr gering. Niemand vertraute sich ohne äußerste Gefahr der Brücke über einen Abgrund an, deren Konstruktionsprinzipien auf keine exakteren Erfahrungen begründet wären als der Eintritt des Sozialismus. –

Diese ganze Erwägung kann trotz ihrer Richtigkeit sicher mit dem Beifall aller wohlwollenden bürgerlichen Freunde des Sozialismus ebenso wie mit der Duldung seiner Feinde rechnen. Man darf sich zu Marx bekennen, wenn man das nötige Maß von Skepsis hat. Aber Wohlwollen und Duldung verschwinden sofort, wenn wir dem Bild von der Brücke hinzufügen, daß es von dem Wagnis, an ihr anderes Ende zu kommen, abhängt, ob der erdrückend größere Teil der Ungerechtigkeit, der Verkümmerung menschlicher Anlagen, der Verlogenheit, der sinnlosen Erniedrigung, kurz, des unnötigen materiellen und geistigen Leidens verschwinden wird oder nicht, mit anderen Worten, daß man um den Sozialismus kämpfen muß. Die skeptisch einschränkende Anerkennung gegenüber der Marxschen Theorie, ihre pietätvolle Einordnung in die Geschichte der Philosophie wird von der Bourgeoisie gern gesehen, das Korrelat zu dieser kontemplativen Behandlung des Marxismus ist in der Praxis die Einrichtung im Bestehenden. Die Feststellung, daß aus der marxistischen Theorie der Sozialismus nicht »folgt«, auch wenn er an sich selbst wünschenswert sein sollte, wirkt ohne weiteren Zusatz als wissenschaftliche und moralische Begründung des Kapitalismus. Sie erscheint als Ausdruck der sozialen Skepsis.

In Wirklichkeit aber folgt aus der Erklärung, daß Marx und Engels den Sozialismus nicht »bewiesen« haben, kein Pessimismus, sondern das Bekenntnis zur Praxis, deren die Theorie bedarf. Marx hat das Gesetz der herrschenden unmenschlichen Ordnung aufgedeckt und die Hebel gezeigt, die man ansetzen muß, um eine menschlichere zu schaffen.

Was für die bourgeoisen Gelehrten ein Übergang von einem zum andern Systemglied ist, ein »Problem« wie andere auch, eine Sache, der sie bestenfalls durch einige verständnisvolle Seiten in einem Lehrbuch »gerecht« werden: die Lösung der Frage, ob die Klassengesellschaft weiterbesteht oder ob es gelingt, den Sozialismus an ihre Stelle zu setzen, entscheidet über den Fortschritt der Menschheit oder ihren Untergang in Barbarei. Wie sich einer zu ihr stellt, bestimmt nicht bloß das Verhältnis seines Lebens zum Leben der Menschheit, sondern auch den Grad seiner Moralität. Ein philosophisches System, eine Ethik, eine Morallehre, welche die veralteten, den Fortschritt hemmenden Eigentumsverhältnisse der Gegenwart, den Bestand der Klassengesellschaft und die Aufgabe ihrer Überwindung »einordnet«, anstatt sich selbst mit dieser Aufgabe zu identifizieren, ist das Gegenteil der Moral, denn die Form, welche diese in der Gegenwart angenommen hat, ist die Verwirklichung des Sozialismus. Durch die skeptische Behandlung des Sozialismus dienen die Gelehrten der herrschenden Gesellschaftsordnung. Die Professoren und Literaten, die in der Welt, wie sie ist, Ermunterung, Anerkennung, Ehren genießen, sind gewiß in der »moralischen« Verurteilung eines kriminellen Raubs einig. Dem erlaubten Raub an unzähligen Kindern, Frauen, Männern in den kapitalistischen Staaten und noch mehr in den Kolonien schauen sie ganz ruhig zu und verzehren ihren Anteil an der Beute. Sie stützen das System, indem sie in »wissenschaftlicher« Sprache neben vielen anderen Problemen in kultivierten Büchern und Zeitschriften auch die Lehre von der sozialistischen Gesellschaft behandeln und mit einer skeptischen Wendung zur Tagesordnung übergehen.
Es ist bekannt, daß die Bourgeoisie über alles »diskutieren« kann. Diese Möglichkeit gehört zu ihrer Stärke. Im allgemeinen gewährt sie Gedankenfreiheit. Nur wo der Gedanke eine unmittelbar zur Praxis treibende Gestalt annimmt, wo er in der akademischen Sphäre »unwissenschaftlich« wird, da hört auch die Gemütlichkeit auf. Die bloße Skepsis ist wesentlich ein Ausdruck dafür, daß die Grenzen der Theorie gewahrt bleiben. Das Gegenteil dieser Skepsis ist weder der Optimismus noch das Dogma, sondern die proletarische Praxis. Wenn der Sozialismus unwahrscheinlich ist, bedarf es der um so verzweifelteren Entschlossenheit, ihn wahr zu machen. Was ihm entgegensteht, sind nicht die technischen Schwierigkeiten

der Durchführung, sondern der Machtapparat der Herrschenden.

Wenn aber die Skepsis schlecht ist, so ist die Gewißheit um nichts besser. Die Illusion des naturnotwendigen Eintritts der sozialistischen Ordnung gefährdet das richtige Handeln kaum weniger als der skeptische Unglaube. Wenn Marx den Sozialismus nicht bewiesen hat, so hat er gezeigt, daß es im Kapitalismus Entwicklungstendenzen gibt, welche ihn möglich machen. Die an ihm Interessierten wissen, wo sie anzugreifen haben. Die sozialistische Gesellschaftsordnung wird von der Weltgeschichte nicht verhindert, sie ist historisch möglich; verwirklicht wird sie aber nicht von einer der Geschichte immanenten Logik, sondern von den an der Theorie geschulten, zum Bessern entschlossenen Menschen, oder überhaupt nicht.

Heroische Weltanschauung

Es gibt keine Weltanschauung, die heute den Zwecken der herrschenden Klasse geschickter entgegenkäme als die »heroische«. Die jungen Kleinbürger haben wenig für sich selbst zu gewinnen, aber für die Trusts alles zu verteidigen. Der Kampf gegen den Individualismus, der Glaube, es müsse der Einzelne sich opfern, damit das Ganze lebe, paßt genau zur heutigen Lage. Im Unterschied zum wirklichen Helden begeistert sich diese Generation nicht für ein klares Ziel in der Wirklichkeit, sondern für die Bereitschaft, es zu erreichen. Konnten die Herrschenden in Deutschland je Besseres erträumen, als daß die von ihnen selbst ruinierten Schichten ihre eigene Avantgarde bildeten und nicht einmal den kargen Sold, sondern das Opfer, mindestens Ergebenheit und Disziplin zum Ziele hätten!

Wahrer Heroismus ist das leidenschaftliche, des eigenen Lebens nicht achtende Interesse an einem gesellschaftlich bedeutsamen Wert. Die heroische Weltanschauung macht im Gegensatz dazu das eigene Leben, wenn auch als ein zu opferndes, zu ihrem wichtigsten Thema. Die wirtschaftlichen Interessen, um welche ihre Bekenner das Leben verlieren sollen, dürfen freilich nicht ins Bewußtsein treten. Dafür bezieht sich ihr leidenschaftliches Bewußtsein unmittelbar auf das Opfer, d. h. auf Blut und Mord. Die Phantasie sieht davon ab, daß die Person des Phantasierenden selbst mit auf dem Spiel steht, jenseits des Unterschieds der Individuen schwelgt sie in Grausamkeit. Die Anhänger der Religionen des Opfers haben auch in der Praxis gewöhnlich mehr das Töten als das Getötetwerden im Auge, sie scheinen sich jenes mit der Bereitschaft zu diesem erkaufen zu wollen und legen jedenfalls keinen großen Wert auf diese subtilen Differenzen. Eine zukünftige, von Vorurteilen freiere Forschung als die heutige mag eines Tages entdecken, daß zu manchen Zeiten auch die Macht des Christentums über die Seelen auf seiner Beziehung zu Martyrien und Wunden beruhte und die Scheiterhaufen der Inquisition so eng zur Verehrung des Kreuzes gehörten wie die Revolver der Völkischen zu ihrer idealistischen Doktrin.

Alle müssen sterben

Alle müssen sterben – gewiß, aber nicht alle sterben gleich. Davon, daß die Reichen ihr Leben mit tausend Mitteln verlängern können, die den Armen nicht zu Gebote stehen, will ich gar nicht reden. Auch nicht davon, daß die Kunst der chirurgischen Kapazität nach den Tausendern geht, sondern einfach vom Sterben selbst. Zugegeben, daß die mehr oder minder schmerzhaften Todesursachen relativ gleich verteilt seien, so bestehen doch innerhalb der gleichen Krankheit bereits Unterschiede, die durch unterschiedliche Aufmerksamkeit in Behandlung und Pflege zustande kommen. Das wäre aber das Geringste! Eine einzige kleine Feststellung genügt, um die ganze Ideologie der Unparteilichkeit des Todes ins Wanken zu bringen. Man mache überall bekannt, daß die Hinterbliebenen derer, die in den nächsten vierzehn Tagen, gleichviel auf welche Weise, sterben, zeit ihres Lebens anständig ernährt und gekleidet werden sollen. Dann wird nicht nur auf der ganzen Welt die Selbstmordstatistik in die Höhe schnellen, sondern eine respektable Anzahl Menschen, Frauen und Männer, werden diese Selbstmorde in einer Seelenruhe verüben, die jedem Stoiker Ehre machen könnte. Und nun ermiß, ob der Tod des Millionärs der gleiche ist wie der eines Proletariers! Das Sterben ist der letzte Teil des Lebens. Der arme Mann weiß in diesem letzten Teil, daß seine Familie dafür gezüchtigt werden wird, wenn er umkommt. Einer Arbeiterin werden beide Füße zerschmettert. Sie jammert eine Minute nach dem Unglück: »Jetzt kann ich nicht mehr arbeiten, mein armer Mann, meine armen Kinder, jetzt bin ich unnütz.« Sie denkt nicht an sich. – Eine Lady, die vom Pferde gefallen ist oder einen Autounfall erlitten hat, erlebt während ihres Krankenlagers andere Perspektiven, und die große Zahl ihrer Freunde braucht nicht um den Verlust des von ihr gestifteten Nutzens, sondern darf um den ihrer Persönlichkeit besorgt sein.

Was *nach* dem Tod kommt, weiß ich nicht, aber was *vor* dem Tode liegt, spielt sich in der kapitalistischen Klassengesellschaft ab.

Diskussion über die Revolution

Der echte Bürger hat die Fähigkeit, alles objektiv zu betrachten, im Nachkriegsdeutschland sogar auch die Revolution. Indem er sie, oder vielmehr ihre politische Vorbereitung einmal objektiv in den Bereich seiner Gedanken zieht, erscheint sie wie irgendeine andere Tätigkeit innerhalb der vorhandenen gesellschaftlichen Wirklichkeit und wird entsprechend beurteilt. Weil der Unternehmer in der kapitalistischen Produktion weniger über den Gebrauchswert seiner Waren als über geschickte Produktions- und Verkaufsmethoden nachdenkt, interessiert ihn bei der objektiven Beurteilung einer gesellschaftlichen Tätigkeit überhaupt weniger der Inhalt als die Ausführung. In Deutschland wirft man daher heute der revolutionären Partei mehr die schlechte Durchführung als das Ziel vor, dem man seit Kriegsende eine gewisse Chance gibt. Die Unfähigkeit der Führer wird gebrandmarkt.

Dafür sind freilich nicht bloß die angeführten formalen Elemente des bürgerlichen Denkens, sondern auch viel handfestere Ursachen bestimmend. Nicht bloß beim linken Bürgertum, sondern in der Seele breiter gegenrevolutionärer Schichten, die nach einer gescheiterten proletarischen Aktion den Stab über deren Führung brechen, wird der Psychologe das geheime Schuldgefühl erkennen, daß man nicht selber mitgetan, und die unbewußte Wut darüber, daß es nichts geworden ist. Auch der ruchlose, tief im europäischen Leben

begründete Glaube an den Erfolg als Gottesurteil spielt herein. Die Revolution ist schlecht, solange sie nicht gesiegt hat.
Die Mängel der revolutionären Führung können in der Tat ein Unglück sein. Mag der politische Kampf gegen die Unmenschlichkeit der gegenwärtigen Zustände so schlecht wie nur möglich geleitet sein, er ist die Form, die sich der Wille zu einer besseren Ordnung in diesem historischen Augenblicke geben konnte, und er wird von vielen Millionen Unterdrückter und Gequälter auf der ganzen Erde so verstanden. Jedwede Mangelhaftigkeit der Führer hebt also die Tatsache nicht auf, daß sie der Kopf dieses Kampfes sind. Wer selbst in unmittelbarer Verbindung mit einer kämpfenden Partei ihren Kurs unter Umständen beeinflussen kann, derjenige also, dessen theoretische und kämpferische Gemeinsamkeit mit dieser Partei außer Zweifel steht, vermag vielleicht eine Zeitlang auch von außen her fruchtbare Kritik an der Führung zu üben.
Aber eine proletarische Partei läßt sich nicht zum Gegenstand kontemplativer Kritik machen, denn jeder ihrer Fehler ist ein Produkt des Umstands, daß sie nicht durch wirksame Teilnahme besserer Kräfte davor bewahrt worden ist. Ob der kontemplative Kritiker durch eigene Tätigkeit in der Partei diese Kräfte verstärkt hätte, läßt sich nicht an seinen nachträglichen Äußerungen über die Handlungen der Partei ermessen, denn es bleibt ewig unausgemacht, ob seine Ansicht in der gegebenen Situation den Massen eingeleuchtet hätte, ob mit seiner theoretischen Überlegenheit auch die notwendigen organisatorischen Fähigkeiten verbunden waren – kurz, ob seine Politik überhaupt möglich war oder nicht. Der bereitliegende Einwand lautet, daß die Führer sich im Besitz aller Machtmittel der Partei befänden, der Apparat in der Partei den Einzelnen nicht aufkommen ließe und daher jeder Versuch der Vernünftigen von vornherein der Aussicht entbehre. Als ob nicht in jedem Augenblick der Geschichte ein politischer Wille entsprechende Hindernisse gefunden hätte, sich durchzusetzen! Heute mögen sie sich gerade vor dem Intellektuellen türmen; aber wer anders als die, welche die vorhandenen Mängel praktisch überwinden, vermöchte zu beweisen, daß sie unter Berücksichtigung aller Verhältnisse nicht noch die geringsten sind. Bürgerliche Kritik am proletarischen Kampf ist eine logische Unmöglichkeit.
Die bürgerliche Denkweise ist dem Wirtschaftssystem angepaßt,

mit dem sie entstanden ist. Bei der politischen Bewegung, welche die gegenwärtige Gesellschaftsform durch eine bessere zu ersetzen strebt, hört die Gültigkeit der herrschenden Denkgewohnheiten auf, weil sie nur in vielfach vermittelter und uneigentlicher Weise unter der Macht der ökonomischen Gesetze des Kapitalismus steht. Bei jeder schlecht geführten Unternehmung im Kapitalismus ist automatisch für Regulierung gesorgt. Die Feststellung, daß die Leitung unfähig sei, wird bewahrheitet, indem das Geschäft Bankrott macht und seine wirtschaftliche Funktion in Zukunft von anderen besser erledigt wird. Es gibt also einen objektiven, vom Kritiker unabhängigen Maßstab der Ausführung gesellschaftlicher Tätigkeiten. Er beruht darauf, daß überall, wo im kapitalistischen System für eine Arbeit Verwendung da ist, sich auch die Menschen finden, die sie in einer dem Stand der Produktionskräfte entsprechenden Weise tun. Wo ein Ausfall eintritt, findet sich sogleich Ersatz. Für die proletarischen Führer gilt aber diese Ersetzbarkeit keineswegs. Der Platz jener, welche erschlagen oder kampfunfähig gemacht sind, wird schlecht und recht aus den Reihen der Kämpfenden ausgefüllt, meist schlecht, denn der Gegner weiß die zu treffen, welche ihm gefährlich sind. Die Welt, in der die proletarische Elite heranwächst, sind keine Akademien, sondern Kämpfe in Fabriken und Gewerkschaften, Maßregelungen, schmutzige Auseinandersetzungen innerhalb oder außerhalb der Parteien, Zuchthausurteile und Illegalität. Dazu drängen sich keine Studenten wie in die Hörsäle und Laboratorien der Bourgeoisie. Die revolutionäre Karriere führt nicht über Bankette und Ehrentitel, über interessante Forschungen und Professorengehälter, sondern über Elend, Schande, Undankbarkeit, Zuchthaus ins Ungewisse, das nur ein fast übermenschlicher Glaube erhellt. Von bloß begabten Leuten wird sie daher selten eingeschlagen.

Anmerkung

Es ist möglich, daß der revolutionäre Glaube in Augenblicken wie den gegenwärtigen sich schwer mit großer Hellsichtigkeit für Realitäten verträgt, ja, es könnte sein, daß die für eine Führung der proletarischen Partei unerläßlichen Eigenschaften sich jetzt gerade bei Menschen finden, die ihrem Charakter nach gerade nicht die feinsten sind. Stammt das »höhere Niveau« der bürgerlichen Kritiker, ihr feineres moralisches Gefühl nicht zum Teil aus ihrer Fernhaltung vom wirklichen politischen Kampf? Wäre aber diese Fernhaltung als allgemeine Maxime nicht das Todesurteil der Freiheit? Haben die Menschen mit »höherem Niveau« Grund, jene zu verdammen, die wirklich im Kampfe stehen?

Takt

Es gibt ein untrügliches Mittel, den Takt eines Mannes zu erkennen. Bei jeder gesellschaftlichen Veranstaltung sind Frauen, welche sich weder durch ihren Einfluß, ihre Macht, die Sicherheit des Auftretens noch durch ihre Schönheit mit den sonst anwesenden Frauen messen können. Für solche unterlegenen weiblichen Teilnehmer pflegt die Veranstaltung ein Martyrium zu sein, besonders wenn ihr Mann, ihr Freund oder ihre Freundin aus ökonomischen oder erotischen Gründen stark bei der Unterhaltung beschäftigt ist. Sie haben das Gefühl, ausgeschlossen zu sein, und verbreiten es so stark um sich, daß der Eintretende und erst recht der sich Verabschiedende leicht vergißt, ihnen die Hand zu reichen. Der Takt des gesuchtesten und geistreichsten Weltmanns erweist sich als eitles Blendwerk, wenn er dieses Versäumnis wirklich begeht; wer an solche Frauen das Wort richtet und sie in die Unterhaltung zieht, ist ihm auf seinem eigenen Gebiet überlegen.
Diese Feststellung gilt mit entsprechenden Nuancen von Geselligkeiten auf den verschiedensten sozialen Stufen, soweit nämlich unter Takt etwas verstanden wird, zu dem nicht bloß Gewohnheit und Nachahmung, sondern auch Verstand und Güte gehören.

Animismus

Die Menschen machen die Erfahrung, daß ihre eigenen Bewegungen durch selbständige Antriebe von ihnen hervorgebracht werden. Gleich zu Beginn ihrer Geschichte übertragen sie diese Erfahrung nicht bloß auf die Bewegungen anderer Lebewesen, sondern auf das

Geschehen überhaupt. Besser gesagt: sie übertragen diese Erfahrung nicht, sondern erleben alle Ereignisse unmittelbar als Willensakte nach der Art ihrer eigenen.

Diesen Tatbestand haben unsere Philosophen seit langem erfaßt. Aber auch hier hat sich seit einigen Jahrzehnten eine Wandlung vollzogen. Während diese Erkenntnis im letzten Jahrhundert zur Lehre vom Animismus der Primitiven führte und dahin tendierte, die gegenwärtige Religion als letzten Rest jenes ursprünglichen psychischen Mechanismus zu kritisieren, wird sie heute dazu benützt, den Begriff der Kausalität zu diskreditieren. Das geistige Geschehen soll der Kausalität nicht unterliegen. Die religiösen Akte gelten als unbedingt, und die Wissenschaft ist bei ihrer Beurteilung disqualifiziert.

Im übrigen mag es zweifelhaft sein, ob die animistische Theorie bei den Primitiven zutrifft. Die Ethnologen belehren uns vielleicht eines Besseren. Die Religion der getäuschten Massen im Kapitalismus entspricht ihr jedenfalls. Angesichts ihres Untergangs in der furchtbaren Wirklichkeit wünschen die Menschen, es möchte einer an dem Ganzen schuld sein und insgeheim eine gute Absicht dabei haben. Das Leiden hält diesen psychischen Mechanismus der Allbeseelung trotz der Möglichkeit einer besseren Erkenntnis in Gang, und diejenigen, welche es verursachen, wissen Störungen fernzuhalten. Man erklärt daher besser die Lehre vom Animismus der Primitiven aus der Not der Gegenwart als die Gegenwart aus den Primitiven.

Über die Formalisierung des Christentums

Daß Jesus die Händler mit der Rute aus dem Tempel jagte, hat schon vielen Gewalttaten als theologische Begründung gedient. Merkwürdig, wie selten dabei erörtert wird, zu welchem Ende jene biblische geschah. Die Französische Revolution suchte den Mißbrauch des Christentums durch den Absolutismus blutig auszurotten. Im Weltkrieg mißbrauchten unsere Priester das Christentum als Hilfe bei der Ausrottung von Millionen Christen. Beide können sich auf jene biblische Episode berufen, aber jene Theologen, welche dabei nur auf die Frage, ob Gewalt erlaubt sei, achten, erwecken den Anschein, als ob es Jesus auf die Rutenhiebe und nicht auf den Tempel angekommen sei. Das sind gerade die rechten Christen!

Glaube und Profit

Die jüdischen Kapitalisten geraten über den Antisemitismus in hellen Aufruhr. Sie sagen, daß ihr Heiligstes angegriffen sei. Aber ich glaube, sie ärgern sich nur deshalb so namenlos, weil dabei etwas an ihnen getroffen wird, das keinen Profit abwirft und doch unmöglich geändert werden kann. Beträfe der gegenwärtige Antisemitismus die Religion und nicht »das Blut«, so würden sehr viele, die sich am tiefsten gegen ihn empören, dieses unrentable Heiligste »schweren Herzens« ablegen. Die Opferbereitschaft von Leben und Eigentum für den Glauben ist mit den materiellen Grundlagen des Ghettos überwunden worden. Die Rangordnung der Güter ist bei den bürgerlichen Juden weder jüdisch noch christlich, sondern bürgerlich. Der jüdische Kapitalist opfert vor der Gewalt, ebenso wie sein arischer Klassenkollege, zuerst den eigenen Aberglauben, dann das Leben anderer und ganz zuletzt sein Kapital. Der jüdische Revolutionär setzt in Deutschland wie der »arische« für die Befreiung der Menschen das eigene Leben ein.

Entweder – Oder!

Ohne Geld, ohne wirtschaftliche Sicherung sind wir ausgeliefert. Damit ist gewiß eine furchtbare Züchtigung gemeint: herabziehende Plackerei, Versklavung unter kleine Geschäfte, Tag und Nacht gemeine Sorgen, Abhängigkeit von den niederträchtigsten Leuten. Nicht bloß wir allein, sondern auch alle, die wir lieben und für die wir die Verantwortung tragen, geraten mit uns unter das Rad des Alltags. Wir werden zum Gegenstand der Dummheit und des Sadismus; Gewalten, von deren Existenz wir im Glück keine Vorstellung hatten, gewinnen Macht über uns und ziehen mit unserem Leben auch unsere Gedanken ins Elend und in den Schmutz. Menschen, die unsere freien Absichten wenn nicht ehrlich, so doch aus kriecherischer Hochachtung vor unserer sozialen Stellung gelten ließen, bekennen jetzt triumphierend das Gegenteil, wie der Zuchthausdirektor bei dem Besucher mit guten Beziehungen eine Gesinnung, für deren Bekundung er dem Sträfling die kleinste Erleichterung entzöge, gelten läßt. Vollkommene Ohnmacht, Verkümmerung aller guten und Entwicklung aller schlechten Anlagen kennzeichnen unsere und der Unsrigen Existenz, wenn uns in dieser Gesellschaft die wirtschaftliche Sicherung verlorengeht.

Dies alles ist gewiß richtig, und es würde reichlich den unwiderruflichen Entschluß begründen, das Herabsinken aus der Sicherheit mit allen Mitteln zu vermeiden. Aber prägt nicht dieser bewußte oder unbewußte Entschluß, die zähe Selbstverständlichkeit und der unbeugsame Wille des Besitzenden, sich in seiner Sicherheit zu erhalten, allen seinen Handlungen, selbst noch den unbekümmerten und großzügigen, den Stempel der Abgestorbenheit auf? Macht nicht diese Geborgenheit, die Gewißheit, sich auf alle Fälle in der Mitte der Gesellschaft zu erhalten und nie wirklich an ihre Grenzen zu stoßen, die Menschen zu Funktionen, die in allem Wesentlichen zu berechnen sind, deren Formel bis an ihr Lebensende fertig vorliegt? In allem Entscheidenden denken, fühlen, handeln sie als bloße Exponenten ihrer Eigentumsinteressen. Der Sinn ihres Lebens ist festgelegt, es hängt nicht von ihrer Menschlichkeit, sondern von einer Sache, von ihrem Vermögen und seinen immanenten Gesetzen ab. Zu einer Art wirklicher, selbständiger Menschen werden sie nur, wo sie spielen oder sonst gleichgültige Dinge tun. Aber auch dabei wird noch die Unselbständigkeit, die Abhängigkeit ihres übrigen Lebens offenbar. In der Art, wie diese Damen und Herren reisen, lieben, politisieren, Sport treiben, ihre Kinder erziehen, über ein Buch sprechen, scheint stets der Vorbehalt gemacht: »Mag dem sein, wie ihm wolle, ich bin gesonnen, mein Vermögen und meine Einkünfte nicht in Frage zu stellen.« Daher breitet sich um sie für den, der sie kennt, eine Atmosphäre grenzenloser Langeweile. Es ist ja gleichgültig, was in diesem Verkehr sich ereignet, im Grunde ist alles schon ausgemacht. Die Sphäre, in der sie allein eigene Impulse haben und Menschen sind, ist »privat« und daher für sie bloß abgeleitet, und wo die Wirklichkeit für sie anfängt, sind sie dagegen keine Menschen, sondern Funktionen ihres Kapitals und ihres Einkommens. Was für die Großen gilt, gilt auch für die Kleinen. Der Wille des Angestellten, nicht aus dem Betrieb zu fliegen, hat auf sein Leben mit der Zeit die gleiche auslöschende Wirkung. Alle eigenen Entscheidungen, selbst die Freiheit seiner Gedanken, müssen ihm auf Grund seines festen Entschlusses schließlich verlorengehen.

So stehen wir zwischen der Gefahr, in die soziale Hölle zu versinken, und dieser Vergeblichkeit des Lebens. Man sollte glauben, es gebe einen richtigen Mittelweg, ein juste milieu, aber schon durch das geringste Lockern in der Entschlossenheit, sich oben zu halten, wird das Abgleiten dem Zufall anheimgestellt. Wie das Verharren einer wirtschaftlichen Unternehmung auf ihrer erreichten Größe nicht ihre Dauer, sondern ihren Rückgang, das Ausbleiben des Avancements des Angestellten nicht das Einnisten auf einem vorhandenen Posten, sondern die Gefahr der Entlassung bedeutet, so bildet der Verzicht auf die seelische Verhärtung heute nicht die Wahrung der Freiheit, sondern den Ruin.

Politische Lebensregel

Für den friedlichen Bürger gibt es eine gute politische Lebensregel, die ihm durch die Fährnisse des Klassenkampfes helfen kann. Sie lautet: verdirb es nicht mit der Reaktion! Sollte je einmal der Fall eintreten, daß die Arbeiter die Macht gewinnen, so wird es immer noch Zeit sein, ihnen gegenüber loyal zu erscheinen. Wenn du nicht gerade als politischer Führer der Reaktion groß hervorgetreten bist, sondern dich nur gut mit ihr gehalten hast, dann brauchst du in der Revolution nichts zu befürchten. Hast du dagegen während des inneren Friedens mit dem Proletariat sympathisiert oder auch nur verabsäumt, bei deinen Bekannten das Gegenteil kundzutun, dann könnte es im Fall eines offenen Bürgerkrieges leicht geschehen, daß man dich umbringt. Für den klugen, auf der Seinigen und sein eigenes Leben bedachten Bürger, besonders aber für den Intellektuellen, ist diese Regel eine zuverlässige Richtschnur in aufgeregten Zeiten.

Wer Geld hat, braucht sich freilich auch hierum nicht zu kümmern. Er kann sich ruhig eine linke Gesinnung erlauben, wenn er nur rechtzeitig ins Ausland fährt.

Metaphysik

Was versteht man nicht alles unter dem Wort Metaphysik! Es ist so schwer, eine Formulierung zu finden, die allen gelehrten Herren mit ihren Ansichten über die letzten Dinge zusagt. Wenn du irgendeiner solchen pompösen »Metaphysik« mit einigem Erfolg zu Leibe gehst, werden sicher alle anderen erklären, daß sie unter Metaphysik schon immer etwas ganz anderes verstanden hätten.

Doch scheint mir, daß Metaphysik in irgendeiner Weise die Erkenntnis des wahren Wesens der Dinge bezeichnet. Nun ist, nach dem Beispiel aller bedeutenden und unbedeutenden philosophischen und unphilosophischen Professoren zu schließen, das Wesen der Dinge so geartet, daß man es erforschen und in seinem Anblick leben kann, ohne in Empörung gegen das bestehende Gesellschaftssystem zu geraten. Der Weise, der den Kern der Dinge schaut, kann zwar aus dieser Schau alle möglichen philosophischen, wissenschaftlichen und ethischen Konsequenzen ziehen, er kann sogar das Bild einer idealen »Gemeinschaft« entwerfen, aber der Blick für die Klassenverhältnisse wird wenig geschärft. Ja, die Tatsache, daß man unter den vorhandenen Klassenverhältnissen diesen Aufschwung zum Ewigen nehmen kann, bildet je mehr eine gewisse Rechtfertigung der Verhältnisse, als der Metaphysiker diesem Aufschwung absoluten Wert zuerkennt. Eine Gesellschaft, in welcher der Mensch seiner hohen Bestimmung in so wichtigen Stücken zu genügen vermag, kann nicht sehr schlecht sein, wenigstens erscheint ihre Verbesserung nicht als besonders dringlich.

Ich weiß nicht, wie weit die Metaphysiker recht haben, vielleicht gibt es irgendwo ein besonders treffendes metaphysisches System oder Fragment, aber ich weiß, daß die Metaphysiker gewöhnlich nur in geringem Maße von dem beeindruckt sind, was die Menschen quält.

Gesellschaftsbau und Charakter

Es wird heftig bestritten, daß die materielle Lage den Menschen bestimme, aber in den extremen Fällen tritt dieser Umstand so offen zutage, daß die Leugnung ausgeschlossen ist. Wenn ein großzügiger und kluger Mensch zu Recht oder zu Unrecht ins Zuchthaus gesperrt wird, so daß sich während der Dauer von zehn Jahren sein Leben in den Zellen und Korridoren eines dieser furchtbaren Gebäude abspielt, dann reduzieren sich auch seine Bedürfnisse und Ängste, seine Interessen und Freuden immer mehr auf das winzige Maß dieses armseligen Daseins. Die Gedanken an das frühere Leben draußen verharren freilich quälend im Hintergrund, aber dies verschlägt nichts an der Tatsache, daß die geringste Schikane oder erfreuliche Abwechslung Gemütsbewegungen auslösen können, deren Stärke dem Außenstehenden nur schwer verständlich ist. Im Gegensatz zum Zuchthäusler spielt sich das Leben des Großkapitalisten auf solcher Höhe ab, daß Genüsse und Betrübnisse, die für andere Menschen große Schwankungen ihres Lebens bedeuten, belanglos werden. Weltanschauliche und moralische Vorstellungen spielen bei denjenigen die Rolle von Fetischen, denen die gesellschaftlichen Zusammenhänge nicht sichtbar sind; wer aber wie die Mächtigen Gelegenheit hat, die veränderlichen Bedingungen solcher Vorstellungen im Spiel der gesellschaftlichen Kräfte zu überschauen, ja an ihrer Aufrechterhaltung oder Veränderung teilzunehmen, dem löst sich der Fetischcharakter allmählich auf.

Bei diesen Extremen, dem Trustherrn und dem Zuchthäusler, den Polen der Gesellschaft, wird man die Abhängigkeit der psychischen Reaktionen und der Bildung des Charakters von der materiellen Situation weitgehend zugestehen. In Wahrheit hängen aber die Unterschiede zwischen dem Charakter des kleinen Gewerkschaftsbonzen und einem Fabrikdirektor, zwischen einem Großgrundbesitzer und einem Briefträger ebensosehr mit ihrer Lage zusammen wie jener zwischen dem Sträfling und dem Mächtigen. Gewiß können wir nicht sagen, daß die Menschen gleich auf die Welt kommen, und wer weiß, wieviel individuelle Reaktionsnuancen wir bei der Geburt als Erbgut oder Erbübel miterhalten. Aber der Horizont, der jedem von uns durch seine Funktion in der Gesellschaft vorgezeichnet ist, die Struktur der Grundinteressen, die uns durch unser Schicksal von

Kindheit an aufgeprägt wird, läßt sicher nur in den seltensten Fällen eine relativ ungebrochene Entfaltung jener individuellen Anlagen zu. Diese Chance besteht um so mehr, je höher die soziale Schicht ist, in der einer das Licht der Welt erblickt. Trotz der Abgeschlossenheit in den Zellen ist die psychologische Typologie der Strafgefangenen leicht zu zeichnen; das Zuchthaus nivelliert! Das gilt von Armut und Elend überhaupt. Die Geburt der meisten Menschen geschieht in ein Zuchthaus hinein. Gerade deshalb ist die gegenwärtige Gesellschaftsform, der sogenannte Individualismus, in Wahrheit eine Gesellschaft der Gleichmacherei und der Massenkultur, und der sogenannte Kollektivismus, der Sozialismus, im Gegenteil die Entfaltung der individuellen Anlagen und Unterschiede.

Anmerkung

In der gegenwärtigen Gesellschaft gilt in Beziehung auf die individuelle Entwicklung folgendes Gesetz: je gehobener die Lebenssituation, um so leichter entfalten sich Intelligenz und jede andere Art von Tüchtigkeit. Die objektiven Bedingungen für die Entfaltung der gesellschaftlich wichtigen Eigenschaften sind auf den höheren sozialen Stufen günstiger als auf den niederen. Im Hinblick auf die Erziehung in den Familien und Schulen versteht sich dies von selbst. Aber das Gesetz gilt auch für die Erwachsenen. So wird z. B. das Tagespensum eines größeren Kapitalisten schon durch den technischen und menschlichen Apparat, der ihm für alle seine Angelegenheiten, von der umfassendsten geschäftlichen Disposition bis zum Diktat eines belanglosen Briefes, zur Verfügung steht, vervielfacht. Der durch die so entstehende Überlegenheit bedingte Erfolg wirkt auf seine persönlichen Fertigkeiten, seine Routine, wieder zurück. Wenn er ursprünglich nur zehn Briefe verfaßte, während der Kleinbürger einen einzigen schrieb, so wird er schließlich in derselben Zeit fünfzehn bis zwanzig diktieren. Seine Geübtheit wächst gerade für die wichtigeren Funktionen, denn das Gleichgültige hat er an untergeordnete Kräfte abgegeben. So kann er im Entscheidenden Meister werden. Der kleine Mann plagt sich dagegen mit Kleinigkeiten ab, der Tag ist eine Reihe von unerquicklichen Besorgungen, und im Hintergrund droht das Elend.
Dies gilt nicht bloß für die gesellschaftliche Leistung, sondern auch

für die übrigen Eigenschaften der Person. Die Lust an billigen Vergnügungen, der borniert Hang an kleinlichem Besitz, das hohle Gespräch über eigene Angelegenheiten, die komische Eitelkeit und Empfindsamkeit, kurz die ganze Armseligkeit der gedrückten Existenz brauchen sich dort nicht vorzufinden, wo die Macht dem Menschen einen Inhalt gibt und ihn entwickelt.

Plattheiten

Der Einwand, daß ein vernünftiger Satz einseitig grob, platt, banal sei, ist geeignet, den, der ihn ausspricht, zu beschämen, ohne daß eine Diskussion stattzufinden braucht. Es wird ja nicht behauptet, der Satz sei unrichtig oder auch nur schlecht bewiesen, der Angegriffene kann dem Gegner also nicht mit Argumenten erwidern. Es wird ihm nur bedeutet, jedes Kind wisse längst, was er behauptet hat, übrigens weise der Sachverhalt noch eine Menge anderer Seiten auf. Was soll er gegen einen solchen Einwand vorbringen? Es besteht ja gar kein Zweifel darüber, daß die Sache auch andere Seiten aufweist, und was er gesagt hat, pfeifen also die Spatzen von den Dächern. Er ist geschlagen.
Freilich: sollte sich diese kurze Erledigung auf eine Behauptung beziehen, welche die universelle Abhängigkeit der gegenwärtigen Zustände von der technisch unnötigen Aufrechterhaltung des Ausbeutungsverhältnisses feststellt oder sich auch nur auf einen bestimmten Teil dieses Abhängigkeitsverhältnisses bezieht, dann ist sie bloß eine Unverschämtheit; denn die gegenwärtigen Vorgänge in der Welt mögen immerhin auch andere Seiten aufweisen, keine ist so entscheidend wie diese, und von keiner ist es so wichtig, daß sie von allen verstanden werde. Wenn wirklich allgemein erkannt wäre, daß die Fortsetzung der Ausbeutung, welche nur einer kleinen Anzahl von Menschen zugute kommt, die Quelle des gegenwärtigen sozialen Elends ist, wenn jeder Zeitungsleser bei den Nachrichten über Kriege, Justizverbrechen, Armut, Unglück und Mord die Aufrechterhaltung der gegenwärtigen Ordnung als die Ursache solchen Unheils begriffe, wenn diese Plattheiten, die wegen des glänzend eingerichteten gesellschaftlichen Verdummungsapparates nicht ein-

mal durchschnittlich welterfahrene Leute, geschweige denn unsere Gelehrten verstehen, sogar bis zum Verständnis der untersten Wächter dieser Ordnung drängen, dann wäre der Menschheit eine furchtbare Zukunft erspart.

Natürlich kann die Beurteilung jedes gegenwärtigen geschichtlichen Ereignisses immer auch andere Seiten hervorheben als seinen Zusammenhang mit der Klassenherrschaft. Aber gerade auf die Erkenntnis dieses Zusammenhangs kommt es heute an. Es ist der Verdacht nicht von der Hand zu weisen, daß die Abneigung gegen die Einseitigkeit, Grobheit, Plattheit, Banalität, ja schließlich überhaupt gegen Erklärung, Ableitung, Ursachenforschung, einheitliche Theorie der Angst entspringt, daß die gesellschaftliche Ursache des gegenwärtigen Rückschritts ins Licht des allgemeinen Bewußtseins komme. Auch diese Vermutung ist platt und einseitig.

Gesundheit und Gesellschaft

Versteht man unter Gesundheit die Abwesenheit von Behinderung oder Zwang, die in der eigenen Persönlichkeit begründet sind – eine nicht unbrauchbare Bestimmung dieses schwierigen Begriffs –, dann zeigt sich sogleich ein merkwürdiger Zusammenhang zwischen ihm und der Gesellschaft. Behinderung oder Zwang machen sich hauptsächlich dadurch bemerkbar, daß jemand die Aufgaben, die er notwendig zu seiner Existenz bewältigen muß, entweder gar nicht oder nur mit überdurchschnittlicher Entwicklung von eigenem Leid zu lösen vermag. Dies zeigt sich beim Arbeiter dadurch, daß er schlechter als seine Kollegen arbeitet und deshalb entlassen wird. Oder er bringt die Hand in die Maschine und wird verstümmelt. In dieser Sphäre, wo die Realität in Gestalt von Werkmeistern und gefährlichen Maschinen enge Grenzen um den Menschen zieht, ist man rasch unbrauchbar, minderwertig, psychisch krank. Der Unternehmer älteren Typs mit spekulativem Einschlag hat nicht nur überhaupt einen weiteren Raum, so daß er nicht so rasch anstößt, sondern es läßt sich faktisch schwer entscheiden, ob seine Unternehmungen im Einzelfall dumm oder genial seien. Ebenso hat es der moderne Unternehmer, der Trustdirektor, und zwar je mehr er sich auf eigenen Aktienbesitz zu stützen vermag, viel schwerer, für verrückt zu gelten, als einer seiner Arbeiter. Denn die Grenzen, an denen sich seine Verrücktheit – wir sehen vom Tobsuchtsanfall und ähnlichen »vulgären« Formen ab – als solche erweisen könnte, sind ungeheuer weit. Beim kommandierenden General, beim deutschen Kaiser, solange er an der Macht war, und erst recht bei der Weltregierung gibt es keine Möglichkeit zu entscheiden, ob ihr Regiment Wahnsinn oder Weisheit sei.

Die Nicht-Gezeichneten

Vor vierzig Jahren zeigte sich im Kapitalismus die Gerechtigkeit Gottes oder der Natur wenigstens noch darin, daß die Ausbeuter »gezeichnet« waren. Wer es sich angesichts des Hungers der Menschheit wohl sein ließ, hatte – gleichsam als Schandmal – einen dicken Bauch. Diese ästhetische Gerechtigkeit Gottes hat längst aufgehört. Nicht bloß die Söhne und Töchter der großen Kapitalisten, sondern sie selbst sind im Begriff, sehnige, schlanke Menschen zu werden, Vorbilder des Ebenmaßes und der Selbstbeherrschung. Der dicke Bauch ist ein Zeichen kleiner Leute geworden, denen es an Gelegenheit zu Sport und Massage fehlt. Gewöhnlich sind sie zu sitzender Lebensweise verdammt und bezahlen ihr bißchen Wohlergehen nicht bloß mit der Furcht vor dem Schlaganfall, sondern mit dem berechtigten Hohn des Proletariats. Rockefeller ist mit seinen neunzig Jahren ein Golfspieler.

Herrschaft der Kirche

Der Leser eines historischen Werkes über Spätmittelalter oder Gegenreformation, dessen Blick der Zeile vorauseilt und vom unteren Teil der Seite das Wort »Zunge« und den Namen eines Mannes herausfaßt, ohne daß der Zusammenhang schon verstanden wäre, wird unwillkürlich ergänzen, daß dem Mann von der heiligen Inquisition die Zunge abgeschnitten worden sei. Stellt sich beim Weiterlesen dann heraus, es handle sich bloß darum, daß er deutscher Zunge war, so mag der Leser eine vorläufige Beruhigung empfinden, sein vorahnender Instinkt wird jedoch in nicht wenigen Fällen auf einer späteren Seite bestätigt werden.

Buddhismus

Unter einem bestimmten Gesichtspunkt erscheint der Urbuddhismus als besonders männliche Haltung. Er leitet dazu an, Güter, die nicht aus eigener Kraft erhalten werden können, zu verschmähen. Zu diesen Gütern gehört alles Wirkliche: Leben, Gesundheit, Reichtum, sogar das Ich.

Der kleine Mann und die Philosophie der Freiheit

Im Sozialismus soll die Freiheit verwirklicht werden. Die Vorstellungen darüber pflegen um so weniger klar zu sein, als doch das gegenwärtige System den Namen der »Freiheit« trägt und als liberales angesehen wird.
Dabei macht jeder, der die Augen offen und wenig Geld in seinem Beutel hat, häufig genug Bekanntschaft mit diesem philosophischen Begriff. Er bittet z. B. einen Bekannten um Anstellung in seinem Geschäft. Das hat gar nichts mit Philosophie zu tun. Aber der Bekannte runzelt die Stirn und verweist auf die objektive Unmöglichkeit. Das Geschäft geht schlecht, er hat sogar viele Angestellte entlassen müssen. Der Bittsteller darf es ihm nicht übelnehmen, denn es steht ja nicht in seiner Macht, seine Freiheit reicht nicht so weit.
Der Geschäftsmann ist von Gesetzen abhängig, die weder er noch irgendein anderer, noch eine von den Menschen hierzu beauftragte Macht mit Wissen und Willen entworfen hat, Gesetzen, deren sich zwar die großen Kapitalisten und vielleicht er selbst geschickt bedienen, deren Existenz aber als Tatsache hinzunehmen ist. Gute und schlechte Konjunktur, Inflation, Kriege, aber weiter auch die auf

Grund der gegebenen Gesellschaftslage erforderlichen Eigenschaften von Dingen und Menschen werden durch solche Gesetze, durch die anonyme gesellschaftliche Realität bedingt, wie die Umdrehung der Erde durch die Gesetze der toten Natur. Kein Einzelner vermag daran etwas zu ändern.
Die bürgerliche Denkweise nimmt diese Wirklichkeit als übermenschlich hin. Sie fetischisiert den gesellschaftlichen Prozeß. Sie spricht von Schicksal und nennt es entweder blind oder versucht es mystisch auszudeuten; sie beklagt sich über die Sinnlosigkeit des Ganzen oder ergibt sich in die Unerforschlichkeit von Gottes Wegen. In Wahrheit hängen aber alle jene als zufällig empfundenen oder mystisch gedeuteten Erscheinungen von den Menschen und der Einrichtung ihres gesellschaftlichen Lebens ab. Deshalb können sie auch verändert werden. Wenn die Menschen ihren gesellschaftlichen Lebensprozeß bewußt in die Hand nähmen und an die Stelle des Kampfes kapitalistischer Konzerne eine klassenlose und planmäßig geleitete Wirtschaft setzten, dann könnten auch die Wirkungen des Produktionsprozesses auf die Menschen und ihre Beziehungen überschaut und reguliert werden. Bei dem, was heute im privaten und geschäftlichen Verkehr der Individuen als naturgegebene Tatsache erscheint, handelt es sich um undurchschaute Auswirkungen des gesellschaftlichen Zusammenlebens im ganzen, also um menschliche und nicht um göttliche Produkte.
Dadurch, daß diese Wirkungen des gesellschaftlichen Lebens unkontrolliert, ungewollt, unbewußt als Resultanten vieler ebenso über ihre Abhängigkeit wie ihre Macht unklaren Einzelwillen vorhanden sind, wird auch die Freiheit des Einzelnen in der Gegenwart in einem unerhört viel größeren Maß beeinträchtigt, als es nach dem Stand der vorhandenen Kräfte notwendig wäre. Wenn der um die Anstellung seines Bekannten gebetene Geschäftsmann diesen Wunsch mit dem Hinweis auf die Umstände, welche seine Erfüllung unmöglich machen, ablehnt, so meint er, auf etwas schlechthin Objektives, von ihm völlig Unabhängiges, auf die an sich seiende Wirklichkeit hinzudeuten. Da es auch allen anderen, einschließlich dem Bittsteller, so geht wie ihm, da ihnen allen die von ihnen selbst in ihrer gesellschaftlichen Tätigkeit geschaffene Wirklichkeit als etwas Fremdes, nach dem sie sich zu richten ha-

ben, gegenübertritt, so gibt es zwar viele Urheber, aber kein bewußtes und somit freies Subjekt der gesellschaftlichen Verhältnisse, und die Menschen müssen sich den Zuständen, die sie dort fortwährend selbst hervorbringen, als einem Fremden, Übermächtigen unterwerfen.

Erkenntnisakte genügen freilich nicht, um diesen Zustand zu verändern. Der Fehler liegt nämlich keineswegs darin, daß die Menschen das Subjekt nicht erkennen, sondern darin, daß es nicht existiert. Es kommt darauf an, diesem freien, das gesellschaftliche Leben bewußt gestaltenden Subjekt zur Existenz zu verhelfen: dieses selbst ist nichts anderes als die ihr Sein selbst regelnde, rational organisierte sozialistische Gesellschaft. In der gegenwärtigen Gesellschaftsform gibt es zwar viele einzelne Subjekte, deren Freiheit durch die Unbewußtheit ihres Tuns arg beschnitten ist, aber keine die Wirklichkeit erzeugende Wesenheit, keinen einheitlichen Grund. Indem Religion und Metaphysik die gegenwärtige Existenz eines solchen Grunds behaupten, suchen sie die Menschen daran zu hindern, ihn aus eigener Kraft zu schaffen.

Der gegenwärtige Mangel an Freiheit gilt selbstverständlich nicht für alle in gleicher Weise. Ein Moment der Freiheit ist die Übereinstimmung des Erzeugten mit dem Interesse des Erzeugenden. Zwar sind alle arbeitenden, ja sogar die nichtarbeitenden Menschen an der Erzeugung der gegenwärtigen Wirklichkeit beteiligt, aber das Maß jener Übereinstimmung ist höchst verschieden. Diejenigen, bei denen sie in hohem Grad vorhanden ist, erscheinen in gewisser Weise für sie verantwortlich. Sie haben recht, wenn sie von »unserer« Wirklichkeit im pluralis majestatis reden; denn wenn sie die Welt auch nicht selbst erschaffen haben, so ist doch der Verdacht nicht von der Hand zu weisen, daß sie sie gerade so eingerichtet hätten. Ihnen kann es ganz recht sein, daß die Erzeugung und Erhaltung der Wirklichkeit in der gegenwärtigen Gesellschaftsform blind vor sich geht. Sie haben Grund, das Produkt dieses blinden Prozesses zu bejahen. Sie fördern daher auch alle Legenden über seinen Ursprung. Für jenen kleinen Mann aber, dem die Bitte um Anstellung mit dem Hinweis auf die objektiven Verhältnisse abgeschlagen wird, ist es im Gegenteil überaus wichtig, daß der Ursprung dieser objektiven Verhältnisse ans Licht gebracht werde, damit sie ihm selbst nicht so ungünstig bleiben. Nicht bloß seine eigene Unfreiheit, sondern auch die der anderen wird ihm zum Verhängnis. Sein Interesse weist ihn auf die marxistische Erhellung des Begriffs der Freiheit.

Eine alte Geschichte

Es war einmal ein reicher junger Mann. Der war so bezaubernd liebenswürdig, daß alle Menschen ihn gern hatten. Und er bezeugte seine Liebenswürdigkeit nicht bloß seinesgleichen, sondern vornehmlich untergeordneten Personen. Kam er ins Geschäft seines Vaters, so plauderte er bezaubernd mit den Angestellten, und bei jedem Einkauf, den er in der Stadt machte, versetzte er durch sein geistreiches Gespräch den Verkäufer oder die Verkäuferin für den ganzen Tag in eine freundliche Stimmung. Die Feinheit seines Charakters zeigte sich in seinem ganzen Leben. Er verlobte sich mit einem armen Mädchen und sympathisierte mit armen Künstlern und Intellektuellen.
Da geriet das Geschäft seines Vaters in Konkurs. An den ausgezeichneten Eigenschaften unseres Prinzen änderte sich nicht das geringste. Nach wie vor plauderte er bezaubernd bei seinen geringen Einkäufen, unterhielt die Beziehungen zu den Künstlern, und seine Braut trug er auf Händen. Aber sieh da, die Verkäufer ärgerten sich über ihn, weil er sie von ihren Geschäften abhielt, die Künstler entdeckten seinen Mangel an jeglicher Produktivität, und auch das arme Mädchen fand ihn unfähig und fade und lief ihm schließlich davon.
Das ist eine alte Geschichte; es würde sich nicht lohnen, sie noch einmal zu erzählen, wenn man sie nicht regelmäßig falsch verstünde. Nicht der Prinz nämlich ist sich gleichgeblieben, und die anderen haben sich verändert – das wäre die gewöhnliche und oberflächliche Deutung –, sondern gleichgeblieben sind die anderen Menschen, während der geschäftliche Zusammenbruch des Vaters bewirkte, daß der Charakter unseres Prinzen einen völlig anderen Sinn bekam. Eine liebenswürdige Eigenschaft kann zur Blödheit werden, ohne daß sich etwas anderes an ihrem Träger ändert als das Bankkonto.
Noch sinnfälliger und zugleich unheimlicher als in unserer Ge-

schichte träte der Tatbestand hervor, wenn die Umwelt schon eine Zeitlang vom schlechten Geschäftsgang des Vaters erfahren hätte, während der junge Mann selbst noch gar nichts davon ahnte. Dann wäre aus einem begabten Prinzen ein Trottel geworden, ohne daß sich in seinem Bewußtsein das geringste verändert hätte. So wenig sind wir auf uns selbst gestellt.

Uninteressiertes Streben nach Wahrheit

Um den Satz zu prüfen, daß es ein reines, uninteressiertes Streben nach Wahrheit gebe, daß wir einen Trieb zur Erkenntnis besitzen ganz unabhängig von allen anderen Trieben, ist es gut, folgendes Gedankenexperiment anzustellen: Man streiche seine Liebe zu anderen Menschen, wie auch das eigene Geltungsbedürfnis bis in seine sublimsten Formen durch, man vernichte in Gedanken grundsätzlich die Möglichkeit jeder Art von Wunsch und damit irgendeines Schmerzes oder einer Freude, man fantasiere die völlige Desinteressiertheit an dem Schicksal der Gesellschaft und aller ihrer Mitglieder, so daß nicht bloß keine Liebe und kein Haß, keine Angst und keine Eitelkeit, sondern auch nicht der leiseste Funke von Mitgefühl oder gar Solidarität übrigbleibt, man setze sich also in die Rolle des als Gespenst erscheinenden Toten (nur mit dem Unterschied, daß man nicht bloß ohnmächtig wie ein Gespenst, sondern auch völlig beziehungslos zu Vergangenheit und Zukunft sei, also auch nicht einmal einen Grund zu spuken habe) – dann wird man finden, daß unter den Bedingungen des Gedankenexperiments eine unheimliche Gleichgültigkeit in Beziehung auf jede Art von Wissen sich einstellt. Die Welt erscheint wie der weibliche Körper dem Greis, dessen Triebe erloschen sind. Die Behauptung von dem interesselosen Streben nach Wahrheit – verschwistert mit dem Schwindel von den suprasozialen Persönlichkeiten – ist eine philosophische Täuschung, ideologisch wirksam gemacht. Ursprünglich mag die bürgerliche Lehre vom reinen Trieb nach Wahrheit als Gegensatz gegen die Unterordnung des Denkens unter religiöse Zwecksetzungen verkündet worden sein. Heute leugnen die kapitalistischen Professoren jede menschliche Regung bei ihrer Arbeit überhaupt, damit man nicht dahinterkommen soll, daß sie ihre Weisheit um der Karriere willen betreiben. Wenn es zwar kein uninteressiertes Streben nach Wahrheit gibt, so existiert doch so etwas wie ein Denken um des Denkens willen, ein fetischisiertes Denken, ein Denken, das seinen Sinn, Mittel zur Verbesserung menschlicher Verhältnisse zu sein, verloren hat. Man verwechsele es nicht mit der Freude an der Betätigung der Denkkraft, die im Rahmen fortschrittlicher geschichtlicher Strömungen den aufklärenden und höchst interessierten Geistern angehört. Es ist der Affe des richtigen Denkens und kann schon deshalb nicht als Streben nach Wahrheit gelten, weil es an ihre Stelle notwendig ein Phantom, die absolute, d. h. die überirdische Wahrheit setzen muß.

Bürgerliche Moral

Diese bürgerliche Moral funktioniert ausgezeichnet! Daß ein Herr jeden Tag einige tausend Mark ausgibt, aber dem Angestellten zwanzig Mark Gehaltserhöhung abschlägt, ist nicht unmoralisch, aber wenn ein revolutionärer Literat irgendwo ein paar hundert Mark verdient und sich eine gute Zeit davon macht, ja, daß er gar mit seinen radikalen Schreibereien, die immerhin einen anständigen Inhalt haben, regelmäßig Geld verdient und besser lebt als ein Handarbeiter – pfui Teufel, welche Gesinnungslosigkeit! Die deutsche Industrie ist nach Krieg und Inflation mächtiger als je, und von ihren Führern, ebenso wie von den Fürsten und Generälen ist kaum einer gefallen. Keine ihrer Versprechungen haben sie gehalten. Der grauenvolle Untergang der mittleren Volksschichten, der sich jetzt noch vor unseren Augen abspielt, setzt die von den Herrschenden verhängten Leiden fort. Der Glanz der feinen Leute ist nicht unmoralisch, sie können anständig, kultiviert, religiös und ethisch leben. Aber wenn die paar proletarischen Führer und Funktionäre, die jeden Tag Kopf und Kragen riskieren, nicht vor Hunger krepieren oder nicht wenigstens bei der nächsten Schießerei gegen die Arbeiter zu den Opfern gehören, dann sind sie Lumpen, die nur ihren persönlichen Vorteil suchen. Diese bürgerliche Moral funktioniert wirklich tadellos! Jeder, der sich für die Befreiung seiner Mitmenschen einsetzt, darf gewiß sein, am Ende seines Lebens als besonders eitles, ehrgeiziges, selbstsüchtiges, kurz, als ein ungewöhnlich mit menschlichen Schwächen behaftetes Individuum dazustehen. Die chronique scandaleuse der Revolutionäre ist die Kehrseite der Fürstenlegenden. Bürgerliche Moral und Religion sind nirgends so tolerant wie gegenüber dem Leben der reichen Leute und nirgends so streng wie gegenüber denen, welche die Armut beseitigen wollen.

Revolutionäres Theater oder »Kunst versöhnt«

Solange die deutsche Bourgeoisie nach dem Krieg aus einer Reihe von Gründen oppositionelles Theater noch gestattet, kann es keine umwälzende Wirkung ausüben. Gewiß spiegeln sich in ihm die wirklichen Kämpfe, und es ist nicht ausgeschlossen, daß es einmal dazu beitragen wird, die Atmosphäre der Aktion mit vorzubereiten. Dies hat aber das Theater mit vielen Institutionen der bürgerlichen Gesellschaft gemein.

Der Grund, warum eine dauernde revolutionäre Wirkung des Theaters heute ausgeschlossen ist, liegt darin, daß es die Probleme des Klassenkampfes zu Gegenständen gemeinsamer Anschauung und Diskussion macht und dadurch in der Sphäre der Ästhetik eine Harmonie schafft, deren Durchbrechung im Bewußtsein des Proletariers eine Hauptaufgabe der politischen Arbeit ist. Menschen, die sich von der Herrschaft anderer befreien wollen und die Frage dieser Befreiung zu gemeinsamer theoretischer Diskussion mit ihren Beherrschern stellen, sind noch unmündig. Die Bourgeoisie, der die Möglichkeit geboten wird, sich im Theater oder auf der Universität in den Interessen des Proletariats für kompetent zu halten, und die sich über das Los der Ausgebeuteten gemeinsam mit ihnen selbst empören darf, bekräftigt mit jedem Applaus ihre ideologische Übermacht.

Jede individuelle oder kollektive Empörung, die vor der angegriffenen Autorität und gemeinsam mit ihr die Empörung zum Gegenstand macht, ist noch eine sklavische Empörung. Die Geschichte des gegenwärtigen Theaters und der pseudorevolutionären Theaterstücke gibt eine groteske Bestätigung dieses Sachverhalts. Wenn oppositionelle Stücke infolge der realen Situation einmal wirklich gefährlich werden könnten, haben die bürgerlichen Theater längst aufgehört, sie zu spielen; sie wissen warum.

Zur Charakterologie

Arbeitsfähigkeit, Schicksal, Erfolg hängen unter anderem in hervorragendem Maß davon ab, wieweit einem Menschen die Identifizierung mit den wirklich bestehenden Mächten gelingt. Sein Weg wird anders verlaufen, wenn er sich mit der bestehenden Gesellschaft einig fühlt und ihre Normen akzeptiert, als wenn ihm bloß die Identifikation mit oppositionellen Gruppen gelingt oder wenn er gar seelisch völlig isoliert bleibt. Weil die Gründe der charakterlichen Verschiedenheit hauptsächlich in der Kindheit liegen, weil sich die entscheidenden Vorgänge in der Familie abspielen, so werden die wichtigsten psychischen Ursachen dafür, ob einer »auf dem Boden der Tatsachen steht«, ob er sich wesentlich einfügt oder rebelliert, in verschiedenen Epochen der Geschichte einander so ähnlich sehen wie die Familienverhältnisse in der Klassengesellschaft. Die Psychoanalyse kann daher bei einem gegebenen Fall begründete Schlüsse über die Entwicklung des betreffenden »Charakters« ziehen.
Ihre Urteile betreffen aber nur die subjektive Seite der Handlungen und des »Charakters«. Von ihr aus gesehen können es ähnliche Ursachen sein, welche die Menschen in ganz verschiedenen historischen Epochen dazu gebracht haben, sich mit der gesellschaftlichen Schicht, der sie entstammten, zu identifizieren oder nicht zu identifizieren, d. h., es können ähnliche Ursachen sein, die sie »sozial« oder »asozial« machten. Die Psychologie vermag hier nicht zu differenzieren. Dagegen wechselt die objektive Bedeutung eines Lebens je nach der Beschaffenheit der Kollektivität, mit welcher sich jemand identifizieren lernt, und diese Beschaffenheit enthüllt sich nicht in der Psychologie, sondern durch die Analyse der gesellschaftlichen Situation im gegebenen historischen Augenblick. Die Beurteilung eines Menschen nach psychologischen Kategorien betrifft also nur eine – wenn es sich um Geschichte handelt, meist

belanglose – Seite seiner Existenz, und die gegenwärtige Unsitte, historische Persönlichkeiten lediglich unter Begriffe, welche der Psychologie, Biologie oder Pathologie entstammen, zu befassen, beweist die gewollte Gleichgültigkeit gegenüber der Bedeutung der historischen Persönlichkeit für die Entwicklung der Menschheit.
Die beiden Gesichtspunkte lassen sich freilich nur sehr vorläufig auseinanderhalten. Die genaue Kenntnis der historischen Situation wird das psychologische Verständnis der Individuen, welche in ihr existiert haben, modifizieren und vertiefen; umgekehrt ist eine geschichtliche Aktion ohne die Psychologie der handelnden Personen nicht klar darzustellen. Wie für die Psychologie Robespierres nicht bloß die allgemeine Frage nach der gesellschaftlichen Rolle der Jakobiner, sondern auch das spezielle Problem, wieweit seine Handlungen jeweils der fortgeschrittensten Schicht innerhalb des Bürgertums zugute kamen, entscheidend ist, so wird umgekehrt sein Einfluß auf die historischen Ereignisse nur auf Grund seiner Instinkte und der Strebungen der von ihm geführten Massen zu verstehen sein. Wenn sich ein Mensch mit der Gesellschaft imperialistischer Trustmagnaten von 1928 oder mit dem deutschen Kapitalismus von 1880 oder mit der vorrevolutionären französischen Bourgeoisie des achtzehnten Jahrhunderts identifiziert hat, wenn sich einer gegenwärtig mit dem Kleinbürgertum, dem Standesadel oder dem Proletariat eins fühlt, so mag dies auf ganz ähnliche Kindheitserlebnisse zurückgehen, ähnlichen psychischen Tendenzen entsprechen. Ein Begriff des Charakters, welcher von den Verschiedenheiten der geschichtlichen Rolle jener Kollektivitäten keine Notiz nimmt und die Charaktere der sich mit ihnen identifizierenden Menschen deshalb zusammenwirft, weil alle die Kollektivität, in der sie aufgewachsen sind, bejahen, wäre ebenso leer wie ein Pazifismus, welcher einen Kolonialkrieg und den Aufstand in einem Zuchthaus gleichermaßen als Gewalt verdammte.
Die Art, in der materialistische Geschichtstheorie und Psychologie einander bei der Darstellung geschichtlichen Lebens notwendig haben, ist freilich nicht die gleiche. Eine materialistische Geschichtsschreibung ohne genügende Psychologie ist mangelhaft. Psychologistische Geschichtsschreibung ist verkehrt.

Die Gestrandeten

Unter den besonderen Arten des Ressentiments ist die ohnmächtige Verbitterung der Gestrandeten des Lebens hervorzuheben. Von dem verkalkten oder auch nur schwach gewordenen, mäßig wohlhabenden Familienvater, der seine mannigfachen Pflichten nicht mehr richtig erfüllen kann und darob von den Seinen en canaille behandelt wird, führt über den armen alten Querulanten, der als Feuergeist begonnen hatte, eine Linie bis zu dem bramarbasierenden Insassen des Obdachlosenasyls. Es ist ihnen gemeinsam, mit dem Gedanken der Welteroberung begonnen und als triste Figuren geendet zu haben. Alle wettern sie gegen Welt und Gesellschaft im allgemeinen und gegen die Leute, mit denen sie es zu tun haben, im besonderen, und alle erfahren sie, daß ihre Empörung vor den Menschen überhaupt nichts wiegt.

Aber wiegt sie tatsächlich nichts? Haben denn diese Menschen, deren jugendliche Pläne sich nicht erfüllt haben, die alten Erwartungen weniger genau mit den Erfahrungen des Lebens vergleichen können als die Tüchtigeren, die nicht bloß ihre Pläne, sondern auch ihr Herz der Wirklichkeit anpassen konnten, der Wirklichkeit, der sie nun tief verpflichtet sind? Bietet nicht gerade dieses Unvermögen der Anpassung, das einen ungetrübten Lebensabend vereitelt, eine gewisse Gewähr für ein ungetrübtes Urteil? Der Einwand, die Praxis habe ihnen unrecht gegeben, wäre nicht geistreicher als die Feststellung, durch den Justizmord hätte die Justiz die Beteuerung der Unschuld ihres Opfers widerlegt. Es wäre eine läppische Anwendung des Satzes, daß die Theorie durch die Praxis bestätigt werden müsse, wollte man den individuellen Erfolg in der bestehenden Gesellschaft als Kriterium für die Richtigkeit der Ansichten dessen ansehen, der ihn nicht hat. Die Ohnmacht des Gestrandeten ist heute nicht der Hauch eines Arguments gegen die Sachlichkeit seines Urteils, denn die Ordnung dieser Gesellschaft ist schlecht; wer an ihr zuschanden wird, ist nicht gerichtet.

Anmerkung 1

Die Beichte des Ketzers auf dem Totenbett widerlegt keinen Satz seiner atheistischen Ansichten. Mancher Aufklärer hat in gesunden

Tagen festgelegt, daß seine von Schmerz und Krankheit beeinflußten Reden nichts gelten sollten. Es ist eine uralte und infame Erfindung der herrschenden Klassen, daß die Wahrheit eines Satzes durch Blut-Zeugenschaft besiegelt werden müsse. Die Furcht vor den Unterdrückungsmitteln wurde dadurch zum Argument gegen die Wahrheit der freieren Geister gemacht. Aber nur das Stück bürgerlicher Sklavenwirtschaft in Sokrates, das historisch notwendig mit seiner Lehre verbunden war, nur das Ideologische an seiner Doktrin mag verhindert haben, daß er aus seinem Gefängnis entfloh und fragen konnte: Was hat mein Leben mit der Richtigkeit der Kritik an atheniensischen Zuständen zu tun?

Anmerkung 2

»Den« Erfolg eines Lebens an dem, was einer am Schlusse seines Lebens hat und ist, zu messen – welches Bündel von Verkehrtheiten! Der Schlußzustand des Daseins steht zu der Quantität richtiger Erwägungen und selbst zu den gelungenen Handlungen in einem völlig zufälligen Verhältnis. Es ist unmöglich, vom Ende aufs Ganze zu schließen. Hat einer tausend Ertrinkende aus den Fluten gezogen und ist bei der Rettung des Tausendundersten ertrunken, so darf man nicht folgern: »Er konnte nicht schwimmen, denn er ist ertrunken.« Gerade darum ist auch der Tod beim ersten Versuch kein Beweis. Über das äußere Schicksal des einzelnen Menschen pflegen in der Gegenwart weniger seine Qualitäten als blinde Zufälle zu entscheiden.

Verschiedene Kritik

Eine der wichtigsten Funktionen der Religion besteht darin, durch ihre Symbolik den gequälten Menschen einen Apparat zur Verfügung zu stellen, mittels dessen sie ihr Leid und ihre Hoffnung ausdrücken. Es wäre die Aufgabe einer anständigen Religionspsychologie, an dieser Funktion das Positive vom Negativen zu unterscheiden, die richtigen menschlichen Gefühle und Vorstellungen von ihrer sie verfälschenden, aber auch durch sie mitbestimmten ideologischen Form zu trennen.

Die religiöse Apparatur hat in der Geschichte keineswegs immer als Ablenkung von der irdischen Praxis gewirkt, sondern zum Teil selbst die Energien entwickelt, die heute diese Ablenkung entlarven. Die Idee einer dem Irdischen gegenüber unbedingten Gerechtigkeit ist im Glauben an die Auferstehung der Toten und an das Jüngste Gericht enthalten. Sollte zugleich mit diesem Mythos auch jene Idee verworfen werden, so wäre die Menschheit eines vorwärtstreibenden Gedankens beraubt, der sich gegenwärtig freilich keineswegs als Glaube, doch als Kriterium sowohl gegen die herrschende Macht als auch gegen die Kirche im besonderen richtet.
Die Kritik an der Religion als bloßer Ideologie besteht zu Recht, wenn dabei offenbar wird, daß die bisher religiös verkleideten Impulse, z. B. das Ungenügen an der irdischen Ordnung, heute in anderen Formen wirksam werden. Das Leben des Revolutionärs ist ohne weiteres diese Offenbarung selbst. Die Kritik des Bürgers an der Religion enthält aber zumeist keine Offenbarung. Sie ist vielmehr mit der Blindheit für jeden anderen Wert als seinen eigenen Profit fatal verquickt. Der bürgerliche Materialismus und Positivismus haben nicht weniger dem Profitinteresse gedient als der völkische Idealismus, der ihnen auf dem Fuße folgt. Soweit der materialistische Bürger den Massen das Jenseits auszureden suchte, hat sein Zeitalter dafür das ökonomische Motiv entfesselt, das sich zu seinem, zeitweise sogar zu ihrem eigenen Vorteil im Diesseits befriedigen konnte. Jener Atheismus war eine Weltanschauung der relativen Prosperität. Der völkische Idealismus paukt den Massen das Jenseits wieder ein, weil das ökonomische Motiv sich nicht mehr im Diesseits befriedigen kann. Aber er ist kein einfacher Rückfall in die vorbürgerliche Religiosität, denn das Jenseits existiert in ihm nur neben anderen vielfach widerspruchsvollen Ideologien. In der Hauptsache wird das Christentum heute nicht religiös, sondern als grobe Verklärung der bestehenden Verhältnisse gebraucht. Das Genie der politischen, militärischen und Wirtschaftsführer, vor allem die Nation, machen Gott den Rang streitig.
Auch die Idee der Nation enthält einen produktiven Kern in verzerrter Gestalt. Die Liebe zu Volk und Land war seit der Aufklärung die Form, in der die überindividuellen gemeinsamen Interessen bewußt geworden sind. Sie setzte sich nicht bloß dem beschränkten Egoismus zurückgebliebener Bürger, sondern vor allem dem adligen

Standesinteresse entgegen. Napoleon, nicht die Bourbonen, konnte sich ihrer gut bedienen. Heute sinkt der Begriff der Nation, welcher ursprünglich den Sinn für das Leben der Allgemeinheit einschloß, zum ideologischen Machtmittel in den Händen der verbündeten Schlotbarone, Junker und ihres Anhangs herab. Wie mit dem sinnentleerten, zum bloßen Träger kapitalistischer Moral entarteten religiösen Apparat lenken sie die Massen mit dem zum Fetisch gewordenen Namen der Nation, hinter dem sie ihre besonderen Belange verbergen. Demzufolge gilt hier das gleiche wie bei der Religion. Auch die Kritik an der Nation als zerfallendem Symbol besteht zu Recht, wenn dabei offenbar wird, daß die bisher national verkleideten Impulse, hier also das Gefühl der Solidarität mit der Allgemeinheit, gegenwärtig in anderen Formen wirksam sind. Die Kritik des Bürgers am Nationalismus pflegt beschränkt und reaktionär zu sein. Sie finden den positiven Kern, den der Nationalismus freilich verloren hat, nicht auf. Heute ist vornehmlich die internationale Solidarität der Ausgebeuteten die Gestalt, in der dieser Kern lebendig ist.

Die Kritik an Religion und Nation wird erst durch ihren sozialen und geschichtlichen Index verständlich. Doch darf man dies nicht zu sehr beim Wort nehmen. Wenn auch solche Kritik ohne geschichtliche Analyse mangelhaft verständlich ist, enthält sie doch in jedem Fall einen prüfbaren Sinn. Das Bündnis der Kirche mit den Herrschenden bleibt z. B. nicht weniger Tatsache, ob es ein Bürger feststellt oder ein proletarischer Revolutionär – und zwar eine um so empörendere Tatsache, als es sich gegen das einzige Moment richtet, durch das die Kirche sich entschuldigen könnte: nämlich gegen die leidenden Menschen.

Zur Psychologie des Gesprächs

Kommt ein Mensch bescheidener Herkunft ausnahmsweise in die Lage, an einem Gespräch zwischen Personen von Rang und Ansehen teilzunehmen, so gibt er seinen Bemerkungen in der Regel häufiger die subjektive Form als die andern. Wie in den Reden des Kindes Vater und Mutter als Hauptpersonen der Welt erscheinen,

nimmt auch der nicht ebenbürtige Unterredner häufig auf seinen privaten Lebenskreis Bezug. Er spricht seine Ansicht nicht als Feststellung eines Tatbestandes aus, sondern knüpft seine Reden an persönliche Mitteilungen an: »Ich bin der Meinung... ich hatte mir schon immer gedacht... vor einigen Tagen habe ich erst zu meiner Frau gesagt... mein Schwager, der den und den Beruf hat, erzählte mir... als ich neulich im Theater war...« Seine Bemerkungen stehen deutlich zu Vorkommnissen des eigenen Lebens in Beziehung.
Gleichviel ob die glücklicheren Teilnehmer am Gespräch über die soziale Stellung ihres Partners unterrichtet sind oder nicht: sooft er das Wort ergreift, haben sie einen peinlichen Eindruck. Das Interesse an seiner Mitteilung wird durch das persönliche Vorspiel enttäuscht und geschwächt, seine Umständlichkeit wirkt ermüdend, an seinen Worten haftet etwas vom Geruch der Stube. Wollten sie selbst es geradeso machen, dann wäre es noch lange nicht so peinlich. Denn die Stube der reichen und kultivierten Leute ist mit zunehmender Kapitalmacht immer mehr die Welt. Von den lebenden Größen der Politik, Wissenschaft und Kunst wissen sie nicht aus dritter Hand, sondern können objektiv von ihnen reden wie Eltern von Kindern, Hausfrauen von Dienstboten, Maschinisten von ihren Maschinen: sie wissen, was diese sind und was sie leisten. Auch ihr subjektives Erlebnis ist objektiv interessant. Ihr »ich denke« und »ich habe gehört« besitzt mehr Wert als die Bekenntnisse jenes Privatmannes. Dieser tut am besten zu schweigen.

Die Ohnmacht der deutschen Arbeiterklasse

Im kapitalistischen Wirtschaftsprozeß sinkt tendenziell, wie Marx gezeigt hat, die Zahl der beschäftigten Arbeiter im Verhältnis zur Verwendung von Maschinerie. Es wird ein immer kleinerer Prozentsatz des Proletariats wirklich beschäftigt. Diese Verringerung verändert auch die Wechselbeziehungen der einzelnen Schichten des Proletariats. Je mehr die zeitweise Beschäftigung überhaupt oder gar die andauernde und lohnende Beschäftigung eines Individuums zur seltenen Ausnahme wird, um so deutlicher wird sich Leben und

Bewußtsein der beschäftigten ordentlichen Arbeiter von den in der Regel unbeschäftigten Schichten unterscheiden. Dadurch erleidet die Interessensolidarität der Proletarier immer mehr Einbußen. Gewiß gab es auch in den früheren Phasen des Kapitalismus vielfältige Schichtungen der Arbeiterklasse und verschiedene Formen der »Reservearmee«. Aber nur die unterste dieser Formen, das eigentliche Lumpenproletariat, eine relativ unbedeutende Schicht, aus der sich die Kriminellen rekrutierten, zeigte einen offensichtlichen qualitativen Gegensatz zum Proletariat als ganzem. Im übrigen bestand zwischen Beschäftigten und Arbeitslosen in der Regel ein stetiger Übergang: wer ohne Arbeit war, konnte morgen wieder eingestellt werden, und wer Arbeit hatte, glich nach ihrem Verlust seinem unbeschäftigten Kollegen in den wichtigsten Zügen. Alle die Arbeitsfähigkeit betreffenden Unterschiede zwischen gelernten und ungelernten Arbeitern, Kranken, Alten, Kindern und Gesunden konnten nicht verhindern, daß die Einheit der Arbeiterklasse auch in dem Schicksal ihrer Mitglieder zum Ausdruck kam. Daher war nicht bloß ihr Interesse an der Aufhebung der Kapitalherrschaft, sondern auch der Einsatz in diesem Kampf wesentlich der gleiche.

Heute paßt der Name des Proletariats als einer Klasse, welche die negative Seite der gegenwärtigen Ordnung, das Elend, an ihrer eigenen Existenz erfährt, so verschieden auf ihre Bestandteile, daß die Revolution leicht als eine partikulare Angelegenheit erscheint. Für die beschäftigten Arbeiter, deren Lohn und langjährige Zugehörigkeit zu Gewerkschaften und Verbänden eine gewisse, wenn auch geringe Sicherheit für die Zukunft ermöglicht, bedeuten alle politischen Aktionen die Gefahr eines ungeheuren Verlusts. Sie, die regulären, ordentlichen Arbeiter, befinden sich im Gegensatz zu jenen, die auch noch heute nichts zu verlieren haben als ihre Ketten. Zwischen den in Arbeit stehenden und den nur ausnahmsweise oder vielmehr gar nicht Beschäftigten gibt es heute eine ähnliche Kluft wie früher zwischen der gesamten Arbeiterklasse und dem Lumpenproletariat. Heute ruht der eigentliche Druck des Elends immer eindeutiger auf einer sozialen Schicht, deren Mitglieder von der Gesellschaft zu völliger Hoffnungslosigkeit verdammt sind. Arbeit und Elend treten auseinander, sie werden auf verschiedene Träger verteilt. Dies heißt nicht etwa, es gehe den Arbeitenden gut, das Kapitalverhältnis ändere ihnen gegenüber seinen brutalen Charak-

ter, die Existenz der Reservearmee drücke nicht mehr auf die Löhne; keineswegs: die Misere der Arbeitenden bleibt auch weiterhin Bedingung und Grundlage dieser Gesellschaftsform, aber der Typus des tätigen Arbeiters ist nicht mehr kennzeichnend für die, welche am dringendsten einer Änderung bedürfen. Es vereinigt vielmehr eine bestimmte untere Schicht der Arbeiterklasse, ein Teil des Proletariats immer ausschließlicher das Übel und die Unruhe des Bestehenden in sich. Diese unmittelbar und am dringendsten an der Revolution interessierten Arbeitslosen besitzen aber nicht wie das Proletariat der Vorkriegszeit die Bildungsfähigkeit und Organisierbarkeit, das Klassenbewußtsein und die Zuverlässigkeit der in der Regel doch in den kapitalistischen Betrieb Eingegliederten. Diese Masse ist schwankend, organisatorisch ist mit ihr wenig anzufangen. Den Jüngeren, die nie im Arbeitsprozeß standen, fehlt bei allem Glauben das Verständnis der Theorie.
Der kapitalistische Produktionsprozeß hat es also mit sich gebracht, das Interesse am Sozialismus und die zu seiner Durchführung notwendigen menschlichen Eigenschaften zu trennen. Das ist das Novum, dessen Entwicklung sich jetzt freilich bis zum Beginn des Kapitalismus zurückverfolgen läßt. Eine verwirklichte sozialistische Ordnung wäre auch heute für alle Proletarier besser als der Kapitalismus, aber der Unterschied zwischen den gegenwärtigen Lebensbedingungen des ordentlich bezahlten Arbeiters und seiner persönlichen Existenz im Sozialismus erscheint ihm ungewisser und verschwommener als die Gefahr von Entlassung, Elend, Zuchthaus, Tod, die er bei der Teilnahme an der revolutionären Erhebung, ja unter Umständen schon an einem Streik wirklich erwarten muß. Das Leben des Arbeitslosen dagegen ist eine Qual. Die auf Grund des ökonomischen Prozesses erfolgte Verteilung der beiden revolutionären Momente: des unmittelbaren Interesses am Sozialismus und des klaren theoretischen Bewußtseins, auf verschiedene bedeutende Schichten des Proletariats, drückt sich im gegenwärtigen Deutschland in der Existenz zweier Arbeiterparteien und außerdem durch das Fluktuieren großer Schichten von Erwerbslosen zwischen kommunistischer und nationalsozialistischer Partei aus. Sie verurteilt die Arbeiter zur faktischen Ohnmacht.
Auf geistigem Gebiet findet sich die Ungeduld der Arbeitslosen als die bloße Wiederholung der Parolen der kommunistischen Partei.

Die Prinzipien nehmen nicht durch die Menge des theoretisch verarbeiteten Stoffs eine zeitgemäße Gestalt an, sondern werden undialektisch festgehalten. Die politische Praxis entbehrt daher auch der Ausnutzung aller gegebenen Möglichkeiten zur Verstärkung der politischen Positionen und erschöpft sich vielfach in erfolglosen Befehlen und moralischer Zurechtweisung der Ungehorsamen und Treulosen. Weil nahezu jeder, der noch Arbeit hat, angesichts der Gewißheit, ins Elend der Arbeitslosigkeit hinabzusinken, der kommunistischen Streikparole nicht Folge leistet, weil sogar die Arbeitslosen vor dem furchtbaren Machtapparat, welcher zwar für den äußeren Gegner ungefährlich gemacht ist, aber bloß darauf wartet, im Innern »eingesetzt« zu werden und alle Waffen vom Gummiknüppel über die Maschinengewehre bis zum wirksamsten Giftgas in einem frischfröhlichen, ganz bestimmt unriskanten Bürgerkrieg zu probieren, hoffnungslos und phlegmatisch werden, sinken die besonderen Anweisungen der Partei vorerst oft zur Bedeutungslosigkeit herab, was notwendig auf die Zusammensetzung und Verfassung ihrer Führung den ungünstigsten Einfluß ausüben muß. Die Abneigung gegen die bloße Wiederholung des Prinzipiellen kann daher aus diesem Grund auch in den abgelegensten geistigen Bezirken, in Soziologie und Philosophie, noch eine auf Grund der Situation berechtigte Bedeutung haben: sie ist gegen die Vergeblichkeit gerichtet.

Im Gegensatz zum Kommunismus hat der reformistische Flügel der Arbeiterbewegung das Wissen um die Unmöglichkeit einer wirksamen Verbesserung der menschlichen Verhältnisse auf kapitalistischem Boden verloren. Alle Elemente der Theorie sind ihm abhanden gekommen, seine Führung ist das genaue Abbild der sichersten Mitglieder: viele suchen sich mit allen Mitteln, selbst unter Preisgabe der einfachen Treue, auf ihren Posten zu erhalten; die Angst, ihre Stellung zu verlieren, wird nach und nach der einzige Erklärungsgrund ihrer Handlungen. Die immerhin noch bestehende Notwendigkeit, manche Reste ihres besseren Bewußtseins zu verdrängen, bedingt dann die stetige Bereitschaft dieser reformistischen deutschen Staatspolitiker, den Marxismus ärgerlich als überholten Irrtum abzutun. Jeder präzise theoretische Standpunkt ist ihnen verhaßter als dem Bürgertum. Die ihnen entsprechenden kulturellen Strömungen scheinen daher im Gegensatz zu der freilich ebenfalls ideologischen, aber oft wirklich tiefen und prägnanten bürgerlichen Metaphysik das einzige Ziel zu haben, alle bestimmten Begriffe und Ansichten zu verwirren, aufzulösen, in Frage zu stellen, kurz, zu diskreditieren, und alles mit der gleichen grauen Farbe des Relativismus, Historismus, Soziologismus anzuschmieren. Diese Ideologen der reformistischen Realpolitik erweisen sich insofern als Nachfahren des von ihnen vielfach bekämpften bürgerlichen Positivismus, als sie gegen die Theorie und für Anerkennung der Tatsachen sind; aber indem sie auch noch unsere Erkenntnis der Tatsachen relativieren und bloß dieses, das Relativieren oder das Fragen überhaupt, absolut setzen, üben sie auf den Unbefangenen die Wirkung des bloßen Miesmachens aus. Das Leben der Erwerbslosen ist die Hölle, ihre Apathie die Nacht, die heutige Existenz der arbeitenden Bevölkerung dagegen der graue Alltag. Die ihr entsprechende Philosophie mutet daher unparteiisch und illusionslos an. Als eine Art und Weise, sich mit dem schlechten Gang der Dinge abzufinden, neigt sie dazu, die irdische Resignation mit dem vagen Glauben an ein ganz unbestimmtes transzendentales oder religiöses Prinzip zu verbinden. An die Stelle kausaler Erklärung setzt sie das Aufsuchen von Analogien; soweit sie die marxistischen Begriffe nicht überhaupt verwirft, werden sie formalisiert und akademisch hergerichtet. Die Prinzipien dieser späten demokratischen Philosophie sind selbst noch ebenso starr wie die ihrer Vorgänger, aber dabei so abstrakt und zerbrechlich, daß ihre Autoren eine unglückliche Liebe zum »Konkreten« gefaßt haben, das sich doch nur dem aus der Praxis entspringenden Interesse erschließt. Das Konkrete ist ihnen der Stoff, mit dem sie ihre Schematismen füllen, er wird bei ihnen nicht durch die bewußte Parteinahme im geschichtlichen Kampf, über dem sie vielmehr zu schweben glauben, organisiert. Ebenso wie der Besitz der positiven Fähigkeiten, welche der Arbeiter durch seine Eingliederung in den kapitalistischen Arbeitsprozeß erwirbt, und die Erfahrung der ganzen Unmenschlichkeit dieses Prozesses in der Gegenwart auf verschiedene gesellschaftliche Schichten verteilt sind, so finden sich bei den linken Intellektuellen, angefangen von den politischen Funktionären bis zu den Theoretikern der Arbeiterbewegung, die beiden Momente der dialektischen Methode: Tatsachenerkenntnis und Klarheit über das Grundsätzliche, isoliert und zerstreut. Die Treue an der materialistischen

Lehre droht zum geist- und inhaltslosen Buchstaben- und Personenkult zu werden, sofern nicht bald eine radikale Wendung eintritt. Der materialistische Inhalt, d. h. die Erkenntnis der wirklichen Welt, ist dagegen im Besitz jener, welche dem Marxismus untreu geworden sind, und steht daher ebenso im Begriff, das einzige zu verlieren, was ihn auszeichnet: nämlich Erkenntnis zu sein; ohne das materialistische Prinzip werden die Tatsachen zu blinden Zeichen, oder sie geraten vielmehr in den Bereich der das geistige Leben beherrschenden ideologischen Mächte. Die einen erkennen zwar die bestehende Gesellschaft als schlecht, aber es fehlen ihnen die Kenntnisse, um die Revolution praktisch und theoretisch vorzubereiten. Die anderen könnten vielleicht diese Kenntnisse produzieren, aber sie ermangeln der fundamentalen Erfahrung von der dringenden Notwendigkeit der Änderung. Im Streit untereinander haben daher die Sozialdemokraten viel zuviele Gründe. Sie berücksichtigen peinlich genau alle Umstände, erweisen dadurch der Wahrheit und Objektivität eine Reverenz und beschämen ihre unwissenden Gegner durch die Vielfältigkeit der Gesichtspunkte. Die Kommunisten haben viel zuwenig Gründe, d. h. sie verweisen häufig anstatt auf Gründe bloß auf die Autorität. In der Überzeugung, die ganze Wahrheit für sich zu haben, nehmen sie es mit den einzelnen Wahrheiten nicht so genau und bringen ihre besserwissenden Gegner mit moralischer, notfalls auch mit physischer Gewalt zur Räson.

Die Überwindung dieses Zustands in der Theorie hängt ebensowenig vom bloßen guten Willen ab wie die Aufhebung der sie bedingenden Spaltung der Arbeiterklasse in der Praxis. Beide werden in letzter Linie durch den Gang des ökonomischen Prozesses, der einen großen Teil der Bevölkerung seit der Geburt von den Arbeitsstätten fernhält und zu aussichtsloser Existenz verdammt, notwendig erzeugt und wiedererzeugt. Es hat keinen Sinn, sich bei der Feststellung der geistigen Symptome zu überheben und so zu tun, als ob der, welcher den Zustand konstatiert, sich den Folgen entziehen könnte. In beiden Parteien existiert ein Teil der Kräfte, von denen die Zukunft der Menschheit abhängt.

Atheismus und Religion

Das völlige Freisein von jedem Glauben an die Existenz einer von der Geschichte unabhängigen und sie doch bestimmenden Macht – dieser Mangel gehört zur primitivsten intellektuellen Klarheit und Wahrhaftigkeit des modernen Menschen. Aber wie schwer ist es, daraus nicht selbst wieder eine Religion zu machen! Solange die Schrecken des Lebens und des Todes, die den Boden der Seele für die positiven Religionen fruchtbar machen, durch die Arbeit einer gerechten Gesellschaft nicht klein geworden sind, wird sich auch der von Aberglauben freie Geist vor der Not in eine Stimmung flüchten, die etwas von der bergenden Ruhe des Tempels hat, mag auch der Tempel den Göttern zum Trotze errichtet sein. In einer Epoche, in der die menschliche Gesellschaft noch nicht weiter ist als jetzt, gibt es auch in den fortgeschrittensten Menschen noch Bezirke, in denen sie Spießbürger sind. Soweit die Menschen sich nicht selbst helfen können, bedürfen sie der Fetische, und wären es die ihrer Not und Verlassenheit.

Anmerkung

Gegen die philosophischen Diener der Religion sei gesagt, daß die Notwendigkeit, aus der Religionslosigkeit eine Religion zu machen, eine faktische und keine logische Notwendigkeit ist. Es gibt keinen logisch zwingenden Grund, an die Stelle des gestürzten Absoluten irgendein anderes Absolutes, an die Stelle der gestürzten Götter andere, an die der Anbetung die Leugnung zu setzen. Die Menschen könnten selbst heute schon die Religionslosigkeit vergessen. Aber sie sind zu schwach dazu.

Der Wolkenkratzer

Ein Querschnitt durch den Gesellschaftsbau der Gegenwart hätte ungefähr folgendes darzustellen:
Obenauf die leitenden, aber sich untereinander bekämpfenden Trustmagnaten der verschiedenen kapitalistischen Mächtegruppen; darunter die kleineren Magnaten, die Großgrundherren und der

ganze Stab der wichtigen Mitarbeiter; darunter – in einzelne Schichten aufgeteilt – die Massen der freien Berufe und kleineren Angestellten, der politischen Handlanger, der Militärs und Professoren, der Ingenieure und Bürochefs bis zu den Tippfräuleins; noch darunter die Reste der selbständigen kleinen Existenzen, die Handwerker, Krämer und Bauern e tutti quanti, dann das Proletariat, von den höchst bezahlten gelernten Arbeiterschichten über die ungelernten bis zu den dauernd Erwerbslosen, Armen, Alten und Kranken. Darunter beginnt erst das eigentliche Fundament des Elends, auf dem sich dieser Bau erhebt, denn wir haben bisher nur von den hochkapitalistischen Ländern gesprochen, und ihr ganzes Leben ist ja getragen von dem furchtbaren Ausbeutungsapparat, der in den halb und ganz kolonialen Territorien, also in dem weitaus größten Teil der Erde funktioniert. Weite Gebiete des Balkans sind ein Folterhaus, das Massenelend in Indien, China, Afrika übersteigt alle Begriffe. Unterhalb der Räume, in denen millionenweise die Kulis der Erde krepieren, wäre dann das unbeschreibliche, unausdenkliche Leiden der Tiere, die Tierhölle in der menschlichen Gesellschaft darzustellen, der Schweiß, das Blut, die Verzweiflung der Tiere.

Man spricht gegenwärtig viel von »Wesensschau«. Wer ein einziges Mal das »Wesen« des Wolkenkratzers »erschaut« hat, in dessen höchsten Etagen unsere Philosophen philosophieren dürfen, der wundert sich nicht mehr, daß sie so wenig von dieser ihrer realen Höhe wissen, sondern immer nur über eine eingebildete Höhe reden; er weiß, und sie selbst mögen ahnen, daß es ihnen sonst schwindlig werden könnte. Er wundert sich nicht mehr, daß sie lieber ein System der Werte als eines der Unwerte aufstellen, daß sie lieber »vom Menschen überhaupt« als von den Menschen im besonderen, vom Sein schlechthin als von ihrem eigenen Sein handeln: sie könnten sonst zur Strafe in ein tieferes Stockwerk ziehen müssen. Er wundert sich nicht mehr, daß sie vom »Ewigen« schwatzen, denn ihr Geschwätz hält, als ein Bestandteil seines Mörtels, dieses Haus der gegenwärtigen Menschheit zusammen. Dieses Haus, dessen Keller ein Schlachthof und dessen Dach eine Kathedrale ist, gewährt in der Tat aus den Fenstern der oberen Stockwerke eine schöne Aussicht auf den gestirnten Himmel.

Bedürfnislosigkeit der Reichen

Die Bedürfnislosigkeit der reichen Leute fordert folgenden Vergleich heraus: Ein Sterbender, der nicht mehr gehen kann, hat den Wunsch, noch einen Spaziergang im Garten zu machen. Der Onkel erklärt daraufhin der Tante, so daß es der Kranke hören kann, er selbst müsse arbeiten und schenke sich den Spaziergang. Die Bedürfnislosigkeit reicher Leute ist ruchlos, ruchloser noch als die Enthaltsamkeit des Onkels im Beispiel, denn dieser kann dem Kranken ja nicht die Gesundheit schenken.

Symbol

Ein Bettler träumte von einem Millionär. Als er aufwachte, traf er einen Psychoanalytiker. Der erklärte ihm, der Millionär sei ein Symbol für seinen Vater. »Merkwürdig«, antwortete der Bettler.

Kain und Abel

Die Geschichte von Kain und Abel ist die mythologisierte Erinnerung an eine Revolution, an eine Befreiungsaktion der Sklaven gegen ihre Herren. Die Ideologen deuteten den Aufstand sogleich als Produkt eines Ressentiments: »– und es verdroß den Kain sehr, und es sank sein Antlitz.«
Sollte die biblische Erzählung aber wörtlich zu nehmen sein, so hätte Kain jenen Begriff erfinden können, als das Blut Abels zum Himmel schrie: »Höre nicht auf dieses Schreien; es schreit aus Ressentiment.«

Der Kampf gegen den Bürger

In den Klassenkämpfen des neunzehnten Jahrhunderts hat das Wort Bourgeois den Charakter einer tödlichen Kriegserklärung bekommen. Bürger bedeutete Ausbeuter, Blutsauger, und es sollte alle treffen, die an der Herrschaft der schlechten Gesellschaftsordnung interessiert waren. Dieser Sinn ist durch die Marxsche Wissenschaft bis ins einzelne geklärt und festgelegt worden. Aber auch die ganz reaktionären feudalen Gegner des Kapitalismus haben – einer Tradition aus der Romantik folgend – einen verächtlichen Sinn in das Wort Bürger gelegt. Die Reste solcher Ideologie sind von den völkischen Bewegungen aller Länder aufgenommen worden. Sie alle malen den Bürger ungefähr wie die Vorkriegsbohème als Schreckgespenst, sie stellen dem schlechten »bürgerlichen« Menschentypus der vergangenen Epoche, vor allem des neunzehnten Jahrhunderts, den Typus des neuen Menschen der Zukunft entgegen. Dabei reden sie von Gegensätzen des biologischen Kerns, der Rasse, der Denkart usw.

Dem Großkapital ist dieser zweite depravierende Sinn des Wortes Bürger, in dem vom Ökonomischen abgesehen wird, durchaus angenehm. Es benutzt die aristokratische Ideologie ebenso gerne wie die aristokratischen Offiziere. Durch den modernen Kampf gegen die »bürgerliche« Geisteshaltung wird gerade das große Kapital selbst aus der Diskussion gelassen. Die, welche über es verfügen, haben die von diesem Kampf betroffenen Lebensformen längst abgestreift. Kaum ein Charakterzug, durch den der kleine, um seinen Unterhalt kämpfende, pedantische, persönlich habgierige Bürger gewisser Perioden des vorigen Jahrhunderts gekennzeichnet war, trifft auf den Trustmagnaten und seine mondäne, »weltoffene« Umgebung zu. Jene peinlichen Eigenschaften sind in niedere, depossedierte Mittelstandsschichten, die sich in Verteidigungsstellung um ihr bißchen Lebensgenuß befinden, hinabgerutscht. Die gute Gesellschaft lebt heute auf so hohem Niveau, ihre Erwerbsquellen sind so sehr getrennt von den Persönlichkeiten, daß die Bewußtseinsformen kleinlicher Konkurrenz ganz wegfallen können. So läßt die Großbourgeoisie ihre Ideologen gerne diese Attacke gegen den Bürger reiten, den sie in Wirklichkeit durch die reale Kapitalskonzentration zugrunde richtet.

Die Proletarier haben mit diesem Kampf gegen den »Bürger« nichts zu tun. Als der ökonomische Typus, den heute das Kapital ausrottet, herrschend war, mußten sie in ihm den Hauptfeind sehen. Heute sind diese Schichten, soweit sie nicht die völkischen Garden bilden, zu neutralisieren oder mitzureißen. Der Bourgeois bedeutet nach wie vor im proletarischen Sprachgebrauch den Ausbeuter, die herrschende Klasse. Auch in der Theorie geht der Kampf vor allem gegen diese Klasse, mit der es keine Gemeinsamkeit gibt. Wenn moderne Metaphysiker die Philosophiegeschichte soziologisch als Entwicklung des »bürgerlichen« Denkens zu kritisieren versuchen, so geschieht es keinesfalls der Züge wegen, die das Proletariat an ihr zu überwinden hat. Diese Ideologen möchten dabei nur die theoretischen Überreste aus der revolutionären Epoche des Bürgertums brandmarken und tilgen. Auch den Untergang der Mittelschichten bejaht das Proletariat aus anderen Gründen als das Kapital. Diesem kommt es auf den Profit und dem Proletariat auf die Befreiung der Menschheit an.

Wir bedanken uns für eine Terminologie, nach der zwar die Eifersucht einer kleinen Bürgerin, die keine Zerstreuung hat, auf ihren Mann, nicht aber der Besitz eines Rolls-Royce der Ausdruck bürgerlichen Lebens ist.

Erziehung zur Wahrhaftigkeit

Die katholische Geistlichkeit hat stets dazu geneigt, ketzerische Gedanken den Menschen nicht groß anzukreiden, wenn man sie nur im Busen gut verschloß oder bloß dem Beichtvater offenbarte. Unsere bürgerliche Moral ist strenger: hegt einer revolutionäre Gedanken, soll er sie wenigstens aussprechen, auch dann oder gerade dann, wenn es zwecklos ist – damit man ihn deshalb verfolgen kann. Nicht seine Freunde, sondern seine Feinde machen sich in gutem Instinkt zu Propheten des revolutionären Muts.

Es kommt ihnen dabei nicht auf die Gedanken an, denn diese halten sie für verkehrt, sondern, wie sie sagen, auf die Erfüllung der Forderung, daß man »für seine Überzeugung steht«. Diese sadistische Pedanterie hat zwei Ursachen: den Willen des offenen Gegners nach

Ausrottung der Revolution mit Stumpf und Stiel und den Neid des scheinbar mit ihr Sympathisierenden auf den, welcher die von ihm selbst um seines Fortkommens willen verdrängten Gedanken unverändert zu hegen wagt.

Die bürgerliche Moral ist wie ein Schulmeister, der die bösen Buben nicht bloß mit Prügeln traktiert, wenn sie unartig sind, sondern auch noch verlangt, daß sie sich melden, wenn ihnen der bloße Gedanke an eine Unart durch den Kopf schießt. Erziehung zur Wahrhaftigkeit! Die in den Köpfen verschlossenen Gedanken bilden selbst eine unerlaubte Lust, die sich das brave Kind versagt; außerdem könnten sie in den Köpfen, wo sie verschlossen sind, reifen, um zu einem Augenblick hervorzubrechen, in dem der Schulmeister Mühe hätte, ihrer mit dem Rohrstock Herr zu werden.

Wert des Menschen

In der kapitalistischen Wirtschaft erfährt jeder erst auf dem Markt, was die Waren wert sind, die er produziert hat. Nicht seine persönliche Schätzung entscheidet über ihren Wert, sondern der anonyme Austauschapparat der Gesellschaft. Ganz unverkäufliche Waren sind Pofel. – Ebenso verhält man sich zu den Menschen. Was einer wert ist, wird durch den anonymen Apparat der Gesellschaft festgestellt. Freilich müssen wir noch hinzunehmen, daß die Geburt wesentlich mitspielt. Sie bildet eine Analogie zu Patent und Monopol. Aber ebenso wie bei einer Ware entscheidet über die Art, wie man einem Menschen entgegentritt, keine private Willkür, sondern sein Marktwert, d. h. der gesellschaftliche Erfolg, den ihm seine Geburt oder seine Tüchtigkeit verschafft haben, und neben dem Erfolg auch noch die Chancen, die er für künftige Erfolge mitbringt. Die Gesellschaft und nicht der Einzelne wertet. Oder vielmehr: die Wertungen des Einzelnen werden durch die Gesellschaft bestimmt. Das geht so weit, daß in kleinen Unternehmungen der Chef seinen eigenen Angestellten weniger achtet als den Angestellten der Konkurrenz; jedenfalls wird er unsicher, wo die von ihm unabhängige Kontrolle des gesellschaftlichen Verwertungsapparates für Menschen nicht mehr eindeutig zugunsten seines Angestellten spricht. Es kann ja jede Ware in jedem Augenblick im Preis sinken. Dies vereinbart sich sehr wohl damit, daß ich sogar als armer Angestellter oder als Arzt ohne Patienten in engem Kreise ein gewisses bescheidenes Maß an Achtung genießen kann. Diese Achtung hängt im wesentlichen von der Überzeugung ab, daß in mir die gesellschaftlich wertvollen Eigenschaften vorhanden und nur durch gewisse »zufällige« Umstände in ihrer Geltung und Auswirkung beeinträchtigt seien. Im Hintergrund wirkt doch die heimliche Orientierung am Produktionsprozeß der kapitalistischen Gesellschaft bei der Schätzung mit. Daß man es zu nichts gebracht hat, verzeiht nur der Glaube, daß man es zu etwas hätte bringen können. – Es gibt einen geheimen, feststehenden, häufig unbewußten, aber tief eingesenkten Begriff von der Gerechtigkeit und Autorität der kapitalistischen Gesellschaft. Er bestimmt das zarteste Liebesverhältnis und konstituiert eine gemeinsame Geistigkeit von den Deutschnationalen bis zur sozialistischen Bürokratie.

Die Frau bei Strindberg

In Strindbergs Theater erscheint die Frau als böses, herrschsüchtiges, rachgieriges Geschöpf. Dieses Bild stammt offenbar aus der Erfahrung eines im normalen Geschlechtsverkehr impotenten Mannes; denn in einer solchen Gemeinschaft pflegt die Frau sich so zu entwickeln, wie Strindberg sie darstellt. Seine Ansicht ist das Beispiel bürgerlicher Oberflächlichkeit, die anstatt den Dingen auf den Grund zu gehen, lieber alles der Natur oder vielmehr einem ewigen Charakter zuschreibt.

Für die von Strindberg gemeinte Bosheit der Frau in letzter Linie die Impotenz des Mannes verantwortlich machen, hieße freilich in den gleichen Fehler verfallen wie Strindberg selbst, denn die Impotenz ebenso wie die Bewertung des normalen Verkehrs als die rechtmäßige Form der Lust ist selbst ein gesellschaftliches Produkt. Die Unfähigkeit des Mannes, die von der Frau gewünschte und gar von ihm selbst als Maß des männlichen Wertes anerkannte sexuelle Handlung zu vollziehen, rührt daher, daß er entweder vor der Ehe verbraucht oder überhaupt auf andere Formen der Befriedigung angewiesen ist; ebenso wie alle darauf bezüglichen abfälligen Wertungen erklärt sie sich aus der Geschichte der Gesellschaft und seinem Schicksal in ihr. Strindberg hat die böse Frau, den impotenten Mann, die Hölle, die sie in einem bestimmten geschichtlichen Augenblick durchleben, in einem guten Spiegel festgehalten, aber er hat die Verhältnisse als biologische verewigt und daher nicht begriffen. Der »flachere« Ibsen ist ihm überlegen, weil er die ehelichen Schwierigkeiten bewußt mit einer vergänglichen Form der Familie und dadurch mit der Geschichte in Verbindung bringt.

Macht, Recht, Gerechtigkeit

»Macht geht vor Recht«, ist ein irreführendes Sprichwort, denn die Macht muß nicht mit dem Recht konkurrieren, sondern es ist ihr Attribut. Die Macht hat das Recht, die Ohnmacht braucht es. Soweit die Macht unfähig ist, ein Recht zu geben oder zu verweigern, ist sie selbst begrenzt, aber beileibe nicht durch das Recht, sondern durch andere Mächte, die ihr Abtrag tun.

Dieser Tatbestand wird dadurch verschleiert, daß das geltende Recht im bürgerlichen Staat als Konvention zwischen den in ihm vorhandenen Mächten ein Eigenleben zu gewinnen scheint, besonders wenn es von einer gegenüber den verschiedenen bürgerlichen Parteien relativ neutralen Bürokratie getragen ist. Die Wahrheit tritt jedoch sogleich in Erscheinung, wenn die herrschenden Mächte oder vielmehr die Gruppen innerhalb der herrschenden Klasse unmittelbar einig sind, also dort, wo es gegen das Proletariat geht. Dann zeigt sich die Wirkung des Rechts, gleichgültig, wie es formuliert sein mag, als der genaue Ausdruck davon, wie weit ihre Macht reicht. Wenn die Anekdote des Müllers von Sanssouci nicht erlogen wäre, hätte dieser seinen Erfolg in letzter Linie der Gnade des Königs oder der Macht des Bürgertums verdankt – nicht dem Recht an sich.

Dies gilt vom positiven Recht. Im Begriff der Gerechtigkeit werden dagegen jeweils die Forderungen der Unterdrückten zusammengefaßt. Er ist daher so schwankend wie diese selbst. Sein heutiger Inhalt meint in letzter Linie die Abschaffung der Klassen und damit freilich auch die Aufhebung des Rechts im dargelegten Sinn. Mit der Erfüllung der Gerechtigkeit verschwindet das Recht.

Grade der Bildung

Tritt einer mit schlechtem Anzug in einen Laden, eine Wohnung, ein Hotel, hat er gar auf einem Amt zu tun, so erfährt er, wie in seinem Leben überhaupt, unendlich weniger Freundlichkeit als der Gutgekleidete. Die bessere Welt erkennt ihn an den Kleidern, die sie ihm angezogen hat, sogleich als einen von draußen.
Etwas Ähnliches gibt es auf dem Gebiet der »Kultur«. Wer kein Geld hat, sich Bücher zu kaufen, und keine Zeit, sie zu studieren, wer nicht in einem gehobenen kulturellen Milieu aufgewachsen ist, seine Sprache spricht, ist nach wenigen Worten zu erkennen. Und geradeso wie von dem Bettler, vor dem die kleine Hausfrau die Türe wieder zumacht, eine Reihe von Übergängen bis zu dem Intimen führt, den die feinste Gesellschaft unangemeldet empfängt, gibt es eine kontinuierliche Reihe von äußeren Zeichen, an denen die Grade der Zugehörigkeit zu den Gebildeten erkennbar sind. Bei dem Arbeiter und bürgerlichen Autodidakten versteht es sich von selbst, daß jedes ihrer Worte das Gepräge der Unzuständigkeit an sich trägt. Aber auch in sich selbst ist die Hierarchie der Gebildeten fein gegliedert. Wer gezwungen ist, die Bücher aus Bibliotheken zu entleihen, erhält sie erst lange nach dem Erscheinen und muß sie rasch zurückgeben. Er ist dem unterlegen, welcher sie kaufen kann, und dieser wiederum dem, welcher regelmäßig darüber Diskussionen pflegt. Wirklich orientiert sind nur die wenigen, die mit den Autoren selbst Umgang pflegen, viele Reisen machen, sich von Zeit zu Zeit in den geistigen Zentren der Welt aufhalten und erfahren, welche Probleme und Ansichten heute wichtig sind. Wie soll einer, der nicht auf dem engsten Spezialgebiet Fachmann ist, denn wissen, auf welche Besonderheit des Stils und der Auffassung es in einem belletristischen, wissenschaftlichen, philosophischen Werk gerade ankommt! Sind doch die zufälligen, undurchsichtigen Gründe, von denen dies abhängt, zum großen Teil bloß aus Gesprächen mit den

Auguren selbst zu entnehmen. Die Merkmale, an denen die mangelnde Bildung sichtbar wird, sind untrüglich. Auf hohen Stufen kann der Gebrauch eines Wortes, gerade darum, weil es allgemein in Mode ist, so banal wirken wie auf niederen Stufen ein schon veralteter Ausdruck. Auf die Kultivierten machen diese Zeichen der Unbildung einen ebenso peinlichen Eindruck wie ein schlecht sitzender Anzug auf eine empfindsame Dame.

Als die bürgerliche Geistigkeit fortschrittlich war, mochten diese Geheimnisse des Verkehrs ein Moment des Fortschritts darstellen. Heute, wo die Inhalte gebildeter Gespräche, wie der kapitalistischen Geselligkeit überhaupt, von den Sorgen der Menschheit entfernt sind, haben diese Eigentümlichkeiten einen grotesken und erbitternden Charakter angenommen. Die Grade der zeitgemäßen Bildung haben völlig aufgehört, Stufen der Erkenntnis zu sein; sie bezeichnen Unterschiede einer eitlen, mit dem Anschein philosophischer Tiefe operierenden Routine. In dem, was sich in der sogenannten geistigen Welt abspielt, so beschlagen zu sein, daß es Verwandtschaft mit ihr verrät, das Tragen einer zeitgemäßen kulturellen Montur – bedeutet heute größere und endgültigere Entfernung von der Sache der Freiheit als ein gut sitzender Anzug aus richtigem Stoff. Diesen kann man ausziehen, jene Verwandtschaft bloß verleugnen.

Liebe und Dummheit

Die Freude des Dompteurs an der Anhänglichkeit eines Löwen wird unter Umständen durch das Wissen getrübt, daß die Dummheit der Bestie dabei ein wichtiger Faktor ist. Weil das steigende Bewußtsein ihrer Kraft die Verbindung zerstören müßte, ist ihre gegenwärtige Zärtlichkeit nicht besonders viel wert. Je mehr sich der Dompteur auf die Kunst seiner Dressur etwas einbilden kann, um so weniger braucht ihm die Zuneigung des Löwen zu schmeicheln. Wir wollen nicht aus Mangel an Intelligenz geliebt sein. Der Stolz mancher Herrschaften auf die Anhänglichkeit ihrer Dienstboten, der Krautjunker auf die ihrer Landarbeiter, karikiert das Selbstgefühl, welches aus dem Bewußtsein fließt, wirklich geliebt zu werden.

Indikationen

Der moralische Charakter der Menschen ist mit Sicherheit aus Antworten auf bestimmte Fragen zu erkennen. Diese Fragen sind für jede Epoche und meist auch für jede Gesellschaftsschicht verschieden. Sie beziehen sich keineswegs immer auf Gegenstände gleicher Größenordnung. In den ersten Jahrhunderten unserer Zeitrechnung war die Frage nach dem Christentum unter den Beamten bestimmter Teile des Römischen Reiches entschieden ein solcher Schlüssel, in Deutschland 1917 schon die Frage nach der Qualität des Kartoffelbrotes. Im Jahre 1930 wirft die Stellung zu Rußland Licht auf die Denkart der Menschen. Es ist höchst problematisch, wie dort die Dinge liegen. Ich mache mich nicht anheischig zu wissen, wohin das Land steuert; zweifellos gibt es viel Elend. Aber wer unter den Gebildeten vom Hauch der Anstrengung dort nichts verspürt und sich leichtsinnig überhebt, wer sich in diesem Punkt der Notwendigkeit zu denken entzieht, ist ein armseliger Kamerad, dessen Gesellschaft keinen Gewinn bringt. Wer Augen für die sinnlose, keineswegs durch technische Ohnmacht zu erklärende Ungerechtigkeit der imperialistischen Welt besitzt, wird die Ereignisse in Rußland als den fortgesetzten schmerzlichen Versuch betrachten, diese furchtbare gesellschaftliche Ungerechtigkeit zu überwinden, oder er wird wenigstens klopfenden Herzens fragen, ob dieser Versuch noch andauere. Wenn der Schein dagegen spräche, klammerte er sich an die Hoffnung wie ein Krebskranker an die fragwürdige Nachricht, daß das Mittel gegen seine Krankheit wahrscheinlich gefunden sei.

Als Kant die ersten Nachrichten über die Französische Revolution bekam, soll er seinen gewohnten Spaziergang von da an geändert haben. Auch die Philosophen der Gegenwart wittern Morgenluft, aber nicht für die Menschheit, sondern für das scheußliche Gespensterreich ihrer Metaphysik.

Zur Geburtenfrage

Wer hätte nicht schon die moralische Erwägung angestellt, ob es gut sei, Kindern das Leben zu schenken oder nicht, und wer hätte nicht schon darauf geantwortet: Es kommt darauf an! »Es kommt darauf an«, bedeutet, daß eine reiche Frau, die niederkommt, einen zur Welt bringt, der Arbeit gibt, das arme Weib dagegen einen solchen, der sie nicht einmal bekommt. Also – schließt der malthusianische Philosoph – sollten sich die armen Leute in acht nehmen. Aber dieser Gedanke nimmt die falsche Richtung. Anstatt Millionen Unerwünschter von der Welt fernzuhalten, sollte man ihnen gestatten, sie einzurichten. Solange freilich die Arbeit, welche jene nicht geben wollen, auch von diesen nicht getan werden darf, müssen sie draußen bleiben. Ihre Mütter verfluchen ihre Ankunft. Die Welt ist das Haus der herrschenden Klasse. Sie verschließt es den Zimmerleuten, welche es vergrößern und heller machen wollen. Das Eigentumsrecht jener hat sich also überlebt.

Anmerkung

Es könnte als Widerspruch erscheinen, daß in den letzten hundert Jahren in der Regel gerade diejenigen, welche die Unmöglichkeit einer gerechteren und ausreichenderen Versorgung der Menschheit behaupteten, den Armen zwar die Einschränkung des Geschlechtsverkehrs, die *moralische* Verhütung, also die Askese empfahlen, aber Antikonzeptionsmittel und Abtreibung aufs schärfste bekämpften. Dies widerspricht sich ja nur, wenn es wirklich auf das Wohl der Menschen ankommt; jene braven Diener des Kapitals haben jedoch nur die Aufrechterhaltung der bestehenden Verhältnisse im Auge, und da erkennen sie instinktiv, daß der Genuß um seiner selbst willen, der Genuß ohne Begründung und Entschuldigung, ohne sittliche und religiöse Rationalisierung, eine noch größere Gefahr für diese zur Fessel gewordene Gesellschaftsform bedeutet als selbst die Vergrößerung des Heers der Arbeitslosen.

Sozialismus und Ressentiment

Wie glänzend gelingt es doch, die auf Verwirklichung der Freiheit und Gerechtigkeit hintreibenden Motive zu verpönen, die von ihnen bestimmten Menschen zu verwirren und zu entmutigen!
In Gesprächen über die Möglichkeit des Sozialismus kann man häufig den sachkundigen Gegner sagen hören, sein für den Sozialismus begeisterter Unterredner müsse erst noch die Wirklichkeit studieren. Er werde dann einsehen, daß es im Sozialismus für den Arbeiter auch nicht besser wäre als heute. Wahrscheinlich werde es dem zivilisierten Arbeiter – wenigstens dieser Generation – dann noch viel schlechter gehen als jetzt, er könne sein Leben lang dicke Bohnen essen. Vielleicht illustriert der überlegene Gegner seine Meinung noch durch den infamen Witz vom Baron Rothschild, der dem Sozialisten einen Taler schenkte und erklärte: »Seien Sie jetzt zufrieden, das ist viel mehr, als bei der großen Teilung auf Ihrem Kopf entfiele.«
Ist der junge Unterredner marxistisch geschult, so wird er ausführen, die Sozialisten erstrebten ja nicht die Teilung, sondern Vergesellschaftung und Umstellung der Produktion. Er wird vielleicht einen theoretischen Vortrag halten. Aber es kann auch passieren, daß er sagt, dann herrsche doch wenigstens Gerechtigkeit. In diesem Fall ist er verloren; denn jetzt hat er seine gemeine Gesinnung, sein ressentimentbeladenes Denken enthüllt: es kommt ihm also in erster Linie gar nicht auf materielle Besserung an, es sollen bloß die, welchen es heute erträglich geht, nicht *mehr* haben als er selbst. Hinter seinen Argumenten steckt bloß der Haß. Lieber will man das ganze Leben die dicken Bohnen essen, wenn nur der andere kein Beefsteak hat! – Der junge Sozialist wird vor diesem Vorwurf betreten schweigen und sich vielleicht gegen ihn verteidigen. Er ist verwirrt. Der allgemeinen Verpönung des Willens zur Freiheit und Gerechtigkeit, die den Titel des Ressentiments annimmt, ist er nicht gewachsen.
Aber das harmlose Beefsteak, das von dieser verpönten Gesinnung mißgönnt wird, ist Symbol für Macht über Menschen, für Selbständigkeit auf dem Rücken des Elends. Die Gefahr, das Leiden, der Zwang, die Enge, die Unsicherheit, die Konzentration dieser negativen Momente des Lebens auf die ausgebeutete Klasse werden

heute durch die Konzentration der positiven Momente auf die lächerlich geringe Anzahl der Freien bedingt. In den Schulbüchern erzählt die Bourgeoisie vom Idealismus der Helden, die lieber den Tod ertragen wollten als die Sklaverei, aber dem Sozialismus gegenüber ist sie materialistisch genug, dem Impuls zur Abschüttlung des Jochs, zur Abschaffung der Ungleichheit mit dem Hinweis auf die Unwahrscheinlichkeit materieller Verbesserungen zu begegnen. Die Liebe zur Freiheit wird nur in der verlogenen Gestalt des nationalistischen Chauvinismus kultiviert. Der Vertrag von Versailles verursacht tatsächlich unnötiges Elend, aber in Deutschland klagen ihn am lautesten diejenigen an, welche die kapitalistische Eigentumsordnung, die ihn ermöglicht, erbarmungslos aufrechterhalten. Diese Ordnung, in der Proletarierkinder zum Hungertod und die Aufsichtsräte zu Festessen verurteilt sind, erweckt in der Tat Ressentiment.

Die Urbanität der Sprache

Die Sprache ist ihrem Wesen nach verbindend, Gemeinschaft stiftend, urban. Die Formulierung einer Gegnerschaft ist der erste Schritt zu ihrer Überwindung. Es wird möglich, die Ursachen zu erörtern, mildernde Gesichtspunkte in Betracht zu ziehen. Die Sprache scheint kraft ihrer Allgemeinheit das Motiv der Gegnerschaft zum Problem für alle Welt zu machen. Sie stellt seine Berechtigung zur Diskussion.
Die Übersetzung des Marxismus in den akademischen Stil wirkte im Nachkriegsdeutschland als ein Schritt, den Willen der Arbeiter zum Kampf gegen den Kapitalismus zu brechen. Die Professoren, als die berufenen intellektuellen Vertreter der Menschheit, befaßten sich mit dem Problem. Freilich war diese Übersetzung nur ein Schritt, denn seit aus viel realistischeren Ursachen die Arbeiter müde und ohnmächtig sind, bedarf man dieser vermittelnden Literatur nicht mehr und wird jene Übersetzer ebenso verwerfen wie die Vermittler in der wirklichen Politik. Am Begriff der Ideologie zeigt sich die Funktion der Übersetzung besonders deutlich. Kaum daß Marx ihn ausführlich erörtert hat. Er benutzte ihn gleichsam als unterirdische Sprengmine gegen die Lügengebäude der offiziellen Wissenschaft.

Seine ganze Verachtung der gewollten und halbgewollten, instinktiven und überlegten, bezahlten und unbezahlten Verschleierung der Ausbeutung, auf der das kapitalistische System beruht, lag in diesem Begriff. Jetzt haben sie ihn sauber formuliert als Relativität der Erkenntnis, als Historizität geisteswissenschaftlicher Theorien und anderes mehr. Seine Gefährlichkeit hat er eingebüßt.
Andererseits ist aber das Licht der Sprache unentbehrlich für den Kampf der Unterdrückten selbst. Sie haben Grund, die Geheimnisse dieser Gesellschaft an den Tag zu bringen und sie so verständlich, so banal wie möglich auszudrücken. Sie dürfen nicht ruhen, die Widersprüche dieser Ordnung in die öffentliche Sprache zu fassen. Die Verbreitung von Dunkelheit war stets ein Mittel in der Hand der Reaktion. Ihnen bleibt daher nichts übrig, als die Sprache davor zu bewahren, eine Allgemeinheit vorzutäuschen, die in der Klassengesellschaft nicht existiert, und sie so lange bewußt als Kampfmittel zu gebrauchen, bis die einheitliche Welt verwirklicht ist, von welcher her das Wort im Munde ihrer Kämpfer und Märtyrer heute schon zu erklingen scheint.

Eine Kategorie von Großbürgern

Im Verkehr mit Großbürgern, wenigstens einer bestimmten Kategorie, sollst du niemals um etwas bitten. Du mußt vielmehr immer so tun, als ob du in jeder Hinsicht zu ihnen gehörtest. Durch schlechte Behandlung erreichst du mehr als durch gute; denn diese erinnert sie immer an Untergebene und Abhängige, denen gegenüber ihnen die Verachtung oder wenigstens die Verweigerung im Blute liegt. Sie sind von früh auf gewohnt, ihr schlechtes Gewissen der beherrschten Klasse gegenüber durch Brutalität zu übertönen, und sobald sie dir gegenüber auch nur von ferne in diese Einstellung hineinkommen, bist du verloren. Willst du etwas erreichen, so mußt du ihnen als einer der Ihren auf die Schulter klopfen können. Gewähren sie das, was du willst, so ist es gefährlich, dich zu bedanken, falls du auf weitere Gestaltung deiner Beziehung Wert legst. Die völlige Beherrschung der Kunst, im Kreise von Großbürgern sich frei und natürlich zu bewegen, ist noch einer der wenigen Wege zum Aufstieg der Tüchtigen.

Anmerkung

Bei manchen Großagrariern, hauptsächlich deutschen und noch östlicheren, rührt die Brutalität gar nicht vom schlechten Gewissen, sondern daher, daß sie im Verkehr mit zivilisierteren Leuten ihre menschliche Minderwertigkeit gefühlt haben. In den Hintergründen ihres Bewußtseins dämmert der Gedanke, wie wenig sie wissen, können und sind. Diesen widerlegen sie dadurch, daß sie daheim mit der Peitsche regieren.

Das Persönliche

Persönliche Eigenschaften werden beim Fortkommen des Einzelnen zwar auch in Zukunft eine Rolle spielen. Aber ich kann mir eine Gesellschaft denken, in der die Stimme eines jungen Mannes oder die Nase eines Mädchens nicht über das Glück ihres Lebens entscheiden.

Der gesellschaftliche Raum

Um den Raum zu erkennen, in dem man sich befindet, tut es not, seine Grenzen zu erfahren. Bei Nacht, wenn wir die Wände des Zimmers, in das wir eintreten, mit den Augen nicht abzutasten vermögen, müssen wir an ihnen entlanggehen und sie mit den Händen prüfen. So erfahren wir, ob dieser Raum ein Salon mit seidenen Tapeten und großen Fenstern oder ein Gefängnis mit Steinmauern und einer Eisentüre ist.

Solange sich einer in der Mitte der Gesellschaft aufhält, d. h. solange er eine geachtete Position einnimmt, nicht in Widerspruch zur Gesellschaft gerät, erfährt er von ihrem Wesen das Entscheidende nicht. Je mehr er aus der sicheren Mitte sich entfernt, sei es durch Verringerung oder Verlust seines Vermögens, seiner Kenntnisse, seiner Beziehungen – ob mehr oder weniger durch sein Verschulden, spielt kaum eine Rolle –, erfährt er praktisch, daß diese Gesellschaft auf der völligen Negation jedes menschlichen Wertes beruht.

Die Art, wie in Zeiten des Aufstands die Schupo zuweilen mit den Arbeitern umspringt, ihre Kolbenstöße gegen den gefangenen Erwerbslosen, der Ton der Stimme, mit dem der Fabrikportier dem Arbeitsuchenden begegnet, das Arbeitshaus und das Zuchthaus enthüllen als Grenzen eben den Raum, in dem wir wohnen. Die zentraleren Stationen sind aus den mehr peripheren zu begreifen. Die Büros der gutgehenden Fabrik werden erst aus dem Arbeitssaal der Hilfsarbeiter in Zeiten der Rationalisierung und der Krise verständlich, und dieser Arbeitssaal, in dem es Gnade ist, schuften zu dürfen, bedarf zu seiner Erklärung des Rückgangs auf die bewaffnete Macht. In der unbestimmten Sorge des Angestellten stecken alle diese Momente, ob er sie sich klarmacht oder nicht, und sie bestimmen sein Leben. Die Ordnung, kraft welcher er aus seiner Stellung in die Not zu gleiten fürchten muß, wird in letzter Linie durch die Existenz von Granaten und Giftgasen zusammengehalten. Zwischen dem Stirnrunzeln seines Vorgesetzten und den Maschinengewehren besteht eine Reihe kontinuierlicher Übergänge, und jenes erhält durch diese sein Gewicht.

Nicht bloß das, was die Gesellschaft selbst, sondern auch was in ihr die einzelnen Menschen sind, erkennt man in der Regel nur von außen. Das Grundlegende des Daseins einer geistreichen Frau erfährt man weniger aus dem Besuch in ihrem Salon als aus dem Besuch bei einem Erwerbslosen, ihr Wesen liegt nicht bloß in den Tiefen ihrer Seele, sondern auch in den Tiefen der Menschheit, der Duft ihrer liebenswürdigsten Gedanken wie das diskrete Parfüm ihres Interieurs enthält noch etwas vom Gestank der allmorgendlichen Kübelentleerung im Zuchthaus, das diese schlecht gewordene Ordnung mit aufrechterhalten hilft. Auch die Dame selbst ist nicht vor dem Verfall an die Mächte bewahrt, die das Ganze an der Grenze zusammenhalten, selbst wenn diese Mächte, ohne daß sie von ihnen zu wissen braucht, ihr heute dienen. Ein verfehlter Aktienkauf ihres Gemahls genügt.

Ein Märchen von der Konsequenz

Es waren einmal zwei arme Dichter. Schon in den fetten Zeiten hatten sie gehungert, jetzt aber in den mageren, da ein wilder Tyrann für seinen Hof Stadt und Land des letzten beraubte und jeden Widerstand grausam unterdrückte, waren sie im Begriff, ganz zu verkommen. Da vernahm der Tyrann etwas von ihrem Talent, lud sie an seinen Tisch und versprach beiden – erheitert durch ihre geistvolle Unterhaltung – eine beträchtliche Pension.

Auf dem Rückweg dachte einer von ihnen an die Ungerechtigkeit des Tyrannen und wiederholte die bekannten Klagen des Volkes. »Du bist inkonsequent«, erwiderte der andere. »Wenn du so denkst, hättest du weiter hungern müssen. Wer sich mit den Armen einig fühlt, muß auch so leben wie sie.« Sein Kamerad wurde nachdenklich, pflichtete ihm bei und lehnte die Pension des Königs ab. Er ging schließlich zugrunde. Der andere wurde nach einigen Wochen zum Hofdichter ernannt.

Beide hatten die Konsequenzen gezogen, und beide Konsequenzen kamen dem Tyrannen zugute. Mit der allgemeinen moralischen Vorschrift der Konsequenz scheint es eine eigene Bewandtnis zu haben: den Tyrannen ist sie freundlicher als armen Dichtern.

Konfession

Der Mensch wird gegenwärtig zum Objekt der Kirchen, wenn er ganz ohnmächtig ist: in der Armenpflege, im Hospital dritter Klasse, im Gefängnis. In lichteren Sphären der Gesellschaft hat man wenig Ahnung davon, wie da drunten noch vergangene Gestalten hausen, wie sie da geschäftig sind und Macht haben. Die Frage »Welcher Konfession?« sind nach der Schule bloß noch arme Teufel gewöhnt, sie müssen sich da auskennen. Auch die Friedhöfe sind nach Konfessionen getrennt – eine Frage der Klassifikation von passiven Massen: Menschenmaterial. In einem Zeitungsbericht war das Wort »paritätisch« fett gedruckt. Ich wußte nicht, was da paritätisch verteilt worden war und dachte an Dividenden. Da las ich auf der nächsten Zeile: Krüppelheim und verstand sogleich, daß die Einteilung nach Konfessionen gemeint sei – die Einteilung von armen Krüppeln. Welcher Sturz seit den Zeiten des Dreißigjährigen Krieges! Damals wurden Krüppel im Namen zweier Konfessionen gemacht, heute sind sie beide froh, wenn man sie bei der Heilung zuläßt.

Der »leider« stabilisierte Kapitalismus

Wenn bürgerliche Intellektuelle in den Fragen der revolutionären Theorie auch sonst überall kompetent sein mögen, in Fragen des Zeitpunkts der Revolution sind sie nicht kompetent. Dieser Zeitpunkt hängt mit von dem Willen der Menschen ab. Der Wille aber ist verschieden je nachdem, ob man in der gegenwärtigen Gesellschaft ein geistiges Leben führen darf oder ob einem alles versagt ist und man an ihr zugrunde geht. Ich habe gegenwärtig, in den Jahren 1927 und 1928, von »literarisch radikaler« Seite den Satz, daß der Kapitalismus auf lange hinaus wieder stabilisiert sei, niemals mit dem Ausdruck solcher Niedergeschlagenheit aussprechen hören, wie er etwa die Mitteilung eines persönlichen Mißgeschicks zu begleiten pflegt. Ich glaube entdeckt zu haben, daß häufig das Bewußtsein, mit der Feststellung dieser Stabilität eine lobenswerte Gefaßtheit und einen schönen Weitblick zu beweisen, eine ziemlich gewichtige Kompensation für den Sprechenden bildet. Es gibt ja für uns so viele Kompensationen – mit der Größe des Einkommens nehmen sie zu!

Dienst am Geschäft

Der theoretische Schwindel, daß die profitrafferische Tätigkeit von Generaldirektoren in der Gegenwart eine der Menschheit nützliche Sache sei, prägt sich bis in die kleinsten Züge des praktischen Lebens dieser Herrschaften aus. Man muß gesehen haben, mit welcher Wichtigkeit sich diese Großen zu einer »Sitzung« begeben, man muß den Ton kennen, in dem versichert wird, man habe noch »zu tun«. Mit welcher tiefen inneren Berechtigung besteigt ein solcher Herr den Schlafwagen erster Klasse, wenn er zu geschäftlichen

»Verhandlungen« fährt! Sogar noch die Erholung, die sich der Vielgeplagte »einmal im Jahre« gönnt, oder die »kleine Zerstreuung« empfangen von der Gewichtigkeit seiner Geschäfte einen Zug von Billigkeit und gerechter Belohnung, ja sie selbst werden sozusagen als notwendige Atempausen zum Dienst am Gemeinwohl. Dabei handelt es sich doch in Wahrheit darum, daß jeder dieser Menschen auf Not und Elend, auf zermürbender und geisttötender Arbeit anderer Menschen sich ein gutes Leben macht, eine elegante Frau und schöne Kinder hält und sich alle Wünsche befriedigt. Wie ist es doch erlogen, daß es gerade auf diese privaten Dinge im Leben der Unternehmer nicht ankomme! Die Behauptung, von einer bestimmten Millionengrenze an raffe der Unternehmer nicht mehr für seinen persönlichen Verbrauch, ist bloße Erfindung. Ob er zehn oder zwanzig Millionen hat, macht sehr wohl einen Unterschied! Die Vergrößerung des Vermögens bedeutet im Gegenteil auf allen Stufen Erweiterung der Lustmöglichkeiten des Besitzers. Der Reichtum als Bedingung von Macht, Unabhängigkeit, Genüssen aller Art, das Kapital als Quelle phantastischer Triebbefriedigung ist der Zweck, um dessentwillen in der Gegenwart der Riesenapparat zur Aufrechterhaltung von Ungerechtigkeit und Elend, Kolonialgreueln und Zuchthäusern funktioniert. Die persönliche Befriedigung der Herren eine Kleinigkeit? Mag sein, um so empörender ist die Existenz der imperialistischen Gesellschaft dieser Kleinigkeit wegen!
Die »Wichtigkeit«, das »allgemeine Interesse«, der »Dienst an der Sache«, die Unentbehrlichkeit des »Wirkens«, mit denen sie jeden ihrer Schritte umgeben, dieser aufdringliche Tatbestand hat etwas vom naiven Bild des primitiven Medizinmannes, der mit feierlicher Gebärde den Löwenanteil der Beute auffrißt. Nur ist dieser moderne Zauber noch ungeheuer viel verlogener.

Das Ansehen der Person

Wenn ein alter Bettler an die Tür kommt und erklärt, er habe in seiner Jugend das Radium oder den Erreger der Cholera entdeckt, sei aber durch widrige Umstände heruntergekommen, dann fragt es sich, ob wir naturwissenschaftlich genug gebildet sind, um seine

Angaben sofort zu prüfen. Gesetzt, wir glaubten ihm und fänden in dem kurzen Gespräch, von dem früheren Geist sei keine Spur mehr zurückgeblieben. Dann erscheint uns das ganze als ein tragisches Schicksal. Werden wir später durch ein Lexikon belehrt, daß der Bettler bloß eine fixe Idee hatte, so verliert der Fall seine Bedeutung. Aber du lieber Gott, was hat sich denn verändert! Es steht da etwas in einem Lexikon, und einige Fachleute verbinden mit dem Radium in ihrem Gedächtnis gewisse Lebensdaten der Curies. Sonst ist doch – besonders wenn der alte Mann bloß einen kleinen Sparren hatte – in Beziehung auf ihn selbst gar nichts verändert. Er hat zwar in seiner Jugend die Entdeckung nicht gemacht, aber vielleicht andere ebenso geistreiche und gelehrte Überlegungen angestellt. Er ist vielleicht ein verkrachter Physikstudent, dessen Untersuchungen bloß durch einen Zufall keine Berühmtheit erlangten. Haben nicht überhaupt die meisten Menschen in ihrer Jugend das Zeug zu großen Entdeckungen? Was bleibt davon übrig, wenn nicht äußere Bedingungen dazukommen, die davor bewahren, alte Bettler zu werden! Nichts als eine Erinnerung, mit der ein solcher sich aufspreizt und die – wenn in der fable convenue der Lexika nichts davon verzeichnet steht – noch nicht einmal auf ihre Wahrheit geprüft werden kann. Ob der Bettler wahr gesprochen oder einer Wahnidee zum Opfer fiel, braucht für die Gegenwart gar keinen Unterschied auszumachen. Alles Persönliche, so wie es jetzt ist, könnte sich decken. Die bewußten Erinnerungen, ja, das gesamte bewußte Ich des Individuums ist an sich schon ein dünner Schleier über seinen jeweils vorhandenen Trieben und Strebungen. Ob dieser sich mit einigen Stellen jenes größeren Gewebes deckt, welches die Geschichtsschreibung hervorbringt, macht für die Existenz des lebendigen Menschen wenig aus. Er kann so arm an Geist und Körper sein wie der alte Bettler, ob er früher einmal, so wie er glaubt, ein Königreich erobert oder in Wirklichkeit Schweine gehütet hat. Die Eitelkeit der Gerippe in den Totengesprächen Lucians auf ihre ehemalige Schönheit und auf ihren Rang in der Welt ist komisch, weil sie sich im Hades befinden. Aber sollte die Grenze, welche das Alter von der Jugend, ja, den neuen Tag von dem zur Neige gegangenen trennt, nicht derselben Art sein wie der Tod? Gewiß läßt die Erfahrung, daß einer früher etwas geleistet, den Schluß zu, es sei auch gegenwärtig noch etwas mit ihm anzufangen; aber dies ist nur eine Wahrscheinlichkeit, der Schluß kann ebenso trügen wie der, welcher aus der früheren Anständigkeit eines Menschen seine heutige folgert. Sowohl die Triebe als auch die Begabung als erst recht die Gesinnung eines Menschen sind der Wandlung unterworfen; soweit sie sich nicht erhalten, ist der Gedanke, daß doch das Individuum an sich dasselbe geblieben sei, also die Idee der Einheit der Person, nur ein schwacher Grund dafür, dem gegenwärtigen Menschen die Taten des früheren zuzurechnen. Oder, um meine Absicht positiv auszudrücken: der Bettler, welcher sich im Irrtum befindet, mag ebensowohl Anrecht auf die Zurechnung der Entdeckung haben wie der Geheimrat, an dessen Brust die Orden dafür glänzen.

Menschheit

Der große Bacon hat es dem Arzt zur Pflicht gemacht, die Qualen der Krankheit nicht bloß dann zu bekämpfen, wenn Linderung zur Gesundheit führt, sondern auch »um dem Kranken, wenn keine Hoffnung mehr besteht, einen sanften und friedlichen Tod zu verschaffen«. Aber in der bisherigen Geschichte hat die Pflicht seit je nur so weit gereicht wie der Glaube, daß ihr Versäumnis sich rächen könnte. Vor dem armen Mann, hinter dem keine Macht steht, zieht sich die Pflicht des Mächtigen in die dunklen Räume zurück, wo er alles nur mit seinem Gott ausmacht, und auf dem Totenbett gleicht der Reiche dem Armen dann in mancher Hinsicht, wenn sein Tod schon sicher ist. Mit dem Tod verliert er ja seine Beziehungen und wird zu nichts. Dies haben die stolzesten Könige Frankreichs an sich erlebt. Soweit der aufgeklärte Arzt nicht aus ökonomischem und technischem Interesse, sondern aus Mitleid dem einsam Sterbenden in den Stunden der letzten Not zu helfen versucht, erscheint er als Bürger einer zukünftigen Gesellschaft. Diese Situation ist das gegenwärtige Bild einer wirklichen Menschheit.

Schwierigkeit bei der Lektüre Goethes

»Wer nie sein Brot mit Tränen aß, wer nie die kummervollen Nächte auf seinem Bette weinend saß, der kennt euch nicht, ihr himmlischen Mächte.« Von dem Gedicht, in dem dieser Vers vorkommt, hat Goethe selbst gesagt, seine Wirkung erstrecke sich in die Ewigkeit, weil »eine höchst vollkommene, angebetete Königin... einen peinlichen Trost« aus ihm gezogen habe. Die unausgesprochene Voraussetzung für diesen Trost ebenso wie für die Wahrheit des Verses besteht darin, daß die Personen auch andere Nächte und Tage kennen als die kummervollen. Die Voraussetzung ist eine heitere Existenz auf den Höhen der Menschheit, in der die Trauer so selten ist, daß sie einen edlen Schimmer erhält. Dadurch wird das Verständnis Goethes heute erschwert.

»Geld macht sinnlich« (Berliner Spruchweisheit)

Die Liebe der Frau ist für den Ehemann eine schöne Sache. Nichts aber vermag der Liebe einer Frau mehr Abbruch zu tun als geschlechtliche Impotenz des Mannes. Vielleicht hat es Zeiten gegeben, in denen dieser Mangel ein nicht gutzumachendes Übel, Schicksal war. Heute sind sie jedenfalls vorbei: die geschlechtliche Potenz hat ihr Äquivalent. Leidet eine Frau unter der Müdigkeit des Mannes, so reise er mit ihr nach dem schönsten Ort der Welt, miete im besten Hotel ein Appartement und beweise ihr seine Potenz durch den Betrag, den er ausgibt. Geld macht sinnlich – und zwar nicht bloß im Sinn von begehrlich, sondern auch von begehrenswert. Wie die Folgen der geschlechtlichen Impotenz zu Hause die gleichen sind wie die des schlechten Einkommens, nämlich kleinliche, aufreibende Zwistigkeiten, so kann auch die ökonomische Macht unmittelbar an die Stelle der sexuellen treten. Die gegenwärtige Gesellschaft verteilt dieses Äquivalent freilich ebenso blind wie die Natur die angeborenen Fähigkeiten, die es weitgehend ersetzen kann.

Das verlassene Mädchen

Der vulgäre Verstand weist gern auf die »ewig« wiederkehrenden Situationen menschlichen Seins hin; sie würden von dem realen Geschichtslauf nicht berührt wie beispielsweise Geburt, Liebe, Leid, Tod. Sobald man aber solche Situationen an konkreten Fällen erörtert, reduziert sich diese ideologisch brauchbare Behauptung auf ihren abstrakten und nichtssagenden Inhalt. Welch besserer Typus eines solchen Bildes ließe sich ausdenken als das verlassene Mädchen! Hier scheint doch ein Motiv gegeben, das durch die Zeiten hindurch, unter allen möglichen Sprachen und Kostümen, von den primitiven Völkerstämmen über Fausts Gretchen bis zur Tragödie der kleinen Angestellten sich wiederholt. Aber dem ist nicht so. Wenn das Bild des verlassenen Mädchens schon zu einer Reihe von Kulturen wegen der dort herrschenden Verhältnisse wenig paßt, so ist es in der Gegenwart im allgemeinen bloß der untergehenden Schicht des Kleinbürgertums zugeordnet. Zu seinen Voraussetzungen gehört die Möglichkeit der wirtschaftlichen Sicherung durch die Heirat, die Verpönung der außerehelichen Geburt, die Borniertheit der kleinbürgerlichen Mädchenerziehung. Mit dem Fortfall dieser Bedingungen bleibt von jener »ewigen Situation« vielleicht noch die Schädigung des weiblichen Narzißmus, wie bei vielen anderen Gelegenheiten, aber nichts von Gretchens Tragik. Eine Welt wie die gegenwärtige, in der als Pendant zum Schicksal des verlassenen Mädchens das Schicksal erwerbsloser junger Männer, deren verdienende Freundin sie im Stiche läßt, typisch zu werden beginnt, hat nur noch in zurückgebliebenen gesellschaftlichen Schichten Raum für jene verschwindende Figur.

In der Großbourgeoisie ist sie kaum noch zu Hause. Setzen wir einigermaßen orientierte großbürgerliche Eltern voraus, dann erscheint die Verlassenheit der Millionärstochter als quantité négligeable. Die Damen der Großbourgeoisie goutieren die großen und riskanten erotischen Situationen, denen sie durch ihre gesellschaftliche Stellung überhoben sind, in den kultivierten französischen Romanen des neunzehnten Jahrhunderts bei Balzac und Stendhal, ihre unglücklicheren kleinbürgerlichen Schwestern erleben sie noch in der Realität.

Die Erinnerung an solche Gestalten wie das verlassene Mädchen vermag dann, wenn sie vergangen sind, freilich mit einem Schlage den ganzen gesellschaftlichen Raum, oder vielmehr die gesellschaftliche Hölle, zu erhellen, deren Zeichen sie sind.

Anmerkung

Auch das Verschwinden vieler anderer solcher »ewiger« Situationen für die ganze Gesellschaft zeigt sich im Leben der Großbourgeoisie schon im voraus. Ihre komischen Klagen über die »Verarmung« und »Entzauberung« des Lebens finden darin eine groteske Begründung. Man denke nur an den »armen« reichen Jüngling: während der junge Prolet und Kleinbürger in tausend Formen Gelegenheit hat, das »ewige« Gefühl, das »allgemeinmenschliche« Gefühl der Sehnsucht nach der fernen Geliebten kennenzulernen, muß er, dem nicht nur Auto und Flugzeug, sondern auch die Möglichkeit, seine Geliebte überallhin mitzunehmen, geboten ist, hier wie so oft darauf verzichten, diese menschliche Erfahrung richtig auszukosten.

Asylrecht

Früher oder später wird das Asylrecht für politische Flüchtlinge in der Praxis abgeschafft. Es paßt nicht in die Gegenwart. Als die bürgerliche Ideologie Freiheit und Gleichheit noch ernst nahm und die ungehemmte Entwicklung aller Individuen noch als Zweck der Politik erschien, mochte auch der politische Flüchtling als unantastbar gelten. Das neuere Asylrecht gehörte zum Kampf des dritten Standes gegen den Absolutismus, es beruhte auf der Solidarität des westeuropäischen Bürgertums und seinesgleichen in zurückgebliebenen Staaten. Heute, wo das in wenigen Händen konzentrierte Kapital zwar in sich gespalten, aber gegen das Proletariat zur solidarischen und reaktionären Weltmacht geworden ist, wird das Asylrecht immer störender. Es ist überholt. Soweit die politischen Grenzen Europas nicht gerade den Interessendifferenzen von gegnerischen, mehrere Nationen umspannenden Wirtschaftsgruppen entsprechen, fungieren sie fast bloß als allgemeines ideologisches Herrschaftsmittel und als Reklamemittel der Rüstungsindustrie. Das

Asylrecht wird vor den gemeinsamen Interessen der internationalen Kapitalistenklasse verschwinden, soweit es sich nicht um Emigranten aus Rußland oder um völkische Terroristen handelt. Hat ein Mensch aber die Hand gegen das Ungeheuer des Trustkapitals erhoben, so wird er in Zukunft keine Ruhe mehr finden vor den Krallen der Macht.

Schlechte Vorgesetzte

Damit sich einer als Vorgesetzter oder gar als Chef den Angestellten und Arbeitern gegenüber frei und selbstverständlich bewegen kann, so, wie es in Ordnung ist, muß er die Beziehungen zwischen sich und den von ihm Abhängigen als selbstverständlich betrachten. Dieses Verhältnis darf ihm nicht wirklich problematisch sein. Sonst ist er gehemmt, und die Untergebenen werden sehr rasch merken, daß er zum Vorgesetzten sich nicht eignet. Seine unausgesprochene Auffassung, daß die anderen ohne gerechten Grund unter schlechteren Lebensbedingungen stehen als er, wird von ihnen in dem Sinn akzeptiert, daß gerade an diesem Vorgesetztenverhältnis etwas nicht klappt. Darunter leidet die Arbeit. Die Menschen fungieren nur dann als gute Lohnarbeiter, wenn der, unter dessen Befehl sie es tun, durch sein ganzes Wesen die Unabänderlichkeit und Zweckmäßigkeit dieses Verhältnisses instinktiv zum Ausdruck bringt. Wer sich aber als Vorgesetzter der Unvernünftigkeit des Abhängigkeitsverhältnisses in der Gegenwart, seines Ursprungs aus der veralteten Klassengesellschaft bewußt ist, wer seine eigene Rolle als Kompagnon der Ausbeutung durchschaut, wird mit Recht als unsicher und gezwungen empfunden. Der Psychoanalytiker würde sagen, er bezeuge Schuldgefühle und daher aggressive Tendenzen. Und wirklich unterscheidet er sich ja von seinem gesünderen Kollegen darin, daß ihm das Aggressive seiner Existenz gegenwärtig ist.

Es soll Frauen und Töchter großer Unternehmer geben, die den Papa in seinem Büro besuchen, ja die Fabrik besichtigen, ohne das geringste von ihrer mondänen Freiheit einzubüßen. Für diejenigen unter ihnen, die eine leise Hemmung befürchten, hat man jetzt ein treffliches Mittel gefunden: sie haben auch einen Beruf. Dem

Schreibmädchen, dessen Vater erwerbslos ist und das morgen unter Umständen selbst auf die Straße fliegt, kann jetzt die Dame ruhig die Hand drücken und sogar »Freundschaft« mit ihr pflegen. »Auch ich tippe jetzt den halben Tag. Ich bin bei meinem Onkel im Büro. Ich verachte die Leute, die nichts arbeiten.«
Es ist eine schöne Sache um die Freiheit im persönlichen Verkehr. Der Kapitalismus hat ganz recht, Hemmung und Unsicherheit auf den Index zu setzen. Nicht bloß die Beziehung des Vorgesetzten zum Untergebenen, nein, auch umgekehrt die Beziehung des Arbeiters zum Betriebsleiter, des Dieners zum Herrn und umgekehrt der Dame zur Zofe, des armen Literaten zum Bankier, der Waschfrau zum Golfhelden, des Sanitätsrates zum Armenhäusler – alle diese Beziehungen sollen den Stempel der Heiterkeit und Selbstverständlichkeit an sich tragen. Wenn Menschen verschiedener Klassen zueinander sprechen und sich die Hände drücken, muß man den lebhaften Eindruck haben: alles hat seine Richtigkeit.

Wer nicht arbeiten will, der soll auch nicht essen

Dieser Spruch aus der Bibel ist ein volkstümlicher Grundsatz. Er müßte lauten: Alle sollen essen und sowenig wie möglich arbeiten. Aber auch das ist noch viel zu allgemein. Die Arbeit zum Oberbegriff menschlicher Betätigung zu machen ist eine asketische Ideologie. Wie harmonisch sieht die Gesellschaft unter diesem Aspekt aus, daß alle ohne Unterschied von Rang und Vermögen – »arbeiten«! Indem die Sozialisten diesen Allgemeinbegriff beibehalten, machen sie sich zu Trägern der kapitalistischen Propaganda. In Wirklichkeit unterscheidet sich die »Arbeit« des Trustdirektors, des kleinen Unternehmers und des ungelernten Arbeiters nicht weniger voneinander als Macht von Sorge und Hunger.
Die proletarische Forderung geht auf Reduktion der Arbeit. Sie bezweckt nicht, daß in einer künftigen besseren Gesellschaft einer davon abgehalten werde, sich nach seiner Lust zu betätigen, sondern sie geht darauf aus, die zum Leben der Gesellschaft erforderlichen Verrichtungen zu rationalisieren und gleich zu verteilen. Sie will dem Zwang und nicht der Freiheit, dem Leid und nicht der Lust eine

Schranke setzen. In einer vernünftigen Gesellschaft verändert der Begriff der Arbeit seinen Sinn.

»Wer nicht arbeiten will, soll auch nicht essen«, wird aber heute insgeheim gar nicht mehr auf die Zukunft, sondern auf die Gegenwart bezogen. Der Satz verklärt die herrschende Ordnung: er rechtfertigt die Kapitalisten, denn sie arbeiten; er trifft die Ärmsten mit einem Verdammungsurteil, denn sie arbeiten nicht. Der Bourgeoisie gelingt es überall, einen ursprünglich von ihr selbst gefaßten revolutionären, von den Sozialisten in seiner Allgemeinheit festgehaltenen Gedanken mit der reaktionären Moral der herrschenden Klasse zu versöhnen. Aber das Wort zielt auf eine zukünftige Gesellschaft, und die Konsequenz aus ihm für die Gegenwart ist nicht etwa die Heiligung der Arbeit, sondern der Kampf gegen ihre heutige Gestalt.

Ohnmacht des Verzichts

Wenn du zu politischer Arbeit nicht taugst, wäre es töricht zu wähnen, daß dann doch deine persönliche Abkehr von der allgemeinen Ausbeutungsmaschine etwas bedeuten könnte. Deine Weigerung, fortan von der großen Menschen- und Tierquälerei zu profitieren, dein Entschluß, Bequemlichkeit und Sicherheit aufzugeben, wird keinem Menschen und keinem Tier ein Leid ersparen. Auch wirksame Nachahmung durch genügend viele andere darfst du dir nicht versprechen; die Propaganda des persönlichen Verzichts, der individuellen Reinheit hat in der neueren Geschichte stets den Mächtigen dazu gedient, ihre Opfer von Gefährlicherem abzuhalten, und ist in Sektiererei verkommen. Die fortschreitende Einschränkung des Elends ist das Ergebnis langer weltgeschichtlicher Kämpfe, deren Etappen durch glückliche und unglückliche Revolutionen bezeichnet sind. Zur aktiven Teilnahme daran befähigt nicht das Mitleid, sondern Klugheit, Mut, Organisationskraft; jeder Erfolg enthält die Gefahr furchtbarer Rückschläge, neuer Barbarei, erhöhten Leidens. Fehlen dir jene Qualitäten, so schaltet deine Hilfe für die Allgemeinheit aus.

Die Einsicht in die Unwirksamkeit des individuellen Verzichts begründet oder rechtfertigt aber keineswegs das Gegenteil: Beteiligung an der Unterdrückung. Sie besagt nur, daß deine persönliche Reinheit für die wirkliche Veränderung belanglos ist: die herrschende Klasse wird dir keine Gefolgschaft leisten. Vielleicht aber begibt es sich, daß du trotz des Mangels einer rationellen Begründung die Freude an der Gemeinschaft mit den Henkern verlierst und die Einladung eines harmlosen alten Herrn zur Autofahrt in den Frühling abschlägst, weil man in den Zuchthäusern seiner Klasse einem gleichaltrigen Greis nach dreißig Jahren Zwangsarbeit die Begnadigung mit dem Hinweis verweigert, er könne in der Freiheit keine Arbeit finden und fiele der Armenpflege zur Last. Vielleicht verlierst du eines Tages einfach die Freude daran, auf dem Dachgarten des Gesellschaftsgebäudes spazierenzugehen, obgleich es ein ganz unbedeutendes Faktum ist, wenn du herabsteigst.

Die gute alte Zeit

Der Angriff auf den Kapitalismus ist immer dem Mißverständnis ausgesetzt, als nähme er frühere Gesellschaftsperioden stillschweigend in Schutz. Dies braucht keineswegs der Fall zu sein. Es ist Sache der Geschichtsforschung, Glück und Elend in den verschiedenen Zeiten festzustellen. Wahrscheinlich sind die Spannen des relativ friedlichen und fruchtbaren Zusammenlebens der Gesamtgesellschaft nach Raum und Zeit stark begrenzt gewesen, denn in der bekannten Geschichte war der Druck der Herrenklasse auf die Allgemeinheit mit wenigen Unterbrechungen äußerst grausam. Wer die Macht an empfindlicher Stelle zu treffen wagte, hatte immer den Verlust von Freiheit, Ehre, Leben zu erwarten, wahrscheinlich riß er auch die Seinen: Frau, Kinder, Freunde mit ins Verderben. Immer lag über der Gemeinheit, durch die sich die Macht am Leben hält, ein Schleier; wer ihn zu zerreißen versuchte, war zum Untergang bestimmt.

Die Unterdrückung teilt der gegenwärtige Kapitalismus mit früheren Gesellschaftsformen. Wenn auch der Zeit des Abstiegs, in der eine Kultur zur Fessel wurde, jeweils eine Epoche des Aufstiegs und der Blüte vorherging, überwiegt doch in der Geschichte, soweit sie die Massen betrifft, das Leid. Die schlechten Seiten des Kapitalismus verbinden ihn mit der Vergangenheit. In der Kunst mag er ihr vielleicht nachstehen, in Lüge und Grausamkeit wetteifert er mit ihr. Seine großen zivilisatorischen Eroberungen aber weisen in die Zukunft. Relativitätstheorie und Pneumothorax stammen aus unseren Tagen, die Hölle von Guyana ist ein Erbe der Väter.

Wandlungen der Moral

Manche radikalen Schriftsteller schenken sich die Theorie. Sie glauben, wenn die grauenvolle Wirklichkeit dargestellt wäre, sei es in Form eines Abhubs aus illustrierten Zeitungen, also als bloße Reihe von »faits divers«, sei es in Gestalt krasser Einzelheiten oder in der Verhöhnung des schlechten Niveaus der reichen Leute, hätten sie schon genug getan. Ihre Schilderungen scheinen als Unterschrift stets den Vermerk zu tragen: »Kommentar überflüssig.« Sie haben wenig vom Umwandlungsprozeß der Ideologie erfahren und meinen, daß Ungerechtigkeit heute immer noch ein Argument *gegen* eine Sache sei. Sie akzeptieren stillschweigend den Harmonieschwindel vergangener Jahrzehnte, nach dem trotz verschiedener materieller Interessen ein gemeinsames Gewissen die Menschheit eine, und werden daher, anstatt Vorkämpfer einer neuen Realität zu sein, selbst zu Affen einer alten Ideologie. Die Moral, an welche sie appellieren, ist von der imperialistisch gewordenen Bourgeoisie längst abgelegt. Heute mag sie die der Ausgebeuteten sein, soweit es nicht schon gelungen ist, diese selbst mit den neuen moralischen Vorstellungen zu durchdringen. Diese aber verklären die Brutalität.

Verantwortung

Da heißt es immer: welch ungeheure Verantwortung lastet doch auf diesem oder jenem mächtigen Mann, was hängt alles von ihm ab, an wie viele Dinge muß er immer denken! Mitgefühl und Bewunderung mit den armen reichen Leuten geht so weit, daß man beinahe froh ist, nicht an ihrer Stelle zu sein. »Genieße, was

dir Gott beschieden, entbehre gern, was du nicht hast, ein jeder Stand hat seinen Frieden, ein jeder Stand hat seine Last.« Haben die Mächtigen denn nicht noch weniger Frieden, tragen sie nicht noch mehr Lasten als der kleine Mann, der wenigstens nach der Arbeit mit Frau und Kindern einer relativ sorgenfreien Ruhe pflegt?
Vielleicht ist das einmal cum grano salis wahr gewesen. Ich glaube es nicht. Heute jedenfalls ist es Schwindel. Wenn die Verantwortung eines Menschen nicht in der bloßen Tatsache bestehen soll, daß andere von ihm abhängen, sondern daß er möglicherweise die Folgen seiner Handlungen im eigenen Leben wirklich zu spüren bekommt, dann sind die kleinen Leute ungeheuer viel mehr mit ihr belastet als die Mächtigen. Die Nachlässigkeit, welche den Angestellten rasch um seine Stellung bringt, stürzt auch seine Familie ins Unglück. Ihm bieten sich täglich unzählige Möglichkeiten, Fehler, die sein und der Seinen Schicksal unheilvoll bestimmen können, zu begehen. Wie gering sind dagegen solche Möglichkeiten beim Kapitalmagnaten! Selbst wenn dieser einmal eine verkehrte Entscheidung getroffen hat, wird sie nur selten eindeutig als Dummheit oder Leichtsinn erscheinen und häufig mit dem »Segen der Widerruflichkeit« gesegnet sein, kaum aber auf die Menschen, die er liebt, zurückfallen. Es stehen tausend Wege offen, sie zu reparieren. Auch kann er in schlechter Verfassung, d. h. bei zunehmender Wahrscheinlichkeit von Fehlern, Pausen machen, in denen andere für ihn einspringen, und die Qualität dieser anderen wird um so besser sein, je größer sein Kapital ist. Selbst wenn er sich ganz von den Geschäften zurückzieht, braucht es ihm keinen Nachteil zu bringen. Mit dem Vermögen wächst daher die Macht über andere Menschen, aber nicht die Sorge und Verantwortung; diese wachsen in der kapitalistischen Gesellschaft vielmehr in direktem Verhältnis mit der Ohnmacht und Abhängigkeit vom Kapital.
In den Tagen der Mobilmachung und Kriegserklärung sammelten sich abends vor den Palästen der Fürsten und Minister Menschenmassen an, die ehrfürchtig zu den erleuchteten Fenstern aufblickten. »Was müssen diese Geschäftsträger des Weltgeistes jetzt für Gedankenlasten tragen!« Ich dachte schon damals an die realeren Sorgen in den Proletarierhäusern, aus denen die »Helden« kommen

sollten. Und was hat sich nach dem Krieg gezeigt, den jene entfesselt haben? Die Helden sind gestorben, aber die Großen, um deren Interesse der Krieg in Wahrheit sich drehte, haben selbst in Deutschland unermeßlich viel gewonnen. Wo zeigt sich ihre »Verantwortung«? – Vor Gott, dem Herrn! Der kleine Freiwillige aber, den man zum Krüppel geschossen hat, erfährt jeden Tag, daß die Angst seiner Eltern, ihn ziehen zu lassen, berechtigt war, denn anders hätte er sie vielleicht vor ihrem gegenwärtigen Elend und ihren Demütigungen bewahren können. Er hat seine Verantwortung in der Wirklichkeit zu tragen.

Die Verantwortung der kapitalistischen Herren für ihre Taten in Krieg und Frieden behauptet die Religion – die der Ausgebeuteten zeigt sich in der irdischen Praxis.

Freiheit der moralischen Entscheidung

Bei Richard Wagner sind die Personen, die sich zur Schopenhauerschen Moral, zur Entsagung durch Mitleid bekehren, vor der Bekehrung stark und mächtig. Wagner wünscht das Mißverständnis auszuschließen, als bekehrten sich seine Helden aus Schwäche. Was ist das Mitleid eines Menschen schon wert, wenn er überhaupt nicht imstande ist, dreinzuschlagen. Auch der christliche Gott freut sich bekanntlich mehr über einen reuigen Sünder als über tausend Gerechte. Buddha war ein Königssohn – was wäre es für einen Paria Besonderes gewesen, ein asketisches Leben zu führen: er hat ja sowieso nichts zu essen! Buddha hielt ganz konsequent die niederen Kasten zunächst von der Mönchsgemeinde fern. Ins Bürgerliche übersetzt bedeutet dies alles, daß die Möglichkeit, moralisch zu sein, eine von der sozialen Geltung abhängige Variable darstellt. Wer selbst zu den Elenden gehört, ist in doppelter Weise vom Problem der Moralität ausgeschlossen. Erstens ist es für ihn keine »Frage«, sich mit dem Leid zu identifizieren, das »tat twam asi« angesichts der leidenden Kreatur ist für ihn keine »Erkenntnis«, sondern ein Faktum. Angesichts des Reichen dagegen gilt für den Armen der umgekehrte Satz: »Das bist du nicht.« Zweitens hat er nichts, auf das er verzichten könnte. Also: Moral und Charakter sind weitgehend Monopole der herrschenden Klasse. Ihren Mitgliedern steht die moralische Entscheidung in ganz anderer Weise als den Elenden frei.

Arbeitsfreude

Wenn ich weiß, daß einer gern oder widerwillig arbeitet, weiß ich noch nichts von ihm. Wer mit Begeisterung zehn Stunden Geschäftsbriefe stenographiert, die ihn nichts angehen, Buchhaltung macht oder am laufenden Band steht, ist – wenn es unmittelbar aus Werkfreude und nicht aus entfernten Motiven geschieht – kein erfreulicher Mensch. Wer einen geistigen Beruf hat oder gar unabhängig ist und abwechseln darf, gehört zu den Auserwählten. Es kommt vor, daß Unternehmer in besonders angespannten Zeiten, z. B. wenn die Bilanz ihres Profits gezogen wird, länger in den Büros bleiben als die Mehrzahl ihrer Angestellten. Dann pflegt der Chef zu sagen: »Die Angestellten haben keine Freude an der Arbeit. Ich verstehe das nicht. Ich könnte die ganze Nacht durcharbeiten, ohne müde zu werden.« Diese Gesinnung haben die Unternehmer nicht bloß in solchen Ausnahmezeiten, sondern im Grunde genommen das ganze Jahr hindurch. Die Angestellten können es ihnen nachfühlen.

Anmerkung

In einer sozialistischen Gesellschaft wird die Freude nicht aus der Natur der zu leistenden Arbeit hervorgehen. Dies anzustreben ist ganz reaktionär. Die Arbeit wird vielmehr deshalb gern verrichtet werden, weil sie einer solidarischen Gesellschaft dient.

Europa und das Christentum

Die Kluft zwischen den moralischen Maßstäben, welche die Europäer seit Einzug des Christentums anerkennen, und dem wirklichen Verhalten dieser Europäer ist unermeßlich.
Daß es keine Schandtat gibt, welche die herrschende Klasse nicht als

moralisch hinstellte, wenn sie ihren Interessen entspricht, versteht sich von selbst. Zwischen der Tötung von Millionen junger Leute im Krieg bis zum infamsten Meuchelmord am politischen Gegner gibt es keine Schurkerei, die man mit dem öffentlichen Bewußtsein nicht aussöhnte. Auch daß die beherrschten Klassen, von den fortgeschrittensten Gruppen abgesehen, der Verlogenheit ihrer Vorbilder folgen, ist zwar schwer verständlich, aber doch hinreichend allgemein bekannt. Besteht doch die Abhängigkeit dieser Klassen nicht allein darin, daß man ihnen zuwenig zu essen gibt, sondern daß man sie in einem erbärmlichen geistigen und seelischen Zustand hält. Sie sind die Affen ihrer Gefängniswärter, beten die Symbole ihres Gefängnisses an und sind bereit, nicht etwa diese ihre Wärter zu überfallen, sondern den in Stücke zu reißen, der sie von ihnen befreien will.

All dieses ist bekannt, so bekannt, daß man beinahe der allgemeinen Suggestion zum Opfer fällt, nach der die wiederholte Feststellung des Zustands abgeschmackter erschiene als seine endlose Dauer. Wirkt doch die kritische Regel, das Alte nicht zu oft zu wiederholen, heute als ein Umstand mehr, um die Literatur davon abzuhalten, das Wichtigste auszusprechen, denn wie öde veraltete Weisheiten sonst abgeleiert werden mögen, das Salz der echten Verachtung enthält der kritische Hinweis auf die Bekanntheit eines mündlich oder schriftlich Dargestellten doch nur dann, wenn es sich über das Bestehende gerade dort empört, wo es am niederträchtigsten ist.

Weniger bekannt ist schon der Umstand, daß nicht bloß die kleinen literarischen und wissenschaftlichen Größen der Klassengesellschaft, sondern auch die besonders Großen, soweit sie mit ihr im Einklang stehen, dort, wo die Anwendung ihrer Ansichten auf die Wirklichkeit zu ziehen wäre, notfalls jede wissenschaftliche und ästhetische Genauigkeit oder vielmehr die einfachste Anständigkeit in den Wind schlagen, um, koste es, was es wolle, den Konflikt mit der Gesellschaft zu vermeiden. Damit ist beileibe nicht gesagt, daß es ihnen bewußt wäre; ihr Gewissen ist sicher rein geblieben, aber was bedeutet das auch! Die Meister der feinen Methodik, der differenziertesten sprachlichen und logischen Apparatur, die Könige der Dichtkunst, Philosophie und Wissenschaft haben bloß gerade dort nicht aufgepaßt, wo ihre Grundsätze den Elenden zugute gekommen wären. Vom Dichter des *Faust*, der die

Todesstrafe für Kindesmörderinnen beibehalten wissen wollte, von Hegel, der – mehr im Einklang mit seinen Grundsätzen als mit den Tatsachen – das liberalistische England bedauert, weil die Macht des Königs gegen das Parlament zu gering sei, es aber der Theorie und Praxis nach zum Vorbild empfiehlt, wenn es gilt, »die Armen ihrem Schicksal zu überlassen und sie auf den öffentlichen Bettel anzuweisen«, von Schopenhauer, dem Philosophen des Mitleids, der von den Versuchen, die Existenz der Arbeiterklasse erträglich zu gestalten, verächtlich spricht, aber »sogar die Großhändler« der »Führerklasse« beizuzählen wünscht, die »von gemeinem Mangel oder Unbequemlichkeit befreit bleiben« müsse – von diesen Größen der Vergangenheit geht eine lange Reihe bis hinunter zu jenen Kreaturen, welche in ihren Büchern bewußt das pure Gegenteil von dem sagen, was sie insgeheim denken, um dann in der Verlegenheit »autre chose la littérature, autre chose la vie« zu bekennen und noch damit großzutun, wenn man sie in die Enge treibt. Aber, wohlgemerkt, nicht die Differenz zwischen den Lehren und dem Leben der Dichter und Denker ist hier entscheidend – sie ist interessant genug, aber in diesem Zusammenhang zu kompliziert, um Erwähnung zu finden –, sondern die Inkonsequenz auf ihrem eigenen Gebiet. Es mag sein, daß logische Widersprüche ein Werk nicht sprengen müssen, sondern zu seiner philosophischen Tiefe gehören. Dies ist selten der Fall – der hier bezeichnete Widerspruch gehört aber nicht zur literarischen, sondern zur moralischen Tiefe seiner Autoren, er haftet ihrem Werk als Makel an, auch wenn es sonst Bewunderung verdient.
Noch weniger als diese literarischen Tatbestände ist die alltägliche, zur Selbstverständlichkeit gewordene Lüge bekannt, die ein Wesensmerkmal des gegenwärtigen privaten Lebens ist. Daß die Christen vor fremdem Unglück heiter bleiben, daß sie nicht Abhilfe schaffen, wenn Ohnmächtigen Unrecht geschieht, sondern im Gegenteil selbst Kinder und Tiere quälen, daß sie ruhig an den Mauern vorbeigehen, hinter denen sich zu ihren Gunsten Not und Verzweiflung abspielt, daß es immer ein Unglück ist, in ihre Macht gegeben zu sein – und daß sie bei all dem als ihr göttliches Vorbild Tag für Tag ein Wesen anbeten, das sich ihrer Überzeugung nach für die Menschheit geopfert hat: diese Lüge kennzeichnet jeden Schritt des europäischen Lebens.

Ich habe einmal gesehen, daß sich besonders Reiche und daher auch besonders Fromme unter ihnen an einer der schönsten Stellen Europas, an einem strahlenden Tag, im Angesicht blütenbedeckter Berge und des tiefblauen Meeres, damit vergnügten, Tauben, die bis zu diesem Augenblick in dunklen Kästen gehalten waren, aus den Kästen aufscheuchen zu lassen, um die vom Licht Geblendeten, in den ersten Sekunden der Freiheit Taumelnden und Flatternden zu erschießen. Fiel ein Tier halb- oder ganz tot auf den umgebenden Rasen, so ergriff es ein dressierter Hund, flüchtete es sich verwundet auf die nahen Felsen, so kletterten ihm Burschen dahin nach. Hatte es das seltene Glück, unverletzt aufs Meer zu entkommen, so flog es nach kurzer Zeit in vertrauendem Instinkt und ohne das Ganze zu begreifen, zum Ausgangsort zurück und diente am nächsten Morgen den Spielen aufs neue. Dies ereignete sich Tag für Tag. Der beste Schütze wurde vom Fürsten des Landes feierlich belohnt. Einen Zuschauer fragte ich, ob die Taube das Symbol des Heiligen Geistes sei. »Nein, nur die weiße«, erwiderte er. Aber am gleichen Abend wurde im Kino eine eigens für den Film unternommene Expedition in den Dschungel gezeigt. Die Szenen waren mit humoristischem Text versehen. Ein lebendiges Lamm wurde in eine Falle gebunden, um den Leoparden anzulocken. Er kam, zerriß das Lamm und wurde erlegt. Besonders die letzte Überschrift: »Jetzt geht Herr Leopard nicht mehr spazieren«, erweckte Lachen. Aber das Lamm ist ein religiöses Symbol. Die Wilden pflegen ihre heiligen Tiere, die Totemtiere, für gewöhnlich nicht zu fressen. Die Christen verleihen ihnen Symbolcharakter, sie verehren nicht sie selbst, sondern in ihnen oder durch sie die Gottheit, die Tiere werden daher in Wirklichkeit nicht geschont. Sie haben von der Sublimierung unserer Vorstellungen der Gottheit nichts profitiert.

In dieser Kultur ist es lebensfremd, ihre Religion ernst zu nehmen, wie es auch lebensfremd ist, die nichtreligiösen Werte, Gerechtigkeit, Freiheit, Wahrheit, ernst zu nehmen. Man muß die Anerkennung dieser Werte bloß als façon de parler verstehen, bloß den Mächtigen achten, aber den Armen und Ohnmächtigen in der Religion, d. h. im Geiste, verehren und in Wirklichkeit mit Füßen treten, man muß das Lamm auf die weiß-gelbe Fahne sticken und es im Dschungel für Kinobesucher in der Dämmerung auf den Tod warten lassen, den Herrn am Kreuze anbeten und ihn lebendig aufs Schafott schleppen, man muß jedenfalls den verfolgen, der das Christentum mit den Lippen angreift, und ihn abhalten, seine Verwirklichung zu betreiben. Die Feststellung der Kluft zwischen den moralischen Maßstäben der Christen und ihrem wirklichen Verhalten wirkt dagegen als eine lebensfremde, absonderliche, sentimentale, überflüssige Behauptung, die nach Belieben als erlogen oder als sattsam bekannt gilt und mit welcher man vernünftige Europäer jedenfalls verschonen sollte. In diesem Punkt pflegen Juden und Christen einig zu sein. Das Kompromiß zwischen der Verwirklichung der Religion und ihrer unzweckmäßigen Abschaffung ist die Aussöhnung mit Gott durch die alles umspannende Lüge.

Die Sorge in der Philosophie

Sorge (*Faust II*, 5. Akt): »Hast du die Sorge nie gekannt?«
Deutscher Philosoph 1929: »Einen Augenblick! Ja. Die Einheit der transzendentalen Struktur der innersten Bedürftigkeit des Daseins im Menschen hat die Benennung ›Sorge‹ erhalten.«

Gespräch über die Reichen

A.. Wenn das Geld keine Rolle spielt, sind nicht bloß die privaten Vereinbarungen, sondern auch die juristischen Formalitäten bei der Ehescheidung keine große Angelegenheit. Durch eine kleine Schiebung bringt man die Sache vor einen Richter, der keine großen Geschichten macht. Es gibt keine Aufregung, keine wiederholten Vorladungen, keine endlosen Vertagungen. Das Finanzielle hat man schon vorher untereinander geregelt und lebt inzwischen mit Freund oder Freundin ruhig zusammen. Für die armen Leute ist die Scheidung dagegen eine Tortur, denn es geht ums Geld. Weil der Schuldiggesprochene den wirtschaftlichen Nachteil hat, müssen beide nach Beweisen gegeneinander suchen, die Verwandten und Bekannten werden hineingezogen oder mischen sich selbst hinein, alles Häßliche wird an die Öffentlichkeit gezerrt, es ist eine Hölle. Und dabei müssen sie unter Umständen bis zur Scheidung noch zusammenleben, die Kinder sind da, täglich gibt es Auftritte. Häufig aber kann man überhaupt nicht vor Gericht gehen, weil wegen der Armut von vorneherein keine Aussicht auf eine erträgliche Lösung besteht. Dann ist das Leben kurzerhand verpfuscht.

B.: Wie leichtfertig du daherredest! Du weißt doch selber, welche Ehetragödien sich in reichen Familien abspielen. Oft genug enden sie mit Selbstmord. Auch daß dabei öffentlich keine schmutzige Wäsche gewaschen würde, ist unwahr. Häufig spricht die Stadt, jedenfalls die »Welt« von einer solchen Sache. Die reichen Leute müssen genauso leiden wie die armen. Gerade in diesen Fällen zeigt es sich, wie wenig das Wirtschaftliche mit dem inneren Leben der Menschen zu tun hat. Offenbar machst du dir gar keine Vorstellung davon, wieviel seelisches Elend es in diesen beneideten Kreisen gibt. Weil sich die Szenen hinter verschlossenen Türen oder überhaupt weniger geräuschvoll abspielen, glaubt man, daß es sie nicht gäbe. Du siehst die Welt viel zu einfach.

A.: Natürlich müssen auch die Reichen leiden. (Sie haben immerhin mehr Gegengifte.) Aber diese allgemeine Wahrheit habe ich ja gar nicht bezweifelt, ich wollte bloß feststellen, daß die Ehekonflikte in der Mehrzahl der Fälle infolge der Armut zu Torturen werden, während der Reiche in einer für die Armen unerreichbaren Weise damit fertig werden kann. Weil du dies nicht leugnen kannst, führst du eine Allgemeinheit ins Feld. Sobald man auf eine der unzähligen Segnungen, die das Geld mit sich bringt, hinweist, suchst du und die Deinen die Bedeutung der Sache, mag sie auch sonnenklar sein, zu verwischen. In diesem Fall ist es dir nicht recht, daß die Wirtschaft bis in die geheiligten innerseelischen Bezirke hineinspielt, aber genau dies ist die Wahrheit. Mag sein, daß auch deine Millionäre unter Eheschwierigkeiten seufzen, neun Zehntel meiner Hungerleider wären jedenfalls wenn nicht aus ihren Eheschwierigkeiten zu befreien, so doch darüber zu trösten, wenn sie mit ihnen tauschen dürften. Im übrigen solltest du das eine längst gemerkt haben: ich klage den Genuß nicht an. Die Schande dieser Ordnung liegt nicht darin, daß es einigen besser, sondern daß es vielen schlecht geht, obgleich es allen gut gehen könnte. Nicht daß es Reiche, sondern daß es angesichts der menschlichen Fähigkeiten heute Arme gibt, spricht ihr das Urteil. Das zwingt zur Vergiftung des allgemeinen Bewußtseins durch die Lüge und treibt diese Ordnung zum Untergang.

Dankbarkeit

Weitaus die meisten wirksamen Wohltaten vermögen im kapitalistischen System nur diejenigen zu erweisen, die viel Geld oder überhaupt Macht haben. Diese sind bewußt oder unbewußt an der Aufrechterhaltung dieser Eigentumsordnung interessiert. Dankbarkeit ist eine schöne Eigenschaft. Es verträgt sich schlecht mit ihr, *den* zu enttäuschen, der einem geholfen hat. Bedenkt man, daß Förderung, Hilfe, Wohlwollen in den weitaus zahlreichsten Fällen von den Reichen selbst oder von ihren mit der Aufrechterhaltung des Systems betrauten Funktionären erwiesen werden, so versteht man, warum ein nach vorwärts gerichtetes Verhalten, der Angriff und die Kritik gegen die herrschende Gesellschaftsform vor der Welt nicht bloß schädlich, sondern in den meisten Fällen auch moralisch häßlich erscheint. Um diesen Tatbestand ganz zu ermessen, muß man sich daran erinnern, daß die kritische und revolutionäre Einstellung ja nicht bloß in der Teilnahme an Aktionen, sondern auch in der Annahme und Verkündigung bestimmter, gewöhnlich unbeliebter Theorien auf den verschiedensten Gebieten, ferner in der Auswahl des persönlichen Verkehrs, in den Sitten, in unzähligen kleinen Zügen des Lebensstils zum Ausdruck kommt. Überall unterscheidet sich der, dem es auf Verbesserung der menschlichen Verhältnisse ankommt, von dem gewünschten Durchschnitt, überall stößt er die Menschen vor den Kopf. Alle, die ihm Freundlichkeiten und Erleichterungen erweisen, werden immer aufs neue von ihm enttäuscht. Wer ihm hilft, muß erwarten, Ärger von ihm zu ernten, sofern er ihm nicht gegen jede Regel einmal gleicht.

Der Fortschritt

Der Munitionsfabrikant, sein Politiker und sein General erklären: »Es wird immer Kriege geben, solange die Welt besteht, es gibt keinen Fortschritt.« Dabei ist erstens der Wunsch Vater des Gedankens, und im übrigen soll diese Überzeugung auch bei den Massen erhalten werden. Das ist sehr verständlich – gleichsam offene, ehrliche Verdummung. Aber die literarischen Diener der Herrschaften haben auch noch die Unverschämtheit, mit der Miene unparteiischer und um alle theoretischen Schwierigkeiten wissender Männer die Frage zu erheben: »Was heißt denn Fortschritt? Das Maß des Fortschritts kann doch nur die Annäherung an die Verwirklichung irgendeines einzelnen und relativ zufälligen Wertes sein. Unter einem solchen Gesichtspunkt die ganze Geschichte betrachten, hieße aber etwas Relatives verabsolutieren, etwas Subjektives hypostasieren, kurz, die Enge und Einseitigkeit in die Wissenschaft tragen.« Aus ihrer Wut gegen den sozialistischen Kampf um eine bessere Welt, der seine Hoffnung aus den Resultaten der früheren Kämpfe, vor allem aus den Revolutionen der letzten Jahrhunderte schöpft, machen sie dann ihre sogenannte Geschichtsphilosophie. Als ob es nicht klar wäre, welcher Fortschritt von den Sozialisten gemeint und von der Reaktion theoretisch und praktisch bekämpft wird: die Verbesserung der materiellen Existenz durch eine zweckmäßigere Gestaltung der menschlichen Verhältnisse! Für die Mehrheit der Menschen, ob sie es weiß oder nicht, bedeutet diese Verbesserung keineswegs bloß die Verwirklichung eines relativ zufälligen Werts, sondern das Wichtigste auf der Welt. Mag die Geschichte auf weite Strecken in dieser Hinsicht stagnieren oder zurückgehen, mag die Verschleierung dieses Tatbestands in den letzten hundert Jahren oft zum ideologischen Täuschungsmittel der Massen gebraucht worden sein, trotzdem ist die Rede vom Fortschritt klar und berechtigt. Wenn die Behauptung, daß unter ihrer Herrschaft ein Fortschritt sich vollziehe, im Munde der Herrschenden seit langem eine Lüge war, von der ihre Literaten heute selbst abrücken, so ist es offenbar, daß sie den Begriff aufgeben möchten, um die Herrschaft zu erhalten, denn ebenso wie die anderen bürgerlichen Illusionen, wie Freiheit und Gleichheit, wirkt er heute kraft der geschichtlichen Dialektik nicht mehr als ideologische Verteidigung, sondern als Kritik an den vorhandenen Zuständen und als Aufmunterung zu ihrer Veränderung.

Übrigens hängt im gegenwärtigen Augenblick von diesem Fortschritt im materialistischen Sinn, also von einer sozialistischen Neuorganisation der Gesellschaft, nicht bloß das nächste und unmittelbar erstrebte Ziel einer besseren Versorgung der Menschheit mit dem Notwendigsten ab, sondern auch die Verwirklichung aller sogenannten kulturellen oder ideellen Werte. Daß der gesellschaftliche Fortschritt nicht stattfinden *muß*, hat in der Tat seine Richtigkeit, daß er nicht stattfinden *kann*, ist eine plumpe Lüge, daß es aber einseitig wäre, die Geschichte der Menschheit an dem Maßstab zu messen, wieweit sie ihren Mitgliedern ein erträgliches Dasein bietet, ist wirklich bloß philosophisches Geschwätz.

Anmerkung

Der gesellschaftliche Fortschritt ist jeweils eine historische Aufgabe, aber keine mystische Notwendigkeit. Daß der Marxismus die Theorie der Gesellschaft als Theorie der Wirklichkeit erklärt, ist sehr verständlich. Die Massen, die unter der veralteten Form der Gesellschaft leiden und von ihrer rationellen Organisation alles erwarten, haben wenig Sinn dafür, daß ihre Not unter dem Gesichtspunkt der Ewigkeit eine Tatsache neben vielen anderen und die Betrachtung der Welt aus diesem Gesichtspunkt eben bloß ein Gesichtspunkt ist. Wie sich um den einzelnen Menschen für ihn selbst die Welt zu drehen scheint, wie sein Tod für ihn mit ihrem Untergang zusammenfällt, so ist die Ausbeutung und die Not der Massen für sie die Not schlechthin, und die Geschichte dreht sich um die Verbesserung ihrer Existenz. Aber die Geschichte muß sich nicht danach richten, es sei denn, sie werde gezwungen.

Der Idealismus des Revolutionärs

Die Auffassung, der Marxismus propagiere einfach die Befriedigung von Hunger, Durst und Geschlechtstrieb des Individuums, läßt sich keineswegs durch die Behauptung widerlegen, daß er doch viel feiner, edler, tiefer, innerlicher sei. Denn die Empörung, Solidarität, Selbstverleugnung ist ebenso »materialistisch« wie der Hunger; der Kampf um die Verbesserung des Loses der Menschheit schließt Egoismus und Altruismus, Hunger und Liebe als natürliche Glieder von Ursachenketten ein. Freilich: die materialistische Theorie besitzt keinen logischen Beweisgrund für die Hingabe des Lebens. Sie bleut den Heroismus weder mit der Bibel noch mit dem Rohrstock ein, an die Stelle der Solidarität und der Erkenntnis von der Notwendigkeit der Revolution setzt sie keine »praktische Philosophie«, keine Begründung des Opfers. Sie ist vielmehr selbst das Gegenteil jeder solchen »idealistischen« Moral. Sie befreit von Illusionen, entschleiert die Realität und erklärt das Geschehen. Logische Beweisgründe für »höhere« Werte hat sie nicht, aber ganz gewiß auch keine Gründe dagegen, daß einer unter Einsatz des Lebens mithilft, die »niederen« Werte, d. h. ein materiell erträgliches Dasein für alle zu verwirklichen. Der »Idealismus« beginnt gerade dort, wo dieses Verhalten sich nicht mit einer natürlichen Erklärung seiner selbst begnügt, sondern nach der Krücke »objektiver« Werte, »absoluter« Pflichten oder sonst irgendeiner ideellen Rückversicherung und »Heiligung« greift, also dort, wo man die Umwälzung der Gesellschaft von der Metaphysik abhängig macht – anstatt von den Menschen.

Die Person als Mitgift

Der Anteil eines Menschen an den materiellen und geistigen Kulturgütern ist in der Gegenwart keineswegs durch seine Mitarbeit am gesellschaftlichen Lebensprozeß bedingt. Diese Bedingung besteht vielmehr nur für den, der nichts hat: er muß arbeiten, sonst darf er nicht leben. Wenn der Millionär arbeitet, geschieht es freiwillig, aus »höheren« Beweggründen, aus »edleren« und differenzierteren Ursachen, aus Charakter. Ob jemand in der einen oder anderen Lage ist, wird durch kein sinnvolles Gesetz bestimmt. Es ist bloße Tatsache, so wie es Tatsache ist, wer bei einem Sturmangriff von den Geschossen getroffen wird und wer weiterleben darf. Zwischen dem nicht einmal mit irgendeiner Geschicklichkeit ausgerüsteten »Ungelernten« und dem Trustherrn gibt es zahllose Stufen. Auf jeder höheren vermindert sich der Zwang zur Arbeit als Voraussetzung jeden Anspruchs, und außerdem nimmt die Annehmlichkeit der möglichen Arbeit, ihre befriedigende Eigenart, ihr Bildungswert für den Menschen zu.

Diese Beschaffenheit der Gesellschaft hat zur Folge, daß die persönlichen Beziehungen merkwürdig verschieden sind. Ein Reicher bringt in eine Freundschaft oder in ein Liebesverhältnis sich selbst als einen vollen und freien Menschen ein. Ein Armer muß sogar die Gewährung des nackten Lebens, die Anerkennung, daß er ein richtiges Mitglied der menschlichen Gesellschaft und kein Lump sei, stets aufs neue durch harte Mitwirkung am gesellschaftlichen Lebensprozeß erringen – was dazu noch häufig unmöglich ist. Er ist gebunden, er gehört sich viel weniger als der Reiche. Das Geschenk, das jemand durch Hingabe der eigenen Person einem geliebten Wesen machen kann, ist daher verschieden. Es unterscheidet sich nach der sozialen Stellung dessen, der es bringt.

Außerdem aber auch nach der Stellung dessen, welcher es empfängt. Für den kleinen Mann enthält jede menschliche Beziehung mit seinesgleichen die Gefahr weiterer Entbehrungen und doppelte Arbeit. Schenkt er einer Frau aus der eigenen Klasse seine Liebe, so ist sein bescheidenes Leben durch weitere Einschränkung bedroht, die Beziehung eines Kapitalisten zu derselben Frau bietet diesem Gelegenheit zur Ausübung von Großmut und Vorurteilslosigkeit. Er läuft höchstens Gefahr für seine Eitelkeit: verbindet er sich mit Leuten aus der Unterklasse, so könnten sie ihn am Ende wegen seiner Stellung anstatt wegen seiner Seele schätzen. Das pflegt ihm peinlich zu sein. Die Klassengrundlage der Gesellschaft verfälscht unerkannt auch die Liebe.

»Greuelnachrichten«

Erfährt ein braver Bürger um 1930, daß ein von reinen Absichten geleiteter Mann in seinem eigenen Land oder sonst irgendwo in der Welt von einer barbarischen Soldateska ergriffen, gemartert oder getötet worden sei, dann empört er sich meistens nicht über diesen Vorfall, sondern er wird dem Argwohn Ausdruck geben, daß diese Mitteilung aller Wahrscheinlichkeit nach übertrieben sei. Erfährt er weiter unwiderleglich genau, solches geschehe gestern, heute und morgen mit furchtbarer Regelmäßigkeit, es gehöre notwendig zum System in seiner gegenwärtigen Phase hinzu, wird er ferner über den Zusammenhang der imperialistischen Weltpolitik mit den Zuchthäusern in Ungarn, Rumänien, Bulgarien, Polen, mit dem Terror in den Kolonien unterrichtet, dann gerät er wirklich in leidenschaftliche Wut – aber nicht etwa gegen Urheber und Vollstrecker der unmenschlichen Taten, sondern gegen die, welche sie dem Dunkel entreißen. Wo um des nackten Profites willen die Träger der Menschlichkeit und des Geistes ganzer Länder ermordet, Gesellschaftsklassen in Schrecken und Verzweiflung gehalten, Völker aufs schmählichste unterjocht, ja ausgerottet werden, da verwandelt sich der bürgerliche Laie in einen kritischen Historiker peinlichster Genauigkeit, er fordert, trotz der modernen Abneigung gegen Kriterienfetischismus, Akribie in der Erkenntnis, er proklamiert im Gegensatz zur sonstigen Verhimmelung der Intuition genaue Feststellung der Einzelheiten als Wesen der Forschung und führt angesichts des vergossenen Blutes Klage gegen die einseitige Historie, gegen den für die Verfolgten parteiischen Bericht, gegen die Anstifter, aber nicht die Anstifter des Greuels, sondern gegen die Kameraden, die Partei, die Ideen jener, die von ihm betroffen sind, und am Ende gegen die Opfer selbst. Denn dieser einfache, harmlose, normale, sachliche, gut geratene liebenswürdige Herr, mit dem du da sprichst, erschrickt nur dann über den Tod im Bürgerkrieg, wenn der Tod nicht zum organisierten Schrecken seiner eigenen Klasse gehört, er ist nur dort leichtgläubig, wo es gilt, die Wut gegen das Proletariat zu schüren, er wird zum Menschen nur, wenn es einen Zaren und eine russische Oberklasse zu beweinen gilt, für die der Weltkrieg eine schlechte Spekulation gewesen ist. Der Arglose hält es in dieser Welt notwendig mit den Henkern, und dementsprechend reagiert auch das allgemeine Bewußtsein, die Schule, die Zeitung, die Wissenschaft, kurz der objektive Geist in seinen Funktionen und Funktionären – beileibe nicht mit heuchlerischer Überlegung – niemand braucht zu lügen –, sondern aus ehrlichem Instinkt.

Zu Goethes Maximen und Reflexionen

»Man kennt nur diejenigen, von denen man leidet.« Der Anwendung seiner Reflexion auf die gesellschaftlichen Klassen hätte Goethe sicher widersprochen, und doch trifft sie auf das Kapitalverhältnis zu. Indem die Proletarier unter der Kapitalistenklasse leiden, wird auch das menschliche Wesen dieser Herren von den Proletariern entschieden besser verstanden als von ihrem persönlichen Freundeskreis. Die Proletarier kennen die Unternehmer nur grob und einseitig, aber diese eine Seite ist die wichtigere, sie ist ganz ernst. Daher kommt es, daß die primitive Psychologie, die sich der Arbeiter von seinem Unternehmer bildet, der Gesichtspunkt des Fabriksaals, richtiger zu sein pflegt als die Erkenntnisse der philosophischen Anthropologie.
Wie gesagt hätte Goethe diese Deutung abgelehnt. »Mißgunst und Haß beschränken den Beobachter auf die Oberfläche«, heißt es in den gleichen Sprüchen, wo auch die obige Reflexion zu finden ist. Aber welche Folgen sollen aus diesem Satz gezogen werden, wenn das Fortbestehen einer Gesellschaft und der in ihr herrschende Typus Mensch ein Unglück für die Entwicklung der Menschheit geworden sind? Verkehren sich dann nicht die Begriffe in ihr Gegenteil, so daß die schlechte Oberfläche zum Kern und die Mißgunst hellsichtig wird? »Die Mängel erkennt nur der Lieblose...«, sagt Goethe selbst. Wenn nun aber die Mängel zum Wesen gehören? –
Goethes Politik hat sein Werk an manchen Stellen beeinträchtigt. Alles Phantasieren darüber, was er heute täte, ist müßig. Jedenfalls hat sein Blick zuweilen eine Kraft erreicht, welche auch die gegenwärtige Gesellschaft noch erhellen kann. »Man ist nur eigentlich lebendig, wenn man sich des Wohlwollens anderer erfreut.« Das Leben in der gegenwärtigen Phase des Kapitalismus ist demnach für die Mehrzahl der Menschen – der Tod.

Die neue Sachlichkeit

Das »Konkrete« ist Mode geworden. Aber was versteht man unter diesem Konkreten! Jedenfalls nicht das, was die Wissenschaften seit einigen hundert Jahren erforschen. Im Gegenteil! Den Wissenschaften schreibt man, unter dem Beifall ihrer bourgeoisen Vertreter, nur noch eine sehr untergeordnete Bedeutung für die Erkenntnis zu. Nicht auf die kausalen Zusammenhänge zwischen den Dingen soll es ankommen, nicht die Beziehungen will man kennenlernen, sondern gerade die Sachen *abgesehen* von den Beziehungen, sie selbst, ihre Existenz, ihr Wesen steht in Frage. Die Malereien der neuen Sachlichkeit, auf denen sauber von ihrer Umgebung abgehobene Gegenstände gemalt sind, lassen dieses Bemühen besonders gut erkennen. Sie sind nicht angekränkelt von den Finessen des französischen Impressionismus, die sich wesentlich aus der malerischen Einbeziehung des verbindenden Mediums ergaben. Die allerorts in der Wissenschaft angestellte »Synthese« will gedankliche Verbindung von ursprünglich distinkt Erschautem sein – nicht Nachzeichnung der verschlungenen raum-zeitlichen Beziehung in der Wirklichkeit.

So gibt es in der Gegenwart auch eine Lehre vom Menschen. »Der Mensch« selbst, sein »Wesenhaftes« wird da beschrieben, sehr entschieden die Unterschiede seines Wesens gegenüber dem aller anderen Lebewesen festgestellt und schließlich, auf Grund solcher abgehobener Bestimmungen, seine Stellung in der Stufenordnung des »Kosmos« angezeigt. Diese neuartige, als Sachlichkeit drapierte Abstraktheit der Wissenschaft, die sich gegen den alten Formalismus so hochmütig als »Konkretheit« aufführt, zeigt große Ähnlichkeit mit dem Verhalten, das in der guten Gesellschaft von jedem »anständigen« Menschen gefordert wird. Ich soll nicht den wirklichen Beziehungen der Menschen nachspüren, keine die Realität betreffenden Vergleiche anstellen und Ursachenreihen entdecken. Vielmehr soll ich jeden Menschen nehmen, »wie er ist«, seinen Charakter, seine Persönlichkeit, kurz sein individuelles »Wesen« im Blick haben. Er selbst, gerade er selbst, abgesehen von den gemeinen raum-zeitlichen Verflechtungen, will als Substanz genommen sein. Die Beziehungen seien »unwesentlich«, belanglos, gehörten nicht zur Sache. Die »Persönlichkeiten« wollen für sich aufgefaßt sein und dadurch jenen Zug der Interessantheit und Tiefe, den man in der guten Gesellschaft einander vorgibt, bekommen. Mit der »Ganzheitsbetrachtung«, die seit neuestem auch die Physiologie metaphysisch reformiert, verträgt sich diese abstrakte Sachlichkeit sehr gut; sie ist ihre Kehrseite.

Aber wie die neue philosophische Anthropologie bei der Bestimmung des Unterschiedes von isoliertem Menschen und isoliertem Tier davon abstrahiert, daß die nicht abstrakten Menschen die Tiere umbringen und ihre Leichen essen, was die tägliche Todesangst und Qual von Millionen Tieren bedingt, ebenso sollen wir davon abstrahieren, daß der Glanz dieser liebenswürdigen Frau durch das Elend armer Proleten ermöglicht wird. Wir sollen davon absehen, daß alle diese vornehmen Herrschaften jeden Augenblick nicht nur das Elend der anderen ausnützen, sondern es neu produzieren, um aufs neue davon leben zu können, und diesen Zustand mit jeder beliebigen Menge Blut anderer zu verteidigen bereit sind. Wir sollen vergessen, daß gerade, wenn sich diese Frau zum Diner ankleidet, die Menschen, von denen sie lebt, zur Nachtschicht rücken, und wenn wir ihr zarter die Hand küssen, weil sie über Kopfweh klagt, sollen wir davon abstrahieren, daß im Krankenhaus dritter Klasse auch für Sterbende nach sechs Uhr Besuche verboten sind. Wir sollen abstrahieren. Unseren Philosophen kommt es heute überall auf die Erkenntnis des Wesens an. Dazu sehen sie von allem Äußerlichen und Zufälligen, von der bloßen »faktischen« Verknüpfung ab. Die Fabrik, in der für die Herrschaften gearbeitet wird, das Krankenhaus, in dem man nach dieser Arbeit krepiert, das Zuchthaus, in das man diejenigen der Armen sperrt, die zu schwach waren, sich die der großen Welt vorbehaltene Lust zu versagen – all dies ist jener Dame freilich »äußerlich«. Es ist »platt«, sich darum zu kümmern. Es hat mit ihrer »Psyche«, ihrer »Persönlichkeit« nichts zu tun. Sie kann – davon abgesehen – fein, mild, geistreich, demütig, tief, schön oder auch zwiespältig, unsicher, gedrückt, disharmonisch, zaghaft, infantil sein. Kurz, sie kann ihr eigenes »Wesen« haben.
Die moderne Lehre vom Menschen, »Charakterologie« und ähnliche Pseudowissenschaften halten sich nicht an die Außenseite der Dinge, sondern dringen bis zu ihrem Kern vor.
Es gibt nur eine einzige Ausnahme. Soweit die Menschen auf einem Weg, der bei den gegebenen gesellschaftlichen Verhältnissen illegal erscheint, zu ihren Einkünften kommen und nicht so viel Macht haben, dieser Illegalität zu spotten, hört ihr »Wesen« auf, eine aus sich zu begreifende Einheit zu sein. So weit ist es daher auch durchaus erlaubt, den Ursachenketten nachzuspüren. Gerade so weit und nur so weit soll der Ursprung der Existenz ein Licht auf ihren Inhalt

werfen. Der »prächtige« Herr X, Generaldirektor und Sportsmann, hört sofort auf, prächtig zu sein, wenn er das Bekanntwerden einer Beamtenbestechung nicht mit einer noch größeren verhindern kann. Die Anzahl der Existenzen, die er ruiniert, spielt vorher keine Rolle.

Lüge und Geisteswissenschaften

Wer wollte heute die Geisteswissenschaften der Unwahrheit und Heuchelei zeihen! Sie schneiden aus dem unendlichen Bereich der Wahrheit nur gerade solche Sätze aus, die sich mit dem System der Ausbeutung und Unterdrückung vertragen. Es gibt ja so vieles, was die »Einsicht« fördert und zugleich nicht ungelegen kommt!

Wirtschaftspsychologie

Zur theoretischen Begründung der fortdauernden Notwendigkeit, unseren Kapitalherren die ungeheure Macht und Beute, die sie als immer erneute Rente von der Menschheit beziehen, in alle Ewigkeit zu belassen, gehört die Vorstellung, es bedürfe der Anreizung des »Wirtschaftsegoismus« aller Einzelnen, um die ganze Wirtschaft in Schwung zu halten. Aber man vergißt hinzuzufügen, daß der »Wirtschaftsegoismus« der erdrückenden Mehrzahl aller schwer Arbeitenden im Zwang des Hungers besteht, während jene Herren für eine interessante und befriedigende, saubere und ungefährliche Arbeit in Palästen leben. Um den egoistischen Menschen so weit anzustacheln, daß er sich herbeiläßt, über ein Heer von Arbeitern und Angestellten zu gebieten, muß man ihm Automobile, feine Frauen, Ehren schenken und Sicherung bis ins zehnte Glied, dafür aber, daß er sich tagtäglich im Bergwerk unter fortwährender Lebensgefahr körperlich und geistig zugrunde richtet, ist regelmäßige Wassersuppe und einmal Fleisch in der Woche verlockend genug. Eine merkwürdige Psychologie!

Kunstgriffe

Schopenhauer hat in seiner eristischen Dialektik einen Kunstgriff nicht angeführt. Es ist der folgende. Will man die Geltung eines offenkundig mit der Erfahrung in Widerspruch stehenden und historisch erledigten Satzes beweisen, so mache man ihn zum Thema möglichst schwieriger und gelehrter Untersuchungen. Es entsteht dann der Eindruck, daß Gegenstände, über die man mit soviel Scharfsinn mündlich und schriftlich diskutiert, unmöglich Hirngespinste sein können. Solche Gegenstände sind heute Willensfreiheit, Rangordnung der Werte, transzendenter Geist, Urgrund des Seins und viele andere mehr. Die brutale Behauptung, diese Sachen existierten wirklich, könnte in weiten Kreisen wenig fruchten. Man stelle sie also zunächst einmal als wichtige Probleme hin. Dies verleiht ihnen, besonders wenn man die Macht hat, sie zu Titeln von Vorträgen und Abhandlungen zu machen, den Anschein der Aktualität. Man suche dabei alle direkten Formulierungen zu vermeiden und setze z. B. statt der schlichten Frage nach dem Jenseits das tiefsinnige und neutraler lautende Thema: »Über die verschiedenen Arten und Stufen des Seins«. Für den Laien erscheint es damit leicht als ausgemacht, daß die Wirklichkeit, das Diesseits nur eine davon wäre; die Fachleute haben ihrerseits dann eine neue oder vielmehr alte, ihnen eigene Problematik. Der Nebel, in den sie sich dabei verlieren, ist zwar kein Jenseits, aber doch eine Traum- und Gespensterwelt. Wer den subtilen und rasch wechselnden Begriffsapparat, dessen sie sich bedienen, nicht beherrscht, erscheint als unkundig und unmaßgeblich, er hat nicht mitzureden.

Ein weiterer und sehr verbreiteter Kunstgriff, der heute demselben Ziel dient wie der vorhergehende, setzt an die Stelle der alten und diskreditierten Beweise für Gott und Unsterblichkeit unversehens den sehr leicht zu erstattenden Beweis der Bedingtheit und Relativität der positiven Wissenschaft. Dieser wird stillschweigend so ausgelegt, daß es noch eine Menge anderer gleichberechtigter Erkenntnishaltungen gebe, und damit haben unsere Metaphysiker natürlich Oberwasser. Als ob man so nicht jede Wahnidee rehabilitieren könnte! Aus dem Umstand, daß wir nicht allwissend sind, wollen sie uns einen religiösen Strick drehen. Aber mit dem Schluß von unserer wissenschaftlichen Beschränktheit auf Gottes Existenz, mit diesem neuen Gottesbeweis ist es gerade so übel bestellt wie mit den übrigen.

Solchen »Kunstgriffen« gegenüber empfiehlt sich die Antwort: Mit anständigen wissenschaftlichen Mitteln lassen sich eure Probleme nicht entscheiden. Dann wollen wir wenigstens wissen, welchen Sinn es hat, sie frisch zu erhalten. Eine gesellschaftliche Bedeutung muß der Zauber haben, sonst gäbe es keine Professuren dafür.

Am Telefon

Wenn du bei einem Bekannten zu Besuch bist und er wird ans Telefon gerufen, so erlebst du manchmal eine peinliche Überraschung. Während er dem Unterredner am anderen Ende der Leitung mit freundlicher Stimme antwortet, gibt er dir selbst Zeichen von Ungeduld. Er zeigt dir, wie langweilig und lästig ihm das Gespräch ist. Seine verbindliche Stimme, die du selbst oft genug auf die gleiche Weise zu hören bekamst, ist bloße Konvention: Dein Bekannter lügt am Telefon. Wenn du öfters bei diesem Bekannten zu Gast bist, wirst du erfahren, daß der Ton seiner Stimme ungeheuer nuancierbar ist. Es gibt eine Skala von der dienstbeflissenen Höflichkeit über die selbstverständliche Verbindlichkeit bis hinab zu der merkbaren Kundgabe leiser Ungeduld. Die Stimme eines Menschen am Telefon enthüllt seine differenzierten Beziehungen zur Welt besonders gut, denn am Telefon legt er alles in diese Äußerung.

Die Entdeckung, daß die meisten der Beziehungen von seiner Seite aus unwahr sind, ferner die Erkenntnis, daß er gegen Menschen, die ihm nützlich sein können, ein völlig anderer ist als gegen solche, die im Gegenteil von ihm selbst etwas erwarten, veranlaßt dich vielleicht, über ihn nachzudenken oder gar mit ihm darüber zu sprechen. Dann wird es offenbar werden, daß der Zwang des Lebenskampfes die Beziehungen der Menschen regelt und das geringe Einkommen deines Bekannten sein Verhalten hinreichend erklärt. Die unbestrafte Ehrlichkeit, das freie, offene Benehmen, die Behandlung der Menschen nach ihren menschlichen Qualitäten ist ein Vorrecht der Millionäre, die keine weiteren Aspirationen haben. Leider machen auch sie nur selten Gebrauch davon.

Absonderlichkeiten des Zeitalters

Unter die Züge des gegenwärtigen Zeitalters, die einer künftigen Epoche besonders fern und absonderlich erscheinen mögen, gehört bestimmt die Prägung des Bildes unseres öffentlichen und privaten Daseins durch die Organisation des Liebeslebens. Man wird es einmal höchst merkwürdig finden, daß zu den wichtigsten Angaben über einen Menschen die Heirat, d. h. die Verpflichtung, dauernd eine bestimmte andere Person zu lieben, gehört hat, daß die markantesten Daten im Leben des Einzelnen solche waren, die mit der sexuellen Sphäre zusammenhängen, daß bei Versammlungen, Vergnügungen, öffentlichen Ereignissen ein bestimmter Mann mit einer bestimmten Frau zusammen erscheinen, ja, daß sie sogar nebeneinander bestattet werden – gerade bloß deshalb, weil sie miteinander geschlafen haben. Diese Prägung des gesamten Verkehrsbildes durch eine bestimmte physiologische Notwendigkeit wird zwar nicht als »unanständig« gelten, weil dieser Begriff dann selbst der Vergangenheit zugehört, aber sie mag doch ähnlich erfahren werden wie irgendeine zwanghafte Eigentümlichkeit dieses oder jenes Stammes von Primitiven. Die Menschen könnten versucht sein, sich dieses wie manchen andern Zugs ihrer Vergangenheit zu schämen.

Der Charakter

Man muß Glück haben in der Auswahl seiner Eltern – nicht bloß wegen des Geldes, sondern auch wegen des Charakters, den man mitbekommt. Wenn dieser auch nicht so weit angeboren ist, wie man meint, so wird er doch schon in der Kindheit erworben. So, wie man sich im ererbten Besitz von Sachen oder Kenntnissen befindet, kann man auch eine psychische Struktur mitbekommen, die zu einer fabelhaften Karriere befähigt, während andere zeitlebens unter Arbeitshemmungen von jedem Fortkommen, ja vom Glück ausgeschlossen sind.
Die psychischen Unterschiede, die für das Leben so entscheidend werden können, müssen keineswegs auf ebenso große Unterschiede in der Kindheitsentwicklung zurückgehen. Kleine Ursachen, große

Wirkungen – und umgekehrt! Bei scheinbar ganz verschieden verlaufenen Kindheiten kann Ähnliches herauskommen, unmerkliche Differenzen können entgegengesetzte Charaktere erzeugen. Kleine Erlebnisse können es entschieden haben, daß A seinen Aggressionstrieb in Raufereien, B in der Konstruktion von Maschinen auslebt.

Bis vor kurzem schien die Entwicklung der Persönlichkeit noch durch eine schöne innere Notwendigkeit bestimmt. Jetzt erkennt man auch hier die Rolle der sinnlosen Kleinigkeit. Der Glaube an die geprägte Form, die lebend sich entwickelt, wird durch das Wissen um die kleinen Zufälle ersetzt. Mit seinem Fortschreiten gelangen die Menschen dazu, der Falschmünzerin Fortuna das Handwerk immer mehr zu legen und selbst das Bild der Menschheit zu bestimmen. Durch die Erziehung in einer vernünftigen Gesellschaft werden die Kinder es verlernen dürfen, bei der Auswahl ihrer Eltern vorsichtig zu sein. Bis dahin freilich ist die Verteilung der Charaktere fast so ungerecht und unzweckmäßig wie die der Vermögen.

Zufälligkeit der Welt

Es gibt keine Metaphysik, es ist keine positive Aussage über ein Absolutes möglich. Aber es sind Aussagen über die Zufälligkeit, Endlichkeit, Sinnlosigkeit der sichtbaren Welt möglich. Das auch in solchen Negationen noch fungierende Kriterium der Notwendigkeit, Unendlichkeit, Sinnhaftigkeit darf dann aber nicht wie in der Kantischen Ideenlehre als Bürge der Existenz des Ewigen im menschlichen Gemüt aufgefaßt werden, sondern selbst wiederum bloß als menschliche Vorstellung. Selbst der Gedanke einer absolut gerechten und gütigen Instanz, vor welcher das irdische Dunkel, die Gemeinheit und der Schmutz dieser Welt vergehen und die von den Menschen unerkannte und mit Füßen getretene Güte bestehen und triumphieren mag, ist ein menschlicher Gedanke, der mit denen, die ihn fassen, stirbt und verweht. Dies ist eine traurige Erkenntnis.

Ein Gedankenexperiment: Die Zufälligkeit des Wirklichen wird besonders deutlich, wenn wir dem Wunsch, so gut wie nur möglich zu leben, auf den Grund gehen. Wir können ihn auf vielfache Weise verstehen. Unter anderem so, daß ein Mensch alle Genüsse gekannt, alle Erkenntnisse gedacht, alle Künste geübt haben will und bei seinem Tode sagen möchte: »Ich kenne das Leben.« Aber was kennt er dann schon? Es wäre ja denkbar, daß er in einer anderen Welt erwachte, in der alle Genüsse, Erkenntnisse, Künste der gegenwärtigen nach Zahl und Art belanglos erschienen, und dann nach seinem Tode wieder in einer anderen und so fort in unzähligen verschiedenen Welten, von denen jede die Wichtigkeiten der anderen in den Schatten stellte. Dieses Gedankenexperiment läßt sein gegenwärtiges Wissen angesichts der Unendlichkeit des Möglichen so zusammenschrumpfen, daß der Unterschied zwischen der »Einfalt« der elendesten menschlichen Kreatur und seiner eigenen Gescheitheit in nichts zerfällt. Bekanntlich werden in der Relation zu einer unendlichen Größe alle endlichen ohne Unterschied unendlich klein, gleichviel, wie groß sie sind.

Wir können jenen Wunsch auch so auffassen, daß ein Mensch gut, d. h. moralisch gut gelebt haben will. Aber er muß verstehen, daß sein Begriff von der Güte ein menschlicher Begriff ist und ein Augenblick kommen kann, in dem alle seine Vorstellungen sich verwandeln. Er muß verstehen, daß dieser Begriff von keiner überirdischen Macht geheiligt und in keiner Ewigkeit aufgehoben ist. Alles Bewußtsein kann sich verändern, ein ewiges Gedächtnis gibt es nicht.

Der Unterschied des guten Lebens vom schlechten bezieht sich nur auf die Gegenwart. In ihr ist er entscheidend, aber sie ist auch allein die Form der Existenz. In ihr bedeutet der Unterschied von gutem und schlechtem Leben Befriedigung oder Versagung. Auch Freundlichkeit, Anständigkeit, Gerechtigkeit sind für den, der sie übt, Befriedigung seiner Triebe. Als irdische Mittel zum ewigen Zweck oder als Symbole mit tieferer Bedeutung verstanden, werden sie zu Illusionen. Das Leben hat ebensowenig wie die Erkenntnis tiefere Bedeutung. Nicht durch die Fortdauer der individuellen Existenz in einem Jenseits, sondern durch die Solidarität mit den Menschen, die im Diesseits nach uns kommen, sind wir an der Zukunft interessiert.

Diese Einsicht ist dem Einwand von der Unvollständigkeit unseres Wissens ausgesetzt. Vielleicht ist ein ohnmächtiges und gequältes Leben, das voll von Güte war, nicht verloren, vielleicht hat es einen ewigen Morgen. Wir können es nicht wissen. Aber wir können auch nicht wissen, ob die Güte nicht fernerhin in der Hölle anstatt im Paradiese wandle und ob die Regierung der Ewigkeit nicht wirklich so schlecht sei, wie sie in der Zeitlichkeit erscheint. Die Zufälligkeit der Welt und unserer Erkenntnis von ihr oder die Unmöglichkeit der Metaphysik kommt darin zum Ausdruck, daß alle Aussagen, die das Zeitliche transzendieren, gleich berechtigt oder gleich unberechtigt sind. Wenn die Theologen eine Ewigkeit behaupten und zum Beweis für das vollkommene Wesen dieses Ewigen auf die Hoffnung in unserem Herzen deuten, so vergessen sie, daß die Angst und das Mißtrauen ebenso berechtigte Gründe zu Schlüssen über das Absolute bilden wie unser Vertrauen auf die göttliche Gerechtigkeit. Warum sollte die Hoffnung, in welcher die Gütigen sich von der Macht gewöhnlich betrogen sehen, nicht gerade dort zuschanden werden, wo die alleroberste Macht unmittelbar zu Worte kommt? Die Sinnlosigkeit der Welt straft die Metaphysik, d. h. ihre sinnvolle Deutung Lügen; aber sie vermag nur den irrezumachen, welcher aus Furcht vor irgendeinem Herrn und nicht aus Mitleid mit den Menschen ein menschliches Leben führt.

Nach Raum und Zeit von uns entfernte menschliche Wesen können wir im Geiste lieben und glücklich wünschen, wie sie auch uns selbst verstehen könnten. Jenseits der Menschheit, diesem Inbegriff endlicher Wesen, gibt es aber kein Verständnis dessen, was uns heilig ist. Soweit die Menschen die Welt nicht selbst in Ordnung bringen, bleibt sie ein Spiel blinder Natur. Draußen im All wohnt nicht die Güte und Gerechtigkeit, das All ist dumpf und erbarmungslos. Die Menschheit als Ganzes gleicht in der sie umgebenden Nacht dem Mädchen von Lavaur, das nach einem Scheintod erwacht ist und alle Menschen ihrer Heimat erschlagen findet. Keiner nimmt an ihrem Erwachen Anteil, für keinen anderen hat ihr Leben Bedeutung. Niemand hört sie.

Auch die Menschheit ist ganz allein.

Ernste Lebensführung

Je unermeßlicher der Abstand zwischen dem Leben der kapitalistischen Herren und der Arbeiter wird, desto weniger sollen die Unterschiede ans Licht treten. Bei gleichzeitiger Hebung von Tracht und körperlicher Erscheinung der oberen Proletarierschichten wird vom Mitglied der herrschenden Klasse verlangt, daß es nicht auffällig zeige, wieviel besser es ihm geht, welche lächerlich geringe Rolle die Höhe des Wochenverdienstes eines Arbeiters oder Angestellten im Budget selbst eines kleinen Magnaten spielt. Soweit der Genuß der Herren nicht unmittelbar in Ausübung der Macht besteht, blüht er daher an verborgenen Orten. Während vor fünfzig Jahren das Haus des Unternehmers häufig neben der Fabrik errichtet war, bekommt der Arbeiter jetzt kaum noch die Garage mit dem Rolls-Royce zu sehen, der seinen Direktor in den Villenvorort bringt. Das Leben der Frauen und Töchter mit seinen Golf- und Tennisplätzen, Ski- und Ägyptenfahrten ist den Blicken der Ausgebeuteten so gut entzogen, daß der Herr die Lehre der harten Arbeit persönlich und in Zeitungen ungestört verkünden darf. Dem im Trustkapitalismus sich vertiefenden Unterschied der Existenz entspricht die Uniformierung des Lebens in der Öffentlichkeit. Nach der heute gültigen Ideologie ist der offene Genuß eines arbeitslosen Lebens fast ebenso verpönt wie der entschlossene Wille, das genußlose Leben der Proletarier durchgreifend zu verbessern. Wenn im Gesicht des Trustherrn ein Lächeln den sorgenvollen Ernst ablöst, ist es nicht das triumphierende Lächeln der früheren Herrenklasse, sondern eher ein Beispiel von Gottvertrauen, das ein Mann, der selbst besonders schwere Arbeit leistet, der Allgemeinheit gibt. Es besagt: wir alle sind gleichermaßen zur Arbeit geboren, nicht zum Genuß, aber keiner darf sich beklagen. Das Mitglied der Herrenklasse, das unbedenklich merken läßt, welch herrliches Leben inmitten des Elends oder vielmehr auf seinem Grunde möglich ist, gleicht dem Teilnehmer an einer Patrouille, der auf dem Weg hinter den feindlichen Linien sich räuspert und alle verrät. Er ist ein Mensch ohne Disziplin.

Relativität der Klassentheorie

Die Theorien entspringen den Interessen der Menschen. Dies bedeutet nicht, daß die Interessen das Bewußtsein verfälschen müßten; die Theorien werden sich vielmehr gerade dann, wenn sie richtig sind, nach den Fragen richten, auf die sie Antwort geben. Je nachdem, was uns in der Welt quält und was wir ändern wollen, wird sich das Bild gestalten, das wir uns von ihr machen. Schon in der Wahrnehmung, in der reinen Kontemplation, werden die Bilder unbewußt durch subjektive Faktoren mitbestimmt, bei der wissenschaftlichen Auffassung, welche immer im Zusammenhang mit einer bestimmten gesellschaftlichen und individuellen Praxis steht, ist die Interessenrichtung für die Strukturierung ihres Gegenstands sogar in höchstem Maße bestimmend.

Die Erkenntnis dieses Umstandes ist in der Marxschen These der Einheit von Theorie und Praxis enthalten. Die von ihm gemeinte Praxis fällt im wesentlichen mit der politischen zusammen, und die Strukturierung des aus dieser Praxis entspringenden Weltbildes ist die Scheidung der Menschheit in gesellschaftliche Klassen. Diese müssen für alle, denen es hauptsächlich um die freie Entfaltung der menschlichen Kräfte und um Gerechtigkeit zu tun ist, als das entscheidende Strukturprinzip der Gegenwart erscheinen, weil von ihrer Aufhebung die Erfüllung jenes Strebens abhängt. Es gibt andere Unterscheidungen, andere Strukturprinzipien, die vom gleichen Interesse an der freien Entfaltung der Menschen und der Gerechtigkeit aus ebenso grundlegend erscheinen könnten wie die der gesellschaftlichen Klassen, z. B. der Unterschied zwischen Gesunden und Kranken. Die Menschheit wird von einer für den tätigen Beobachter der Welt gewöhnlich nicht sichtbaren Grenzlinie gespalten, welche ebenso ungerecht als die zwischen den Angehörigen verschiedener Klassen eine Reihe von Menschen von den Genüssen der Erde ausschließt und sie zu den schlimmsten Qualen verdammt: die Grenzlinie der Gesundheit. Die Güterverteilung, welche durch die verschiedene Konstitution, die Empfänglichkeit für Bazillen, die Unfälle in Betrieb und Verkehr in der Welt bedingt wird, ist ebenso vernunftwidrig wie die Eigentumsverhältnisse in der Gesellschaft. Die Konsequenzen der beiden Sinnlosigkeiten sind gleich grausam, und es ließen sich

ihnen noch andere die Menschheit spaltende Prinzipien an die Seite stellen.
Trotzdem erweist sich die Unterscheidung gesellschaftlicher Klassen als den andern Gesichtspunkten überlegen, denn es kann gezeigt werden, daß zwar die Aufhebung der Klassen auch eine Veränderung der anderen Gegensätze mich sich bringt, nicht aber umgekehrt die Aufhebung der anderen Gegensätze die Abschaffung der Klassen. Die schweren Hemmungen, unter welchen die gegenwärtige Hygiene und Medizin vegetiert, sind nicht im entferntesten erkannt. Die imperialistische Gesellschaft, unter deren Herrschaft trotz dem tatsächlichen Überfluß an allem Notwendigen die Länder seufzen, daß sie zuviel Menschen haben, diese Gesellschaft, welche die Anlagen der weitaus meisten Menschen skrupellos ersticken läßt, gewährt für die Entwicklung der ungeheuren medizinischen Möglichkeiten keine wahre Freiheit mehr. Nicht bloß die herrschende Sexualmoral, sondern der latente Haß gegen die beherrschte Klasse, die Unfähigkeit, die gesunden Menschen zu ernähren, beeinträchtigen den Kampf gegen die Krankheit bis in alle Einzelheiten. Ferner erweist sich das ökonomisch-politische Prinzip auch dadurch als tiefgreifender denn das physiologische, daß die Machtvergötzung und das Konkurrenzprinzip der kapitalistischen Menschheit ein gut Teil der heute mit der Krankheit verbundenen Bitterkeit bedingt. Der Protestantismus mit seinem Glauben an die Wirklichkeit als Äußerung von Gottes Macht spielt hier seine eigene Rolle. Die Aufhebung der Klassen gilt somit als das entscheidende Prinzip – aber nur im Hinblick auf die umwälzende Praxis. Wegen der Irrationalität der Welt gilt dieser Vorrang nicht für jede Beurteilung der Gegenwart überhaupt.
Wir können die Gegenwart freilich nicht interesselos betrachten, der politischen Praxis steht nicht die freie Kontemplation, die reine Schau gegenüber, sondern die Richtung unseres Blickes kann durch eine andere Praxis, durch andere Interessen, durch andere Leiden bestimmt sein, und vor der Wahrheit hat die Politik keinen Vorzug. Wer die lebendigen Wesen unter der Herrschaft des Unterschieds von Lust und Gesundheit auf der einen, Krankheit und Tod auf der anderen Seite sieht, mag dem Vorwurf der Müßigkeit unterliegen, nicht aber dem Einwand, daß dieser Unterschied weniger unermeß-

lich als der soziale sei. Vielleicht aber ist solche Betrachtung nicht so müßig, wie sie scheinen mag, sondern kann durch ihre aufhellende Macht selbst auch zu einer besseren Wirklichkeit beitragen, von deren unbestimmter Vorstellung sie in ihrem Ursprung ebenso motiviert ist wie die Theorie der Klassengesellschaft selbst. Auch sie setzt das Bestehende in seiner Ungerechtigkeit dem Licht des Denkens aus. Der Schrecken, der sich jenseits des Bewußtseins der Menschen, also im Dunkel, vollzieht, hat seine besondere Trostlosigkeit.

Entsetzen über den Kindermord

Wenn man das Entsetzen der heutigen Welt über Lustmorde, besonders über Angriffe auf Kinder erfährt, könnte man glauben, daß ihr das Menschenleben und die gesunde Entwicklung des Individuums heilig wäre. Doch abgesehen davon, daß der große Abscheu vor jenen Verbrechen meist seine besonderen psychischen Quellen hat, krepieren ja die Kinder an den Verhältnissen dieser heutigen Welt zu Hunderttausenden, und der Mehrzahl der Überlebenden macht man die Wirklichkeit zur Hölle, wobei sich gar kein Abscheu in den so leicht entflammten Herzen regt. Die Kinder der Armen sind im Frieden zukünftiges Material der Ausbeutung und im Krieg das Ziel der Sprengstoffe und Giftgase. Die Herren dieser Welt entsetzen sich sehr zu Unrecht.

Profitinteressen

Die Lehre, daß die Subjekte der gegenwärtigen Wirtschaftsordnung stets nach ihren Interessen handelten, ist sicher falsch. Nicht alle Unternehmer handeln nach ihren Interessen, es pflegen nur die, welche es nicht tun, zugrunde zu gehen.

Moralische Intaktheit des Revolutionärs

Die Bourgeoisie »ist ein weiser Vater, der sein eigenes Kind kennt«. Wenn sie einem Revolutionär zu seinen Lebzeiten die moralische Intaktheit bestätigt, mögen sich ihre Gegner vor ihm in acht nehmen.

Freie Bahn dem Tüchtigen

Die gegenwärtige Gesellschaftsordnung bringt wirklich die Tüchtigsten an die Spitze. Die Forderung, der Tüchtigste müsse erst noch freie Bahn bekommen, ist längst überholt. Wo ist das Geschäftsgenie unter den Angestellten einer großen Fabrik, das nicht seine Kollegen bald hinter sich gelassen hätte? Die Unternehmer dieser Fabrik müßten ja so blind sein, daß der Bankrott ihnen sicher wäre. Das Wertgesetz setzt sich auch in Beziehung auf die »Persönlichkeiten« durch, der Kapitalismus besitzt glänzende Auswahlprinzipien für seine Leute. Das gilt nicht bloß für die Geschäfte. Gehe die Reihen der Direktoren von Kliniken und Laboratorien durch und überlege, ob sie ihrem Beruf nicht ausgezeichnet entsprechen – und das ist noch einer der schlechtentwickelten Zweige. Es gibt in der Tat eine kapitalistische Gerechtigkeit, die freilich, wie jede andere Gerechtigkeit, ihre Löcher hat, aber auch diese werden mit der Zeit noch repariert werden. Der Tüchtige wird – geringe Ausnahmen abgerechnet – belohnt.

Man darf aber wohl fragen, worin denn diese Tüchtigkeit besteht: es ist der Besitz solcher Fähigkeiten, deren die Gesellschaft in ihrer gegenwärtigen Form zu ihrer eigenen Reproduktion bedarf. Darunter fallen ebensowohl die Geschicklichkeit wie die Gesinnungstüchtigkeit des Handarbeiters, das Organisationstalent des Betriebsleiters wie die Erfahrung des reaktionären Parteiführers. Obgleich ihre Funktion im Lebensprozeß sehr abgeleitet ist, werden der gute Romanschreiber wie der große Komponist in der Regel anerkannt und belohnt. Sieht man davon ab, daß die Mehrzahl aller Menschen heute an der Entwicklung und Anwendung ihrer produktiven Kräfte gehemmt sind, so kann man sagen, daß verkannte Genies, alles in allem, Gestalten aus vergangenen Zeiten sind. Es gibt freilich mehr Talente als gute Stellungen. Aber die letzteren werden immerhin mit den »Würdigen« besetzt, und an der Spitze ist immer Platz. Die Tüchtigen werden, so gut es geht, berücksichtigt, gegen das persönliche Auswahlprinzip im Kapitalismus ist vom Standpunkt seiner eigenen Reproduktion aus wenig zu sagen, gerade in dieser Hinsicht herrscht trotz gegenwärtiger Schwierigkeiten, die den Nachwuchs betreffen, relative Ordnung.

Aber diese Ordnung pflegt den Furchtbaren günstig zu sein. Man kann nicht behaupten, daß dieses System nicht die rechten Leute an die rechten Stellen bringe. Die Generaldirektoren machen ihre Sache ganz gut, und vielleicht finden sich welche, die den Posten sogar ihrer Tüchtigkeit allein zu verdanken haben, jedenfalls fiele es nicht ganz leicht, sie durch geschicktere zu ersetzen. Aber diese im heutigen Kapitalismus »Tüchtigen« sind auch danach! Die in der gegenwärtigen Industrie, Wissenschaft, Politik, Kunst brauchbarsten sind nicht die fortgeschrittenen, sondern die großenteils in der Qualität ihres Bewußtseins und ihrer Menschlichkeit zurückgebliebenen Elemente. Diese Differenz ist eines der Symptome, wie sehr diese Gesellschaftsform überholt ist.

Die Begründung der Abschaffung des Kapitalismus durch die Notwendigkeit eines der Produktivität günstigeren Auswahlprinzips ist verkehrt, weil sie die Kategorien des herrschenden ökonomischen Systems als Norm nimmt. Sie glaubt, es sei mit Reparaturen getan. Nicht damit die Tüchtigen an die erste Stelle kommen, d. h. uns beherrschen, müssen wir die Gesellschaft verändern, sondern im Gegenteil, weil die Herrschaft dieser »Tüchtigen« ein Übel ist.

Menschliche Beziehungen

Die wirtschaftliche Situation eines bestimmten Menschen entscheidet auch über seine Freundschaften. Das eigene Vermögen und Einkommen für sich selbst und die eigene Familie zu verwenden heißt sich selbst und nicht dem anderen die Vergnügungen des Lebens verschaffen. Echte, unmittelbare Beziehungen können dort nicht bestehen, wo die fundamentalsten Interessen der einen Seite denen der anderen entgegenstehen, und dies ist überall der Fall, wo bei

ungleicher Lebenshaltung die Gemeinsamkeit des Vermögens und der Einkünfte verweigert wird.
In der bürgerlichen Gesellschaft umreißt die Familie daher den Kreis unmittelbarer Beziehungen. Nur innerhalb der gesunden Familie betrifft Freud und Leid des einen tatsächlich den andern. Ohne identische materielle Interessen der Individuen haben sie Eifersucht, Neid und Schadenfreude mindestens zu verdrängen. Die gesellschaftliche Entwicklung zerstört daher mit der gesunden Familie innerhalb weiter Schichten, vor allem des Kleinbürgertums und der Angestellten, den einzigen Ort unmittelbarer Beziehungen zwischen den Menschen. Sie setzt dagegen innerhalb bestimmter Gruppen des Proletariats anstelle der naturwüchsigen und ihrer selbst weitgehend unbewußten Gruppen, als deren spätestes Zersetzungsprodukt die Kleinfamilie jetzt zugrunde geht, neue, bewußte, auf erkannte gemeinsame Interessen begründete Gemeinschaften. Diese werden nicht, wie die naturwüchsigen Verbände, von der Horde bis zur Kleinfamilie, als göttliche Institutionen verhimmelt. Die größte und deutlichste Einheit solchen Schlages wird durch die Solidarität der Schichten, welche an der Errichtung einer neuen Gesellschaft interessiert sind, gebildet. Das Entstehen dieser proletarischen Solidarität hängt vom gleichen Prozeß ab, der die Familie zerstört. In der Vergangenheit schienen Blut, Liebe, Freundschaft, Enthusiasmus zu gemeinsamen Interessen zu führen, heute führen die gemeinsamen revolutionären Interessen zu Liebe, Freundschaft, Enthusiasmus.
Der Solidarität aller, welche an die Stelle der gegenwärtigen Ungerechtigkeit eine neue Gerechtigkeit setzen wollen, steht nicht wiederum die Solidarität, sondern die gemeinsam unterhaltene Macht der Herrschenden entgegen. Die Beziehungen zwischen diesen selbst sind nicht unmittelbar. Die Inhaber der großen Kapitalien können zwar im Salon den guten Ton wahren und sich »Freunde« nennen, aber ihre Kapitalien sind organisierte Kolosse, welche gegen die Personen ihrer Besitzer und deren Beziehungen selbständig geworden sind. Der Händedruck von zwei Magnaten bedeutet daher so wenig, daß man ihm nicht anmerkt, ob im gleichen Augenblick für die entgegengesetzten Interessen ihrer Kapitalien irgendwo Blut fließt. Ihre Beziehungen als Personen sind offenkundig gegenüber ihren von den anonymen Mächten des Kapitals

bestimmten realen Übereinstimmungen oder Gegensätzen so belanglos geworden, daß bei der wärmsten Begrüßung die Warnung: »Ich werde dich ruinieren, wenn es not tut«, gar nicht mehr notwendig ist. Vielmehr bildet diese Selbstverständlichkeit die allgemeine Voraussetzung, auf Grund deren recht freundliche und im übrigen vorbehaltlose Beziehungen möglich sind. Die herrschende Ordnung, welche mit Vermögen und Einnahmen jedes Mitglieds der Großbourgeoisie unlöslich verknüpft ist, beruht heute auf so viel Not und Elend, daß man gar nicht auf die Idee kommen kann, es könnte eines unter ihnen zögern, ein Dutzend seiner »Freunde« zu ruinieren, um einen größeren Vermögensteil zu retten. Ihre private Gemeinschaft steht unter dieser leicht einschränkenden Bestimmung. Ihre gesellschaftliche besteht wesentlich in der Niederhaltung des Proletariats.

Geistige Leiden

Körperlicher Schmerz ist schlimmer als geistiger. Diese Formulierung ist fragwürdig. Wie sollte man die entsprechenden Grade miteinander vergleichen, wie den geistigen Schmerz, der beim Menschen fast stets den körperlichen begleitet, gedanklich von ihm trennen können? Die Behauptung ist trotzdem wahr. Materielle Entbehrungen, leibliche Folter, Eingesperrtsein, Zwang zu schwerer körperlicher Arbeit, tödliche Krankheit, das sind realere Leiden als die edelste Trauer. Gewiß können die Nervenärzte mit Recht von dem gräßlichen Zustand und von den Selbstmorden psychisch leidender Personen sprechen, und wer weiß nicht, daß schon Langeweile in Verzweiflung treiben kann! Doch es sind ja weder die Nervenkrankheiten noch die Langeweile, die man uns als die wahren geistigen Schmerzen hinstellt. Man will uns vielmehr weismachen, daß nicht bloß die Armen und Hungrigen, sondern auch die Junker und Schlotbarone schwer leiden müssen oder daß gar mit zunehmender Bildung und Macht die geistigen Sorgen zunähmen und schließlich die körperlichen Leiden überträfen. Diesen Schwindel sollte kein armer Teufel mehr glauben! Wenn es auf die Sorgen ankommt, dann haben gewiß die Proletarier mehr davon zu tragen als die Kruppschen Direktoren; das Maß an spiritueller Bekümmerung dieser Herren trügen die Arbeitslosen gerne, wenn sie nur aus der gemeinsten Misere herauskämen. Auch unter den Sorgen pflegt ja noch die Angst vor körperlichem Elend aller Art am schwersten zu wiegen. Die geistigen Leiden der herrschenden Klasse sind ein Nichts gegen die wirkliche Not des Proletariats!

Zwei Elemente der Französischen Revolution

Nicht daß die Französische Revolution, gemessen an dem, was in jenem historischen Augenblick materiell zu verwirklichen war, zu weit geschritten war und die Verwirklichung ihres Programms erst nach schweren Rückschlägen zum Inhalt einer langen Periode wurde, beschämt den mit ihr sympathisierenden Betrachter, sondern das Austoben gerade der nichtrevolutionären, sondern philiströsen, pedantischen, sadistischen Instinkte. Die subalterne Bosheit der kleinbürgerlichen Schichten, auf die sich die Revolution in der Praxis stützen mußte, verwandelte die Solidarität des Volks, auf die sie sich in der Theorie berief, gleich zu Anfang in eine Ideologie. Freilich stecken auch in ihr Antriebe, die nicht bloß über die feudale, sondern über die Klassengesellschaft überhaupt hinausweisen, aber sie sind mehr in den Schriften der Aufklärer als in dem eine Zeitlang zur Herrschaft gelangten sadistischen Kleinbürgertum zu finden. Ihm gegenüber mag es in der Tat als eine Erlösung erschienen sein, als die Vertreter der entwickelten Produktivkräfte, d. h. des zur Übernahme der Macht reifen Bürgertums nach dem Sturz Robespierres die Führung übernahmen. Durch eine unmittelbar an Hand der Aufklärungsphilosophie erfolgende Interpretation der Französischen Revolution wird die Wirklichkeit fast ebenso sehr entstellt wie durch die Unverschämtheit einer gewissen Romantik, welche die Arbeit der Guillotine nur abscheulich fand, weil sie nicht im Dienste der Bourbonen funktionierte.

In der deutschen Gegenwart treten die beiden Elemente der Französischen Revolution, pedantisches Spießbürgertum und Revolution, als gesonderte historische Mächte auf. Die Kleinbürger und Bauern dürfen im Dienste der führenden Bourgeoisie revoltieren und nach dem Henker schreien, aber die auf Schaffung einer menschlicheren Welt gerichteten Kräfte sind jetzt verkörpert in der Theorie und Praxis kleiner Gruppen des Proletariats. Ihnen kommt es nicht auf die Guillotine, sondern wirklich auf die Freiheit an.

Vom Unterschiede der Lebensalter

Wenn ein erwerbsloser Arbeiter oder Angestellter das vierzigste Jahr überschritten hat, bekommt er heute schwer eine Anstellung. Ist er beschäftigt, so muß er die Entlassung befürchten. Die jüngere Konkurrenz arbeitet billiger und rationeller. Er wird ein wertloser, ungeschickter Alter. Er fällt allen zur Last.
Wenn ein Kommerzienrat sechzig oder siebzig Jahre wird, gibt es im Betrieb eine Feier. Aus den Reden beim Diner geht hervor, wieviel die Arbeitskraft und die Erfahrung des verehrten Seniors für die Firma und den ganzen Wirtschaftszweig bedeuten.
Die Eigenschaften der Lebensalter sind je nach der Klassenlage verschieden.

Verpönte Affekte

Kein Vorwurf entkräftet eine wissenschaftliche Darstellung so gründlich wie der, sie sei aus dem Affekt entstanden. Auch seit die Metaphysik neuestens einen jugendfrischen Angriff auf die Forderung der Wertfreiheit der Wissenschaft unternommen hat, bleibt doch der »Affekt« verpönt. Aber welcher Affekt wird von diesem Verdikt betroffen? Verwirft man etwa die pantheistische Begeisterung für die seiende Welt oder die Verehrung eines jenseitigen Ideenreichs oder die Verachtung der Massen und des Massenwohls oder die rückwärts gewandte Schwärmerei für Mittelalter und Altertum oder den Widerwillen gegen eine »negativistische« Einstellung oder das Pathos der Pflicht und des Gewissens oder die flammende Propaganda für Persönlichkeit, Innerlichkeit, Vitalität oder andere legitime Affekte? In Wirklichkeit ist im bourgeoisen Denken bloß der Affekt der Beherrschten gegen die Herrschenden verpönt.

Es kommt freilich auch nicht selten vor, daß unsere Gelehrten untereinander in »Affekt« geraten und sich dies dann vorwerfen, wie ja überhaupt die Mitglieder der Bourgeoisie untereinander im Konkurrenzkampf leben. Aber der Feind, gegen dessen Affekte alle einig sind, ist der, an dessen Ausbeutung alle gemeinsam interessiert sind: die beherrschte Klasse.
Die geforderte Affektlosigkeit der Erkenntnis, entsprungen aus dem Kampf der revolutionären bürgerlichen Intelligenz um theologiefreie Wissenschaft, zeigt sich heute vorwiegend als die ruhige Sachlichkeit dessen, der sich zum Bestehenden hinzurechnet, als der gute Ton des schon Arrivierten oder als die stille Beflissenheit dessen, der Aussicht hat, daß er es zu etwas bringt. Ein wenig Arroganz und »geniale« Schroffheit, ja sogar theoretische und abstrakte »Radikalität« wird gern verziehen.
Zur Forderung der Affektlosigkeit gehört diejenige der Unparteilichkeit, der Objektivität. Auch sie stammt aus den Zeiten, in denen die bürgerliche Wissenschaft noch eine Vorkämpferin der Menschheit war, und hat ihre Heimat in der ehemals aggressiven Physik und Chemie. Die Abwendung der Naturforschung von den kirchlichen Autoritäten und ihr Rückgriff auf das Experiment waren selbst freilich äußerst parteiisch und affektiv. In den sogenannten Geisteswissenschaften, d. h. in der Lehre und Geschichte der menschlichen Zivilisation, bedeutet heute Unparteilichkeit keineswegs Parteinahme für den menschlichen Fortschritt wie bei den Physikern des sechzehnten und siebzehnten Jahrhunderts, sondern den Verzicht darauf, das in diesen Disziplinen Wichtigste, nämlich die Herrschafts- und Eigentumsverhältnisse, in die Mitte zu rücken, also eine durch die Abhängigkeit der Wissenschaft vom Kapital bedingte Horizontverengerung. Die offene Darlegung der in der Gegenwart um des Profits einer kleinen Minderheit willen aufrechterhaltenen Ungleichheit, die Erklärung des zu diesem Zweck funktionierenden Verdummungs- und Unterdrückungsapparates wären in der Tat parteiisch, und sie sind wirklich verpönt. Die Ahnung, daß hier Parteinahme gegen die herrschende Ordnung und Wissenschaftlichkeit nicht voneinander zu trennen sind, mag auch jenen philosophischen Bestrebungen Ansehen verschafft haben, welche die »Geistes«- oder »Kulturwissenschaften« in Gegensatz zur Naturforschung und schließlich in Gegensatz zur Wissenschaft überhaupt bringen

möchten. Die Gründlichkeit und Unbeirrbarkeit der Forschung, welche das Bürgertum im Kampf gegen den Feudalismus als gesellschaftliche Aufgaben begriffen hatte, sollen aufhören, wo sie ihm selbst gefährlich sind.

Die bezeichnete Affektlosigkeit und Unparteilichkeit der Unteren sind nicht bloß in der Wissenschaft, sondern auch in den alltäglichen Äußerungen das Merkmal der Zuverlässigkeit für die herrschende Klasse. Diese Charaktereigenschaften sind weit mehr als die Freiheit von sonstigen nicht gerade kriminellen Lastern Voraussetzungen des Erfolgs im kapitalistischen System. Es gibt einen besonderen Klang der Stimme, der die innere Freiheit von den unerlaubten Affekten verbürgt. Wer sein Kind für eine Laufbahn in diesem System erziehen will, sorge dafür, daß, wenn es erwachsen ist, seine Stimme dieses Klanges nicht entbehre!

Schwierigkeit eines psychoanalytischen Begriffs

Ob ein Revolutionär persönlich »realitätsgerecht« gelebt hat oder nicht, hängt vom Stand des Klassenkampfes ab. Bildete sein Leben eine Folge von übermäßigen Leiden, Mißerfolgen, schweren inneren und äußeren Krisen, Zuchthaus und Qualen jeder Art, so kann er ebenso gescheit, konsequent, nüchtern, tapfer gewesen sein wie im Glücksfall des endlichen Sieges. War seine Politik im Fall der Niederlage realitätsgerecht? Für das Leben des Proletariats entscheidet darüber die historische Zukunft; welche Instanz aber für den Kämpfer selbst?

Der Analytiker könnte vielleicht erwidern, die Frage sei nicht so wichtig. Es käme jedenfalls nicht auf das objektive Leiden, sondern auf die innere Gesundheit an. Aber vermöchte der Kämpfende selbst oder gar ein anderer über ihn jeweils zu entscheiden, wieweit er gesund, neurotisch, mit sich einig oder mit sich zerfallen ist? Diese bürgerlichen Kategorien entsprechen ihrer eigenen Welt und nicht dem Kampf, der sie aus den Angeln heben soll.

Durch Schaden wird man klug

– mag sein, aber der sichere Weg ist der des Erfolgs, und wenn schon durch Schaden, dann durch den der anderen! Die Voraussetzung der sogenannten tüchtigen Männer auf den verschiedensten Gebieten liegt zum Teil darin, daß sie auf Grund von Glück und Erfolgen rasch in eine soziale Situation gekommen sind, die ihnen den richtigen Überblick über die Apparatur ihres Berufszweigs und einen selbstsicheren Zugriff gibt. Mißerfolg, Schaden macht dagegen ängstlich, und es gibt bekanntlich kein größeres Hemmnis des Lernens als die Angst.

Das ist die Welt

Betätigung in einer proletarischen Partei hat die Abschaffung der Ausbeutung zum Ziel. Die Stärkung dieser Partei bedingt aber mittelbar eine Verschärfung des Drucks auf die beherrschte Klasse und dazu noch den erbarmungslosen Kampf gegen alle, die der Sympathie mit ihr verdächtig sind. Je näher die Entscheidung rückt, um so furchtbarere Maßnahmen der Unterdrückung ergreifen die Herrschenden, der Bürgerkrieg selbst, auf den die Partei in der historischen Dynamik hingetrieben wird, enthält alle Scheußlichkeiten der Erde. Siegt die alte Ordnung, so beginnt der Terror und das endlose Grauen. Das alles haben diejenigen stets mit in Kauf nehmen müssen, denen es ernsthaft um die Verbesserung der Gesellschaft zu tun war. Die Handlung, mit der geholfen werden soll, ist verflucht, das Elend zu vermehren. Wenn das zynischste Mitglied der Herrenklasse dem asketischen Revolutionär vorwirft, er bedinge namenlose Leiden, hat er nicht einmal unrecht. Das ist die Welt.

Gewerkschaftsbürokratie

Daß die Ansichten von Gewerkschaftsfunktionären häufig viel reaktionärer sind als die bürgerlicher Demokraten, läßt sich gut verstehen. Jene Funktionäre sollen von den Unternehmern immer Vorteile für die Arbeiter herausholen. Wenn ihnen das nicht in erwünschtem Maß gelingt, bekommen sie Vorwürfe und enttäuschte Gesichter zu sehen. Von den Arbeitern werden sie zwar bezahlt, aber ihre Leistung ist kraft der Mechanik des ökonomischen Systems immer ungenügend. Wie sollten sie da nicht auf ihren unersättlichen, unruhigen, unbequemen Mandanten ärgerlich werden und für reformistische Theorien besonderes Verständnis haben, welche – mit Ausnahme von ihren Posten – die Ansprüche der Arbeiterklasse preiszugeben tendieren.

Die Zurückgebliebenen

Der Kapitalismus hat auf weiten Strecken der Erde mit der »Schlamperei« ein Ende gemacht. Die Schlamperei – das ist Schmutz, Aberglaube, Blödheit, Krankheit, Langsamkeit, Apathie. In der Fabrik kann man die Schlamperei nicht brauchen, und es ist daher eine Gesinnung über die zivilisierte Welt gekommen, in der sie überhaupt verachtet wird.
Die Menschen haben Grund, diese Feindschaft zu bewahren und als Element in eine bessere Gesellschaft mit zu übernehmen. Auch sie wird freilich ihren Charakter dabei verändern. Heute hat nämlich auch dieser Zug von dem Ganzen der Gesellschaft her, zu dem er gehört, etwas Unmenschliches an sich. Er bedingt, daß der Rest von müheloser Lust, Friede, Sorglosigkeit immer unerbittlicher auf die kleine Schar der Privilegierten beschränkt wird. Nicht, als ob es eine gute alte Zeit der Gemütlichkeit gegeben hätte. Diese bestand in bloßer Stumpfheit, aber das letzte Aufräumen mit dem Schlendrian, der in den Winkeln der kapitalistischen Welt noch sein Leben fristet, verklärt jene Mängel durch seine Grausamkeit. Die Postkutsche war nicht romantisch, sondern ein Folterinstrument; der entlassene alte Werkmeister, bei dem es gemütlicher herging, war trotz des langsameren Arbeitstempos unter den verflossenen Verhältnissen ein ebensolcher Quälgeist wie der neue unter den gegenwärtigen; die kleinen gemütlichen Ladengeschäfte und Wirtshäuser, die jetzt zugrunde gehen, waren zuletzt Brutstätten von Dummheit und Sadismus. Aber den Staub der Automobile, welche die Postkutsche er-

setzen, schlucken heute die kleinen Leute, der alte Werkmeister muß elend zugrunde gehen, der langsame Ruin der schwachen Geschäfte ist eine Hölle mitten im modernen Wirtschaftsprozeß.
Die Abschaffung der Schlamperei ist notwendig. Aber sie vollzieht sich unter einer ungeheuren Entwicklung von menschlichem Leid und unter Vernichtung bestimmter Lebenswerte. Die vom Staub der Autos freie Straße, das langsamere Tempo in der Werkstätte, die Gespräche mit dem Kunden und die Langeweile in den kleinen Läden werden denen teuer, die sie verlieren. Vorher war dies alles nichts, jetzt im Verschwinden, treten diese Züge ins Bewußtsein und leuchten als Güter, von denen man sich trennen muß, als verlorene Werte auf. Die Philosophen, deren Gedanken den in diesem Prozeß untergehenden sozialen Schichten entsprechen, klagen, daß »die Bilder und Ideen« sterben. Sie beurteilen die Vergangenheit von der Gegenwart aus und meinen, daß die Menschen diese Werte ehemals gefühlt hätten. Aber die Schmerzen, welche bei der konstanten Durchdringung der entwickelten Länder mit der kapitalistischen Produktionsweise gleichsam als endlose Wiederholung der Greuel ihrer Einführung erzeugt werden, machen jene Zustände erst zu Gütern, deren man die Unglücklichen beraubt, und daher zu den Bildern und Ideen, deren Tod die Philosophen betrauern.
Die Philosophen täuschen sich also. Aber das Elend der Zurückgebliebenen, das der technische Fortschritt bedingt und aus dem ihre falschen Theorien hervorgehen, ist nicht weniger real als das Glück der zukünftigen Generationen, das er vielleicht später bedingt.

Doppelte Moral

Leitspruch für den Freund der bestehenden Ordnung: »Weh dem, der lügt.« Er kann nach, mit, von seiner Gesinnung leben. Leitspruch für den, der über die bestehende Ordnung erschrickt: »Weh dem, der nicht lügt.« Er kann nach, mit, an seiner Gesinnung zugrunde gehen.

Zur Relativität des Charakters

Ob Dschingis-Khan Sonette gedichtet hat, weiß ich nicht, aber er könnte ein bezaubernder Unterhalter gewesen sein. Jedenfalls haben ihn seine Vertrauten anders erfahren als besiegte Fürsten und Kriegsgefangene. Umgekehrt werden Dichter und Gelehrte, die in der Geschichte des kulturellen Fortschritts einen ehrenvollen Platz einnehmen, mit den jeweiligen Dschingiskhanen als ihren Gönnern an den zeitgemäßen Herrschaftsmethoden sich beteiligt und für die Beherrschten ihrer Epoche zu den Teufeln gezählt haben.

Die moralischen Eigenschaften der Menschen sind relativ, sie hängen von der Lage, vor allem von der Klassenlage dessen ab, der sie erfährt. Doch *erscheinen* sie nicht bloß verschieden je nach der Beziehung, die wir zu ihnen haben, sondern sie *sind* es. Die Relativität, von der wir reden, ist nicht dieselbe wie z. B. die Abhängigkeit der Erscheinung eines Bildes, das je nach der Stellung des Beschauers größer oder kleiner aussieht, während es doch in Wirklichkeit gleich groß bleibt. Mit den festen Ausmaßen des menschlichen Wesens ist es nicht so weit her wie mit denen der uns umgebenden Dinge, wenngleich die Physik jetzt auch die Maße der Dinge von der Bewegung des Beobachters abhängen läßt. Der dem Künstler gegenüber feine und großzügige Mäzen kann den Arbeitern gegenüber wirklich ein Ausbeuter, die reizende Dame wirklich ein Quälgeist für ihre Kammerzofe sein, der ergebene Beamte ist sehr oft ein Tyrann in seiner Familie, die verschiedenen menschlichen Eigenschaften sind nicht bloß Aspekte für die verschiedenen von ihnen betroffenen Personen, sondern Realitäten, die in den Beziehungen selbst existieren. Die Erfahrung, daß dieser oder jener Mensch besser oder schlechter sei, als ich bisher gedacht, hängt gewöhnlich von irgendeiner Veränderung in meiner eigenen Lage ab; diese Veränderung bewirkt im anderen ein freundlicheres oder feindlicheres Verhalten. Du brauchst nur das große Los zu gewinnen, um die meisten Menschen als bessere zu erkennen. Bloß einige deiner früheren Freunde mögen nachträglich kleinlich und »gleich beleidigt« sein.

Hast du schon einmal die Veränderung im Ton der Stimme bemerkt, wenn ein Bekannter entdeckt, du seist nicht, wie er bis jetzt geglaubt, wohlhabend, sondern arm und könntest am Ende etwas von ihm wollen? Hast du den Unterschied beobachtet, wie jeder seinen armen und wie seinen reichen Bekannten eine Gefälligkeit tut? Vor dem, der die Macht gewinnt, verwandelt sich die Mehrzahl der Menschen in hilfsbereite, freundliche Geschöpfe. Vor der absoluten Ohnmacht, wie sie bei den Tieren ist, sind sie Viehhändler und Metzger.

Eine Neurose

Es gibt Gedanken, welche die Arbeits- und Genußfähigkeit bis zu einem Grad hemmen, der an Krankheit grenzt. Die Psychologen werden sie daher für neurotisch erklären. Trotzdem sind sie wahr, und wenn viele sie hätten, und zwar *immer* hätten, stände es vielleicht besser um die Menschheit.
Solche Gedanken sind die folgenden: Ich esse, und die erdrückende Mehrzahl der Menschen hungert, viele sterben an Hunger. Ich werde geliebt, unzählige werden gehaßt und gequält. Wenn ich krank bin, pflegen mich andere und wollen mir Hilfe leisten, die Mehrzahl der Menschen wird für eine Krankheit mit Beeinträchtigung der Stellung, mindestens kargerem Lohn, Vorwürfen, Spitalregime und Elend bestraft. In diesem Augenblick werden unzählige Menschen auf der Welt absichtlich gequält, gefoltert, körperlich und geistig umgebracht: Männer, Frauen, Kinder, Greise, Tiere – in unbeschreiblichem Leiden; mir geht es *zufällig* erträglich, zufällig nicht in Beziehung auf die Ursachen, sondern auf meinen inneren Wert: ich bin wie alle die anderen.
So weit hat Tolstoi gedacht. Seine Ratschläge für Änderung waren schlecht, er hat die gesellschaftliche Ursache der Übel nicht klar erkannt und darum den Weg zu ihrer Abschaffung nicht gesehen. Aber gibt es überhaupt einen »Weg«? Und ist er nicht im voraus kompromittiert, weil die Menschheit denen, die auf ihm geblieben sind, nicht mehr helfen kann, wenn sie ankommt? Woher den Mut und die Kraft nehmen?

Warten

Im genauen Verhältnis zur sozialen Hierarchie steht das Wartenmüssen. Je weiter oben einer ist, um so weniger muß er warten. Der Arme wartet vor dem Fabrikbüro, auf dem Amt, beim Arzt, auf dem Bahnsteig. Er fährt auch mit dem langsameren Zug. Eine Verschärfung des Wartens ist es, wenn man dabei stehen muß; die letzte Wagenklasse in den Zügen ist gewöhnlich überfüllt, und viele stehen darin. Arbeitslose warten den ganzen Tag.
Der Umstand, daß jede Minute, die ein Generaldirektor beim Bankier warten muß, ein schlechtes Zeugnis für seine Kreditfähigkeit ist, wird vielfach erörtert; dieses Wissen gehört zur Philosophie des kapitalistischen Geschäftsmannes. Das Warten, das in allen Epochen Lebensmerkmal der beherrschten Klasse war, wird in der bürgerlichen Gesellschaft weniger erörtert; dieses Wissen gehört nicht zum Geschäft der kapitalistischen Philosophie.
Die meisten Menschen warten jeden Morgen auf einen Brief. Daß er nicht eintrifft oder eine Absage enthält, gilt in der Regel für die, welche ohnehin traurig sind. Je reicher dagegen der Adressat, um so freudigere Überraschungen bringt die Morgenpost, es sei denn, daß die wirtschaftliche Krise auch hieran rüttle und ihn in den sozialen Umschichtungsprozeß mit einbezöge.

Das Unerforschliche

Mag es sich mit der allgemeinen Abhängigkeit der Metaphysik von der Gesellschaft wie auch immer verhalten, gewiß ist, daß die Herren von der offiziellen Geistigkeit den Ast nicht absägen, auf dem sie sitzen. Schopenhauer, der sich selbst freilich ein Rentnerdasein leisten konnte und es weidlich ideologisch verklärte, hat doch erkannt, daß die Philosophieprofessoren seiner Zeit offen oder heimlich die Religion unterstützten, weil mittelbar ihre Klasse, unmittelbar das die Lehrstühle besetzende Ministerium der Religion nicht entraten konnte. Es ist ihm klar geworden, wie das Thema probandum, die Verträglichkeit der Religion mit dem erreichten Stande der Erkenntnis, gewollt oder ungewollt bis in die entferntesten Einzelheiten der

Systeme hineinspielte. Aber daß die religiösen Vorstellungen nur einen kleinen Teil der vorschriftsmäßigen Denkweisen und Begriffe ausmachen, denen gegenüber die Philosophie aus den gleichen Ursachen tolerant, mindestens neutral ist, hat er außer acht gelassen. Heute braucht man nicht einmal auf den Inhalt einer philosophischen Theorie einzugehen, um die soziale Interessenlage ihres Urhebers darin zu erkennen: die Fragestellung und der mehr oder weniger gepflegte Ton ihrer Behandlung verrät schon den gesicherten Standort, zu dem sie gehört. Was für die Philosophie gilt, trifft für die »Geisteswissenschaften« im allgemeinen zu. Weder ihre Reden über Geist, Kosmos, Gott, Sein, Freiheit usw. noch auch ihre Äußerungen über Kunst, Stil, Persönlichkeit, Gestalt, Epoche, ja über Geschichte und Gesellschaft verraten Leid oder gar Empörung über das Unrecht oder Mitleid mit den Opfern. Sie können in dieser Hinsicht ganz objektiv bleiben, denn ihre materiellen Sorgen sind nicht die des größeren Teils der Menschheit. Wie sollten diese Leute den »überzeitlichen« Belangen der Menschen dienen, wenn sie noch nicht einmal ihre zeitlichen verstehen? Bei allen schwierigen Problemen, welche der Gedanke der Ewigkeit enthalten mag, werden ihn eher die Elenden in ihrer Verzweiflung als die dafür angestellten Beamten hervorbringen. Er hat die Eigentümlichkeit, in der naivsten, sinnlich gröbsten Hoffnung reiner und sublimer zu erscheinen als in der spiritualistischen Metaphysik und Theologie; diese hat ihn verfeinert, entsubstanzialisiert, aus dem Bereich der menschlichen Vorstellungen gehoben, um seinen Widerspruch zur Wirklichkeit mythologisch überwinden zu können, sie hat ihn den allzu stofflichen Wunschbildern der Beherrschten entrückt und den Zwecken der Herrschenden desto besser angepaßt. Seit einigen Jahrhunderten ist man daran, Gott nur als völlig transzendenten und schließlich als unerforschlichen Geist zu fassen. Dies hat vielleicht weniger damit zu tun, daß die Schrecken der Welt mit der Güte und Gerechtigkeit des allmächtigen Wesens schwer in Einklang zu bringen sind – für die Theologie war so etwas nie ein Kunststück –, sondern mit der Abneigung dagegen, Gerechtigkeit und Güte mit der Ehre, daß sie Gottes Eigenschaften seien, zu bekleiden. Diese Züge paßten wenig zum Bild der Herrschenden. Den Allmächtigen als finster und furchtbar hinzustellen wie die Mächtigen auf der Erde selbst war schwer, damit hätte man die Menschen zur Verzweiflung getrieben.

So beraubte man Gott aller erkennbaren Eigenschaften und unterschied seine Wege ganz von den irdischen. Sie wurden so dunkel wie die Geschäftspraktiken der Fabrikanten und Bankiers. Gerechtigkeit, Güte, Menschenfreundlichkeit haben im Kapitalismus einen kritischen Beigeschmack angenommen, unsere Metaphysiker denken nicht daran, sie zu idealisieren. Sie haben dafür die Wehrfreudigkeit.

Vergessen

Wenn einer ganz tief unten ist, einer Ewigkeit von Qual, die ihm andere Menschen bereiten, ausgesetzt, so hegt er wie ein erlösendes Wunschbild den Gedanken, daß einer komme, der im Licht steht und ihm Wahrheit und Gerechtigkeit widerfahren läßt. Es braucht für ihn nicht einmal zu seinen Lebzeiten zu geschehen und auch nicht zu Lebzeiten derer, die ihn zu Tode foltern, aber einmal, irgendwann einmal, soll doch alles zurechtgerückt werden. Die Lügen, das falsche Bild, das man von ihm in die Welt bringt, ohne daß er sich noch dagegen wehren könnte, sollen einmal vor der Wahrheit vergehen, und sein wirkliches Leben, seine Gedanken und Ziele, ebenso wie das ihm am Ende zugefügte Leid und Unrecht sollen offenbar werden. Bitter ist es, verkannt und im Dunkeln zu sterben.
Solches Dunkel aufzuhellen ist die Ehre der Geschichtsforschung. Selten haben die Historiker diese so entschieden vergessen wie in dem Bemühen der Gegenwart, den ehemals herrschenden Klassen und ihren Henkersknechten historisches »Verständnis« widerfahren zu lassen. Die Träume von Ketzern und Hexen, daß ein besseres und menschlicheres Jahrhundert auf sie zurückblicken möge, haben sich in der Tat so erfüllt, daß unsere heutigen Gelehrten und Dichter davon träumen, in jene Dunkelheit zurückzukehren, aber nicht aus jugendlicher Sehnsucht, die Opfer zu befreien, sondern um jene gesegneten Zeiten der Gegenwart sachkundig als Muster vorzuhalten.

Editorischer Anhang

Nachwort des Herausgebers
Die philosophischen Frühschriften. Grundzüge der Entwicklung des Horkheimerschen Denkens von der Dissertation bis zur ›Dämmerung‹

Band 2 der *Gesammelten Schriften* Horkheimers enthält die während der zwanziger und beginnenden dreißiger Jahre *veröffentlichten* philosophischen Frühschriften: von der 1922 fertiggestellten Dissertation bis zur *Dämmerung*, die zwischen 1926 und 1931 geschrieben, aber erst 1934 veröffentlicht wurde. Die *nachgelassenen* Schriften aus demselben Zeitraum sind in den Bänden 9 bis 11 enthalten. Beide Gruppen von Schriften geben Einblick in die verschiedenen Komponenten des Horkheimerschen Denkens, aus denen sich im Laufe der zwanziger Jahre die Gestalt der Sozialphilosophie zusammensetzt, die später den Namen Kritische Theorie erhalten sollte.
Es sind Schriften seiner Studenten-, Assistenten- und Privatdozentenjahre. Horkheimer nimmt sein Studium zusammen mit Friedrich Pollock, dem lebenslangen Freund, 1919 zunächst in München auf und setzt es dann, nach einem Semester, in Frankfurt mit dem Hauptfach Psychologie und den Nebenfächern Philosophie und Nationalökonomie fort. Auf Anraten seines philosophischen Lehrers Hans Cornelius geht er 1920 bis 1921 für zwei Semester nach Freiburg zu Edmund Husserl. Dort besucht er auch Vorlesungen des Privatdozenten Martin Heidegger, dessen antiakademischer Stil des Philosophierens ihn vorübergehend stark beeindruckt. Obwohl seit Beginn seines Studiums sein Interesse vor allem der Philosophie gegolten hatte, versucht er sich, nach Frankfurt zurückgekehrt, nun an einer psychologischen Dissertation über »Gestaltveränderungen in der farbenblinden Zone um den blinden Fleck des Auges«[1]. Nachdem jedoch ein dänischer Forscher Untersuchungsergebnisse publiziert, die sich mit denen Horkheimers allzusehr überschneiden, bricht er diese Arbeit ab. Er wendet sich nun ganz der Philosophie zu und schließt 1922 sein Studium bei Cornelius mit einer Dissertation über Kants *Kritik der Urteilskraft* ab. Nach seiner Habilitation – sie hat dasselbe Werk Kants zum Gegenstand – wird er 1925 zum Privatdozenten ernannt.
Bereits ein Jahr zuvor war in Frankfurt von Felix Weil und Kurt Albert Gerlach das Institut für Sozialforschung gegründet worden, dessen erster Direktor, nach Gerlachs plötzlichem Tod, Carl Grünberg wurde. In den folgenden Jahren ist Horkheimer über Weil und Pollock, der einer der Assistenten Grünbergs wird, dem Institut locker verbunden, ohne sich in Grünbergs stark ökonomisch und sozialgeschichtlich ausgerichtetes Programm einzufügen. Statt dessen widmet er sich intensiv der Geschichte der Philosophie, die er in einer Reihe von Seminaren

---

1 Vgl. Horkheimer, ›Dokumente – Stationen. Gespräch mit Otmar Hersche‹, in: *Gesammelte Schriften* Bd. 7, S. 323. – Das Manuskript jener psychologischen Arbeit ist nicht erhalten.

und Vorlesungen behandelt. Zu den Vorlesungen verfaßt er jeweils mehrhundertseitige Skripte, die jedoch zu Lebzeiten unveröffentlicht bleiben. Ohne sonderlichen publizistischen Ehrgeiz, veröffentlicht Horkheimer in dieser Zeit nichts außer einigen wenigen Zeitungsartikeln.

Nachdem Grünberg 1927 schwer erkrankt und 1929 emeritiert wird, wird Horkheimer vom Institutskreis als Nachfolger ausersehen. Dazu aber ist zunächst erforderlich, daß er auf einen Lehrstuhl berufen wird. Dies gelingt, vor allem mit Hilfe Paul Tillichs, indem die Universität einen neuen Lehrstuhl für Sozialphilosophie errichtet, den Horkheimer 1930 übernimmt. Außerdem scheint auch eine größere Publikation angebracht. So erscheint, auf der Grundlage von Vorlesungsskripten, 1930 als erste Schrift *Anfänge der bürgerlichen Geschichtsphilosophie*. Der Übernahme auch des Institutsdirektorats steht nun nichts mehr im Wege. Am 24. Januar 1931 hält Horkheimer seine Antrittsvorlesung als Ordinarius und Direktor des Instituts für Sozialforschung über ›Die gegenwärtige Lage der Sozialphilosophie und die Aufgaben eines Instituts für Sozialforschung‹.

Dies sind, in wenigen Zügen, die wichtigsten biographischen Daten der Periode, der die im vorliegenden Band versammelten Schriften angehören. Die Übernahme der Institutsleitung stellt eine Zäsur im schriftstellerischen Schaffen Horkheimers dar. Dieses wird sich von jetzt an ganz auf den vor allem in der *Zeitschrift für Sozialforschung* unternommenen Versuch eines »interdisziplinären Materialismus« konzentrieren. Gleichwohl ist diese Zäsur nicht unmittelbar am Datum abzulesen. Die in Band 2 enthaltenen Aufsätze ›Ein neuer Ideologiebegriff?‹ (1930) und ›Hegel und das Problem der Metaphysik‹ (1932), nicht zuletzt auch die 1934 erschienene *Dämmerung* gehören sachlich überwiegend noch zu der der Institutsleitung und der Herausgabe der *Zeitschrift* vorangehenden Phase des Horkheimerschen Denkens. Diese ist philosophisch vor allem durch die Rezeption und Kritik der Hegelschen Geschichtsphilosophie bestimmt, während erst seit 1931 die philosophischen Fragestellungen explizit der Vermittlung von Theorie und sozialwissenschaftlicher Empirie unter der leitenden Idee einer Theorie der gegenwärtigen Epoche dienen.

Wenden wir uns nun den philosophischen Frühschriften Horkheimers im einzelnen zu. Im vorliegenden Band nehmen breiteren Raum zunächst die beiden akademischen Abschlußarbeiten ein, die der Auseinandersetzung mit Kant gewidmet sind. Die Dissertation *Zur Antinomie der teleologischen Urteilskraft* und die Habilitationsschrift *Über Kants Kritik der Urteilskraft als Bindeglied zwischen theoretischer und praktischer Philosophie* stellen zweifellos noch Stücke einer Art von Universitätsphilosophie dar, von der sich die spätere Kritische Theorie deutlich absetzen sollte. Aber in dem Maße, in dem sich diese Abwendung nicht ohne vermittelnde Schritte vollziehen konnte, enthalten auch diese frühen Schriften bereits bemerkenswerte Elemente, die für Horkheimers späteres Denken bestimmend bleiben sollten. Wer die Kritische Theorie in ihrer Entwicklung und Begründung bei Horkheimer angemessen verstehen will, muß diese Zeugnisse mit heranziehen.

Seine Untersuchung *Zur Antinomie der teleologischen Urteilskraft* will Horkheimer weder als Exegese des Kantischen Systems noch als philosophiehistorischen

Beitrag verstanden wissen, sondern als Analyse eines von Kant paradigmatisch dargestellten erkenntnistheoretischen Problems: des Verhältnisses von Ganzem und Teilen. Unverkennbar ist der Einfluß seiner gestaltpsychologischen Studien – Horkheimer bezieht sich etwa auf Arbeiten der zeitweise in Frankfurt lehrenden Psychologen Max Wertheimer (bis 1918 und wieder ab 1929) und Wolfgang Köhler (bis 1921 in Frankfurt) – und der philosophischen Rezeption der Gestalttheorie bei Cornelius. Durch deren Forschungen wurden, so Horkheimer, Theoreme der Bewußtseinsphilosophie in Frage gestellt, die Kant noch explizit verfochten hatte, die aber in der Folgezeit meist als selbstverständlich vorausgesetzt wurden. Das Problem stellt sich für Kant derart, daß er als Vorbild der transzendentalphilosophischen Methode die naturwissenschaftliche ansieht, daß diese sich aber keineswegs einheitlich präsentiert. Das zunächst allgemeine Geltung beanspruchende Prinzip mechanischer Erklärung von Naturvorgängen als Reduktion eines Ganzen auf seine Teile scheint in manchen Fällen des organischen Geschehens unzulänglich zu sein, in denen sich die Teile nur vom Ganzen aus verstehen lassen. Kant löst den Widerspruch zwischen mechanischer und teleologischer Erklärung einseitig zugunsten des ersteren Prinzips auf. Voraussetzung dieses Vorgehens ist jedoch, so Horkheimer, ein unzureichender Begriff der Zweckmäßigkeit des organischen Geschehens, ja der Naturgesetzlichkeit überhaupt. Horkheimer untersucht nun die Konsequenzen dieser Unzulänglichkeit für Kants Theorie der Erkenntnis, insbesondere hinsichtlich des Verhältnisses von Sinnlichkeit und Verstand. In der Erkenntnistheorie ist, seiner abschließenden These zufolge, die Eigengesetzlichkeit von Ganzheiten ebenso zur Geltung zu bringen, wie dies bereits im Terrain der empirischen Wissenschaften, etwa durch die Fortschritte der modernen Psychologie oder Physik, erzwungen wurde.

Behutsam setzt Horkheimer in seiner Arbeit Philosophie und empirische Wissenschaften zueinander in Beziehung. Hatte bereits Cornelius, entgegen einem geläufigen Mißverständnis, keineswegs psychologistisch Erkenntnistheorie begründen wollen[2], so reduziert auch Horkheimer nicht etwa transzendentalphilosophische Fragen der Geltung auf psychologische der Genesis. Seine Kritik an Kant verfährt primär immanent. Dennoch stellt er die strikte Trennung von Philosophie und Psychologie in Frage. Die Philosophie hat – wie bei Hegel, der freilich in der Dissertation nicht genannt wird – die Fortschritte der Wissenschaften aufzunehmen und systematisch zu reflektieren. Über das besondere Interesse an der Psychologie hinaus kennzeichnet dieses Verhältnis von Empirie und philosophischer Theorie auch den späteren Horkheimerschen Entwurf des interdisziplinären Materialismus.

---

[2] Seiner Selbstdarstellung zufolge handelt es sich bei der 1897 erschienenen *Psychologie als Erfahrungswissenschaft* um eine apriorische Psychologie: »sie setzte sich aus lauter allgemeingültigen Urteilen über das phänomenal Gegebene, oder, wie ich mich damals ausdrückte, aus synthetischen Urteilen a priori über ›Wahrnehmungsbegriffe‹ zusammen [...].« (Cornelius, ›Leben und Lehre‹, in: *Philosophie der Gegenwart in Selbstdarstellungen*, hrsg. von Raymund Schmidt, 1923, Bd. II, S. 86.)

Die Lehre von den Gestaltqualitäten, nach der Ganzheiten nicht etwas aus Teilen Abgeleitetes, sondern primäre Gegebenheiten darstellen, wird zwar von Horkheimer, an Cornelius anschließend, in spezifisch erkenntnistheoretischem Zusammenhang interpretiert, gehört aber einer allgemeineren kulturellen Strömung der zwanziger Jahre an, an der heterogene philosophische Richtungen auf verschiedene Weise teilhaben. So macht etwa Georg Lukács gegen die Atomisierung der Gesellschaft und des Bewußtseins die »Kategorie der Totalität, die allseitige bestimmende Herrschaft des Ganzen über die Teile«[3] als Prinzip der Marxschen bzw. seiner eigenen Methode geltend. Aber auch der religiös orientierte Lebensphilosoph Leopold Ziegler – Horkheimer befaßt sich mit ihm 1929 in einem Artikel[4] – vertritt einen holistischen Erkenntnistypus, der es »gestattet, hinter die künstlichen Abgrenzungen und Unterscheidungen einer definitorisch verfahrenden Begrifflichkeit zurückzugehen und somit ein Ganzes nicht erst nachträglich aus der Summe seiner Teile zusammenzustücken [...]«[5].

Angesichts solcher Übereinstimmungen ist jedoch auch auf das Trennende hinzuweisen. Während Lukács der kapitalistischen Rationalisierung und Isolierung der Teilfunktionen, wie sie sich auch und gerade in den modernen Wissenschaften ausdrückt, den Anspruch entgegenstellt, »die Wirklichkeit als Ganzes und als Sein zu begreifen«[6], bezieht sich Horkheimer auf Tendenzen eben dieser Wissenschaften, insofern durch sie das traditionell mechanistische Erklärungsprinzip überwunden wird. Diese Bewertung der wissenschaftlichen Rationalität als zumindest im Ansatz ganzheitlicher unterscheidet ihn auch von Ziegler, der die Erfassung von Ganzheiten einem »intellectus archetypus« als eigenständigem Vermögen neben Intellekt und Instinkt vorbehält.

Auch in der Habilitationsschrift *Über Kants Kritik der Urteilskraft als Bindeglied zwischen theoretischer und praktischer Philosophie* spielt der Begriff der

---

3 Georg Lukács, *Geschichte und Klassenbewußtsein*, Berlin 1923, S. 39.
4 Vgl. hier S. 162 ff.
5 Leopold Ziegler, *Das heilige Reich der Deutschen* Bd. 2, Darmstadt 1925, S. 74 f.
6 Lukács, l. c., S. 133. – Vgl. Michiel Korthals, ›Die kritische Gesellschaftstheorie des frühen Horkheimer. Mißverständnisse über das Verhältnis von Horkheimer, Lukács und dem Positivismus‹, in: *Zeitschrift für Soziologie*, Jg. 14, Heft 4, August 1985. – Zu Recht stellt Korthals die Kritik heraus, die Horkheimer schon früh an Lukács übt. Damit weist er auf die Fragwürdigkeit einer Genealogie hin, die die Kritische Theorie als unmittelbaren Abkömmling eines gleichermaßen von Hegel und Max Weber inspirierten Marxismus verstehen will. Ebenso fragwürdig ist es jedoch auch, wie Korthals dies tut, Horkheimer in dieser Phase seiner Entwicklung einer Form des Positivismus zuzuordnen, die von dem des Wiener Kreises kaum unterscheidbar wäre. Korthals erklärt denn auch nicht, warum Horkheimer in seinem Aufsatz ›Der neueste Angriff auf die Metaphysik‹ (1937) die Philosophie des Wiener Kreises in scharfer Form kritisiert. – Zur Differenz zwischen Lukács und Horkheimer vgl. auch Furio Cerutti, ›Georg Lukács und die Kritische Theorie‹, in: *Links*, Nr. 195, Juni 1986. Cerutti bringt den Gegensatz auf die Formel: »Monozentrische Einstellung auf den unmittelbaren Produktionsprozeß im Hinblick auf seine philosophischen Gehalte versus sozialwissenschaftlich abgestützte Durchleuchtung des ganzen Reproduktionsprozesses der Gesellschaft.« (S. 29)

Zweckmäßigkeit in der Natur als Verhältnis von Ganzem und Teilen eine entscheidende Rolle. Die Arbeit präsentiert sich in ihrer Einleitung zunächst als Spezialuntersuchung zur Architektonik des Kantischen Systems: Sie sucht die Frage zu beantworten, ob die *Kritik der Urteilskraft*, wie Kant beansprucht, die Einheit von theoretisch-spekulativer und moralisch-praktischer Vernunft aufzeigen kann. Dahinter steht jedoch die systematische Frage, ob die theoretische Vernunft von der praktischen in der Weise zu unterscheiden sei, wie Kant dies getan hat. Horkheimer deutet diese Differenz als dogmatische Voraussetzung, die der Überprüfung nicht standhält. Bereits Kant selbst gesteht zu, daß die durch die Anwendung des theoretischen Vermögens auf sinnliche Erscheinungen erfaßte Wirklichkeit in manchen Bereichen Züge eines von ihm so bezeichneten »Systems« aufweist, das er den Gegenständen der praktischen Vernunft vorbehalten wissen will: eines Systems, in dem der Zusammenhang der einzelnen Teile nur durch Rückgang auf Zwecke zu verstehen ist. Während Kants Lösung des Widerspruchs dahin geht, die Bildung von Systemen einer reflektierenden Urteilskraft zuzuschreiben, also bloß als heuristisches Prinzip anzusehen, im übrigen aber dessen Anwendbarkeit auf natürliche Ganzheiten einem glücklichen Zufall zuzuschreiben, sieht Horkheimer – wiederum im Anschluß an die Gestaltlehre – jene Bildung selbst als transzendentale Leistung an. Der Rekurs auf die praktische Vernunft erübrigt sich in diesem Fall also. Neben diesem negativen Resultat, daß vernunftgemäße Wirklichkeit als solche erkennbar ist, ohne aus einer willentlichen Absicht abzuleiten zu sein, kommt Horkheimer zugleich zu dem positiven Schluß, daß damit auch die Realisierung von »Systemen« oder »Ideen« als möglich zu denken ist: »Nicht *ob* das ›Reich der Ideen‹ mit dem Naturreiche zu vereinigen sei, muß die Frage lauten – denn daß diese Gebiete nicht prinzipiell getrennt sind, hat sich uns gezeigt, – sondern wie die Möglichkeit der Verwirklichung einer Absicht theoretisch zu begreifen ist. Die Beantwortung dieser Frage setzt eingehende psychologische Analysen voraus [...].«[7] Ohne Hegels Identitätsthese von Vernunft und Wirklichkeit zu folgen, ist doch, so Horkheimer, gegen den Kritizismus daran festzuhalten, »daß es vernunftgemäße Wirklichkeit geben kann«[8].
Abgesehen von wenigen derartigen Andeutungen enthält sich Horkheimer strikt weitergehender Folgerungen. Das Resultat, daß die natürlichen und die ideellen Gegenstände nicht prinzipiell heterogen sind und daß somit die Kantische Abgrenzung von theoretischer und praktischer Vernunft einer ihrer stärksten Stützen entbehren müsse, läßt offen, wie statt dessen deren Verhältnis oder deren Einheit zu denken sei. Die Zurückweisung der Hegelschen Kant-Kritik und der dieser zugrundeliegenden These von der Identität von Vernunft und Wirklichkeit – diese Kritik an Hegel wird später zu einem zentralen Motiv der Kritischen Theorie – grenzt die Mehrdeutigkeit des Resultats immerhin ein. Dennoch mag es berechtigt sein, Horkheimers Zurückhaltung einem Zweifel daran zuzuschreiben, ob sich

---

7 *Über Kants ›Kritik der Urteilskraft‹ als Bindeglied zwischen theoretischer und praktischer Philosophie*, hier S. 146.
8 Ibid.

das Verhältnis von Theorie und Praxis im Rahmen der Corneliusschen Transzendentalphilosophie überhaupt angemessen formulieren lasse.

Darauf deutet auch hin, daß Horkheimer sich nach 1925 in den Schwerpunkten seiner Arbeit merklich neu orientiert. Neben seinen philosophiegeschichtlichen Studien befaßt er sich verstärkt mit der zeitgenössischen Philosophie und Soziologie, mit Phänomenologie, Lebensphilosophie und Ontologie. Aus den nachgelassenen Schriften ist ersichtlich, daß er diese Wendung teilweise parallel zur Entwicklung der Phänomenologie in der Nachfolge Husserls vollzieht. Dessen Schüler – Horkheimer nennt in seinem Habilitations-Probevortrag Adolf Reinach und Max Scheler[9] – haben versucht, die Wesensschau als Methode auf verschiedene Gebiete der Ethik, Ästhetik, Rechts- oder Sozialphilosophie anzuwenden. Sosehr Horkheimer sich nun dafür ausspricht, den phänomenologischen Untersuchungen eine breite Erfahrungsgrundlage zu geben, sosehr bezweifelt er jedoch die Fruchtbarkeit dieses auf a priori gültige Sätze ausgehenden Verfahrens. Gegen die Metaphysiker wendet er ein, daß ihr »Rückgang auf das Tatsächliche«[10] die nötige Entschiedenheit vermissen lasse. Diese aber bedeutet nicht nur eine soziologische und historische Differenzierung des Erkenntnisgegenstandes und der Erkenntnis selbst, sondern auch eine neue Gewichtung im Verhältnis von Erkenntnis und gesellschaftlicher Praxis. Nicht nur ist, so Horkheimer an anderer Stelle der nachgelassenen Schriften, Metaphysik als endgültiger, abschließender Wissensbesitz unmöglich, sie führt auch zu einer falschen Harmonisierung der Gegenwart. An Nicolai Hartmanns Wertphilosophie etwa kritisiert Horkheimer den Verzicht auf die Rigorosität der praktischen Vernunft, wie sie bei Kant vorliegt, zugunsten einer weltläufigen Beschreibung und Ordnung ethischer Phänomene. Er bewertet sie als »Rede eines kontemplativen Philosophen, der sich als Gegensatz gegen seinen Optimismus nur den philosophischen Pessimismus vorstellen kann und nicht etwa die Teilnahme an der wirklichen geschichtlichen Bewegung«[11].

Daß Horkheimers Auseinandersetzung mit der zeitgenössischen Metaphysik etwas mit der Rezeption des Marxismus zu tun hat, wird zwar aus dem Nachlaß der zweiten Hälfte der zwanziger Jahre sowie aus der *Dämmerung* deutlich, kaum aber aus den wenigen veröffentlichten Artikeln aus dieser Zeit. Geradezu penibel vermeidet er hier jeden Bezug auf Marx. So spricht er in seiner Kritik an Rudolf Eucken[12] von der Auflösung der Hegelschen Schule: die Nachfolger hätten das Verhältnis von materieller Wirklichkeit und Vernunft bei Hegel umgekehrt, indem sie die Abhängigkeit des Geistigen von den unteren Sphären des

---

9 ›Husserls erkenntnistheoretische Fundierung der Wesensschau‹, in: *Gesammelte Schriften* Bd. 11.
10 Ibid.
11 ›Phänomenologische Wertphilosophie und Kants praktische Philosophie: Ethik als Harmonisierung der Gegenwart oder Gestaltung der Zukunft‹, in: *Gesammelte Schriften* Bd. 11.
12 Hier S. 154 ff.

gesellschaftlichen Lebens aufgezeigt hätten. Genannt werden in diesem Zusammenhang Bruno und Edgar Bauer, David Friedrich Strauss und Ludwig Feuerbach, nicht aber die Begründer des historischen Materialismus. Oder: in seiner Würdigung Nicolai Hartmanns erwähnt Horkheimer, daß dieser die idealistisch-dialektische Methode rezipiert habe. Der Artikel schließt dann mit der Andeutung: »vielleicht führt ihn das Instrument der Dialektik auch noch über die Hegelsche These, daß der objektive Geist in sich vollendet und der Begriff im System der Philosophie zu sich selbst gekommen sei, hinaus.«[13] Eine solche verschwiegene Beziehung zu Marx ist vor allem von der späteren Kritischen Theorie wohl bekannt. Sie läßt sich, wie die frühen Schriften zeigen, nicht allein als Reaktion auf tatsächliche oder befürchtete politische Anfeindungen, etwa unter den Bedingungen des Kalten Krieges, verstehen. Die Spaltung zwischen ›exoterischen‹ und ›esoterischen‹ Äußerungen ist vielmehr ein durchgängiger Zug in Horkheimers theoretischem Wirken.[14]

Horkheimer befaßt sich in seinen Texten nie unmittelbar mit Problemen des Historischen Materialismus – ein in einem Memorandum als Band VI der Schriftenreihe des Instituts angekündigtes Buch mit dem Titel *Die Krise des Marxismus* bleibt ungeschrieben.[15] Aber seit der Mitte der zwanziger Jahre bildet die Marxsche Theorie, nahezu übergangslos, doch die implizite Voraussetzung und das organisierende Zentrum seiner Auseinandersetzungen mit der überlieferten und der zeitgenössischen Philosophie. Das wichtigste Medium seiner Aneignung der Marxschen wie der marxistischen Theorie stellt dabei die Kritik der Hegelschen Philosophie dar, die eine bedeutende Rolle auch in anderen zeitgenössischen Strömungen spielt: sowohl in Neoidealismus und geisteswissenschaftlicher Soziologie (Eucken, Ziegler, Scheler) als auch im gegen sozialdemokratische wie kommunistische Kanonisierungen gerichteten, undogmatischen Marxismus (Lukács, Korsch).

Horkheimers Hegel-Rezeption schließt sachlich an seine Zurückweisung der Hegelschen Kant-Kritik am Ende der Habilitationsschrift an, die so, indirekt, zugleich die Richtung seiner Marx-Auffassung vorausbestimmt. Marx und Engels hatten jene Kritik an den Kantischen Dichotomien durch die Dialektik schlicht für geleistet gehalten, wenn es auch noch darum zu gehen hatte, diese aus ihrem geistesphilosophischen Rahmen herauszulösen. Lukács und Korsch hat-

---

13 Hier S. 176.
14 Aufschlußreich sind in diesem Zusammenhang besonders die terminologischen Veränderungen der *Dialektik der Aufklärung* zwischen der Erstveröffentlichung als Typoskript 1944 und dem Erstdruck 1947; vgl. dazu das Nachwort des Herausgebers und den Beitrag von Willem van Reijen und Jan Bransen in Bd. 5 der *Gesammelten Schriften*, S. 423 ff. und 453 ff.
15 Dieser Titel *Die Krise des Marxismus* taucht in den nachgelassenen Papieren nur als Titel eines Exkurses innerhalb einer geplanten Schrift *Wissenssoziologie oder Historischer Materialismus?* auf. Der Plan bleibt, bis auf einen Bruchteil der Einleitung über die ›Soziologie der Soziologie‹, unausgeführt. Vgl. die ›Editorische Vorbemerkung‹ zu ›Zur Geschichte der Soziologie von Machiavelli bis Saint-Simon (Fragment)‹ in: *Gesammelte Schriften* Bd. 11.

ten durch ihre bahnbrechenden Arbeiten die philosophische Dimension des Marxismus gegenüber szientifischen Verflachungen erst wieder erschlossen, freilich um den Preis eines kaum verbrämten Idealismus bei der Konzeption der gesellschaftlichen Totalität und ihres Subjekt-Objekts, des Proletariats.
Demgegenüber besteht Horkheimer, gleichermaßen geschult an der Kantischen Erkenntnistheorie wie an Schopenhauers Geschichts- und Gesellschaftspessimismus, auf der subjektiv-praktischen Voraussetzung des geschichtlichen Sinns. Während die Hegelsche wie die hegelianische Spekulation sich letztlich affirmativ zum Geschichtsprozeß verhalten – was sich bei Lukács in der Hegemonialisierung der kommunistischen Partei äußert –, weil sie in der Geschichte ein zwingendes, immanentes Telos zu entdecken glauben, erfordert der Primat der Kritik den Verzicht auf sinngebende Metaphysik jeder Art. Andererseits aber schließt sich Horkheimer, wie bereits erwähnt, auch nicht einer positivistischen Leugnung überindividueller, sinnhafter Strukturen in der Geschichte überhaupt an. Sinn ist für ihn vielmehr wesentlich eine Kategorie der praktischen Veränderung des Sinnlosen: »[...] die durchgeführte Erkenntnis der Notwendigkeit eines geschichtlichen Ereignisses kann für uns, die wir handeln, zum Mittel werden, Vernunft in die Geschichte hineinzubringen; aber die Geschichte *hat* keine Vernunft, ›an sich‹ betrachtet, ist keine wie immer geartete ›Wesenheit‹, weder ›Geist‹, dem wir uns beugen müßten, noch ›Macht‹, sondern eine begriffliche Zusammenfassung von Ereignissen, die sich aus dem gesellschaftlichen Lebensprozeß der Menschen ergeben.«[16]
Horkheimer versteht den Marxismus in erster Linie weder als eine neue Art Philosophie noch Ökonomie oder Geschichtsauffassung, sondern als *Kritik* dieser Gestalten des Bewußtseins und der ihnen entsprechenden objektiven Verhältnisse. In dieser Auffassung ist unter anderem ein Grund für seine Abstinenz gegenüber »marxistisch«-immanentem Schreiben zu sehen. Unverkennbar folgt er dabei der Marxschen Figur der Aufhebung durch Verwirklichung. Deshalb bleibt die Kritik dem Kritisierten aber in gewisser Hinsicht bewußt äußerlich. Kennzeichnend dafür ist etwa ein Aphorismus aus der *Dämmerung*, in dem Horkheimer weniger den Wahrheitsgehalt der Metaphysik bestreitet als deren gesellschaftliche Funktion offenlegt. Er sieht ihre Funktion darin, das wirkliche Elend mit dem Blick auf das Ewige zu rechtfertigen: »Ich weiß nicht, wieweit die Metaphysiker recht haben, vielleicht gibt es irgendwo ein besonders treffendes metaphysisches System oder Fragment, aber ich weiß, daß die Metaphysiker gewöhnlich nur in geringem Maße von dem beeindruckt sind, was die Menschen quält.«[17]
Philosophie als entwickeltste Gestalt des bürgerlichen Bewußtseins erscheint der materialistischen Kritik als aporetisch, insofern sie weitgehend bloß begrifflich vorexerziert oder nachvollzieht, was sich in Wirklichkeit im Lauf der Geschichte durchgesetzt hat. Theoretische Probleme haben allemal historisch-praktische

---

16 *Anfänge der bürgerlichen Geschichtsphilosophie*, hier S. 250 f.
17 *Dämmerung*, hier S. 354.

Ursprünge und deshalb auch nur solche Lösungen. Die Kritik der Ideologie mißt dieser also eine gesellschaftlich verankerte Macht bei, angesichts derer jedes Festhalten an überkommenen wertsetzenden Ansprüchen der Philosophie, jeder bloß theoretische oder bloß moralische Einspruch als schwächliche oder überspannte Metaphysik-Renaissance erscheinen müßte. Dennoch dispensiert die materialistische Kritik nicht vom genauen Studium der Geschichte und der Struktur ihres Gegenstandes; im Gegenteil, das erklärende Verstehen, das nicht seinerseits kurzschlüssig den Gedanken auf seine objektiven Bedingungen reduzieren darf, muß detailliert in die philosophische Sachproblematik eindringen, um diese ohne Preisgabe ihres Gehalts vor dem Hintergrund ihres soziohistorischen Kontextes zu interpretieren. Die Kritik muß beides vermeiden: geisteswissenschaftliche Ideengeschichte und vulgärmaterialistischen Reduktionismus.

Die *Anfänge der bürgerlichen Geschichtsphilosophie* sind Horkheimers erster veröffentlichter Beitrag zu einer materialistischen Philosophiegeschichte. Die Schrift geht auf eine unter dem Titel ›Einführung in die Geschichtsphilosophie‹ angekündigte Vorlesung zurück, die er im Sommersemester 1928 hielt. Eine offenbar zum Zweck der Publikation überarbeitete Fassung des Typoskripts trägt den Titel ›Studien zur Geschichte der Geschichtsphilosophie‹. Gegenstand der Untersuchungen sind die Lehren Machiavellis, Hobbes', Morus', Campanellas und Vicos. Die in den Studien zentralen Begriffe der psychologischen Geschichtsauffassung, der Gesellschaft, der Ideologie, der Utopie und der Mythologie sind zugleich Schlüsselbegriffe einer materialistischen Kritik der Bewußtseinsformationen. Horkheimer erläutert sie im Kontext »der sich befestigenden, von den Fesseln des Feudalsystems sich befreienden bürgerlichen Gesellschaft«[18]. Diese bürgerliche Gesellschaft gilt ihm freilich ebenso wenig als bloß historisches Phänomen, wie sein Begriff der Erkenntnis historistisch oder relativistisch ist. Vielmehr werden »die Probleme in Hinblick auf die Gegenwart in ihren Grundzügen dargestellt und erörtert«[19]. Es gilt, »das gegenwärtige Nachdenken über die Geschichte«[20] dadurch über sich selbst aufzuklären, daß dessen eigene geschichtliche Dimension ergründet wird.

Horkheimer setzt sich damit bewußt einer erkenntnistheoretischen Paradoxie aus. Denn das Wissen um die geschichtliche Bedingtheit geistiger Gehalte muß sich in der Konsequenz selbst in diese Bedingtheit mit einbeziehen und scheint sich damit seiner Gewißheit zu begeben. Horkheimer widersteht der Alternative, nach letzten, übergeschichtlichen, aber gehaltlosen Erkenntnissen zu forschen. Er entwirft statt dessen einen dialektischen Begriff der Erkenntnis – im Anschluß an Hegel und ihn radikalisierend – als »Fragment in der unabgeschlossenen Geschichte der Menschen«[21].

---

18 *Anfänge der bürgerlichen Geschichtsphilosophie*, hier S. 180.
19 Ibid., S. 179.
20 Ibid.
21 Ibid., S. 236.

Ohne sich explizit auf die Begründer des Historischen Materialismus zu berufen, übernimmt er von diesen als Grundprämisse, daß »eine einheitliche Ideengeschichte von Kunst, Philosophie und Wissenschaft, die große Zeiträume umspannt und sich dabei auf rein geistige Entwicklungszüge beschränkt«, bloße »Konstruktion« ist.[22] Diese Bewußtseinsformationen auf ihre materiellen Voraussetzungen zurückzubeziehen, besagt jedoch nicht, sie einem universellen Ideologieverdacht zu unterziehen. Horkheimer unterscheidet vielmehr zwischen dem Bewußtsein der geschichtlichen Bedingtheit und Endlichkeit der Erkenntnis und der Kritik der Ideologien, die dem jeweils geschichtlich erreichten Stand der Erkenntnis widersprechen und nur im Rekurs auf ihre gesellschaftliche Funktion zu erklären sind. Entschieden hält er also am kritischen Potential des Ideologiebegriffs fest, der nicht erst in den Lehrgebäuden der materialistischen Geschichtsauffassung, sondern gelegentlich schon bei Marx selbst wertfrei geistige Gebilde des »Überbaus« schlechthin bezeichnet und so die Differenz von Wahrheit und Schein preisgibt.
Freilich bescheinigt Horkheimer Marx, mit der Kritik der politischen Ökonomie und der daran orientierten Geschichtsphilosophie eben jenes Kriterium der Differenz bereitgestellt zu haben, das in neueren Varianten des Ideologiebegriffs verspielt wird. Marx unterscheidet nicht nur selbst wirkliche Erkenntnis von Verklärung, seine Theorie bildet auch die Voraussetzung für diese Unterscheidung in der Gegenwart. Beispielhaft für jene neuere geistesphilosophische Verharmlosung des Marxismus ist für ihn der Ideologiebegriff Karl Mannheims, dessen Schrift *Ideologie und Utopie* er 1930 kritisiert.[23] Zeigt er in den im selben Jahr erschienenen philosophiegeschichtlichen Studien über die *Anfänge der bürgerlichen Geschichtsphilosophie*, wie Hobbes zwar als erster ideologiekritisch argumentiert, den kritisierten Gestalten des Bewußtseins aber eine ahistorisch verstandene Vernunft statisch entgegensetzt, so macht er an Mannheim deutlich, wie noch die Auflösung aller zeitenthobenen Metaphysik eine neue, falsche metaphysische Weihe erhalten kann. Gegenüber Hobbes ist sich Mannheim zwar der historischen Bedingtheit auch des eigenen Denkens bewußt, versucht nun aber die daraus entstehende Paradoxie dadurch aufzulösen, daß er »Ideologie« zur totalisierenden Kategorie der »Seinsgebundenheit« jedes Denkens ausweitet. Damit aber nimmt er dem Begriff der Ideologie gerade die kritische Potenz, die dieser bei Marx besitzt. Durch seinen »totalen« Ideologiebegriff bezieht er das einzelne Denken und Werten auf Weltanschauungssysteme, die durch »Formentsprechungen« mit der sozialen Lage ihrer Träger verbunden sein sollen. Während er damit, Horkheimer zufolge, idealistisch das Geistige zu einheitlichen Totalitäten überspannt, ginge es vielmehr darum, die Verflechtung der Ansichten und Einstellungen mit den jeweils besonderen Verhältnissen, unter denen die Menschen leben, darzustellen. Wissenschaft und Ideologie, Erkenntnis und Illusion sind, wie es in den *Anfängen der bürgerlichen Geschichtsphilosophie* heißt,

---

22 Ibid., S. 234.
23 ›Ein neuer Ideologiebegriff?‹, hier S. 271 ff.

»in den Lebensprozeß des gesellschaftlichen Körpers verflochten, dem sie angehören und der ihre Tätigkeit bestimmt«. Die zu erkennende »gesamte Wirklichkeit ist identisch mit dem Lebensprozeß der Menschheit, in dem weder die Natur, noch die Gesellschaft, noch ihre Beziehung unverändert bleiben«[24].
Mit solchen Formulierungen greift Horkheimer in erster Linie auf die *Deutsche Ideologie* zurück, die in ihren wichtigsten Teilen zum ersten Mal 1928 in der Reihe *Marx-Engels-Archiv* erschienen war. Marx und Engels rekurrieren dort in ähnlicher Form auf den materiellen Lebensprozeß der Gesellschaft, um aus diesem die Grundannahmen und methodisch leitenden Gesichtspunkte des historischen Materialismus abzuleiten.[25] Darüber hinaus sind für Horkheimer aber auch Impulse der zeitgenössischen Lebensphilosophie bestimmend, die sich dadurch charakterisieren läßt, daß sie »Leben« als »das den Geist, die Kultur, aber auch das individuelle Bewußtsein immer schon Tragende und Umgreifende«[26] ansetzt. Geschichte, Kultur, Geistiges haben, dieser Auffassung zufolge, kein in sich einheitliches substantielles Wesen. Auf diese Weise setzt sich Horkheimer von einer hegelianisch-pantheistischen Hypostasierung der Geschichte gegenüber den wirklichen Menschen ab. Zugleich widersetzt er sich aber auch einer Metaphysik des Lebens als eines Irrationalen, das dem Geistigen dichotomisch entgegengesetzt wäre: Geschichte ist auch nicht ein eigenmächtig wirkendes, dunkles Fatum. Vielmehr gibt es »gerade soviel Sinn und Vernunft in der Welt [...], als die Menschen in ihr verwirklichen«[27].
Horkheimer entwickelt seine eigene »grundlegende geschichtsphilosophische Überzeugung«, wie er im Vorwort schreibt, nicht »im Zusammenhang«[28]. Aber seine kritische Aneignung des historischen und zeitgenössischen Materials bietet doch genügend Anhaltspunkte für deren Rekonstruktion. Dazu trägt auch der Aufsatz über ›Hegel und das Problem der Metaphysik‹ von 1932 entscheidend bei. Während der Nachlaß der zwanziger Jahre auf eine breitere Auseinandersetzung mit der zeitgenössischen Metaphysik hinweist, bezieht sich Horkheimer hier auf diejenige Gestalt der Metaphysik, gegenüber der die neueren Formen als bloße Surrogate erscheinen: die Hegelsche. Seine zentrale These, daß mit dem Zusammenbruch des Hegelschen Systems Metaphysik überhaupt obsolet geworden sei, verweist auf die im Aufsatz nicht genannten, aber mit gemeinten nachhegelschen Idealisten und Materialisten, Metaphysiker und Empiriker. Der Aufsatz unterstellt in seiner Argumentationslinie die Unhaltbarkeit der Hegel-

---

24 *Anfänge der bürgerlichen Geschichtsphilosophie*, hier S. 233.
25 Marx, Engels, *Die Deutsche Ideologie*, in: *Werke* (MEW), Bd. 3, Berlin 1962, S. 20 ff.
26 Herbert Schnädelbach, *Philosophie in Deutschland 1831–1933*, Frankfurt am Main 1983, S. 175 f. Schnädelbach weist (S. 172 f.) auch darauf hin, daß »Leben« zwischen 1880 und 1930 das beherrschende philosophische Thema war und daß kaum eine zeitgenössische philosophische Richtung, auch nicht die Kritische Theorie, von der Lebensphilosophie unbeeinflußt blieb.
27 *Anfänge der bürgerlichen Geschichtsphilosophie*, hier S. 268.
28 Ibid., S. 179.

schen Identitätsphilosophie und beschränkt sich darauf, die Konsequenzen aus deren Auflösung zu ziehen. Insofern läßt er sich nicht nur ex negativo als Begründung einer materialistischen Geschichts- und Wissenschaftsauffassung lesen, sondern auch als Versuch, die zeitgenössische Metaphysik durch den Nachweis zu entkräften, daß deren Wurzeln längst verdorrt sind. Die der Metaphysik entgegengesetzte »empirische Ansicht«[29], die Horkheimer vertritt, ist keine andere als die des Marx-Engelsschen Historischen Materialismus.[30]
Diese Deutung läßt sich mit Hilfe des Nachlasses bestätigen, der zeigt, daß der Aufsatz ›Hegel und das Problem der Metaphysik‹ bloß den ausgeführten Teil eines sehr viel weitergehenden Entwurfs darstellt.[31] Diesem zufolge sollte die Darstellung der Hegelschen Philosophie in der Tat dazu dienen, den Historischen Materialismus in einer Form, die empirischen Korrekturen offenbleiben sollte, als einzig legitime Konsequenz aus dem Zerfall des Idealismus zu begründen. Der Materialismus sollte zugleich von seiner »vulgären« Variante sowie von trügerischen Metaphysik-Renaissancen abgegrenzt werden. Als solche nennt Horkheimer die solipsistische Bewußtseinsphilosophie, die geisteswissenschaftliche Ideenschau und die daran orientierte Soziologie (Max Scheler, Karl Mannheim), aber auch den Versuch, die Erkenntnis der »Totalität« erneut an ein »Subjekt-Objekt« zu binden, sei dieses auch als »praktisch gewordenes Klassenbewußtsein des Proletariats« zu verstehen (Lukács).
Die während der zwanziger und beginnenden dreißiger Jahre veröffentlichten Arbeiten zur überlieferten und zeitgenössischen Philosophie bleiben, bei aller Bezogenheit auf ein die Theorie leitendes gesellschaftlich-praktisches Interesse, ihrer Form nach doch im Rahmen schulphilosophischer Abhandlungen. Dem entzieht sich Horkheimer aber in seinen zwischen 1926 und 1931 entstandenen Aufzeichnungen, die unter dem Pseudonym »Heinrich Regius«[32] und unter dem Titel *Dämmerung. Notizen in Deutschland* 1934 in Zürich erscheinen. Mit ihrer aphoristischen Gestalt sind sie – neben der Form des Essays – für Horkheimers Schriftstellerei insgesamt charakteristisch; sie weisen voraus auf die ›Aufzeichnungen und Entwürfe‹ der *Dialektik der Aufklärung* und vor allem auf die *Notizen 1949–1969*. In den Aufzeichnungen stellt Horkheimer das Allgemeine am Besonderen dar. Dessen Analyse als Falsches läßt den Umriß des Wahren indirekt sichtbar werden. Stilistische Elemente dieses Verfahrens sind die Metapher, das Beispiel, die knappe Erzählung, die Differenzierung im Ähnlichen und der Aufweis des Ähnlichen im weit Entfernten. Sie sind entgegengesetzt dem Systemdenken, der Definition, der Ableitung. Die Wahl der Form ist in der Inten-

---

29 ›Hegel und das Problem der Metaphysik‹, hier S. 307.
30 Vgl. Alfred Schmidt, ›Nachwort des Herausgebers‹, in: Horkheimer, *Gesammelte Schriften* Bd. 9.
31 Vgl. ›Editorische Vorbemerkung‹ zu ›Subjektivismus und Positivismus als Erben der Hegelschen Metaphysik. Vorbemerkungen zu einer empirischen Erkenntnislehre‹, in: *Gesammelte Schriften* Bd. 11.
32 Hendrik de Roi oder Henricus Regius, 1598–1679, Professor der Medizin in Utrecht, Cartesianer, war für Horkheimer wohl beispielhaft als freier Geist.

tion der Kritik begründet, die mit dem bürgerlichen Denken auch den Betrieb herkömmlicher Philosophie und Wissenschaft betrifft. Inhaltlich antizipiert die *Dämmerung* bereits alle zentralen Kategorien und Argumentationsfiguren der späteren Kritischen Theorie. Es geht um eine ebenso historisch bestimmte wie anthropologisch tiefgreifende wie kulturtheoretisch verbreitete Analyse des Kapitalismus, der bürgerlichen Gesellschaft und des ihr zugehörigen Bewußtseins.

Diese Notizen beziehen sich, wie Horkheimer in seiner ›Vorbemerkung‹ zusammenfaßt, »immer wieder kritisch auf die Begriffe Metaphysik, Charakter, Moral, Persönlichkeit und Wert des Menschen, wie sie in dieser Periode des Kapitalismus Geltung besaßen«[33]. Er dechiffriert die Ideen und ihre Widersprüche als Ausdruck der Klassengesellschaft. In solcher historisch-materialistischen Perspektive vergehen die überzeitlichen wissenschaftlichen und philosophischen Ansprüche ebenso wie der Schein einer unveränderlichen menschlichen Natur und die kulturelle, universalistische Weihe der gesellschaftlichen Werte. Maßstab der Kritik ist die aus der philosophischen Tradition gewonnene Idee einer vernünftig eingerichteten Gesellschaft. Der Übergang zum Sozialismus erscheint historisch möglich, ja überfällig und moralisch unabweisbar, dennoch durch keine der Geschichte immanente Logik verbürgt. Horkheimer zeigt sich illusionslos gegenüber jeder Form quasi-heilsgeschichtlicher Erwartung. Er ist sich der »traurigen Erkenntnis«[34] bewußt, daß auch der Absolutheitsanspruch solcher Illusionslosigkeit selbst nicht erlaubt, aus ihm eine objektive Sinnhaftigkeit abzuleiten. Dieser Anspruch ist endlich wie die, die ihn vertreten.

Angesichts der so gebotenen geschichtsphilosophischen Skepsis verweist Horkheimer um so nachdrücklicher darauf, daß es auf die Entschlossenheit zur Verwirklichung eines Zustandes ankommt, in dem Not und Unrecht beseitigt wären, auf die Organisation und den Kampf der »zum Besseren entschlossenen Menschen«[35]. Zu keiner Zeit, in keiner anderen Schrift, bekennt er sich so nachdrücklich zum Sozialismus wie in der *Dämmerung*, unterstellt er diesem Ziel so vorbehaltlos seine theoretische Anstrengung – bis zur paradoxalen Konsequenz, eine allzu vornehme, moralisch oder theoretisch elaborierte Kritik an den Mängeln der proletarisch-revolutionären Führung mit moralischen und theoretischen Argumenten zurückzuweisen. In diesem Zusammenhang findet sich der berühmt gewordene Satz: »Bürgerliche Kritik am proletarischen Kampf ist eine logische Unmöglichkeit.«[36]

Aber das Buch ist bei seinem Erscheinen, wie es in der ›Vorbemerkung‹ heißt, bereits »veraltet«[37]. Mit dem Einbruch des Nationalsozialismus sind für Horkheimer nicht nur die Ideen und Begriffe obsolet geworden, die der alten Welt des

---

33 *Dämmerung*, hier S. 312.
34 Ibid., S. 430.
35 Ibid., S. 344.
36 Ibid., S. 347.
37 Ibid., S. 312.

Bürgertums angehörten, sondern auch die des kämpferischen Marxismus, die innerhalb der liberalen Gesellschaft als deren Selbstkorrektur entwickelt wurden. Insofern ließe sich die spätere Kritische Theorie als Diagnose dieses historischen, gesellschaftlichen wie philosophischen Bruchs verstehen. Gilt Horkheimers Denken der späten zwanziger und frühen dreißiger Jahre vor allem der Frage, welche Konsequenzen aus dem Ende der Metaphysik und der metaphysisch orientierten Geschichts- und Gesellschaftsauffassung zu ziehen sind, so ist in der Folgezeit die Frage bestimmend, welche Konsequenzen sich aus dem Ausbleiben der gesellschaftlichen Umwälzung ergeben, die durch die Bedürfnisse und Interessen der Mehrzahl der Menschen geboten schien. Der Blick wendet sich dann zunehmend von einer ›Anthropologie‹ der Klassen zu einer Geschichtsphilosophie des Zivilisationszerfalls.

Editorische Hinweise

Die Anordnung der Texte in Band 2 folgt im Prinzip der Chronologie der Erstveröffentlichungen. Jedoch wurden, davon abweichend, die über einen größeren Zeitraum verteilten ›Würdigungen‹ zu einem eigenen Abschnitt zusammengefaßt. Ferner wurden die bereits 1931 abgeschlossenen Aufzeichnungen zur *Dämmerung* wegen ihrer heterogenen Form den übrigen Texten nachgestellt.
Für den Druck wurden vom Herausgeber verschiedene Korrekturen vorgenommen.
Stillschweigende Korrekturen:
- Horkheimer gebrauchte manche Schreibweisen von Fremdwörtern uneinheitlich (z. B. »objectiv« und »objektiv«); diese wurden in der später gebräuchlichen Form vereinheitlicht. Außerdem wurde die Schreibweise korrigiert, wo Horkheimer »ss« statt »ß« und »ae«, »oe«, »ue« statt der entsprechenden Umlaute schrieb. Belassen wurde dagegen die von Horkheimer gewählte Schreibweise innerhalb von Zitaten, insbesondere aus Kants Schriften.
- Hervorhebungen im Text, die in den Erstveröffentlichungen meist durch Sperrungen durchgeführt sind, sind einheitlich kursiv gesetzt.
- Buch- und Zeitschriftentitel sind einheitlich in Kursivschrift, Aufsatztitel einheitlich in einfache Anführungszeichen gesetzt.
- In der Dissertation und der Habilitationsschrift, die beide eine große Zahl von Zitaten aus Kants Schriften enthalten, sind diese Zitate in den Erstveröffentlichungen durch Kürzel im Haupttext selbst nachgewiesen. Diese Zitierweise wurde in diesen beiden Fällen, entgegen der sonstigen Regelung in den *Gesammelten Schriften*, beibehalten. Jedoch werden die Angaben zur Sekundärliteratur, die dort in den Text integriert sind, wie sonst üblich in den Fußnoten wiedergegeben.
Die Fußnoten, die in den ursprünglichen Veröffentlichungen meist nur pro Seite durchnumeriert sind, erhielten durchgehende Zählungen, bei umfangreicheren Schriften pro Kapitel.
- Abkürzungen von Titeln, die nicht durch vorweg erläuterte Kürzel bezeichnet werden, wurden aufgelöst.
- Angaben zur benutzten Auflage zitierter Werke wurden, soweit sie nicht die Hauptwerke Kants betreffen, modernisiert (z. B. »2. Aufl. 1911« zu »²1911«).
- Die Zitierform hinsichtlich der Rückverweise und anderer gängiger, durch Kürzel wiedergegebener Angaben wurde vereinheitlicht.

Gekennzeichnete Korrekturen und Ergänzungen:
Diese betreffen vor allem
– Ergänzungen von Literaturangaben,
– Erläuterungen zu im Text genannten Personen und Sachverhalten,
– editorische Vermerke.
Alle Zusätze des Herausgebers, die diesen Zwecken dienen, sind sowohl im Text selbst als auch in den Fußnoten durch eckige Klammern gekennzeichnet: []. Auf die Fußnoten des Herausgebers wird nicht durch Ziffern, sondern durch Sternchen verwiesen: *.
Die Herausgabe des vorliegenden Bandes wurde von der Georg und Franziska Speyerschen Hochschulstiftung Frankfurt am Main, die einen Teil der finanziellen Lasten übernommen hat, sowie von der Stadt- und Universitätsbibliothek Frankfurt unterstützt. Beiden gebührt dafür besonderer Dank.

November 1986   Gunzelin Schmid Noerr

Verzeichnis der Erstveröffentlichungen

Zur Antinomie der teleologischen Urteilskraft
  Dissertation, Frankfurt am Main 1922, als Typoskript veröffentlicht, gebunden, 78 S.
Über Kants ›Kritik der Urteilskraft‹ als Bindeglied zwischen theoretischer und praktischer Philosophie
  Habilitationsschrift, Frankfurt am Main. Leipzig und Frankfurt am Main (J. B. Hirschfeld, Arno Pries) 1925, 65 S.
›Hans Cornelius. Zu seinem 60. Geburtstag‹
  in: *Frankfurter Zeitung*, 68. Jg., Nr. 715, 27.9.1923.
›Rudolf Eucken. Ein Epigone des Idealismus‹
  in: *Frankfurter Zeitung*, 71. Jg., Nr. 822, 4.11.1926.
›Hans Driesch. Zum 60. Geburtstag‹
  in: *Frankfurter Zeitung*, 72. Jg., Nr. 812, 1.11.1927.
›Leopold Ziegler‹
  in: *Frankfurter Zeitung*, 74. Jg., Nr. 657, 4.9.1929.
›Nicolai Hartmann‹
  in: *Frankfurter Zeitung*, 75. Jg., Nr. 100, 7.2.1931.
Anfänge der bürgerlichen Geschichtsphilosophie
  Stuttgart (Kohlhammer) 1930, 117 S.
›Ein neuer Ideologiebegriff?‹
  in: Carl Grünberg (Hrsg.), *Archiv für die Geschichte des Sozialismus und der Arbeiterbewegung*, Bd. XV, 1930, S. 1–34.
›Hegel und das Problem der Metaphysik‹
  in: *Festschrift für Carl Grünberg*, Leipzig (C. L. Hirschfeld) 1932, S. 185–197.
Dämmerung. Notizen in Deutschland
  geschrieben 1926 bis 1931, gedruckt unter dem Pseudonym »Heinrich Regius«: Zürich (Oprecht und Helbling) 1934, 277 S.